2024
제3판

경찰 채용 대비

김종욱
형사법

시험장에서
답이보이는

파이널 600제

경찰청 사이버강좌 대표교수
김종욱 편저

동영상강의 cop.eduwill.net 에듀윌 경찰 공무원
카카오톡 오픈채팅 김종욱 형사법 1일 1제 검색

멘토링

PREFACE

「**형사법 파이널 600제**」는 막판 최종 점검용으로 활용하기 위해 만든 교재입니다. 본 교재의 구체적인 구성은 다음과 같습니다.

1) 진도별 모의고사의 형식입니다. 시험에서 나올만한 지문 및 문제들을 진도별 모의고사 형식으로 구성하였습니다. 앞부분에 문제편, 뒷부분에 정답 및 해설편으로 구성하였습니다.

2) 형법총론 200여 문제, 형법각론 220여 문제, 수사 및 증거 170여 문제로 구성되었습니다. 590여개가 되는 문제로, 총 2300여개가 넘는 지문으로 구성되었으며 중복지문이 거의 없습니다. 시험에서 나올만한 쟁점을 거의 다 다루었습니다.

3) 2023년에 나온 최신판례와 최신기출까지 반영하여 문제를 구성하였습니다.

4) 자세한 해설을 수록하여 공부하는데 많은 도움이 되도록 하였습니다.

본 교재를 활용하여 막판에 큰 도움이 되기를 바랍니다.

2024년 1월

김 종 욱

contents

Part 01. 형사법 문제편   7

1. 형사법 Ⅰ 〈형법 총론〉 ——————————————————— 8

제1편 서 론   8
- 제1장 형법의 기본개념   8
- 제2장 형법의 적용범위   12

제2편 범죄론   15
- 제1장 범죄의 기본개념   15
- 제2장 구성요건   22
- 제3장 위법성   46
- 제4장 책임론   57
- 제5장 미수론   67
- 제6장 정범 및 공범   80
- 제7장 죄수론   100

제3편 형벌론   108
- 제1장 형 벌   108

2. 형사법 Ⅱ 〈형법 각론〉 ——————————————————— 119

제1편 개인적 법익에 대한 죄   119
- 제1장 생명과 신체에 대한 죄   119
- 제2장 자유에 대한 죄   127
- 제3장 명예와 신용에 대한 죄   140
- 제4장 사생활의 평온에 대한 죄   152
- 제5장 재산에 대한 죄   158

제2편 사회적 법익에 대한 죄   199
- 제1장 공공의 안전과 평온에 대한 죄   199
- 제2장 공공의 신용에 대한 죄   204
- 제3장 사회의 도덕에 대한 죄   219

제3편 국가적 법익에 대한 죄   222
- 제1장 국가의 존립과 권위에 대한 죄   222
- 제2장 국가의 기능에 대한 죄   223

3. 형사법 Ⅲ 〈수사 및 증거〉 — 249

제1편 수 사　249
　제1장 수사의 의의와 구조　249
　제2장 수사기관과 피의자　251
　제3장 수사의 개시　254
　제4장 임의수사　262
　제5장 강제처분과 강제수사　267
　제6장 수사의 종결　298

제2편 증 거　303
　제1장 서 론　303
　제2장 증거능력 관련 문제　309
　제3장 증명력 관련 문제　337

Part 02. 형사법 정답 및 해설편　345

1. 형사법 Ⅰ 〈형법 총론〉 — 346

제1편 서 론　346
　제1장 형법의 기본개념　346
　제2장 형법의 적용범위　348

제2편 범죄론　349
　제1장 범죄의 기본개념　349
　제2장 구성요건　352
　제3장 위법성　361
　제4장 책임론　365
　제5장 미수론　369
　제6장 정범 및 공범　374
　제7장 죄수론　381

제3편 형벌론　384
　제1장 형 벌　384

contents

2. 형사법 Ⅱ 〈형법 각론〉 — 390

제1편 개인적 법익에 대한 죄 — 390
- 제1장 생명과 신체에 대한 죄 — 390
- 제2장 자유에 대한 죄 — 392
- 제3장 명예와 신용에 대한 죄 — 396
- 제4장 사생활의 평온에 대한 죄 — 401
- 제5장 재산에 대한 죄 — 403

제2편 사회적 법익에 대한 죄 — 421
- 제1장 공공의 안전과 평온에 대한 죄 — 421
- 제2장 공공의 신용에 대한 죄 — 423
- 제3장 사회의 도덕에 대한 죄 — 429

제3편 국가적 법익에 대한 죄 — 430
- 제1장 국가의 존립과 권위에 대한 죄 — 430
- 제2장 국가의 기능에 대한 죄 — 431

3. 형사법 Ⅲ 〈수사 및 증거〉 — 442

제1편 수 사 — 442
- 제1장 수사의 의의와 구조 — 442
- 제2장 수사기관과 피의자 — 442
- 제3장 수사의 개시 — 444
- 제4장 임의수사 — 446
- 제5장 강제처분과 강제수사 — 449
- 제6장 수사의 종결 — 462

제2편 증 거 — 465
- 제1장 서 론 — 465
- 제2장 증거능력 관련 문제 — 468
- 제3장 증명력 관련 문제 — 481

형사법 문제편

PART 01

형사법 파이널 600제
cafe.naver. 김종욱형사법

CHAPTER 1 형사법 Ⅰ <형법 총론>

제1편 서 론

제1장 형법의 기본개념

01 죄형법정주의에 관한 설명으로 가장 적절하지 않은 것은? (다툼이 있는 경우 판례에 의함)

① 법규범의 문언은 어느 정도 가치개념을 포함할 수밖에 없지만 가급적 일반적·규범적 개념을 사용하지 않는 것이 바람직하다는 의미에서, 명확성의 원칙이란 기본적으로 최대한의 명확성을 요구하는 것으로 볼 수 있다.

② 형법 제207조(통화의 위조 등) 제3항에 규정된 '외국에서 통용된다'고 함은 그 외국에서 강제통용력을 가지는 것을 의미하는 것이므로, 일반인의 관점에서 통용할 것이라고 오인할 가능성이 있다고 하여 외국에서 통용되지 아니하는, 즉 강제통용력을 가지지 아니하는 지폐까지 형법 제207조 제3항의 외국에서 통용하는 지폐에 포함시키면 이는 유추해석 내지 확장해석하여 적용하는 것이 되어 죄형법정주의의 원칙에 위배된다.

③ 형사처벌에 관한 위임입법은 특히 긴급한 필요가 있거나 미리 법률로써 자세히 정할 수 없는 부득이한 사정이 있는 경우에 한하여 수권법률(위임법률)이 구성요건의 점에서는 처벌대상인 행위가 어떠한 것인지 이를 예측할 수 있을 정도로 구체적으로 정하고, 형벌의 점에서는 형벌의 종류 및 그 상한과 폭을 명확히 규정하는 것을 전제로 허용된다.

④ 가정폭력범죄의 처벌 등에 관한 특례법 이 정한 보호처분 중의 하나인 사회봉사명령은 가정폭력범죄행위에 대하여 형사처벌 대신 부과되는 것으로서, 가정폭력범죄를 범한 자에게 의무적 노동을 부과하고 여가시간을 박탈하여 실질적으로는 신체적 자유를 제한하게 되므로, 이에 대하여는 원칙적으로 형벌불소급의 원칙에 따라 행위시법을 적용함이 상당하다.

02 죄형법정주의에 관한 설명으로 가장 적절하지 않은 것은? (다툼이 있는 경우 판례에 의함)
① 한의사가 진단용 의료기기를 사용하는 것이 한의사의 '면허된 것 이외의 의료행위'에 해당하는지에 관한 새로운 판단 기준에 따르면, 한의사가 초음파 진단기기를 사용하여 환자의 신체 내부를 촬영하여 화면에 나타난 모습을 보고 이를 한의학적 진단의 보조수단으로 사용하는 것은 한의사의 '면허된 것 이외의 의료행위'에 해당하지 않는다.
② 환자가 사망한 경우 사망진단 전에 이루어지는 사망징후관찰은 구 의료법 제2조 제2항 제5호에서 간호사의 임무로 정한 '상병자 등의 요양을 위한 간호 또는 진료 보조'에 해당한다고 할 수 있다. 그리고 사망의 진단은 의사 등이 환자의 사망 당시 또는 사후에라도 현장에 입회해서 직접 환자를 대면하여 수행해야 하는 의료행위이지만, 간호사는 의사 등의 개별적 지도·감독이 있으면 사망의 진단을 할 수 있다.
③ 법률을 해석할 때 입법취지와 목적, 제·개정 연혁, 법질서 전체와의 조화, 다른 법령과의 관계 등을 고려하는 체계적·논리적 해석 방법을 사용할 수 있으나, 문언 자체가 비교적 명확한 개념으로 구성되어 있다면 원칙적으로 이러한 해석 방법은 활용할 필요가 없거나 제한되어야 한다.
④ '담배의 제조'는 담배가공을 위한 일정한 작업의 수행을 전제하므로, 그러한 작업을 수행하지 않은 자의 행위를 무허가 담배제조로 인한 담배사업법 제27조 제1항 제1호, 제11조 위반죄로 의율하는 것은 특별한 사정이 없는 한 문언의 가능한 의미를 벗어나 피고인에게 불리한 방향으로 해석한 것이어서 죄형법정주의의 내용인 확장해석금지 원칙에 어긋난다.

03 죄형법정주의에 관한 설명 중 가장 적절한 것은? (다툼이 있는 경우 판례에 의함)
① 「형법」 제232조의2(사전자기록위작·변작)에서 정한 '위작'에 권한 있는 사람이 그 권한을 남용하여 허위의 정보를 입력함으로써 전자기록을 생성하는 행위까지도 포함하여 해석하는 것은 유추해석금지의 원칙에 반한다.
② 공무원에 대해 허위신고를 하여 공정증서원본에 부실의 사실을 기재하게 하고 그 문서를 행사하는 것을 처벌하는 형법 제229조를 부실의 사실이 기재된 공정증서정본을 그 정을 모르는 법원 직원에게 교부한 행위에 적용하는 것은 유추해석금지의 원칙에 반하지 않는다.
③ 유추해석금지의 원칙은 모든 형벌법규의 구성요건과 가벌성에 관한 규정이 준용되나, 위법성 및 책임의 조각사유나 소추조건 또는 처벌조각사유인 형면제사유에 관하여 그 범위를 제한적으로 적용하여 가벌성의 범위가 확대되더라도 유추해석금지의 원칙에 반하지 아니한다.
④ 법률에 특별한 규정이 없음에도 「형법」 제227조의2(공전자기록위작·변작)의 행위주체에 공무원, 공무소의 계약 등에 의하여 공무와 관련되는 업무를 일부 대행하는 경우까지 포함된다고 해석하는 것은 죄형법정주의에 반한다.

04 죄형법정주의에 관한 설명 중 옳지 않은 것은 모두 몇 개인가? (다툼이 있는 경우 판례에 의함)

㉠ 원인불명으로 재산상 이익인 가상자산을 이체받은 자가 가상자산을 사용·처분한 경우 이를 형사처벌하는 명문의 규정이 없는 현재의 상황에서 착오송금 시 횡령죄 성립을 긍정한 판례를 유추하여 신의칙을 근거로 피고인을 배임죄로 처벌하는 것은 죄형법정주의에 반한다.
㉡ 증거 자체에는 아무런 허위가 없으나 그 증거가 허위 주장과 결합하여 허위 사실을 증명하게 되는 경우가 있고, 이러한 행위는 국가의 형벌권 행사에 중대한 지장을 초래할 수 있는 행위로서 비난받아 마땅하다는 점은 부인하기 어려우므로, 위와 같은 행위를 처벌하는 구성요건을 신설하는 것 외에 형법 제155조 제1항이 규정한 '증거위조'의 의미를 확장해석하는 방법으로 그 목적을 달성하는 것도 죄형법정주의 원칙상 허용되지 아니한다고 볼 수 없다.
㉢ 법정소동죄 등을 규정한 형법 제138조에서의 '법원의 재판'에 '헌법재판소의 심판'을 포함시키는 해석은 피고인에게 불리한 확장해석이나 유추해석에 해당하지 않는다.
㉣ 반의사불벌죄에 있어서 피해자에게 의사능력이 있음에도 불구하고 그 처벌을 희망하지 않는다는 의사표시 또는 처벌희망 의사표시의 철회에 법정대리인의 동의가 있어야 한다고 해석하는 것은 죄형법정주의의 유추해석금지 원칙에 반한다.
㉤ 구 특정 범죄자에 대한 위치추적 전자장치 부착 등에 관한 법률 제5조 제1항 제3호는 '성폭력범죄를 2회 이상 범하여(유죄의 확정판결을 받은 경우를 포함한다) 그 습벽이 인정된 때'라고 규정하고 있는데, 피부착명령청구자가 2회 이상 성폭력범죄를 범하였는지를 판단할 때 위 법률의 목적과 위 규정의 취지에 비추어 소년보호처분을 받은 전력이 이에 해당한다고 보더라도 확장해석이나 유추해석에 해당하지 아니한다.

① 1개　　② 2개　　③ 3개　　④ 4개

05 다음 설명 중 가장 적절하지 않은 것은? (다툼이 있는 경우 판례에 의함)
① 인터넷 신문 또는 인터넷 언론사를 운영하는 자는 공직선거법 제97조 제2항, 제3항에서 정한 방송·신문·통신·잡지 기타 간행물을 경영·관리하거나 편집·취재·집필·보도하는 자에 해당한다.
② 특정범죄 가중처벌 등에 관한 법률 제5조의4 제5항 제1호에서 정한 '징역형'에는 절도의 습벽이 인정되어 형법 제329조부터 제331조까지의 죄 또는 그 미수죄의 형보다 가중처벌되는 형법 제332조의 상습절도죄로 처벌받은 전력도 포함된다.

③ 구 개인정보 보호법(2020. 2. 4. 법률 제16930호로 개정되기 전의 것)은 제2조 제5호, 제6호에서 공공기관 중 법인격이 없는 '중앙행정기관 및 그 소속기관' 등을 개인정보처리자중 하나로 규정하고 있으면서도 양벌규정에 의하여 처벌되는 개인정보처리자로는 같은 법 제74조 제2항에서 '법인 또는 개인'만을 규정하고 있으나, 다른 법률과의 체계적 해석 및 처벌의 필요성 등에 비추어 볼 때 법인격 없는 공공기관이 법인에 포함된다고 해석하더라도 죄형법정주의의 원칙에 반한다고 볼 수 없다.
④ 피고인이 피해자를 '어용', '앞잡이' 등으로 표현한 현수막, 피켓 등을 장기간 반복하여 일반인의 왕래가 잦은 도로변 등에 게시한 행위는 피해자에 대한 모욕적 표현으로서 사회상규에 위배되지 않는 행위라고 보기 어렵다.

06 죄형법정주의에 관한 설명으로 옳지 않은 것을 모두 고른 것은? (다툼이 있는 경우 판례에 의함)

㉠ 법규범의 문언은 어느 정도 가치개념을 포함한 일반적·규범적 개념을 사용하지 않을 수 없는 것이기 때문에 기본적으로 최소한이 아닌 최대한의 명확성을 요구한다.
㉡ 유추해석금지의 원칙은 형벌법규의 구성요건과 가벌성에 관한 규정에 준용되므로 형벌법규의 적용대상이 행정법규가 규정한 사항을 내용으로 하고 있는 경우에 그 행정법규의 규정을 해석하는 데에도 마찬가지로 적용된다.
㉢ 대법원 양형위원회가 설정한 '양형기준'이 발효하기 전에 공소가 제기된 범죄에 대하여 위 '양형기준'을 참고하여 형을 양정한 경우 소급효금지의 원칙에 위반된다.
㉣ 알 수 없는 경위로 가상자산을 이체받은 자가 가상자산을 사용·처분한 경우 이를 형사처벌하는 명문의 규정이 없다고 하더라도 착오송금 시 횡령죄 성립을 긍정한 판례를 유추하여 신의칙을 근거로 배임죄로 처벌하는 것은 죄형법정주의에 반하지 않는다.
㉤ 형법 제258조의2 특수상해죄의 신설로 형법 제262조, 제261조의 특수폭행치상죄에 대하여 그 문언상 특수상해죄의 예에 의하여 처벌하는 것이 가능하게 되었다는 이유만으로 형법 제258조의2 제1항의 예에 따라 처벌할 수 있다고 하는 것은 죄형법정주의에 반한다.

① ㉠㉡㉢ ② ㉠㉢㉣ ③ ㉠㉢㉤ ④ ㉡㉣㉤

제2장 형법의 적용범위

07 형법의 적용범위에 관한 설명으로 가장 적절하지 않은 것은? (다툼이 있는 경우 판례에 의함)

① 범죄의 성립과 처벌에 관하여 규정한 형벌법규 자체 또는 그로부터 수권 내지 위임을 받은 법령의 변경에 따라 형이 가벼워진 경우에는, 종전 법령의 과형이 과중하였다는 반성적 고려에 따라 변경된 것인지 여부를 따지지 않고 원칙적으로 형법 제1조 제2항이 적용된다.

② 형벌법규가 고시 등 행정규칙·행정명령, 조례 등(이하 '고시 등 규정'이라 한다)에 구성요건의 일부를 수권 내지 위임한 경우에 이러한 고시 등 규정이 위임입법의 한계를 벗어나지 않는 한 형벌법규와 결합하여 법령을 보충하는 기능을 하는 것이므로, 그 변경에 따라 형이 가벼워졌다면 형법 제1조 제2항이 적용된다.

③ 스스로 유효기간을 구체적인 일자나 기간으로 특정하여 효력의 상실을 예정하고 있던 법령이 그 유효기간을 경과함으로써 더 이상 효력을 갖지 않게 된 경우는 형법 제1조 제2항과 형사소송법 제326조 제4호에서 말하는 법령의 변경에 해당한다고 볼 수 없다.

④ 법무사인 甲이 개인파산·회생사건 관련 법률사무를 위임받아 취급하여 비변호사의 법률사무취급을 금지하는 변호사법 제109조 제1호 위반으로 기소되었는데 범행 이후에 개정된 법무사법 제2조 제1항 제6호에 의하여 '개인의 파산사건 및 개인회생사건 신청의 대리'가 법무사의 업무로 추가되었다면, 위 법무사법 개정은 형사법적 관점의 변화를 주된 근거로 하는 법령의 변경에 해당하므로 형법 제1조 제2항이 적용된다.

08 형법의 적용범위에 관한 설명 중 가장 적절하지 않은 것은? (다툼이 있는 경우 판례에 의함)

① 외국인 甲이 외국에서 서울지방경찰청장 명의의 운전면허증을 위조한 경우, 우리나라 형법을 적용할 수 없다.

② 외국인 甲이 공해상을 운항 중인 우리나라 배에서 다른 외국인 선원의 지갑을 훔친 경우 우리나라 형법을 적용할 수 있다.

③ 한국인 甲이 외국에서 외국인 乙을 살해한 경우, 甲에게 행위지의 형법과 우리나라 형법이 모두 적용될 수 있고, 이는 이중처벌금지의 원칙에 위반되지 아니한다.

④ 외국인 甲은 노동력 착취를 위해 자신의 나라에서 외국인 乙을 약취·유인하였다. 그 후 甲이 한국으로 들어와 여행을 하던 중 이 사실이 발각된 경우 우리나라 형법이 적용된다.

09 형법의 적용범위에 대한 설명 중 가장 적절하지 않은 것은? (다툼이 있는 경우 판례에 의함)
① 포괄일죄로 되는 개개의 범죄행위가 법 개정의 전후에 걸쳐서 행하여진 경우에는 신·구법의 법정형에 대한 경중을 비교하여 볼 필요도 없이 범죄 실행 종료시의 법이라고 할 수 있는 신법을 적용하여 포괄일죄로 처단하여야 한다.
② 범죄 후 법률의 변경에 의하여 형이 구법보다 가벼운 때에는 원칙적으로 신법에 따라야 하므로 신법에 경과규정을 두어 이러한 신법의 적용을 배제하는 것도 허용되지 않는 것으로서, 형을 종전보다 가볍게 형벌법규를 개정하면서 그 부칙에서 개정된 법의 시행 전의 범죄에 대하여는 종전의 형벌법규를 적용하도록 규정하였다면 신법우선의 원칙에 반한다.
③ 스스로 유효기간을 구체적인 일자나 기간으로 특정하여 효력의 상실을 예정하고 있던 법령이 그 유효기간을 경과함으로써 더 이상 효력을 갖지 않게 된 경우나 형사처벌에 관한 규범적 가치판단의 요소가 배제된 극히 기술적인 규율의 변경 등에 따라 간접적인 영향을 받는 것에 불과한 경우에는 형법 제1조 제2항이나 형사소송법 제326조 제4호에서 말하는 법령의 변경에 해당한다고 볼 수 없다.
④ 중국인 甲이 중국 북경시에 소재한 대한민국 영사관에서 A명의의 여권발급신청서를 위조한 경우 외국인의 국외범에 해당하므로 대한민국 형법이 적용되지 않는다.

10 형법의 적용범위에 관한 설명 중 가장 적절한 것은? (다툼이 있는 경우 판례에 의함)
① 범죄의 성립과 처벌은 행위시의 법률에 의한다고 할 때의 '행위시'라 함은 '범죄행위의 실행의 착수시'를 의미한다.
② 의료법은 '의료인이 아니면 누구든지 의료행위를 할 수 없다.'라고 규정하고 그 위반자를 처벌하도록 규정하고 있으므로, 보건복지부장관의 의사, 치과의사, 한의사, 조산사, 간호사에 관한 면허를 받지 아니한 내국인이 대한민국 영역 외에서 의료행위를 하는 경우에도 당연히 의료법위반죄로 처벌된다.
③ 캐나다 시민권자가 캐나다에서 위조사문서를 행사하였다고 하더라도 형법 제234조의 위조사문서행사죄는 형법 제5조 제1호 내지 제7호에 열거된 죄에 해당하지 않고, 위조사문서행사를 형법 제6조의 대한민국 또는 대한민국 국민의 법익을 직접적으로 침해하는 행위라고 볼 수도 없으므로 대한민국 법원에 재판권이 없다.
④ 외국에서 무죄판결을 받기 전까지 미결구금되어 있었던 경우, 형법 제7조를 유추적용하여 그 미결구금일수의 전부 또는 일부를 선고하는 형에 산입하여야 한다.

11 다음 중 형법의 적용에 관한 설명으로 옳은 것은 모두 몇 개인가? (다툼이 있는 경우 판례에 의함)

> ㉠ 미국인 의사 甲이 한국인 유학생 A가 미국의 대학교에 제출하려는 甲 명의의 건강진단서를 미국 소재 병원에서 허위로 작성하여 발급한 경우 보호주의에 따라 대한민국 형법이 적용된다.
> ㉡ 미국인 甲이 서울 소재 호텔 커피숍에서 한국인 B와 공모한 후 홍콩에서 중국인으로부터 필로폰을 매수한 경우 속지주의가 적용되어 대한민국 형법이 적용된다.
> ㉢ 중국인 甲이 중국에 있는 대한민국 영사관에서 여권발급신청서 1장을 위조한 경우 속지주의에 따라 대한민국 형법이 적용된다.
> ㉣ 중국에 있는 대한민국 영사관에 근무하는 한국인 공무원 甲이 중국인으로부터 뇌물을 수수한 경우 속인주의에 따라 대한민국 형법이 적용된다.
> ㉤ 중국인 甲이 중국에서 대한민국 국적 주식회사의 인장을 위조한 경우 보호주의가 적용되지 않아 대한민국 형법이 적용되지 않는다.

① 2개   ② 3개   ③ 4개   ④ 5개

12 우리나라의 형법이 적용되는 경우가 아닌 것은? (다툼이 있는 경우 판례에 의함)

① 한국인이 대한민국 내의 미국문화원에서 집단으로 폭력을 행사하였으나 미국문화원 측이 이들에 대한 처벌을 바라지 않는다는 의사를 표시한 경우
② 일본인이 행사할 목적으로 중국에서 미화 100달러 지폐를 위조한 경우
③ 일본인 甲과 乙이 미국에서 미국인 A를 살해하기로 서울의 한 호텔에서 공모한 후 미국에서 A를 살해한 경우
④ 외국인에게 출입이 허용된 필리핀의 카지노에서 한국인 甲이 도박을 한 경우
⑤ 독일인 甲이 독일 내에서 북한의 지령을 받아 베를린 주재 북한이익대표부를 방문하고 그곳에서 북한공작원을 만난 경우

제2편 범죄론

제1장 범죄의 기본개념

제1절 범죄의 의의와 종류

01 목적범에 관한 설명 중 옳은 것을 모두 고른 것은?? (다툼이 있는 경우 판례에 의함)

> ⊙ 목적범의 목적은 범죄 성립을 고의 외에 요구되는 초과주관적 위법요소로서 확정적 인식임을 요하지 아니하며, 다만 미필적 인식이 있으면 족하다.
> ⓒ 형법 제152조 제2항의 모해위증죄에 있어서 '모해할 목적'은 허위의 진술을 함으로써 피고인에게 불리하게 될 것이라는 인식과 아울러 그 결과의 발생을 희망하여야 한다.
> ⓒ 내란죄는 다수인이 결합하여 한 지방의 평온을 해할 정도의 폭행·협박을 하여 국토참절 또는 국헌문란의 목적을 달성하였을 때 기수가 된다.
> ⓔ 출판물에 의한 명예훼손죄에 있어서의 '비방할 목적'이란 가해의 의사 내지 목적을 요하는 것으로서 공공의 이익을 위한 것과는 행위자의 주관적 의도의 방향에 있어 서로 상반되는 관계에 있다고 할 것이므로, 적시한 사실이 공공의 이익에 관한 것인 경우에는 특별한 사정이 없는 한 비방할 목적은 부인된다고 봄이 상당하다.

① ⊙ⓒ   ② ⊙ⓔ   ③ ⓒⓒ   ④ ⓒⓔ

02 다음 설명 중 옳지 않은 것은 모두 몇 개인가? (다툼이 있는 경우에는 판례에 의함)

㉠ 체포·감금 등 계속범의 실행행위 중 법률의 변경이 있으면 행위시법의 원칙에 따라 구법이 적용된다.
㉡ 범인도피죄는 범인을 도피하게 함으로써 기수에 이르지만 범인도피행위가 계속되는 동안에는 범죄행위도 계속되고 행위가 끝날 때 비로소 범죄행위가 종료되는 계속범에 해당한다.
㉢ 직무유기죄는 작위의무를 수행하지 아니함으로써 구성요건에 해당하는 사실이 있고 그 후에도 계속하여 그 작위의무를 수행하지 아니하는 위법한 부작위상태가 계속되는 한 가벌적 위법상태는 계속 존재한다고 할 것이므로 즉시범이라고 할 수 없다.
㉣ 내란죄는 국토를 참절하거나 국헌을 문란할 목적으로 폭동한 행위로서, 다수인이 결합하여 위와 같은 목적으로 한 지방의 평온을 해할 정도의 폭행·협박 행위를 하면 기수가 되고, 그 목적의 달성 여부는 이와 무관한 것으로 해석되므로, 다수인이 한 지방의 평온을 해할 정도의 폭동을 하였을 때 이미 내란의 구성요건은 완전히 충족된다고 할 것이어서 계속범이 아니라 상태범에 해당한다.

① 1개 ② 2개 ③ 3개 ④ 4개

03 다음 설명 중 가장 적절한 것은? (다툼이 있는 경우 판례에 의함)

① 공무원의 직권남용행위가 있었다면 현실적으로 권리행사의 방해라는 결과가 발생하지 아니하였더라도 직권남용권리행사방해죄가 성립한다.
② 아들이 몰래 아버지 지갑에서 10만원을 훔쳐 가면 절도죄의 객관적 구성요건이 부정되어 그 아들은 처벌되지 않는다.
③ 존속살해죄, 업무상과실치상죄, 업무상과실장물취득죄는 부진정신분범에 해당한다.
④ 소극적 구성요건표지이론에 의하면 구성요건과 위법성조각사유는 불법구성요건을 확정하는 동일한 기능을 가지지만, 전자는 불법을 적극적으로 후자는 소극적으로 확정하는 차이가 있다.

04 위험범에 관한 설명으로 옳지 않은 것을 모두 고른 것은? (다툼이 있는 경우 판례에 의함)

> ㉠ 「형법」 제230조의 공문서부정행사죄는 공무원 또는 공무소의 문서 또는 도화를 부정행사함으로써 성립하는 죄로 추상적 위험범에 해당한다.
> ㉡ 「형법」 제185조의 일반교통방해죄는 육로, 수로 또는 교량을 손괴 또는 불통하게 하거나 기타 방법으로 교통을 방해함으로써 성립하는 죄로 구체적 위험범에 해당한다.
> ㉢ 「형법」 제158조의 장례식방해죄는 장례식을 방해함으로써 성립하는 죄로 구체적 위험범에 해당한다.
> ㉣ 「형법」 제307조의 명예훼손죄는 공연히 사실 또는 허위의 사실을 적시하여 사람의 명예를 훼손함으로써 성립하는 죄로 추상적 위험범에 해당한다.

① ㉠㉡   ② ㉠㉣   ③ ㉡㉢   ④ ㉢㉣

05 다음 중 형법상 친고죄인 것을 모두 고른 것은?

> ㉠ 사자명예훼손죄   ㉡ 외국원수에 대한 폭행죄
> ㉢ 출판물에 의한 명예훼손죄 ㉣ 존속협박죄
> ㉤ 업무상 비밀누설죄   ㉥ 과실치상죄
> ㉦ 비밀침해죄

① ㉠㉥㉦   ② ㉡㉣㉤   ③ ㉠㉤㉦   ④ ㉠㉢㉤㉦

06 범죄의 종류에 대한 설명 중 가장 적절한 것은? (다툼이 있는 경우 판례에 의함)

① 명예훼손죄의 구성요건이 결과발생을 요구하는 침해범의 형태로 규정되어 있기 때문에 적시된 사실로 인하여 특정인의 사회적 평가를 침해할 위험만으로는 부족하고 침해의 결과 발생이 필요하다.
② 일반교통방해죄는 구체적 위험범이므로 교통방해의 결과가 현실적으로 발생하여야 하며, 교통방해행위로 인하여 교통이 현저히 곤란한 상태가 발생하면 미수가 된다.
③ 구 「국가공무원법」 제84조, 제65조 제1항에서 규정하는 공무원이 정당 그 밖의 정치단체에 가입한 죄는 공무원이 정당 등에 가입함으로써 즉시 성립하고 그와 동시에 완성되는 즉시범이므로 그 범죄성립과 동시에 공소시효가 진행한다.
④ 체포죄는 즉시범으로서 반드시 체포의 행위에 확실히 사람의 신체의 자유를 구속한다고 인정할 수 있을 정도의 시간적 계속성이 있을 필요는 없다.

07 친고죄 및 반의사불벌죄에 대한 설명 중 옳고 그름의 표시(O, ×)가 바르게 된 것은? (다툼이 있는 경우 판례에 의함)

> ㉠ 폭행죄는 피해자의 명시한 의사에 반하여 공소를 제기할 수 없는 반의사불벌죄로서 처벌불원의 의사표시는 의사능력이 있는 피해자가 단독으로 할 수 있는 것이고, 피해자가 사망한 후 그 상속인이 피해자를 대신하여 처벌불원의 의사표시를 할 수는 없다.
> ㉡ 사자명예훼손죄와 출판물에 의한 명예훼손죄는 반의사불벌죄에 해당한다.
> ㉢ 형법상 폭행죄, 존속폭행죄, 특수폭행죄는 모두 피해자의 명시한 의사에 반하여 공소를 제기할 수 없다.
> ㉣ 동거하지 않는 형제간에 절도죄를 범한 때에는 고소가 있어야 공소를 제기할 수 있다.

① ㉠(O) ㉡(×) ㉢(O) ㉣(O)
② ㉠(O) ㉡(×) ㉢(×) ㉣(O)
③ ㉠(O) ㉡(×) ㉢(×) ㉣(×)
④ ㉠(×) ㉡(O) ㉢(O) ㉣(×)

08 다음 중 목적범이 아닌 것은 모두 몇 개인가?

> ㉠ 허위진단서작성죄   ㉡ 도박장소 등 개설죄
> ㉢ 사문서위조죄   ㉣ 무고죄
> ㉤ 음행매개죄   ㉥ 명예훼손죄
> ㉦ 국기·국장모독죄   ㉧ 강제집행면탈죄

① 1개   ② 2개   ③ 3개   ④ 4개

제2절 행위의 주체(법인)

09 법인에 관한 설명 중 가장 적절하지 않은 것은? (다툼이 있는 경우 판례에 의함)

① 1인 회사의 경우에도 자본시장과 금융투자업에 관한 법률에 따른 양벌규정에 기한 책임을 부담한다.
② 회사 대표자의 위반행위에 대하여 징역형의 형량을 정상참작감경하고 병과하는 벌금형에 대하여 선고유예를 한 이상 양벌규정에 따라 그 회사를 처단함에 있어서도 같은 조치를 취하여야 한다.
③ 양벌규정의 법인의 대표자는 그 명칭 여하를 불문하고 당해 법인을 실질적으로 경영하면서 사실상 대표하고 있는 자를 포함한다.
④ 특별한 근거규정이 없는 한 법인설립 이전의 자연인의 행위를 이유로 양벌규정을 적용하여 법인을 처벌할 수는 없다.

10 법인의 처벌에 대한 설명 중 가장 적절한 것은? (다툼이 있는 경우 판례에 의함)

① 합병으로 인하여 소멸한 법인이 종업원 등의 위법행위에 대하여 양벌규정에 따라 부담하던 형사책임은 합병으로 존속하는 법인에 승계되지 않는다.
② 법인격 없는 사단과 같은 단체는 법인과 마찬가지로 사법상의 권리의무의 주체가 될 수 있으므로 법률에 명문의 규정 유무를 불문하고 그 범죄능력은 당연히 인정된다.
③ 양벌규정은 법인의 대표자 등 행위자가 법규위반행위를 저지른 경우 일정 요건하에 행위자가 아닌 법인이 직접 법규위반행위를 저지른 것으로 평가하여 행위자와 같이 처벌하도록 규정한 것으로 이때의 법인의 처벌은 행위자의 처벌에 종속되는 것이다.
④ 지방자치단체의 장이 국가사무의 일부를 위임받아 사무를 처리하는 기관위임사무뿐만 아니라 지방자치단체 고유의 자치사무를 처리하는 경우에도 지방자치단체는 국가기관과는 별도의 독립한 공법인이므로 양벌규정에 따라 처벌대상이 되는 법인에 해당한다.

11 양벌규정에 대한 설명으로 가장 적절하지 않은 것은? (다툼이 있는 경우 판례에 의함)

① 양벌규정 중 법인 대표자의 법규위반행위에 대한 법인의 책임은 법인 자신의 법규위반 행위로 평가될 수 있는 행위에 대한 법인의 직접책임이지만, 대표자의 고의·과실에 의한 위반행위에 대하여는 법인도 고의·과실책임을 부담하므로 법인의 처벌은 그 대표자의 처벌을 요건으로 한다.

② 양벌규정에서 법인처벌의 요건으로 규정된 '법인의 업무에 관하여' 행한 것으로 보기 위해서는 객관적으로 법인의 업무를 위하여 하는 것으로 인정할 수 있는 행위가 있어야 하고, 주관적으로는 피용자 등이 법인의 업무를 위하여 한다는 의사를 가지고 행위하여야 한다.

③ 구「건축법(1991. 5. 31. 법률 제4381호로 개정되어 1992. 6. 1. 시행되기 전의 것)」 제54조 내지 제56조의 벌칙규정과 같이 법률의 벌칙규정에서 그 적용대상자를 일정한 업무주로 한정한 경우에 업무주가 아니면서 그 업무를 실제로 집행하는 자가 그 벌칙규정의 위반행위를 하였다면, 실제로 업무를 집행하는 자는 그 벌칙규정을 적용대상으로 하고 있는 양벌규정에 의해 처벌된다.

④ 지방자치단체가 그 고유의 자치사무를 처리하는 경우, 지방자치단체는 국가기관의 일부가 아니라 국가기관과는 별도의 독립한 공법인으로서 양벌규정에 의한 처벌대상이 되는 법인에 해당한다.

12 다음 설명 중 가장 적절한 것은? (다툼이 있는 경우 판례에 의함)

① 甲 주식회사의 전임 대표이사 乙이 회사소유 부동산에 대한 매매계약을 체결한 후 중도금 및 잔금까지 수령한 사실을 알면서도 후임 대표이사 丙이 부동산을 제3자에게 매각하여 소유권이전등기를 해 준 경우에는 甲 주식회사는 배임죄의 죄책을 진다.

② 양벌규정에 의해서 법인 또는 개인을 처벌하는 경우 그 처벌은 직접 법률을 위반한 행위자에 대한 처벌에 종속하며, 행위자에 대한 선임감독상의 과실로 인하여 처벌되는 것이므로, 행위자에 대한 처벌이 법인 또는 개인에 대한 처벌의 전제조건이 된다.

③ 법인의 직원이 범한 범죄가 친고죄라면 양벌규정에 의하여 법인을 처벌하기 위해서는 이 직원을 고소하는 이외에 법인에 대한 별도의 고소가 요구된다.

④ 소유와 경영의 분리라는 영업원칙에 따라 소유자와 실질적 경영자가 다른 경우 종업원의 위법행위로 인한 양벌규정상의 형사책임은 실질적 경영자가 진다.

13 다음 설명 중 가장 적절하지 않은 것은? (다툼이 있는 경우 판례에 의함)

① 구 건축법(1991. 5.31. 법률 제4381호로 전문 개정되기 전의 것) 제54조 내지 제56조의 벌칙규정에서 그 적용대상자를 건축주, 공사감리자, 공사시공자 등 일정한 업무주로 한정한 경우에 있어서, 같은 법 제57조의 양벌규정은 그 위반행위의 이익귀속주체인 업무주에 대한 처벌규정이지 업무주가 아니면서 당해 업무를 실제로 집행하는 행위자의 처벌규정이 될 수 없다.

② 법인은 기관을 통하여 행위하므로 법인이 대표자를 선임한 이상 그의 행위로 인한 법률효과는 법인에게 귀속되어야 하고, 법인 대표자의 범죄행위에 대하여는 법인 자신이 책임을 져야 하는바, 법인 대표자의 법규위반행위에 대한 법인의 책임은 법인 자신의 법규위반행위로 평가될 수 있는 행위에 대한 법인의 직접책임으로서, 대표자의 고의에 의한 위반행위에 대하여는 법인 자신의 고의에 의한 책임을, 대표자의 과실에 의한 위반행위에 대하여는 법인 자신의 과실에 의한 책임을 지는 것이다.

③ 배임죄에 있어서 타인의 사무를 처리할 의무의 주체가 법인이 되는 경우라도 법인은 사법상의 권리의무의 주체가 될 수 있을 뿐 범죄능력은 없으며, 그 타인의 사무는 법인을 대표하는 자연인인 대표기관의 의사결정에 따른 대표행위에 의하여 실현될 수밖에 없어 그 대표기관은 마땅히 법인이 타인에 대하여 부담하고 있는 의무내용대로 사무를 처리할 임무가 있다 할 것이므로, 법인이 처리할 의무를 지는 타인의 사무에 관하여는 법인이 배임죄의 주체가 될 수 없고 그 법인을 대표하여 사무를 처리하는 자연인인 대표기관이 바로 타인의 사무를 처리하는 자, 즉 배임죄의 주체가 된다.

④ 국가가 본래 그의 사무의 일부를 지방자치단체의 장에게 위임하여 그 사무를 처리하게 하는 기관위임사무의 경우에는 지방자치단체는 국가기관의 일부로 볼 수 있는 것이지만, 지방자치단체가 그 고유의 자치사무를 처리하는 경우에는 지방자치단체는 국가기관의 일부가 아니라 국가기관과는 별도의 독립한 공법인이므로 지방자치단체 소속 공무원이 지방자치단체 고유의 자치사무를 수행하던 중 구 도로법(2008. 3.21. 법률 제8976호로 전문 개정되기 전의 것) 제81조 내지 제85조의 규정에 의한 위반행위를 한 경우에는 지방자치단체는 같은 법 제86조의 양벌규정에 따라 처벌대상이 되는 법인에 해당한다.

제2장 구성요건

제1절 부작위범

14 부작위범에 대한 설명 중 옳은 것을 모두 고른 것은? (다툼이 있는 경우 판례에 의함)

> ㉠ 甲은 할부금융회사로부터 금융을 얻어 자동차를 매수한 후 乙에게 그 자동차를 매도하였는데, 계약체결 당시 자동차에 대하여 저당권이 설정되거나 가압류된 사실이 없고 甲과 乙 사이의 계약조건에 할부금채무의 승계에 대한 내용도 없다면 甲이 할부금채무의 존재를 乙에게 고지하지 않았더라도 사기죄가 성립하지 않는다.
> ㉡ 경찰서 형사과장인 甲이 압수물을 범죄 혐의의 입증에 사용하도록 하는 등의 적절한 조치를 취하지 아니하고 피압수자에게 돌려준 경우 甲에게는 작위범인 증거인멸죄만이 성립하고 부작위범인 직무유기죄는 따로 성립하지 아니한다.
> ㉢ 부작위범 사이의 공동정범은 다수의 부작위범에게 공통된 의무가 부여되어 있고, 그 의무를 공통으로 이행할 수 있을 때에만 성립한다.
> ㉣ 부작위범에 대한 교사·방조는 가능하나, 부작위에 의한 교사·방조는 불가능하다.

① ㉠㉡㉢ ② ㉠㉢㉣ ③ ㉡㉢㉣ ④ ㉠㉡㉢㉣

15 부작위범에 대한 설명으로 가장 적절하지 않은 것은? (다툼이 있는 경우 판례에 의함)

① 작위의무가 법적으로 인정되는 부진정부작위범이라 하더라도 작위의무를 이행하는 것이 사실상 불가능한 상황이었다면 부작위범이 성립할 수 없다.
② 하나의 행위가 부작위범인 직무유기죄와 작위범인 허위공문서작성죄 및 허위작성공문서행사죄의 구성요건을 동시에 충족하는 경우 공소제기권자는 작위범인 허위공문서작성죄 및 허위작성공문서행사죄로 공소를 제기하지 아니하고 부작위범인 직무유기죄로만 공소를 제기할 수 있다.
③ 진정부작위범은 미수 성립이 불가능하여 형법에서는 미수범 처벌규정이 존재하지 않는 반면, 부진정부작위범은 미수 성립이 가능하다.
④ 부작위에 의한 살인에 있어서 작위의무를 이행하였다면 사망의 결과가 발생하지 않았을 것이라는 관계가 인정될 경우 부작위와 사망의 결과 사이에 인과관계가 인정된다.

16. 부작위범에 관한 설명 중 옳고 그름의 표시(O, ×)가 바르게 된 것은? (다툼이 있는 경우 판례에 의함)

> ㉠ 매매 대상 토지에 대하여 도시계획이 입안되어 협의 수용될 것을 알고 있는 매도인이 이러한 사실을 모르는 매수인에게 이 같은 사실을 고지하지 아니하고 매도하였더라도 매수인에게 소유권이전등기가 완료되었다면 부작위에 의한 사기죄가 성립하지 않는다.
> ㉡ 부진정 부작위범의 성립요건과 관련하여 보증인지위와 보증의무의 체계적 지위를 나누는 이분설에 따르면, 부작위 행위자의 보증인 의무에 관한 착오는 구성요건적 착오에 해당한다.
> ㉢ 미성년자를 유인하여 포박·감금한 자가 중간에 살해의 고의를 가지고 계속 방치하여 사망케 하였다면 감금 행위자에게도 보증인 지위 내지 보증인 의무가 인정되어 부작위에 의한 살인죄의 성립을 인정하여야 한다.
> ㉣ 과실에 의한 교사와 방조가 모두 불가능하듯이, 부작위에 의한 교사와 방조도 모두 불가능하다.

① ㉠(O) ㉡(O) ㉢(×) ㉣(O) ② ㉠(×) ㉡(O) ㉢(O) ㉣(×)
③ ㉠(×) ㉡(×) ㉢(O) ㉣(O) ④ ㉠(×) ㉡(×) ㉢(O) ㉣(×)

17. 부작위범에 대한 설명으로 가장 적절하지 않은 것은? (다툼이 있는 경우 판례에 의함)

① 자기의 행위로 인하여 위험발생의 원인을 야기한 자가 그 위험 발생을 방지하지 아니한 때에는 그 발생된 결과에 의하여 처벌된다.
② 형법 제18조에서 규정한 부작위는 법적 기대라는 규범적 가치판단 요소에 의해 사회적 중요성을 가지는 사람의 행태이다.
③ 부작위에 의한 업무방해죄가 성립하기 위해서는 그 부작위를 실행행위로서의 작위와 동일시할 수 있어야 하는 바, 피고인이 일부러 건축자재를 피해자의 토지 위에 쌓아 두어 공사 현장을 막은 것이 아니고 당초 자신의 공사를 위해 쌓아 두었던 건축자재를 공사대금을 받을 목적으로 공사 완료 후 치우지 않은 경우는 위력으로써 피해자의 추가 공사 업무를 방해하는 업무방해죄의 실행행위로서 피해자의 업무에 대한 적극적인 방해 행위와 동등한 형법적 가치를 가진다.
④ 퇴거불응죄는 부작위가 처음부터 구성요건적 행위로 예정되어 있는 경우로 진정부작위범에 해당한다.

18 부작위범에 관한 설명으로 옳고 그름의 표시(○, ×)가 바르게 된 것은? (다툼이 있는 경우 판례에 의함)

> ㉠ 수사관이 검사로부터 범인을 검거하라는 지시를 받고서도 그 직무상의 의무에 따른 적절한 조치를 취하지 아니하고 오히려 범인에게 전화로 도피하라고 권유하여 범인을 도피케 한 경우, 작위범인 범인도피죄만이 성립하고 부작위범인 직무유기죄는 따로 성립하지 아니한다.
> ㉡ 부작위에 의한 기망은 법률상 고지의무 있는 자가 일정한 사실에 관하여 상대방이 착오에 빠져 있음을 알면서도 이를 고지하지 아니하는 것으로서, 거래의 경험칙상 상대방이 그 사실을 알았더라면 당해 법률행위를 하지 않았을 것이 명백한 경우에는 신의칙에 비추어 그 사실을 고지할 법률상 의무가 인정된다.
> ㉢ 항해 중이던 선박의 1등 항해사 乙, 2등 항해사 丙이 배가 좌현으로 기울어져 멈춘 후 침몰하고 있는 상황에서 피해자인 승객 등이 안내방송 등을 믿고 대피하지 않은 채 선내에 대기하고 있음에도 아무런 구조조치를 취하지 않고 퇴선함으로써, 배에 남아있던 피해자들을 익사하게 한 사안에서, 乙, 丙의 미필적 고의가 인정되고, 선장인 甲의 부작위에 의한 살인행위에 가담한 기능적 행위지배가 인정되어 암묵적, 순차적으로 공모 가담한 공동정범이라고 보아야 하는 점 등을 종합할 때, 乙, 丙은 부작위에 의한 살인 및 살인미수죄의 공동정범으로서의 죄책을 면할 수 없다.
> ㉣ 일정한 기간 내에 잘못된 상태를 바로잡으라는 행정청의 지시를 이행하지 않았다는 것을 구성요건으로 하는 범죄는 이른바 진정부작위범으로서 그 의무이행 기간의 경과에 의하여 범행이 기수에 이른다. 그러나 2개월 내에 행정청의 지시를 이행하지 않은 행위와 그 7개월 후 다시 같은 내용의 지시를 받고 이를 이행하지 않은 부작위는 서로 양립이 가능한 전혀 별개의 범죄이다.

① ㉠(○) ㉡(○) ㉢(×) ㉣(○)　　② ㉠(○) ㉡(×) ㉢(○) ㉣(○)
③ ㉠(×) ㉡(○) ㉢(×) ㉣(○)　　④ ㉠(○) ㉡(○) ㉢(×) ㉣(×)

19 부작위범에 관한 설명으로 옳고 그름의 표시(○, ×)가 바르게 된 것은? (다툼이 있는 경우 통설, 판례에 의함)

> ㉠ 어떠한 범죄가 적극적 작위에 의하여 이루어질 수 있음은 물론 결과의 발생을 방지하지 아니하는 소극적 부작위에 의하여도 실현될 수 있는 경우에, 행위자가 자신의 신체적 활동이나 물리적·화학적 작용을 통하여 적극적으로 타인의 법익 상황을 악화시킴으로써 결국 그 타인의 법익을 침해하기에 이르렀다면, 이는 작위에 의한 범죄로 봄이 원칙이다.

ⓒ 업무상배임죄는 부작위에 의해서도 성립할 수 있는데, 그러한 부작위를 실행의 착수로 볼 수 있기 위해서는 작위의무가 이행되지 않으면 사무처리의 임무를 부여한 사람이 재산권을 행사할 수 없으리라고 객관적으로 예견되는 등으로 구성요건적 결과 발생의 위험이 구체화한 상황에서 부작위가 이루어져야 한다.
ⓒ 부작위에 의한 교사는 교사자가 정범에게 부작위에 의하여 범죄의 결의를 일으키게 할 수 없기 때문에 불가능하지만, 부작위에 의한 방조는 방조범에게 보증인의무가 인정된다면 가능하다.
ⓔ 부작위범에 대한 교사는 교사자가 정범에게 부작위에 나가도록 결의하게 함으로써 가능하고, 부작위범에 대한 방조는 부작위하겠다는 부작위범의 결의를 강화하는 형태의 방조도 가능하다.

① ㉠(O) ㉡(O) ㉢(O) ㉣(O)　② ㉠(O) ㉡(×) ㉢(O) ㉣(×)
③ ㉠(×) ㉡(O) ㉢(×) ㉣(O)　④ ㉠(×) ㉡(×) ㉢(×) ㉣(×)

20 착오에 관한 설명 중 옳고 그름의 표시(O, ×)가 바르게 된 것은? (다툼이 있는 경우 판례에 의함)

㉠ 甲이 지하철에서 옆 사람이 손잡이를 잡기 위해 팔을 올리는 것을 성추행하는 것으로 경솔하게 오인하여 그 손을 쳐서 전치 4주의 상해를 입힌 경우, 甲의 착오에 대한 엄격책임설과 법효과제한적 책임설의 결론은 동일하다.
㉡ 불능미수의 문제는 사실의 착오가 반전된 경우이지만, 환각범은 법률의 착오가 반전된 경우이다.
㉢ 甲이 자신의 아들이 물에 빠졌는데도 그를 타인의 아들이라고 잘못 생각하여 구조행위를 하지 않아 사망하게 한 경우, 이분설에 따르면 甲의 착오는 형법 제16조의 법률의 착오에 해당한다.
㉣ 공무원이 그 직무에 관하여 실시한 봉인 등의 표시를 손상 또는 은닉 기타의 방법으로 그 효용을 해함에 있어서 그 봉인 등의 표시가 법률상 효력이 없다고 믿은 경우, 그와 같이 믿은 데에 정당한 이유가 없는 이상 공무상표시무효죄의 죄책을 면할 수 없다.

① ㉠(O) ㉡(O) ㉢(×) ㉣(O)　② ㉠(O) ㉡(×) ㉢(O) ㉣(×)
③ ㉠(×) ㉡(O) ㉢(×) ㉣(O)　④ ㉠(×) ㉡(×) ㉢(×) ㉣(O)

제2절 인과관계와 객관적 귀속

21 인과관계에 관한 설명으로 가장 적절하지 않은 것은? (다툼이 있는 경우 판례에 의함)

① 자기 집 안방에서 취침 중 일산화탄소(연탄가스)에 중독되어 병원에서 치료받은 환자 A가 퇴원하면서 자신의 병명을 문의하였음에도 의사 甲이 병명과 요양방법을 설명하지 아니하여 A가 자기 집 안방에서 취침하다 다시 일산화탄소에 중독된 경우, 甲이 병명 및 요양방법을 설명하지 않은 태만과 A의 두 번째 일산화탄소 중독과의 사이에는 인과관계가 있다.

② 피고인이 운영하는 한국임업은 공사 완성의 대가로 발주처로부터 공사대금을 지급받은 것이므로 설령 피고인이 발주처에 대하여 기술자격증 대여 사실을 숨기는 등의 행위를 하였다고 하더라도 그 행위와 공사대금 지급 사이에 사기죄의 상당인과관계를 인정하기 어렵다.

③ 운전자 甲이 열차건널목 일시정지 규정을 위반하여 진행 중 甲이 운전한 자동차가 열차 좌측 모서리와 충돌하여 20여 미터쯤 끌려가면서 튕겨나갔고 피해자 A가 타고가던 자전거에서 내려 그 자동차 왼쪽에서 열차가 지나가기를 기다리고 있던 중 위 충돌사고로 놀라 넘어져 상처를 입은 경우, 위 자동차와 A가 직접 충돌하지 아니하였으므로 甲의 위 과실과 A가 입은 상처 사이에는 상당한 인과관계가 없다.

④ 甲이 운전하던 택시가 이미 정차하였음에도 뒤쫓아오던 자동차의 충돌로 인하여 앞차를 충격하는 사고가 발생한 경우, 설사 甲에게 앞차와의 안전거리를 준수치 않은 위법이 있었다 할지라도 그것과 앞차를 충격하여 발생한 피해결과와 사이에 인과관계가 없다.

22 인과관계에 대한 설명으로 가장 적절하지 않은 것은? (다툼이 있는 경우 판례에 의함)

① 폭행죄와 명예훼손죄는 인과관계를 필요로 하지 않는다.
② 甲이 승용차로 A를 가로막아 승차하게 한 후 A의 하차 요구를 무시한 채 당초 목적지가 아닌 다른 장소를 향해 시속 약 60km 내지 70km의 속도로 진행하자, A가 이를 벗어날 목적으로 차량을 빠져나오려다가 길바닥에 떨어져 사망한 경우, 甲의 행위와 A의 사망 사이에는 인과관계가 인정된다.
③ 한의사 甲이 A에게 문진하여 과거 봉침을 맞고도 별다른 이상반응이 없었다는 답변을 듣고 부작용에 대한 충분한 사전 설명 없이 환부인 목 부위에 봉침시술을 하였는데, A가 시술 직후 쇼크반응을 나타내는 등 상해를 입은 경우, 설명의무를 다하였더라도 피해자가 반드시 시술을 거부하였을 것이라고 볼 수 없다면 甲의 설명의무 위반과 A의 상해 사이에는 인과관계가 부정된다.
④ 산부인과 의사 甲이 환자 A를 다른 병원으로 전원하는 과정에서 전원을 지체하고, 전원받는 병원 의료진에게 A가 고혈압환자이고 제왕절개수술 후 대량출혈이 있었던 사정을 설명하지 않아 A가 사망한 경우, 전원받은 병원에서 의료진의 조치가 미흡하여 전원 후 약 1시간 20분이 지나 수혈이 시작된 사정이 있었다면, 甲의 과실과 A의 사망 사이에는 인과관계가 단절된다.

23 인과관계에 관한 설명 중 옳은 것은 모두 몇 개인가? (다툼이 있는 경우 판례에 의함)

㉠ 공동정범 관계에 있는 여러 사람의 행위가 경합하여 하나의 결과가 발생되었으나 그 결과발생의 원인행위가 밝혀지지 아니한 경우에는 각 행위자를 미수범으로 처벌해야 한다.
㉡ 사기죄가 성립하려면 행위자의 기망행위, 피기망자의 착오와 그에 따른 처분행위 그리고 행위자 등의 재물이나 재산상 이익의 취득이 있고, 그 사이에 순차적인 인과관계가 존재하여야 한다.
㉢ 인과관계에 관한 학설 중 조건설에 의하면 인과관계의 범위가 지나치게 확대된다는 문제점이 있다.
㉣ 「아동·청소년의 성보호에 관한 법률」 제7조 제5항 위반의 위계에 의한 간음죄에서 행위자가 간음의 목적으로 피해자에게 오인, 착각, 부지를 일으키고 피해자의 그러한 심적 상태를 이용하여 간음의 목적을 달성하였다면 위계와 간음행위 사이의 인과관계를 인정할 수 있다.

① 1개   ② 2개   ③ 3개   ④ 4개

24 인과관계에 관한 설명 중 옳지 않은 것은 모두 몇 개인가? (다툼이 있는 경우 판례에 의함)

㉠ 의사가 설명의무를 위반한 채 의료행위를 하였다가 환자에게 상해 또는 사망의 결과가 발생한 경우 의사에게 업무상 과실로 인한 형사책임을 지우기 위해서는 의사의 설명의무 위반과 환자의 상해 또는 사망 사이에 상당인과관계가 존재하여야 한다.
㉡ 안면 및 흉부에 대한 구타는 생리적 작용에 중대한 영향을 줄 뿐 아니라 신경에 강대한 자극을 줌으로써 정신의 흥분과 이에 따르는 혈압의 항진을 초래하여 뇌일혈을 야기케 할 수 있고 이는 누구든지 예견할 수 있으므로 구타와 뇌일혈 사이에 인과관계가 있다.
㉢ 강간 피해자가 집에 돌아가 음독자살한 경우 강간행위와 자살 사이에 인과관계를 인정할 수 있다.
㉣ 어로작업중인 항행유지선이라고 할지라도 피항선이 피항하지 않음으로써 충돌의 위험이 닥친 경우에 스스로 방향을 바꾸거나 감속 또는 정선함으로써 사고를 미연에 방지할 수 있다면 그 같은 조치를 취할 주의의무가 있으나, 만일 항행유지선 조선자가 견시의무를 다하여 미리 피항선의 근접을 발견하였더라도 충돌의 위험이 닥친 단계에서 스스로 방향변경 등의 방법으로 위험을 피할 도리가 없는 이상 항행유지선 조선자의 견시의무를 소홀히 한 과실은 사고발생과 상당인과관계가 있다고 볼 수 없다.
㉤ 피고인이 주먹으로 피해자의 복부를 1회 강타하여 장파열로 인한 복막염으로 사망케 하였다면, 비록 의사의 수술지연 등 과실이 피해자의 사망의 공동원인이 되었다 하더라도 피고인의 행위가 사망의 결과에 대한 유력한 원인이 된 이상 그 폭력행위와 치사의 결과간에는 인과관계가 있다 할 것이어서 피고인은 피해자의 사망의 결과에 대해 폭행치사의 죄책을 면할 수 없다.

① 없음 ② 1개 ③ 2개 ④ 3개

25 인과관계에 관한 설명 중 옳지 않은 것은 모두 몇 개인가? (다툼이 있는 경우 판례에 의함)

㉠ 의사가 시술의 위험성에 관하여 설명을 하였더라면 환자가 시술을 거부하였을 것이라는 점이 합리적 의심의 여지가 없이 증명되지 못한 경우에는 의사의 설명의무 위반과 환자의 상해 또는 사망 사이에 상당인과관계를 인정할 수 없다.
㉡ 고의의 결과범에서 실행행위와 결과발생 간에 인과관계가 없는 경우 행위자를 기수범으로 처벌할 수 없다.

ⓒ 「아동·청소년의 성보호에 관한 법률」 제7조 제5항 위반의 위계에 의한 간음죄에서 행위자가 간음의 목적으로 피해자에게 오인, 착각, 부지를 일으키고 피해자의 그러한 심적 상태를 이용하여 간음의 목적을 달성하였다면 위계와 간음행위 사이의 인과관계를 인정할 수 있다.
ⓔ 피해자 법인의 대표가 기망행위자와 동일인이거나 기망행위자와 공모하는 등 기망행위임을 알고 있었던 경우에는 기망행위로 인한 착오가 있다고 볼 수 없고, 재물교부 등의 처분행위가 있었더라도 기망행위와 인과관계가 있다고 보기 어렵다.
ⓕ 살인의 실행행위와 피해자의 사망 사이에 다른 사실이 개재되어 그 사실이 사망의 직접적인 원인이 되었다면, 그 사실이 통상 예견할 수 있는 것이라 하더라도 살인의 실행행위와 피해자의 사망 사이에 인과관계가 없는 것으로 보아야 한다.

① 없음   ② 1개   ③ 2개   ④ 3개

26 다음 사례 중 인과관계가 인정되는 경우를 모두 고른 것은? (다툼이 있는 경우 판례에 의함)

㉠ 甲이 좌회전 금지구역에서 좌회전하는데 50여 미터 후방에서 따라오던 후행차량이 중앙선을 넘어 甲 운전차량의 좌측으로 돌진하여 사고가 발생한 경우 甲의 좌회전 금지구역에서 좌회전한 행위와 사고발생 사이
㉡ 甲의 살인행위와 피해자 A의 사망과의 사이에 다른 사실이 개재되어 그 사실이 치사의 직접적인 원인이 되었다고 하더라도 그와 같은 사실이 통상 예견할 수 있는 것에 지나지 않는 경우 甲의 살인행위와 A의 사망 사이
㉢ 甲이 계속 교제하기를 원하는 자신의 제의를 피해자 A가 거절한다는 이유로 A의 얼굴 등을 구타하는 등 폭행을 가하여 전치 10일간의 흉부피하출혈상 등을 가하였고, A가 계속되는 甲의 폭행을 피하려고 다시 도로를 건너 도주하다가 차량에 치여 사망한 경우 甲의 상해행위와 A의 사망 사이
㉣ 甲이 A의 뺨을 1회 때리고 오른손으로 목을 쳐 A로 하여금 뒤로 넘어지면서 머리를 땅바닥에 부딪치게 하여 두부 손상 등 상해를 가한 후, A가 병원에서 입원치료를 받다가 합병증인 폐렴으로 인한 패혈증 등으로 사망한 경우 甲의 상해행위와 A의 사망 사이

① ㉠㉢   ② ㉡㉣   ③ ㉠㉡㉢   ④ ㉡㉢㉣

27 인과관계에 대한 설명 중 옳은 것만을 모두 고른 것은? (다툼이 있는 경우 판례에 의함)

㉠ 과실범의 독립행위가 경합하여 결과발생의 원인된 행위가 판명되지 아니한 때에는 각 행위자를 미수범으로 처벌한다.
㉡ '그러한 행위가 없었더라면 그러한 결과도 발생하지 않았을 것'이라는 자연과학적 인과관계를 판단의 척도로 삼는 조건설은 각 조건들을 결과에 대한 동등한 원인으로 간주하여 인과관계의 범위가 지나치게 확장된다는 비판을 받는다.
㉢ 어느 행위로부터 어느 결과가 발생하는 것이 경험칙상 상당하다고 판단될 때 인과관계가 인정되는 상당인과관계설은 인과관계를 일상적인 생활경험으로 제한하여 형사처벌의 확장을 방지하는 장점이 있으나 '상당성'의 판단이 모호하여 법적 안정성을 해칠 우려가 있다는 비판을 받는다.
㉣ 甲에 의한 선행 교통사고와 乙에 의한 후행 교통사고로 A가 사망하였으나 사망의 원인된 행위가 밝혀지지 않은 경우 乙의 과실과 A의 사망 간에 인과관계가 인정되기 위해서는 乙이 주의의무를 게을리하지 않았다면 A가 사망하지 않았을 것이라는 사실이 증명되어야 하고, 그 증명책임은 乙에게 있다.

① ㉠ 　② ㉡㉢ 　③ ㉠㉡㉢ 　④ ㉡㉢㉣

28 인과관계에 관한 설명 중 옳은 것은 모두 몇 개인가? (다툼이 있는 경우 판례에 의함)

㉠ 피고인이 피해자의 멱살을 잡아 흔들고 주먹으로 가슴과 얼굴을 1회씩 구타하고 멱살을 붙들고 넘어뜨리는 등 신체 여러 부위에 표피박탈, 피하출혈 등의 외상이 생길 정도로 심하게 폭행을 가함으로써 평소에 오른쪽관상동맥폐쇄 및 심실의 허혈성 심근섬유화증세 등의 심장질환을 앓고 있던 피해자의 심장에 더욱 부담을 주어 나쁜 영향을 초래하도록 하였다면, 비록 피해자가 관상동맥부전과 허혈성심근경색 등으로 사망하였더라도 피고인의 폭행의 방법, 부위나 정도 등에 비추어 피고인의 폭행과 피해자의 사망간에 상당인과관계가 있었다고 볼 수 있다.

㉡ 피고인이 피해자를 2회에 걸쳐 두 손으로 힘껏 밀어 땅바닥에 넘어뜨려 피해자가 그 충격으로 인한 쇼크성 심장마비로 사망한 경우 피해자에게 그 당시 심관성동맥경화 및 심근섬유화 증세 등의 심장질환의 지병이 있었고, 음주로 만취된 상태였으며 그것이 피해자의 사망에 영향을 주었다면 피고인의 폭행과 피해자의 사망 사이에 상당인과관계는 인정되지 않는다.

㉢ 피고인이 제왕절개수술 후 대량출혈이 있었던 피해자를 전원 조치하였으나 전원을 받은 병원 의료진의 조치가 다소 미흡하여 도착 후 약 1시간 20분이 지나 수혈이 시작되었으나 과다출혈 등으로 피해자가 사망한 사안에서, 비록 피고인에게 전원 조치를 지체한 과실이 있기는 하나 피고인의 위와 같은 과실과 피해자의 사망사이에 인과관계가 있다고 할 수 없다.

㉣ 피고인의 택시가 차량 신호등이 적색 등화임에도 횡단보도 앞 정지선 직전에 정지하지 않고 상당한 속도로 정지선을 넘어 횡단보도에 진입하였고, 횡단보도에 들어선 이후 차량 신호등이 녹색 등화로 바뀌자 교차로로 계속 직진하여 교차로에 진입하자마자 교차로를 거의 통과하였던 피해자의 승용차 오른쪽 뒤 문짝을 피고인 택시 앞 범퍼 부분으로 충돌하여 피해자에게 상해를 입게 하였다면 피고인의 신호위반행위가 교통사고 발생의 직접적인 원인이라고 보아야 한다.

① 1개 ② 2개 ③ 3개 ④ 4개

제3절 구성요건적 고의

29 주관적 구성요건에 대한 설명 중 가장 적절한 것은? (다툼이 있는 경우 판례에 의함)

① 친족상도례가 적용되는 범죄에 있어서 '친족관계'와 특수폭행죄에 있어서 '위험한 물건을 휴대한다는 사실'은 고의의 인식 대상이다.
② 내란선동죄에서 국헌문란의 목적은 고의 외에 요구되는 초과주관적 위법요소로서 엄격한 증명사항에 속하므로 미필적 인식만으로는 부족하고, 적극적 의욕이나 확정적 인식이어야 한다.
③ 방조범은 정범의 실행을 방조한다는 이른바 방조의 고의와 정범의 행위가 구성요건에 해당하는 행위인 점에 대한 정범의 고의가 있어야 하며, 정범의 고의는 범죄의 미필적 인식 또는 예견만으로는 부족하고 정범에 의하여 실현되는 범죄의 구체적 내용을 인식하여야 한다.
④ 미필적 고의에서 행위자가 범죄사실이 발생할 가능성을 용인하고 있었는지의 여부는 행위자의 진술에 의존하지 아니하고 외부에 나타난 행위의 형태와 행위의 상황 등 구체적인 사정을 기초로 하여 일반인이라면 당해 범죄사실이 발생할 가능성을 어떻게 평가할 것인가를 고려하면서 행위자의 입장에서 그 심리상태를 추인하여야 한다.

30 고의에 관한 설명 중 가장 적절하지 않은 것은? (다툼이 있는 경우 판례에 의함)

① 대구지하철 화재 사고 현장을 수습하기 위한 청소 작업이 한참 진행되고 있는 시간 중에 실종자 유족들로부터 이의제기가 있었음에도 즉각 청소작업을 중단하도록 지시하지 않고 수사기관과 협의하거나 확인하지 않은 경우, 그러한 청소작업으로 인한 증거인멸의 결과가 발생할 가능성을 용인하는 내심의 의사가 있었다고 볼 수 있다.
② 무고죄의 고의는 신고자가 허위라고 확신한 사실을 신고한 경우뿐만 아니라 진실하다는 확신 없는 사실을 신고하는 경우에도 인정할 수 있다.
③ 업무방해죄에서 업무방해의 고의는 반드시 업무방해의 목적이나 계획적인 업무방해의 의도가 있어야 인정되는 것은 아니고, 자기의 행위로 인하여 타인의 업무가 방해될 것이라는 결과를 발생시킬 만한 가능성 또는 위험이 있음을 인식하거나 예견하면 충분하다.
④ 준강간죄에서 준강간의 고의는 피해자가 심신상실 또는 항거불능의 상태에 있다는 것과 그러한 상태를 이용하여 간음한다는 구성요건적 결과 발생의 가능성을 인식하고 그러한 위험을 용인하는 내심의 의사가 있으면 인정될 수 있다.

31 다음 설명 중 옳지 않은 것은 모두 몇 개인가? (다툼이 있는 경우 판례에 의함)

㉠ 무고죄의 범의는 반드시 확정적 고의일 필요가 없고 미필적 고의로도 충분하므로, 신고자가 허위라고 확신한 사실을 신고한 경우뿐만 아니라 진실하다는 확신 없는 사실을 신고하는 경우에도 그 범의를 인정할 수 있다.
㉡ 고의의 일종인 미필적 고의는 중대한 과실과는 달리 범죄사실의 발생 가능성에 대한 인식이 있고 나아가 범죄사실이 발생할 위험을 용인하는 내심의 의사가 있어야 한다.
㉢ 고의 외에 초과주관적 위법요소로서 "향정신성의약품을 제조할 목적"과 같은 목적에 대하여도 고의와 마찬가지로 적극적 의욕이나 확정적 인식임을 요하지 아니하고 미필적 인식이 있으면 족하다.
㉣ 방조행위는 정범이 범행을 한다는 정을 알면서 그 실행행위를 용이하게 하는 직접·간접의 행위를 말하므로, 방조범에서 요구되는 정범의 범행에 대한 고의는 방조행위에 대한 고의와 달리 미필적 인식이나 예견만으로는 부족하다.

① 없음   ② 1개   ③ 2개   ④ 3개

32 고의에 관한 설명으로 옳은 것은 모두 몇 개인가? (다툼이 있는 경우 판례에 의함)

㉠ 부진정 부작위범의 고의는 반드시 구성요건적 결과발생에 대한 목적이나 계획적인 범행 의도가 있어야 하는 것은 아니고 법익침해의 결과발생을 방지할 법적 작위의무를 가지고 있는 사람이 의무를 이행함으로써 결과발생을 쉽게 방지할 수 있었음을 예견하고도 결과 발생을 용인하고 이를 방관한 채 의무를 이행하지 아니한다는 인식을 하면 족하다.
㉡ 임금 등 지급의무의 존부와 범위에 관하여 다툴 만한 근거가 있다면 사용자가 그 임금 등을 지급하지 않은 데에 상당한 이유가 있다고 보아야 하므로, 사용자에게 「근로기준법」제109조 제1항, 제36조 위반의 고의가 있었다고 보기 어렵다.
㉢ 살인예비죄가 성립하기 위하여는 살인죄를 범할 목적 외에도 살인의 준비에 관한 고의가 있어야 한다.
㉣ 고의는 객관적 구성요건요소에 관한 인식과 구성요건실현을 위한 의사를 의미하고, 「형법」제13조에 의하면 고의가 인정되지 않은 경우 원칙적으로 처벌되지 않는다.

① 1개   ② 2개   ③ 3개   ④ 4개

33 구성요건에 관한 설명 중 가장 적절하지 않은 것은? (다툼이 있는 경우 판례에 의함)

① 무고죄의 구성요건요소인 '형사처분 또는 징계처분을 받게 할 목적'은 미필적 인식으로 족하고 결과발생을 희망하는 것까지 요하는 것은 아니다.
② 상해의 고의로 행한 구타행위로 상해를 입은 피해자가 정신을 잃고 빈사상태에 빠지자 사망한 것으로 오인하고 자신의 행위를 은폐하고 피해자가 자살한 것처럼 가장하기 위해 피해자를 호텔 베란다 밖으로 떨어뜨려 사망하게 하였다면, 상해죄와 과실치사죄의 경합범이 된다.
③ 주치의 甲은 경력 7년의 책임간호사 乙에게 종전 처방과 같이 환자 A에게 별다른 부작용이 없었던 소염제·항생제 등을 대퇴부 정맥에 연결된 튜브를 통하여 투여할 것을 지시하였는데 甲의 예견과는 달리 乙이 간호실습생 丙에게 단독으로 정맥주사를 하게 하였고 丙이 대퇴부 정맥튜브와 뇌실외배액관을 착오하여 뇌실외배액관에 주사액을 주입함으로써 A가 사망한 경우, 甲에게 현장에 입회하여 乙의 주사행위를 감독할 업무상 주의의무가 있다고 볼 수 없다.
④ 甲이 A, B, C 등 3명과 싸우다가 힘이 달리자 갑자기 인근 가게에서 식칼을 가지고 와 상해의 고의로 이들 3명을 상대로 휘두르다가 빗나가 옆에 있던 D에게 상해를 입혔다면 甲에게 D의 상해에 대한 고의가 인정된다.

34 고의에 관한 설명 중 옳지 않은 것을 모두 고르면? (다툼이 있는 경우 판례에 의함)

㉠ 부진정 부작위범의 고의는 결과발생을 쉽게 방지할 수 있었음을 예견하고도 결과발생을 용인하고 이를 방관하는 미필적 고의만으로는 족하지 않다.
㉡ 부진정 결과적가중범의 경우 중한 결과에 대한 고의가 있어도 결과적가중범이 성립한다.
㉢ 일반물건방화죄의 경우 '공공의 위험 발생'은 고의의 내용이므로 행위자는 이를 인식할 필요가 있다.
㉣ 친족상도례가 적용되기 위하여는 친족관계가 객관적으로 존재하고, 행위자가 이를 인식하여야 한다.
㉤ 형법 제331조 제2항(흉기휴대절도)의 특수절도죄에서 행위자는 흉기를 휴대하고 있다는 사실을 인식할 필요가 없다.

① ㉠㉡   ② ㉡㉢   ③ ㉠㉢㉤   ④ ㉠㉣㉤

35 고의에 관한 설명 중 가장 적절하지 않은 것은? (다툼이 있는 경우 판례에 의함)

① 장물취득죄에 있어서 장물의 인식은 확정적 인식을 요하지 않으며 장물일지도 모른다는 의심을 가지는 정도의 미필적 인식으로도 충분하다.
② 적성검사를 받지 않아 기존의 운전면허가 취소되고 관할 경찰당국이 운전면서취소처분의 통지에 갈음하는 적법한 공고가 있었으며, 운전면허증에 적성검사기간과 경고문구가 기재되어 있다면 피고인이 정기검사미필로 면허가 취소된 사실을 미필적으로나마 인식하였다고 추단하기 어렵다.
③ 공무집행방해죄에 있어서의 범의는 상대방이 직무를 집행하는 공무원이라는 사실, 그리고 이에 대하여 폭행 또는 협박을 한다는 사실을 인식하는 것을 그 내용으로 하고, 그 직무집행을 방해할 의사를 필요로 하지 아니한다.
④ 미필적 고의는 범죄사실의 발생 가능성에 대한 인식이 있고 범죄사실이 발생할 위험을 용인하는 내심의 의사가 있어야 하는데, 범죄사실이 발생할 가능성을 용인하고 있었는지는 행위자의 진술에 의존하지 않고 외부에 나타난 행위의 형태와 행위의 상황 등 구체적인 사정을 기초로 일반인이라면 범죄사실이 발생할 가능성을 어떻게 평가할 것인지를 고려하면서 일반인의 입장에서 그 심리상태를 추인하여야 한다.

36 다음 설명 중 가장 적절하지 않은 것은? (다툼이 있는 경우 판례에 의함)

① 기업의 경영자가 문제된 행위를 함에 있어 합리적으로 가능한 범위 내에서 수집한 정보를 근거로 하여 당해 기업이 처한 경제적 상황이나 그 행위로 인한 손실발생과 이익획득의 개연성 등의 제반 사정을 신중하게 검토하지 아니한 채, 당해 기업이나 경영자 개인이 정치적인 이유 등으로 곤란함을 겪고 있는 상황에서 벗어나기 위해서는 비록 경제적인 관점에서 기업에 재산상 손해를 가하는 결과가 초래되더라도 이를 용인할 수밖에 없다는 인식하에 의도적으로 그와 같은 행위를 하였다면 업무상배임죄의 고의는 있었다고 봄이 상당하다.
② 유흥업소의 업주로서는 다른 공적 증명력 있는 증거를 확인해 봄이 없이 단순히 건강진단결과서상의 생년월일 기재만을 확인하는 것으로는 청소년보호를 위한 연령확인 의무이행을 다한 것으로 볼 수 없고, 따라서 이러한 의무이행을 다하지 아니한 채 대상자가 성인이라는 말만 믿고 타인의 건강진단결과서만을 확인한 채 청소년을 청소년유해업소에 고용한 업주에게는 적어도 청소년 고용에 관한 미필적 고의가 있다.
③ 국가보안법 제7조 제5항에 규정된 이적표현물에 관한 죄는 목적범이고, 이적표현물임을 인식하면서 취득·소지 또는 제작·반포한 사실만으로 그 행위자에게 위 표현물의 내용과 같은 이적행위를 할 목적이 있는 것으로 추정해서는 아니 된다.

④ 진실한 객관적인 사실들에 근거하여 고소인이 피고소인의 주관적인 의사에 관하여 갖게 된 의심을 고소장에 기재하였을 경우에 법률 전문가가 아닌 일반인의 입장에서 볼 때 그와 같은 의심을 갖는 것이 충분히 합리적인 근거가 있다고 할지라도, 그 의심이 나중에 진실하지 않은 것으로 밝혀졌다면 고소인에게 무고의 미필적 고의가 인정된다.

37 고의에 관한 설명으로 옳지 않은 것을 모두 고른 것은? (다툼이 있는 경우 판례에 의함)

> ㉠ 행정상의 단속을 주안으로 하는 법규라 하더라도 명문규정이 있거나 해석상 과실범도 벌할 뜻이 명확한 경우를 제외하고는 형법의 원칙에 따라 고의가 있어야 벌할 수 있다.
> ㉡ 형법 제167조 제1항의 일반물건방화죄에서 '공공의 위험 발생'은 고의의 인식 대상이 아니다.
> ㉢ 형법 제136조 제1항의 공무집행방해죄에 있어서의 범의는 상대방이 직무를 집행하는 공무원이라는 사실과 이에 대하여 폭행 또는 협박을 한다는 인식 그리고 그 직무집행을 방해할 의사를 내용으로 한다.
> ㉣ 방조범은 이중의 고의를 필요로 하므로 정범이 정하는 범죄의 일시, 장소, 객체 등을 구체적으로 인식하여야 하며, 나아가 정범이 누구인지 확정적으로 인식해야 한다.
> ㉤ 친족상도례가 적용되기 위하여는 친족관계가 객관적으로 존재하여야 하나, 행위자가 이를 인식할 필요는 없다.

① ㉠㉡㉢ ② ㉠㉣㉤ ③ ㉡㉢㉣ ④ ㉢㉣㉤

제4절 구성요건적 착오

38 다음 각 사례에 대한 설명으로 가장 적절한 것은?

> ㉠ 甲은 친구 A를 살해하기 위하여 집 앞에서 기다리던 중, A가 나타나자 A를 조준하여 총을 발사하였는데, 총알이 빗나가 전혀 인식하지 못했던 B에게 명중되어 B가 즉사하였다.
> ㉡ 乙은 친구 C를 살해하기 위하여 독이 든 케이크를 C의 집으로 배송하였다. C가 동생 D와 함께 살고 있었기 때문에 D가 먹고 사망할 수도 있다고 생각하였으나, 그래도 할 수 없다고 생각하였고 실제로 D가 배송된 케이크를 먹고 사망하였다.
> ㉢ 丙은 친구 E를 살해하기 위하여 E의 집 창가에서 기다리다가 E의 방에 불이 켜지고 창문에 비친 사람을 E라고 생각하고 총을 발사하였는데, 실제로 총에 맞은 사람은 E의 동생 F였고 그로 인해 F는 사망하였다.

① 甲의 죄책에서 구체적 부합설과 법정적 부합설의 결론이 같다.
② 乙의 죄책에서 어느 학설에 따르더라도 D에 대한 고의를 인정한다.
③ 丙의 죄책에서 법정적 부합설은 E에 대한 살인죄의 기수범을, 구체적 부합설은 살인죄의 미수범을 인정한다.
④ 법정적 부합설은 甲, 乙, 丙 모두에 대하여 살인죄 기수범을 인정하는 것은 아니다.

39 甲의 죄책에 대한 설명으로 가장 적절하지 않은 것은? (다툼이 있는 경우 판례에 의함)

① 甲이 친구 B를 살해할 의사로 치사량의 농약을 음료수에 넣어 B가 운영하는 분식점 주방에 놓아두었는데 그 정을 알지 못한 B의 아들 A가 이를 마시고 사망한 경우, 판례에 따르면 A에 대한 살인죄가 성립한다.
② 甲이 친구 B를 살해할 의도로 B를 향하여 몽둥이를 힘껏 후려쳤는데 그 몽둥이가 B의 등에 업힌 B의 아들 A의 머리 부분을 내리치게 되어 A가 현장에서 사망한 경우, 법정적 부합설에 따르면 A에 대한 살인죄의 고의가 인정된다.
③ 甲이 호텔 3층 객실에서 친구 A에게 상해의 의사로 폭행을 가함으로써 A가 의식을 잃자 사망한 것으로 오인한 나머지 자살로 가장하기 위하여 A를 베란다에서 떨어뜨려 추락사에 이르게 한 경우, 판례에 따르면 A에 대한 살인죄가 성립한다.
④ 甲이 친구 B를 살해할 목적으로 발사한 총탄이 이를 제지하려고 甲 앞으로 뛰어들던 B의 아들 A에게 명중되어 A가 사망한 경우, 구체적 부합설에 따르면 A에 대한 살인죄의 고의가 인정되지 않는다.

40. 사례에 대한 설명으로 옳은 것을 모두 고르면? (단, 시체은닉의 점은 논하지 않고, 다툼이 있는 경우 판례에 의함)

> 甲은 A를 살해하기로 마음먹고 돌로 A의 머리를 내리쳤다. 甲은 A가 정신을 잃고 축 늘어지자 그가 죽은 것으로 오인하고 증거를 없앨 생각으로 A를 개울가로 끌고 가 웅덩이에 매장하였다. 그런데 A의 사망원인은 매장으로 인한 질식사로 밝혀졌다.

> ㉠ 개괄적 고의 이론에 따르면, 甲이 A를 돌로 내려친 행위에 대한 살인의 고의가 매장행위에도 미치기 때문에 甲에게는 하나의 고의기수범이 성립한다.
> ㉡ 인과과정의 착오 이론에 따르면, 사례의 경우 인과과정의 불일치를 본질적으로 보는 한 甲에게는 발생결과에 대한 고의기수범이 성립한다.
> ㉢ 미수범과 과실범의 경합설에 따르면, 甲의 범행계획이 미실현된 것으로 평가되면 살인미수죄와 과실치사죄의 경합범이 성립하지만, 사례의 경우 甲의 범행계획이 실현되었으므로 甲에게는 살인의 고의기수범이 성립한다.
> ㉣ 판례에 따르면, A의 살해라는 처음에 예견된 사실이 결국은 실현된 것으로서 甲에게는 살인의 고의기수범이 성립한다.

① ㉠㉣   ② ㉡㉢   ③ ㉠㉡㉣   ④ ㉠㉢㉣

41. 다음 중 착오에 대한 설명으로 가장 적절하지 않은 것은? (다툼이 있는 경우 판례에 의함)

① 객관적으로는 존재하지도 않는 구성요건적 사실을 행위자가 적극적으로 존재한다고 생각한 '반전된 구성요건적 착오'는 형법상 불가벌이다.
② 甲이 절취한 물건이 자신의 아버지 소유인 줄 오신했다 하더라도 그 오신은 형면제사유에 관한 것으로서 절도죄의 성립이나 처벌에 아무런 영향을 미치지 않는다.
③ 절도죄에 있어서 재물의 타인성을 오신하여 그 재물이 자기에게 취득할 것이 허용된 동일한 물건으로 오인하고 가져온 경우에는 범죄사실에 대한 인식이 있다고 할 수 없으므로 범의가 조각되어 절도죄가 성립하지 아니한다.
④ 甲이 A를 살해하기 위해 A를 향하여 총을 쏘았으나 총알이 빗나가 A의 옆에 있던 B에게 맞아 B가 즉사한 경우, 구성요건적 착오에 관한 구체적 부합설에 의하면 甲에게는 B에 대한 살인죄의 죄책이 인정되지 않는다.

42 다음 설명 중 가장 적절한 것은?

① 현실적으로 존재하지 않는 형벌법규를 존재하는 것으로 오인하고 행위한 때에도 그 행위에 위험성이 있으면 처벌할 수 있다.
② 구체적 사실에 관한 착오 중 객체의 착오의 경우, 구체적 부합설과 법정적 부합설은 발생한 결과에 대한 고의인정 여부에 대해 결론의 차이가 없다.
③ 결과의 발생이 처음부터 불가능한 것을 알면서도 실행에 착수한 경우 행위자가 생각한 대로 결과발생이 없었더라도 일반인의 관점에서 구체적 위험성이 있으면 불능미수범으로 처벌할 수 있다.
④ 친족상도례가 적용되기 위해서는 행위시에 행위자는 해당 친족관계가 존재함을 인식하여야 한다.

43 착오에 대한 설명으로 옳은 것은 모두 몇 개인가? (다툼이 있는 경우 판례에 의함)

㉠ 甲이 A를 살해하고자 골프채로 A의 머리를 내리쳐 A가 실신하자 사망한 것으로 오인하여 범행을 은폐하기 위해 A를 자동차에 싣고 근처 바닷가 절벽으로 가 던졌는데 실제로는 익사로 판명된 경우 甲에게는 살인기수의 죄책이 인정된다.
㉡ 甲이 상해의 고의로 A의 머리를 벽돌로 내리쳐 A가 바닥에 쓰러진 채 실신하자 A가 사망한 것으로 오인하여 범행을 은폐하고 A가 자살한 것처럼 위장하기 위하여 A를 절벽 아래로 떨어뜨려 사망에 이르게 하였다면 甲의 상해행위는 A에 대한 살인에 흡수되어 단일의 살인죄만 인정된다.
㉢ 甲은 옆집 개가 평소 시끄럽게 짖어 그 개에게 손괴의 고의로 돌을 던졌으나 마침 개가 있는 쪽으로 뛰어나온 어린아이를 맞춰 전치 2주의 상해를 입힌 경우 구체적 부합설에 의하면 손괴죄의 미수범과 과실치상죄의 상상적 경합이 성립한다.
㉣ 甲이 乙에게 A에 대한 상해를 교사하여 乙이 이를 승낙하고 실행을 하였으나 A가 그 상해로 인해 사망한 경우 甲에게 A의 사망에 대한 예견가능성이 인정된다면 상해치사죄의 교사범이 성립한다.

① 1개   ② 2개   ③ 3개   ④ 4개

제5절 과실범

44 신뢰의 원칙에 관한 설명으로 가장 적절하지 않은 것은? (다툼이 있는 경우 판례에 의함)

① 오늘날 신뢰의 원칙은 도로교통위반사례 이외에 기업이나 의료행위와 같이 다수인이 일정한 목적을 달성하기 위하여 분업관계가 확립되어 있는 영역 등으로 그 범위가 확대되고 있다.

② 수련병원의 전문의와 전공의 등의 관계처럼 의료기관 내의 직책상 주된 의사의 지위에서 지휘·감독 관계에 있는 다른 의사에게 특정 의료행위를 위임하는 수직적 분업의 경우에, 그 다른 의사에게 전적으로 위임된 것이 아닌 이상 주된 의사는 자신이 주로 담당하는 환자에 대하여 다른 의사가 하는 의료행위의 내용이 적절한 것인지 여부를 확인하고 감독하여야 할 업무상 주의의무가 있고, 만약 의사가 이와 같은 업무상 주의의무를 소홀히 하여 환자에게 위해가 발생하였다면 주된 의사는 그에 대한 과실 책임을 면할 수 없다.

③ 수련병원의 전문의와 전공의 등의 관계처럼 의료기관 내의 직책상 주된 의사의 지위에서 지휘·감독 관계에 있는 다른 의사에게 특정 의료행위를 위임하는 수직적 분업의 경우에, 그 의료행위가 위임을 통해 분담 가능한 내용의 것이고 실제로도 그에 관한 위임이 있었다면, 그 위임 당시 구체적인 상황하에서 위임의 합리성을 인정하기 어려운 사정이 존재하고 이를 인식하였거나 인식할 수 있었다고 볼 만한 다른 사정에 대한 증명이 없는 한, 위임한 의사는 위임받은 의사의 과실로 환자에게 발생한 결과에 대한 책임이 있다고 할 수 없다.

④ 의약품을 판매하거나 조제함에 있어서 약사는 의약품이 그 표시 포장상에 있어서 약사법 소정의 검인, 합격품이고 또한 부패 변질 변색되지 아니하고 유효기간이 경과되지 아니함을 확인하고 조제판매한 경우에는 특별한 사정이 없는 한 관능시험 및 기기시험까지 하여야 할 주의의무가 있으므로, 그 의약품 표시포장상의 표시만을 신뢰하여 이를 사용한 경우에는 과실이 인정된다.

45 과실범에 관한 설명 중 옳지 않은 것은 모두 몇 개인가? (다툼이 있는 경우 판례에 의함)

㉠ 업무상과실치사상죄에서의 업무는 허가받은 적법한 업무이어야 하므로 골재채취업무가 허가받은 적법한 업무가 아닐 경우에는 업무상과실치사상죄에 있어서의 업무에 해당하지 않는다.
㉡ 의료사고에서 의료종사자의 과실을 인정하기 위해서는 의료종사자가 결과발생을 예견할 수 있고 또 회피할 수 있었는데도 이를 예견하거나 회피하지 못한 과실이 인정되어야 하고, 그러한 과실 유무를 판단할 때에는 일반인의 주의정도를 표준으로 하여야 한다
㉢ 행정상의 단속을 주안으로 하는 법규의 위반행위는 과실범 처벌규정은 없으나 해석상 과실범도 벌할 뜻이 명확한 경우에도 형법의 원칙에 따라 고의가 있어야 벌할 수 있다.
㉣ 병원 인턴의사(피고인)가 응급실로 이송되어 온 익수(溺水)환자를 담당의사로부터 이송 도중 환자에 대한 앰부 배깅(ambu bagging)과 진정제 투여 업무만을 지시받고 구급차에 태워 다른 병원으로 이송하던 중 산소통의 산소잔량을 체크하지 않아 산소 공급이 중단된 결과 환자가 폐부종 등으로 사망에 이르게 된 경우, 업무상 과실이 인정되지 않는다.

① 1개 ② 2개 ③ 3개 ④ 4개

46 과실범에 대한 설명 중 가장 적절하지 않은 것은? (다툼이 있는 경우 판례에 의함)

① 회복실에서 혼자 남아 자신의 환자를 돌보던 간호사가 인계받지 않은 다른 환자의 호흡이 중단된 사실을 미처 발견하지 못하여 방치함으로써 사망케 한 경우에는 업무상과실치사죄가 성립하지 않는다.
② 과실범에 있어서의 비난가능성의 지적 요소란 결과발생의 가능성에 대한 인식으로서 인식 있는 과실에는 이와 같은 인식이 있고, 인식 없는 과실에는 이에 대한 인식자체도 없는 경우이나, 전자에 있어서 책임이 발생함은 물론, 후자에 있어서도 그 결과발생을 인식하지 못하였다는 데에 대한 부주의 즉 규범적 실재로서의 과실책임이 있다.
③ 미수범은 구성요건의 객관적 요소가 하나라도 충족되지 아니한 때에 성립하는 것으로, 현행법상 고의범은 물론이고 과실범에 대해서도 성립될 수 있다.
④ 택시운전기사가 심야에 밀집된 주택 사이의 좁은 골목길이자 직각으로 구부러져 가파른 비탈길의 내리막에서 그다지 속도를 줄이지 않고 진행하다가 내리막에 누워 있던 피해자의 몸통 부위를 택시 바퀴로 역과하여 그 자리에서 사망에 이르게 한 경우 그에게 업무상 주의의무 위반을 인정할 수 있다.

47 다음 설명 중 옳은 것은 모두 몇 개인가? (다툼이 있는 경우 판례에 의함)

㉠ 업무상과실장물죄에서 업무자의 신분은 부진정신분범 요소이다.
㉡ 형법 제10조 제3항은 고의에 의한 원인에 있어서의 자유로운 행위에만 적용되고 과실에 의한 원인에 있어서의 자유로운 행위까지는 포함하지 않는다.
㉢ 방조범은 정범의 실행을 방조한다는 방조의 고의와 정범의 행위가 구성요건에 해당한다는 점에 대한 정범의 고의가 있어야 한다.
㉣ 과실에 의한 공동정범은 물론 과실에 의한 위험범의 성립도 가능하다.

① 1개　　② 2개　　③ 3개　　④ 4개

제6절 결과적 가중범

48 결과적 가중범에 관한 설명 중 옳은 것은 모두 몇 개인가? (다툼이 있는 경우 판례에 의함)

㉠ 사람이 현존하는 건조물을 방화하는 집단행위의 과정에서 일부 집단원이 고의행위로 상해를 가한 경우에도 다른 집단원에게 그 상해의 결과가 예견가능한 것이었다면, 다른 집단원도 그 결과에 대하여 현존건조물방화치상죄의 책임을 진다.
㉡ 결과적 가중범의 공동정범은 기본행위를 공동으로 할 의사가 있으면 성립하고 결과를 공동으로 할 의사는 필요 없다.
㉢ 교사자가 피교사자에 대하여 중상해를 교사하였는데 피교사자가 이를 넘어 살인을 실행한 경우, 교사자에게 피해자의 사망이라는 결과에 대하여 예견가능성이 있는 때에는 상해치사죄의 교사범으로서의 죄책을 지울 수 있다.
㉣ 적법하게 직무를 집행하는 공무원에 대하여 위험한 물건을 휴대하여 고의로 상해를 가한 경우에는 특수공무집행방해치상죄가 성립한다.

① 2개　　② 3개　　③ 4개　　④ 5개

49 결과적 가중범에 대한 설명으로 가장 적절한 것은? (다툼이 있는 경우 판례에 의함)

① 형법 제177조 제2항의 현주건조물일수치사죄의 법정형은 사형, 무기 또는 7년 이상의 징역이다.
② 기본범죄를 통하여 고의로 중한 결과를 발생하게 한 경우에 가중 처벌하는 부진정 결과적가중범에서, 고의로 중한 결과를 발생하게 한 행위가 별도의 구성요건에 해당하고 그 고의범에 대하여 결과적 가중범에 정한 형보다 더 무겁게 처벌하는 규정이 있는 경우에는 그 고의범과 결과적 가중범이 상상적 경합관계에 있다.
③ 형법 제15조 제2항 결과적 가중범은 기본범죄와 무거운 결과 사이의 인과관계에 대해서만 규정하고 있을 뿐, 예견가능성을 명시적으로 요구하고 있지는 않다.
④ 해상강도치사상죄, 자기소유일반물건방화죄, 강도치사상죄, 인질치사상죄 모두 형법상 미수범 처벌규정이 있다.

50 결과적 가중범에 관한 설명 중 옳지 않은 것은 모두 몇 개인가? (다툼이 있는 경우 판례에 의함)

> ㉠ 특수공무집행방해치상죄는 원래 결과적가중범이기는 하지만 이는 중한 결과에 대하여 예견가능성이 있었음에도 불구하고 예견하지 못한 경우에 벌하는 진정결과적가중범이 아니라 그 결과에 대한 예견가능성이 있었음에도 불구하고 예견하지 못한 경우뿐만 아니라 고의가 있는 경우까지도 포함하는 부진정결과적가중범이다.
> ㉡ 결과적가중범의 공동정범은 기본행위를 공동으로 할 의사가 있으면 성립하고 결과를 공동으로 할 의사나 그 결과의 발생을 예견할 수 있었을 것을 요하지 않는다.
> ㉢ 기본범죄를 통하여 고의로 중한 결과를 발생하게 한 경우에 가중처벌하는 부진정결과적가중범에서, 고의로 중한 결과를 발생하게 한 행위가 별도의 구성요건에 해당하고 고의범에 대하여 더 무겁게 처벌하는 규정이 없는 경우에는 결과적가중범이 고의범에 대하여 특별관계에 있으므로 결과적가중범만 성립하고 이와 법조경합의 관계에 있는 고의범에 대하여는 별도로 죄를 구성하지 않는다
> ㉣ 현존하는 건조물에 피해자를 살해하기 위하여 방화하여 소사하게 한 경우에는 1개의 행위가 수개의 죄명에 해당되는 경우라고 볼 수 없다.

① 없음　　　② 1개　　　③ 2개　　　④ 3개

51 다음 설명 중 옳은 것은 모두 몇 개인가? (다툼이 있는 경우 판례에 의함)

㉠ 특수강간이 미수에 그쳤다 하더라도 그로 인하여 피해자가 상해를 입었다면 「성폭력범죄의 처벌 등에 관한 특례법」에 의한 특수강간치상죄의 기수가 성립한다.
㉡ 강도가 재물강취의 뜻을 재물의 부재로 이루지 못한 채 미수에 그쳤으나 그 자리에서 항거불능의 상태에 빠진 피해자를 간음할 것을 결의하고 실행에 착수했으나 역시 미수에 그쳤더라도 반항을 억압하기 위한 폭행으로 피해자에게 상해를 입힌 경우에는 강도강간미수죄와 강도치상죄의 실체적 경합범이 성립한다.
㉢ 재물을 강취한 후 피해자를 살해할 목적으로 현주건조물에 방화하여 사망에 이르게 한 경우 강도살인죄와 현주건조물방화치사죄에 해당하고 그 두 죄는 상상적 경합관계에 있다.
㉣ 수뢰후부정처사죄는 반드시 뇌물수수 등의 행위가 완료된 이후에 부정한 행위가 이루어져야 함을 의미하는 것은 아니고, 결합범 또는 결과적가중범 등에서의 기본행위와 마찬가지로 뇌물수수 등의 행위를 하는 중에 부정한 행위를 한 경우도 포함한다.

① 1개 ② 2개 ③ 3개 ④ 4개

52 다음 설명 중 옳고 그름의 표시(○, ×)가 바르게 된 것은? (다툼이 있는 경우 판례에 의함)

㉠ 교통방해치사상죄가 성립하려면 교통방해행위가 피해자의 사상이라는 결과를 발생하게 한 유일하거나 직접적인 원인이 될 필요가 없고, 그 행위와 결과 사이에 피해자나 제3자의 과실 등 다른 사실이 개재된 경우라도 그와 같은 사실이 통상 예견될 수 있는 것이라면 상당인과관계를 인정할 수 있다.
㉡ 甲은 乙을 살해하기 위하여 乙의 집으로 갔으나, 乙은 집에 없고 乙의 처 丙이 자신을 알아보자 丙을 야구방망이로 강타하여 실신시킨 후 이불을 뒤집어 씌우고 석유를 뿌려 방화함으로써 乙의 집을 전소케 하고 丙을 사망케 한 경우, 甲은 현주건조물방화치사죄가 성립한다.
㉢ 甲은 현주건조물에 방화를 한 후 불이 붙은 집에서 빠져 나오려는 乙이 탈출하지 못하도록 방문 앞에 버티어 서서 지킨 결과 乙을 소사케 한 경우, 甲은 현주건조물방화죄와 살인죄의 실체적 경합이 성립한다.
㉣ 피해자를 고의로 살해하기 위해 몽둥이로 내려치자 피해자는 이를 맞고 졸도하였을 뿐인데, 피해자가 죽은 것으로 착각하고 자살로 위장하기 위해 베란다 아래로 떨어뜨려 죽게 한 경우에 일련의 행위를 포괄적으로 파악하여 결과적 가중범의 성립을 인정할 수 있다.

① ㉠(○) ㉡(○) ㉢(○) ㉣(○) ② ㉠(×) ㉡(×) ㉢(×) ㉣(○)
③ ㉠(○) ㉡(×) ㉢(×) ㉣(×) ④ ㉠(○) ㉡(○) ㉢(○) ㉣(×)

53. 결과적 가중범에 대한 설명으로 가장 적절하지 않은 것은? (다툼이 있는 경우 판례에 의함)

① 기본범죄를 통하여 고의로 중한 결과를 발생하게 한 경우에 가중 처벌하는 부진정결과적가중범에서, 고의로 중한 결과를 발생하게 한 행위가 별도의 구성요건에 해당하고 그 고의범에 대하여 결과적가중범에 정한 형보다 더 무겁게 처벌하는 규정이 있는 경우에는 그 고의범과 결과적가중범이 실체적 경합관계에 있다.

② 수면제와 같은 약물을 투약하여 피해자를 일시적으로 수면 또는 의식불명 상태에 이르게 한 경우에도 약물로 인하여 피해자의 건강상태가 불량하게 변경되고 생활기능에 장애가 초래되었다면 자연적으로 의식을 회복하거나 외부적으로 드러난 상처가 없더라도 이는 강간치상죄나 강제추행치상죄에서 말하는 상해에 해당한다.

③ 형법 제15조 제2항은 '결과 때문에 형이 무거워지는 죄의 경우에 그 결과의 발생을 예견할 수 없었을 때에는 무거운 죄로 벌하지 아니한다'고 규정하고 있다.

④ 특가법 제5조의10 제2항은 제1항의 죄(운행 중인 자동차의 운전자 폭행·협박)를 범하여 사람을 상해나 사망이라는 중한 결과에 이르게 한 경우 제1항에 정한 형보다 중한 형으로 처벌하는 결과적 가중범 규정으로 해석할 수 있고, 운행 중인 자동차의 운전자를 폭행하거나 협박하여 운전자나 승객 또는 보행자 등을 상해나 사망에 이르게 하였다면 이로써 특가법 제5조의10 제2항의 구성요건을 충족한다.

제3장 위법성

제1절 위법성의 일반이론

01 주관적 정당화요소에 대한 설명으로 옳지 않은 것은 모두 몇 개인가?

> ㉠ 위법성이 조각되기 위해서는 객관적 정당화상황과 더불어 주관적 정당화요소가 필요하다는 견해에 의하면 우연방위는 위법성이 조각되지 않는다.
> ㉡ 순수한 결과반가치론에 의하면 위법성이 조각되기 위해서는 객관적 정당화상황만 있으면 족하고 주관적 정당화요소는 불필요하다고 보기 때문에 우연방위는 위법성이 조각된다.
> ㉢ 형법의 규정에 의하면 우연방위행위가 야간이나 그 밖의 불안한 상태에서 공포를 느끼거나 경악하거나 흥분하거나 당황하였기 때문에 그 행위를 하였을 때에는 벌하지 아니한다.
> ㉣ 주관적 정당화요소 필요설에 따르면 우연한 정당방위를 하는 자에 의해 야기된 현재의 위난에 대해서 제3자는 긴급피난을 할 수 있는 것은 물론이고, 그 자를 향해 직접 정당방위도 할 수 있다.

① 없음   ② 1개   ③ 2개   ④ 3개

02 甲은 A를 골탕 먹일 생각으로 A의 집 창문을 향해 돌을 던져 창문을 깨뜨렸다. 하지만 마침 연탄가스에 중독되어 위험한 상태였던 A는 甲이 창문을 깨뜨리는 바람에 생명을 구할 수 있었다. 甲의 죄책에 대한 설명으로 가장 적절하지 않은 것은?

① 위법성의 본질을 결과반가치에서만 구하는 입장은 위 사례에 대해 甲은 위법성을 조각한다.
② 고의범의 위법성조각사유에는 주관적 정당화요소가 필요하다는 입장은 구성요건 해당 행위의 결과반가치와 행위반가치 모두가 상쇄되어야 위법성이 조각될 수 있다는 점을 근거로 한다.
③ 우연방위 효과에 관한 불능미수범설은 기수범의 행위반가치는 배제되지만 결과반가치는 그대로 존재하므로 甲은 손괴죄의 불능미수에 해당한다.
④ 구성요건적 결과가 발생한 이상 결과반가치가 인정되므로 甲에게 재물손괴죄의 기수를 인정해야 한다는 입장에 대하여는, 객관적 정당화상황이 존재함에도 존재하지 않는 경우와 동일하게 평가하는 것은 문제라는 비판이 있다.

제2절 정당방위 ~ 자구행위

03 정당방위에 관한 설명으로 옳은 것은 모두 몇 개인가? (다툼이 있는 경우 판례에 의함)

> ㉠ 정당방위에서 '침해의 현재성'이란 침해행위가 형식적으로 기수에 이르렀는지에 따라 결정되는 것이 아니라 자기 또는 타인의 법익에 대한 침해상황이 종료되기 전까지를 의미한다.
> ㉡ 정당방위 상황을 이용할 목적으로 처음부터 공격자의 공격행위를 유발하는 의도적 도발의 경우라 하더라도 그 공격행위에 대해서는 방위행위를 인정할 수 있어 정당방위가 성립한다.
> ㉢ 피해자의 침해행위에 대하여 자기의 권리를 방위하기 위한 부득이한 행위가 아니고, 그 침해행위에서 벗어난 후 분을 풀려는 목적에서 나온 공격행위는 정당방위에 해당한다고 할 수 없다.
> ㉣ 정당방위의 성립요건으로서 방어행위는 순수한 수비적 방어뿐만 아니라 적극적 반격을 포함하는 반격방어의 형태도 포함되나, 그 방어행위는 자기 또는 타인의 법익침해를 방위하기 위한 행위로서 상당한 이유가 있어야 한다.

① 1개　　② 2개　　③ 3개　　④ 4개

04 위법성조각사유에 대한 설명으로 가장 적절한 것은? (다툼이 있는 경우 판례에 의함)

① 「형법」 제310조(위법성의 조각)에서 '공공의 이익'이라 함은 널리 국가·사회 기타 일반 다수인의 이익에 관한 것만을 의미하며, 특정한 사회집단이나 그 구성원의 관심과 이익에 관한 것은 포함되지 않는다.
② 甲이 스스로 야기한 강간범행의 와중에서 피해자가 甲의 손가락을 깨물며 반항하자 물린 손가락을 비틀며 잡아 뽑다가 피해자에게 치아결손의 상해를 입힌 행위는 긴급피난에 해당한다.
③ 수급인 소속 근로자의 쟁의행위가 도급인의 사업장에서 일어나 도급인의 형법상 보호되는 법익을 침해한 경우, 사용자인 수급인에 대한 관계에서 쟁의행위의 정당성을 갖추었다 하더라도 그 사정만으로 사용자가 아닌 도급인에 대한 관계에서까지도 법령에 의한 정당한 행위로서 법익 침해의 위법성이 조각되는 것은 아니다.
④ 경찰관의 체포행위가 적법한 공무집행을 벗어나 불법하게 체포한 것으로 볼 수밖에 없다면, 피의자가 그 체포를 면하려고 반항하는 과정에서 경찰관을 폭행한 것은 불법체포로 인한 신체에 대한 현재의 부당한 침해에서 벗어나기 위한 행위이므로, 그 피의자의 공무집행방해는 정당방위로서 위법성이 조각된다.

05 다음 중 정당방위에 대한 설명으로 가장 적절하지 않은 것은? (다툼이 있는 경우 판례에 의함)

① 거주지 연립주택 내 도로의 차량통행 문제로 시비가 되자 차량의 진행을 제지하려고 길을 막은 아버지 앞으로 운전자가 차를 그대로 진행시키자 이를 막으려고 운전자의 머리털을 잡아당겨 상해를 입힌 아들의 행위는 정당방위에 해당한다.
② 정당방위의 성립요건으로서의 방어행위는 순수한 수비적 방어뿐 아니라 적극적 반격을 포함하는 반격방어의 형태도 포함된다.
③ 일련의 연속되는 행위로 인해 침해상황이 중단되지 아니하거나 일시 중단되더라도 추가 침해가 곧바로 발생할 객관적인 사유가 있는 경우, 그 중 일부 행위가 범죄의 기수에 이르렀더라도 정당방위에서의 침해의 현재성이 인정된다.
④ 운전자가 경찰관의 불심검문을 받아 운전면허증을 교부한 후 경찰관에게 큰 소리로 욕설을 하였는데, 경찰관이 자신을 모욕죄의 현행범으로 체포하려고 하자 반항하면서 경찰관에게 가벼운 상해를 입힌 경우에는 정당방위에 해당하지 않는다.

06 위법성조각사유에 대한 설명으로 가장 적절하지 않은 것은? (다툼이 있는 경우 판례에 의함)

① 형법 제20조가 정한 '사회상규에 위배되지 아니하는 행위'는 행위의 수단이나 방법의 상당성뿐만 아니라 그 행위의 동기나 목적의 정당성도 필요로 한다.
② 의붓아버지로부터 강간을 당한 후 계속해서 성관계를 강요받아 온 甲이 乙과 사전에 공모하여 범행을 준비하고 의붓아버지가 제대로 반항할 수 없는 상태에서 식칼로 심장을 찔러 살해한 행위는 형법 제21조 소정의 과잉방위에 해당한다.
③ 형법 제22조의 긴급피난에서 '상당한 이유'가 있다고 하기 위해서는 피난행위가 위난에 처한 법익을 보호하기 위한 유일한 수단이어야 할 뿐더러 피난행위에 의하여 보전되는 이익이 이로 인하여 침해되는 이익보다 우월해야 한다.
④ 현재의 부당한 침해로부터 타인의 법익을 방위하기 위하여 한 행위도 상당한 이유가 있으면 형법 제21조의 정당방위에 해당한다.

07 위법성조각사유에 대한 설명으로 가장 적절하지 않은 것은?

① 위법성이 조각되면 행위의 가벌성이 탈락하므로 행위자는 형벌을 받지 않을 뿐만 아니라 보안처분의 대상도 되지 않는다.
② 부작위나 과실에 의한 침해에도 정당방위가 가능하다
③ 甲이 평소 원한을 품었던 乙을 향해 총을 발사하여 乙을 살해하였으나, 알고 보니 乙도 甲을 살해하기 위해 甲의 집에 폭탄을 설치하고 폭발시키려던 순간이었다. 이 경우 순수한 결과반가치론에 의하면 甲은 살인죄의 기수범으로 처벌된다.
④ 피난행위가 그 정도를 초과하더라도 야간이나 그 밖의 불안한 상태에서 공포를 느끼거나 경악하거나 흥분하거나 당황하였기 때문에 그 행위를 하였을 때에는 벌하지 아니한다.

08 다음과 같은 근거로 처벌하지 아니하는 경우는? (다툼이 있는 경우 판례에 의함)

> 자기 또는 타인의 법익에 대한 현재의 위난을 피하기 위한 행위는 상당한 이유가 있는 때에는 벌하지 아니한다.

① 정당 당직자가 국회 외교통상 상임위원회 회의장 앞 복도에서 출입이 봉쇄된 회의장 출입구를 뚫을 목적으로 회의장 출입문 및 그 안쪽에 쌓여있던 집기를 손상하거나 국회 심의를 방해할 목적으로 회의장 내에 물을 분사한 경우
② 아파트 입주자대표회의 회장이 다수 입주민들의 민원에 따라 위성방송 수신을 방해하는 케이블TV방송의 시험방송 송출을 중단시키기 위하여 위 케이블TV방송의 방송안테나를 절단하도록 지시한 경우
③ 운전자가 경찰관의 불심검문을 받아 운전면허증을 교부한 후 경찰관에게 큰 소리로 욕설을 하였는데, 경찰관이 자신을 모욕죄의 현행범으로 체포하려고 하자 반항하면서 경찰관에게 가벼운 상해를 입힌 경우
④ 선장이 피조개양식장에 피해를 주지 않기 위해 양식장까지의 거리가 약 30미터가 되도록 선박의 닻줄을 7샤클(175미터)에서 5샤클(125미터)로 감아놓았는데, 태풍을 갑자기 만나게 되면서 선박의 안전을 위하여 어쩔 수 없이 선박의 닻줄을 7샤클로 늘여 놓았다가 피조개양식장을 침범하여 물적 피해를 야기한 경우

09 위법성 및 책임에 관한 설명 중 옳지 않은 것은 모두 몇 개인가? (다툼이 있는 경우 판례에 의함)

> ㉠ 긴급피난은 상당한 이유가 있을 것을 요하지만 강요된 행위는 이를 요건으로 하지 않는다.
> ㉡ 행위자가 양해가 있었으나 없는 것으로 오인하고 행위한 경우에는 반전된 구성요건적 착오로서 불능미수의 문제가 된다.
> ㉢ 형법 제22조(긴급피난)가 보호하는 법익은 생명과 신체에 한하지만, 형법 제12조(강요된 행위)가 보호하는 법익은 생명과 신체에 한하지 않는다.
> ㉣ 자신에 대한 강도상해 형사사건에서 자신의 범행을 시종일관 부인하였으나 강도상해죄로 이미 유죄의 확정판결을 받은 자에게는 이후 같은 사건으로 기소된 공범의 형사재판에 증인으로 출석한 경우 자신의 범행사실을 사실대로 진술할 기대가능성이 없다고 볼 수 없다.

① 없음   ② 1개   ③ 2개   ④ 3개

제3절 피해자의 승낙 ~ 정당행위

10 피해자의 승낙 또는 양해에 관한 설명으로 가장 적절하지 않은 것은? (다툼이 있는 경우 판례에 의함)

① 피구금자간음죄(형법 제303조 제2항)는 피해자의 승낙이 있어도 범죄성립에 아무런 영향이 없다.
② 甲이 동거 중인 A의 지갑에서 현금을 꺼내가는 것을 A가 현장에서 목격하고도 만류하지 아니하였다면 A가 이를 허용하는 묵시적 의사가 있었다고 봄이 상당하여 甲의 행위는 절도죄를 구성하지 않는다.
③ 형법 제24조의 규정에 의하여 위법성이 조각되는 피해자의 승낙은 개인적 법익을 훼손하는 경우에 법률상 이를 처분할 수 있는 사람의 승낙을 말할 뿐이므로 그 승낙이 윤리적, 도덕적으로 사회상규에 반하는 것인지 여부는 문제되지 않는다.
④ 산부인과 2년차 수련의 甲은 초음파검사 등 피해자 A의 병증이 자궁외 임신인지, 자궁근종인지를 판별하기 위한 정밀한 진단방법을 실시하지 아니한 채 자신의 시진 등을 과신하여 피해자 A의 병명을 자궁근종으로 오진하고, 이와 같은 진단상의 과오가 없었으면 당연히 설명받았을 자궁외 임신에 관한 내용을 설명받지 못한 피해자 A로부터 수술 승낙을 받았다면 위 승낙은 부정확 또는 불충분한 설명을 근거로 이루어진 것으로서 수술의 위법성을 조각할 유효한 승낙이라고 볼 수 없다.

11 피해자의 승낙 및 동의에 대한 설명으로 가장 적절하지 않은 것은? (다툼이 있는 경우 판례에 의함)

① 무고죄는 국가의 형사사법권 또는 징계권의 적정한 행사와 개인의 부당하게 처벌 또는 징계받지 아니할 이익을 보호법익으로 하는 죄이므로, 무고에 있어서 피무고자의 승낙이 있었다면 무고죄는 성립하지 않는다.
② 피고인이 피해자 소유의 물건에 관한 권리가 자기에게 있다고 주장하면서 이를 가져간 데 대하여 피해자의 묵시적인 동의가 있었다면, 피고인의 주장이 후에 허위임이 밝혀졌더라도 절도죄의 절취행위에는 해당하지 않는다.
③ 타인의 승낙을 받아 촬영한 영상물도 반포 시에 그 촬영대상자의 의사에 반하여 반포하였다면, 「성폭력 범죄의 처벌 등에 관한 특례법」 제14조 제2항(카메라등이용촬영·반포)이 적용된다.
④ 「형법」 제305조 제2항에 의하면 13세 이상 16세 미만의 사람에 대하여 간음 또는 추행을 한 19세 이상의 자는 상대방의 동의 유무를 불문하고 「형법」 제297조(강간), 제297조의2(유사강간), 제298조(강제추행), 제301조(강간등상해·치상) 또는 제301조의2(강간등살인·치사)의 예에 의하여 처벌된다.

12 정당행위에 대한 설명으로 가장 적절하지 않은 것은? (다툼이 있는 경우 판례에 의함)

① 내국인의 출입을 허용하는 「폐광지역 개발 지원에 관한 특별법」 등에 따라 폐광지역 카지노에 출입하는 것은 법령에 의한 행위로 위법성이 조각되나, 도박죄를 처벌하지 않는 외국 카지노에서의 도박이라는 사정만으로 그 위법성이 조각된다고 할 수 없다.
② 피고인의 행위가 피해자의 부당한 행패를 저지하기 위해 사회통념상 취할 수 있는 본능적인 소극적 방어 행위라면, 사회상규에 위배되지 아니하는 정당행위에 해당한다.
③ 한의사 자격 없이 영리를 목적으로 부항침과 부항을 이용하여 체내의 혈액을 밖으로 배출되도록 하는 시술행위는 사회상규에 위배되는 행위로서 정당행위에 해당하지 않는다.
④ 감정평가업자가 아닌 공인회계사가 타인의 의뢰에 의하여 일정한 보수를 받고 감정평가법이 정한 토지에 대한 감정평가를 업으로 행하는 것은 특별한 사정이 없는 한 법령에 의한 행위로서 정당행위에 해당한다.

13 정당행위에 대한 설명 중 가장 적절하지 않은 것은? (다툼이 있는 경우 판례에 의함)

① 甲이 자신의 차를 손괴하고 도망하려는 피해자를 도망하지 못하게 멱살을 잡고 흔들어 피해자에게 전치 14일의 흉부찰과상을 가한 경우 정당행위에 해당한다.
② 분쟁중인 부동산 관계로 따지러 온 피해자가 甲의 가게 안에 들어와서 甲 및 그의 아버지에게 행패를 부리자 이에 甲이 피해자를 가게 밖으로 밀어 내려다가 피해자를 넘어지게 한 경우 사회통념상 용인될 만한 상당성이 있는 행위로 위법성이 없다.
③ 甲이 외국에서 침구사자격을 취득하였으나 국내에서 침술행위를 할 수 있는 면허나 자격을 취득하지 못하였음에도 불구하고 단순한 수지침 정도의 수준을 넘어 체침을 시술한 경우 사회상규에 위배되지 아니하는 무면허의료행위로 인정될 수 없다.
④ 국회의원 甲이 대기업 고위관계자와 중앙일간지 사주 간의 사적 대화를 불법녹음한 자료를 입수한 후 그 대화내용과 위 대기업으로부터 이른바 떡값 명목의 금품을 수수하였다는 검사들의 실명이 게재된 보도자료를 작성하여 자신의 인터넷 홈페이지에 게재한 경우 공익에 대한 중대한 침해가 발생할 가능성이 현저한 경우로서 비상한 공적 관심의 대상이 되고, 방법의 상당성도 갖추었으므로 정당행위에 해당한다.

14 다음 중 위법성이 조각되는 경우는? (다툼이 있는 경우 판례에 의함)

① 인근 상가의 통행로로 이용되고 있는 토지의 사실상 지배권자가 그 토지에 철주와 철망을 설치하고 포장된 아스팔트를 걷어냄으로써 통행로로 이용하지 못하게 한 경우
② 집회장소 사용 승낙을 하지 않은 A대학교 측의 집회 저지 협조 요청에 따라 경찰관들이 A대학교 출입문에서 신고된 A대학교에서의 집회에 참가하려는 자의 출입을 저지하자 그 때문에 소정의 신고 없이 B대학교로 장소를 옮겨서 집회를 한 경우
③ 아파트 입주자 대표회의 회장이 다수 입주민들의 민원에 따라 위성방송수신을 방해하는 케이블 TV방송의 시험방송 송출을 중단시키기 위하여 위 케이블 방송의 방송 안테나를 절단하도록 지시한 경우
④ 선거관리위원회가 주최한 합동연설회장에서 일간지의 신문기사를 읽는 방법으로 상대 후보의 전과사실을 적시한 사안에서, 상대 후보의 평가를 저하시켜 스스로 자신이 당선되려는 사적 이익도 동기가 되었지만 유권자들에게 상대후보의 자질에 대한 자료를 제공함으로써 적절한 투표권을 행사하도록 하려는 공적 동기도 있었던 경우

15 다음 설명 중 가장 적절하지 않은 것은? (다툼이 있는 경우 판례에 의함)

① 사용자가 적법한 직장폐쇄 기간 중임에도 불구하고 일방적으로 업무에 복귀하겠다고 하면서 자신의 퇴거요구에 불응한 채 계속하여 사업장 내로 진입을 시도하는 해고 근로자를 폭행, 협박하였다면 이는 사업장 내의 평온과 노동조합의 업무방해행위를 방지하기 위한 정당방위 내지 정당행위에 해당한다.

② 피해자가 불특정·다수인의 통행로로 이용되어 오던 기존 통로의 일부 소유자인 피고인으로부터 사용승낙을 받지 아니한 채 통로를 활용하여 공사차량을 통행하게 함으로써 피고인의 영업에 다소 피해가 발생하자 피고인이 공사차량을 통행하지 못하도록 자신 소유의 승용차를 통로에 주차시켜 놓은 행위가 사회상규에 위배되지 않는 정당행위에 해당한다고 할 수 없다.

③ 「민사소송법」 제335조에 따른 법원의 감정인 지정결정 또는 같은 법 제341조 제1항에 따라 법원의 감정촉탁을 받은 사람이 감정평가업자가 아니었음에도 그 감정사항에 포함된 토지 등의 감정평가를 한 행위는 법령에 근거한 법원의 적법한 결정이나 촉탁에 따른 것으로 형법 제20조에 따라 위법성이 조각된다.

④ 아파트 입주자대표회의의 임원 또는 아파트관리회사의 직원들인 피고인들이 기존 관리회사의 직원들로부터 계속 업무집행을 제지받던 중 저수조 청소를 위하여 출입문에 설치된 자물쇠를 손괴하고 중앙공급실에 침입한 행위는 정당행위에 해당하지 않지만, 관리비 고지서를 빼앗거나 사무실의 집기 등을 들어낸 것에 불과한 행위는 정당행위에 해당하여 위법성이 조각된다.

16 위법성조각사유에 관한 설명 중 가장 적절하지 않은 것은? (다툼이 있는 경우 판례에 의함)

① 위법성조각사유란 구성요건에 해당하는 행위의 위법성을 배제하는 특별한 사유를 말하는 것으로서 형법 총칙상 위법성조각사유에는 정당행위, 정당방위, 긴급피난, 자구행위, 피해자의 승낙이 있다.

② 차량통행문제를 둘러싸고 피고인의 父와 다툼이 있던 피해자가 그 소유의 차량에 올라타 문안으로 운전해 들어가려 하자 피고인의 父가 양팔을 벌리고 이를 제지하였으나 위 피해자가 이에 불응하고 그대로 그 차를 피고인의 父 앞쪽으로 약 3미터 가량 전진시키자 위 차의 운전석 부근 옆에서 있던 피고인이 父가 위 차에 다치겠으므로 이에 당황하여 위 차를 정지시키기 위하여 운전석 옆 창문을 통하여 피해자의 머리털을 잡아당겨 그의 흉부가 위 차의 창문틀에 부딪혀 약간의 상처를 입게 한 행위는 父의 생명, 신체에 대한 현재의 부당한 침해를 방위하기 위한 행위로서 정당방위에 해당한다.

③ 피해자가 술에 만취하여 누나와 말다툼을 하다가 누나의 머리채를 잡고 때렸으며, 당시 누나의 남편이었던 피고인이 이를 목격하고 화가 나서 피해자와 싸우게 되었는데, 그 과정에서 몸무게가 85kg 이상이나 되는 피해자가 62kg의 피고인을 침대 위에 넘어뜨리고 피고인의 가슴 위에 올라타 목부분을 누르자 호흡이 곤란하게 된 피고인이 안간힘을 쓰면서 허둥대다가 그 곳 침대 위에 놓여있던 과도로 피해자에게 상해를 가한 경우 피고인의 행위는 자신의 신체에 대한 현재의 부당한 침해를 방위하기 위한 행위로서 정당방위에 해당한다.

④ 자동차 정보 관련 인터넷 신문사 소속 기자가 작성한 기사가 인터넷 포털사이트의 자동차 뉴스 '핫이슈' 란에 게재되자 피고인이 "이런 걸 기레기라고 하죠?"라는 댓글을 게시하였더라도 '기레기'는 기사 및 기자의 행태를 비판하는 글에서 비교적 폭넓게 사용되는 단어이며, 위 기사에 대한 다른 댓글들의 논조 및 내용과 비교할 때 댓글의 표현이 지나치게 악의적이라고 하기도 어려운 경우 위와 같은 댓글을 작성한 행위는 사회상규에 위배되지 않는 행위로서 형법 제20조에 의하여 위법성이 조각된다.

17 다음 설명 중 가장 적절하지 않은 것은? (다툼이 있는 경우 판례에 의함)

① 甲이 피해자에게 밍크 45마리에 관하여 자기에게 그 권리가 있다고 주장하면서 이를 가져간 데 대하여 피해자의 묵시적인 동의가 있었다면, 甲의 주장이 후에 허위임이 밝혀졌더라도 甲의 행위는 절도죄의 절취행위에 해당하지 않는다.

② 위법하지 않은 정당한 침해에 대한 정당방위는 인정되지 아니하고, 방위행위가 사회적으로 상당한 것인지 여부는 침해행위에 의해 침해되는 법익의 종류, 정도, 침해의 방법, 침해행위의 완급과 방위행위에 의해 침해될 법익의 종류, 정도 등 일체의 구체적 사정들을 참작하여 판단하여야 한다.

③ 선박의 이동에도 새로운 공유수면점용허가가 있어야 하고 휴지선을 이동하는데는 예인선이 따로 필요한 관계로 비용이 많이 들어 다른 해상으로 이동을 하지 못하고 있는 사이에 태풍을 만나게 되고 그와 같은 위급한 상황에서 선박과 선원들의 안전을 위하여 사회통념상 가장 적절하고 필요불가결하다고 인정되는 조치를 취하였다면 형법상 긴급피난으로서 위법성이 없어 범죄가 성립되지 아니한다.

④ 甲이 피해자와 공모하여 교통사고를 가장하여 보험금을 편취할 목적으로 피해자에게 상해를 가하였다면, 甲의 상해행위는 피해자의 승낙에 의하여 위법성이 조각된다.

18 위법성조각사유에 관한 설명 중 가장 적절한 것은? (다툼이 있는 경우 판례에 의함)

① 통상의 일반적인 안수기도의 방식과 정도를 벗어나 환자의 신체에 비정상적이거나 과도한 유형력을 행사하고 신체의 자유를 과도하게 제압하여 그 결과 환자의 신체에 상해까지 입힌 경우라면, 그러한 유형력의 행사가 비록 안수기도의 명목과 방법으로 이루어졌다 해도 일반적으로 사회상규상 용인되는 정당행위라고 볼 수 없으나, 이를 치료행위로 보아 피해자측이 승낙하였다면 이는 정당행위에 해당한다.

② 신문기자인 피고인이 甲에게 2회에 걸쳐 증여세 포탈에 대한 취재를 요구하면서 이에 응하지 않으면 자신이 취재한 내용대로 보도하겠다고 말하여 협박한 경우 비록 피고인이 폭언을 하거나 보도하지 않는 데 대한 대가를 요구하지 않았다 하더라도 위 행위는 협박죄에서 말하는 해악의 고지에 해당하여 사회상규에 위반한 행위라고 보는 것이 타당하다.

③ 회사의 이익을 빼돌린다는 소문을 확인할 목적으로, 피해자가 사용하면서 비밀번호를 설정하여 비밀장치를 한 전자기록인 개인용 컴퓨터의 하드디스크를 검색한 행위는 형법 제20조의 '정당행위'에 해당된다.

④ 피고인들이 확성장치 사용, 연설회 개최, 불법행렬, 서명날인운동, 선거운동기간 전 집회개최 등의 방법으로 특정 후보자에 대한 낙선운동을 함으로써 공직선거및선거부정방지법에 의한 선거운동제한 규정을 위반한 피고인들의 같은 법 위반의 각 행위는 시민불복종운동으로서 헌법상의 기본권 행사 범위 내에 속하는 정당행위이거나 형법상 사회상규에 위반되지 아니하는 정당행위 또는 긴급피난의 요건을 갖춘 행위로 보아야 한다.

19 정당행위에 대한 설명으로 가장 적절하지 않은 것은? (다툼이 있는 경우 판례에 의함)

① 음란물이 문학적·예술적·사상적·과학적·의학적·교육적 표현 등과 결합되어 음란 표현의 해악이 상당한 방법으로 해소되거나 다양한 의견과 사상의 경쟁메커니즘에 의해 해소될 수 있는 정도에 이르렀다면, 이러한 결합표현물에 의한 표현행위는 「형법」제20조에 정하여진 '사회상규에 위배되지 않는 행위'에 해당한다.
② 문언송신금지를 명한 「가정폭력범죄의 처벌 등에 관한 특례법」상 임시보호명령을 위반하여 피고인이 피해자에게 문자메시지를 보낸 경우 문자메시지 송신을 피해자가 양해 내지 승낙하였다면 「형법」제20조의 정당행위에 해당한다.
③ 형법 제20조의 '사회상규에 위배되지 아니하는 행위'라 함은 국가질서의 존중이라는 인식을 바탕으로 한 국민일반의 건전한 도의적 감정에 반하지 아니한 행위로서 초법규적인 기준에 의하여 이를 평가해야 한다
④ 의료인이 아닌 자가 찜질방 내에서 부항과 부항침을 놓고 일정한 금원을 받은 행위는 그 시술로 인한 위험성이 적다는 사정만으로 사회상규에 위배되지 않는 행위로 보기는 어렵다.

20 다음 설명으로 가장 적절하지 않은 것은? (다툼이 있는 경우 판례에 의함)

① 부사관 교육생이던 피고인이 동기들과 함께 사용하는 단체채팅방에서 지도관이던 피해자가 목욕탕 청소 담당에게 과실 지적을 많이 한다는 이유로 "도라이 ㅋㅋㅋ 습기가 그렇게 많은데"라는 글을 게시한 경우, '도라이'는 상관인 피해자를 경멸적으로 비난한 것으로 모욕적인 언사라고 볼 수 있으나, 피고인의 위 표현은 동기 교육생들끼리 고충을 토로하고 의견을 교환하는 사이버공간에서 상관인 피해자에 대하여 일부 부적절한 표현을 사용하게 된 것에 불과하고 이로 인하여 군의 조직질서와 정당한 지휘체계가 문란하게 되었다고 보이지 않으므로, 이러한 행위는 사회상규에 위배되지 않는다.
② 한국철도시설공단 노동조합 위원장이 방송실 관리자의 승인을 받지 않고 방송실에 들어가 쟁의행위의 목적을 알리고 이를 준비하기 위한 노동조합의 중식간담회 참석을 독려하는 방송을 한 행위는 정당행위에 해당한다.
③ 검사가 참고인 조사를 받는 줄 알고 검찰청에 자진출석한 변호사사무실 사무장을 합리적 근거 없이 긴급체포하자 그 변호사가 이를 제지하는 과정에서 위 검사에게 상해를 가한 것은 정당방위에 해당한다.
④ 국회의원인 피고인이, 구 국가안전기획부 내 정보수집팀이 대기업 고위관계자와 중앙일간지 사주 간의 사적 대화를 불법 녹음한 자료를 입수한 후 그 대화내용과 위 대기업으로부터 이른바 떡값 명목의 금품을 수수하였다는 검사들의 실명이 게재된 보도자료를 작성하여 자신의 인터넷 홈페이지에 게재한 경우에는 정당행위에 해당한다.

제4장 책임론

제1절 책임의 일반이론 ~ 책임능력

01 책임능력에 관한 설명 중 가장 적절하지 않은 것은? (다툼이 있는 경우 판례에 의함)

① 형법 제10조에 규정된 심신장애는 생물학적 요소로서 정신병 또는 비정상적 정신상태와 같은 정신적 장애가 있는 외에 심리학적 요소로서 이와 같은 정신적 장애로 말미암아 사물에 대한 변별능력과 그에 따른 행위통제능력이 결여되거나 감소되었음을 요한다.

② 심리적 책임론은 책임을 행위에 대한 행위자의 심리적 관계로 이해하여 인식 없는 과실의 경우에는 책임을 인정할 수 없고, 고의·과실이 있음에도 책임능력이 없거나 책임조각사유에 의한 책임을 부정해야 하는 경우를 설명할 수 없다는 비판을 받는다.

③ 인격장애 혹은 기타 성격적 결함에 기하여 자신의 충동을 억제하지 못하여 범죄를 저지르게 되는 현상은 정상인에게서도 얼마든지 찾아볼 수 있는 일로서, 특별한 사정이 없는 한 이와 같은 성격적 결함을 가진 자에 대하여 자신의 충동을 억제하고 법을 준수하도록 요구하는 것이 기대할 수 없는 행위를 요구하는 것이라고 할 수 없다

④ 甲은 乙을 살해하기로 마음먹었으나 맨 정신으로는 乙을 살해할 수 없을 것 같아 술을 마시고 만취하여 심신상실상태에서 乙의 집 근처에서 乙을 살해하고, 곧이어 甲은 乙이 차고 있던 손목시계를 빼가지고 현장을 떠났다. 이 경우 甲은 강도살인죄가 아닌 살인죄와 절도죄로 처벌된다.

02 책임에 대한 설명 중 옳은 것만을 모두 고른 것은? (다툼이 있는 경우 판례에 의함)

㉠ 책임비난의 근거를 행위자의 자유의사에서 찾는 도의적 책임론은 행위자책임을 형벌권 행사의 근거로 보기 때문에 책임무능력자에 대한 보안처분 부과를 옹호한다.
㉡ 사회적 책임론은 과거에 잘못 형성된 행위자의 성격에서 책임의 근거를 찾으므로 범죄는 행위자의 소질과 환경에 의해 결정된다고 이해한다.
㉢ 행위 당시 18세였던 甲이 제1심에서 부정기형을 선고받은 후 항소심 선고 이전에 19세에 도달한 경우 항소심 법원은 甲에 대하여 정기형을 선고하여야 한다.
㉣ 형법 제10조에 규정된 심신장애는 정신병 또는 비정상적 정신상태와 같은 정신적 장애가 있는 외에 정신적 장애로 말미암아 사물에 대한 변별능력과 그에 따른 행위통제능력이 결여되거나 감소되었음을 요하므로 정신적 장애가 있는 자라고 하여도 범행 당시 정상적인 사물변별능력이나 행위통제능력이 있었다면 심신장애로 볼 수 없다.
㉤ 음주습벽이 있는 甲이 음주운전을 할 의사를 가지고 음주만취하여 심신상실 상태에서 운전을 결행하여 부주의로 보행자 A를 충격하여 현장에서 즉사시키고 도주하였다면, 이는 음주시에 교통사고를 일으킬 위험성을 예견하였는데도 자의로 심신장애를 야기한 경우에 해당하므로 甲에 대한 형사처벌이 가능하다.

① ㉠㉢㉣   ② ㉡㉣㉤   ③ ㉢㉣㉤   ④ ㉡㉢㉣㉤

03 책임에 대한 설명으로 가장 적절하지 않은 것은? (다툼이 있는 경우 판례에 의함)

① 심신장애의 유무는 그 판단에 전문감정인의 정신감정결과가 중요한 참고자료가 되지만, 법원은 반드시 그 의견에 구속되는 것이 아니라 독자적으로 심신장애의 유무를 판단하여야 한다.
② 이미 유죄의 확정판결을 받은 피고인이 자신의 형사사건에서 시종일관 그 범행을 부인하였다면, 별건인 공범의 형사사건에서 관련 사실을 증언하면서 자신의 범행을 시인하는 진술을 기대할 가능성은 없다.
③ 원인에 있어서 자유로운 행위에 있어 행위와 책임의 동시존재원칙을 고수하는 구성요건모델설에 의하면 원인행위시를 기준으로 실행의 착수를 인정한다.
④ 「형법」 제12조 강요된 행위에 있어 저항할 수 없는 폭력은, 심리적인 의미에 있어서 육체적으로 어떤 행위를 절대적으로 하지 아니할 수 없게 하는 경우와 윤리적인 의미에 있어서 강압된 경우를 의미한다.

04 형법 제10조의 심신장애와 관련한 내용 중 옳고 그름의 표시(○, ×)가 바르게 된 것은? (다툼이 있는 경우 판례에 의함)

> ㉠ 피고인이 범행당시 심신장애의 정도가 불분명한 경우에는 먼저 정신과의사로 하여금 감정을 하게 한 다음, 그 감정결과를 주요한 참고자료로 삼아 범행당시의 심신상실 여부를 경험칙에 비추어 규범적으로 판단하여야 한다.
> ㉡ 듣거나 말하는 데 장애가 있는 사람의 행위에 대해서는 형을 감경한다.
> ㉢ 성인 남자 甲은 유치원생 앞에서 공연음란행위를 하거나, 타인의 집에 들어가 여자 속옷을 절취하는 행위를 하곤 하였다. 이 경우 甲에게 생물학적으로 보아 정신병, 정신박약 등과 같은 심신장애가 있는 경우, 또는 심리학적으로 보아 사물에 대한 판별능력과 그에 따른 행위통제능력이 결여되거나 감소된 경우 중에서 어느 하나에 해당하면 형법 제10조(심신장애자) 제1항 내지 제2항이 적용된다.
> ㉣ 심신장애 여부는 법원이 피고인의 행동 기타 재판기록에 나타난 제반자료와 공판정에서의 피고인의 태도 등을 종합하여 판단할 수 있는 것이며, 반드시 전문감정인의 의견에 기속되어야 하는 것은 아니다.

① ㉠(○) ㉡(○) ㉢(×) ㉣(○) ② ㉠(○) ㉡(×) ㉢(○) ㉣(○)
③ ㉠(○) ㉡(×) ㉢(×) ㉣(○) ④ ㉠(×) ㉡(○) ㉢(○) ㉣(×)

05 책임능력에 대한 설명 중 가장 적절하지 않은 것은? (다툼이 있는 경우 판례에 의함)

① 상습성을 인정하는 자료에는 아무런 제한이 없으므로, 과거에 소년법에 의한 보호처분을 받은 사실도 상습성 인정의 자료로 삼을 수 있다
② 형법 제10조에서 말하는 사물을 판별할 능력 또는 의사를 결정할 능력은 자유의사를 전제로 한 의사결정의 능력에 관한 것으로서, '그 능력의 유무와 정도' 및 '그 능력에 관해 확정된 사실이 심신상실 또는 심신미약에 해당하는지 여부'는 모두 감정사항에 속하는 사실문제에 해당한다.
③ 스스로 절도의 충동을 억제하지 못하는 충동조절장애와 같은 성격적 결함은 원칙적으로 심신장애에 해당한다고 볼 수 없고, 다만 그 증상이 매우 심각하여 원래의 의미의 정신병이 있는 사람과 동등하다고 평가할 수 있다면 심신장애를 인정할 여지가 있다.
④ 형법 제10조 제3항은 고의에 의한 원인에 있어서의 자유로운 행위만이 아니라 과실에 의한 원인에 있어서의 자유로운 행위까지도 포함하는 것으로서 위험의 발생을 예견할 수 있었는데도 자의로 심신장애를 야기한 경우 그 적용 대상이 된다.

06 다음 중 책임능력에 대한 설명으로 옳은 것을 모두 고른 것은? (다툼이 있는 경우 판례에 의함)

> ㉠ 정신적 장애가 있는 자라고 하여도 범행 당시 정상적인 사물변별능력이나 행위통제 능력이 있었다면 형법 제10조에 규정된 심신장애로 볼 수 없다.
> ㉡ 무생물인 옷 등을 성적 각성과 희열의 자극제로 믿고 이를 성적 흥분을 고취시키는 데 쓰는 성주물성애증이라는 정신질환이 있다는 사정만으로는 형의 감면사유인 심신장애에 해당하는 것으로 볼 수 없다.
> ㉢ 심신장애로 인하여 사물을 변별할 능력이나 의사를 결정할 능력이 미약한 자의 행위는 형을 감경한다.
> ㉣ 음주운전을 할 의사를 가지고 음주만취 후 운전을 하다가 교통사고를 일으켰다면 음주시에 교통사고를 일으킬 위험성을 예견하였는데도 자의로 심신장애를 야기한 경우에 해당하므로 형법 제10조 제3항에 의하여 심신장애로 인한 감경 등을 할 수 없다.
> ㉤ 소년법 제4조 제1항의 '죄를 범한 소년'(범죄소년)은 형사처벌은 불가능하지만 보호처분은 가능한 책임무능력자이다.

① ㉠㉡㉢   ② ㉠㉡㉣   ③ ㉡㉢㉣   ④ ㉡㉣㉤

07 원인에 있어서 자유로운 행위에 관한 설명 중 옳고 그름의 표시(○, ×)가 바르게 된 것은? (다툼이 있는 경우 판례에 의함)

> ㉠ 형법 제10조 제3항은 고의에 의한 원인에 있어서 자유로운 행위만이 아니라 과실에 의한 원인에 있어서 자유로운 행위에도 적용된다는 것이 판례의 입장이다.
> ㉡ 원인에 있어서 자유로운 행위와 가벌성의 근거를 자신을 도구로 이용하는 간접정범으로 이해하여 원인설정행위를 실행행위로 파악하고 원인설정행위시의 책임능력을 기초로 책임을 인정하는 견해는 구성요건의 정형성을 중시하여 죄형법정주의의 보장적 기능을 관철하는데 부합하는 이론이다.
> ㉢ 원인에 있어서 자유로운 행위에 관한 형법 제10조 제3항은 원인행위시 심신장애 상태에서 위법행위로 나아갈 예견가능성이 없었던 경우에도 적용된다.
> ㉣ 실행의 착수시기와 관련하여 원인행위를 실행행위로 보는 견해는 행위와 책임의 동시존재의 원칙이 유지되기 어렵다는 비판을 받는다.

① ㉠(○) ㉡(×) ㉢(○) ㉣(×)   ② ㉠(○) ㉡(×) ㉢(×) ㉣(○)
③ ㉠(○) ㉡(×) ㉢(×) ㉣(×)   ④ ㉠(×) ㉡(○) ㉢(○) ㉣(○)

제2절 위법성의 인식 ~ 법률의 착오

08 금지착오에 대한 설명 중 가장 적절한 것은? (다툼이 있는 경우 판례에 의함)

① 가감삼십전대보초와 한약 가지수에만 차이가 있는 십전대보초를 제조하고 그 효능에 관하여 광고를 한 사실에 대하여 이전에 검찰의 혐의없음 결정을 받은 적이 있다고 하더라도, 그가 한의사·한약업사 면허나 의약품판매업 허가가 없이 의약품인 가감삼십전대보초를 판매하였다면 자기의 행위가 법령에 의하여 죄가 되지 않는 것으로 오인함에 있어서 정당한 이유가 있다고 할 수 없다.

② 숙박업자가 자신이 운영하는 숙박업소에서 위성방송수신장치를 이용하여 수신한 외국의 음란한 위성방송프로그램을 투숙객등에게 제공한 경우 그 이전에 그와 유사한 행위로 '혐의없음' 처분을 받은 전력이 있거나 일정한 시청차단장치를 설치하였다면 형법 제16조의 정당한 이유가 인정된다.

③ 법률 위반 행위 중간에 일시적으로 판례에 따라 그 행위가 처벌대상이 되지 않는 것으로 해석되었던 적이 있었다고 하더라도 그것만으로 자신의 행위가 처벌되지 않는 것으로 믿은 데에 정당한 이유가 있다고 할 수 없다.

④ 처벌규정이 존재함에도 불구하고 행위자가 처벌규정의 존재를 인식하지 못한 법률의 부지의 경우 그 오인에 정당한 이유가 있으면 벌하지 아니한다.

09 법률의 착오의 정당한 이유에 대한 설명으로 가장 적절한 것은? (다툼이 있는 경우 판례에 의함)

① 광역시의회 의원이 선거구민들에게 의정보고서를 배부하기에 앞서 관할 선거관리위원회 소속 공무원들에게 자문을 구하고 그들의 지적에 따라 수정한 의정보고서를 배부한 경우 형법 제16조의 정당한 이유가 있다고 볼 수 있다.

② 구「건설폐기물의 재활용촉진에 관한 법률」제16조 제1항의 위반행위를 하면서 이를 판단하는데 직접적인 자료가 되지 않는 환경부의 질의회신을 받은 경우 그 오인에 정당한 이유가 있다고 볼 수 있다.

③ 「자격기본법」에 의한 민간자격관리자로부터 대체 의학자격증을 수여받은 자가 사업자등록을 한 후 침술원을 개설하였다고 한다면 자신의 행위가 무면허 의료행위에 해당되지 아니하여 죄가 되지 않는다고 믿은 데에 정당한 이유가 있었다고 볼 수 있다.

④ 법률의 착오에 정당한 이유가 있는지 여부는 행위자가 위법한 행위를 하지 않으려는 진지한 노력을 했음에도 위법성을 인식하지 못한 것인지 여부를 기준으로 판단해야 하며, 위법성 인식에 필요한 노력의 정도는 행위자 개인의 인식능력 및 행위자가 속한 사회집단에 따라 달리 평가되어서는 안 된다.

10 (가)~(라)는 甲이 밤에 연락 없이 자신의 집을 방문한 이웃을 강도로 오인하여 상해를 입힌 사례와 관련한 견해이다. 이에 대한 설명으로 가장 적절하지 않은 것은?

> (가) "위법성의 인식은 고의와 구별되는 책임의 독자적인 요소인데, 이 사례는 행위자가 구성요건 사실은 인식하였지만 자기 행위의 위법성을 인식하지 못한 경우에 해당한다."
> (나) "이 사례와 관련하여 甲이 위법성조각사유의 전제사실의 부존재를 인식하는 것 역시 구성요건에 해당한다."
> (다) "이 사례는 구성요건 착오는 아니지만 구성요건 착오와 유사한 경우이니, 구성요건 착오 규정을 적용하여 행위자에게 고의책임을 인정하지 않아야 한다."
> (라) "이 사례의 경우 구성요건 고의는 인정되지만, 책임 고의가 부정된다."

① (가)견해에 의하면, 甲의 오인에 정당한 이유가 없다면 甲은 상해의 고의범으로 처벌된다.
② (나)견해에 의하면, 甲은 구성요건 착오에 해당하여 상해의 고의가 조각된다.
③ (다)견해에 의하면, 甲에 대해 상해의 과실범의 성립을 검토할 수 있다.
④ (라)견해에 의하면, 甲은 상해의 고의범으로 처벌되지만 그 책임이 감경된다.

11 형법 제16조의 법률의 착오에 관한 설명 중 가장 적절하지 않은 것은? (다툼이 있는 경우 판례에 의함)

① 정당한 이유가 있는지 여부는 행위자에게 자기 행위의 위법의 가능성에 대해 심사숙고하거나 조회할 수 있는 계기가 있어 자신의 지적 능력을 다하여 이를 회피하기 위한 진지한 노력을 다하였더라면 스스로의 행위에 대하여 위법성을 인식할 수 있는 가능성이 있었음에도 이를 다하지 못한 결과 자기 행위의 위법성을 인식하지 못한 것인지 여부에 따라 판단하여야 한다.

② 행정청의 허가가 있어야 함에도 불구하고 허가를 받지 아니하여 처벌대상이 되는 행위를 한 경우라도 허가를 담당하는 공무원이 허가를 요하지 않는 것으로 잘못 알려주어 이를 믿었기 때문인 경우 형법 제16조에 해당하여 벌할 수 없다.

③ 부동산중개업자가 부동산중개업협회의 자문을 통하여 인원수의 제한 없이 중개보조원을 채용하는 것이 허용되는 것으로 믿고서 제한인원을 초과하여 중개보조원을 채용한 경우 형법 제16조에 해당하여 벌할 수 없다.

④ 검사가 피고인의 행위에 대하여 범죄혐의 없다고 무혐의 처리하였다가 고소인의 항고를 받아들여 재기수사명령에 의한 재수사 결과 기소에 이르렀는데, 이러한 사정하에서 검사의 불기소처분 전후에 피고인이 자신의 행위가 죄가 되지 아니한다고 그릇 인식하고 위법행위를 한 경우에 피고인들이 자신들의 행위가 죄가 되지 않는다고 그릇 인식하는 데 정당한 이유가 있었다고 할 수 없다.

12 형법 제16조의 법률의 착오에 관한 설명 중 옳은 것은 모두 몇 개인가? (다툼이 있는 경우 판례에 의함)

⊙ 형법 제16조에 "자기의 행위가 법령에 의하여 죄가 되지 아니하는 것으로 오인한 행위는 그 오인에 정당한 이유가 있는 때에 한하여 벌하지 아니한다."라고 규정하고 있는 것은 단순한 법률의 부지를 말하는 것이 아니고, 일반적으로 범죄가 되는 경우이지만 자기의 특수한 경우에는 법령에 의하여 허용된 행위로서 죄가 되지 아니 한다고 그릇 인식하고, 그와 같이 그릇 인식함에 정당한 이유가 있는 경우에는 벌하지 않는다는 취지이다.

ⓛ 형법 제16조의 죄가 되지 아니하는 것으로 오인한 데 정당한 이유가 있는지 여부는 행위자에게 자기 행위의 위법의 가능성에 대해 심사숙고하거나 조회할 수 있는 계기가 있어 자신의 지적능력을 다하여 이를 회피하기 위한 진지한 노력을 다하였더라면 스스로의 행위에 대하여 위법성을 인식할 수 있는 가능성이 있었음에도 이를 다하지 못한 결과 자기 행위의 위법성을 인식하지 못한 것인지 여부에 따라 판단하여야 할 것이고, 이러한 위법성의 인식에 필요한 노력의 정도는 구체적인 행위정황과 행위자 개인의 인식능력 그리고 행위자가 속한 사회집단에 따라 달리 평가되어야 한다.

ⓒ 구 청소년보호법(2001. 5. 24. 법률 제6479호로 개정되기 전의 것)은 19세 미만자를 청소년으로 규정하고 비디오방 출입을 금지하고 있고, 구 음반·비디오물 및 게임물에 관한 법률(2001. 5. 24. 법률 제6473호로 전문 개정되기 전, 이하 '구 음반등법'이라 한다)은 18세 미만자의 비디오방 출입을 금지하고 있는데, 비디오물감상실의 관할부서인 문화관광과가 업주들을 상대로 실시한 교육과정에서 구 음반등법 및 그 시행령의 연관해석을 통해 '만 18세 미만의 연소자 출입금지표시'를 업소 출입구에 부착하라고 행정지도를 하였을 뿐, 구 청소년보호법에서 금지하고 있는 '만 18세 이상 19세 미만 청소년 출입' 문제에 관하여 특별한 언급을 하지 않았다면 비디오방을 운영하는 피고인이 만 18세 미만 연소자의 출입만 금지되는 것으로 알고 만 18세 6개월 된 청소년을 비디오방에 출입시킨 행위는 피고인이 관련 법률에 의하여 허용된다고 믿었고, 그렇게 믿었던 것에 대하여 정당한 이유가 있는 경우에 해당한다.

ⓔ 검사가 피고인들의 행위에 대하여 범죄혐의가 없다고 무혐의 처리하였다가 곧바로 고소인의 항고를 받아들여 재기수사명령에 의한 재수사 결과 기소에 이른 경우 그 무혐의처분 이후 이루어진 피고인의 위반 행위는 죄가 되지 아니하는 것으로 오인한 데 정당한 이유가 있는 경우에 해당한다.

① 1개   ② 2개   ③ 3개   ④ 4개

13 법률의 착오에 관한 설명 중 가장 적절한 것은? (다툼이 있는 경우 판례에 의함)
① 일반수요자가 아닌 장의사영업허가를 받은 상인에게 장의에 소요되는 기구, 물품을 판매하는 도매업을 하기 위해 관할관청에 영업허가를 신청하자, 관할관청이 이 경우 영업허가가 필요없다고 해석하여 영업허가를 해주지 않고 있다면, 이를 믿고 영업허가 없이 위와 같은 도매업을 해온 경우 형법 제16조의 정당한 이유가 인정된다.
② 외국인학교 경영자인 甲이 학교의 교비회계에 속하는 자금을 다른 외국인학교에 대여함으로써 사립학교법을 위반한 경우 甲이 외국인으로서 국어에 능숙하지 못하였고 학교운영위원회에서 자금 대여 안건을 보고한 사실이 있었다면, 비록 그와 같은 대여행위가 적법한지에 관하여 관할 도교육청의 담당공무원에게 정확한 정보를 제공하고 회신을 받거나 법률 전문가에게 자문을 구하는 등의 조치를 취하지 않았더라도 형법 제16조에 따라 처벌되지 않는다.
③ 자기의 행위가 법령에 의하여 죄가 되지 아니하는 것으로 오인한 행위는 벌하지 아니한다.
④ 민원사무담당 공무원에게 문의하여 탐정업이 인·허가 또는 등록사항이 아니라는 대답을 얻었다면 관련법에서 금지하고 있는 특정인의 소재를 탐지하거나 사생활을 조사하는 행위를 업으로 할 수 있다고 믿은 데에 정당한 이유가 인정된다.

14 경찰관 甲은 경찰관 乙과 야간에 해안가 순찰 중 乙이 동료 경찰관 丙을 침입자로 오인하고 "침입자가 나타났다." 소리쳤고, 그 말을 들은 경찰관 甲이 소지하고 있던 전자충격기를 사용하여 상해를 가하였다. 다음 중 형사책임에 관한 설명으로 가장 적절한 것은?
① 엄격고의설에 따르면 甲과 乙이 오인한 점에 정당한 이유 유무와 관계없이 甲과 乙의 행위는 상해죄의 죄책을 진다.
② 법적효과제한적 책임설은 고의의 이중적 기능을 전제로 오상방위의 경우 甲의 책임고의가 조각 된다고 보나, 책임고의가 조각되면 제한적 종속형식에 의할 경우 이에 대한 공범 乙의 성립이 불가능하여 처벌의 흠결이 있다는 비판이 가해진다.
③ 소극적 구성요건요소(표지)이론에 따르면 사실의 착오규정이 직접 적용되어 甲과 乙의 구성요건적 고의가 조각된다고 보나, 이에 대해서는 구성요건해당성과 위법성의 차이를 인정하지 않는다는 비판이 가해진다.
④ 유추적용설에 의하면 위법성조각사유의 전제사실에 대한 착오의 경우 형법 제13조를 직접 적용 함으로써 甲과 乙의 구성요건적 고의는 인정되지만 책임의 고의를 부정하여 고의범의 성립을 부정한다.

제4절 기대가능성

15 강요된 행위에 대한 설명으로 가장 적절하지 않은 것은? (다툼이 있는 경우 판례에 의함)

① 강요된 자가 저항할 수 없는 폭력이나 자기 또는 친족의 생명·신체에 대한 위해를 방어할 수 있는 방법이 없는 위해의 상태를 자초하였거나 예기하였다면 강요된 행위라고 할 수 없다.
② 상사의 지시에 의한 것이라 하여도 저항할 수 없는 폭력이나 자기 또는 친족의 생명·신체에 대한 위해를 방어할 방법이 없는 협박에 상당한 것이라고 인정되지 않는 이상 강요된 행위라고 할 수 없다.
③ 강요된 행위에서 '저항할 수 없는 폭력'이란 심리적인 의미에 있어서 육체적으로 어떤 행위를 절대적으로 하지 아니할 수 없게 되는 경우와 윤리적 의미에 있어서 강압된 경우를 말한다.
④ 어떤 사람의 성장교육과정을 통하여 형성된 내재적인 관념 내지 확신으로 인하여 행위자 스스로의 의사결정이 사실상 강제되는 결과를 낳게 하는 경우는 강요된 행위라고 할 수 있다.

16 기대가능성에 관한 설명 중 설명 중 옳고 그름의 표시(O, ×)가 바르게 된 것은? (다툼이 있는 경우 판례에 의함)

㉠ 자신의 강도상해 범행을 일관되게 부인하였으나 유죄판결이 확정된 자가, 별건으로 기소된 공범의 형사사건에서 자신의 범행사실을 부인하는 증언을 한 경우에는 사실대로 진술할 기대가능성이 있다고 할 수 없다.
㉡ 나이트클럽 주인이 지도교수의 인솔 하에 수학여행을 온 대학교 3학년생 34명 중 일부만의 학생증을 제시받아 성년자임을 확인하고 단체 입장시켰으나 그들 중 1인이 미성년자인 경우 나이트클럽 주인에게 위 학생들 중 미성년자가 섞여 있을지도 모른다는 것을 예상하여 그들의 증명서를 일일이 확인할 것을 요구하는 것은 사회통념상 기대가능성이 없다고 봄이 상당하다.
㉢ 형법 제12조(강요된 행위)에서 말하는 저항할 수 없는 폭력은 심리적 의미에 있어서 육체적으로 어떤 행위를 절대적으로 하지 아니할 수 없게 하는 경우와 윤리적 의미에 있어서 강압된 경우를 말한다.
㉣ 형법 제12조(강요된 행위)가 보호하는 법익은 생명과 신체에 한하지만, 형법 제22조(긴급피난)가 보호하는 법익은 생명과 신체에 한하지 않는다.

① ㉠(O) ㉡(O) ㉢(×) ㉣(O)
② ㉠(O) ㉡(×) ㉢(×) ㉣(×)
③ ㉠(×) ㉡(O) ㉢(O) ㉣(O)
④ ㉠(×) ㉡(O) ㉢(O) ㉣(×)

제5장 미수론

제1절 미수범의 일반이론

01 다음 중 형법상 미수범 처벌규정이 있는 범죄는 모두 몇 개인가?

> ㉠ 불법체포죄 ㉡ 특수도주죄
> ㉢ 강제집행면탈죄 ㉣ 공무상보관물무효죄
> ㉤ 사문서부정행사죄 ㉥ 장물취득죄
> ㉦ 공무집행방해죄

① 1개 ② 2개 ③ 3개 ④ 4개

02 다음 중 가장 적절하지 않은 것은? (다툼이 있는 경우 판례에 의함)

① 도박죄, 공무원자격사칭죄, 증거인멸죄는 미수범 처벌조항이 없다.
② 피해자를 살해하려고 그의 가슴을 칼로 수회 찔렀으나, 가슴부위에서 많은 피가 흘러나오는 것을 발견하고 겁을 먹고 그만둔 경우 자의에 의한 중지미수라고 볼 수 없다.
③ 통화위조예비죄와 일수예비죄의 경우, 그 목적한 죄의 실행에 이르기 전에 자수한 때에는 형을 감경 또는 면제한다.
④ 협박죄, 퇴거불응죄, 타인소유일반건조물방화죄는 미수범 처벌조항이 있다.

03 다음 설명으로 가장 적절하지 않은 것은? (다툼이 있는 경우 판례에 의함)

① 협박죄, 횡령죄, 사문서부정행사죄, 특수도주죄는 형법상 미수범처벌규정이 있다.
② 판례는 관세를 포탈할 목적으로 수입할 물품의 수량과 가격이 낮게 기재된 계약서를 첨부하여 수입예정 물량 전부에 대한 과세가격 사전심사를 신청함으로써 과세가격을 허위로 신고하고 이에 따른 과세가격사전심사서를 미리 받아 두는 행위는 관세포탈죄의 실현을 위한 외부적인 준비행위에 해당한다고 한다.
③ 교사를 받은 자가 범죄의 실행을 승낙하고 실행의 착수에 이르지 아니한 때에는 교사자와 피교사자를 음모 또는 예비에 준하여 처벌한다.
④ 기수범에 비하여 장애미수는 형을 감경할 수 있고, 중지미수는 형을 감경 또는 면제하며, 불능미수는 형을 감경 또는 면제할 수 있다.

제2절 장애미수 ~ 불능미수

04 실행의 착수에 대한 설명으로 옳은 것을 모두 고른 것은? (다툼이 있는 경우 판례에 의함)

> ㉠ 야간에 아파트에 침입하여 물건을 훔칠 의도하에 아파트의 베란다 철제난간까지 올라가 유리창문을 열려고 시도한 경우 야간주거침입절도죄의 실행에 착수하였다.
> ㉡ 甲이 잠을 자고 있는 피해자 A의 옷을 벗긴 후 자신의 바지를 내린 상태에서 A의 음부 등을 만지고 자신의 성기를 A의 음부에 삽입하려고 하였으나 A가 몸을 뒤척이고 비트는 등 잠에서 깨어 거부하는 듯한 기색을 보이자 더 이상 간음행위에 나아가는 것을 포기한 경우 준강간죄의 실행에 착수하였다.
> ㉢ 위장결혼의 당사자 및 브로커와 공모한 甲이 허위로 결혼사진을 찍고 혼인신고에 필요한 서류를 준비하여 위장결혼의 당사자에게 건네준 것만으로는 공전자기록등부실기재죄의 실행에 착수한 것으로 볼 수 없다.
> ㉣ 타인의 사무를 처리하는 자가 배임의 범의로, 즉 임무에 위배하는 행위를 한다는 점과 이로 인하여 자기 또는 제3자가 이익을 취득하여 본인에게 손해를 가한다는 점에 대한 인식이나 의사를 가지고 임무에 위배한 행위를 개시한 때 배임죄의 실행에 착수한 것으로 볼 수 있으나, 그 임무위배행위가 사법상 무효인 경우에는 실해발생의 위험이 없으므로 실행의 착수가 있다고 보기 어렵다.
> ㉤ 허위의 채권을 피보전권리로 삼아 가압류를 한 경우 그 채권에 관하여 현실적으로 청구의 의사표시를 한 것이라고 볼 수 있으므로 본안소송을 제기하지 아니한 채 가압류를 한 경우에도 사기죄의 실행에 착수하였다.

① ㉠㉡㉢   ② ㉠㉡㉤   ③ ㉠㉢㉣   ④ ㉡㉣㉤

05 미수범에 관한 설명 중 가장 적절하지 않은 것은? (다툼이 있는 경우 판례에 의함)

① 甲이 위험한 물건인 전기충격기를 사용하여 A에 대한 강간을 시도하다가 미수에 그쳤다 하더라도 그로 인하여 A에게 약 2주간의 치료를 요하는 안면부 좌상 등 치상의 결과를 초래하였다면, 甲에게는 「성폭력범죄의 처벌 등에 관한 특례법」 위반의 특수강간치상죄의 기수가 성립한다.
② 甲이 소송비용을 편취할 의사로 소송비용의 지급을 구하는 손해배상청구의 소를 제기하였다가 담당 판사로부터 소송비용의 확정은 소송비용액 확정절차를 통하여 하라는 권유를 받고 위 소를 취하하였다면, 甲에게는 소송사기죄의 불능미수범이 성립한다.
③ 甲이 장롱 안에 있는 옷가지에 불을 놓아 사람이 주거로 사용하는 건물을 불태우려 하였으나 불길이 치솟는 것을 보고 겁이 나서 물을 부어 불을 끈 것이라면, 자의에 의한 현

주건조물방화죄의 중지미수가 성립하지 않는다.
④ 甲이 A로부터 위탁받아 식재·관리하여 오던 나무들을 A 모르게 제3자에게 매도하는 계약을 체결하고 그 제3자로부터 계약금을 수령한 상태에서 A에게 적발되어 위 계약이 더 이행되지 아니하고 무위로 그쳤다면, 甲에게는 횡령미수죄가 성립한다.
⑤ 甲이 주간에 재물을 절취할 목적으로 A가 운영하는 주점에 이르러 주점의 잠금장치를 뜯고 침입하여 주점 내 진열장에 있던 양주 45병을 바구니 3개에 담고 있던 중, A가 주점으로 들어오는 소리를 듣고서 담고 있던 양주들을 그대로 둔 채 출입문을 열고 나오다가 A에게 붙잡히자 체포를 면탈할 목적으로 A를 폭행하였다면, 甲에게는 준강도미수죄가 성립한다.

06 미수범에 관한 설명 중 가장 적절하지 않은 것은? (다툼이 있는 경우 판례에 의함)

① 카메라 기타 이와 유사한 기능을 갖춘 기계장치 속에 들어 있는 필름이나 저장장치에 피사체에 대한 영상정보가 입력되었을 뿐 전자파일 등의 형태로 영구저장되지 않은 채 사용자에 의해 강제종료되었다면, 구 성폭력범죄의 처벌 및 피해자보호 등에 관한 법률 제14조의2 제1항에서 정한 '카메라 등 이용 촬영죄'는 미수에 그친 것으로 보아야 할 것이다.
② 甲이 강간할 목적으로 피해자의 집에 침입하였다 하더라도 안방에 들어가 누워 자고 있는 피해자의 가슴과 엉덩이를 만지면서 간음을 기도하였다는 사실만으로는 강간의 수단으로 피해자에게 폭행이나 협박을 개시하였다고 하기 어렵다.
③ 출입문이 열려 있으면 안으로 들어가겠다는 의사 아래 출입문을 당겨보는 행위는 그것으로 주거침입의 실행에 착수한 것으로 보아야 한다.
④ 甲이 제1차 매수인으로부터 계약금 및 중도금 명목의 금원을 교부받은 후 제2차 매수인에게 부동산을 매도하기로 하고 계약금만을 지급받은 뒤 더 이상의 계약 이행에 나아가지 않았다면 배임죄의 실행의 착수가 있었다고 볼 수 없다.
⑤ 구 외국환거래법 제28조 제1항 제3호는 신고를 하지 아니하거나 허위로 신고하고 지급수단·귀금속 또는 증권을 수출하는 행위를 처벌하고 있는데, 甲이 신고없이 일화 400만 엔을 휴대용 가방에 넣어 국외로 반출하려고 하는 경우, 甲이 휴대용 가방을 가지고 보안검색대에 나아가지 않은 채 공항 내에서 탑승을 기다리고 있던 중에 체포되었다면 실행의 착수가 있다고 볼 수 없다.

07 실행의 착수에 관한 설명 중 가장 적절하지 않은 것은? (다툼이 있는 경우 판례에 의함)

① 소유권이전등기청구권에 대한 압류는 강제집행절차를 위한 일련의 시작행위라고 할 수 있으므로, 허위 채권에 기한 공정증서를 집행권원으로 하여 채무자의 소유권이전등기청구권에 대하여 압류신청을 한 시점에 소송사기의 실행에 착수하였다고 볼 수 있다.

② 배임죄는 임무에 위배하는 행위를 한다는 점과 이로 인하여 자기 또는 제3자가 이익을 취득하여 본인에게 손해를 가한다는 점에 대한 인식이나 의사를 가지고 임무에 위배한 행위를 개시한 때 실행에 착수하였다고 볼 수 있다.

③ 업무상배임죄에서 부작위를 실행의 착수로 볼 수 있기 위해서는 작위의무가 이행되지 않으면 사무처리의 임무를 부여한 사람이 재산권을 행사할 수 없으리라고 객관적으로 예견되는 등으로 구성요건적 결과 발생의 위험이 구체화한 상황에서 부작위가 이루어져야 하고, 행위자는 부작위 당시 자신에게 주어진 임무를 위반한다는 점과 그 부작위로 인해 손해가 발생할 위험이 있다는 점을 인식하였어야 한다.

④ 甲이 乙로부터 국제우편을 통해 향정신성의약품을 수입하는 경우, 필로폰을 받을 국내 주소를 알려주었으나 乙이 필로폰이 들어 있는 우편물을 발신국의 우체국에 제출하지 않았다고 하더라도 甲의 이러한 행위는 향정신성의약품 수입행위의 실행에 착수하였다고 볼 수 있다.

08 실행의 착수에 관한 설명 중 가장 적절하지 않은 것은? (다툼이 있는 경우 판례에 의함)

① 체포죄는 사람의 신체에 대하여 직접적이고 현실적인 구속을 가하여 신체활동의 자유를 박탈하는 죄로서 그 실행의 착수 시기는 체포의 고의로 타인의 신체적 활동의 자유를 현실적으로 침해하는 행위를 개시한 때이다.

② 필로폰을 매수하려는 자로부터 필로폰을 구해 달라는 부탁과 함께 금전을 지급받았다고 하더라도 당시 피고인이 필로폰을 소지 또는 입수한 상태에 있었거나 그것이 가능하였다는 등 매매행위에 근접·밀착한 상태에서 그 대금을 지급받은 것이 아니라 단순히 필로폰을 구해 달라는 부탁과 함께 대금 명목으로 금전을 지급받은 것에 불과한 경우에는 필로폰 매매행위의 실행의 착수에 이른 것이라고 볼 수 없다.

③ 피고인의 팔이 피해자의 몸에 닿지는 않았다 하더라도 양팔을 높이 들어 갑자기 뒤에서 피해자를 껴안으려는 행위는 피해자의 의사에 반하는 유형력의 행사로서 폭행행위에 해당하고, 그 때에 이른바 '기습추행'에 관한 실행의 착수가 있다고 볼 수 있다.

④ 범인이 피해자를 촬영하기 위하여 육안 또는 캠코더의 줌 기능을 이용하여 피해자가 있는지 여부를 탐색하다가 피해자를 발견하지 못하고 촬영을 포기한 경우에는 촬영을 위한 준비행위에 불과하여 성폭력범죄의 처벌 등에 관한 특례법 위반(카메라등이용촬영)죄의 실행에 착수한 것으로 볼 수 없다.

⑤ 업무상배임죄는 부작위에 의해서도 성립할 수 있는데, 이때 행위자는 부작위 당시 자신에게 주어진 임무를 위반한다는 점만 인식하면 족하고, 그 부작위로 인해 손해가 발생할 위험이 있다는 점을 인식할 필요는 없다.

09 실행의 착수에 대한 설명으로 옳은 것만을 모두 고르면? (다툼이 있는 경우 판례에 의함)

> ㉠ 병역법은 '병역의무를 기피하거나 감면받을 목적으로 도망가거나 행방을 감춘 경우 또는 신체를 손상하거나 속임수를 쓴' 경우를 처벌의 대상으로 하고 있는 바, 입영대상자가 병역면제처분을 받을 목적으로 병원으로부터 허위의 병사용 진단서를 발급받았다면 이로써 그 죄의 실행에 착수한 것으로 볼 수 있다.
> ㉡ 부동산 이중양도에서 제1차 매수인으로부터 계약금 및 중도금을 받은 매도인이 제2차 매수인으로부터 계약금을 받은 것만으로는 제1차 매수인에 대한 배임죄의 실행에 착수하였다고 볼 수 없다.
> ㉢ 강제집행 절차를 통한 소송사기의 경우 집행절차의 개시신청을 했을 때 또는 진행 중인 집행 절차에 배당신청을 했을 때 사기죄의 실행의 착수가 인정된다.
> ㉣ 부동산경매 절차에서 허위의 공사대금채권을 근거로 유치권 신고를 한 행위만으로는 사기죄의 실행에 착수하였다고 볼 수 없다.

① ㉠㉡   ② ㉠㉣   ③ ㉡㉢   ④ ㉡㉢㉣

10 미수범에 대한 설명으로 가장 적절한 것은? (다툼이 있는 경우 판례에 의함)

① 형법 제25조의 미수범(장애미수)의 경우 이를 기수범의 형과 동일하게 처벌하는 것은 불가능하다.
② 일반 사회통념상 범죄를 완수함에 장애가 되는 사정이 없음에도 공모자 중의 1인이 자의로 범죄의 실행행위를 중지한 경우라면, 그 후 다른 공모자의 실행으로 인해 범죄의 결과가 발생하여도 자의로 중지한 공모자에 한해서는 형법 제26조의 중지범(중지미수)이 성립한다.
③ 실행의 착수가 있기 전인 예비·음모 단계에서 예비·음모행위를 자의로 중지한 경우에는 중지범(중지미수)에 관한 형법 제26조가 적용된다.
④ 甲이 A에게 위조한 주식인수계약서와 통장사본을 보여주면서 50억 원의 투자를 받았다고 거짓말하며 자금 대여를 요청한 후 A와 함께 50억 원의 입금 여부를 확인하기 위해 은행에 가던 중 범행이 발각될 것이 두려워 은행 입구에서 차용을 포기하고 돌아간 행위는 사기죄의 중지미수에 해당하지 않는다.

11 다음 설명 중 가장 적절하지 않은 것은? (다툼이 있는 경우 판례에 의함)
① 행위자가 결과발생이 불가능하다는 것을 알면서 실행에 착수하였고 결과는 발생하지 않았으나 위험성은 있다면 불능미수에 해당한다.
② 피해자의 해외도피를 방지하기 위하여 피해자를 협박하고 이에 피해자가 겁을 먹고 있는 상태를 이용하여 피해자 소유의 여권을 교부하게 함으로써 피해자가 그의 여권을 강제회수 당하였다면 강요죄의 기수가 성립한다.
③ 메스암페타민 제조를 위해 그 원료에 약품들을 교반하였으나 약품배합미숙으로 완제품을 제조하지 못하였다면, 불능범이 아닌 메스암페타민 제조미수에 의한 마약류 관리에 관한 법률 위반죄가 성립한다.
④ 소송비용 명목의 돈을 편취하기 위해 소송비용 상당액의 지급을 구하는 손해배상금 청구의 소를 제기하였다가 담당 판사로부터 소송비용액 확정절차를 통하여 하라는 권유를 받고 소를 취하하였다면, 불능범에 해당하여 처벌할 수 없다.

12 다음 설명 중 가장 적절하지 않은 것은? (다툼이 있는 경우 판례에 의함)
① 甲과 乙은 피해자를 텐트 안으로 끌고 가 차례로 성관계를 하기로 하고, 甲이 텐트 밖에서 망을 보는 사이 乙은 피해자의 반항을 억압한 후 강간하였고, 이어 甲이 텐트안으로 들어가 피해자를 강간하려 하였으나 피해자가 반항을 하며 강간을 하지 말아 달라고 사정을 하여 강간을 하지 않았다면 甲은 중지미수에 해당하지 않는다.
② 마약류를 소지 또는 입수하였거나 그것이 가능한 상태에 있었고, 甲이 그러한 상태에 있는 乙에게 그 매매대금을 송금하였다는 사실만으로 甲이 마약류 매수행위에 근접·밀착하는 행위를 하였다고 볼 수 없으므로 대마 또는 향정신성의약품 매매행위의 실행의 착수를 인정할 수 없다.
③ 장롱 안에 있는 옷가지에 불을 놓아 건물을 소훼하려 하였으나 불길이 치솟는 것을 보고 겁이 나서 물을 부어 불을 끈 것이라면 자의에 의한 중지미수라고는 볼 수 없다.
④ 피해자가 실제로는 반항이 불가능할 정도로 술에 취하지 아니하여 항거불능 상태에 있는 피해자를 간음하였을 때 성립하는 준강간죄는 성립할 수 없음에도, 피고인이 피해자가 술에 만취한 나머지 항거불능 상태에 있다고 오인하여 준강간죄의 고의로 피해자를 간음한 경우, 준강간죄의 불능미수에 해당한다.

13. 실행의 착수에 대한 설명으로 옳지 않은 것은 모두 몇 개인가? (다툼이 있는 경우 판례에 의함)

㉠ 입영대상자가 병역면제처분을 받을 목적으로 병원으로부터 허위의 병사용진단서를 발급받았다고 하더라도 이러한 행위만으로는 병역법상 사위행위의 실행에 착수하였다고 볼 수 없다.

㉡ 양수인에게 무허가건물 인도의무를 부담하는 양도인이 중도금 또는 잔금까지 수령한 상태에서 양수인의 의사에 반하여 제3자에게 그 무허가건물을 이중으로 양도하고 중도금까지 수령하였더라도 양수인에 대한 관계에서 배임죄의 실행의 착수가 있었다고 볼 수 없다.

㉢ 유치권자가 피담보채권인 공사대금 채권을 실제와 달리 허위로 부풀려 유치권에 의한 경매를 신청한 경우에 소송사기죄의 실행의 착수가 인정된다.

㉣ 「부정경쟁방지 및 영업비밀보호에 관한 법률」 제18조 제2항에서 정하고 있는 영업비밀부정사용죄에 있어서는, 행위자가 당해 영업비밀과 관계된 영업활동에 이용 혹은 활용할 의사 아래 그 영업활동에 근접한 시기에 영업비밀을 열람하는 행위를 하였다면 그 실행의 착수가 있다.

① 없음   ② 1개   ③ 2개   ④ 3개

14. 다음 설명 중 가장 적절하지 않은 것은? (다툼이 있는 경우 판례에 의함)

① 위장결혼의 당사자 및 브로커와 공모한 피고인이 허위로 결혼사진을 찍고 혼인신고에 필요한 서류를 준비하여 위장결혼의 당사자에게 건네준 것만으로는 공전자기록등부실기재죄의 실행에 착수한 것으로 볼 수 없다.

② 「범죄수익은닉의 규제 및 처벌 등에 관한 법률」 상 범죄수익 등의 은닉에 관한 죄의 경우, 강도범행을 통해 강취할 돈을 송금받기 위해 계좌를 개설한 때 실행의 착수가 인정된다.

③ 피고인이 피해자 甲(여, 17세)에게 가까이 접근하여 갑자기 뒤에서 껴안는 행위는 일반인에게 성적 수치심이나 혐오감을 일으키게 하고 선량한 성적 도덕관념에 반하는 행위로서 甲의 성적 자유를 침해하는 행위여서 그 자체로 이른바 '기습추행' 행위로 볼 수 있으므로, 피고인의 팔이 甲의 몸에 닿지 않았더라도 양팔을 높이 들어 갑자기 뒤에서 껴안으려는 행위는 甲의 의사에 반하는 유형력의 행사로서 폭력행위에 해당하고, 그때 '기습추행'에 관한 실행의 착수가 있는데, 마침 甲이 뒤돌아보면서 소리치는 바람에 몸을 껴안는 추행의 결과에 이르지 못하고 미수에 그쳤으므로, 피고인의 행위는 아동·청소년에 대한 강제추행미수죄에 해당한다.

④ 피고인이 다세대주택 2층의 불이 꺼져있는 것을 보고 물건을 절취하기 위하여 가스배관을 타고 올라가다가, 두 손을 1층과 2층 사이에 있는 가스배관을 잡고 발은 1층 방범창을 딛고 있는 상태에서 순찰 중이던 경찰관에게 발각되자 그대로 뛰어내린 경우, 이러한 피고인의 행위만으로는 야간주거침입절도죄를 구성하지 않는다고 봄이 상당하다.

15 다음 설명 중 옳지 않은 것은 모두 몇 개인가? (다툼이 있는 경우 판례에 의함)

> ㉠ 甲이 A의 사망에 대한 미필적 고의를 가지고 A가 주거로 사용하는 건조물을 소훼하였으나 이를 후회하고 진지한 노력으로 A를 구조함으로써 A가 사망하지 않은 경우에는 현주건조물방화치사죄의 중지미수범으로 처벌된다.
> ㉡ 주체의 착오로 인해 결과발생이 불가능한 경우에도 불능미수가 성립될 수 있는지에 대해서는 형법상 명문의 규정이 없다.
> ㉢ 강간죄, 유사강간죄, 준강간죄, 미성년자의제강간죄, 강간상해죄, 강제추행죄에 대해서는 예비 처벌규정이 있다.
> ㉣ 불능미수에서 '결과의 발생이 불가능'하다는 것은 범죄행위의 성질상 그 어떠한 경우에도 구성요건의 실현이 불가능하다는 것을 의미한다.

① 1개 ② 2개 ③ 3개 ④ 4개

16 미수에 대한 설명 중 가장 적절하지 않은 것은? (다툼이 있는 경우 판례에 의함)

① 일정량 이상을 먹으면 사람이 죽을 수도 있는 '초우뿌리'나 '부자' 달인 물을 마시게 하여 피해자를 살해하려다 미수에 그친 행위는 불능범이 아닌 살인미수죄에 해당한다.
② 향정신성의약품인 속칭 히로뽕의 제조를 위해 그 원료인 염산에 여러 종류의 약품을 섞어 히로뽕 제조를 시도하였으나 약품배합 미숙으로 그 완제품을 제조하지 못하였다면 그 행위는 성질상 결과발생의 위험성이 있으므로 습관성의약품제조미수범에 해당한다.
③ 불능범과 구별되는 불능미수의 성립요건인 '위험성'은 행위 당시에 행위자가 인식한 사정과 일반인이 인식할 수 있었던 사정을 놓고 일반인이 객관적으로 판단하여 결과 발생의 가능성이 있는지 여부를 따져야 한다.
④ 공범의 경우 중지미수는 자신의 중지만으로는 성립할 수 없고 다른 가담자의 범행까지도 중지시켜야 중지미수가 성립한다. 이 경우 자의에 의한 중지자만 중지미수가 되고, 다른 가담자는 장애미수에 해당한다.

17 불능미수에 관한 설명으로 가장 적절하지 않은 것은? (다툼이 있는 경우 판례에 의함)

① 임대인과 임대차계약을 체결한 임차인이 임차건물에 거주하기는 하였으나 그의 처만이 전입신고를 마친 후에 경매절차에서 배당을 받기 위하여 임대차계약서상의 임차인 명의를 처로 변경하여 경매법원에 배당요구를 한 경우에 경매법원이 실제의 임차인을 처로 오인하여 배당결정을 하였다면 이로써 재물의 편취라는 결과의 발생은 가능하다 할 것이고, 이러한 임차인의 행위를 객관적으로 결과발생의 가능성이 있는 행위라고 볼 수도 있다.
② 주체의 착오로 인해 결과발생이 불가능한 경우에도 불능미수가 성립될 수 있는지에 대해서는 형법상 명문의 규정이 없다.
③ 형법 제27조에서 '결과의 발생이 불가능'하다는 것은 범죄행위의 성질상 어떠한 경우에도 구성요건의 실현이 불가능하다는 것을 의미한다.
④ 권총에 탄알을 장전하여 발사하였으나 탄알이 불량이어서 불발된 경우에도 이러한 행위는 결과발생을 초래할 위험이 내포되어 있었다 할 것이므로 이를 불능범이라고 할 수 없다.

18 다음 설명 중 옳지 않은 것은 모두 몇 개인가? (다툼이 있는 경우 판례에 의함)

㉠ 보험사기를 준비하기 위한 타인의 보험계약 체결 과정에서 甲이 피보험자를 가장하는 등으로 이를 도운 행위는 그 사기 범행을 위한 예비행위에 대한 방조의 여지가 있을 뿐이라 할 것이고, 甲의 행위는 그 후 정범이 실행행위에 나아갔다고 하여도 정범에 대한 방조가 되는 것은 아니다.
㉡ 형이 면제되는 친족관계가 있다고 오인하고 절도하였더라도 절도죄의 성립은 물론이고 처벌에도 아무런 영향이 없다.
㉢ 객관적으로는 존재하지도 않는 구성요건적 사실을 행위자가 적극적으로 존재한다고 생각한 '반전된 구성요건적 착오'는 형법상 불가벌이다.
㉣ 甲이 상해의 고의로 A를 구타하여 A가 정신을 잃자 사망한 것으로 오인하고, A가 자살한 것처럼 가장하기 위하여 A를 베란다 아래로 떨어뜨려 사망하게 한 경우에는 포괄하여 하나의 살인죄가 성립한다.

① 1개   ② 2개   ③ 3개   ④ 4개

19. 중지미수에 관한 설명 중 가장 적절하지 않은 것은? (다툼이 있는 경우 판례에 의함)

① 피고인이 피해자를 강간하려다가 피해자가 "다음번에 만나 친해지면 응해주겠다"고 하면서 강간하지 말 것을 간곡히 부탁하자 범행을 그만두고 피해자를 자신의 차에 태워 집에까지 데려다 주었다면 피고인은 자의로 피해자에 대한 강간행위를 중지한 것으로서 중지미수에 해당한다.

② 자의성에 관한 학설 중 Frank의 공식에 후회·동정·연민·양심의 가책 등 윤리적 동기로 인하여 중지한 경우에는 중지미수이고, 그 외의 사정으로 인하여 중지한 경우에는 장애미수이다.

③ 피고인이 甲에게 위조한 예금통장 사본 등을 보여주면서 외국회사에서 투자금을 받았다고 거짓말하며 자금 대여를 요청하였으나, 甲과 함께 그 입금 여부를 확인하기 위해 은행에 가던 중 은행 입구에서 차용을 포기하고 돌아갔다면 중지미수로 볼 수 없다.

④ 甲이 乙을 살해하려고 그의 목 부위와 왼쪽 가슴 부위를 칼로 수회 찔러 乙의 가슴 부위에서 많은 피가 흘러나오는 것을 발견하고 겁을 먹고 그만두었다면 중지미수에 해당하지 않는다.

제3절 예비죄

20 다음 중 예비·음모 처벌규정이 있는 것은 모두 몇 개인가?

> ㉠ 위계에 의한 공무집행방해죄　　㉡ 유가증권위조죄
> ㉢ 소인말소죄　　　　　　　　　　㉣ 도주원조죄
> ㉤ 통화유사물제조죄　　　　　　　㉥ 촉탁·승낙살인죄
> ㉦ 타인소유 일반물건방화죄　　　　㉧ 특수도주

① 6개　　② 4개　　③ 3개　　④ 2개

21 다음 중 형법상 예비죄 처벌규정이 있는 것은 모두 몇 개인가?

> ㉠ 도주원조죄　　　　㉡ 현주건조물방화죄
> ㉢ 유가증권위조죄　　㉣ 소인말소죄
> ㉤ 수도불통죄　　　　㉥ 촉탁·승낙살인죄

① 2개　　② 3개　　③ 4개　　④ 5개

22 예비에 관한 설명으로 옳은 것만을 모두 고른 것은? (다툼이 있는 경우 판례에 의함)

> ㉠ 예비죄는 형법상 독립된 구성요건에 해당하는 범죄가 아니라 기본범죄 실행행위의 전 단계의 행위, 즉 발현행위를 처벌하고 있는 것이다.
> ㉡ 예비행위와 미수행위를 처벌하는 범죄에 있어서 예비행위를 마친 후 자의적으로 실행의 착수를 하지 아니한 예비죄의 중지에 대해서도 중지미수의 효과를 그대로 인정한다.
> ㉢ 2인 이상이 합동하여 강제추행을 준비하였지만 실행의 착수에 이르지 않은 경우에는 성폭력범죄의 처벌 등에 관한 특례법상 특수강제추행죄의 예비·음모죄가 성립하지 않는다.
> ㉣ 정범이 실행의 착수에 이르지 아니한 예비의 단계에 그친 경우에는 이에 가공한다 하더라도 예비의 공동정범이 되는 때를 제외하고는, 종범(방조범)으로 처벌할 수 없다.

① ㉠㉣　　② ㉡㉢　　③ ㉢㉣　　④ ㉠㉢㉣

23 예비·음모에 관한 설명 중 옳은 것은 모두 몇 개인가? (다툼이 있는 경우 판례에 의함)

㉠ 강도예비·음모죄가 성립하기 위해서는 예비·음모 행위자에게 미필적으로라도 '강도'를 할 목적이 있음이 인정되어야 하고 그에 이르지 않고 단순히 '준강도'할 목적이 있음에 그치는 경우에는 강도예비·음모죄로 처벌할 수 없다.

㉡ 살인예비죄가 성립하기 위하여는 살인죄를 범할 목적 외에도 살인의 준비에 관한 고의가 있어야 하며, 나아가 실행의 착수까지에는 이르지 아니하는 살인죄의 실현을 위한 준비행위가 있어야 한다. 여기서의 준비행위는 단순히 범행의 의사 또는 계획만으로는 그것이 있다고 할 수 없고 객관적으로 보아서 살인죄의 실현에 실질적으로 기여할 수 있는 외적 행위를 필요로 한다.

㉢ 본범이 절취한 차량이라는 정을 알면서도 본범 등으로부터 그들이 위 차량을 이용하여 강도를 하려 함에 있어 차량을 운전해 달라는 부탁을 받고 위 차량을 운전해 준 경우, 강도예비죄 뿐만 아니라 장물운반죄도 함께 성립한다.

㉣ 예비죄의 실행행위는 무정형 무한정한 행위이고 종범의 행위도 무정형 무한정하며, 형법 제28조에 의하면 범죄의 음모 또는 예비행위가 실행의 착수에 이르지 아니한 때에는 법률에 특별한 규정이 없는 한 벌하지 아니한다고 규정하고 있으므로, 형법각칙의 예비죄를 처단하는 규정을 바로 독립된 구성요건 개념에 포함시킬 수 없다. 따라서 예비의 공동정범이 되는 경우를 제외하고는 이에 가공한 자를 종범으로 처벌할 수 없다.

① 1개   ② 2개   ③ 3개   ④ 4개

24 예비·음모에 대한 설명으로 가장 적절하지 않은 것은? (다툼이 있는 경우 판례에 의함)

① 강도예비·음모죄가 성립하기 위해서는 예비·음모 행위자에게 미필적으로라도 '강도'를 할 목적이 있음이 인정되어야 하고, 그에 이르지 않고 단순히 '준강도'할 목적이 있음에 그치는 경우에는 강도예비·음모죄로 처벌할 수 없다.
② 형법상 폭발물사용죄와 미성년자약취·유인죄는 예비·음모의 처벌규정을 두고 있다.
③ 피고인이 본범이 절취한 차량이라는 정을 알면서도 본범 등으로부터 그들이 위 차량을 이용하여 강도를 하려 함에 있어 차량을 운전해 달라는 부탁을 받고 위 차량을 운전해 준 경우, 피고인은 강도예비와 아울러 장물운반의 고의를 가지고 위와 같은 행위를 하였다고는 볼 수 없다.
④ 피고인이 행사할 목적으로 미리 준비한 물건들과 옵세트인쇄기를 사용하여 한국은행권 100원권을 사진찍어 그 필름 원판 7매와 이를 확대하여 현상한 인화지 7매를 만들었음에 그쳤다면 아직 통화위조의 착수에는 이르지 아니하였고 그 준비단계에 불과하다.

25 예비죄에 대한 설명 중 옳지 않은 것만을 모두 고른 것은? (다툼이 있는 경우 판례에 의함)

> ㉠ 형법각칙의 예비죄를 처단하는 규정을 바로 독립된 구성요건 개념에 포함시킬 수는 없다고 하는 것이 죄형법정주의에 부합한다.
> ㉡ 예비와 미수는 각각 형법 각칙에 처벌규정이 있는 경우에만 처벌할 수 있지만 구체적인 법정형까지 규정될 필요는 없다.
> ㉢ 예비죄를 처벌하는 범죄의 예비단계에서 자의로 중지를 하였다면, 예비죄의 중지미수가 성립한다.
> ㉣ 살인예비죄가 성립하기 위하여는 살인죄를 범할 목적이 있어야 할 뿐만 아니라 살인의 준비에 관한 고의도 있어야 한다.
> ㉤ 정범의 실행 착수 전에 장래의 실행행위를 예상하고 이를 용이하게 하는 행위를 하여 방조한 경우 정범이 실행의 착수에 이르지 못했다면 방조자는 종범이 성립되지 않지만 정범이 그 실행행위로 나아갔다면 종범이 성립한다.

① ㉠㉡ ② ㉡㉢ ③ ㉠㉢㉤ ④ ㉢㉣㉤

제6장 정범 및 공범

제1절 정범·공범의 일반이론

01 공범종속성설에 관한 설명 중 옳은 것은 모두 몇 개인가? (다툼이 있는 경우 판례에 의함)

> ㉠ 공범종속성설은 자살교사·방조를 처벌하는 형법 제252조 제2항을 당연규정으로 본다.
> ㉡ 교사범이 성립하기 위해서는 교사자의 교사행위와 정범의 실행행위가 있어야 하는 것이므로, 정범의 성립은 교사범의 구성요건의 일부를 형성하고 교사범이 성립함에는 정범의 범죄행위가 인정되는 것이 그 전제요건이 된다
> ㉢ 공범종속성설은 형법 제31조 제2항 및 제3항(기도된 교사)를 특별규정으로 이해하고 있다.
> ㉣ 형법은 기도된 교사와는 달리 기도된 방조를 처벌하는 규정이 없다.

① 1개　　② 2개　　③ 3개　　④ 4개

02 범죄가담 형태에 관한 설명으로 옳고 그름의 표시(○, ×)가 바르게 된 것은? (다툼이 있는 경우 판례에 의함)

> ㉠ 극단적 종속형식에 따르면 정범의 행위가 구성요건에 해당하고 위법하면 유책하지 않은 때에도 공범은 성립할 수 있다.
> ㉡ 사기의 공모공동정범은 순차적·암묵적으로 상통하여 그 의사의 결합이 이루어지면 공모관계가 성립하지만, 이러한 공모가 이루어졌다 하더라도 실행행위에 직접 관여하지 아니하여 기망방법을 구체적으로 몰랐다면 공모관계는 부정된다.
> ㉢ 배임수재죄와 배임증재죄는 필요적 공범의 관계에 있으므로 반드시 수재자와 증재자가 같이 처벌받아야 한다.
> ㉣ 강제추행에 관한 간접정범의 의사를 실현하는 도구로서의 타인에는 피해자도 포함될 수 있으므로 피해자를 도구로 삼아 피해자의 신체를 이용하여 추행행위를 한 경우에도 강제추행죄의 간접정범이 성립할 수 있다.

① ㉠(○)　㉡(○)　㉢(○)　㉣(×)
② ㉠(○)　㉡(×)　㉢(×)　㉣(○)
③ ㉠(×)　㉡(○)　㉢(×)　㉣(○)
④ ㉠(×)　㉡(×)　㉢(×)　㉣(○)

03 공범에 관한 설명으로 옳고 그름의 표시(○, ×)가 옳게 된 것은? (다툼이 있는 경우 판례에 의함)

> ㉠ 필요적 공범은 구성요건행위의 실현에 반드시 2인 이상이 참여해야 하지만, 반드시 2인 이상이 범죄가 성립하거나 처벌되어야 하는 것은 아니다.
> ㉡ 집합범은 다수의 행위자가 동일한 목표를 향하여 같은 방향에서 공동으로 작용하는 범죄이며, 모든 집합범은 참여한 모든 자에 대하여 동일한 법정형을 규정하고 있다.
> ㉢ 대향범인 뇌물죄는 대향자 쌍방의 법정형이 같은 경우도 있고 다른 경우도 있으나 대향자의 일방만 처벌하는 경우는 없다.
> ㉣ 합동범은 2인 이상이 합동하여 범행하는 경우를 법문으로 구성요건화한 범죄유형으로 대체로 형벌이 가중되어 있다.

① ㉠(○) ㉡(×) ㉢(×) ㉣(○)   ② ㉠(○) ㉡(×) ㉢(○) ㉣(×)
③ ㉠(×) ㉡(○) ㉢(×) ㉣(○)   ④ ㉠(×) ㉡(×) ㉢(×) ㉣(○)

04 공범에 관한 설명 중 가장 적절한 것은? (다툼이 있는 경우 판례에 의함)

① 2인 이상의 서로 대향된 행위의 존재를 필요로 하는 대향범에 대하여 공범에 관한 형법총칙 규정이 적용될 수 없는데, 이러한 법리는 해당 처벌규정의 구성요건 자체에서 2인 이상의 서로 대향적 행위의 존재를 필요로 하는 필요적 공범인 대향범에 적용됨은 물론, 구성요건상으로는 단독으로 실행할 수 있는 형식으로 되어 있더라도 그 구성요건이 대향범의 형태로 실행되는 경우에도 적용된다고 보아야 한다.
② 형사소송법 제253조 제2항(공범의 1인에 대한 시효정지는 다른 공범자에 대하여 효력이 미친다)에서 말하는 '공범'에는 뇌물공여죄와 뇌물수수죄 사이와 같은 대향범 관계도 포함된다.
③ 2인 이상이 서로의 의사연락 아래 과실행위를 하여 범죄가 되는 결과를 발생하게 하였더라도 과실범의 공동정범은 성립하지 않는다.
④ 피고인이 포괄일죄의 관계에 있는 범행의 일부를 실행한 후 공범관계에서 이탈하였으나 다른 공범자에 의하여 나머지 범행이 이루어진 경우, 피고인은 관여하지 않은 부분에 대하여도 죄책을 부담한다.

05 다음 중 대향범에 대한 설명으로 옳은 것을 모두 고른 것은? (다툼이 있는 경우 판례에 의함)

㉠ 매도, 매수와 같이 2인 이상의 서로 대향된 행위의 존재를 필요로 하는 관계에 있어서는 공범이나 방조범에 관한 형법총칙 규정의 적용이 있을 수 없고, 따라서 매도인에게 따로 처벌규정이 없는 이상 매도인의 매도행위는 그와 대향적 행위의 존재를 필요로 하는 상대방의 매수범행에 대하여 공범이나 방조범 관계가 성립되지 아니한다.
㉡ 뇌물공여죄가 성립되기 위하여서는 뇌물을 공여하는 행위가 있어야 할 뿐만 아니라, 상대방측에서 뇌물을 받아들이는 행위(부작위 포함)로서 뇌물수수죄가 성립되어야 한다.
㉢ 각 가담자에 대해 동일한 법정형이 부과되는 범죄로는 도박죄, 아동혹사죄, 인신매매죄, 배임수증재죄 등이 있다.
㉣ 세무사의 사무직원으로부터 그가 직무상 보관하고 있던 임대사업자 등의 인적사항, 사업자 소재지가 기재된 서면을 교부받은 행위는 세무사법상 직무상 비밀누설죄의 공동정범에 해당하지 않는다.
㉤ 변호사 아닌 자에게 고용되어 법률사무소의 개설·운영에 관여한 변호사의 행위가 일반적인 형법총칙상의 공모, 교사 또는 방조에 해당된다고 하더라도 변호사를 변호사 아닌 자의 공범으로서 처벌할 수는 없다.

① ㉠㉢㉣   ② ㉠㉡㉢㉣   ③ ㉠㉣㉤   ④ ㉠㉡㉣㉤

06 공범에 관한 설명 중 가장 적절하지 않은 것은? (다툼이 있는 경우 판례에 의함)

① 금품 등을 공여한 자에게 따로 처벌규정이 없는 이상, 그 공여행위는 그와 대향적 행위의 존재를 필요로 하는 상대방의 범행에 대하여 공범관계가 성립되지 아니하고, 오로지 금품 등을 공여한 자의 행위에 대하여만 관여하여 그 공여행위를 교사하거나 방조한 행위도 상대방의 범행에 대하여 공범관계가 성립되지 아니한다.
② 필요적 공범이라는 것은 법률상 범죄의 실행이 다수인의 협력을 필요로 하는 것을 가리키는 것으로서 이러한 범죄의 성립에는 행위의 공동과 협력자 전부가 책임이 있음을 필요로 한다.
③ 형법상 방조행위는 정범의 실행행위를 용이하게 하는 직접·간접의 모든 행위를 가리키는 것으로서 그 방조는 유형적·물질적인 방조뿐만 아니라 정범에게 범행의 결의를 강화하도록 하는 것과 같은 무형적·정신적 방조행위까지도 이에 해당한다.
④ 뇌물공여죄와 뇌물수수죄 사이와 같은 이른바 대향범 관계에 있는 자는 강학상으로는 필요적 공범이라고 불리고 있으나, 서로 대향된 행위의 존재를 필요로 할 뿐 각자 자신

의 구성요건을 실현하고 별도의 형벌규정에 따라 처벌되는 것이어서, 2인 이상이 가공하여 공동의 구성요건을 실현하는 공범관계에 있는 자와는 본질적으로 다르며, 대향범 관계에 있는 자 사이에서는 각자 상대방의 범행에 대하여 형법 총칙의 공범규정이 적용되지 아니한다.

제2절 간접정범

07 간접정범에 대한 설명으로 가장 적절하지 않은 것은? (다툼이 있는 경우 판례에 의함)

① 어느 행위로 인하여 처벌되지 아니하는 자 또는 과실범으로 처벌되는 자를 교사 또는 방조하여 범죄행위의 결과를 발생하게 한 자는 교사 또는 방조의 예에 의하여 처벌한다.

② 공문서작성권자의 문서작성을 보조하는 직무에 종사하는 공무원이 허위공문서를 기안하여 작성권자의 결재를 거치지 않고 임의로 작성권자의 직인 등을 부정 사용함으로써 공문서를 완성한 경우, 허위공문서작성죄의 간접정범이 성립한다.

③ 처벌되지 아니하는 타인의 행위를 적극적으로 유발하고 이를 이용하여 자신의 범죄를 실현한 자는 「형법」 제34조 제1항이 정하는 간접정범의 죄책을 지게 되고, 그 과정에서 타인의 의사를 부당하게 억압하여야만 간접정범에 해당하는 것은 아니다.

④ 피고인이 피해자를 도구로 삼아 피해자의 신체를 이용하여 추행행위를 한 경우, 강제추행죄의 간접정범에 해당할 수 있다.

08 간접정범에 관한 설명 중 옳은 것은 모두 몇 개인가? (다툼이 있는 경우 판례에 의함)

> ㉠ 출판물에 의한 명예훼손죄는 간접정범에 의하여 범하여질 수도 있으므로 타인을 비방할 목적으로 허위의 기사 재료를 그 정을 모르는 기자에게 제공하여 신문 등에 보도되게 한 경우, 출판물에 의한 명예훼손죄의 간접정범이 성립할 수 있다.
> ㉡ 공무원이 아닌 甲이 관공서에 허위내용의 증명원을 제출하여 그 내용이 허위인 정은 모르지만 그 문서의 기재사항을 인식한 담당공무원으로부터 그 증명원 내용과 같은 증명서를 발급 받은 경우에는 공문서위조죄의 간접정범이 성립한다.
> ㉢ 경찰관 甲은 피의자를 구속하기 위해 허위의 진술조서 등에 기초해 구속영장을 신청하였고, 이러한 사정을 모르는 검사와 영장전담판사에 의해 구속영장이 발부되어 피의자가 구속된 경우 甲은 「형법」 제124조 제1항의 직권남용감금죄의 간접정범이 된다.
> ㉣ 공무원이 아닌 자가 행사할 목적으로 공문서 작성을 보좌하는 공무원과 공모하여 허위의 문서초안을 상사에게 제출하여 결재케 함으로써 허위공문서를 작성케 한 경우 허위공문서작성죄의 간접정범의 공범으로서의 죄책을 진다.

① 1개   ② 2개   ③ 3개   ④ 4개

09 간접정범에 대한 설명으로 가장 적절하지 않은 것은? (다툼이 있는 경우 판례에 의함)

① 정유회사 경영자인 甲의 청탁으로, A 지역구 국회의원 乙이 甲과 A 지역구 지방자치단체장 사이에 정유공장의 지역구 유치를 위한 간담회를 주선하고, 甲은 위와 같은 사실을 알지 못하는 자신의 회사 직원들로 하여금 乙이 사실상 지배·장악하고 있던 후원회에 후원금을 기부하게 한 경우, 乙은 정치자금법 위반죄가, 甲은 정치자금법 위반죄의 간접정범이 성립한다.
② 공무원이 아닌 甲이 관공서에 허위내용의 증명원을 제출하여 그러한 사실을 모르는 공무원인 A로부터 그 증명원 내용과 같은 증명서를 발급받은 경우, 甲은 공문서위조죄의 간접정범에 해당하지 아니한다.
③ 甲이 채권의 존재에 관하여 乙과 다툼이 있는 상황에서 존재하지 않는 약정이자에 관한 내용을 부가하여 위조한 乙 명의 차용증을 바탕으로 乙에 대한 차용금채권을 丙에게 양도하고, 이러한 사정을 모르는 丙으로 하여금 乙을 상대로 양수금 청구소송을 제기하게 한 경우, 甲은 소송 당사자가 아니므로 甲의 위와 같은 행위는 사기죄에 해당하지 아니한다.

④ 경찰서 보안과장인 甲이 A의 음주운전을 눈감아주기 위하여 그에 대한 음주운전 적발보고서를 찢어버리고, 부하인 B로 하여금 일련번호가 동일한 가짜 음주운전 적발보고서에 乙에 대한 음주운전 사실을 기재케 하여 그 정을 모르는 담당경찰관으로 하여금 주취운전자 음주측정처리부에 乙에 대한 음주운전 사실을 기재하도록 한 경우, 甲은 허위공문서작성 및 동행사죄의 간접정범에 해당한다.

10 간접정범에 관한 설명 중 옳지 않은 것은 모두 몇 개인가? (다툼이 있는 경우 판례에 의함)

> ㉠ 甲이 A회사의 전문건설업등록증 등의 이미지 파일을 위조하여 공사 수주에 사용하기 위해 발주업체 직원 B에게 이메일로 송부하여 위조 사실을 모르는 B로 하여금 위 이미지 파일을 출력하게 한 경우 간접정범을 통한 위조문서행사 범행의 피이용자인 B는 甲과 동일시할 수 있는 자와 마찬가지이므로 甲에게는 위조문서행사죄의 간접정범이 성립하지 아니한다.
> ㉡ 甲이 A에 대한 사기범행을 실현하는 수단으로서 B를 기망하여 B를 A로부터 편취한 재물이나 재산상 이익을 전달하는 도구로서만 이용한 경우에는 편취의 대상인 재물 또는 재산상 이익에 관하여 A에 대한 사기죄가 성립할 뿐 도구로 이용된 B에 대한 사기죄가 별도로 성립하는 것은 아니다.
> ㉢ 공문서 작성권자를 보조하는 직무에 종사하는 공무원이 허위공문서를 기안한 후 작성권자의 결재를 받지 않고 직인 등을 보관하는 담당자를 기망하여 작성권자의 직인을 날인하도록 하여 공문서를 완성한 경우에 허위공문서작성죄의 간접정범이 성립한다.
> ㉣ 강제추행에 관한 간접정범의 의사를 실현하는 도구로서의 타인에는 피해자도 포함될 수 있으므로 피해자를 도구로 삼아 피해자의 신체를 이용하여 추행행위를 한 경우에도 강제추행죄의 간접정범에 해당할 수 있다.

① 1개 ② 2개 ③ 3개 ④ 4개

제3절 공동정범

11 공동정범에 관한 설명 중 옳은 것을 모두 고른 것은? (다툼이 있는 경우 판례에 의함)

㉠ 상명하복관계에 있는 자들이 범행에 공동가공한 경우, 특수 교사·방조범(「형법」 제34조 제2항)이 성립할 수 있으나 공동정범은 인정될 수 없다.
㉡ 공모자에게 범죄에 대한 본질적 기여를 통한 기능적 행위지배가 인정된다면 공모공동정범으로서의 죄책을 물을 수 있다.
㉢ 공모자들이 그 공모한 범행을 수행하거나 목적 달성을 위해 나아가는 도중에 부수적인 다른 범죄가 파생되리라고 예상하거나 충분히 예상할 수 있었는데도 그 가능성을 외면한 채 이를 방지하기에 족한 합리적 조치를 취하지 않고 공모한 범행에 나아갔다가 결국 그와 같이 예상된 범행들이 발생한 경우, 그 파생적인 범행 하나하나에 대하여 개별적 의사연락이 없었다면 그 범행 전부에 대한 기능적 행위지배가 존재한다고 볼 수 없다.
㉣ 피고인이 공범과 함께 가출청소년에게 성매매를 하도록 한 후 피고인이 별건으로 구속된 상태에서 공범들이 그 청소년에게 계속 성매매를 하게 한 경우, 구속 이후 범행에 대하여는 피고인의 실질적인 행위지배가 인정되지 않으므로 피고인에게는 공동정범의 죄책이 인정되지 않는다.
㉤ 공동정범이 성립하기 위하여 반드시 공범자 간 사전모의가 있어야 하는 것은 아니며, 우연히 만난 자리에서 서로 협력하여 공동의 범의를 실현하려는 의사가 암묵적으로 상통하여 범행에 공동가공하더라도 공동정범은 성립된다.

① ㉠㉡　② ㉡㉣　③ ㉡㉤　④ ㉢㉣㉤

12 공동정범에 대한 설명으로 가장 적절하지 않은 것은? (다툼이 있는 경우 판례에 의함)
① 강도를 모의한 공동정범 중 1인이 강도범행의 실행행위 중 강간을 한 경우, 이를 예견할 수 없었던 다른 공모자는 강도죄의 공동정범만 인정될 뿐 강도강간죄의 공동정범이 인정될 수는 없다.
② 포괄일죄의 일부에 공동정범으로 가담한 피고인이 그때에 이미 이루어진 종전의 범행을 알았다면 그러한 사정만으로도 그 가담 이전의 범행에 대해서도 공동정범으로서의 책임을 진다.
③ 공동정범이 성립하기 위하여는 반드시 공범자 간에 사전에 모의가 있어야 하는 것은 아니며, 우연히 만난 자리에서 서로 협력하여 공동의 범의를 실현하려는 의사가 암묵적으로 상통하여 범행에 공동가공하더라도 공동정범은 성립된다.
④ 피고인이 포괄일죄의 관계에 있는 범행의 일부를 실행한 후 공범관계에서 이탈하였고 다른 공범자에 의하여 나머지 범행이 이루어진 경우에 그 피고인이 관여하지 않은 부분에 대하여도 죄책을 부담한다.

13 공범에 관한 설명 중 가장 적절하지 않은 것은? (다툼이 있는 경우 판례에 의함)
① 형법 제30조에 '공동하여 죄를 범한 때'의 '죄'라 함은 고의범, 과실범을 불문하므로 두 사람 이상이 어떠한 과실행위를 서로의 의사연락하에 이룩하여 범죄가 되는 결과를 발생케 한 것이라면 과실범의 공동정범이 성립된다.
② 업무상의 임무라는 신분관계가 없는 자가 그러한 신분관계 있는 자와 공모하여 업무상 배임죄를 저질렀다면, 그러한 신분관계가 없는 공범에게도 형법 제33조 본문에 따라 일단 신분범인 업무상배임죄가 성립하고 다만 과형에서만 단순배임죄의 법정형이 적용된다.
③ 공동정범은 행위자 상호간에 범죄행위를 공동으로 한다는 공동가공의 의사를 가지고 범죄를 공동실행하는 경우에 성립하는 것으로서, 여기에서의 공동가공의 의사는 공동행위자 상호간에 있어야 하며 행위자 일방의 가공의사만으로는 공동정범관계가 성립할 수 없다.
④ 종범은 정범의 실행행위 중에 이를 방조하는 경우뿐만 아니라, 실행 착수 전에 장래의 실행행위를 예상하고 이를 용이하게 하는 행위를 하여 방조한 경우에도 정범이 실행행위를 한 경우에는 성립한다.
⑤ 변호사 사무실 직원인 甲이 법원공무원 乙에게 부탁하여 수사 중인 사건의 체포영장 발부자 53명의 명단을 누설받은 경우, 甲의 행위는 공범에 관한 형법총칙 규정이 적용되어 공무상비밀누설교사죄가 성립한다.

14 공동정범에 대한 설명으로 옳지 않은 것은 모두 몇 개인가? (다툼이 있는 경우 판례에 의함)

㉠ 甲이 A를 살해하고자 A의 음료수 잔에 치사량의 독약을 넣고 사라진 후 그 사실을 알고 있는 乙이 독자적으로 A를 확실히 살해하고자 한번 더 치사량의 독약을 넣어 A가 이를 마시고 사망한 경우, 甲과 乙은 상호 간에 의사의 연락이 없어 공동정범이 성립되지 아니한다.
㉡ 회사직원이 영업비밀을 경쟁업체에 유출하거나 스스로의 이익을 위하여 이용할 목적으로 무단으로 반출한 때 업무상배임죄의 기수에 이르렀다고 할 것이고, 그 이후에 위 직원과 접촉하여 영업비밀을 취득하려고 한 자는 업무상배임죄의 공동정범이 될 수 없다.
㉢ 형법 제30조(공동정범) 소정의 '2인 이상이 공동하여 죄를 범한 때'의 '죄'에는 고의범뿐만 아니라 과실범도 포함한다.
㉣ 의료인이 의료인이나 의료법인이 아닌 자의 의료기관 개설행위에 공모하여 가공하면 의료인은 의료법위반죄의 공동정범이 성립한다.

① 없음   ② 1개   ③ 2개   ④ 3개

15 공동정범에 대한 설명으로 가장 적절하지 않은 것은? (다툼이 있는 경우 판례에 의함)

① 「폭력행위 등 처벌에 관한 법률」 제2조 제2항에서 '2명 이상이 공동하여' 죄를 범한 때라 함은 수인이 동일한 장소에서 동일한 기회에 상호 다른 사람의 범행을 인식하고 이를 이용하여 범행을 한 경우를 뜻하는 것으로서, 폭행 등의 실행범과의 공모사실은 인정되나 그와 공동하여 범행에 가담하였거나 범행장소에 있었다고 인정되지 아니하는 경우에는 공동하여 죄를 범한 때에 해당하지 아니한다.
② 甲과 乙이 서로 살인의 공모 하에 실행행위로 나아가고 그들의 행위로 피해자가 사망하였다면 실제로 사망의 결과발생이 둘 중 누구의 행위로 인한 것인지 인과관계가 판명되지 아니한 때에도 甲과 乙 모두 살인죄의 기수로 처벌된다.
③ 시공, 감독 및 유지관리 상 각각의 과실만으로는 교량의 붕괴원인이 되지 못한다고 하더라도 그것이 합쳐지면 교량이 붕괴될 수 있다는 점은 쉽게 예상할 수 있고 따라서 위 각 단계에 관여한 자는 전혀 과실이 없다거나 과실이 있다고 하여도 교량 붕괴의 원인이 되지 않았다는 등의 특별한 사정이 있는 경우를 제외하고는 붕괴에 대한 공동책임을 면할 수 없다.
④ 포괄일죄의 범행 도중에 공동정범으로 범행에 가담한 자가 그 범행에 가담할 때에 이미 이루어진 종전의 범행을 알았다면 포괄일죄 범행 전체에 대하여 공동정범으로 책임을 진다.

16 정범 및 공범에 관한 설명으로 가장 적절하지 않은 것은? (다툼이 있는 경우 판례에 의함)

① 공모공동정범에 있어서 공모자가 공모에 주도적으로 참여하여 다른 공모자의 실행에 영향을 미친 때에는 범행을 저지하기 위하여 적극적으로 노력하는 등 실행에 미친 영향력을 제거하지 아니하는 한 공모관계에서 이탈하였다고 할 수 없다.
② 피교사자가 교사자의 교사행위 당시에는 범행을 승낙하지 아니한 것으로 보여진다 하더라도 이후 그 교사행위에 의하여 범행을 결의한 것으로 인정되는 이상 교사범의 성립에는 영향이 없다.
③ 乙의 행위가 범죄구성요건에 해당하지만 위법하지 않은 경우 乙의 행위를 교사한 甲을 간접정범(형법 제34조 제1항)으로는 처벌할 수 없다.
④ 乙의 행위가 범죄구성요건에 해당하지만 위법하지 않은 경우 甲이 乙의 행위를 방조하였더라도 공범의 종속성에 관해 제한종속형식을 취하는 때에는 종범(형법 제32조 제1항)이 성립하지 않는다.

17 다음 설명 중 가장 적절하지 않은 것은? (다툼이 있는 경우 판례에 의함)

① 甲이 A투자금융회사에 입사하여 다른 공범들과 특정 회사 주식을 허위매수 주문 등의 방법으로 시세조종 주문을 내기로 공모하고 시세조종 행위의 일부를 실행한 후 A회사로부터 해고를 당하여 공범관계에서 이탈한 경우 甲이 다른 공범들의 범죄실행을 저지하지 않은 이상 그 이후 공범들이 행한 나머지 시세조종 행위에 대해서도 공동정범이 성립한다.
② 예인선 정기용선자의 현장소장 甲은 사고의 위험성이 높은 시점에 출항을 강행할 것을 지시하였고, 예인선 선장 乙은 甲의 지시에 따라 사고의 위험성이 높은 시점에 출항하는 등 무리하게 예인선을 운항한 결과 예인되던 선박에 적재된 물건이 해상에 추락하여 선박교통을 방해한 경우 甲과 乙은 업무상과실일반교통방해죄의 공동정범이 성립한다.
③ 해적들인 피고인들이 두목의 사전지시에 따라 해군의 구출작전에 대항하여 선원들을 윙브리지로 세워 해군의 위협사격을 받게 하여 '인간방패'로 사용한 부분에 대하여, 사전 모의는 하였더라도 선원들을 윙브리지로 내몰았을 때, 당시 총을 버리고 도망갔다면 공모관계에서 이탈한 것에 해당한다.
④ 강도를 모의한 甲, 乙, 丙이 A에게 칼을 들이댄 후 전화선으로 A의 손발을 묶고 폭행하여 반항을 억압한 후 甲이 다른 방에서 물건을 찾는 사이 乙과 丙이 공동으로 A를 강간하고 다 같이 도주한 경우 甲에게는 강도강간죄의 공동정범이 성립하지 않는다.

18 합동범에 대한 설명으로 가장 적절하지 않은 것은? (다툼이 있는 경우 판례에 의함)

① 합동강도의 공범자 중 1인이 강도의 기회에 피해자를 살해한 경우, 다른 공모자가 살인의 공모를 하지 아니하였다고 하여도 그 살인행위나 치사의 결과를 예견할 수 없었던 경우가 아니면 강도치사죄의 죄책을 면할 수 없다.
② 피고인이 다른 피고인들과 택시강도를 하기로 모의한 일이 있다고 하여도 다른 피고인들이 피해자에 대한 폭행에 착수하기 전에 겁을 먹고 미리 현장에서 도주해 버린 것이라면, 피고인을 특수강도의 합동범으로 다스릴 수는 없다.
③ 합동절도에서도 공동정범과 교사범·종범의 구별기준은 일반원칙에 따라야 하고, 그 결과 범행현장에 존재하지 아니한 범인도 공동정범이 될 수 있으며, 상황에 따라서는 장소적으로 협동한 범인도 방조만 한 경우에는 종범으로 처벌될 수도 있다.
④ 합동범이 성립하기 위한 주관적 요건으로서 공모는 법률상 어떠한 정형을 요구하는 것이 아니어서 공범자 상호 간에 직접 또는 간접으로 범죄의 공동가공의사가 암묵리에 서로 상통하면 되지만, 적어도 그 모의과정은 사전에 있어야 한다.

19 합동범에 대한 설명으로 옳은 것은 모두 몇 개인가? (다툼이 있는 경우 판례에 의함)

㉠ 甲이 乙과 공모한 대로 칼을 들고 강도를 하기 위하여 A의 집에 들어가 칼을 휘둘러 A에게 상해를 가한 이상 대문 밖에서 망을 본 乙이 구체적으로 상해를 가할 것까지 공모하지 않았다 하더라도 乙은 상해의 결과에 대하여도 공범으로서의 책임을 면할 수 없다.
㉡ 합동범에는 특수절도죄, 특수강도죄, 특수도주죄 등이 있다.
㉢ 3인 이상의 범인이 절도의 범행을 공모한 후 적어도 2인 이상의 범인이 시간적, 장소적으로 협동관계를 이루어 절도의 실행행위를 분담하여 절도 범행을 한 경우 현장에서 실행행위를 직접 분담하지 않은 가담자는 합동절도의 공동정범도 될 수 없다.
㉣ 甲은 乙, 丙과 실행행위의 분담을 공모하고 乙과 丙의 절취행위 장소 부근에서 甲 자신이 운전하는 차량 내에 대기한 경우 甲에게는 합동절도가 성립할 수 없다.

① 1개   ② 2개   ③ 3개   ④ 4개

20 상해의 동시범의 특례(형법 제263조)에 대한 설명으로 가장 적절하지 않은 것은? (다툼이 있는 경우 판례에 의함)

① 형법 제263조의 동시범은 상해와 폭행죄에 관한 특별규정으로서 동 규정은 그 보호법익을 달리하는 강간치상죄에는 적용할 수 없다.
② 시간적 차이가 있는 독립된 상해행위나 폭행행위가 경합하여 사망의 결과가 일어나고 그 사망의 원인된 행위가 판명되지 않은 경우에도 형법 제263조(상해의 동시범 특례)가 적용될 수 있다.
③ 가해행위를 한 것 자체가 분명하지 않은 경우에는 동시범으로 다스릴 수 없다
④ A가 甲으로부터 폭행을 당하고 얼마 후 함께 A를 폭행하자는 甲의 연락을 받고 달려온 乙로부터 다시 폭행을 당하고 사망하였으나 사망의 원인행위가 판명되지 않았다면, 형법 제263조가 적용되어 甲과 乙은 각각 폭행치사죄로 처벌된다.

제4절 교사범 ~ 종범

21 교사범에 관한 설명 중 가장 적절하지 않은 것은? (다툼이 있는 경우 판례에 의함)

① 교사자의 교사행위에도 불구하고 피교사자가 범행을 승낙하지 아니한 경우에는 이른바 실패한 교사로서 형법 제31조 제3항에 의하여 교사자를 음모 또는 예비에 준하여 처벌할 수 있을 뿐이다.
② 교사자가 피교사자에 대하여 상해를 교사하였는데 피교사자가 살인을 실행한 경우 일반적으로 교사자는 상해죄에 대한 교사범이 되는 것이고, 다만 교사자에게 피해자의 사망이라는 결과에 대하여 과실 내지 예견가능성이 있는 때에는 상해치사죄의 교사범으로서의 죄책을 지울 수 있다.
③ 교사범이란 타인(정범)으로 하여금 범죄를 결의하게 하여 그 죄를 범하게 한 때에 성립하는 것이므로 피교사자가 이미 범죄의 결의를 가지고 있을 때에는 교사범이 성립할 여지가 없고, 교사범의 교사가 정범이 그 죄를 범한 유일한 조건이어야 한다.
④ 스스로 본인을 무고하는 자기무고는 형법 제156조 무고죄의 구성요건에 해당하지 아니하여 무고죄를 구성하지 않는다. 그러나 피무고자의 교사·방조 하에 제3자가 피무고자에 대한 허위의 사실을 신고한 경우에는 제3자의 행위는 무고죄의 구성요건에 해당하여 무고죄를 구성하므로 제3자를 교사·방조한 피무고자도 교사·방조범으로서의 죄책을 부담한다.

22 교사범과 종범에 대한 설명으로 가장 적절하지 않은 것은? (다툼이 있는 경우 판례에 의함)

① 교사자의 교사행위는 정범의 범죄를 결의하게 할 수 있는 것이면 그 수단에는 제한이 없으며, 명시적이고 직접적인 방법에 의할 것을 필요로 하지 않는다.
② 교사범이 성립함에는 정범의 범죄행위가 인정되는 것이 그 전제요건이 되는데, 이는 공범의 종속성에 연유하는 것은 아니다.
③ 방조행위가 정범의 실행에 대하여 간접적인 경우에도 그 실행행위를 용이하게 하였다면 종범이 될 수 있고, 간접적으로 정범을 방조하는 경우 방조자는 정범이 범행한다는 점을 알고 있어야 하지만 정범이 누구인지를 확실히 알 필요는 없다.
④ 종범에 대한 선고형이 정범보다 가볍지 않다고 하더라도 그것만으로는 위법이라고 할 수 없다.

23 다음 설명 중 옳지 않은 것은 모두 몇 개인가? (다툼이 있는 경우 판례에 의함)

> ㉠ 甲은 乙에게 절도를 교사하였으나 평소 乙에게 절도의 습벽이 있어 교사행위와 함께 그 습벽이 원인이 되어 乙이 피해자 A로부터 재물을 절취하였다면, 甲의 절도교사와 乙의 절도결의 사이의 인과관계가 부정되어 甲을 절도죄의 교사범으로 처벌할 수 없다.
> ㉡ 甲이 乙을 교사하여 자기의 형사사건에 관한 증거를 변조하도록 하였더라도, 乙이 甲과 공범관계에 있는 형사사건에 관한 증거를 변조한 것에 해당하여 乙이 증거변조죄로 처벌되지 않는 경우, 증거변조죄의 간접정범은 물론 교사범도 성립하지 않는다.
> ㉢ 효과 없는 교사는 교사자와 피교사자 모두 예비·음모에 준하여 처벌되지만, 효과 없는 방조는 처벌되지 않는다.
> ㉣ 甲이 乙을 교사하여 丙을 살해하려고 하였으나 乙이 이를 거부한 경우, 甲은 살인죄의 예비·음모에 준하여 처벌한다.

① 없음   ② 1개   ③ 2개   ④ 3개

24. 교사범 및 방조범에 관한 설명 중 옳은 것은 모두 몇 개인가? (다툼이 있는 경우 판례에 의함)

㉠ 甲이 乙에게 A의 자동차를 강취할 것을 교사하였으나 乙이 A의 자동차를 절취한 경우 甲은 절도죄의 교사범으로 처벌된다.
㉡ 무면허운전으로 사고를 낸 자가 동생을 경찰서에 대신 출두시켜 허위의 자백을 하게 하여 범인도피죄를 범하게 한 경우 동생이 친족간의 특례규정(형법 제151조 제2항)에 의하여 처벌을 받지 않더라도 범인도피죄의 교사범이 성립한다.
㉢ 자기의 지휘, 감독을 받는 자를 방조하여 범죄의 결과를 발생하게 한 자는 정범에 정한 형의 장기 또는 다액에 그 2분의 1까지 가중한 형으로 처벌한다.
㉣ 甲은 乙에게 칼을 주며 "A를 반드시 죽여 달라"라고 부탁하였다. 이에 乙은 甲의 부탁대로 A의 집으로 향하였으나, 갑자기 마음이 바뀐 甲은 乙이 실행의 착수에 이르기 전 전화로 "그만 두자"라고 乙을 만류하였다. 그러나 乙은 A를 칼로 찔러 살해하였다. 甲은 乙에게 A를 살해할 것을 교사한 후 乙이 실행의 착수에 이르기 전에 범행을 만류하였으므로, 살인교사죄의 죄책을 지지 않는다.

① 1개   ② 2개   ③ 3개   ④ 4개

25. 교사범에 관한 설명 중 가장 적절한 것은? (다툼이 있는 경우 판례에 의함)

① 변호사 사무실 직원인 피고인 甲이 법원공무원인 피고인 乙에게 부탁하여 공무상 비밀에 해당하는 수사 중인 사건의 체포영장 발부자 명단을 누설받았다면, 피고인 甲의 행위는 공무상 비밀누설교사죄에 해당한다.
② 피교사자의 범행결의가 교사자의 교사행위에 의하여 생긴 것으로 보기 어려운 경우에는 실패한 교사로서 교사자를 음모 또는 예비에 준하여 처벌할 수 있을 뿐이다.
③ 교사자가 피교사자에게 피해자를 "정신차릴 정도로 때려 주라."고 교사하였다는 사정만으로 상해에 대한 교사로 보기 어렵다.
④ 막연히 "범죄를 하라."거나 "절도를 하라."고 하는 등의 행위만으로는 교사행위가 되기에 부족하므로, 교사범이 성립하기 위해서는 범행의 일시, 장소, 방법 등의 사항을 특정하여 교사하여야 한다.

26 교사범과 방조범에 대한 설명으로 옳은 것만을 모두 고르면? (다툼이 있는 경우 판례에 의함)

> ㉠ 자신의 형사사건에 관한 증거를 인멸하기 위하여 타인을 교사하여 죄를 범하게 한 경우에는 증거인멸교사죄가 성립한다.
> ㉡ 공무원 또는 중재인이 부정한 청탁을 받고 제3자에게 뇌물을 제공하게 하고 그 제3자가 그러한 공무원 또는 중재인의 범죄행위를 알면서 방조한 경우에는 그에 대한 별도의 처벌규정이 없더라도 방조범에 관한 형법총칙의 규정이 적용되어 제3자뇌물수수방조죄가 인정될 수 있다.
> ㉢ 정범의 실행의 착수 이전에 장래의 실행행위를 예상하고 이를 용이하게 하기 위하여 방조한 경우에는 그 후 정범이 실행행위에 나아갔더라도 방조범이 성립할 수 없다.
> ㉣ 교사자가 피교사자에 대하여 상해 또는 중상해를 교사하였는데 피교사자가 이를 넘어 살인을 실행한 경우, 교사자에게 피해자의 사망이라는 결과에 대하여 과실 내지 예견가능성이 있다 하더라도 상해죄 또는 중상해죄의 교사범이 성립함은 별론으로 하더라도 상해치사죄의 교사범으로서의 죄책을 지울 수는 없다.

① ㉠㉡ ② ㉠㉢ ③ ㉡㉣ ④ ㉢㉣

27 교사범에 대한 설명 중 가장 적절하지 않은 것은? (다툼이 있는 경우 판례에 의함)

① 교사범이 그 공범관계로부터 이탈하기 위해서는 피교사자가 범죄의 실행행위에 나아가기 전에 교사범에 의하여 형성된 피교사자의 범죄실행의 결의를 해소하는 것이 필요하다.
② 교사자의 교사행위에도 불구하고 피교사자가 범행을 승낙하지 아니하거나 피교사자의 범행결의가 교사자의 교사행위에 의하여 생긴 것으로 보기 어려운 경우에는 이른바 실패한 교사로서 형법 제31조 제3항에 의하여 교사자를 음모 또는 예비에 준하여 처벌할 수 있을 뿐이다.
③ 교사범의 교사가 정범이 죄를 범한 유일한 조건일 필요는 없으므로 교사행위에 의하여 정범이 실행을 결의하게 된 이상 비록 정범에게 범죄의 습벽이 있어 그 습벽과 함께 교사행위가 원인이 되어 정범이 범죄를 실행한 경우에도 교사범의 성립에 영향이 없다.
④ 피교사자의 객체의 착오는 교사자에게 방법의 착오가 된다는 견해가 방법의 착오에 관한 구체적 부합설을 취하면, 甲이 乙에게 A를 살해할 것을 교사하였으나 乙이 B를 A로 오인하여 B를 살해한 경우 甲은 B에 대한 살인교사의 죄책을 진다.

28 교사범에 관한 설명 중 가장 적절하지 않은 것은? (다툼이 있는 경우 판례에 의함)

① 교사범이란 정범인 피교사자로 하여금 범죄를 결의하게 하여 그 죄를 범하게 한 때에 성립하므로, 교사자의 교사행위에도 불구하고 피교사자가 범행을 승낙하지 아니하거나 피교사자의 범행결의가 교사자의 교사행위에 의하여 생긴 것으로 보기 어려운 경우에는 이른바 실패한 교사로서 형법 제31조 제3항에 의하여 교사자를 음모 또는 예비에 준하여 처벌할 수 있을 뿐이다.
② 피교사자가 교사자의 교사행위 당시에는 범행을 승낙하지 아니한 것으로 보여진다 하더라도 이후 그 교사행위에 의하여 범행을 결의한 것으로 인정되는 이상 교사범의 성립에는 영향이 없다.
③ 교사자가 피교사자에 대하여 상해를 교사하였는데 피교사자가 이를 넘어 살인을 실행한 경우, 일반적으로 교사자는 상해죄에 대한 교사범이 되는 것이고, 다만 이 경우 교사자에게 피해자의 사망이라는 결과에 대하여 과실 내지 예견가능성이 있는 때에는 상해치사죄의 교사범으로서의 죄책을 지울 수 있다.
④ 교사범이란 정범으로 하여금 범죄를 결의하게 하여 그 죄를 범하게 한 때에 성립하는 것이고 피교사자는 교사범의 교사에 의하여 범죄실행을 결의하여야 하는 것이므로, 피교사자가 이미 범죄의 결의를 가지고 있거나, 범죄의 습벽이 있는 경우에는 교사범이 성립할 수 없다.

29 공범에 관한 설명 중 가장 적절한 것은? (다툼이 있는 경우 판례에 의함)

① 공무원이 아닌 사람이 공무원과 공동가공의 의사와 이를 기초로 한 기능적 행위지배를 통하여 공무원의 직무에 관하여 뇌물을 수수하는 범죄를 실행하였다 하더라도 공무원이 아닌 사람은 뇌물수수죄의 공동정범이 될 수 없다.
② 모해의 목적을 가진 甲이 모해의 목적이 없는 乙에게 위증을 교사하여 乙이 위증죄를 범한 경우, 공범종속성에 따라 甲에게는 모해위증교사죄가 성립할 수 없다.
③ 공문서 작성권자의 직무를 보조하는 공무원이 그 직위를 이용하여 행사할 목적으로 허위내용의 공문서의 초안을 작성한 후 문서에 기재된 내용의 허위사실을 모르는 작성권자에게 제출하여 결재하도록 하는 방법으로 작성권자로 하여금 허위의 공문서를 작성하게 한 경우, 그 보조공무원에게는 허위공문서작성죄의 간접정범이 성립하지 않는다.
④ 벌금 이상의 형에 해당하는 죄를 범한 甲이 자신의 동거가족 乙에게 자신을 도피시켜 달라고 교사한 경우, 乙이 甲과의 신분관계로 인해 범인도피죄로 처벌될 수 없다 하더라도 甲에게는 범인도피죄의 교사범이 성립한다.

30 교사의 착오에 관한 설명으로 가장 적절하지 않은 것은? (다툼이 있는 경우 판례에 의함)
① 甲이 乙에게 강도를 교사하였는데 乙이 절도를 실행한 경우, 甲은 강도의 예비·음모죄와 절도죄의 교사범이 성립하는데, 양죄는 상상적 경합관계에 있으므로 甲은 형이 더 무거운 강도예비·음모죄로 처벌된다.
② 甲이 乙에게 절도를 교사하였는데 乙이 강간을 실행한 경우, 甲은 절도죄의 예비·음모에 준하여 처벌될 수 있는데, 절도죄의 예비·음모는 처벌규정이 없으므로 무죄가 된다.
③ 甲이 乙에게 사기를 교사하였는데 乙이 공갈을 실행한 경우, 교사내용과 실행행위의 질적 차이가 본질적이지 않으므로 甲은 교사한 범죄에 대한 교사범의 책임을 지지 않는다.
④ 甲이 乙에게 상해를 교사하였는데 乙이 살인을 실행한 경우, 甲에게 사망이라는 결과에 대하여 예견가능성이 있다면 甲을 상해치사죄의 교사범으로 처벌할 수 있다.

31 교사범 및 종범에 관한 설명 중 가장 적절하지 않은 것은? (다툼이 있는 경우 판례에 의함)
① 정범의 범죄 실현과 밀접한 관련이 없는 행위를 도와준 데 지나지 않는 경우에는 방조범이 성립하지 않는다.
② 甲이 乙에게 피해자 A의 불륜관계를 이용하여 공갈할 것을 교사하였다. 이에 乙은 A를 미행하여 불륜 현장을 촬영한 후 甲에게 이를 알렸으나, 甲은 乙에게 그동안의 수고비를 줄 테니 촬영한 동영상을 넘기고 A를 공갈하는 것을 단념하라고 수차례 만류하였다. 그럼에도 乙은 甲의 제안을 거절하고 촬영한 동영상을 A의 핸드폰에 전송하고 전화 등으로 현금을 주지 않으면 동영상을 유포하겠다고 A에게 겁을 주어 A로부터 500만 원을 교부받은 경우 甲은 공범관계에서 이탈한 것으로 볼 수 없으므로 공갈죄의 교사범이 성립한다.
③ 정범의 행위가 고의행위인 이상 방조가 과실에 의한 것이라도 방조범이 성립할 수 있다.
④ 피고인이 성명불상자로부터 불법 환전 업무를 도와주면 대가를 지급하겠다는 제안을 받고 자신의 금융계좌번호를 알려주었는데, 성명불상자가 전기통신금융사기 편취금을 은닉하기 위하여 피고인의 금융계좌로 편취금을 송금받은 경우 피고인이 성명불상자의 탈법행위 목적 타인 실명 금융거래를 용이하게 하였다는 금융실명법위반죄의 방조범이 성립한다.

제5절 공범과 신분

32 공범과 신분에 관한 설명으로 가장 적절하지 않은 것은? (다툼이 있는 경우 판례에 의함)

① 공문서의 작성권한이 있는 공무원의 직무를 보좌하는 자가 그 직위를 이용하여 행사할 목적으로 허위의 내용이 기재된 문서 초안을 그 정을 모르는 상사에게 제출하여 결재하도록 하는 등의 방법으로 작성권한이 있는 공무원으로 하여금 허위의 공문서를 작성하게 한 경우에는 간접정범이 성립되고 이와 공모한 자 역시 그 간접정범의 공범으로서의 죄책을 면할 수 없는 것이고, 여기서 말하는 공범은 반드시 공무원의 신분이 있는 자로 한정되는 것은 아니라고 할 것이다

② 甲이 A를 모해할 목적으로 乙에게 위증을 교사한 이상, 정범인 乙에게 모해의 목적이 없었다고 하더라도 형법 제33조 단서의 규정에 의하여 甲을 모해위증교사죄로 처단할 수 있다.

③ A의 아들 乙과 아내 甲이 공동하여 A를 살해하면, 비신분자인 甲에 대하여는 존속살해죄의 공동정범이 성립하지만 형법 제33조 단서의 규정에 의하여 보통살인죄의 법정형에 따라 처단한다.

④ 지방공무원법은 공무원은 노동운동이나 그 밖에 공무 외의 일을 위한 집단행위를 하지 못하도록 규정하고, 이를 위반한 경우 처벌하는 규정을 두고 있다. 법이 그 주체를 지방공무원으로 제한하고 있고, 위 법조항에 의하여 행위자의 인격적 요소가 일정한 의미를 가지므로 지방공무원의 신분을 가지지 아니하는 사람은 지방공무원의 범행에 가공하더라도 형법 제33조 본문에 의해서 공범으로 처벌받을 수 없다.

33 공범과 신분에 관한 설명 중 가장 적절하지 않은 것은? (다툼이 있는 경우 판례에 의함)

① 도박의 습벽이 있는 자가 타인의 도박을 방조하면 상습도박방조의 죄에 해당하는 것이며, 도박의 습벽이 있는 자가 도박을 하고 또 도박방조를 하였을 경우 상습도박죄와 별도로 상습도박방조의 죄가 성립하고 양자는 실체적 경합관계에 있다.

② 업무상배임죄에서의 업무상의 임무라는 신분관계가 없는 자가 신분관계 있는 자와 공모한 경우, 신분관계가 없는 공범에 대하여는 「형법」 제33조 단서에 따라 단순배임죄에서 정한 형으로 처단하여야 한다.

③ 의사가 의사 면허 없는 일반인의 무면허의료행위에 공모하여 가공하는 등 기능적 행위지배가 인정된다면, 의사도 「의료법」상 무면허의료행위의 공동정범으로서의 죄책을 진다.

④ 비공무원이 공무원과 공동가공의 의사와 이를 기초로 한 기능적 행위지배를 통하여 공무원의 직무에 관하여 뇌물을 수수한 경우, 공무원과 비공무원에게 뇌물수수죄의 공동정범이 성립한다.

34 공범과 신분에 관한 설명 중 옳고 그름의 표시(○, ×)가 바르게 된 것은? (다툼이 있는 경우 판례에 의함)

> ㉠ 판례는 형법 제33조 본문은 진정신분범의 공범성립과 과형에 대하여, 단서는 부진정신분범의 공범성립과 과형에 대해 규정하고 있다고 본다.
> ㉡ 신분관계라 함은 널리 일정한 범죄행위에 관련된 범인의 인적관계인 특수한 지위 또는 상태를 지칭하는 것이므로 고의나 목적과 같이 행위관련적 요소는 이에 포함되지 않는다.
> ㉢ 신분관계로 인하여 형이 중할 죄에 있어서 신분이 있는 자가 신분이 없는 자를 교사하여 죄를 범하게 한 때에는 신분이 있는 교사범이 신분이 없는 정범보다 중하게 처벌된다.
> ㉣ 공직선거법 제257조 제1항 제1호에서 규정하는 각 기부행위제한 위반의 죄와 관련하여 각 기부행위의 주체로 인정되지 아니하는 자가 기부행위의 주체자 등과 공모하여 기부행위를 한 경우 해당법조 위반의 공동정범으로 처벌할 수 없다.

① ㉠(○) ㉡(○) ㉢(×) ㉣(×)
② ㉠(○) ㉡(×) ㉢(○) ㉣(○)
③ ㉠(×) ㉡(○) ㉢(×) ㉣(○)
④ ㉠(×) ㉡(×) ㉢(○) ㉣(○)

35 공범과 신분에 대한 설명으로 가장 적절하지 않은 것은? (다툼이 있는 경우 판례에 의함)

① 물건의 소유자가 아닌 사람이 소유자의 권리행사방해 범행에 가담한 경우에는 절도죄가 성립할 뿐, 권리행사방해죄의 공범이 성립할 여지가 없다.
② 업무자라는 신분관계가 없는 자가 그러한 신분관계 있는 자와 공모하여 업무상배임죄를 저질렀다면, 그러한 신분관계가 없는 공범에 대하여는 단순배임죄에서 정한 형으로 처단하여야 한다.
③ 간호사가 주도적으로 실시한 무면허의료행위에 의사가 간호사와 함께 공모하여 그 공동의사에 의한 기능적 행위지배가 있었다면, 의사도 무면허의료행위의 공동정범으로서의 죄책을 진다.
④ 「형법」제33조 소정의 신분이라 함은 남녀의 성별, 내·외국인의 구별, 친족관계, 공무원인 자격과 같은 관계뿐만 아니라 널리 일정한 범죄행위에 관련된 범인의 인적관계인 특수한 지위 또는 상태를 지칭한다.

36. 공범과 신분에 관한 설명 중 옳은 것은 모두 몇 개인가? (다툼이 있는 경우 판례에 의함)

㉠ 甲이 사실혼 관계에 있는 乙 명의로 자동차를 구입하여 피해자 A에게 근저당권을 설정한 후 그 자동차를 성명불상자에게 대포차로 매각한 경우, 乙에게 고의가 없어 권리행사방해죄가 성립하지 않을지라도 甲에게는 권리행사방해죄의 공동정범이 성립한다.
㉡ 피고인이 자신이 관리하는 건물 5층에 거주하는 피해자를 내쫓을 목적으로 자신의 아들인 甲을 교사하여 그곳 현관문에 설치된 피고인 소유 디지털 도어락의 비밀번호를 변경하게 한 경우에 권리행사방해죄의 교사범이 성립한다.
㉢ 모해위증죄에 있어 "모해할 목적"은 형법 제33조 단서 소정의 '신분관계로 인하여 형의 경중이 있는 경우'에 해당한다.
㉣ 신분관계가 없는 자가 신분관계가 있는 자와 공모하여 업무상 횡령죄를 저질렀다면 신분관계가 없는 자에 대하여는 형법 제33조 단서에 의하여 단순횡령죄에 정한 형으로 처벌하여야 할 것이다

① 1개   ② 2개   ③ 3개   ④ 4개

37. 공범과 신분에 대한 설명 중 옳은 것만을 모두 고른 것은? (다툼이 있는 경우 판례에 의함)

㉠ 비신분자가 신분관계로 인하여 성립될 범죄에 가공한 경우 비신분자에게 공동가공의 의사와 이에 기초한 기능적 행위지배를 통한 범죄의 실행이라는 주관적·객관적 요건이 충족되면 신분자와 공동정범이 성립한다.
㉡ 甲이 친구 乙과 공모하여 자신의 아버지를 살해한 경우 乙은 존속살해죄의 공동정범이 성립하나 보통살인죄에 정한 형으로 처단된다.
㉢ 도박의 습벽이 있는 甲이 도박을 하고 또한 도박의 습벽이 없는 A의 도박을 방조한 경우 甲은 상습도박죄와 도박방조죄가 성립하고 양죄는 실체적 경합관계에 있다.
㉣ 甲이 공무원인 자신의 남편 A에게 채무변제로 받는 돈이라고 속여 A로 하여금 뇌물을 받게 한 경우 甲은 형법 제33조에 의해 수뢰죄의 간접정범으로 처벌된다.

① ㉠㉡   ② ㉡㉣   ③ ㉢㉣   ④ ㉠㉡㉣

제7장 죄수론

38 죄수 및 경합에 관한 설명 중 가장 적절한 것은? (다툼이 있는 경우 판례에 의함)

① 건물제공행위와 성매매알선행위의 경우 성매매 알선행위가 건물제공행위의 결과에 해당하고 반대로 건물제공행위는 성매매알선행위에 수반되는 수단으로 볼 수 있으므로 별개의 죄를 구성하지 않고 위 각 행위를 통틀어 법정형이 더 무거운 성매매알선행위의 포괄일죄를 구성한다.
② 감금행위가 단순히 강도상해 범행의 수단이 되는데 그치지 아니하고 강도상해의 범행이 끝난 뒤에도 계속된 경우에는 1개의 행위가 감금죄와 강도상해죄에 해당하는 경우라 볼 수 있다.
③ 건물관리인이 건물주로부터 월세임대차계약 체결업무를 위임받고도 임차인들을 속여 전세임대차계약을 체결하고 그 보증금을 편취한 경우 사기죄와 업무상배임죄의 상상적 경합 관계에 해당한다.
④ 신용협동조합의 전무가 그 조합의 담당직원을 기망하여 예금인출금 또는 대출금 명목으로 금원을 교부받은 경우, 사기죄와 업무상배임죄의 상상적 경합관계에 해당한다.

39 포괄일죄에 관한 설명 중 가장 적절하지 않은 것은? (다툼이 있는 경우 판례에 의함)

① 같은 심급에서 선서는 한 번 하고 그 최초 한 선서의 효력을 유지시킨 후 증언하였더라도, 변론기일을 달리하여 수차 증인으로 나가 수 개의 허위진술을 하면 각 증인신문기일별로 위증죄의 경합범이 될 뿐 위증죄의 포괄일죄에 해당하지 않는다.
② 음주상태로 자동차를 운전하다가 제1차 사고를 내고 그대로 진행하여 제2차 사고를 낸 경우, 제1차 사고 시의 음주운전죄와 제2차 사고 시의 음주운전죄는 포괄일죄에 해당한다.
③ 절도범이 체포를 면탈할 목적으로 체포하려는 여러 명의 피해자에게 같은 기회에 폭행을 가하여 그 중 1인에게만 상해를 가한 경우, 강도상해죄의 포괄일죄가 성립한다
④ 뇌물을 여러 차례에 걸쳐 수수함으로써 그 행위가 여러 개이더라도 그것이 단일하고 계속적 범의에 의하여 이루어지고 동일법익을 침해한 때에는 포괄일죄로 처벌함이 상당하다.

40 불가벌적 사후행위에 관한 설명 중 가장 적절하지 않은 것은? (다툼이 있는 경우 판례에 의함)

① 절도범인으로부터 장물보관 의뢰를 받은 자가 그 점을 알면서 이를 인도받아 보관하고 있다가 임의처분하였다 하여도 장물보관죄가 성립되는 때에는 그 후의 횡령행위는 불가벌적 사후행위에 불과하여 별도로 횡령죄가 성립하지 않는다.
② 공동상속인 중 1인이 상속재산인 임야를 보관 중 다른 상속인들로부터 매도후 분배 또는 소유권이전등기를 요구받고도 그 반환을 거부한 경우 이때 이미 횡령죄가 성립하고, 그 후 그 임야에 관하여 다시 제3자 앞으로 근저당권설정등기를 경료해 준 행위는 불가벌적 사후행위로서 별도의 횡령죄를 구성하지 않는다.
③ 횡령을 교사한 후 그 횡령한 물건을 취득한 때에는 횡령교사죄와 장물취득죄의 경합범이 성립된다.
④ 자동차를 절취한 후 절취한 자동차에서 자동차등록번호판을 떼어내는 행위는 절도죄의 불가벌적 사후행위에 해당한다.

41 포괄일죄에 대한 설명으로 가장 적절하지 않은 것은? (다툼이 있는 경우 판례에 의함)

① 범죄단체를 구성하거나 이에 가입한 자가 더 나아가 구성원으로 활동하는 경우, 이는 포괄일죄의 관계에 있다.
② 수인의 피해자에 대하여 각 피해자별로 기망행위를 하여 각각 재물을 편취한 경우에는 그 범의가 단일하고 범행수법이 동일하므로 포괄하여 1개의 사기죄가 성립한다.
③ 포괄일죄로 되는 개개의 범죄행위가 법 개정의 전후에 걸쳐서 행하여진 경우에는 신·구법의 법정형에 대한 경중을 비교하여 볼 필요도 없이 범죄실행 종료시의 법이라고 할 수 있는 신법을 적용하여 포괄일죄로 처벌하여야 한다.
④ 직계존속인 피해자를 폭행하고 상해를 가한 것이 존속에 대한 동일한 폭력습벽의 발현에 의한 것으로 인정되는 경우에는 포괄하여 1개의 상습존속상해죄가 성립한다.

42 죄수관계에 대한 설명으로 가장 적절하지 않은 것은? (다툼이 있는 경우 판례에 의함)
① 공무원이 취급하는 사건에 관하여 청탁 또는 알선을 할 의사와 능력이 없음에도 청탁 또는 알선을 한다고 기망하고 금품을 교부받은 경우, 사기죄와 변호사법위반죄의 상상적 경합이 성립한다.
② 공무원이 수뢰 후 행한 부정행위가 공도화변조죄 및 동행사죄의 구성요건을 충족하는 경우에는 수뢰후부정처사죄 외에 공도화변조죄 및 동행사죄가 성립하고 이들 죄와 수뢰후부정처사죄는 각각 실체적 경합관계에 있다.
③ 공무원인 의사가 공무소의 명의로 허위진단서를 작성한 경우에는 허위공문서작성죄만이 성립하고 허위진단서작성죄는 별도로 성립하지 않는다.
④ 음주 또는 약물의 영향으로 정상적인 운전이 곤란한 상태에서 자동차를 운전하여 사람을 상해에 이르게 함과 동시에 다른 사람의 재물을 손괴한 때에는 특정범죄 가중처벌 등에 관한 법률 위반(위험운전치사상)죄 외에 업무상과실재물손괴로 인한 도로교통법 위반죄가 성립하고, 위 두 죄는 상상적 경합 관계에 있다.

43 죄수에 대한 설명으로 가장 적절하지 않은 것은? (다툼이 있는 경우 판례에 의함)
① 상상적 경합은 1개의 행위가 실질적으로 여러 개의 구성요건을 충족하는 경우를 말하고, 법조경합은 1개의 행위가 외관상 여러 개의 죄의 구성요건에 해당하는 것처럼 보이나 실질적으로 1죄만을 구성하는 경우를 말하며, 실질적으로 1죄인가 또는 수죄인가는 구성요건적 평가와 보호법익의 측면에서 고찰하여 판단하여야 한다.
② 무면허운전으로 인한 도로교통법위반죄에 관해서는 어느 날에 운전을 시작하여 다음 날까지 동일한 기회에 일련의 과정에서 계속 운전을 한 경우 등 특별한 경우를 제외하고는 사회통념상 운전한 날을 기준으로 운전한 날마다 1개의 운전행위가 있다고 보는 것이 상당하므로, 운전한 날마다 무면허운전으로 인한 도로교통법위반의 1죄가 성립한다고 보아야 한다.
③ 유죄의 확정판결을 받은 사람이 그 후 별개의 후행범죄를 저질렀는데 유죄의 확정판결에 대하여 재심이 개시된 경우, 후행범죄가 재심대상판결에 대한 재심판결 확정 전에 범하여졌다면 아직 판결을 받지 아니한 후행범죄와 재심판결이 확정된 선행범죄 사이에는 「형법」 제37조 후단에서 정한 경합범 관계가 성립한다.
④ 「형법」 제37조 후단 경합범에 대하여 「형법」 제39조 제1항에 따라 형을 감경할 때에도 법률상 감경에 관한 「형법」 제55조 제1항이 적용되어 유기징역을 감경할 때에는 그 형기의 2분의 1 미만으로는 감경할 수 없다.

44. 죄수에 관한 설명으로 가장 적절한 것은? (다툼이 있는 경우 판례에 의함)
① 예금주인 현금카드 소유자를 협박하여 그 카드를 갈취한 다음 피해자의 승낙에 의하여 현금카드를 사용할 권한을 부여받아 이를 이용하여 현금자동지급기에서 현금을 인출한 행위는 공갈죄와는 별도로 절도죄를 구성한다.
② 음주로 인한 특정범죄 가중처벌 등에 관한 법률 위반(위험운전치사상)죄는 중한 형태의 도로교통법위반(음주운전)죄를 기본범죄로 하는 결과적 가중범으로 그 행위유형과 보호법익을 이미 모두 포함하고 있으므로 특정범죄 가중처벌 등에 관한 법률 위반(위험운전치사상)죄가 성립하면 도로교통법위반(음주운전)죄는 이에 흡수되어 따로 성립하지 아니한다.
③ 공무원이 직무관련자에게 제3자와 계약을 체결하도록 요구하여 계약체결을 하게 한 행위가 제3자뇌물수수죄의 구성요건과 직권남용권리행사방해죄의 구성요건에 모두 해당하는 경우에는 제3자뇌물수수죄와 직권남용권리행사방해죄가 각각 성립하고 두 죄는 상상적 경합관계에 있다.
④ 업무방해죄와 폭행죄의 관계에 있어 피해자에 대한 폭행행위가 동일한 피해자에 대한 업무방해죄의 수단이 된 경우 그러한 폭행행위는 이른바 불가벌적 수반행위에 해당하여 업무방해죄에 대하여 흡수관계에 있다.

45. 죄수에 대한 설명으로 가장 적절하지 않은 것은? (다툼이 있는 경우 판례에 의함)
① 저작권법은 상습으로 제136조 제1항의 죄를 저지른 경우를 가중처벌한다는 규정을 따로 두고 있지 않으므로, 수회에 걸쳐 제136조 제1항의 죄를 범한 것이 상습성의 발현에 따른 것이라고 하더라도, 이는 원칙적으로 경합범으로 보아야 하는 것이지 하나의 죄로 처벌되는 상습범으로 볼 것은 아니다.
② 절도범으로부터 장물보관 의뢰를 받은 자가 그 정을 알면서 장물을 인도받아 보관하고 있다가 임의 처분한 때에는 장물보관죄가 성립하고 그 후의 횡령행위에 대해서는 횡령죄가 성립하지 않는다.
③ 피해자 명의의 신용카드를 부정사용하여 현금자동인출기에서 현금을 인출하고 이를 취득하였다면 신용카드부정사용죄와 절도죄가 성립하고 양죄는 실체적 경합관계에 있다.
④ 단일하고도 계속된 범의 아래 일정 기간 반복하여 일련의 뇌물수수 행위와 부정한 행위가 행하여졌고 그 뇌물수수 행위와 부정한 행위 사이에 인과관계가 인정되며 피해법익도 동일하다 하여도 최후의 부정한 행위 이후에 저질러진 뇌물수수 행위는 수뢰후부정처사죄와 별도로 뇌물수수죄가 성립한다.

46 죄수론에 대한 설명 중 옳지 않은 것을 모두 고른 것은? (다툼이 있는 경우 판례에 의함)

> ㉠ 공무원 甲이 A를 기망하여 그로부터 뇌물을 수수한 경우 수뢰죄와 사기죄는 구성요건을 달리하는 별개의 범죄로서 서로 보호법익을 달리하고 있으므로 양죄는 실체적 경합범의 관계에 있다.
> ㉡ 甲이 공무원이 취급하는 사건에 관하여 청탁 또는 알선을 할 의사와 능력이 없음에도 청탁 또는 알선을 한다고 A를 기망하여 금품을 교부받은 경우 사기죄와 변호사법위반죄는 상상적 경합범의 관계에 있다.
> ㉢ 甲이 A로부터 수수한 메스암페타민을 장소를 이동하여 투약하고서 잔량을 은닉하는 방법으로 소지한 행위는 그 소지의 경위나 태양에 비추어 볼 때 당초의 수수행위에 수반되는 필연적 결과로 볼 수 있으므로 향정신성의약품 수수죄만 성립하고 별도로 그 소지죄는 성립하지 않는다.
> ㉣ 甲이 음주의 영향으로 정상적인 운전이 곤란한 상태에서 자동차를 운전하여 사람을 상해에 이르게 함과 동시에 다른 사람의 재물을 손괴한 경우 특정범죄가중처벌 등에 관한 법률 위반(위험운전치사상)죄 외에 업무상과실 재물손괴로 인한 도로교통법위반죄가 성립하고, 양죄는 실체적 경합관계에 있다.
> ㉤ 甲이 음주상태로 자동차를 운전하다가 제1차 사고를 내고 그대로 진행하여 제2차 사고를 낸 경우 제1차 사고 당시의 음주운전으로 인한 도로교통법위반(음주운전)죄와 제2차 사고 당시의 음주운전으로 인한 도로교통법위반(음주운전)죄는 포괄일죄의 관계에 있다.

① ㉠㉡㉣   ② ㉠㉢㉣   ③ ㉠㉢㉤   ④ ㉡㉢㉣㉤

47 죄수에 관한 설명 중 가장 적절하지 않은 것은? (다툼이 있는 경우 판례에 의함)

① 강도가 재물강취의 뜻을 재물의 부재로 이루지 못한 채 미수에 그쳤으나 그 자리에서 항거불능의 상태에 빠진 피해자를 간음할 것을 결의하고 실행에 착수했으나 역시 미수에 그쳤더라도 반항을 억압하기 위한 폭행으로 피해자에게 상해를 입힌 경우에는 강도강간미수죄와 강간치상죄가 성립되고 이들은 상상적 경합관계에 있다.
② 상습절도 등의 범행을 한 자가 추가로 자동차등불법사용의 범행을 한 경우에 그것이 절도 습벽의 발현이라고 보이는 이상, 상습절도 등의 죄만 성립하고 이와 별개로 자동차등불법사용죄는 성립하지 않는다.
③ 허위공문서작성죄와 동행사죄가 수뢰후부정처사죄와 각각 상상적 경합관계에 있는 경우, 허위공문서작성죄와 동행사죄 상호간은 실체적 경합범관계에 있다고 할지라도 상상적 경합범 관계에 있는 수뢰후부정처사죄와 대비하여 가장 중한 죄에 정한 형으로 처단하면 족하다.

④ 무면허운전으로 인한 도로교통법 위반죄는 운전한 날마다 무면허운전으로 인한 도로교통법 위반의 1죄가 성립한다고 할 것이지만, 같은 날 무면허운전 행위를 여러 차례 반복한 경우라도 그 범의의 단일성 내지 계속성이 인정되지 않거나 범행 방법 등이 동일하지 않은 경우 각 무면허운전 범행은 실체적 경합관계에 있다고 볼 수 있다.

48 죄수 관계에 관한 설명 중 가장 적절하지 않은 것은? (다툼이 있는 경우 판례에 의함)

① 타인의 사무를 처리하는 자가 그 사무처리상 임무에 위배하여 본인을 기망하고 착오에 빠진 본인으로부터 재물을 교부받은 경우 사기죄와 함께 배임죄도 성립하고, 양 죄는 상상적 경합범 관계이다.
② 피고인이 여관에서 종업원을 칼로 찔러 상해를 가하고 객실로 끌고 들어가는 등 폭행·협박을 하고 있던 중, 마침 다른 방에서 나오던 여관의 주인도 같은 방에 밀어 넣은 후, 주인으로부터 금품을 강취하고, 1층 안내실에서 종업원 소유의 현금을 꺼내 갔다면, 여관 종업원과 주인에 대한 각 강도행위가 각별로 강도죄를 구성하되 상상적 경합범 관계에 있다.
③ 피고인이 피해자의 택시운행을 방해하는 과정에서 피해자에 대한 폭행행위가 있었다면, 이는 업무방해죄의 행위 태양인 '위력으로써 업무를 방해하는 행위'의 일부를 구성하는 것으로서 업무방해죄에 흡수되므로 업무방해죄 1죄만이 성립할 뿐 별도로 폭행죄가 성립하지는 않는다.
④ 피고인이 1개의 행위로 피해자 甲으로부터 렌탈(임대차)하여 보관하던 컴퓨터 본체, 모니터 등을 횡령하면서 피해자 乙로부터 리스(임대차)하여 보관하던 컴퓨터 본체, 모니터, 그래픽카드, 마우스 등을 횡령하였다면 위탁관계별로 수개의 횡령죄가 성립하고, 그 사이에는 상상적 경합의 관계가 있다.

49 형법 제37조 후단 경합범에 관한 설명 중 가장 적절하지 않은 것은? (다툼이 있는 경우 판례에 의함)

① 후단 경합범이란 금고 이상의 형에 처한 판결이 확정된 죄와 그 판결확정 전에 범한 죄를 가리키는데, 여기서 말하는 판결에는 집행유예 판결도 포함된다.
② 확정판결이 있는 죄에 대하여 일반사면이 있는 경우는 형의 선고효력이 상실되지만 그 죄에 대한 확정판결이 있었던 사실 자체는 인정되므로 그 확정판결 이전에 범한 죄와의 관계에서 후단 경합범이 성립한다.
③ 판결을 받지 아니한 수개의 죄가 판결확정을 전후하여 저질러진 경우 판결확정 전에 범한 죄를 이미 판결이 확정된 죄와 동시에 판결할 수 없었던 경우라면 판결확정을 전후한 각각의 범죄는 형법 제37조 후단 경합범이 아니라 전단 경합범에 해당하여 하나의 형을 선고하여야 한다.
④ 후단 경합범에 대하여 형법 제39조 제1항에 의하여 형을 감경할 때에도 법률상 감경에 관한 형법 제55조 제1항이 적용되어 유기징역을 감경할 때에는 그 형기의 2분의 1 미만으로는 감경할 수 없다.

50 다음 설명 중 가장 적절하지 않은 것은? (다툼이 있는 경우 판례에 의함)

① 강도가 강도범행을 하는 기회에 수 명의 피해자에게 각 폭행을 가하여 각 상해를 입힌 경우에는 각 피해자별로 수 개의 강도상해죄가 성립하며 이들은 실체적 경합범의 관계에 있다.
② 포괄일죄로 되는 개개의 범죄행위가 다른 종류의 죄의 확정판결의 전후에 걸쳐서 행하여진 경우에는 그 죄는 2죄로 분리되지 않고 확정판결 후인 최종의 범죄행위시에 완성되는 것이다.
③ 유사수신행위의 규제에 관한 법률 제3조에서 금지하고 있는 유사수신행위가 별도로 사기죄의 구성요건도 충족하는 경우 유사수신행위의 규제에 관한 법률 위반죄와 사기죄가 각각 성립하고 양 죄는 상상적 경합관계에 있다.
④ 甲이 A주식회사로부터 렌탈(임대차)하여 컴퓨터 본체, 모니터 등을 받아 보관하였고, B주식회사로부터 리스(임대차)하여 컴퓨터 본체, 모니터, 그래픽카드, 마우스 등을 보관하다가, 같은 날 성명불상의 업체에 한꺼번에 처분하여 횡령한 경우, 피해자들에 대한 각 횡령죄는 상상적 경합관계에 있다.

51 죄수에 대한 설명으로 가장 적절한 것은? (다툼이 있는 경우 판례에 의함)

① 징역형만 규정된 A죄와 징역형과 벌금형의 병과규정이 있는 B죄가 상상적 경합관계에 있는 경우 A죄에 정해진 징역형의 상한이 B죄에 정해진 징역형의 상한보다 높다면 A죄에서 정한 징역형으로 처벌해야 하고 벌금형은 병과할 수 없다.

② 甲이 상습절도죄(A죄)로 X법원으로부터 징역형을 선고받고 확정된 후 동일한 습벽이 있는 별개의 B죄를 저질러 Y법원에서 심리 중이었는데 확정된 A죄에 대한 X법원의 적법한 재심심판절차에서 징역형이 선고되어 확정된 경우 별개로 기소된 B죄를 심판하는 Y법원은 B죄에 대하여 형법 제39조 제1항에 의한 형의 감경 또는 면제를 할 수 없다.

③ 甲이 A를 살해할 목적으로 흉기를 구입하여 A의 집 앞에서 A를 기다렸으나 만나지 못하였고 다음날 A의 맥주잔에 독약으로 오인한 제초제를 몰래 넣었으나 복통만 일으키게 하다가 며칠 뒤 A를 자동차로 치어 사망하게 한 경우 甲에게는 살인예비 내지 미수죄와 동 기수죄의 경합죄가 성립한다.

④ 운전면허시험에 계속 불합격하였으나 운전을 잘하던 甲이 영업을 하기 위해 자동차를 구입하여 일주일 동안 매일 매일 운전 해오다가 적발된 경우 甲에게는 포괄하여 도로교통법위반(무면허운전)의 일죄가 성립한다.

제3편 형벌론

제1장 형 벌

제1절 형벌의 종류

01 몰수·추징에 대한 설명으로 가장 적절하지 않은 것은? (다툼이 있는 경우 판례에 의함)

① 판결선고 전 검찰에 의하여 압수된 후 피고인에게 환부된 물건에 대해서는 압수되어 있는 물건이 아니므로 몰수할 수 없다.
② 몰수하기 불가능한 때에 추징하여야 할 가액은 범인이 그 물건을 보유하고 있다가 몰수의 선고를 받았더라면 잃게 될 이득상당액을 초과하여서는 아니 된다.
③ 특별법에서 해당 법률의 입법 목적과 취지 등을 고려하여 몰수·추징의 성격이나 그 범위 등에 관하여 형법과 달리 정한 경우에는 특별법 우선의 원칙상 특별법 규정이 적용되는 한도에서 형법 제48조의 적용이 배제된다. 그러나 특별법에 따른 몰수·추징 요건이 구비되지 않고 형법 제48조의 요건이 충족되는 경우에는 이에 따른 몰수·추징이 가능하다.
④ 공소사실에 관하여 이미 공소시효가 완성되어 유죄의 선고를 할 수 없는 경우에는 몰수나 추징도 할 수 없다.

02 「형법」 제48조의 몰수·추징에 대한 설명으로 가장 적절하지 않은 것은? (다툼이 있는 경우 판례에 의함)

① 몰수 또는 이에 갈음하는 추징은 부가형적 성질을 가지므로 그 주형에 대하여 선고를 유예하지 아니하면서 이에 부가할 몰수·추징에 대하여서만 선고를 유예할 수는 없다.
② 범죄실행행위의 착수 전의 행위 또는 실행행위의 종료 후에 사용한 물건이더라도 그것이 범죄행위의 수행에 실질적으로 기여하였다고 인정되는 한, 몰수의 대상인 범죄행위에 제공한 물건에 포함된다.
③ 추징 가액의 산정은 특별한 사정이 없는 한 재판선고시의 가격을 기준으로 하여야 한다.
④ 피고인이 범죄행위에 이용한 웹사이트는 범죄행위에 제공된 무형의 재산에 해당하여 몰수할 수는 없지만, 범죄행위에 이용한 웹사이트 매각을 통하여 취득한 대가는 범죄행위로 인하여 생겼거나 이로 인하여 취득한 물건의 가액에 해당하므로 추징의 대상이 된다.

03 몰수·추징에 대한 설명 중 가장 적절한 것은? (다툼이 있는 경우 판례에 의함)
① 몰수는 원칙적으로 타형에 부가하여 과하는 부가형이므로 몰수의 요건이 있는 경우라도 행위자에게 유죄의 재판을 하지 아니할 때에는 몰수만을 선고할 수 없다.
② 형법 제357조 배임수증재죄에서 수재자가 증재자로부터 받은 재물을 그대로 가지고 있다가 증재자에게 반환한 경우 증재자로부터 이를 몰수하거나 그 가액을 추징할 수 없다.
③ 살인행위에 사용한 칼 등 범죄의 실행행위 자체에 사용한 물건뿐만 아니라 실행행위의 착수 전의 행위에 사용한 물건도 몰수할 수 있지만, 실행행위의 종료 후의 행위에 사용한 물건은 그것이 범죄행위의 수행에 실질적으로 기여하였다고 인정되더라도 몰수할 수 없다.
④ 피해자로 하여금 사기도박에 참여하도록 유인하기 위하여 수표를 제시해 보인 경우 수표가 직접적으로 도박자금에 사용되지 아니하였다 할지라도 피해자로 하여금 사기도박에 참여하도록 만들기 위한 수단으로 사용되었다면 몰수할 수 있다.

04 몰수 및 추징에 관한 설명 중 가장 적절한 것은? (다툼이 있는 경우 판례에 의함)
① 형법 제49조 단서는 "행위자에게 유죄의 재판을 아니할 때에도 몰수의 요건이 있는 때에는 몰수만을 선고할 수 있다."라고 규정하고 있으므로, 공소가 제기되지 않은 별개의 범죄사실을 법원이 인정하여 그에 관하여 몰수나 추징을 선고할 수 있다.
② 부패재산의 몰수 및 회복에 관한 특례법 제6조 제1항, 제3조 제1항, 제2조 제3호에서 정한 몰수·추징의 원인이 되는 범죄사실은 공소제기된 범죄사실에 한정되고, '범죄피해재산'은 그 공소제기된 범죄사실 피해자로부터 취득한 재산 또는 그 재산의 보유·처분에 의하여 얻은 재산에 한정되며, 그 피해자의 피해회복이 심히 곤란하다고 인정되는 경우에만 몰수·추징이 허용된다.
③ 피고인이 개설한 웹사이트에 음란 사이트 링크 배너와 도박 사이트 홍보배너를 게시하는 등의 방식으로 운영하다가 성명불상자에게 이 사건 웹사이트를 50,000,000원에 매각하고 현금으로 위 돈을 지급받은 경우, 이 사건 웹사이트는 각 범죄행위에 제공된 무형의 재산에 해당할 뿐만 아니라 형법 제48조 제1항 제2호에서 정한 '범죄행위로 인하여 생(生)하였거나 이로 인하여 취득한 물건'에 해당한다.
④ 특별법에서 해당 법률의 입법 목적과 취지 등을 고려하여 몰수·추징의 성격이나 그 범위 등에 관하여 형법과 달리 정한 경우에는 특별법 우선의 원칙상 특별법 규정이 적용되는 한도에서 형법 제48조의 적용이 배제되므로, 특별법에 따른 몰수·추징 요건이 구비되지 않고 형법 제48조의 요건만 충족되는 경우에는 이에 따른 몰수·추징이 가능하지 않다.

05 다음 중 몰수 또는 추징할 수 없는 것으로 가장 적절한 것은? (다툼이 있는 경우 판례에 의함)

① 피고인이 음란물유포 인터넷사이트를 운영하면서 정보통신망 이용촉진 및 정보보호 등에 관한 법률 위반(음란물유포)죄와 도박개장방조죄에 의하여 비트코인(Bitcoin)을 취득한 사안에서 비트코인
② 甲 주식회사 대표이사인 피고인이 금융기관에 청탁하여 乙 주식회사가 대출을 받을 수 있도록 알선행위를 하고 그 대가로 용역대금 명목의 수수료를 甲 회사 계좌를 통해 송금받아 특정경제범죄 가중처벌 등에 관한 법률 위반(알선수재)죄가 인정된 사안에서 甲 회사 계좌를 통해 받은 수수료
③ 압수한 밀수품이 멸실, 파손 또는 부패의 염려가 있어 형사소송법 제132조에 따라 이를 매각하고 취득한 대가
④ 피고인이 신고 없이 외국환을 해외 계좌로 송금한 사실로 체포될 당시 미처 송금하지 못하고 소지하고 있던 각 자기앞수표 또는 현금

06 다음 설명 중 옳지 않은 것은 모두 몇 개인가? (다툼이 있는 경우 판례에 의함)

㉠ 동영상과 같은 전자기록은 일정한 저장매체에 전자방식이나 자기방식에 의하여 저장된 기록에 불과하므로 형법 제48조 제1항 제2호가 정하는 '범죄행위로 인하여 생긴 물건'에 해당하지 않는다.
㉡ 여러 사람이 공모하여 외국환관리법위반행위를 한 경우 몰수대상인 외국환 등을 몰수할 수 없을 때에는 각 범칙자 전원에 대하여 그 취득한 외국환 등의 가액 전부의 추징을 명하여야 하고, 그중 일부라도 납부되지 아니하였을 때에는 그 범위 내에서 각 범칙자는 추징의 집행을 면할 수 없다
㉢ 피고인이 대형할인매장을 1회 방문하여 범행을 할 때마다 수 개 품목의 수십만 원어치 상품을 절취하여 이를 자신의 승용차에 싣고 간 경우 그 승용차는 형법 제48조 제1항 제1호 소정의 범죄행위에 제공한 물건이므로 몰수할 수 있다.
㉣ 형법 제48조 제1항의 '범인'에는 공범자도 포함되므로 피고인의 소유물은 물론 공범자의 소유물도 그 공범자의 소추 여부를 불문하고 몰수할 수 있는데, 여기에서의 공범자에는 공동정범, 교사범, 방조범에 해당하는 자는 포함되나, 필요적 공범관계에 있는 자는 포함되지 아니한다.

① 1개   ② 2개   ③ 3개   ④ 4개

07 형벌에 대한 설명으로 가장 적절하지 않은 것은? (다툼이 있는 경우 판례에 의함)

① 임의적 감경의 사유가 존재하고 법관이 그에 따라 징역형에 대해 법률상 감경을 하는 이상 형법 제55조 제1항 제3호에 따라 상한과 하한을 모두 2분의 1로 감경한다.
② 특수상해죄(형법 제258조의2 제1항)를 상습으로 범한 자에 대해서는 상습범 가중 규정 (형법 제264조)에 따라 그 법정형의 단기와 장기를 모두 2분의 1까지 가중한다.
③ 형법은 경합범을 동시에 판결할 때 각 죄에 대하여 정한 형이 사형, 무기징역, 무기금고 외의 같은 종류의 형인 경우에 가중주의를 채택하고 있는데, 과료와 과료는 병과할 수 있다.
④ 도로교통법위반죄에 대하여 당해 법조가 정하고 있는 징역형과 벌금형 가운데에서 벌금형을 선택한 경우 피고인이 금고 이상의 형을 선고받아 그 집행이 종료된 후 3년이 경과하기 전이라면 누범가중을 할 수 있다.

제2절 형의 양정(양형)

08 다음 설명 중 옳지 않은 것은 모두 몇 개인가? (다툼이 있는 경우 판례에 의함)

> ㉠ 형법 제55조 제1항은 형벌의 종류에 따라 법률상 감경의 방법을 규정하고 있는데, 형법 제55조 제1항 제3호는 "유기징역 또는 유기금고를 감경할 때에는 그 형기의 2분의 1로 한다."라고 규정하고 있다. 이와 같이 유기징역형을 감경할 경우에는 '단기'나 '장기'의 어느 하나만 2분의 1로 감경하는 것이 아니라 '형기' 즉 법정형의 장기와 단기를 모두 2분의 1로 감경함을 의미한다는 것은 법문상 명확하다.
> ㉡ 처단형은 선고형의 최종적인 기준이 되므로 그 범위는 법률에 따라서 엄격하게 정하여야 하고, 별도의 명시적인 규정이 없는 이상 형법 제56조에서 열거하고 있는 가중·감경할 사유에 해당하지 않는 다른 성질의 감경사유를 인정할 수는 없다.
> ㉢ 유기징역형에 대한 법률상 감경을 하면서 형법 제55조 제1항 제3호에서 정한 것과 같이 장기와 단기를 모두 2분의 1로 감경하는 것이 아닌 장기 또는 단기 중 어느 하나만을 2분의 1로 감경하는 방식이나 2분의 1보다 넓은 범위의 감경을 하는 방식 등은 죄형법정주의 원칙상 허용될 수 없다.
> ㉣ 죄를 범한 후 수사책임이 있는 관서에 자수한 때에는 그 형을 감경 또는 면제할 수 있으나 이는 임의적 감면사유일 뿐더러(형법 제52조 제1항), '자수'는 범인이 스스로 수사책임이 있는 관서에 자기의 범행을 자발적으로 신고하고 그 처분을 구하는 의사표시를 말하고, 수사기관의 직무상의 질문 또는 조사에 응하여 범죄사실을 진술하는 것은 자백일 뿐 자수로는 되지 않는다.
> ㉤ 형법 제37조 후단 경합범에 대해서는 그 죄와 판결이 확정된 죄를 동시에 판결할 경우와 형평을 고려하여 형을 정해야 하고, 이 경우 그 형을 감경 또는 면제할 수 있다.

① 없음 ② 1개 ③ 2개 ④ 3개

09 형의 양정에 관한 설명 중 가장 적절하지 않은 것은? (다툼이 있는 경우 판례에 의함)

① 필요적 감경의 경우에는 감경사유의 존재가 인정되면 반드시 형법 제55조 제1항에 따른 법률상 감경을 하여야 함에 반해, 임의적 감경의 경우에는 감경사유의 존재가 인정되더라도 법관이 형법 제55조 제1항에 따른 법률상 감경을 할 수도 있고 하지 않을 수도 있다.

② 형법은 형의 가중·감경할 사유가 경합된 때에 그 적용 순서에 관하여, 각칙 조문에 따른 가중, 제34조 제2항에 따른 가중, 누범 가중, 법률상 감경, 경합범 가중, 정상참작감경 순으로 규정하고 있으므로 법관이 처단형을 결정하는 과정에서 최종 선고형을 머릿속에 그리면서 임의적 감경 여부를 결정하는 것은 법리적·논리적 순서에 부합한다고 볼 수 없다.

③ 유기징역형에 대한 법률상 감경을 하면서 형법 제55조 제1항 제3호에서 정한 것과 같이 장기와 단기를 모두 2분의 1로 감경하는 것이 아닌 장기 또는 단기 중 어느 하나만을 2분의 1로 감경하는 방식이나 2분의 1보다 넓은 범위의 감경을 하는 방식 등은 죄형법정주의 원칙상 허용될 수 없다.

④ 형법이 '형을 감경할 수 있다.'고 규정하고 있는 것은 임의적 감경사유가 인정되더라도 그에 따른 감경이 필요한 경우와 필요하지 않은 경우가 모두 있을 수 있으니 임의적 감경사유로 인한 행위불법이나 결과불법의 축소효과가 미미하거나 행위자의 책임의 경감 정도가 낮은 경우에는 감경하지 않은 무거운 처단형으로 처벌할 수 있도록 한 것이다.

10 자수에 대한 설명 중 가장 적절하지 않은 것은? (다툼이 있는 경우 판례에 의함)

① 수사기관에 뇌물수수의 범죄사실을 자발적으로 신고하였으나 그 수뢰액을 실제보다 적게 신고함으로써 적용법조와 법정형이 달라지게 된 경우 자수가 성립하지 않는다.

② 법인의 직원 또는 사용인이 위반행위를 하여 양벌규정에 의하여 법인이 처벌받는 경우, 법인에게 자수감경을 적용하기 위하여는 법인의 이사 기타 대표자가 수사책임이 있는 관서에 자수한 경우에 한하고, 그 위반행위를 한 직원 또는 사용인이 자수한 것만으로는 형을 감경할 수 없다.

③ 위증죄를 범한 자가 그 진술한 사건의 재판 또는 징계처분이 확정되기 전에 자백 또는 자수한 때에는 그 형을 감경 또는 면제할 수 있다.

④ 피고인이 수사기관에 자진 출석하여 처음 조사를 받으면서는 돈을 차용하였을 뿐이라며 범죄사실을 부인하다가 제2회 조사를 받으면서 비로소 업무와 관련하여 돈을 수수하였다고 자백한 행위를 자수라고 할 수 없다.

제3절 누 범

11 다음 설명 중 옳은 것은 모두 몇 개인가? (다툼이 있는 경우 판례에 의함)

> ㉠ 피고인이 2016. 6. 2. 사기죄 등으로 징역 1년 및 징역 3년을 각 선고받고 2016. 9.20. 위 판결이 확정되어 2018. 5.27. 위 징역 3년 형의 집행을 종료하고 연이어 징역 1년 형을 복역하던 중 공무집행방해 범행을 저질렀다면 형의 집행을 종료하거나 면제를 받은 후 3년이 경과하지 않아 누범으로 처벌할 수 없다.
> ㉡ 피고인이 2014.10.30. 특수절도죄 등으로 징역 1년을 선고받고 2015. 9.17. 안동교도소에서 그 형의 집행을 종료하였고, 2018. 9.17. 01:10경 이 사건 범행을 저지른 경우 누범기간은 특수절도죄 등에 대한 형의 집행을 종료한 날인 2015. 9.17.부터 역수상 3년이 되는 2018. 9.16.까지이므로 이 사건 범행은 누범에 해당하지 않는다.
> ㉢ 상습범 중 일부 범행이 누범기간 내에 이루어진 이상 나머지 범행이 누범기간 경과 후에 행하여졌더라도 그 행위 전부는 누범관계에 있다.
> ㉣ 형법 제35조 소정의 누범이 되려면 금고 이상의 형을 선고받아 그 집행이 종료되거나 면제된 후 3년 내에 다시 금고 이상에 해당하는 죄를 지어야 하고, 이 경우 다시 금고 이상에 해당하는 죄를 지었는지 여부는 그 범죄의 실행행위를 하였는지 여부를 기준으로 결정하여야 하므로 3년의 기간 내에 실행의 착수가 있으면 족하고, 그 기간 내에 기수에까지 이르러야 되는 것은 아니다.

① 없음 ② 1개 ③ 2개 ④ 3개

12 누범에 관한 설명 중 가장 적절하지 않은 것은? (다툼이 있는 경우 판례에 의함)

① 유죄의 확정판결에 대하여 재심개시결정이 확정되어 법원이 그 사건에 대하여 다시 심판을 한 후 재심의 판결을 선고하고 그 재심판결이 확정된 때에는 종전의 확정판결은 당연히 효력을 상실하므로, 누범전과가 될 수 없다
② 형의 선고를 받은 자가 특별사면을 받아 형의 집행을 면제받고 또 후에 복권이 되었다 하더라도 형의 선고의 효력이 상실되는 것은 아니므로, 실형을 선고받아 복역하다가 특별사면으로 출소한 후 3년 이내에 다시 범죄를 저지른 자에 대한 누범가중은 정당하다
③ 도로교통법위반죄에 대하여 당해 법조가 정하고 있는 징역형과 벌금형 가운데에서 벌금형을 선택한 경우 피고인이 금고 이상의 형을 선고받아 그 집행이 종료된 후 3년이 경과하기 전이라면 누범가중을 할 수 있다.
④ 집행유예의 선고를 받은 후 그 선고의 실효 또는 취소됨이 없이 유예기간을 경과한 경우 그 전과사실은 누범가중의 사유가 되지 않는다.

제4절 집행유예, 선고유예, 가석방

13 집행유예에 관한 설명 중 가장 적절하지 않은 것은? (다툼이 있는 경우 판례에 의함)

① 500만 원의 벌금형을 선고할 경우 그 집행을 유예할 수 있다.
② 집행유예 기간 중에 범한 죄에 대하여 공소가 제기된 후 그 재판 도중에 집행유예 기간이 경과한 경우 집행유예 기간 중에 범한 죄에 대하여 다시 집행유예를 선고할 수 있다.
③ 형의 집행을 유예하는 경우에는 보호관찰을 받을 것을 명할 수 있는데, 행위자의 사회복귀와 범죄예방을 위한 보안처분이라는 취지에 비추어, 보호관찰 기간은 법원의 판결에 따라 집행을 유예한 기간을 넘을 수 있다.
④ 집행유예의 선고를 받은 다음 집행유예의 선고가 실효되거나 취소되지 않고 유예기간이 지난 때에는 형의 선고는 효력을 잃으므로, 그 후 형법 제64조 제2항에서 정한 사유로 집행유예의 선고를 취소할 수 없다.

14 집행유예에 대한 설명으로 가장 적절하지 않은 것은? (다툼이 있는 경우 판례에 의함)

① 집행유예의 선고를 받은 자가 유예기간 중 고의로 범한 죄로 금고 이상의 실형을 선고받아 그 판결이 확정된 때에는 집행유예의 선고는 효력을 잃는다.
② 집행유예를 선고받은 사람이 그 선고가 실효 또는 취소됨이 없이 집행유예기간을 경과하여 형의 선고가 효력을 상실한 경우에는 선고유예 결격사유인 '자격정지 이상의 형을 받은 전과가 있는 자'에 해당한다.
③ 집행유예를 선고하면서 피고인에게 유죄로 인정된 범죄행위를 뉘우치거나 그 범죄행위를 공개하는 취지의 말이나 글을 발표하도록 하는 내용의 사회봉사를 명하는 것은 위법이다.
④ 집행유예 선고의 판결확정 전에 이미 수사단계에서 검사가 집행유예 결격사유가 되는 전과의 존재를 당연히 알 수 있는 객관적 상황이 존재하였음에도 부주의로 알지 못한 경우에는 집행유예의 선고를 취소할 수 있다.

15 집행유예 및 선고유예에 관한 설명 중 가장 적절한 것은? (다툼이 있는 경우에는 판례에 의함)

① 형법 제37조 후단의 경합범 관계에 있는 죄에 대하여 하나의 판결로 두 개의 자유형을 선고하는 경우에 하나의 자유형에 대하여는 실형을, 다른 하나의 자유형에 대하여는 집행유예를 선고하는 것은 허용되지 않는다.
② 집행유예의 선고를 받은 후에 그 선고가 실효 또는 취소됨이 없이 유예기간이 경과하더라도 형의 선고가 있었다는 사실 자체가 없어지는 것은 아니다.
③ '개전의 정상이 현저한 때'라고 함은 피고인이 죄를 깊이 뉘우치는 경우를 뜻하는 것이므로 피고인이 범죄사실을 자백하지 않고 부인할 경우에는 언제나 선고유예를 할 수 없다.
④ 형의 선고유예를 받은 날로부터 1년을 경과한 때에는 면소된 것으로 간주한다.

16 집행유예 및 선고유예에 대한 설명 중 옳고 그름의 표시(O, ×)가 바르게 된 것은? (다툼이 있는 경우 판례에 의함)

㉠ 형의 집행을 유예하는 경우에는 보호관찰을 받을 것을 명하거나 사회봉사 또는 수강을 명할 수 있고, 보호관찰과 사회봉사명령 또는 수강명령을 동시에 부과할 수도 있다
㉡ 주형에 대하여 선고를 유예하는 경우에는 그 부가할 몰수·추징에 대하여도 선고를 유예할 수 있으나, 그 주형에 대하여 선고를 유예하지 아니하면서 이에 부가할 몰수·추징에 대해서만 선고를 유예할 수는 없다
㉢ 집행유예기간의 시기(始期)는 집행유예를 선고한 판결확정일로 하여야 하고 법원이 판결확정일 이후의 시점을 임의로 선택할 수는 없다.
㉣ 형법 제39조 제1항에 의하여 형법 제37조 후단 경합범 중 판결을 받지 아니한 죄에 대하여 형을 선고하는 경우에 있어서 형법 제37조 후단에 규정된 금고 이상의 형에 처한 판결이 확정된 죄의 형도 형법 제59조 제1항 단서에서 정한 '자격정지 이상의 형을 받은 전과'에 포함된다.

① ㉠(O) ㉡(O) ㉢(O) ㉣(O)
② ㉠(O) ㉡(O) ㉢(O) ㉣(×)
③ ㉠(O) ㉡(×) ㉢(O) ㉣(O)
④ ㉠(×) ㉡(×) ㉢(×) ㉣(×)

17 선고유예에 대한 설명 중 가장 적절하지 않은 것은? (다툼이 있는 경우 판례에 의함)

① 선고할 형이 1년 이하의 징역이나 금고, 자격정지, 벌금 또는 구류의 형을 선고할 경우에 형법 제51조의 사항을 참작하여 개전의 정상이 현저한 때에는 선고유예를 할 수 있다.
② 형의 선고를 유예한 경우에 보호관찰을 받을 것을 명할 수 있고, 이 경우 보호관찰의 기간은 1년으로 한다.
③ 징역형과 벌금형을 병과하는 경우에 징역형의 집행을 유예하면서 벌금형의 선고를 유예할 수도 있다.
④ 형의 집행유예를 선고받은 후 형법 제65조에 의하여 그 선고가 실효 또는 취소됨이 없이 정해진 유예기간을 무사히 경과하여 형의 선고가 효력을 잃게 되는 경우라도 선고유예를 할 수 없다.

18 선고유예·집행유예, 가석방에 대한 설명으로 가장 적절한 것은? (다툼이 있는 경우 판례에 의함)

① 형의 선고유예를 받은 날로부터 1년이 경과한 때는 면소된 것으로 간주한다.
② 형의 집행유예를 선고받은 자가 유예기간을 무사히 경과하여 형의 선고가 효력을 상실할 경우에도 선고유예 결격사유인 '자격정지 이상의 형을 받은 전과가 있는 자'에 해당한다.
③ 집행유예기간 중 범한 죄에 대하여 공소가 제기된 후 그 재판 도중에 집행유예기간이 경과한 경우에도 그 집행유예기간 중에 범한 죄에 대하여 다시 집행유예를 선고할 수 없다.
④ 가석방의 요건은 징역이나 금고의 집행 중에 있는 사람이 행상(行狀)이 양호하여 뉘우침이 뚜렷한 때에는 무기형은 10년, 유기형은 형기의 3분의 1이 지난 후 행정처분으로 가석방을 할 수 있다.

제5절 형의 시효·소멸·기간

19 다음 내용 중 빈칸에 들어갈 숫자들의 합은?

> 형법 제78조(형의 시효의 기간) 시효는 형을 선고하는 재판이 확정된 후 그 집행을 받지 아니하고 다음 각 호의 구분에 따른 기간이 지나면 완성된다.
> ㉠ 무기의 징역 또는 금고 : (　)년
> ㉡ 3년 이상의 징역이나 금고 또는 10년 이상 자격정지 : (　)년
> ㉢ 3년 미만의 징역이나 금고 또는 5년 이상의 자격정지 : (　)년

① 22　　　　② 35　　　　③ 37　　　　④ 45

20 형의 시효·소멸에 관한 설명으로 가장 적절하지 않은 것은? (다툼이 있는 경우 판례에 의함)

① 3년 미만의 징역이나 금고 또는 5년 이상의 자격정지의 형을 선고하는 재판이 확정된 후 그 집행을 받지 아니하고 7년의 기간이 지나면 형의 시효는 완성된다.
② 징역형의 집행유예와 벌금형의 병과를 선고받은 자에 대하여 징역형의 집행유예의 효력을 상실케 하는 특별사면이 있었다면 그 벌금형 역시 선고의 효력이 상실된다.
③ 형의 시효는 형의 집행의 유예나 정지 또는 가석방 기타 집행할 수 없는 기간은 진행되지 아니한다.
④ 형의 시효는 형이 확정된 후 그 형의 집행을 받지 아니한 자가 형의 집행을 면할 목적으로 국외에 있는 기간 동안은 진행되지 아니한다.

CHAPTER 2 형사법 II <형법 각론>

제1편 개인적 법익에 대한 죄

제1장 생명과 신체에 대한 죄

제1절 살인의 죄

01 살인의 죄에 관한 설명 중 가장 적절하지 않은 것은? (다툼이 있는 경우 판례에 의함)

① 피고인이 7세, 3세 남짓된 어린자식들에 대하여 함께 죽자고 권유하여 물속에 따라 들어오게 하여 결국 익사하게 하였다면 비록 피해자들을 물속에 직접 밀어서 빠뜨리지 않았다고 하더라도 자살의 의미를 이해할 능력이 없고 피고인의 말이라면 무엇이나 복종하는 어린자식들을 권유하여 익사하게 한 이상 자살교사죄에 해당한다.

② 피고인과 말다툼을 하다가 죽고 싶다 또는 같이 죽자고 하며 피고인에게 기름을 사오라는 말을 하였고, 이에 따라 피고인이 피해자에게 휘발유 1병을 사다 주었는데 그 직후에 피해자가 몸에 휘발유를 뿌리고 불을 붙여 자살하였고 피해자의 자살경위가 피고인과 피해자 사이의 가정불화 등이었다면, 피고인이 휘발유를 이용하여 자살할 수도 있다는 것을 충분히 예상할 수 있었으므로 자살방조죄가 성립한다.

③ 자살방조죄가 성립하기 위해서는 그 방조 상대방의 구체적인 자살의 실행을 원조하여 이를 용이하게 하는 행위의 존재 및 그 점에 대한 행위자의 인식이 요구된다.

④ 피고인이 인터넷 사이트 내 자살 관련 카페 게시판에 청산염 등 자살용 유독물의 판매공고를 하였더라도 그것이 단지 금원 편취 목적의 사기 행각의 일환으로 이루어졌고, 변사자들이 다른 경로로 입수한 청산염을 이용하여 자살하였다면, 피고인의 행위는 자살방조에 해당하지 않는다.

02 다음 설명 중 가장 적절하지 않은 것은? (다툼이 있는 경우 판례에 의함)

① 피고인이 격분하여 피해자를 살해할 것을 마음먹고 밖으로 나가 낫을 들고 피해자에게 다가서려고 하였으나 제3자가 이를 제지하여 그 틈을 타서 피해자가 도망함으로써 살인의 목적을 이루지 못한 경우, 피고인이 낫을 들고 피해자에게 접근함으로써 살인의 실행행위에 착수하였다고 할 것이므로 이는 살인미수에 해당한다.

② 살해의 목적으로 동일인에게 일시·장소를 달리하고 수 차에 걸쳐 공격을 하였으나 미수에 그치다가 그 목적을 달성한 경우, 살해의 목적을 달성할 때까지의 행위는 모두 실행행위의 일부로서 이를 포괄적으로 보고 단순한 한 개의 살인기수죄로 처단할 것이지 살인예비 내지 미수죄와 동 기수죄의 경합범으로 처단할 수 없는 것이다.

③ 혼인 외의 출생자가 인지하지 않은 생모를 살해하면 존속살해죄가 성립한다.

④ 제왕절개 수술의 경우 임산부의 상태변화, 의료진의 처치경과 등 제반 사정을 토대로 '의학적으로 제왕절개수술이 가능하였고 규범적으로 수술이 필요하였던 시기'를 사후적으로 판단하여 분만의 시기로 볼 수 있다.

03 살인의 죄에 대한 설명으로 가장 적절한 것은? (다툼이 있는 경우 판례에 의함)

① 양친자관계를 창설하려는 명백한 의사가 있고 기타 입양의 실질적 요건이 구비되었음에도 입양신고를 하지 아니한 채 친생자 출생신고를 한 이후 계속하여 자신을 양육하여 온 사람을 살해한 경우 존속살해죄가 성립한다.

② 甲이 乙을 살해하기 위하여 丙, 丁을 고용하면서 이전에 丙, 丁이 대가 지급을 약속한 후 실행에 착수하기 이전에 丙, 丁이 체포된 경우 甲은 살인미수죄가 성립한다.

③ 살인죄에 있어 고의는 반드시 살해의 목적이나 계획적인 의도가 있어야 하며, 사망의 결과에 대한 예견 또는 인식이 불확정적이라면 살인의 범의를 인정할 수 없다.

④ 甲이 자기 처 乙 명의로 생명보험에 가입한 후 같이 승용차를 타고 가다가 운전실수로 저수지로 돌진하여 처를 빠져 죽게 한 경우 甲은 살인죄의 정범이 된다.

제2절 상해와 폭행의 죄

04 상해와 폭행의 죄에 관한 설명으로 가장 적절하지 않은 것은? (다툼이 있는 경우 판례에 의함)

① 태아를 사망에 이르게 하는 행위가 임산부 신체의 일부를 훼손하는 것이라거나 태아의 사망으로 인하여 그 태아를 양육, 출산하는 임산부의 생리적 기능이 침해되어 임산부에 대한 상해가 된다고 볼 수는 없다.
② 피해자의 신체에 공간적으로 근접하여 고성으로 폭언을 하면서 손발이나 물건을 휘두르거나 던지는 행위는 직접 피해자의 신체에 접촉하지 않았다 하더라도 피해자에 대한 불법한 유형력의 행사로서 폭행에 해당한다.
③ 폭력행위 등 처벌에 관한 법률 제2조 제2항의 '2인 이상이 공동하여'라고 함은 수인이 동일 장소에서 동일 기회에 범행을 한 경우이면 족하고, 수인 상호 간에 범죄에 대한 공동가공의사가 있어야 하는 것은 아니다.
④ 직계존속을 폭행하고, 상해를 가한 것이 존속에 대한 동일한 폭력습벽의 발현에 의한 것으로 인정되는 경우, 그 중 법정형이 더 중한 상습존속상해죄에 나머지 행위들을 포괄시켜 하나의 죄만이 성립한다.

05 상해와 폭행의 죄에 관한 설명 중 가장 적절하지 않은 것은? (다툼이 있는 경우 판례에 의함)

① 甲이 자신의 차를 가로막고 서 있는 A를 향해 차를 조금씩 전진시키고 A가 뒤로 물러나면 다시 차를 전진시키는 방식의 운행을 반복하였다면 甲은 특수폭행죄에 해당한다.
② 형법은 제264조에서 상습으로 제258조의2의 죄(특수상해죄)를 범한 때에는 그 죄에 정한 형의 2분의 1까지 가중한다고 규정하고 있으므로, 형법 제258조의2 제1항에서 정한 법정형의 단기와 장기를 모두 가중하여 1년 6개월 이상 15년 이하의 징역에 처하여야 한다.
③ 피해자가 입은 상처가 극히 경미하여 굳이 치료할 필요가 없고 치료를 받지 않더라도 일상생활을 하는 데 아무런 지장이 없으며 시일이 경과함에 따라 자연적으로 치유될 수 있는 정도라면, 그로 인하여 피해자의 신체의 건강상태가 불량하게 변경되었다거나 생활기능에 장애가 초래된 것으로 보기 어려워 체포치상죄의 상해에 해당한다고 할 수 없다.
④ 중상해죄는 사람의 신체를 상해하여 생명 또는 신체에 대한 위험을 발생하게 함으로써 성립한다.

06 상해와 폭행의 죄에 관한 설명 중 옳지 않은 것은 모두 몇 개인가? (다툼이 있는 경우 판례에 의함)

> ㉠ 범행 현장에서 범행에 사용하려는 의도로 위험한 물건을 소지하거나 몸에 지닌 경우 피해자가 이를 인식하지 못하였거나 실제 범행에 사용하지 아니하더라도 특수폭행죄의 '휴대'에 해당한다.
> ㉡ 상해죄의 성립에는 상해의 원인인 폭행에 관한 인식이 있으면 충분하고 상해를 가할 의사의 존재는 필요하지 않으나, 폭행을 가한다는 인식마저 없이 행위함으로써 피해자에게 상해를 입힌 경우에는 상해죄가 성립하지 않는다.
> ㉢ 피고인이 상해의 고의로 구타하여 피해자가 정신을 잃고 빈사상태에 빠지자 사망한 것으로 오인한 나머지 자신의 행위를 은폐하고 피해자가 자살한 것처럼 가장하기 위하여 피해자를 베란다 아래의 바닥으로 떨어뜨려 사망케 하였다면 피고인의 행위는 포괄하여 단일의 살인죄가 성립한다.
> ㉣ 피해자에게 근접하여 욕설을 하면서 때릴 듯이 손발이나 물건을 휘두르거나 던지는 행위를 한 경우 직접 피해자의 신체에 접촉하지 않았다고 하여도 피해자에 대한 유형력의 행사로서 폭행에 해당한다.

① 1개   ② 2개   ③ 3개   ④ 4개

07 상해와 폭행의 죄에 관한 설명 중 가장 적절하지 않은 것은? (다툼이 있는 경우 판례에 의함)

① 다방 종업원 숙소에 이르러 종업원들 중 1인이 자신을 만나주지 않는다는 이유로 시정된 탁구장문과 주방문을 부수고 주방으로 들어가 방문을 열어주지 않으면 모두 죽여버린다고 폭언하면서 시정된 방문을 수회 발로 찬 甲의 행위도 종업원들의 신체에 대한 유형력의 행사로 볼 수 있어 폭행죄에 해당한다.
② 甲이 상습으로 A를 폭행하고, 어머니 B를 존속폭행하였다는 내용으로 기소된 사안에서 甲에게 폭행 범행을 반복하여 저지르는 습벽이 있고 이러한 습벽에 의하여 단순폭행, 존속폭행 범행을 저지른 사실이 인정된다면 단순폭행, 존속폭행의 각 죄별로 상습성을 판단할 것이 아니라 포괄하여 그 중 법정형이 가장 중한 상습존속폭행죄만 성립할 여지가 있다.
③ 구 「성폭력범죄의 처벌 및 피해자보호 등에 관한 법률」 제9조 제1항의 상해는 피해자의 신체의 완전성을 훼손하거나 생리적 기능에 장애를 초래하는 것으로, 반드시 외부적인 상처가 있어야만 하는 것이 아니고, 여기서의 생리적 기능에는 육체적 기능뿐만 아니라 정신적 기능도 포함된다.
④ 오랜 시간 동안의 협박과 폭행을 이기지 못하고 실신하여 범인들이 불러온 구급차 안에서야 정신을 차리게 되었다면, 외부적으로 어떤 상처가 발생하지 않았다고 하더라도 상해가 있었다고 할 것이다.

08 다음 설명 중 가장 적절하지 않은 것은? (다툼이 있는 경우 판례에 의함)

① 피고인이 피해자를 협박하여 그로 하여금 자상(自傷)케 한 경우에 피고인에게 상해의 결과에 대한 인식이 있고 또 그 협박의 정도가 피해자의 의사결정의 자유를 상실케 함에 족한 것인 이상 피고인에 대하여 상해죄를 구성한다.
② 피고인은 호적부상 피해자와 모 사이에 태어난 친생자로 등재되어 있으나 피해자가 집을 떠난 사이 모가 타인과 정교관계를 맺어 피고인을 출산하였다면 피고인과 피해자 사이에는 친자관계가 없으므로 존속상해죄는 성립될 수 없다.
③ 공장에서 말다툼을 하던 중 삿대질을 하자 이를 피하고자 피해자가 두어걸음 뒷걸음치다가 회전중이던 십자형 스빙기계 철받침대에 걸려 넘어지면서 머리를 바닥에 부딪쳐 두개골절로 사망한 경우에는 폭행치사죄가 성립한다.
④ 체포치상죄의 상해는 피해자 신체의 건강상태가 불량하게 변경되고 생활기능에 장애가 초래되는 것을 말한다. 피해자가 입은 상처가 극히 경미하여 굳이 치료할 필요가 없고 치료를 받지 않더라도 일상생활을 하는 데 아무런 지장이 없으며 시일이 경과함에 따라 자연적으로 치유될 수 있는 정도라면, 그로 인하여 피해자의 신체의 건강상태가 불량하게 변경되었다거나 생활기능에 장애가 초래된 것으로 보기 어려워 체포치상죄의 상해에 해당한다고 할 수 없다

09 다음 설명 중 옳지 않은 것을 모두 고르면? (다툼이 있는 경우 판례에 의함)

㉠ 피해자로부터 신용카드를 강취하고 비밀번호를 알아내는 과정에서 피해자에게 입힌 상처가 일상생활에 지장을 초래하지 않았고, 그 회복을 위하여 치료행위가 특별히 필요하지 않은 경우에는 강도상해죄의 상해에 해당하지 않는다.
㉡ 폭행죄는 피해자의 명시한 의사에 반하여 공소를 제기할 수 없는 반의사불벌죄로써 피해자가 사망한 후에는 그 상속인이 피해자를 대신하여 처벌불원의 의사표시를 할 수 없다.
㉢ 자기 또는 배우자의 직계존속의 신체에 대하여 폭행을 가할 때에는 존속폭행죄가 성립하며, 이 경우 피해자의 명시한 의사에 반하여 공소를 제기할 수 있다.
㉣ 甲과 乙이 독립하여 A를 살해하고자 총을 쏘아 탄환 하나가 A의 다리에 적중하여 A가 상해를 입었을 경우, 甲과 乙은 형법 제263조의 소위 동시범이 성립한다.
㉤ 폭행죄의 폭행이란 소위 사람의 신체에 대한 유형력의 행사를 가리키며, 그 유형력의 행사는 신체적 고통을 주는 물리력의 작용을 의미하므로 신체의 청각기관을 직접적으로 자극하는 음향도 경우에 따라서는 유형력에 포함될 수 있다.

① ㉠㉡㉤   ② ㉠㉢   ③ ㉢㉣   ④ ㉣㉤

제3절 과실치사상의 죄

10 업무상 과실치사상죄에 관한 설명 중 가장 적절하지 않은 것은? (다툼이 있는 경우 판례에 의함)

① 지하철 공사구간 현장안전업무 담당자인 甲이 공사현장에 인접한 기존의 횡단보도 표시선 안쪽으로 돌출된 강철빔 주위에 라바콘 3개를 설치하고 신호수 1명을 배치하였는데 피해자가 위 횡단보도를 건너면서 강철빔에 부딪혀 상해를 입은 경우, 업무상과실치상죄가 성립하지 않는다.

② 상무이사인 현장소장이 현장에서의 공사감독을 전담하였다면, 사장에게 자신의 직접적인 지휘·감독을 받지 않는 회사직원 혹은 고용한 노무자들이 저지른 안전수칙 위반사고에 대하여 일일이 세부적인 안전대책을 강구하여야 하는 구체적이고 직접적인 주의의무는 인정되지 않는다.

③ 병원에서 인턴 수가 부족하여 수혈함에 있어 두 번째 이후의 혈액봉지는 인턴 대신 간호사가 교체하는 관행이 확립되어 있는 경우, 담당의사의 지시를 받은 인턴이 피해자에게 수혈할 두 번째 혈액봉지를 직접 교체한 후 간호사에게 다음 혈액봉지를 교체할 것을 맡겼다면, 인턴에게 혈액봉지가 바뀐 것에 대한 과실책임을 물을 수 없다.

④ 안전배려 내지 안전관리 사무에 계속적으로 종사하여 사람의 사회생활면에 있어서의 하나의 지위로서의 계속성을 가지지 아니한 채, 단지 건물의 소유자로서 건물을 비정기적으로 수리하거나 건물의 일부분을 임대하였다는 사정만으로 업무상과실치사상죄의 '업무'에 해당한다고 보기는 어렵다.

11 과실치사상의 죄에 관한 설명 중 가장 적절하지 않은 것은? (다툼이 있는 경우 판례에 의함)

① 업무상 과실치사상죄에 있어서의 업무란 사람의 사회생활면에 있어서의 하나의 지위로서 계속적으로 종사하는 사무를 말하고, 여기에는 수행하는 직무 자체가 위험성을 갖기 때문에 안전배려를 의무의 내용으로 하는 경우는 물론 사람의 생명·신체의 위험을 방지하는 것을 의무의 내용으로 하는 업무도 포함된다.

② 공사감리자가 관계 법령과 계약에 따른 감리업무를 소홀히 하여 건축물 붕괴 등으로 인하여 사상의 결과가 발생한 경우에는 업무상 과실치사상의 죄책을 면할 수 없다.

③ 화물차를 주차하고 적재함에 적재된 토마토 상자를 운반하던 중 적재된 상자 일부가 떨어지면서 지나가던 피해자에게 상해를 입힌 경우, 교통사고처리특례법에 정한 '교통사고'에 해당하지 않아 업무상 과실치상죄(형법 제268조)가 성립하지 않는다.

④ 버스 운전사가 차체 밑에 장애물이 있는지 여부를 확인하지 않은 채 전날밤에 주차해 둔 버스를 그 다음날 아침에 그대로 출발하여 버스 밑에서 술취해 잠을 자고 있던 사람을 치어 사망케 한 경우 버스운전사에게 과실이 인정된다.

제4절 유기와 학대의 죄

12 유기와 학대의 죄에 관한 설명 중 가장 적절하지 않은 것은? (다툼이 있는 경우 판례에 의함)

① 사실혼 관계에 있는 사람들 사이에서 유기죄가 성립하기 위해서는 단순한 동거 또는 간헐적인 정교관계를 맺고 있다는 사정만으로는 부족하고, 그 당사자 사이에 혼인 의사가 있고 사회관념상 혼인생활의 실체가 존재하여야 한다.
② 술에 만취된 피해자가 경찰지구대로 운반되어 의자 위에 눕혀졌을 때 숨을 가쁘게 쿨쿨 내뿜고 자신의 수족과 의사도 자제할 수 없는 상태에 있음에도 불구하고 경찰관이 3시간여 동안이나 아무런 구호조치를 취하지 아니한 경우 유기죄의 범의를 인정할 수 있다.
③ 판례에 의하면 부작위에 의한 유기죄의 작위의무는 법률 또는 계약뿐만 아니라 신의성실·조리에 의해서도 발생할 수 있다.
④ 유기죄는 행위자가 요부조자에 대한 보호책임의 발생 원인이 된 사실이 존재한다는 것을 인식하고 이에 기한 부조의무를 해태한다는 의식이 있음을 요한다.

13 유기의 죄에 관한 설명 중 가장 적절하지 않은 것은? (다툼이 있는 경우 판례에 의함)

① 유기죄에서 '계약상 의무'는 간호사나 보모와 같이 계약에 기한 주된 급부의무가 부조를 제공하는 것인 경우에 반드시 한정되지 아니하며, 계약의 해석상 계약관계의 목적이 달성될 수 있도록 상대방의 신체 또는 생명에 대하여 주의와 배려를 한다는 부수적 의무의 한 내용으로 상대방을 부조하여야 하는 경우도 포함된다.
② 아버지 甲은 장애를 가진 아들(3세)을 도저히 키울 자신이 없어서 살해할 의사로 추운 겨울에 깊은 산속에 유기하였으나 지나가던 등산객에 의하여 구조된 경우에 유기죄가 성립한다.
③ 강간치상의 범행을 저지른 자가 그 범행으로 인하여 실신상태에 있는 피해자를 구호하지 아니하고 방치한 경우, 강간치상죄만 성립하고 별도로 유기죄는 성립하지 않는다.
④ 형법 제271조 제1항의 죄(유기죄)를 지어 사람의 신체에 위험을 발생하게 한 경우에는 중유기죄로써 가중처벌할 수 없다.

14 유기와 학대의 죄에 대한 설명 중 옳지 않은 것을 모두 고른 것은? (다툼이 있는 경우 판례에 의함)

> ㉠ 자기의 보호 또는 감독을 받는 16세 미만의 자를 그 생명 또는 신체에 위험한 업무에 사용할 영업자 또는 그 종업자에게 인도한 자는 형법 제274조 아동혹사죄에 해당한다.
> ㉡ 학대죄는 자기의 보호 또는 감독을 받는 사람에게 육체적으로 고통을 주거나 정신적으로 차별대우를 하는 행위가 있음과 동시에 범죄가 완성되는 상태범 또는 즉시범이라 할 것이다.
> ㉢ 형법 제273조 제1항에서 말하는 '학대'라 함은 육체적으로 고통을 주거나 정신적으로 차별대우를 하는 행위를 가리키고, 이러한 학대행위는 형법의 규정체제상 학대와 유기의 죄가 같은 장에 위치하고 있는 점 등에 비추어 단순히 상대방의 인격에 대한 반인륜적 침해만으로는 부족하고 적어도 유기에 준할 정도에 이르러야 한다.
> ㉣ 계약상 부수의무로서의 민사적 부조의무 또는 보호의무가 인정되는 경우 형법상 유기죄의 '계약상 의무'는 당연히 긍정된다고 할 것이다.

① ㉠㉡   ② ㉠㉢   ③ ㉡㉢   ④ ㉣

제2장 자유에 대한 죄

제1절 협박의 죄 ~ 강요의 죄

15 다음 설명 중 옳은 것은 모두 몇 개인가? (다툼이 있는 경우 판례에 의함)

> ㉠ "앞으로 수박이 없어지면 네 책임으로 한다"고 말한 것은 협박죄의 해악의 고지라고 보기 어렵고, 가사 다소간의 해악의 고지에 해당한다고 가정하더라도 위법성이 없다.
>
> ㉡ 4층 건물의 소유자가 그 중 2층을 임대하여 임차인이 학원을 운영하던 중 건물 내부 벽면에 설치된 분전반을 통해 3층과 4층으로 가설된 전선이 합선으로 단락되어 화재가 나 학생들에게 상해가 발생한 경우, 건물의 소유자로서 건물을 비정기적으로 수리하거나 건물의 일부분을 임대하였다는 사정만으로는 업무상과실치상죄의 '업무'로 보기 어렵다.
>
> ㉢ 주택재건축조합 조합장이 자신에 대한 감사활동을 방해하기 위하여 조합사무실에 있던 다른 직원의 컴퓨터에 비밀번호를 설정하고 조합 업무 담당자의 컴퓨터 하드디스크를 분리·보관하여 조합 업무를 방해한 경우 형법 제314조 제1항의 업무방해죄에 해당한다.
>
> ㉣ 강요죄에서 '의무 없는 일'이란 법령, 계약 등에 기하여 발생하는 법률상 의무 없는 일을 말하므로 폭행 또는 협박으로 법률상 의무 있는 일을 하게 한 경우에는 폭행 또는 협박죄만 성립할 뿐 강요죄는 성립하지 아니한다.

① 1개   ② 2개   ③ 3개   ④ 4개

16 협박에 대한 설명으로 가장 적절한 것은? (다툼이 있는 경우 판례에 의함)

① 공중전화를 이용하여 경찰서에 여러 차례 전화를 걸어 전화를 받은 각 경찰관에게 경찰서 관할구역 내에 있는 A정당의 당사를 폭파하겠다는 말을 한 경우, 일반적으로 A정당에 대한 해악의 고지가 각 경찰관 개인에게 공포심을 일으킬 만큼 서로 밀접한 관계에 있으므로 협박죄의 협박에 해당한다.
② 피해자 본인이나 그 친족뿐만 아니라 그 밖의 '제3자'에 대한 법익 침해를 내용으로 하는 해악을 고지하는 것이라고 하더라도 피해자 본인과 제3자가 밀접한 관계에 있어 그 해악의 내용이 피해자 본인에게 공포심을 일으킬 만한 정도의 것이라면 협박죄가 성립할 수 있고, 이때 '제3자'에는 자연인뿐만 아니라 법인도 포함된다.
③ 「형법」 제12조 강요된 행위에 있어서 협박은 자기 또는 친족의 생명·신체·재산의 위해를 방어할 방법이 없는 협박을 의미한다.
④ 공갈죄의 수단으로서의 협박은 사람의 의사결정의 자유를 제한하거나 의사실행의 자유를 방해할 정도로 겁을 먹게 할 만한 해악을 고지하는 것을 말하고, 여기에서 고지된 해악의 실현은 반드시 그 자체가 위법한 것임을 요한다.

17 협박죄에 관한 설명 중 가장 적절하지 않은 것은? (다툼이 있는 경우 판례에 의함)

① 피고인이 자신의 동거남과 성관계를 가진 바 있던 피해자에게 "사람을 사서 쥐도 새도 모르게 파묻어버리겠다. 너까짓 것 쉽게 죽일 수 있다."라고 말한 경우, 이는 언성을 높이면서 말다툼으로 흥분한 나머지 단순히 감정적인 욕설 내지 일시적 분노의 표시를 한 것에 불과하고 해악을 고지한다는 인식을 갖고 한 것이라고 보기 어렵다.
② 피고인이 피해자인 누나의 집에서 온 몸에 연소성이 높은 고무놀을 바르고 라이타 불을 켜는 동작을 하면서 이를 말리려는 피해자 등에게 가위, 송곳을 휘두르면서 "방에 불을 지르겠다", '가족 전부를 죽여버리겠다"고 소리치고 이를 약 1시간가량 말리던 피해자가 끝내 무섭고 두려워 신고를 하였다면, 피고인의 행위는 피해자 등에게 공포심을 일으키기에 충분할 정도의 해악을 고지한 것이고, 나아가 피고인에게 실제로 피해자 등의 신체에 위해를 가할 의사나 불을 놓을 의사가 없었다고 할지라도 위와 같은 해악을 고지한다는 점에 대한 인식, 인용은 있었다고 봄이 상당하다.
③ 협박죄에 있어서의 협박이라 함은, 일반적으로 보아 사람으로 하여금 공포심을 일으킬 수 있는 정도의 해악을 고지하는 것을 의미하므로 그 주관적 구성요건으로서의 고의는 행위자가 그러한 정도의 해악을 고지한다는 것을 인식, 인용하는 것을 그 내용으로 하고 고지한 해악을 실제로 실현할 의도나 욕구는 필요로 하지 아니한다.

④ 채권추심 회사의 지사장이 회사로부터 자신의 횡령행위에 대한 민·형사상 책임을 추궁당할 지경에 이르자 이를 모면하기 위하여 회사 본사에 '회사의 내부비리 등을 금융감독원 등 관계 기관에 고발하겠다'는 취지의 서면을 보내는 한편, 위 회사 경영지원본부장이자 상무이사에게 전화를 걸어 자신의 횡령행위를 문제삼지 말라고 요구하면서 위 서면의 내용과 같은 취지로 발언한 경우, 지사장에게는 협박죄가 성립하는데 이때 협박죄의 객체는 회사이다.

18 협박죄에 관한 설명 중 가장 적절하지 않은 것은? (다툼이 있는 경우 판례에 의함)

① 피고인이 피해자와 횟집에서 술을 마시던 중 피해자가 모래 채취에 관하여 항의하는 데에 화가 나서, 횟집 주방에 있던 회칼 2자루를 들고 나와 죽어버리겠다며 자해하려고 한 경우, 이러한 피고인의 행위는 피고인의 요구에 응하지 않으면 피해자에게 어떠한 해악을 가할 듯한 위세를 보인 행위로서 협박에 해당한다고도 볼 수 있다.

② 제3자로 하여금 해악을 가하도록 하겠다는 방식으로 해악을 고지하여 상대방이 현실적으로 외포심을 느꼈다면 비록 고지자가 제3자의 행위를 사실상 지배하거나 제3자에게 영향을 미칠 수 있는 지위에 있는 것으로 믿게 하는 명시적·묵시적 언동을 하지 아니하였거나 제3자의 행위가 고지자의 의사에 의하여 좌우될 수 있는 것으로 상대방이 인식하지 못하였을지라도 협박죄가 성립한다.

③ 정보보안과 소속 경찰관이 자신의 지위를 내세우면서 타인의 민사분쟁에 개입하여 빨리 채무를 변제하지 않으면 상부에 보고하여 문제를 삼겠다고 말한 경우, 객관적으로 상대방이 공포심을 일으키기에 충분한 정도의 해악의 고지에 해당하므로 현실적으로 피해자가 공포심을 일으키지 않았다 하더라도 협박죄의 기수에 이르렀다고 할 수 있다.

④ 甲은 乙女에게 "자동차에 타라. 타지 않으면 가만있지 않겠다"고 협박하면서 乙女를 자동차 뒷자석에 강제로 밀어 넣고 20여 분간 자동차를 운전한 경우 감금죄 외에 협박죄는 성립되지 아니한다.

19 강요죄에 관한 설명 중 옳지 않은 것은 모두 몇 개인가? (다툼이 있는 경우 판례에 의함)

㉠ 피고인이 乙과 공모하여 乙소유의 차량을 A소유 주택 대문 바로 앞부분에 주차하는 방법으로 A가 차량을 주택 내부의 주차장에 출입시키지 못하게 하였다. 다만 피고인의 행위로 A에게 주택 외부에 있던 A차량을 주택 내부의 주차장에 출입시키지 못하는 불편이 발생하였으나, A는 차량을 용법에 따라 정상적으로 사용할 수 있었던 경우에는 강요죄가 성립하지 않는다.
㉡ 골프시설의 운영자가 골프회원에게 불리하게 변경된 내용의 회칙에 대하여 동의한다는 내용의 등록신청서를 제출하지 아니하면 회원으로 대우하지 아니하겠다고 통지한 것은 강요죄에 해당한다.
㉢ 인질강요죄에서 강요를 당한 자는 인질 혹은 제3자이다.
㉣ 폭행 또는 협박으로 법률상 의무 있는 일을 하게 한 경우에는 폭행 또는 협박죄만 성립할 뿐 강요죄는 성립하지 아니한다.
㉤ 폭력조직 전력이 있는 피고인이 특정 연예인에게 팬미팅 공연을 하도록 강요하면서 만날 것을 요구하고, 팬미팅 공연이 이행되지 않으면 안 좋은 일을 당할 것이라고 협박한 경우, 해당 연예인에게 공연을 할 의무가 없다는 점에 대한 미필적 인식이 피고인에게 있는 것으로 보아 강요죄의 고의가 있다고 할 것이다.

① 1개 ② 2개 ③ 3개 ④ 4개

제2절 체포와 감금의 죄 ~ 약취·유인 및 인신매매의 죄

20 형법 제287조 미성년자약취·유인죄에 관한 설명 중 가장 적절하지 않은 것은? (다툼이 있는 경우 판례에 의함)

① 미성년자를 보호·감독하는 사람이라고 하더라도 다른 보호감독자의 보호·양육권을 침해하거나 자신의 보호·양육권을 남용하여 미성년자 본인의 이익을 침해하는 때에는 형법 제287조 미성년자약취죄의 주체가 될 수 있다.

② 부모가 이혼하였거나 별거하는 상황에서 미성년의 자녀를 부모의 일방이 평온하게 보호·양육하고 있는데, 상대방 부모가 폭행, 협박 또는 불법적인 사실상의 힘을 행사하여 그 보호·양육 상태를 깨뜨리고 자녀를 탈취하여 자기 또는 제3자의 사실상 지배하에 옮긴 경우 그와 같은 행위는 특별한 사정이 없는 한 미성년자에 대한 약취죄를 구성한다고 볼 수 있다.

③ 미성년의 자녀를 부모가 함께 동거하면서 보호·양육하여 오던 중 부모의 일방이 상대방 부모나 그 자녀에게 어떠한 폭행, 협박이나 불법적인 사실상의 힘을 행사함이 없이 그 자녀를 데리고 종전의 거소를 벗어나 다른 곳으로 옮겨 자녀에 대한 보호·양육을 계속하였다면, 그 행위가 보호·양육권의 남용에 해당한다는 등 특별한 사정이 없는 한 설령 이에 관하여 법원의 결정이나 상대방 부모의 동의를 얻지 아니하였다고 하더라도 그러한 행위에 대하여 곧바로 형법상 미성년자에 대한 약취죄의 성립을 인정할 수는 없다.

④ 부모가 별거하는 상황에서 비양육친이 면접교섭권을 행사하여 미성년 자녀를 데리고 갔다가 면접교섭 기간이 종료하였음에도 불구하고 자녀를 양육친에게 돌려주지 않은 경우에는 그러한 부작위를 폭행, 협박이나 불법적인 사실상의 힘을 행사한 것으로 볼 수는 없으므로 미성년자약취죄가 성립할 수 없다.

21 체포와 감금의 죄에 관한 설명 중 옳은 것은 모두 몇 개인가? (다툼이 있는 경우 판례에 의함)

㉠ 미성년자를 유인한 피고인이 계속하여 미성년자를 불법감금하였을 때에는 미성년 자유인죄 이외에 감금죄가 별도로 성립한다.
㉡ 체포죄는 계속범으로서 체포의 행위에 확실히 사람의 신체의 자유를 구속한다고 인정할 수 있을 정도의 시간적 계속이 있어야 기수에 이르고, 신체의 자유에 대한 구속이 그와 같은 정도에 이르지 못하고 일시적인 것으로 그친 경우에는 체포죄로 처벌할 수 없다.
㉢ 피해자가 자동차에서 내릴 수 없는 상태에 있음을 이용하여 강간하려고 결의하고, 주행 중인 자동차에서 탈출 불가능하게 하여 외포케 하고 50km를 운행하여 여관 앞까지 강제연행한 후 강간하려다 미수에 그친 경우 감금죄는 강간미수죄와 실체적 경합관계에 있는 별죄를 구성한다.
㉣ 피해자를 협박하여 대기시켜 놓았던 승용차 뒷좌석에 강제로 밀어 넣고, 피해자가 내려달라고 애원했으나 내려주지 않고 약 20분간 승용차를 운행하였다면, 감금을 위한 수단으로서 행사된 단순한 협박행위는 감금죄에 흡수되어 따로 협박죄를 구성하지 아니한다.

① 1개　　② 2개　　③ 3개　　④ 4개

22 다음 설명 중 옳지 않은 것은 모두 몇 개인가? (다툼이 있는 경우 판례에 의함)

㉠ 피고인과 乙은 각각 한국과 프랑스에서 따로 살며 이혼소송 중인 부부로서 자녀인 피해아동 A(만 5세)는 프랑스에서 乙과 함께 생활하였는데, 피고인이 A를 면접교섭하기 위하여 그를 보호·양육하던 乙로부터 A를 인계받아 국내로 데려온 후 면접교섭 기간이 종료하였음에도 A를 데려다주지 아니한 채 乙과 연락을 두절한 후 법원의 유아인도명령 등에도 불응한 경우, 작위에 의한 미성년자약취죄가 성립한다.
㉡ 피해자를 강제로 승용차에 태우고 가면서 피해자의 금품을 강취하기 위해 상해를 가한 후 금품을 강취한 다음 피해자를 태운 채 계속하여 상당한 거리를 운전하여 간 경우 강도상해죄와 감금죄의 상상적 경합이 된다.
㉢ 피해자가 만약 도피하는 경우에는 생명, 신체에 심한 해를 당할지도 모른다는 공포감에서 도피하기를 단념하고 있는 상태 하에서 호텔로 데리고 가서 함께 유숙한 후 함께 항공기로 국외에 나간 행위는 감금죄를 구성한다.
㉣ 감금죄는 사람의 행동의 자유를 그 보호법익으로 하여 사람이 특정한 구역에서 나가는 것을 불가능하게 하거나 또는 심히 곤란하게 하는 그 장해는 물리적, 유형적 장해 뿐만 아니라 심리적, 무형적 장해에 의하여서도 가능하다.

① 1개　　② 2개　　③ 3개　　④ 4개

23 「약취, 유인 및 인신매매의 죄」에 관한 설명 중 가장 적절하지 않은 것은? (다툼이 있는 경우 판례에 의함)

① 미성년자를 보호·감독하고 있던 그 아버지의 감호권을 침해하여 피해자를 자신들의 사실상 지배하로 옮긴 이상 미성년자약취죄가 성립한다 할 것이고, 약취행위에 미성년자의 동의가 있었다 하더라도 본죄의 성립에는 변함이 없다.
② 미성년자를 보호·감독하는 자라 하더라도 다른 보호·감독자의 감호권을 침해하거나 자신의 감호권을 남용하여 미성년자 본인의 이익을 침해하는 경우에는 미성년자 약취·유인죄의 주체가 될 수 있다.
③ 15세된 가출소녀를 유혹하여 단란주점에 팔 생각으로 피해자에게 접근하여 취직자리를 찾아 주겠다고 속여 자신의 원룸 아파트에 유인하였다가 단란주점 주인과 약속장소로 가는 도중에 검거되었다면 미성년자 약취·유인죄의 미수에 해당한다
④ 술에 만취한 피고인이 초등학교 5학년 여학생(11세)의 옷소매를 잡아끌면서 "우리 집에 같이 자러 가자"고 한 행위는 형법 제288조(간음목적 약취유인죄)의 약취행위의 수단인 '폭행'에 해당한다.

24 다음 설명 중 옳지 않은 것은 모두 몇 개인가? (다툼이 있는 경우 판례에 의함)

㉠ 중손괴죄는 구성요건의 충족을 위해 구체적 위험의 발생을 요구하는 범죄이다.
㉡ 업무상 비밀누설죄는 의사·한의사 등 일정한 직업에 종사하는 자 또는 종사하던 자가 업무처리 중 또는 직무상 지득한 타인의 비밀을 누설함으로써 성립하는 범죄로, 부진정신분범에 해당한다.
㉢ 중감금죄는 구성요건의 충족을 위해 구체적 위험의 발생을 요구하는 범죄이다.
㉣ 일정한 기간 내에 잘못된 상태를 바로잡으라는 행정청의 지시를 이행하지 않았다는 것을 구성요건으로 하는 범죄는 이른바 진정부작위범으로서, 그 의무이행 기간의 경과에 의하여 그 범행이 기수에 이른다.

① 1개　　② 2개　　③ 3개　　④ 4개

제3절 강간과 추행의 죄

25 강간과 추행의 죄에 관한 설명으로 가장 적절하지 않은 것은? (다툼이 있는 경우 판례에 의함)

① 피해자가 의식상실 상태에 빠져 있지는 않지만 알코올의 영향으로 의사를 형성할 능력이나 성적 자기결정권 침해행위에 맞서려는 저항력이 현저하게 저하된 상태였다면 준강간죄 또는 준강제추행죄에서의 항거불능 상태에 해당한다.

② 강제추행죄의 '폭행 또는 협박'은 상대방의 항거를 곤란하게 할 정도로 강력할 것이 요구되지 아니하고, 상대방의 신체에 대하여 불법한 유형력을 행사(폭행)하거나 일반적으로 보아 상대방으로 하여금 공포심을 일으킬 수 있는 정도의 해악을 고지(협박)하는 것이라고 보아야 한다.

③ 강제추행죄는 정범 자신이 직접 범죄를 실행하여야 성립하는 자수범이 아니므로, 처벌되지 아니하는 타인을 도구로 삼아 피해자를 강제로 추행하는 간접정범의 형태로도 범할 수 있다.

④ 간음행위를 시작할 때 폭행·협박이 없었다면 간음행위와 거의 동시 또는 그 직후에 피해자를 폭행하여 간음하였더라도 이는 강간죄를 구성하지 않는다.

26 강간과 추행의 죄에 관한 설명으로 가장 적절하지 않은 것은? (다툼이 있는 경우 판례에 의함)

① 甲이 아파트 놀이터의 의자에 앉아 전화통화를 하고 있던 A의 등 뒤로 몰래 다가가 성기를 드러내고 A의 머리카락 및 옷 위에 소변을 본 경우, 甲의 행위가 A의 성적자기결정권을 침해하는 추행행위에 해당하기 위해서는 甲의 행위 당시 A가 이를 인식해야 한다.

② 강간죄에서의 폭행·협박과 간음 사이에는 인과관계가 있어야 하나, 폭행·협박이 반드시 간음행위보다 선행되어야 하는 것은 아니다.

③ 강제추행죄 성립에 필요한 주관적 구성요건으로 행위자의 성욕을 만족시키려는 주관적 동기나 목적이 있어야 하는 것은 아니다.

④ 甲은 A가 심신상실 또는 항거불능의 상태에 있다고 인식하고 그러한 상태를 이용하여 간음할 의사로 A를 간음하였으나, A가 실제로는 심신상실 또는 항거불능의 상태에 있지 않은 경우 준강간죄의 불능미수가 성립한다.

27. 강간과 추행의 죄에 대한 설명 중 가장 적절하지 않은 것은? (다툼이 있는 경우 판례에 의함)

① '미성년자 또는 심신미약자에 대하여 위계 또는 위력으로써 간음 또는 추행'한 자를 처벌하는 형법 제302조는 미성년자나 심신미약자와 같이 판단능력이나 대처능력이 일반인에 비하여 낮은 사람은 낮은 정도의 유·무형력의 행사에 의해서도 저항을 제대로 하지 못하고 피해를 입을 가능성이 있기 때문에 그 범죄의 성립요건을 강간죄나 강제추행죄보다 완화된 형태로 규정한 것이다.

② 미성년자의제강제추행죄의 성립에 필요한 주관적 구성요건요소는 고의만으로 충분하고, 그 외에 성욕을 자극·흥분·만족시키려는 주관적 동기나 목적까지 있어야 하는 것은 아니다.

③ 성인 甲은 스마트폰 채팅을 통하여 알게 된 A(14세)에게 자신을 '고등학생 乙'이라고 속여 채팅을 통해 교제하던 중 스토킹하는 여성 때문에 힘들다며 그 여성을 떼어내려면 자신의 선배와 성관계를 하여야 한다는 취지로 A에게 이야기하고, 甲과 헤어지는 것이 두려워 이를 승낙한 A를 마치 자신이 乙의 선배인 것처럼 행세하여 간음한 경우, A가 간음 행위와 불가분적 관련성이 인정되지 않는 다른 조건에 관하여 甲에게 속았던 것이기에 甲은 아동·청소년의성보호에관한법률위반죄(위계등간음)로 처벌되지 아니한다.

④ 甲이 乙녀와 교제하면서 촬영한 성관계 동영상, 나체사진 등 촬영물을 乙녀와 교제하던 다른 남성에게 乙녀와 헤어지게 할 의도로 전송한 행위는 성폭력범죄의 처벌 등에 관한 특례법 제14조 제2항의 카메라이용촬영물의 '반포'에 해당하지 않는다.

28 강간과 추행의 죄에 관한 설명 중 가장 적절하지 않은 것은? (다툼이 있는 경우 판례에 의함)

① 피고인이 간음할 목적으로 새벽 4시에 여자 혼자 있는 방문 앞에 가서 피해자가 방문을 열어 주지 않으면 부수고 들어갈 듯한 기세로 방문을 두드리고, 피해자가 위험을 느끼고 창문에 걸터앉아 가까이 오면 뛰어 내리겠다고 하는데도 베란다를 통하여 창문으로 침입하려고 하였다면 강간의 수단으로서의 폭행에 착수하였다고 할 수 있으므로 강간의 착수가 있었다고 할 것이다.
② 형법 제305조 소정의 미성년자에 대한 강간죄는 13세미만의 사람이라는 사실을 알고 간음을 하면 성립되는 것이고 간음을 함에 있어서 피해자에게 폭행, 협박을 가하거나 피해자의 의사에 반하여야 하는 것은 아니다.
③ 강간과 추행의 죄의 보호법익은 '개인의 성적 자유' 또는 '성적 자기결정권'이다. 여기에서 '성적 자유'는 적극적으로 성행위를 할 수 있는 자유가 아니라 소극적으로 원치 않는 성행위를 하지 않을 자유를 말하고, '성적 자기결정권'은 성행위를 할 것인가 여부, 성행위를 할 때 상대방을 누구로 할 것인가 여부, 성행위의 방법 등을 스스로 결정할 수 있는 권리를 의미한다.
④ 피고인이 잠을 자고 있는 피해자의 옷을 벗긴 후 자신의 바지를 내린 상태에서 피해자의 음부 등을 만지고 자신의 성기를 피해자의 음부에 삽입하려고 하였으나 피해자가 몸을 뒤척이고 비트는 등 잠에서 깨어 거부하는 듯한 기색을 보이자 더 이상 간음행위에 나아가는 것을 포기한 경우, 준강간죄의 실행에 착수하였다고 볼 수 없다.

29 다음 설명 중 가장 적절하지 않은 것은? (다툼이 있는 경우 판례에 의함)

① 음주 후 준강간 또는 준강제추행을 당하였음을 호소한 피해자의 경우, 범행 당시 알코올이 기억형성의 실패만을 야기한 알코올 블랙아웃 상태였다면 피해자는 기억장애 외에 인지기능이나 의식 상태의 장애에 이르렀다고 인정하기 어렵지만, 이에 비하여 피해자가 술에 취해 수면상태에 빠지는 등 의식을 상실한 패싱아웃 상태였다면 심신상실의 상태에 있었음을 인정할 수 있다.
② 강간범이 강간행위의 종료 전 즉 그 실행행위의 계속 중에 강도의 행위를 할 경우에는 이때에 바로 강도의 신분을 취득하는 것이므로 이후에 그 자리에서 강간행위를 계속하는 때에는 강도가 부녀를 강간한 때에 해당하여 강도강간죄를 구성한다.
③ 강제추행죄에서 폭행행위 자체가 추행행위라고 인정되는 경우에 있어서의 폭행은 반드시 상대방의 의사를 억압할 정도의 것임을 요하지 않고 상대방의 의사에 반하는 유형력의 행사가 있는 이상 그 힘의 대소강약을 불문한다.
④ 준강간죄가 성립하기 위해서는 피해자의 '심신상실 또는 항거불능의 상태를 현실적으로 이용'할 필요는 없고, 피해자가 사실상 심신상실 또는 항거불능 상태에 있기만 하면 족하며 피고인이 이를 알고 있을 필요도 없다.

30 성폭력범죄에 대한 설명으로 가장 적절하지 않은 것은? (다툼이 있는 경우 판례에 의함)

① 골프장 여종업원이 거부의사를 밝혔음에도 골프장 사장과의 친분관계를 내세워 함께 술을 마시지 않으면 신분상의 불이익을 가할 것처럼 협박하여 이른바 '러브샷'의 방법으로 술을 마시게 한 행위는 「형법」 제298조의 강제추행죄에 해당한다.
② 피고인이 타인의 주거에 침입하여 피해자를 강제추행한 경우, 「성폭력범죄의 처벌 등에 관한 특례법」 제3조 제1항에 따라 주거침입강제추행죄로 가중처벌된다.
③ 다른 특별한 사정이 없는 한 강간범이 강간의 범행 후에 특수강도의 범의를 일으켜 그 피해자의 재물을 강취한 경우에는 이를 「성폭력 범죄의 처벌 등에 관한 특례법」 제3조 제2항 소정의 특수강도강간죄로 의율할 수 없다.
④ 甲이 카메라폰(촬영된 피사체의 영상정보가 기계장치 내의 RAM 등 주기억장치에 입력되어 임시저장되는 기능 탑재)을 가지고 에스컬레이터에서 A의 치마 속 신체 부위에 대한 동영상 촬영을 시작하여 일정한 시간이 경과하였다면, 설령 촬영 중 경찰관에게 발각되어 저장버튼을 누르지 않고 촬영을 종료하였더라도 「성폭력 범죄의 처벌 등에 관한 특례법」 제14조 제1항 카메라등이용촬영죄의 기수범이 성립한다.

31 다음 중 강간치상죄 또는 강간상해죄에서의 상해에 해당하는 것은 몇 개인가? (다툼이 있는 경우 판례에 의함)

┌───┐
│ ㉠ 피해자가 성경험을 가진 여자로서 특이체질로 인해 새로 형성된 처녀막이 파열된 경우
│ ㉡ 강간 도중 흥분하여 피해자의 왼쪽 어깨를 입으로 빨아서 생긴 동전크기 정도의 반상출혈상
│ ㉢ 강간으로 인하여 피해자로 하여금 보행불능, 수면장애, 식욕감퇴 등 기능의 장애를 일으키게 한 경우
│ ㉣ 강간 과정에서 피해자의 얼굴과 머리를 때려 피해자가 코피를 흘리고 콧등이 부은 경우
│ ㉤ 피고인이 피해자를 강간하려다가 미수에 그치고 그 과정에서 피해자의 왼쪽 손바닥에 약 2센티미터 정도의 긁힌 가벼운 상처가 발생한 경우
└───┘

① 1개   ② 2개   ③ 3개   ④ 4개

32. 강간과 추행의 죄에 대한 설명으로 가장 적절하지 않은 것은? (다툼이 있는 경우 판례에 의함)

① 피고인이 아파트 엘리베이터 내에 A(女, 11세)와 단둘이 탄 다음 A를 향하여 성기를 꺼내어 잡고 여러 방향으로 움직이다가 이를 보고 놀란 A쪽으로 가까이 다가간 경우 피고인이 A의 신체에 직접적인 접촉을 하지 아니하였고, 엘리베이터가 멈춘 후 A가 위 상황에서 바로 벗어날 수 있었으므로 피고인의 행위는 성폭력범죄의 처벌 등에 관한 특례법 제7조 제5항에서 정한 위력에 의한 추행에 해당하지 않는다.

② '미성년자 또는 심신미약자에 대하여 위계 또는 위력으로써 간음 또는 추행'한 자를 처벌하는 형법 제302조는, 미성년자나 심신미약자와 같이 판단능력이나 대처능력이 일반인에 비하여 낮은 사람은 낮은 정도의 유·무형력의 행사에 의해서도 저항을 제대로 하지 못하고 피해를 입을 가능성이 있기 때문에 범죄의 성립요건을 강간죄나 강제추행죄보다 완화된 형태로 규정한 것이다.

③ 피해자가 깊은 잠에 빠져 있거나 술, 약물 등에 의해 일시적으로 의식을 잃은 상태 또는 완전히 의식을 잃지는 않았더라도 그와 같은 사유로 정상적인 판단능력과 대응 조절능력을 행사할 수 없는 상태에 있었다면 이는 준강간죄 또는 준강제추행죄에서의 심신상실 또는 항거불능 상태에 해당한다.

④ 성폭력범죄의 처벌 등에 관한 특례법 제10조 제1항에서 정한 '업무, 고용이나 그 밖의 관계로 인하여 자기의 보호, 감독을 받는 사람'에는 직장 안에서 보호 또는 감독을 받거나 사실상 보호 또는 감독을 받는 상황에 있는 사람뿐만 아니라 채용 절차에서 영향력의 범위 안에 있는 사람도 포함된다.

33 강간과 추행의 죄에 대한 설명 중 옳지 않은 것은 모두 몇 개인가? (다툼이 있는 경우 판례에 의함)

㉠ 비록 간음행위를 시작할 때 폭행 또는 협박이 없었다고 하더라도 간음행위와 거의 동시 또는 그 직후에 피해자를 폭행하여 간음한 경우에는 강간죄를 구성한다.
㉡ 부부의 혼인관계가 파탄에 이르지 아니하고 실질적으로 유지되고 있다면 설령 부부 중 일방이 반항을 불가능하게 하거나 현저히 곤란하게 할 정도의 폭행이나 협박을 가하여 상대방을 간음한 경우라도 강간죄가 성립하지 아니한다.
㉢ 형법 제32장 강간과 추행의 죄는 개인의 성적 자유를 침해하는 것을 내용으로 하며, 여기에서 '성적 자유'는 적극적으로 성행위를 할 수 있는 자유뿐만 아니라 소극적으로 원치 않는 성행위를 하지 아니할 자유를 말한다.
㉣ 강제추행죄는 폭행행위 자체가 추행행위라고 인정되는 경우도 포함하며, 이 경우의 폭행은 반드시 상대방의 의사를 억압할 정도의 것임을 요하지 아니한다.
㉤ 甲이 A가 심신상실 또는 항거불능의 상태에 있다고 인식하고 그러한 상태를 이용하여 간음할 의사로 A를 간음하였으나 A가 실제로는 심신상실 또는 항거불능 상태에 있지 않았던 경우 甲에게는 준강간죄의 장애미수가 성립한다.

① 2개   ② 3개   ③ 4개   ④ 5개

제3장 명예와 신용에 대한 죄

제1절 명예에 관한 죄

34 명예에 관한 죄에 대한 설명으로 가장 적절하지 않은 것은? (다툼이 있는 경우 판례에 의함)

① 명예훼손죄에서 '사실의 적시'란 가치판단이나 평가를 내용으로 하는 '의견표현'에 대치되는 개념으로서 시간적으로나 공간적으로 구체적인 과거 또는 현재의 사실관계에 관한 보고나 진술을 뜻하고, 표현 내용을 증거로 증명할 수 있는 것을 말한다.

② 기자를 통해 사실을 적시하는 경우에는 기사화되어 보도되어야만 적시된 사실이 외부에 공표된다고 보아야 할 것이므로 기자가 취재를 한 상태에서 아직 기사화하여 보도하지 아니한 때에는 전파가능성이 없으므로 명예훼손죄의 구성요건인 공연성이 인정되지 않는다.

③ 甲이 인터넷 포털사이트 뉴스 댓글난에 연예인 A를 '국민호텔녀'로 지칭하는 댓글을 게시한 행위는 A를 성적 대상화하는 방법으로 비하하는 것으로서 A의 사회적 평가를 저하시킬 만한 모멸적인 표현으로 평가할 수 있지만, 정당한 비판의 범위를 벗어나지 않은 것으로서 정당행위에 해당한다.

④ 개인에 관한 사항이더라도 그것이 공공의 이익과 관련되어 있고 사회적인 관심을 획득한 경우라면 형법 제310조가 적용될 수 있다.

35 명예훼손죄에 대한 설명으로 가장 적절하지 않은 것은? (다툼이 있는 경우 판례에 의함)

① 객관적으로 피해자의 사회적 평가를 저하시키는 사실에 관한 발언이 보도, 소문이나 제3자의 말을 인용하는 방법으로 단정적인 표현이 아닌 전문 또는 추측의 형태로 표현되었다면, 표현 전체의 취지로 보아 사실이 존재할 수 있다는 것을 암시하는 방식으로 이루어진 경우라도 사실의 적시에 해당하지 않는다.

② 불미스러운 소문의 진위를 확인하고자 질문을 하는 과정에서 타인의 명예를 훼손하는 발언을 한 경우, 그 동기에 비추어 명예훼손의 고의를 인정하기 어렵다.

③ 정부 정책 결정 또는 업무수행과 관련된 사항을 주된 내용으로 하는 공개발언이 공직자 개인에 대한 악의적이거나 심히 경솔한 공격으로서 현저히 상당성을 잃은 것으로 평가되면, 공직자 개인에 대한 명예훼손죄가 성립한다.

④ 발언 상대방이 직무상 비밀유지의무가 있는 경우에는 그러한 관계나 신분으로 인하여 비밀의 보장이 상당히 높은 정도로 기대되는 경우로서 공연성이 부정되고, 공연성을 인정하기 위해서는 그러한 관계나 신분에도 불구하고 불특정 또는 다수인에게 전파될 수 있다고 볼 만한 특별한 사정이 존재하여야 한다.

36. 명예에 관한 죄에 대한 설명 중 옳은 것은 모두 몇 개인가? (다툼이 있는 경우 판례에 의함)

㉠ 집단표시에 의한 모욕의 경우 구성원 개개인에 대한 모욕으로 여겨질 정도로 구성원 수가 적거나 당시의 정황 등으로 보아 집단 내 개별구성원을 지칭하는 것으로 여겨질 수 있다면, 집단의 개별구성원에 대한 모욕죄가 성립한다.
㉡ 甲이 인터넷 개인 블로그의 비공개 대화방에서 OO이라는 아이디를 사용하는 자로부터 비밀을 지키겠다는 말을 듣고 일대일로 대화한 경우 OO이라는 아이디를 사용하는 자가 대화내용을 불특정 또는 다수에게 전파할 가능성이 없으므로 명예훼손죄의 공연성이 부정된다.
㉢ 가해학생 A로부터 학교폭력 피해를 입은 B학생의 어머니 甲이 학교폭력을 신고하여 학교폭력대책자치위원회의 의결에 따라 'B에 대한 접촉, 보복행위의 금지' 등의 조치가 있은 후, 甲이 자신의 SNS 계정 프로필 상태메시지에 "학교폭력범은 접촉금지!!"라는 글과 주먹 모양의 그림말 3개를 게시한 경우 甲에게는 A에 대한 명예훼손죄가 성립한다.
㉣ 甲이 신문기자와의 전화인터뷰에서 타인의 명예를 훼손하는 취지의 이야기를 하였으나 그 기자가 이러한 甲의 진술을 아직 기사화하여 보도하지 아니한 경우 명예훼손죄의 공연성이 부정된다.

① 1개 ② 2개 ③ 3개 ④ 4개

37. 명예훼손죄에 대한 설명 중 가장 적절하지 않은 것은? (다툼이 있는 경우 판례에 의함)

① 피고인이 피해자를 괴롭히기 위하여 피해자가 동성애자가 아님에도 불구하고 인터넷사이트에 7회에 걸쳐 피해자가 동성애자라는 내용의 글을 게재하였다면, 그러한 행위는 피해자의 명예를 훼손하는 행위에 해당한다고 볼 수 있다.
② 통상 사람에게 사실을 직시할 경우 그 자체로서 적시된 사실이 외부에 공표되는 것이므로 그 때부터 곧 전파가능성을 따져 공연성 여부를 판단하여야 할 것이고, 이는 기자를 통해 사실을 적시하는 경우라고 하여 달리 볼 것이 아니다.
③ 'A회사가 일본 B맥주에 지분이 50%가 넘어가 일본 기업이 됐다'라는 표현만으로는 OO소주를 생산하는 피해자 A회사의 대주주 내지 지배주주가 일본 회사라고 적시하는 경우 일부 소비자들이 OO소주의 구매에 소극적이 될 여지가 있다 하더라도 이를 사회통념상 회사의 사회적 가치 내지 평가가 침해될 가능성이 있는 명예훼손적 표현이라고 보기는 힘들다.
④ 교장 甲이 여성기간제 교사 乙에게 차 접대 요구와 부당한 대우를 하였다는 인상을 주는 내용의 글을 게재한 교사 丙의 명예훼손행위가 공공의 이익에 관한 것으로서 위법성이 조각된다.

38 명예에 관한 죄에 대한 설명 중 옳은 것은 모두 몇 개인가? (다툼이 있는 경우 판례에 의함)

> ㉠ 사망한 것으로 오인하고 생존자에 관한 진실을 적시하여 명예를 훼손하였더라도 처벌되지 아니한다.
> ㉡ 노동조합원인 피고인이 페이스북에 노동조합 간부들을 상대로 '악의 축'이라고 한 경우에 모욕적 표현에 해당하지 않는다.
> ㉢ 의사(피고인)가 의료기기 회사와의 분쟁을 정치적으로 해결하기 위하여 기사의 취재·작성과 직접적인 연관이 없는 국회의원에게 해당 의료기기 회사에 관한 허위의 사실을 제보하였을 뿐인데 위 국회의원의 예상치 못한 발표로 그 사실이 일간신문에 게재된 경우에 출판물에 의한 명예훼손죄가 성립한다.
> ㉣ '여성 아나운서'와 같이 집단 표시에 의한 구성원 개개인에 대한 명예훼손죄는 성립되지 않는 것이 원칙이고 모욕죄의 경우도 마찬가지이다.

① 1개 ② 2개 ③ 3개 ④ 4개

39 명예에 관한 죄에 대한 설명 중 옳고 그름의 표시(○, ×)가 바르게 된 것은? (다툼이 있는 경우 판례에 의함)

> ㉠ 교장 甲이 여성기간제 교사 乙에게 차 접대 요구와 부당한 대우를 하였다는 인상을 주는 내용의 글을 게재한 교사 丙의 명예훼손행위가 공공의 이익에 관한 것으로서 위법성이 조각된다.
> ㉡ 사업소 소장인 甲이 직원들에게 A가 관리하는 다른 사업소의 문제를 지적하는 내용의 카카오톡 문자메시지를 발송하면서 "A는 정말 야비한 사람인 것 같습니다."라고 표현하였더라도 이를 A의 외부적 명예를 침해할 만한 표현이라고 단정하기 어렵다.
> ㉢ 명예훼손죄의 특별한 위법성조각사유를 규정한 형법 제310조의 요소 중 사실의 진실성에 대한 착오가 있는 경우에는 위법성조각사유의 전제사실에 관한 착오 또는 법률의 착오가 문제될 뿐이기 때문에 위법성 그 자체는 조각될 여지가 없다.
> ㉣ 통상 사람에게 사실을 적시할 경우 그 자체로서 적시된 사실이 외부에 공표되는 것이므로 그 때부터 곧 전파가능성을 따져 공연성 여부를 판단하여야 할 것이고, 이는 기자를 통해 사실을 적시하는 경우라고 하여 달리 볼 것이 아니다.

① ㉠(○) ㉡(○) ㉢(○) ㉣(×)
② ㉠(○) ㉡(○) ㉢(×) ㉣(○)
③ ㉠(○) ㉡(○) ㉢(×) ㉣(×)
④ ㉠(×) ㉡(×) ㉢(○) ㉣(○)

40 명예에 관한 죄에 대한 설명으로 가장 적절한 것은? (다툼이 있는 경우 판례에 의함)
① 형법 제307조 제1항의 명예훼손죄는 적시된 사실이 진실한 사실인 경우이든 허위의 사실인 경우이든 모두 성립될 수 있다.
② 명예훼손죄가 성립하기 위하여는 특정인의 사회적 가치 내지 평가가 침해될 가능성이 있는 구체적인 사실을 적시하여야 하므로, 가치중립적인 표현을 사용하였다면 명예훼손죄가 성립할 수 없다.
③ 일반적으로 범죄의 고의는 확정적 고의뿐만 아니라 결과발생에 대한 인식이 있고 그를 용인하는 미필적 고의도 포함하나, 형법 제308조의 사자명예훼손죄의 판단에서는 미필적 고의에 의하여 죄가 성립하지 아니한다.
④ 형법 제311조의 모욕죄의 피해자는 특정되어야 하므로 이른바 집단표시에 의한 모욕은 그 비난의 정도가 희석되지 않아 구성원 개개인의 사회적 평가를 저하시킬 만한 것으로 평가될 경우라도 구성원 개개인에 대한 모욕죄를 구성하지 않는다.

41 명예에 관한 죄에 대한 설명 중 가장 적절한 것은? (다툼이 있는 경우 판례에 의함)
① 명예에 관한 죄는 모두 공연성을 필요로 한다.
② 피고인이 인터넷 유튜브 채널에서 피해자 A의 방송영상을 게시하면서 피해자 A의 얼굴을 가리는 용도로 사용하면서 '개' 얼굴로 합성하여 사용함으로써 A에 대한 부정적인 감정을 다소 해악적으로 표현한 경우에 모욕죄가 성립한다.
③ 명예훼손죄에 있어서의 '사실의 적시'란 가치판단이나 평가를 내용으로 하는 의견표현에 대치되는 개념으로서 시간과 공간적으로 구체적인 과거 또는 현재 및 미래의 사실관계에 관한 보고 내지 진술을 의미하는 것이며, 그 표현내용이 증거에 의한 입증이 가능한 것을 말한다.
④ 정부 또는 국가기관은 형법상 명예훼손죄의 피해자가 될 수 없으나, 언론보도의 내용이 공직자 개인에 대한 악의적인 공격으로 현저히 상당성을 잃은 것으로 평가되는 경우에는 그 보도로 인하여 공직자 개인에 대한 명예훼손죄가 성립할 수 있다.

42 다음 설명 중 가장 적절하지 않은 것은? (다툼이 있는 경우 판례에 의함)

① 어느 사람에게 귓엣말 등 그 사람만 들을 수 있는 방법으로 그 사람 본인의 사회적 평가를 떨어뜨릴 만한 사실을 이야기 한 경우에는, 그 사람이 들은 말을 스스로 다른 사람들에게 전파하였다고 하더라도 명예훼손죄가 성립하지 않는다.
② 타인에 대한 비방 목적이 인정되어 형법 제309조 제1항의 출판물에 의한 명예훼손 범행이 성립하는 경우에는 형법 제310조의 위법성 조각에 관한 규정이 적용되지 않는다.
③ 피고인이 자신의 페이스북에 甲에 대한 비판적인 글을 게시하면서 "철면피, 파렴치, 양두구육, 극우부패세력"이라는 표현을 사용한 경우에 피고인이 사용한 위 표현은 모욕적 표현으로서 모욕죄의 구성요건에는 해당한다.
④ A 주식회사 해고자 신분으로 노동조합 사무장직을 맡아 노조활동을 하는 甲이 노사 관계자 140여 명이 있는 가운데 큰 소리로 甲보다 15세 연장자로서 A 주식회사 부사장인 B를 향해 "야 ○○아, ○○이 여기 있네, 니 이름이 ○○이잖아, ○○아 나오니까 좋지?" 등으로 여러 차례 B의 이름을 부른 것은 객관적으로 B의 인격적 가치에 대한 사회적 평가를 저하시킬 만한 모욕적 언사로, 모욕죄가 성립한다.

43 명예훼손죄에 대한 설명으로 가장 적절하지 않은 것은? (다툼이 있는 경우 판례에 의함)

① 형법 제307조 제2항을 적용하기 위하여 적시된 사실이 허위의 사실인지 여부를 판단하는 경우, 적시된 사실의 내용 전체의 취지를 살펴볼 때 중요한 부분이 객관적 사실과 합치되면 세부에 있어서 진실과 약간 차이가 나거나 다소 과장된 표현이 있다 하더라도 이를 허위의 사실이라고 볼 수 없다.
② 형법 제310조는 '오로지 공공의 이익에 관한 때'라고 적시되어 있으므로 행위자의 행위에 다른 사익적 목적이나 동기가 내포되어 있었다면 행위의 주요한 동기가 공공의 이익을 위한 것이라도 형법 제310조의 적용은 배제된다.
③ 집합적 명사를 쓴 경우에도 시간적·장소적 관련성 속에서 특정인을 가리키는 것이 명백하면, 이를 각자의 명예를 훼손하는 행위라고 볼 수 있다.
④ 형법 제310조의 적용에서 적시된 사실이 공공의 이익에 관한 것이면 진실한 것이라는 증명이 없다 할지라도 행위자가 진실한 것으로 믿었고 또 그렇게 믿을 만한 상당한 이유가 있는 경우에는 위법성이 없다고 보아야 한다.

44 형법 제310조(명예훼손죄의 위법성조각사유)와 관련된 설명 중 옳지 않은 것은 모두 몇 개인가? (다툼이 있는 경우 판례에 의함)

> ㉠ 형법 제310조에서의 '진실한 사실'은 중요부분이 진실과 합치되면 세부에 있어서 약간 차이가 나거나 다소 과장된 표현이 있더라도 무방하다.
> ㉡ 공공의 이익에는 널리 국가·사회 기타 일반 다수인의 이익을 의미하므로 특정한 사회집단이나 그 구성원 전체의 관심과 이익에 관한 것은 포함되지 않는다.
> ㉢ 행위자의 주요한 목적이 공공의 이익을 위한 것이라도 부수적으로 다른 사익적 목적이나 동기가 내포되어 있으면 형법 제310조의 적용이 배제된다.
> ㉣ 개인의 사적인 신상에 관하여 적시된 사실도 그 적시의 주요한 동기가 공공의 이익을 위한 것이라면 형법 제310조 소정의 공공의 이익에 관한 것으로 볼 수 있는 경우가 있다.
> ㉤ 정보통신망을 통하여 타인의 명예를 훼손하는 글을 게시하였으나 적시된 사실이 진실이고 공공의 이익에 관한 것이어서 비방의 목적이 인정되지 않는 경우에는 형법 제310조가 적용된다.

① 1개 ② 2개 ③ 3개 ④ 4개

45 명예에 관한 죄의 설명으로 옳은 것은 모두 몇 개인가? (다툼이 있는 경우 판례에 의함)

> ㉠ 집단표시에 의한 모욕은 모욕의 내용이 집단에 속한 특정인에 대한 것이라고는 해석되기 힘들고, 집단표시에 의한 비난이 개별구성원에 이르러서는 비난의 정도가 희석되어 구성원 개개인의 사회적 평가에 영향을 미칠 정도에 이르지 아니한 경우에는 구성원 개개인에 대한 모욕죄가 성립하지 않는다.
> ㉡ 방송국 PD가 프로그램 방송보도(PD수첩)를 통하여 '한미 쇠고기 수입협상단 대표와 주무부처 장관이 미국산 쇠고기 실태를 제대로 파악하지 못하였다'고 보도한 경우, 명예훼손죄가 성립하지 않는다.
> ㉢ 형법 제310조의 규정은 적시된 사실이 진실한 것이라는 증명이 없더라도 행위자가 이를 진실한 것으로 믿었다면 위법성이 없다.
> ㉣ 언어적 수단이 아닌 비언어적·시각적 수단만을 사용하여 표현을 한 경우라면, 그것이 사람의 사회적 평가를 저하시킬 만한 추상적 판단이나 경멸적 감정을 전달하는 것이라 하더라도 모욕죄가 성립할 수 없다.

① 1개 ② 2개 ③ 3개 ④ 4개

제2절 신용·업무와 경매에 관한 죄

46 업무방해죄에 관한 설명으로 가장 적절하지 않은 것은? (다툼이 있는 경우 판례에 의함)

① 업무방해죄의 성립에는 업무방해의 결과가 실제로 발생함을 요하지 않고 업무방해의 결과를 초래할 위험이 발생하면 족하다.
② 의료인이나 의료법인이 아닌 자가 의료기관을 개설하여 운영하는 행위는 그 위법의 정도가 중하여 사회생활상 도저히 용인될 수 없는 정도로 반사회성을 띠고 있으므로 업무방해죄의 보호대상이 되는 '업무'에 해당하지 않는다.
③ 甲이 A와 토지 지상에 창고를 신축하는데 필요한 형틀공사 계약을 체결한 후 그 공사를 완료하였는데, A가 공사대금을 주지 않는다는 이유로 위 토지에 쌓아 둔 건축자재를 치우지 않고 공사현장을 막는 방법으로 A의 창고 신축 공사 업무를 방해한 것은 부작위에 의한 업무방해죄가 성립하지 않는다.
④ 특성화고 교장인 甲이 신입생 입학 사정회의 과정에서 면접위원들에게 "참 선생님들이 말을 안 듣네. 중학교는 이 정도면 교장 선생님한테 권한을 줘서 끝내는데. 왜 그러는 거죠?" 등 특정 학생을 합격시키라는 취지의 발언을 하여 특정 학생의 면접 점수를 상향시켜 신입생으로 선발되도록 한 것은 甲이 학교 교장이자 학교입학전형위원회 위원장으로서 사정회의에 참석하여 자신의 의견을 밝힌 후 계속하여 논의가 길어지자 발언을 한 것이라도 위력으로 면접위원들의 신입생 면접 업무를 방해한 것이다.

47 업무방해죄에 관한 설명 중 가장 적절하지 않은 것은? (다툼이 있는 경우 판례에 의함)

① 폭력조직 간부가 조직원들과 공모하여 타인이 운영하는 성매매업소 앞에 속칭 '병풍'을 치거나 차량을 주차해 놓는 등 위력으로써 성매매업을 방해한 경우 업무방해죄로 처벌할 수 없다.
② 수산업협동조합의 신규직원 채용에 응시한 A와 B가 필기시험에서 합격선에 못 미치는 점수를 받게 되자, 채점업무 담당자들이 조합장인 피고인의 지시에 따라 점수조작행위를 통하여 이들을 필기시험에 합격시킴으로써 필기시험 합격자를 대상으로 하는 면접시험에 응시할 수 있도록 한 사안에서, 위 점수조작행위에 공모 또는 양해하였다고 볼 수 없는 일부 면접위원들이 조합의 신규직원 채용업무로서 수행한 면접업무는 위 점수조작행위에 의하여 방해되었다고 보아야한다.
③ 업무방해죄에 있어서 그 보호대상이 되는 '업무'라 함은 타인의 위법한 행위에 의한 침해로부터 보호할 가치가 있는 것이면 되고, 그 업무의 기초가 된 계약 또는 행정행위 등이 반드시 적법하여야 하는 것은 아니다.

④ 乙이 개인적 용무로 고속버스를 타기 위하여 고속버스터미널까지 자가용 차량을 운행한 후 근처에 있던 건물 주차장에 주차하였는데, 주차장관리인 甲이 위 차량을 무단주차 차량으로 여기고 차량 앞 범퍼와 손수레 사이를 쇠사슬로 묶어 둔 경우, 甲은 업무방해 죄가 성립한다.

48. 업무방해죄에 관한 설명 중 옳지 않은 것은 모두 몇 개인가? (다툼이 있는 경우 판례에 의함)

㉠ A 회사의 상무이사인 甲이 A 회사의 신규 직원 채용 과정에서 면접위원인 乙이 면접이 끝난 후 인사 담당직원에게 채점표를 작성하여 제출하고 면접장소에서 이탈하자, 남은 면접위원들과 협의하여 甲이 지정한 응시자를 최종합격자로 선정한 경우, 甲은 乙의 공정하고 객관적인 직원채용에 관한 업무를 위계로써 방해하였다고 보아야 한다.
㉡ 피고인이 자신의 명의로 등록되어 있는 피해자 운영의 학원에 대하여 피해자에게 사전에 통고를 하였으나 피해자의 승낙을 받지 아니한 상태에서 폐원신고를 한 경우에는 위계에 의한 업무방해죄가 성립한다.
㉢ 지방공사 사장이 신규직원 채용권한을 행사하는 것에 있어서 신규직원 채용업무는 위 권한의 귀속주체인 사장 본인에 대한 관계에서 업무방해죄의 객체인 타인의 업무에 해당하지 않는다.
㉣ 한국도로공사가 고속도로 통행료 자동징수시스템을 도입하기로 한 후 업체 선정을 위한 현장성능시험을 시행하였으나 당시 입찰에 참가한 회사가 입찰참여조건을 위반하여 성능시험 자체가 부적합한 것으로 드러난 경우 도로공사의 위 성능시험 업무는 업무방해죄의 보호대상이 된다.

① 1개 ② 2개 ③ 3개 ④ 4개

49 업무방해죄에 관한 설명 중 가장 적절하지 않은 것은? (다툼이 있는 경우 판례에 의함)

① 위계에 의한 업무방해죄에서 '위계'란 행위자가 행위목적을 달성하기 위하여 상대방에게 오인, 착각 또는 부지를 일으키게 하여 이를 이용하는 것을 말하므로, 업무수행 자체가 아닌 업무의 적정성 내지 공정성이 방해된 것에 그친 경우에는 업무방해죄가 성립하지 않는다.

② A고등학교의 교장인 피고인이 신입생 입학 사정회의 과정에서 면접위원인 피해자들에게 "참 선생님들이 말을 안 듣네. 중학교는 이 정도면 교장 선생님한테 권한을 줘서 끝내는데. 왜 그러는 거죠?" 등 특정 학생을 합격시키라는 취지의 발언을 하여 특정 학생의 면접 점수를 상향시켜 신입생으로 선발되도록 한 경우에 위력에 의한 업무방해죄가 성립하지 않는다(단, 피고인은 학교 교장이자 학교입학전형위원회 위원장으로서 위 사정회의에 참석하여 자신의 의견을 밝힌 후 계속하여 논의가 길어지자 발언을 한 것인바, 그 발언에 다소 과도한 표현이 사용되었다)

③ 임대인 갑으로부터 건물을 임차하여 학원을 운영하던 피고인이 건물을 인도한 이후에도 자신 명의로 된 학원설립등록을 말소하지 않고 휴원신고를 연장함으로써 새로운 임차인 을이 그 건물에서 학원설립등록을 하지 못하도록 한 경우 업무방해죄가 성립하지 않는다.

④ X시의 시장 A와 Y회사 관계자 등이 'Y회사 공장 유치 확정'에 관한 기자회견을 하려고 하자, 甲이 다른 사람들과 공모하여 위력으로써 기자회견을 방해한 경우, X시의 시장 A의 기자회견은 공무원이 직무상 수행하는 공무에 해당하므로 甲의 행위는 A에 대하여 업무방해죄가 성립하지 않는다.

50 업무방해죄에 관한 설명 중 옳고 그름의 표시(O, ×)가 바르게 된 것은? (다툼이 있는 경우 판례에 의함)

㉠ 의료인인 A명의로 의료인이 아닌 乙이 개설하여 운영하는 丙 병원에서, 피고인이 11회에 걸쳐 큰 소리를 지르거나 환자 진료 예약이 있는 A를 붙잡고 있는 등의 방법으로 위력으로써 A의 진료 업무를 방해한 경우, 丙 병원의 운영에 관한 업무는 업무방해죄의 보호대상이 되는 업무에 해당하지 않으므로 A의 진료행위도 丙 병원의 운영에 관한 업무에 포함되어 별개의 보호가치 있는 업무로 볼 수 없다.

㉡ 컴퓨터 등 정보처리장치에 정보를 입력하는 등의 행위가 그 입력된 정보 등을 바탕으로 업무를 담당하는 사람의 오인, 착각 또는 부지를 일으킬 목적으로 행해진 경우에는 그 행위가 업무를 담당하는 사람을 직접적인 대상으로 이루어진 것이 아니라고 하여 위계가 아니라고 할 수는 없다.

ⓒ 금융기관이 설치·운영하는 자동화기기(ATM)를 통한 무통장·무카드 입금을 하면서 '1인 1일 100만원' 한도를 준수하는 것처럼 가장하기 위하여 제3자의 이름과 주민등록번호를 자동화기기에 입력한 후 100만원 이하의 금액으로 나누어 여러 차례 현금을 입금하는 행위는 자동화기기를 설치·운영하는 금융기관 관리자로 하여금 정상적인 입금인 것과 같은 오인, 착각을 일으키게 하여 금융기관의 자동화기기를 통한 입금거래 업무를 방해한 것으로서 위계에 의한 업무방해죄가 성립한다.

ⓔ 업무방해죄의 성립에는 업무방해의 결과가 실제로 발생함을 요하지 않고 업무방해의 결과를 초래할 위험이 발생하면 족하며, 업무수행 자체가 아니라 업무의 적정성 내지 공정성이 방해된 경우에도 업무방해죄가 성립한다.

① ㉠(O) ㉡(O) ㉢(×) ㉣(O)   ② ㉠(O) ㉡(×) ㉢(O) ㉣(×)
③ ㉠(×) ㉡(O) ㉢(O) ㉣(O)   ④ ㉠(×) ㉡(O) ㉢(×) ㉣(O)

51 업무방해죄에 대한 설명으로 옳고 그름의 표시(O, ×)가 바르게 된 것은? (다툼이 있는 경우 판례에 의함)

㉠ 甲이 경찰청 민원실에서 말똥을 책상 및 민원실 바닥에 뿌리고 소리를 지르는 등 난동을 부린 경우 업무방해죄에 해당한다.

㉡ 전국철도노동조합이 파업을 예고한 상황에서 파업 예정일 하루 전에 사용자인 한국철도공사 측 교섭위원이 산하 차량정비단 직원들을 상대로 설명회 등 특별교육을 실시하려고 하자, 노동조합 간부인 甲 등이 직원들의 교육장 진입을 막는 등 위력으로 교섭위원의 업무를 방해한 행위는 업무방해죄에 해당한다.

㉢ 백화점 입주상인들이 영업을 하지 않고 매장 내에서 점거 농성만을 하면서 매장 내의 기존의 전기시설에 임의로 전선을 연결하여 각종 전열기구를 사용함으로써 화재위험이 높아 백화점 경영회사의 대표이사인 甲이 부득이 단전조치를 취한 경우 업무방해죄에 해당한다.

㉣ 甲이 도로관리청으로부터 권한을 위임받아 과적단속 업무를 담당하는 피해자의 적재량 재측정을 거부하면서, 재측정의 목적으로 甲의 차량에 올라탄 피해자를 그대로 둔 채 차량을 진행한 것은 업무방해죄에 해당하지 않는다.

① ㉠(×) ㉡(O) ㉢(×) ㉣(O)   ② ㉠(O) ㉡(×) ㉢(O) ㉣(×)
③ ㉠(×) ㉡(O) ㉢(O) ㉣(×)   ④ ㉠(O) ㉡(×) ㉢(×) ㉣(O)

52 다음 설명 중 가장 적절하지 않은 것은? (다툼이 있으면 판례에 의함)

① 인터넷카페의 운영진이 카페 회원들과 공모하여 특정 신문들에 광고를 게재하는 광고주들에게 불매운동의 일환으로 지속적·집단적으로 항의전화를 하거나 항의글을 게시하는 등의 방법으로 광고중단을 압박한 경우, 광고주들에 대한 업무방해죄는 성립하나, 신문사들에 대한 업무방해죄는 성립하지 않는다.
② 피고인이 피해자가 사용하는 노트북 컴퓨터에 해킹프로그램을 몰래 설치한 후 이를 작동시켜 피해자의 네이트온, 카카오톡, 구글 계정의 각 아이디 및 비밀번호를 알아낸 경우에 형법 제316조 제2항의 전자기록등내용탐지죄가 성립하지 않는다(단, 피해자의 노트북 컴퓨터 그 자체에는 비밀번호나 화면보호기 등 별도의 보안장치가 설정되어 있지 않았다).
③ 피고인이 乙과 토지 지상에 창고를 신축하는 데 필요한 형틀공사 계약을 체결한 후 그 공사를 완료하였는데, 乙이 공사대금을 주지 않는다는 이유로 위 토지에 쌓아 둔 건축자재를 치우지 않고 공사현장을 막은 경우에 부작위에 의한 업무방해죄가 성립한다.
④ 대학의 컴퓨터시스템 서버를 관리하던 甲은 전보발령을 받아 더 이상 웹서버를 관리 운영할 권한이 없는 상태에서 웹서버에 접속하여 홈페이지 관리자의 아이디와 비밀번호를 무단으로 변경한 후 이를 대학측에 알려주지 않은 경우, 컴퓨터업무방해죄가 성립한다.

53 경매·입찰방해죄에 관한 설명 중 가장 적절하지 않은 것은? (다툼이 있는 경우 판례에 의함)

① 담합행위가 입찰방해죄로 되기 위해서는 반드시 입찰참가자 전원과의 사이에 담합이 이루어져야 하는 것은 아니고, 입찰참가자들 중 일부와의 사이에만 담합이 이루어진 경우에도 성립할 수 있다.
② 유찰방지를 위한 수단에 불과하여 이익을 해치지 않았더라도 실질적으로 단독입찰하면서 경쟁입찰인 것처럼 가장하였다면, 그 입찰 가격으로 낙찰하게 한 점에서 경쟁입찰방법을 해한 것이므로 입찰의 공정을 해친 것이다.
③ 입찰자 일부와 담합이 있고 담합금이 수수되었다 하더라도 타입찰자와는 담합이 이루어지지 않아, 입찰시행자의 이익을 해함이 없이 자유로운 경쟁을 한 것과 동일한 결과로 되는 경우 입찰의 공정을 해할 위험성이 없다.
④ 법원경매업무를 담당하는 집행관의 구체적인 직무집행을 저지하거나 현실적으로 곤란하게 하는 데까지는 이르지 않고 입찰의 공정을 해하는 정도의 범죄행위라면 위계에 의한 공무집행방해죄에만 해당될 뿐 경매·입찰방해죄에는 해당되지 않는다.

54 다음 설명 중 옳은 것을 모두 고르면? (다툼이 있을 경우 판례에 의함)

> ㉠ A주식회사 대표이사인 피고인이 악성프로그램이 설치된 피해 컴퓨터 사용자들이 실제로 인터넷 포털사이트에 해당 검색어로 검색하거나 검색 결과에서 해당 스폰서 링크를 클릭하지 않았음에도 그와 같이 검색하고 클릭한 것처럼 인터넷 포털사이트의 관련 시스템 서버에 허위의 신호를 발송하는 방법으로 정보처리에 장애를 발생하게 한 경우, 컴퓨터업무방해죄가 성립한다.
> ㉡ 퀵서비스 운영자인 甲이 배달 업무를 하면서, 손님의 불만이 예상되는 경우에는 평소 경쟁관계에 있는 乙이 운영하는 퀵서비스 명의로 된 영수증을 작성·교부하여 손님들로 하여금 불친절하고 배달을 지연시킨 사업체가 乙 운영의 퀵서비스인 것처럼 인식하게 한 경우 신용훼손죄를 구성한다.
> ㉢ 공적·사적 경제주체의 임의선택에 따른 계약체결의 과정에 공정한 경쟁을 해하는 행위가 개재되었다면 입찰방해죄로 처벌할 수 있다.
> ㉣ 입찰자들 상호간에 특정업체가 낙찰받기로 하는 담합이 이루어진 상태에서 그 특정업체를 포함한 다른 입찰자들은 당초의 합의에 따라 입찰에 참가하였으나, 일부 입찰자는 자신이 낙찰받기 위해 당초의 합의에 따르지 않고 오히려 낙찰받기로 한 특정업체보다 저가로 입찰하였다면, 이러한 일부 입찰자의 행위는 입찰방해죄에 해당한다.

① ㉠㉡   ② ㉠㉣   ③ ㉡㉢   ④ ㉢㉣

제4장 사생활의 평온에 대한 죄

제1절 비밀침해의 죄

55 비밀침해의 죄에 대한 설명 중 가장 적절하지 않은 것은? (다툼이 있는 경우 판례에 의함)

① 형법 제316조 제2항 소정의 전자기록등내용탐지죄는 봉함 기타 비밀장치한 전자기록 등 특수매체기록을 기술적 수단을 이용하여 그 내용을 알아낸 자를 처벌하는 규정인바, 전자기록 등 특수매체기록에 해당하더라도 봉함 기타 비밀장치가 되어 있지 아니한 것은 이를 기술적 수단을 동원해서 알아냈더라도 전자기록등내용탐지죄가 성립하지 않는다.

② 업무상비밀누설죄는 업무처리 중 또는 직무상 지득한 타인의 비밀을 누설한 경우에 성립하는 범죄로 부진정신분범에 해당한다.

③ 문서 자체에 비밀장치가 되어 있지 않더라도, 외부 포장을 만들어서 그 안의 내용을 알 수 없게 만드는 잠금장치가 있는 용기나 서랍 등에 문서를 보관하였다면 비밀침해죄의 객체가 될 수 있다.

④ 업무상비밀누설죄는 고소가 있어야 공소를 제기할 수 있는 친고죄이다.

제2절 주거침입의 죄

56 주거침입죄에 관한 설명으로 가장 적절하지 않은 것은? (다툼이 있는 경우 판례에 의함)

① 남편의 일시부재 중 혼외 성관계를 가질 목적으로 그 처가 열어준 현관 출입문을 통하여 들어갔다면, 일부 거주자의 현실적인 승낙을 받아 통상적인 출입방법에 따라 주거에 들어간 경우라도 남편의 추정적 의사에 반하기 때문에 주거침입죄가 성립한다.

② 아파트에 사람이 있는지를 확인하기 위해 그 집의 초인종을 누른 행위는 주거의 사실상의 평온을 침해할 객관적인 위험성을 포함하는 행위를 한 것이 아니므로 주거침입죄의 실행의 착수에 해당하지 않는다.

③ 다른 사람의 주택에 무단 침입한 범죄사실로 이미 유죄판결을 받은 사람이 그 판결이 확정된 후에도 퇴거하지 않은 채 계속하여 당해 주택에 거주하는 경우, 위 판결 확정 이후의 행위는 별도의 주거침입죄를 구성한다.

④ 주거침입죄의 범의는 반드시 신체의 전부가 타인의 주거 안으로 들어간다는 인식이 있어야만 하는 것이 아니라 신체의 일부라도 타인의 주거 안으로 들어간다는 인식이 있으면 족하다.

57 주거침입죄에 관한 설명 중 옳은 것을 모두 고른 것은? (다툼이 있는 경우 판례에 의함)

㉠ 甲이 A의 부재중에 A의 아내인 B와 혼인 외 성관계를 가질 목적으로 B가 열어준 출입문을 통하여 A와 B가 공동거주하는 아파트에 들어간 경우, 甲이 B의 승낙을 얻어 통상적인 출입방법에 의하여 들어갔다 하더라고 甲의 출입은 부재중인 A의 추정적 의사에 반하므로 주거침입죄가 성립한다.

㉡ 甲이 일반인의 출입이 허용된 음식점에 영업주의 승낙을 받아 통상적인 출입방법으로 들어갔다면, 설령 甲이 범죄 등의 목적으로 음식점에 출입하였거나 영업주가 甲의 실제 출입목적을 알았더라면 출입을 승낙하지 않았을 것이라는 사정이 인정되더라도 주거침입죄가 성립하지 아니한다.

㉢ 甲이 아내 A와 불화로 인해 A와 공동생활을 영위하던 아파트에 짐 일부를 챙겨 나온 후 A의 외출 중 자신의 어머니 乙과 함께 그 아파트에 들어가려고 그 안에 있던 처제 B에게 출입문을 열어달라고 요구하였으나 A로부터 열어주지 말라는 말을 들은 B가 체인형 걸쇠를 걸어 잠그며 현관문을 열어주지 않자 甲이 乙과 함께 그 걸쇠를 부수고 아파트에 들어간 경우, 공동주거자 중 한 사람인 甲은 주거침입죄가 성립하지 아니하나, 외부인인 乙에게는 주거침입죄가 성립한다.

㉣ 건조물의 이용에 기여하는 인접의 부속토지라고 하더라도 인적 또는 물적 설비 등에 의한 구획 내지 통제가 없어 통상의 보행으로 그 경계를 쉽사리 넘을 수 있는 정도라고 한다면, 이는 특별한 사정이 없는 한 주거침입죄의 객체에 속하지 아니한다.

① ㉠㉡ ② ㉡㉢ ③ ㉡㉣ ④ ㉡㉢㉣

58. 주거침입의 죄에 대한 설명으로 가장 적절하지 않은 것은? (다툼이 있는 경우 판례에 의함)

① 건물의 소유자라고 주장하는 피고인과 그것을 점유관리하고 있는 피해자 사이에 건물의 소유권에 대한 분쟁이 계속되고 있는 상황이라면 피고인이 그 건물에 침입하는 것에 대한 피해자의 추정적 승낙이 있었다거나 피고인의 이 사건 범행이 사회상규에 위배되지 않는다고 볼 수 없다.

② 甲은 술을 마신 후 용변을 보기 위하여 여자화장실로 잘못 들어가 乙녀가 있던 용변칸으로 다가가 노크를 하였는데, 乙녀는 이를 자신의 남편으로 오인하고 화장실 문을 열자 甲은 순간적으로 욕정을 일으켜 강간하기로 마음먹고 용변칸에 들어가 문을 잠근 후 乙녀의 입을 막고 반항을 억압한 다음 간음하려고 하였으나 乙녀의 비명소리를 듣고 달려온 남편에 의하여 체포되었다. 이 경우 甲은 주거침입죄가 성립한다.

③ 주거침입죄는 사실상 주거권을 보호법익으로 하는 것이므로, 그 거주자 또는 간호자가 건조물 등에 거주 또는 간수할 권리를 가지고 있는가의 여부는 범죄의 성립을 좌우하는 것이 아니다.

④ 아파트 등 공동주택의 공동현관에 출입하는 경우에도, 그것이 주거로 사용하는 각 세대의 전용 부분에 필수적으로 부속하는 부분으로 거주자와 관리자에게만 부여된 비밀번호를 출입문에 입력하여야만 출입할 수 있거나, 외부인의 출입을 통제·관리하기 위한 취지의 표시나 경비원이 존재하는 등 외형적으로 외부인의 무단출입을 통제·관리하고 있는 사정이 존재하고, 외부인이 이를 인식하고서도 그 출입에 관한 거주자나 관리자의 승낙이 없음은 물론, 거주자와의 관계 기타 출입의 필요 등에 비추어 보더라도 정당한 이유 없이 비밀번호를 임의로 입력하거나 조작하는 등의 방법으로 거주자나 관리자 모르게 공동현관에 출입한 경우와 같이, 공동주택 거주자의 사실상 주거의 평온상태를 해치는 행위태양으로 볼 수 있는 경우라면 공동주택 거주자들에 대한 주거침입에 해당할 것이다.

59 주거침입의 죄에 관한 설명 중 가장 적절하지 않은 것은? (다툼이 있는 경우 판례에 의함)

① 파업참가 근로자인 甲 등이 건물신축 공사현장에 무단으로 들어간 뒤 타워크레인에 올라가 이를 점거한 경우, 건조물침입죄가 성립하지 않는다.
② 근저당권설정등기가 되어 있지 아니한 별개 독립의 이 사건 건물이 근저당권의 목적으로 된 대지 및 건물과 일괄하여 경매된 경우, 이 사건 건물에 대한 경락허가결정이 당연무효라고 하더라도 이 사건 건물의 소유자인 피고인이 위 무효인 인도집행에 반하여 건물에 들어간 경우 주거침입죄가 성립한다.
③ 「특정범죄 가중처벌 등에 관한 법률」 제5조의4 제6항에 규정된 상습절도 등 죄를 범한 범인이 그 범행 외에 상습적인 절도의 목적으로 주거침입을 하였다가 절도에 이르지 아니하고 주거침입에 그친 경우, 그것이 절도상습성의 발현이라고 보이는 이상 주거침입 행위는 다른 상습절도 등 죄에 흡수되어 위 조문에 규정된 상습절도 등 죄의 1죄만을 구성하고 상습절도 등 죄와 별개로 주거침입죄를 구성하지 않는다.
④ 정당한 퇴거요구를 받고 열쇠를 반환한 다음 건물에서 퇴거하였더라도 건물에 가재도구 등을 남겨 두었다면 퇴거불응죄에 해당한다.

60 주거침입의 죄에 관한 설명 중 가장 적절하지 않은 것은? (다툼이 있는 경우 판례에 의함)

① 甲이 교제하다 헤어진 A가 거주하는 아파트 109동 305호에 들어가려고 아파트 지하 주차장에서 위 305호가 있는 109동으로 연결된 출입구의 공동출입문에 A나 다른 입주자의 승낙 없이 무단으로 비밀번호를 입력하여 아파트의 공용 부분에 들어가 위 305호 현관문 앞까지 출입한 경우 A와 같은 109동에 거주하는 다른 입주자들의 사실상 주거의 평온상태를 해한 것으로 볼 수 있다면 주거침입죄가 성립한다.
② 피고인은 친구인 乙, 丙과 흉기를 휴대하여 타인의 건물에 침입하기로 공모한 후 피고인은 흉기를 소지하지 않고 건물 안으로 들어가고, 乙과 丙은 건물로부터 약 30m 내지 50m 떨어진 곳에 주차한 차 안에서 흉기를 휴대하고 망을 보고 있었던 경우에 특수주거침입죄가 성립하지 않는다.
③ A회사는 업무상 편의를 위하여 파견직원인 피고인에게 회사의 출입을 위한 스마트키를 교부하여 피고인은 위 스마트키를 이용하여 여러 차례 A회사에 출입하였다. 그러던 중 피고인은 밤 10시 경에 스마트키를 이용하여 A회사의 문을 열고 들어가 재물을 절취한 경우에 주거침입에 해당하지 않으므로, 야간주거침입절도죄가 성립하지 않는다.
④ 甲은 자정 무렵에 乙녀를 강간할 마음으로 일단 乙녀가 집에 있는지를 확인하기 위하여 대문을 몰래 열고 들어와 담장과 피해자가 거주하는 방 사이의 좁은 통로에서 창문을 통하여 방안을 몰래 엿보기 위하여 얼굴을 들이밀었다가 방안에 乙녀가 자고 있지 않은 것을 발견하고 이에 놀라 그대로 도망갔다. 이 경우 乙의 사실상 주거의 평온을 해하지 아니하였다면 甲은 주거침입죄의 미수에 해당한다.

61 주거침입의 죄에 관한 설명으로 가장 적절한 것은? (다툼이 있는 경우 판례에 의함)

① 주거침입죄에 있어서 주거 또는 건조물이라 함은 단순히 가옥만을 말하는 것이 아니고 그 위요지를 포함한다 할 것이나, 사찰의 정문에 설치된 철조망을 걷어내고 무단으로 사찰의 경내로 진입한 행위만으로는 주거침입죄를 구성한다고 볼 수 없다.
② 주거침입죄는 사실상의 주거의 평온을 보호법익으로 하는 것이므로 남의 집 대문을 몰래 열고 들어와 담장과 건물 사이의 좁은 통로에서 창문을 통하여 방안을 엿본 행위만으로는 주거의 사실상 평온상태가 침해되지 않아 주거침입죄가 성립하지 않는다.
③ 다가구용 단독주택인 빌라의 시정되지 않은 대문을 열고 들어가 계단으로 빌라 3층까지 올라가서 그곳의 문을 두드려본 후 다시 1층으로 내려온 것만으로는 주거침입죄의 객체인 '사람의 주거'에 침입하였다고 할 수 없어 주거침입죄가 성립하지 않는다.
④ 퇴거불응죄는 진정부작위범이며, 미수처벌규정이 있다.

62 다음은 행위와 성립 가능한 범죄를 짝지어 놓은 것이다. 바르게 연결한 것을 모두 고르면? (다툼이 있는 경우 판례에 의함)

┌───┐
│ ㉠ 지붕과 문짝, 창문이 없고 담장과 일부 벽체가 붕괴된 철거 대상 건물로서 사실상 │
│   기거·취침에 사용할 수 없는 상태의 폐가에 불을 놓아 소실케 함으로써 공공의 위 │
│   험을 발생하게 한 경우 - 일반건조물방화죄   │
│ ㉡ 공공기관 민원실에서 민원인들이 위력에 해당하는 소란을 피워 공무원들의 업무를 │
│   방해한 경우 - 업무방해죄   │
│ ㉢ 남편이 부인과의 불화로 공동생활을 영위하던 아파트에서 짐 일부를 챙겨 나왔는 │
│   데, 그 후 남편이 아파트에 찾아갔으나 정당한 이유 없이 출입이 금지되자 물리력 │
│   을 행사하여 주거에 들어간 경우 - 주거침입죄   │
│ ㉣ 공무원인 의사가 공무소의 명의로 허위진단서를 작성한 경우 - 허위공문서작성죄 │
└───┘

① ㉣   ② ㉠㉡   ③ ㉠㉣   ④ ㉡㉢

63 주거침입의 죄에 관한 설명 중 옳지 않은 것은 모두 몇 개인가? (다툼이 있는 경우 판례에 의함)

> ㉠ 피고인들이 구치소에 수용 중인 사람을 취재하고자 구치소장의 허가 없이 접견내용을 촬영·녹음할 목적으로 명함지갑 모양으로 제작된 녹음·녹화장비를 몰래 소지하고 구치소에 들어갔어도 현실적 승낙을 받고 들어간 이상 건조물침입죄가 성립하지 않는다.
> ㉡ 甲은 처 乙과 불화로 인하여 乙과 공동생활을 하던 아파트에서 짐 일부를 챙겨 나왔는데, 그 후 자신의 부모님과 함께 아파트에 찾아가 출입문을 열 것을 요구하였으나 乙은 외출한 상태로 乙의 동생이 출입문을 설치한 체인형 걸쇠를 걸어 "언니가 귀가하면 오라"며 문을 열어주지 않자 공동하여 문을 손괴한 후에 아파트에 들어갔다. 이 경우 甲은 주거침입죄가 성립하지 않는다.
> ㉢ 주택의 매수인이 계약금과 중도금을 지급하고서 그 주택을 명도받아 점유하고 있던 중 위 매매계약을 해제하고 중도금반환청구소송을 제기하여 얻은 그 승소판결에 기하여 강제집행에 착수한 이후라고 하더라도, 매도인이 매수인이 잠그어 놓은 위 주택의 출입문을 열고 들어간 경우라면 주거침입죄를 구성한다.
> ㉣ 침입 대상인 아파트에 사람이 있는지를 확인하기 위해 그 집의 초인종을 누른 행위만으로는 침입의 현실적 위험성을 포함하는 행위를 시작하였다거나, 주거의 사실상의 평온을 침해할 객관적인 위험성을 포함하는 행위를 한 것으로 볼 수 없다.

① 없음   ② 1개   ③ 2개   ④ 3개

제5장 재산에 대한 죄

제1절 재산죄의 기본개념

01 재물과 재산상의 이익에 관한 설명으로 가장 적절하지 않은 것은? (다툼이 있는 경우 판례에 의함)

① 비트코인은 경제적인 가치를 디지털로 표상하여 전자적으로 이전, 저장과 거래가 가능하도록 한 가상자산의 일종으로 사기죄의 객체인 재산상 이익에 해당한다.
② 甲이 乙의 돈을 절취한 다음 다른 금전과 섞거나 교환하지 않고 쇼핑백 등에 넣어 자신의 집에 숨겨두었는데, 丙이 乙의 지시로 甲에게 겁을 주어 쇼핑백 등에 들어 있던 절취된 돈을 교부받아 갈취하였다면 위 돈은 타인인 甲의 재물이라고 볼 수 없다.
③ 형법 제333조(강도)에서의 '재산상 이익'은 반드시 사법상 유효한 재산상의 이득만을 의미하는 것은 아니나, 단지 외견상 재산상의 이득을 얻을 것이라고 인정할 수 있는 사실관계만으로는 재산상의 이익을 인정할 수 없다.
④ 배임죄에 있어서 재산상의 손해를 가한 때라 함은 현실적인 손해를 가한 경우뿐만 아니라 재산상 실해 발생의 위험을 초래한 경우도 포함된다.

02 형법상 점유에 대한 설명으로 가장 적절하지 않은 것은? (다툼이 있는 경우 판례에 의함)

① 甲이 마치 귀금속을 구입할 것처럼 가장하여 금은방 주인으로부터 순금목걸이를 건네받은 다음 화장실에 갔다 오겠다는 핑계를 대고 도주하는 경우 그 목걸이는 도주하기 전부터 이미 甲의 점유하에 있다.
② 고속버스 운전사는 승객이 차내에 두고 내린 물건을 점유하는 것이 아니고, 승객이 잊고 내린 유실물을 교부받을 권능을 가질 뿐이므로 그 물건을 현실적으로 발견하지 아니하는 한 이에 대한 점유를 개시하였다고 할 수 없다.
③ 甲에게 강간을 당한 피해자 A가 도피하면서 자신의 지갑을 현장에 놓아두고 간 경우 그 지갑은 사회통념상 A의 지배하에 있는 물건이므로 甲이 그 지갑을 가져갔다면 절도죄를 구성한다.
④ 공동점유의 경우에 공동점유자 중 1인이 다른 점유자의 동의를 받지 않고 불법영득의사를 가지고 물건을 자신의 단독점유로 옮긴 때에는 절도죄가 성립한다.

03 다음 설명 중 가장 적절하지 않은 것은? (다툼이 있는 경우 판례에 의함)

① 피고인이 자신의 어머니 甲 명의로 구입 등록하여 甲에게 명의신탁한 자동차를 乙에게 담보로 제공한 후 乙 몰래 가져간 경우 절도죄가 성립한다.

② 甲이 乙 캐피탈 소유의 승용차를 리스하여 운행하던 중 사채업자로부터 금원을 차용하면서 위 승용차를 인도하였고, 甲이 차용금을 변제하지 못하자 사채업자는 위 승용차를 丙에게 매도하였는데, 그 후 甲이 자신이 가지고 있던 보조열쇠를 이용하여 위 승용차를 丙 몰래 임의로 가져가 소유자인 乙 캐피탈에 반납한 경우 결국 소유자인 乙 캐피탈에게 이익이 되거나 乙 캐피탈의 추정적 승낙에 반한다고 보기 어려우므로 특별한 사정이 없는 한 甲에게 불법영득의사가 인정된다고 보기는 어렵다.

③ 종전 점유자의 점유가 그의 사망으로 인한 상속에 의하여 당연히 그 상속인에게 이전된다는 민법 제193조는 절도죄의 요건으로서의 '타인의 점유'와 관련하여서는 적용의 여지가 없고, 재물을 점유하는 소유자로부터 이를 상속받아 그 소유권을 취득하였다고 하더라도 상속인이 그 재물에 관하여 사실상의 지배를 가지게 되어야만 이를 점유하는 것으로서 그때부터 비로소 상속인에 대한 절도죄가 성립한다.

④ 동업체에 제공된 물품은 동업관계가 청산되지 않는 한 동업자들의 공동점유에 속하므로 그 물품이 원래 피고인의 소유라거나 피고인이 다른 곳에서 빌려서 제공하였다는 사유만으로는 절도죄의 객체가 됨에 지장이 없다.

04 재산범죄의 불법영득의사에 대한 설명으로 가장 적절한 것은? (다툼이 있는 경우 판례에 의함)

① 피해자의 영업점 내에 있는 피해자 소유의 휴대전화를 허락 없이 가지고 나와 사용한 다음 약 1~2시간 후 위 영업점 정문 옆 화분에 놓아두고 간 경우 절도죄의 불법영득의사가 인정되지 않는다.

② 피해자의 가방에서 은행직불카드를 몰래 꺼내어 가 그 직불카드를 이용하여 피해자의 예금계좌에서 자기의 예금계좌로 돈을 이체시킨 후 3시간 가량 지난 무렵에 피해자에게 그 사실을 전화로 말하고 나서 만난 즉시 직불카드를 반환한 경우 그 직불카드에 대한 절도죄의 불법영득의사가 인정된다.

③ 법인의 운영자나 관리자가 회계로부터 분리해 별도로 관리하는 비자금이 법인을 위한 목적이 아니라 법인의 자금을 빼내어 착복할 목적으로 조성한 것임이 명백히 밝혀진 경우 비자금 조성행위 자체만으로는 횡령죄의 불법영득의사가 인정되지 않는다.

④ 회사에 대하여 개인적인 채권을 가지고 있는 대표이사가 회사를 위하여 보관하고 있는 회사 소유의 금전으로 이사회의 승인 등의 절차 없이 변제기가 도래한 자신의 채권 변제에 충당한 경우 이는 자신의 권한 내에서 한 회사 채무의 이행행위로서 유효하므로 횡령죄의 불법영득의사가 인정되지 않는다.

05 다음 설명 중 가장 적절하지 않은 것은? (다툼이 있는 경우 판례에 의함)

① 피고인이 컴퓨터에 저장된 정보를 출력하여 생성한 문서는 피해회사의 업무를 위하여 생성되어 피해회사에 의하여 보관되고 있던 문서가 아니라 피고인이 가지고 갈 목적으로 피해회사의 업무와 관계없이 새로이 생성시킨 문서라 할 것이므로 이는 피해회사 소유의 문서라고 볼 수는 없다 할 것이어서 이를 가지고 간 행위를 들어 피해회사 소유의 문서를 절취한 것으로 볼 수는 없다.
② 묘는 이장하고 망부석만 30년 방치된 상태에서 임야의 관리인으로서 망부석을 사실상 점유하여 온 자가 이를 처분한 경우 절도죄가 성립하지 않는다.
③ 승객이 놓고 내린 지하철의 전동차 바닥이나 선반 위에 있던 물건을 가지고 간 경우 지하철의 승무원은 유실물법상 전동차의 관수자로서 승객이 잊고 내린 유실물을 교부받을 권능을 가질 뿐 전동차 안에 있는 승객의 물건을 점유한다고 할 수 없고 그 유실물을 현실적으로 발견하지 않는 한 이에 대한 점유를 개시하였다고 할 수도 없으므로, 그 사이에 위와 같은 유실물을 발견하고 가져간 행위는 점유이탈물횡령죄에 해당함은 별론으로 하고 절도죄에 해당하지는 않는다.
④ 임차인이 임대계약 종료 후 식당건물에서 퇴거하면서 종전부터 사용하던 냉장고의 전원을 켜 둔 채 그대로 두어 약 1개월간 전기가 소비된 경우에 절도죄가 성립한다.

06 불법영득의사에 관한 설명 중 옳고 그름의 표시(O, ×)가 바르게 된 것은? (다툼이 있는 경우 판례에 의함)

> ㉠ 불법영득의사는 권리자를 배제하고 타인의 물건을 자기의 소유물과 같이 그 경제적 용법에 따라 이용·처분할 의사를 말한다.
> ㉡ 사용절도는 권리자를 계속적으로 배제한다는 불법영득의사의 적극적 요소를 결하여 원칙적으로 불가벌이다.
> ㉢ 甲이 A의 인감도장을 그의 책상에서 몰래 꺼낸 후 차용금증서의 연대보증인란에 찍고 다시 제자리에 넣어두었다면 甲에게는 위 도장에 대한 불법영득의사가 있었다고 보기 어렵다.
> ㉣ 사격장에서 총기를 휴대한 채 군무를 이탈하였다면 설령 총기를 휴대하고 있는지조차 인식할 수 없는 정신 상태에 있었다 할지라도 묵시적이나마 총기에 대한 불법영득의사가 있었다고 보아야 한다.
> ㉤ 어떠한 물건을 점유자의 의사에 반하여 취거하는 행위가 결과적으로 소유자의 이익으로 된다는 사정 또는 소유자의 추정적 승낙이 있다고 볼 만한 사정이 있다고 하더라도, 다른 특별한 사정이 없는 한 그러한 사유만으로 불법영득의 의사가 없다고 할 수 없다.

① ㉠(O) ㉡(O) ㉢(O) ㉣(O) ㉤(O)   ② ㉠(O) ㉡(×) ㉢(O) ㉣(O) ㉤(×)
③ ㉠(×) ㉡(O) ㉢(×) ㉣(×) ㉤(O)   ④ ㉠(O) ㉡(×) ㉢(O) ㉣(×) ㉤(O)

07 친족상도례에 대한 설명으로 가장 적절하지 않은 것은? (다툼이 있는 경우 판례에 의함)

① 부(父)가 혼인외의 출생자를 인지하는 경우 그 인지가 범행 후에 이루어진 경우라면 친족관계는 범행 당시에 존재해야 하는 것이므로 친족상도례의 규정은 적용되지 않는다.
② 친족상도례가 적용되기 위해서는 범인과 피해물건의 소유자 및 점유자 모두 사이에 친족관계가 있어야 한다.
③ 피고인과 피해자가 사돈지간이라고 하더라도 이들은 민법상 친족관계가 아니므로 친족상도례의 규정은 적용되지 않는다.
④ 피고인이 타인의 재물을 부(父)의 물건으로 잘못 알고 이를 취거한 경우, 그 오신은 범죄의 성립이나 처벌에 아무런 영향을 미치지 않는다.

08 친족상도례에 관한 설명 중 가장 적절한 것은? (다툼이 있는 경우 판례에 의함)
① 사실혼 관계에 있는 배우자도 친족상도례의 적용을 받는다.
② 사기죄로 인하여 취득한 재물의 가액이 5억 원 이상일 경우에는 특정경제범죄 가중처벌 등에 관한 법률 제3조에 의하여 가중처벌되는데, 이 경우 친족상도례에 관한 형법 규정은 적용되지 아니한다.
③ 친족상도례가 적용되기 위해서는 친족관계가 객관적으로 존재하여야 하고, 행위자가 이를 인식하여야만 한다.
④ 사기죄 피고인의 딸과 피해자의 아들이 혼인하여 사돈지간이라고 하더라도 이를 민법상 친족으로 볼 수 없으므로 친족상도례를 적용할 수 없다.

09 친족상도례에 관한 설명 중 옳지 않은 것은 모두 몇 개인가? (다툼이 있는 경우 판례에 의함)

> ㉠ 형법 제361조, 제328조의 규정에 의하면, 직계혈족, 배우자, 동거친족, 동거가족 또는 그 배우자 간의 횡령죄는 그 형을 면제하여야 하고 그 외의 친족 간에는 고소가 있어야 공소를 제기할 수 있는바, 형법상 횡령죄의 성질은 특정경제범죄 가중처벌 등에 관한 법률(이하 '특정경제범죄법'이라 한다) 제3조 제1항에 의해 가중 처벌되는 경우에도 그대로 유지되므로 형법 제361조는 특정경제범죄법 제3조 제1항 위반죄에도 그대로 적용된다.
> ㉡ 사기죄를 범하는 자가 금원을 편취하기 위한 수단으로 피해자와 혼인신고를 한 경우라 하더라도 친족상도례가 적용된다.
> ㉢ 형법 제344조, 제328조 제1항 소정의 친족간의 범행에 관한 규정이 적용되기 위한 친족관계는 원칙적으로 범행 당시에 존재하여야 하는 것이므로 부가 혼인 외의 출생자를 인지하는 경우 민법 제860조에 의하여 그 자의 출생 시에 소급하여 인지의 효력이 생긴다고 하더라도 이와 같은 인지의 소급효는 친족상도례에 관한 위 규정의 적용에는 미치지 아니한다.
> ㉣ 법원을 기망하여 제3자로부터 재물을 편취한 경우 피해자인 제3자와 사기죄를 범한 자가 직계혈족의 관계에 있더라도 피기망자가 법원인 이상 그 범인에 대하여 친족상도례가 적용되지 아니한다.
> ㉤ 절도죄의 보호법익은 소유권이므로 형법 제344조에 의하여 준용되는 형법 제328조 제1항의 친족간의 범행에 관한 규정은 절도범인과 피해물건의 소유자간에 친족관계가 있으면 절도범인과 피해물건의 점유자간에 친족관계가 없는 경우에도 적용된다.

① 2개   ② 3개   ③ 4개   ④ 5개

제2절 절도의 죄

10 절도의 죄에 대한 설명으로 가장 적절한 것은? (다툼이 있는 경우 판례에 의함)

① 甲이 동거중인 A의 지갑에서 현금을 꺼내 가는 것을 A가 목격하고서도 만류하지 않은 경우에는 위법성이 조각되어 절도죄가 성립하지 않는다.
② 甲과 A의 동업자금으로 구입하여 A가 관리하고 있던 건설기계를 甲이 A의 허락 없이 乙로 하여금 운전하여 가도록 한 행위는 절도죄를 구성하지 않는다.
③ 甲과 乙이 자신들의 A에 대한 물품대금 채권을 다른 채권자들보다 우선적으로 확보할 목적으로 A가 부도를 낸 다음날 새벽에 A의 승낙을 받지 아니한 채 A의 가구점의 시정장치를 쇠톱으로 절단하고 그곳에 침입하여 A의 가구들을 화물차에 싣고 가 다른 장소에 옮겨 놓은 경우에는 甲과 乙에게 불법영득의사가 인정되지 않아 특수절도죄가 성립하지 않는다.
④ 반드시 영구적으로 보유할 의사가 아니더라도 재물의 소유권 또는 이에 준하는 본권을 침해하는 의사가 있으면 절도죄의 성립에 필요한 불법영득의 의사를 인정할 수 있고, 그것이 물건 자체를 영득할 의사인지 물건의 가치만을 영득할 의사인지는 불문한다.

11 절도의 죄에 관한 설명으로 옳지 않은 것은 모두 몇 개인가? (다툼이 있는 경우 판례에 의함)

㉠ 甲은 자동차 명의수탁자인 乙로부터 승용차를 가져가 매도할 것을 허락받고 인감증명 등을 교부받은 후, 열쇠공을 통해 명의신탁자 A가 평소 사용해오던 위 승용차의 문을 열고 몰래 운전해 갔다. 이 경우 甲은 절도죄의 공동정범이 성립한다.
㉡ 주간에 절도의 목적으로 타인의 주거에 침입하였다고 하여도 아직 절취할 물건의 물색행위를 시작하기 전이라면 절도죄의 실행에 착수한 것으로 볼 수 없는 것이어서 절도미수죄는 성립하지 않는다.
㉢ 입목을 절취하기 위하여 이를 캐낸 때에는 그 시점에서 아직 소유자의 입목에 대한 점유가 침해되어 범인의 사실적 지배하에 놓였다고는 볼 수 없고 이를 운반하거나 반출하는 등의 행위가 있어야 그 점유를 취득하게 되는 것이므로 이 때 절도죄는 기수에 이르렀다고 할 것이다.
㉣ 상습절도 등의 범행을 한 자가 추가로 자동차등불법사용의 범행을 한 경우에 그것이 절도 습벽의 발현이라고 보이는 이상 자동차등불법사용의 범행은 상습절도 등의 죄에 흡수되어 1죄만이 성립한다.

① 없음   ② 1개   ③ 2개   ④ 3개

12 다음 설명 중 가장 적절하지 않은 것은? (다툼이 있는 경우 판례에 의함)

① 피고인이 강도상해 등의 범행을 저지르고 도주하기 위하여 피고인이 근무하던 중국집 앞에 세워져 있는 오토바이를 소유자의 승낙 없이 타고 간 뒤 오토바이를 버리고 간 경우 피고인에게 위 오토바이를 불법영득할 의사가 없었다고 할 수 없어, 형법 제331조의2의 자동차등불법사용죄가 아닌 절도죄가 성립한다.

② 형법 제332조에 규정된 상습절도죄를 범한 범인이 그 범행 외에 상습적인 절도의 목적으로 주간에 주거침입을 하였다가 절도에 이르지 아니하고 주거침입에 그친 경우에 그 주간 주거침입행위는 상습절도죄와 별개로 주거침입죄를 구성하지 않는다.

③ 불법영득의 의사 없이 타인의 자동차를 일시 사용한 경우, 이에 따른 유류소비행위는 위 자동차의 일시사용에 필연적으로 부수되어 생긴 결과로서 절도죄를 구성하지 않는 위 자동차의 일시사용행위에 포함된 것이라 할 것이므로 자동차 자체의 일시사용과 독립하여 별개의 절도죄를 구성하지 않는다.

④ 야간에 타인의 재물을 절취할 목적으로 사람의 주거에 침입한 경우에는 주거에 침입한 단계에서 이미 형법 제330조에서 규정한 야간주거침입절도죄라는 범죄행위의 실행에 착수한 것이라고 보아야 한다.

13 절도의 죄에 대한 설명 중 옳은 것은 모두 몇 개인가? (다툼이 있는 경우 판례에 의함)

㉠ 타인의 토지상에 권원 없이 식재한 수목의 소유권은 토지 소유자에게 귀속하고 권원에 의하여 식재한 경우에는 그 소유권이 식재한 자에게 있으므로, 타인이 권원 없이 자신의 토지에 식재한 감나무에서 토지 소유자가 감을 수확한 것은 절도죄에 해당한다.

㉡ 작성권한 없는 자에 의하여 위조된 유가증권이라고 하더라도 절차에 따라 몰수되기까지는 그 소지자의 점유를 보호하여야 한다는 점에서 절도죄의 객체가 될 수 있다.

㉢ 甲이 자신의 모(母) A 명의로 구입·등록하여 A에게 명의신탁한 자동차를 B에게 담보로 제공한 후 B 몰래 가져간 경우 甲은 절도죄로 처벌된다.

㉣ 甲과 乙이 합동하여 야간이 아닌 주간에 절도의 목적으로 타인의 주거에 침입하였다 하여도 아직 절취할 물건의 물색행위를 시작하기 전이라면 특수절도죄의 실행에 착수가 인정되지 않는다.

① 1개   ② 2개   ③ 3개   ④ 4개

14 절도의 죄에 대한 설명 중 옳고 그름의 표시(○, ×)가 바르게 된 것은? (다툼이 있는 경우 판례에 의함)

> ㉠ 입목을 절취하기 위하여 캐낸 경우 아직 소유자의 입목에 대한 점유가 침해되는 것이 아니라 이를 운반하거나 반출한 때 비로소 그 점유가 침해된다.
> ㉡ 아파트 신축공사 현장 안에 있는 건축자재 등을 훔칠 생각으로 공범과 함께 공사현장 안으로 들어간 후 창문을 통하여 신축 중인 아파트의 지하실 안쪽을 살핀 경우, 특수절도죄의 실행의 착수에 해당하지 않는다.
> ㉢ 주간에 피해자가 운영하는 모텔에 이르러 피해자가 평소 비어 있는 객실의 문을 열어둔다는 사실을 알고 그곳 202호 안까지 들어가 침입한 다음, 같은 날 밤에 그곳에 설치되어 있던 피해자 소유의 재물을 가지고 나온 경우, 야간주거침입절도죄가 성립하지 않는다.
> ㉣ 건물의 창문과 방충망을 창틀에서 분리한 행위만으로는 특수절도죄의 손괴에 해당하지 않는다.

① ㉠(○) ㉡(×) ㉢(×) ㉣(×)   ② ㉠(×) ㉡(○) ㉢(○) ㉣(○)
③ ㉠(×) ㉡(○) ㉢(○) ㉣(×)   ④ ㉠(×) ㉡(×) ㉢(○) ㉣(○)

15 절도의 죄에 대한 설명 중 옳지 않은 것은 모두 몇 개인가? (다툼이 있는 경우 판례에 의함)

> ㉠ 야간에 도로에 주차된 차량의 문을 열고 현금 등을 훔치기로 마음먹고, 차량의 문이 잠겨 있는지 확인하기 위해 양손으로 운전석 문의 손잡이를 잡고 열려고 하던 중 경찰관에게 발각된 경우, 절도죄의 실행에 착수한 것으로 보아야 한다.
> ㉡ 타인의 신용카드를 이용하여 현금지급기에서 자신의 계좌로 돈을 이체 한 후 현금지급기에서 자신의 현금카드를 이용하여 "현금을 인출한 행위"는 절도죄를 구성하지 않는다.
> ㉢ 야간에 아파트에 침입하여 물건을 훔칠 의도로 아파트 베란다 철제 난간까지 올라가 유리창문을 열려고 시도하던 중 사람 소리가 들려 도주한 경우 야간주거침입절도죄의 실행에 착수한 것으로 보아야 한다
> ㉣ 甲이 내연관계에 있는 乙과 아파트에서 동거하다가 乙의 사망으로 乙의 상속인(乙의 자식들)인 丙 및 丁 소유에 속하게 된 부동산 등기권리증 등 서류들이 들어 있는 가방을 위 아파트에서 가지고 갔다면, 비록 丙과 丁이 위 아파트에 전혀 거주한 적이 없이 다른 곳에서 거주·생활하였다 하더라도 甲은 절도죄가 성립한다.

① 없음   ② 1개   ③ 2개   ④ 3개

16 다음 설명 중 가장 적절하지 않은 것은? (다툼이 있는 경우 판례에 의함)

㉮ 절도죄의 죄수는 원칙적으로 침해된 점유의 개수에 의하여 결정되므로, 동일인의 점유 또는 공동점유 아래 있는 재물을 절취한 경우 비록 그 소유자를 달리하더라도 일죄이다. 예컨대, ㉯ A의 방 안에서 A 소유의 오디오와 A가 B로부터 빌려 사용하고 있는 B 소유의 손목시계를 절취한 경우가 이에 해당한다. 한편, ㉰ 40여 일간에 걸쳐 피해자 C 소유 임야에서 고령토를 계속 절취하는 경우는 범의의 단일성을 인정할 수 있으므로 일죄이지만, ㉱ 절도의 습벽이 있는 자가 그 습벽의 발로로 주간에 절도의 목적으로 타인의 주거에 침입하였으나 절도에 이르지 못한 경우, 그 위법성은 상습절도의 구성요건적 평가에 포함되어 있다고 볼 수 있으므로, 주거침입죄가 별도로 성립하지 않는다.

① ㉮   ② ㉯   ③ ㉰   ④ ㉱

제3절 강도의 죄

17 다음 설명 중 가장 적절하지 않은 것은? (다툼이 있는 경우 판례에 의함)

① 특수강간이 미수에 그쳤다 하더라도 그로 인하여 피해자가 상해를 입었다면 「성폭력범죄의 처벌 등에 관한 특례법」에 의한 특수강간치상죄의 기수가 성립한다.
② 강도가 재물강취의 뜻을 재물의 부재로 이루지 못한 채 미수에 그쳤으나 그 자리에서 항거불능의 상태에 빠진 피해자를 간음할 것을 결의하고 실행에 착수했으나 역시 미수에 그쳤더라도 반항을 억압하기 위한 폭행으로 피해자에게 상해를 입힌 경우에는 강도강간미수죄와 강도치상죄의 실체적 경합범이 성립한다.
③ 여러 사람이 상해의 범의로 범행 중 한 사람이 중한 상해를 가하여 피해자가 사망에 이르게 된 경우 나머지 사람들은 사망의 결과를 예견할 수 없는 때가 아닌 한 상해치사의 죄책을 면할 수 없다.
④ 수뢰후부정처사죄는 반드시 뇌물수수 등의 행위가 완료된 이후에 부정한 행위가 이루어져야 함을 의미하는 것은 아니고, 결합범 또는 결과적가중범 등에서의 기본행위와 마찬가지로 뇌물수수 등의 행위를 하는 중에 부정한 행위를 한 경우도 포함한다.

18 강도죄에 관한 설명 중 옳은 것은 모두 몇 개인가? (다툼이 있는 경우 판례에 의함)

> ㉠ 강간범인이 부녀를 강간할 목적으로 폭행, 협박에 의하여 반항을 억압한 후 반항억압 상태가 계속 중임을 이용하여 재물을 탈취하는 경우에는 재물탈취를 위한 새로운 폭행, 협박이 없더라도 강도죄가 성립한다.
> ㉡ 강도죄의 객체인 재산상 이익은 재물 이외의 재산상의 이익을 말하는 것으로서 적극적 이익이든 소극적 이익이든 모두 포함하는 것이나 그 이익이 사법상 무효로서 법률상 정당하게 그 이행을 청구할 수 없는 경우에는 강도죄에 있어서 재산상 이익에 해당한다고 보기 어렵다.
> ㉢ 피고인이 절취품을 물색 중 피해자가 잠에서 깨어나 "도둑이야"하고 고함치자 체포를 면탈할 목적으로 그녀에게 이불을 덮어씌우고 입과 목을 졸라 상해를 입혔다면 절도죄의 목적달성여부와 관계없이 강도상해죄가 성립한다
> ㉣ 준강도죄의 주체는 절도이고 여기에는 기수는 물론 형법상 처벌규정이 있는 미수도 포함되는 것이지만, 준강도죄의 기수·미수의 구별은 구성요건적 행위인 폭행 또는 협박이 종료되었는가 하는 점에 따라 결정된다.

① 1개 ② 2개 ③ 3개 ④ 4개

19 강도죄에 관한 설명 중 옳은 것은 모두 몇 개인가? (다툼이 있는 경우 판례에 의함)

> ㉠ 甲과 乙, 丙이 타인의 재물을 절취하기로 공모한 다음 甲은 망을 보고 乙과 丙이 재물을 절취한 다음 달아나려다가 피해자에게 발각되자 체포를 면탈할 목적으로 피해자를 때려 상해를 입혔다면 甲도 이를 전혀 예견하지 못했다고 볼 수 없어 강도치상죄의 죄책을 면할 수 없다.
> ㉡ 피고인이 술집 운영자 甲으로부터 술값의 지급을 요구받자 술값의 지급을 면하기로 마음먹고 甲을 유인·폭행하고 도주함으로써 술값의 지급을 면하여 재산상 이득을 취득한 경우 준강도죄가 성립하지 아니한다.
> ㉢ 피고인들이 피해자들의 재물을 강취한 후 그들을 살해할 목적으로 현주건조물에 방화하여 사망에 이르게 한 경우, 피고인들의 행위는 강도살인죄와 현주건조물방화치사죄에 모두 해당하고 그 두 죄는 실체적 경합범 관계에 있다.
> ㉣ 피고인 甲, 乙이 공모하여 채무를 면탈할 의사로 채권자 丙을 살해한 사안에서, 甲의 丙에 대한 채무의 존재가 명백할 뿐만 아니라 丙의 상속인이 존재하고 그 상속인에게 채권의 존재를 확인할 방법이 확보되어 있지만 재산상 이익이 채권자 측으로부터 甲 앞으로 이전되었다고 볼 수 있으므로 강도살인죄가 성립한다.

① 없음   ② 1개   ③ 2개   ④ 3개

20 강도죄에 대한 설명 중 가장 적절하지 않은 것은? (다툼이 있는 경우 판례에 의함)

① 강간범인이 부녀를 강간할 목적으로 폭행, 협박에 의하여 반항을 억압한 후 반항억압 상태가 계속 중임을 이용하여 재물을 탈취하는 경우에는 재물탈취를 위한 새로운 폭행, 협박이 없더라도 강도죄가 성립한다.
② 피고인이 주점 도우미인 피해자에게 화대를 지급하고 성관계를 하던 중에 피해자가 피고인의 성교행위가 너무 과격하다는 이유로 항의를 하면서 성교를 중단하는 바람에 말다툼이 벌어져 이에 화가 난 피고인이 피해자에 대한 폭행을 시작하면서 피해자가 이불을 뒤집어쓴 후에도 계속해서 주먹과 발로 피해자를 구타한 후 이불 속에 들어 있는 피해자를 두고 옷을 입고 방을 나가다가 탁자 위의 피해자 손가방 안에서 현금 20만원 등이 든 피해자의 키홀더를 가져갔다면 강도죄가 성립하지 않는다.
③ 절도범인이 처음에는 흉기를 휴대하지 아니하였으나 체포를 면탈할 목적으로 폭행 또는 협박을 가할 때에 흉기를 휴대 사용하게 된 경우에는 특수강도에 해당하는 준강도가 된다.
④ 날치기 수법의 점유탈취 과정에서 이를 알아채고 재물을 뺏기지 않으려는 피해자의 반항에 부딪혔음에도 계속하여 피해자를 끌고 가면서 억지로 재물을 빼앗은 행위는 피해자의 반항이 억압되지 못한 경우이므로 강도에 해당하지 않는다.

21. 강도의 죄에 대한 설명 중 가장 적절하지 않은 것은? (다툼이 있는 경우 판례에 의함)

① 강도범행 이후에도 피해자를 계속 끌고 다니거나 차량에 태우고 함께 이동하는 등으로 강도범행으로 인한 피해자의 심리적 저항불능 상태가 해소되지 않은 상태에서 강도범인이 상해를 가한 경우, 강취행위와 상해행위 사이에 시간적·공간적 간격이 있으므로 강도상해죄가 성립하지 않는다.
② 甲이 A의 집에 침입하여 TV를 훔쳐 나오다가 A와 A의 아내 B가 소리를 지르며 쫓아오자 체포면탈 목적으로 A의 얼굴을 팔꿈치로 1회 가격하여 폭행하고, 곧바로 B의 정강이를 발로 걸어 차 B에게만 약 3주간의 치료가 필요한 상해를 가한 경우 甲은 포괄하여 하나의 강도상해죄만 성립한다.
③ 준강도죄는 목적범에 해당한다.
④ 강도죄가 성립하기 위하여 폭행, 협박당한 자가 탈취당한 재물의 소유자 또는 점유자일 것을 요하지 않는다.

제4절 사기의 죄

22. 재산죄에 관한 설명으로 옳은 것만을 모두 고른 것은? (다툼이 있는 경우 판례에 의함)

㉠ 편의점 주인 A는 다른 사람이 떨어뜨리고 간 지갑을 매장에서 우산을 구매한 甲의 것으로 착각하여 甲에게 "이 지갑이 선생님 지갑이 맞느냐?"라는 질문을 하였고, 이에 甲이 "내 것이 맞다."라고 대답하고 甲이 이를 교부받아 가지고 간 것은 절도죄가 성립한다.
㉡ 비트코인은 경제적인 가치를 디지털로 표상하여 전자적으로 이전, 저장과 거래가 가능하도록 한 가상자산의 일종으로 사기죄의 객체인 재산상 이익에 해당한다.
㉢ 장물인 현금을 금융기관에 예금의 형태로 보관하였다가 이를 반환받기 위하여 동일한 액수의 현금을 인출한 경우, 액수에 의하여 표시되는 금전적 가치에는 아무런 변동이 없으므로 장물로서의 성질은 그대로 유지된다.
㉣ 주간에 사람의 주거 등에 침입하여 야간에 타인의 재물을 절취한 행위는 형법 제330조의 야간주거침입절도죄가 성립한다.

① ㉠㉢   ② ㉡㉢   ③ ㉡㉣   ④ ㉢㉣

23. 소송사기에 관한 설명 중 옳고 그름의 표시(O, ×)가 바르게 된 것은? (다툼이 있는 경우 판례에 의함)

> ㉠ 甲이 자신이 토지의 소유자라고 허위 주장을 하면서 소유권보존등기 명의자를 상대로 보존등기의 말소를 구하는 소송을 제기한 경우, 그 소송에서 위 토지가 甲의 소유임을 인정하여 보존등기 말소를 명하는 내용의 승소확정판결을 받는다면 甲에게 소송사기죄가 성립하고, 이 경우 기수시기는 위 판결이 확정된 때이다.
> ㉡ A가 자기의 비용과 노력으로 건물을 신축하여 소유권을 원시취득한 미등기건물의 소유자임에도, A에 대한 채권담보 등을 위하여 건축허가명의만을 가진 甲과 甲에 대한 채권자 乙이 공모하여 乙이 甲을 상대로 위 건물에 관한 강제경매를 신청하여 법원의 경매개시결정이 내려지고, 그에 따라 甲 앞으로 촉탁에 의한 소유권보존등기가 된 경우, 甲과 乙에게는 A에 대한 관계에서 사기죄의 공동정범이 성립한다.
> ㉢ 허위 채권에 기한 공정증서를 집행권원으로 하여 채무자의 소유권이전등기청구권에 대하여 압류신청을 한 것만으로는 소송사기의 실행에 착수하였다고 볼 수 없다.
> ㉣ 甲이 소송상의 주장이 사실과 다름이 객관적으로 명백하거나 증거가 조작되어 있다는 정을 인식하지 못하는 제3자를 이용하여 그로 하여금 소송의 당사자가 되게 하여 법원을 기망하였다면, 甲에게 간접정범의 형태에 의한 소송사기죄가 성립한다.

① ㉠(O) ㉡(O) ㉢(×) ㉣(O)   ② ㉠(O) ㉡(×) ㉢(O) ㉣(O)
③ ㉠(O) ㉡(×) ㉢(×) ㉣(O)   ④ ㉠(×) ㉡(O) ㉢(O) ㉣(×)

24. 사기의 죄에 관한 설명으로 가장 적절한 것은? (다툼이 있는 경우 판례에 의함)

① 甲이 토지의 소유자이자 매도인인 A에게 토지거래허가에 필요한 서류라고 속여 근저당권설정계약서에 서명·날인하게 하고 인감증명서를 교부받은 다음, 이를 이용하여 A의 소유 토지에 甲을 채무자로 한 근저당권을 B에게 설정하여 주고 돈을 차용하는 방법으로 재산상 이익을 취득하였다면, A에게 그 소유 토지들에 근저당권 등을 설정하여 줄 의사가 없었다는 점에서 A의 처분행위가 없으므로 사기죄가 성립하지 않는다.
② 타인의 명의를 모용하여 발급받은 신용카드를 이용하여 현금자동지급기에서 현금을 인출한 행위와 ARS 전화서비스 등으로 신용대출을 받은 행위는 포괄적으로 카드회사에 대한 사기죄가 된다.
③ 甲은 A로부터 현금 2만원을 인출해 오라는 부탁을 받으면서 A 소유의 현금카드를 건네받았는데, 이를 기화로 현금자동인출기에서 인출금액을 5만 원으로 입력하여 인출한 후 2만원만 A에게 건네주고 나머지 3만원을 취득한 경우, 甲은 인출한 5만원 전부에 대하여 컴퓨터등 사용사기죄가 성립한다.

④ 상해보험계약 체결 당시에 이미 발생한 교통사고로 생긴 질환으로 입·통원치료를 받고 있었을 뿐 아니라 기왕증으로 인해 향후 추가 입원치료를 받게 될 개연성이 농후함을 인식하고 있었음에도 자신의 과거 병력과 치료이력을 묵비하고 그 보험계약을 체결하였다면, 부작위에 의한 기망행위가 인정된다.

25 사기의 죄에 관한 설명 중 옳은 것은 모두 몇 개인가? (다툼이 있는 경우 판례에 의함)

㉠ 지방자치단체 컴퓨터시스템에 악성프로그램을 설치하여 낙찰 하한가를 미리 알아낸 다음 특정 건설사에 낙찰이 가능한 입찰금액을 알려주어 건설사가 낙찰받게 한 경우, 컴퓨터사용사기죄가 성립하지 않는다(단, 사람의 처분행위가 있었음)
㉡ 주유소 운영자가 농·어민 등에게 조세특례제한법에 정한 면세유를 공급한 것처럼 위조한 면세유류공급확인서로 정유회사를 기망하여 상당의 이득을 취득한 경우 정유회사는 물론 국가 또는 지방자치단체를 기망하여 환급세액을 편취한 것이므로 국가 또는 지방자치단체에 대해서도 사기죄가 성립한다.
㉢ 피고인들이 타인과 공모하여 그 공모자를 상대로 제소한 경우나 피고인들이 법원을 기망하여 얻으려고 한 판결의 내용이 소송 상대방의 의사에 부합하는 것일 때에는 착오에 의한 재물의 교부행위가 있다고 할 수 없어 소송사기죄가 성립되지 아니한다.
㉣ 의료인으로서 자격과 면허를 보유한 사람이 「의료법」 제4조 제2항을 위반하여 다른 의료인의 명의로 의료기관을 개설·운영함으로써 요양급여비용을 지급받은 경우, 「국민건강보험법」상 요양급여비용을 적법하게 지급받을 수 있는 자격 내지 요건이 흠결되지 않더라도 국민건강보험공단을 피해자로 하는 사기죄를 구성한다.

① 1개 ② 2개 ③ 3개 ④ 4개

26 사기죄에 대한 설명 중 옳고 그름의 표시(O, ×)가 바르게 된 것은? (다툼이 있는 경우 판례에 의함)

> ㉠ 사기죄의 피해자 법인이나 단체 대표자 또는 실질적으로 의사결정의 최종결재권자 등이 기망행위자와 동일인이거나 기망행위자와 공모하는 등 기망행위임을 알고 있었던 경우에는 기망행위로 인한 착오가 있다고 볼 수 없고, 재물 교부 등의 처분행위가 있었더라도 기망행위와 인과관계가 있다고 보기 어려워 사기죄가 성립하지 않는다.
>
> ㉡ 용도를 속여 국민주택 건설자금을 대출받을 때 기금 대출 사무를 위탁받은 은행의 일선 담당직원이 대출금이 지정된 용도에 사용되지 않을 것이라는 점을 알고 있었다고 하더라도 은행장은 피기망자라고 보기 어렵기 때문에 이 행위를 사기죄로 처벌할 수 없다.
>
> ㉢ 甲이 피해자 A에게 자동차를 매도하겠다고 거짓말하고 자동차를 양도하면서 소유권이전 등록에 필요한 일체의 서류를 교부하여 매매대금을 수령한 다음. 자동차에 미리 부착해놓은 지피에스(GPS)로 위치를 추적하여 자동차를 가져간 경우 甲에게 사기죄가 성립한다.
>
> ㉣ 甲이 A에게 사업자등록 명의를 빌려주면 세금이나 채무는 모두 자신이 변제하겠다고 속여 그로부터 명의를 대여받아 호텔을 운영한 경우, A가 명의를 대여하였다는 것만으로 사기죄의 처분행위가 있었다고 보기 어렵다.
>
> ㉤ 피해자에 대한 사기범행을 실현하는 수단으로서 타인을 기망하여 그를 피해자로부터 편취한 재물이나 재산상 이익을 전달하는 도구로서만 이용한 경우에는 편취의 대상인 재물 또는 재산상 이익에 관하여 피해자에 대한 사기죄가 성립하고, 도구로 이용된 타인에 대한 사기죄도 별도로 성립한다.

① ㉠(O) ㉡(×) ㉢(×) ㉣(O) ㉤(×)   ② ㉠(×) ㉡(O) ㉢(O) ㉣(O) ㉤(×)
③ ㉠(O) ㉡(×) ㉢(×) ㉣(O) ㉤(O)   ④ ㉠(×) ㉡(O) ㉢(×) ㉣(×) ㉤(O)

27 사기죄에 대한 설명으로 가장 적절한 것은? (다툼이 있는 경우 판례에 의함)

① 농민이 담당 공무원을 기망하여 납부의무가 있는 농지보전부담금을 면제받아 재산상 이익을 취득한 경우 일반 국민의 재산권을 제한하는 침해행정 영역에서 담당 공무원을 기망하여 권력작용에 의한 재산권 제한을 면한 경우에 해당하므로 사기죄가 성립한다.
② 부동산의 명의수탁자가 명의신탁 사실을 숨기고 부동산을 자신의 소유라고 주장하면서 제3자에게 매도하고 매매를 원인으로 한 소유권이전등기까지 마친 경우 제3자에 대한 사기죄가 성립한다.
③ 선거후보자가 여러 개의 선거비용 항목을 허위로 기재한 하나의 선거비용 보전청구서를 제출하여 국가로부터 선거비용을 과다 보전받아 이를 편취한 경우 회계보고 허위기재로 인한 특별법위반죄 외에 각 선거비용 항목에 따라 별개의 사기죄가 성립한다.
④ 은행에 대출을 신청하면서 담보 부동산의 매매계약서상 매매대금을 허위로 부풀려 기재한 매매계약서를 제출하고 이 부풀린 금액이 정당한 매매대금임을 전제로 하여 대출을 받은 경우 사기죄가 성립하며 지급받은 대출금 전부가 사기죄의 이득액에 해당한다.

28 사기의 죄에 대한 설명으로 가장 적절하지 않은 것은? (다툼이 있는 경우 판례에 의함)

① 침해행정 영역에서 일반 국민이 담당 공무원을 기망하여 권력작용에 의한 재산권 제한을 면하는 경우에는 사기죄가 성립할 수 없다.
② 사기죄의 '재산상의 이익'은 영속적·일시적 이익, 적극적·소극적 이익을 불문하며, 자기의 채권자에 대한 채무이행으로 존재하지 않는 채권을 양도한 경우에도 재산상의 이익을 취득한 것으로 볼 수 있다.
③ 사기죄의 요건으로서의 부작위에 의한 '기망'은 고지의무 있는 자가 일정한 사실에 관하여 상대방이 착오에 빠져 있음을 알면서도 이를 고지하지 않는 것을 말한다.
④ 피해자를 기망하여 착오를 일으키게 하고 피해자가 착오에 빠진 결과 채권의 존재를 알지 못하여 채권을 행사하지 않은 경우 그와 같은 부작위는 사기죄에 있어서의 재산의 처분행위에 해당한다.

29 소송사기에 관한 설명 중 가장 적절하지 않은 것은? (다툼이 있는 경우 판례에 의함)

① 유치권자가 피담보채권을 실제보다 허위로 부풀려 유치권에 의한 경매를 신청한 경우 이는 소송사기죄의 실행의 착수에 해당한다.
② 소송절차에서 상대방에게 유리한 증거를 가지고 있더라도 상대방을 위하여 이를 현출하여야 할 의무가 있다고 할 수 없으므로 이러한 증거를 제출하지 아니한 행위만으로 소송 사기의 기망행위가 있었다고 할 수 없다.
③ 소송사기에 의한 사기죄는 소를 제기한 때에 실행의 착수가 인정되고, 그 소장이 상대방에게 유효하게 도달할 것을 요하지 않는다.
④ 타인과 공모하여 그 공모자를 상대로 제소하여 의제자백의 판결을 받아 이에 기하여 부동산의 소유권이전등기를 한 경우에는 사기죄와 공정증서원본부실기재죄가 성립하고 양죄는 실체적 경합범 관계에 있다.

30 사기의 죄에 관한 설명 중 옳고 그름의 표시(○, ×)가 바르게 된 것은? (다툼이 있는 경우 판례에 의함)

> ㉠ 타인의 사망을 보험사고로 하는 생명보험계약을 체결함에 있어 제3자가 피보험자인 것처럼 가장하여 체결하는 등으로 그 유효요건이 갖추어지지 못한 경우에도 보험사고의 우연성과 같은 보험의 본질을 해칠 정도라고 볼 수 있는 특별한 사정이 없는 한, 하자 있는 보험계약을 체결한 행위만으로는 보험금을 편취하려는 의사에 의한 기망행위의 실행에 착수한 것으로 볼 수 없다.
> ㉡ 의사가 요양급여대상이 아닌 전화진찰을 요양급여대상으로 되어 있던 내원진찰인 것처럼 가장하여 국민건강보험관리공단에 요양급여비용을 청구하여 진찰료를 수령한 경우, 전화진찰은 의료법상 허용되므로 사기죄가 성립하지 않는다.
> ㉢ 사기죄는 타인을 기망하여 착오를 일으키게 하고 그로 인한 처분행위를 유발하여 재물·재산상의 이익을 얻음으로써 성립하고, 여기서 처분행위라 함은 재산적 처분행위로서 피기망자가 자유의사로 직접 재산상의 손해를 초래하는 작위에 나아갈 것이 필요하며, 부작위에 의한 처분행위는 인정되지 않는다.
> ㉣ 비의료인이 개설한 의료기관이 의료법에 의하여 적법하게 개설된 요양기관인 것처럼 국민건강보험공단에 요양급여비용의 지급을 청구하여 지급받더라도, 의료기관의 개설인인 비의료인이 개설 명의를 빌려준 의료인으로 하여금 환자들에게 진단, 치료 등 요양급여를 실제로 제공하게 하였다면 사기죄가 성립하지 않는다.

① ㉠(○) ㉡(×) ㉢(×) ㉣(×)   ② ㉠(○) ㉡(×) ㉢(○) ㉣(×)
③ ㉠(○) ㉡(○) ㉢(×) ㉣(×)   ④ ㉠(×) ㉡(○) ㉢(×) ㉣(○)

31 신용카드범죄 등에 대한 설명으로 가장 적절하지 않은 것은? (단, 특별법 적용은 논하지 않고, 다툼이 있는 경우 판례에 의함)

① 甲이 권한 없이 인터넷뱅킹으로 타인의 예금계좌에서 자신의 예금계좌로 돈을 이체한 후 그 중 일부를 인출하여 그 정을 아는 乙에게 교부한 경우, 甲이 컴퓨터등사용사기죄에 의하여 취득한 예금채권은 재물이 아니라 재산상 이익이므로, 그가 자신의 예금계좌에서 돈을 인출하였더라도 장물을 금융기관에 예치하였다가 인출한 것으로 볼 수 없으므로 乙은 장물취득죄가 성립하지 않는다.
② 강취한 현금카드를 사용하여 현금자동지급기에서 예금을 인출한 행위에 대해서는 강도죄와 별도로 현금에 대한 절도죄가 성립하지 않지만, 공갈로 갈취한 현금카드를 사용하여 현금자동지급기에서 예금을 인출한 행위는 공갈죄와 별도로 절도죄를 구성한다.
③ 카드사용으로 인한 대금결제의 의사와 능력이 없으면서도 있는 것 같이 가장하여 카드회사를 기망하고, 이에 기망당한 카드회사가 발급해 준 자기 명의의 카드를 사용하면서 현금자동지급기를 통한 현금대출도 받고, 가맹점을 통한 물품구입 대금 대출도 받아 카드발급회사로 하여금 같은 액수 상당의 피해를 입게 한 경우, 그 피고인에게 사기의 포괄일죄가 성립한다.
④ 절취한 타인의 신용카드를 부정사용하여 현금자동지급기에서 현금을 인출하고 그 현금을 취득한 행위는 현금자동지급기 관리자의 의사에 반하여 그의 지배를 배제하고 그 현금을 자기의 지배하에 옮겨 놓는 것이므로, 그 행위자에게 컴퓨터등사용사기죄가 아닌 절도죄가 성립한다.

32 다음 설명 중 가장 적절하지 않은 것은? (다툼이 있는 경우 판례에 의함)

① 중고자동차 매매업자 甲이 할부금융회사에 대한 할부금채무를 승계하기로 하고 乙로부터 매입한 승용차를 다시 丙에게 매도하면서 승용차의 할부금이 남아 있음에도 丙에게 할부금 채무가 있다는 사실을 고지하지 않은 경우에 부작위에 의한 사기죄가 성립하지 않는다.
② 부동산 이중매매에서 매도인이 제1매수인으로부터 중도금까지 받은 상태에서 제2매수인으로부터 계약금과 중도금을 받을 때까지 제2매수인에게 이런 사정을 고지하지 않은 것만으로는 부작위에 의한 기망을 인정할 수 없다
③ 수인의 피해자에 대하여 각별로 기망행위를 하여 각각 재물을 편취한 경우에 범의가 단일하고 범행방법이 동일하면 피해자별로 이득액을 합산하여 이득액이 5억 원 이상이면 특정경제범죄 가중처벌 등에 관한 법률 제3조 제1항을 적용하여야 한다.
④ 사기죄가 성립되려면 피기망자가 착오에 빠져 어떠한 재산상의 처분행위를 하도록 유발하여 재산적 이득을 얻을 것을 요하고, 피기망자와 재산상의 피해자가 같은 사람이 아닌 경우에는 피기망자가 피해자를 위하여 그 재산을 처분할 수 있는 권능을 갖거나 그 지위에 있어야 한다.

33. 다음 설명 중 가장 적절하지 않은 것은? (다툼이 있는 경우 판례에 의함)

① 예금주인 현금카드 소유자를 협박하여 그 카드를 갈취한 다음 피해자의 승낙에 의하여 현금카드를 사용할 권한을 부여받아 이를 이용하여 현금자동지급기에서 현금을 인출한 경우 공갈죄와 별도로 절도죄는 성립하지 않는다.
② 복권 인터넷사이트 가상계좌에서 복권 구매요청금과 동일한 액수의 가상 현금이 입금되는 프로그램 오류의 발생현상을 이용하여 가상계좌에 전자복권 구매명령을 입력함으로써 재산상 이득을 취득한 경우, 컴퓨터사용사기죄가 성립한다.
③ 신용카드를 절취한 사람이 대금을 결제하기 위하여 신용카드를 제시하고 카드회사의 승인까지 받았다고 하더라도 매출전표에 서명한 사실이 없고 도난카드임이 밝혀져 최종적으로 매출취소로 거래가 종결되었다면, 여신전문금융업법상의 신용카드 부정사용 미수행위로 처벌된다.
④ 타인의 명의를 모용하여 발급받은 신용카드의 번호와 그 비밀번호를 이용하여 ARS 전화서비스나 인터넷 등을 통하여 신용대출을 받은 경우 컴퓨터등사용사기죄가 성립한다.

34. 소송사기에 관한 설명 중 옳은 것은 모두 몇 개인가? (다툼이 있는 경우 판례에 의함)

> ㉠ 자신이 토지의 소유자라고 허위의 주장을 하면서 소유권보존등기 명의자를 상대로 보존등기의 말소를 구하는 소송을 제기하여 보존등기의 말소를 명하는 내용의 확정판결을 받았다면, 아직 자기 앞으로 소유권보존등기를 경료하지 않은 상태라고 하더라도 소송사기죄의 기수에 이르렀다고 할 것이다.
> ㉡ 유치권에 의한 경매를 신청한 유치권자는 일반채권자와 마찬가지로 피담보채권액에 기초하여 배당을 받을 수는 없으므로, 피담보채권액을 허위로 크게 부풀려 유치권에 의한 경매를 신청하였다고 하더라도 그 자체로는 소송사기죄의 실행의 착수가 있다고 보기 어렵다.
> ㉢ 해당 임야를 매수한 사실이 없는데도 매수한 것처럼 허위의 사실을 주장하여 그 임야에 대한 소유권이전등기를 거친 자들을 상대로 각 그 소유권이전등기 말소를 구하는 소송을 제기하였다가 취하하였다 하더라도 사기죄의 실행에 착수하였다고 볼 수 있다.
> ㉣ 허위채권에 기하여 가압류신청을 한 이상 본안소송을 제기하지 아니하였다고 하더라도 가압류신청을 한 때에 소송사기죄의 실행에 착수하였다고 할 것이다.

① 없음   ② 1개   ③ 2개   ④ 3개

35 사기죄에 관한 설명 중 옳은 것은 모두 몇 개인가? (다툼이 있는 경우 판례에 의함)

㉠ 사기죄의 피해자가 법인이나 단체인 경우에 기망행위가 있었는지는 법인이나 단체의 대표 등 최종 의사결정권자 또는 내부적인 권한 위임 등에 따라 실질적으로 법인의 의사를 결정하고 처분을 할 권한을 가지고 있는 사람을 기준으로 판단하여야 한다.
㉡ 수익자가 기망을 통하여 급여자로 하여금 불법원인급여에 해당하는 재물을 제공하도록 한 것이라면 민법 제746조 규정에 의하여 급여자가 수익자에 대한 반환청구권을 행사할 수 없으므로 사기죄가 성립하지 않는다.
㉢ 가맹점주가 용역의 제공을 가장한 허위의 매출전표임을 고지하지 아니한 채 신용카드회사에 제출하여 대금을 청구한 경우 신용카드회사가 허위의 매출전표임을 알았더라면 그 대금을 지급하지 아니하였을 관계가 인정된다면, 비록 당시 가맹점주에게 신용카드 이용대금을 변제할 의사와 능력이 있었다고 하더라도 사기죄의 기망행위에 해당한다.
㉣ 사기죄의 피해자에게 그 대가가 지급된 경우 피해자를 기망하여 그가 보유하고 있는 그 대가를 다시 편취하더라도 새로운 법익이 침해된 것은 아니므로 기존에 성립한 사기죄와 별도의 새로운 사기죄가 성립하는 것은 아니다.

① 1개 ② 2개 ③ 3개 ④ 4개

제5절 공갈의 죄

36 공갈죄에 관한 설명 중 옳은 것은 모두 몇 개인가? (다툼이 있는 경우 판례에 의함)

> ㉠ 공갈죄의 수단인 협박은 사람의 의사결정의 자유를 제한하거나 의사실행의 자유를 방해할 정도로 겁을 먹게 할 만한 해악을 고지하는 것을 말하는데, 해악의 고지는 반드시 명시적인 방법이 아니더라도 말이나 행동을 통해서 상대방으로 하여금 어떠한 해악에 이르게 할 것이라는 인식을 갖게 하는 것이면 족하고, 피공갈자 이외의 제3자를 통해서 간접적으로 할 수도 있다.
> ㉡ 공갈죄는 다른 사람을 공갈하여 그로 인한 하자 있는 의사에 기하여 자기 또는 제3자에게 재물을 교부하게 하거나 재산상 이익을 취득하게 함으로써 성립되는 범죄로서, 공갈의 상대방이 재산상의 피해자와 같아야 할 필요는 없고, 공갈의 목적이 된 재물 기타 재산상의 이익을 처분할 수 있는 권한을 갖거나 그 지위에 있을 필요도 없다.
> ㉢ 피공갈자의 하자 있는 의사에 기하여 이루어지는 재물의 교부 자체가 공갈죄에서의 재산상 손해에 해당하므로 반드시 피해자의 전체 재산의 감소가 요구되는 것은 아니다.
> ㉣ 대상 기업에 특정한 요구를 하면서 이에 응하지 않을 경우 불매운동의 실행 등 대상 기업에 불이익이 되는 조치를 취하겠다고 고지하거나 공표하는 것과 같이 소비자불매운동의 일환으로 이루어지는 것으로 볼 수 있는 표현이나 행동이라고 하더라도 정치적 표현의 자유나 일반적 행동의 자유 등의 관점에서 전체 법질서상 용인될 수 없을 정도로 사회적 상당성을 갖추지 못한 때에는 그 행위 자체가 강요죄나 공갈죄에서 말하는 협박의 개념에 포섭될 수 있다.

① 1개 ② 2개 ③ 3개 ④ 4개

37 공갈죄에 관한 설명 중 가장 적절하지 않은 것은? (다툼이 있는 경우 판례에 의함)

① 공무원이 직무집행의 의사없이 또는 직무처리와 대가적 관계없이 타인을 공갈하여 재물을 교부하게 한 경우에는 공갈죄만 성립하고, 이러한 경우 재물의 교부자에게는 뇌물공여죄가 성립하지 아니한다.
② 공갈죄에 있어서 공갈의 상대방은 재산상의 피해자와 동일함을 요하지는 아니하나, 공갈의 목적이 된 재물 기타 재산상의 이익을 처분할 수 있는 사실상 또는 법률상의 권한을 갖거나 그러한 지위에 있음을 요한다.

③ 기자행세를 하면서 주점 객실에서 나체쇼를 한 주점 접대부 乙녀를 고발할 것처럼 데리고 나와 여관으로 유인한 다음 겁에 질려있는 乙녀의 상태를 이용하여 동침하면서 1회 성교한 것은 乙녀의 정조 대가에 상당하는 재산상 이익을 취득한 것이어서 공갈죄의 죄책을 진다.
④ 절도범이 타인으로부터 절취한 금전을 다른 금전과 섞거나 교환하지 않고 쇼핑백에 넣어 자신의 집에 숨겨두었는데 이를 안 그 타인의 지시를 받은 자가 절도범에게 겁을 주어 위 금전을 교부받은 경우, 공갈죄가 성립하지 아니한다.

38 공갈죄에 대한 설명 중 옳지 않은 것은 모두 몇 개인가? (다툼이 있는 경우 판례에 의함)

> ㉠ 공갈범행으로 인하여 취득한 이득액은 불법영득의 대상이 된 재물이나 재산상의 이익의 가액이 기준이 되어야 하고, 범죄의 기수시기를 기준으로 하여 산정할 것이며 그 후의 사정변경을 고려할 것이 아니고 그와 같은 사정변경의 가능성이 공갈행위 시 예견가능한 것이라고 하여도 마찬가지이다.
> ㉡ 甲은 자기 채권을 변제받기 위해 乙의 멱살을 잡고 채무변제를 요구하여 "만일 돈을 갖지 않을 때에는 집에 불을 질러 모두 태워버리겠다"고 협박하였다. 이에 乙이 채무를 변제하였다면 甲에게 공갈죄가 성립한다.
> ㉢ 타인의 재물인지는 민법, 상법, 기타의 실체법에 의하여 결정되는데 금전을 도난당한 경우 절도범이 절취한 금전만 소지하고 있는 때 등과 같이 구체적으로 절취된 금전을 특정할 수 있어 객관적으로 다른 금전 등과 구분됨이 명백한 예외적인 경우에는 절도 피해자에 대한 관계에서 그 금전이 절도범인 타인의 재물이라고 할 수 없다.
> ㉣ 공갈죄의 수단으로서의 협박은 객관적으로 사람의 의사결정의 자유를 제한하거나 의사실행의 자유를 방해할 정도로 겁을 먹게 할 만한 해악을 고지하는 것을 말하는 것이며, 그 해악에는 천재지변 또는 신력이나 길흉화복에 관한 것은 포함될 여지가 없다.
> ㉤ 乙의 기망에 의하여 부동산을 비싸게 매수한 甲이 그 계약을 취소함이 없이 등기를 자신의 앞으로 둔 채 乙의 전매 차익을 받아낼 생각으로 乙을 협박하여 재산상의 이득을 얻거나 돈을 받은 행위는 공갈죄를 구성한다.

① 1개　　　② 2개　　　③ 3개　　　④ 4개

제6절 횡령의 죄

39 횡령죄에 관한 설명으로 가장 적절하지 않은 것은? (다툼이 있는 경우 판례에 의함)

① 횡령죄가 성립하기 위하여는 재물의 보관자와 재물의 소유자 사이에 위탁관계가 있어야 하는데, 이러한 위탁관계는 사용대차, 임대차, 위임, 임치 등의 계약에 의하여 발생하는 것뿐만 아니라 사무관리와 같은 법률의 규정, 관습이나 조리 또는 신의성실의 원칙에 의해서도 발생한다.
② 전기통신금융사기(이른바 보이스피싱 범죄)에 이용되리라는 사정을 알고서도 자신 명의 계좌의 접근매체를 양도함으로써 사기범행을 방조한 종범 甲이 사기이용계좌로 송금된 피해자의 돈을 임의로 인출한 경우, 甲은 피해자를 위하여 사기피해금을 보관하는 지위에 있으므로 피해자에 대한 횡령죄가 성립한다.
③ 부동산 실권리자명의 등기에 관한 법률을 위반하여 무효인 이른바 양자간 명의신탁의 경우, 명의수탁자가 신탁받은 부동산을 임의로 처분하여도 명의신탁자에 대한 관계에서 횡령죄가 성립하지 아니한다.
④ 甲이 임대인 A에 대한 임대차보증금반환채권을 B에게 채권양도하면서 A에게 채권양도 통지를 하지 않은 채 위 채권을 A로부터 추심하여 금전을 수령하고 임의로 소비한 경우, 甲에게는 횡령죄가 성립하지 않는다.

40 다음 설명 중 가장 적절하지 않은 것은? (다툼이 있는 경우 판례에 의함)

① 甲이 보이스피싱 조직원 乙에게 자기 명의 계좌의 통장을 양도한 후에 그 계좌에 송금된 사기피해금을 임의로 인출한 경우, 계좌명의인으로부터 접근매체를 양수한 전기통신금융사기의 범인에 대한 횡령죄가 성립한다.
② 주주나 대표이사 또는 그에 준하여 회사 자금의 보관이나 운용에 관한 사실상의 사무를 처리하는 자가 회사 소유 재산을 제3자의 자금 조달을 위하여 담보로 제공하는 등 사적인 용도로 임의 처분하였다면 그 처분에 관하여 주주총회나 이사회의 결의가 있었는지 여부와는 관계없이 횡령죄가 성립한다.
③ 채권양도인이 채권양수인에게 채권양도의 대항요건을 갖추어 주지 않은 채 채무자로부터 채권을 추심하여 금전을 수령하고 이를 임의로 처분한 경우에 횡령죄가 성립하지 않는다.
④ 채권자가 그 채권의 지급을 담보하기 위하여 채무자로부터 수표를 발행·교부받아 이를 소지한 경우에 채권자는 횡령죄의 주체인 타인의 재물을 보관하는 자의 지위에 있다고 볼 수 없다.

41. 횡령과 배임의 죄에 관한 설명 중 옳지 않은 것은 모두 몇 개인가? (다툼이 있는 경우 판례에 의함)

> ㉠ 甲이 성명불상자로부터 계좌를 빌려주면 대가를 주겠다는 제안을 받고 자신의 계좌에 연결된 체크카드를 양도하였는데, A가 보이스피싱 사기 범행에 속아 위 계좌로 금원을 송금하여 甲이 보관하던 중 이를 현금으로 인출하여 개인 용도로 사용한 경우 甲이 사기범행에 이용되리라는 사정을 알지 못한 채 체크카드를 양도한 것이라면 A에 대한 횡령죄가 성립한다.
> ㉡ 타인으로부터 용도가 엄격히 제한된 자금을 위탁받아 집행하면서 그 제한된 용도 이외의 목적으로 자금을 사용한 행위가 개인적인 목적에서 비롯된 것이 아니라 결과적으로 자금을 위탁한 본인을 위하는 면이 있는 경우에는 횡령죄가 성립하지 않는다.
> ㉢ 甲이 乙로부터 18억 원을 차용하면서 담보로 甲 소유의 아파트에 乙 명의의 4순위 근저당권을 설정해 주기로 약정하였음에도 제3자에게 채권최고액을 12억 원으로 하는 4순위 근저당권을 설정하여 준 경우 특정경제범죄가중처벌등에관한법률위반(배임)죄가 성립한다.
> ㉣ 타인의 사무를 처리하는 자가 그 직무에 관하여 여러 사람으로부터 각각 부정한 청탁을 받고 수회에 걸쳐 금품을 수수한 경우 그 청탁이 동종의 것이면 단일하고 계속된 범의 아래 이루어진 범행으로 보아 그 전체를 포괄일죄로 볼 수 있다.

① 1개 ② 2개 ③ 3개 ④ 4개

42. 횡령죄에 대한 설명으로 가장 적절하지 않은 것은? (다툼이 있는 경우 판례에 의함)

① 익명조합의 경우에는 익명조합원이 영업을 위하여 출자한 금전 기타의 재산은 상대편인 영업자의 재산이 되므로, 그 영업자는 타인의 재물을 보관하는 자의 지위에 있지 않아 영업이익금 등을 임의로 소비하였더라도 횡령죄가 성립하지 않는다.
② 사기범행에 이용되리라는 사정을 알고서 자신 명의 계좌의 접근매체를 양도함으로써 사기범행을 방조한 종범이 사기이용계좌로 송금된 피해자의 자금을 임의로 인출한 경우, 그 종범에게 횡령죄가 성립한다.
③ 乙이 범죄수익 등의 은닉을 위해 甲에게 교부한 무기명 양도성예금증서가 불법원인급여물에 해당한다면, 甲이 이를 현금으로 교환하여 임의로 소비한 행위에 대해서는 횡령죄가 성립하지 않는다.
④ 부동산을 공동으로 상속한 자들 중 1인이 부동산을 혼자 점유하다가 다른 공동상속인의 상속지분을 임의로 처분하여도 그에게는 그 처분권능이 없어 횡령죄가 성립하지 않는다.

43 횡령죄 등에 대한 설명 중 옳고 그름의 표시(O, ×)가 바르게 된 것은? (다툼이 있는 경우 판례에 의함)

> ㉠ 타인으로부터 금원을 차용하여 주금을 납입하고 설립등기나 증자등기 후 바로 인출하여 차용금 변제에 사용하는 경우, 위와 같은 행위는 실질적으로 회사의 자본을 증가시키는 것이 아니고 상법상 납입가장죄가 성립하는 이상 회사 자본이 실질적으로 증가됨을 전제로 한 업무상횡령죄가 성립한다고 할 수는 없다.
> ㉡ 甲이 보이스피싱 조직원 乙에게 자기 명의 계좌의 통장을 양도한 후에 그 계좌에 송금된 사기피해금을 임의로 인출한 경우, 계좌명의인 甲에게 사기방조죄가 성립하지 않는 이상 사기피해자에 대한 횡령죄가 성립하지 않는다.
> ㉢ 피고인은 甲이 착오로 피고인 명의의 OO은행 계좌로 잘못 송금한 돈을 임의로 인출하여 사용하였다. 이 경우 피고인과 송금인 사이에 거래관계가 있었던 경우는 횡령죄가, 피고인과 송금인 사이에 아무런 거래관계가 없었던 경우에는 점유이탈물횡령죄가 각 성립한다.
> ㉣ 지입회사에 소유권이 있는 차량에 대하여 지입회사에서 운행관리권을 위임받은 지입차주가 지입회사의 승낙 없이 보관 중인 차량을 처분하거나 지입차주에게서 차량보관을 위임받은 사람이 지입차주의 승낙 없이 보관 중인 차량을 처분한 경우에 횡령죄가 성립한다(단, 지입차주는 차량의 등록명의자가 아니었다)

① ㉠(O) ㉡(O) ㉢(×) ㉣(O)   ② ㉠(O) ㉡(×) ㉢(×) ㉣(O)
③ ㉠(O) ㉡(×) ㉢(×) ㉣(×)   ④ ㉠(×) ㉡(O) ㉢(×) ㉣(×)

44 재산죄에 관한 설명 중 가장 적절한 것은? (다툼이 있는 경우 판례에 의함)

① 절도범인으로부터 그가 훔친 자기앞수표를 그 정을 알고 교부받은 甲이 이를 음식대금으로 지급하고 거스름돈을 환불받은 경우 장물취득죄와 사기죄가 성립한다.
② 의료기관을 개설할 자격이 없는 甲, 乙, 丙 세 사람은 甲이 3억원, 乙이 6억원, 丙이 2억원을 각각 투자하여 의료소비자생활협동조합을 설립한 다음 그 명의로 요양병원을 설립·운영하여 수익을 나누어 가지기로 약정하였다. 甲은 동업약정에 따라 노인요양병원을 설립에 필요한 투자금 명목으로 乙로부터 3,000만원을 송금받아 보관하던 중 이를 임의로 사용한 경우, 甲은 횡령죄가 성립한다.
③ 부동산을 공동으로 상속한 상속인들이 공동으로 상속등기를 경료한 후, 상속인 중 1인이 부동산을 단독으로 점유하던 중 다른 공동상속인들의 승낙없이 위 부동산 전체를 임의로 처분하였을 경우, 횡령죄가 성립하지 않는다.

④ 회사에 대하여 개인적인 채권을 가지고 있는 대표이사 甲이 회사를 위하여 보관하고 있는 회사 소유의 금전을 자신의 채권의 변제에 충당하는 행위는 회사와 이사의 이해가 충돌하는 자기거래에 해당하므로, 이사회의 승인 등의 절차 없이 그와 같이 자신의 회사에 대한 채권을 변제하였다면 업무상횡령죄가 성립한다.

45 횡령죄에 관한 설명 중 가장 적절하지 않은 것은? (다툼이 있는 경우 판례에 의함)
① 甲주식회사 대표이사인 피고인이 자신의 채권자 乙에게 차용금에 대한 담보로 甲회사 명의 정기예금에 질권을 설정하여 주었는데, 그 후 乙이 차용금과 정기예금의 변제기가 모두 도래한 이후 피고인의 동의하에 정기예금 계좌에 입금되어 있던 甲회사 자금을 전액 인출하였다면 배임죄와 별도로 횡령죄까지 성립한다.
② 횡령죄에 있어서 보관이라 함은 재물이 사실상 지배하에 있는 경우 뿐만 아니라 법률상의 지배·처분이 가능한 상태를 모두 가리키는 것으로 타인의 금전을 위탁받아 보관하는 자는 보관방법으로 이를 은행 등의 금융기관에 예치한 경우에도 보관자의 지위를 갖는 것이다.
③ 채무자가 기존 금전채무를 담보하기 위하여 다른 금전채권을 채권자에게 양도한 후 제3채무자에게 채권양도 통지를 하지 않은 채 자신이 사용할 의도로 제3채무자로부터 변제를 받아 변제금을 수령한 후 채무자가 이를 임의로 소비한 경우에 횡령죄가 성립하지 않는다.
④ 소유권의 취득에 등록이 필요한 타인 소유의 차량을 인도받아 보관하고 있는 사람이 이를 사실상 처분하면 횡령죄가 성립하며, 보관 위임자나 보관자가 차량의 등록명의자일 필요는 없다.

46 다음 설명 중 옳지 않은 것만을 모두 고른 것은? (다툼이 있는 경우 판례에 의함)

㉠ A가 착오로 甲의 통장계좌로 송금한 돈을 甲이 인출하여 임의로 사용한 경우 甲은 그 송금된 돈을 보관하는 지위에 있다고 볼 수 없으므로 이를 영득할 의사로 인출하는 경우에도 횡령죄에 해당하지 아니한다.
㉡ 甲이 A에게 1억 원을 빌리면서 그 채무에 대한 담보로 자신의 부동산에 근저당권을 설정해주기로 약정하였음에도 이후 B에게 자신의 부동산을 매도해버린 경우 甲에게는 배임죄가 성립하지 아니한다.
㉢ 채무자 甲이 금전채무를 담보하기 위하여 그 소유의 동산을 채권자 A에게 양도담보로 제공하였음에도 甲이 채무변제 이전에 담보물을 임의로 처분한 경우 甲에게는 A에 대한 횡령죄가 아니라 배임죄가 성립한다.
㉣ 매도인 甲이 자기 소유의 부동산을 매수인 A에게 매도하기로 약정하고 A로부터 계약금과 중도금을 지급받는 등 계약이 본격적으로 이행되는 단계에 이르렀음에도 그 부동산에 관한 소유권을 A에게 이전해주기 전에 B에게 처분하면서 소유권이전등기를 경료해 준 경우 甲에게는 A에 대한 배임죄가 성립한다.
㉤ 甲이 자신이 알 수 없는 경위로 A의 특정 거래소 가상지갑에 들어있던 가상화폐를 甲 자신의 계좌로 이체받은 후 이를 자신의 다른 계정으로 이체한 경우 甲에게는 A에 대한 배임죄가 성립하지 아니한다.

① ㉠㉢ ② ㉡㉢㉣ ③ ㉡㉣㉤ ④ ㉠㉢㉤

47 다음 설명 중 가장 적절한 것은? (다툼이 있는 경우 판례에 의함)

① 甲이 乙로부터 A건설 컨소시엄이 제출한 설계도면에 경쟁업체보다 유리한 점수를 주어 A건설 컨소시엄이 낙찰받을 수 있도록 해달라는 취지의 청탁을 받고 금품을 취득한 이후에 실제로 건설사업의 평가위원으로 위촉되었다면 甲에게 배임수재죄가 성립한다.
② 甲이 A와의 합의하에 A 소유의 예당저수지 사금채취광업권을 명의신탁받아 보관하던 중, A로부터 위 광업권을 반환하라는 요구를 받고도 자신은 A로부터 위 광업권을 금 5,000만 원에 매수한 것이라 주장하면서 그 반환요구를 거부한 경우 횡령죄가 성립한다.
③ 甲이 권한없이 A회사의 아이디와 패스워드를 입력하여 인터넷뱅킹에 접속한 다음에 A회사의 예금계좌로부터 자신의 예금계좌로 합계 2억 원을 이체한 후, 자신의 현금카드를 사용하여 현금자동지급기에서 6,000만 원을 인출하여 그 정을 아는 乙에게 교부하였다면 甲에게는 컴퓨터등사용사기죄, 乙에게는 장물취득죄가 성립한다.
④ 甲이 A회사와 "판매대금은 매일 본사에 송금하여야 하고 본사의 계좌로 입금된 매출총이익의 30~33%는 본사에게 귀속하고, 나머지는 가맹점에 귀속한다."라는 내용의 가

맹점계약을 체결하고 편의점을 운영하다가 물품판매 대금을 본사로 송금하지 아니하고 임의로 소비한 경우 횡령죄가 성립하지 않는다.

48 다음 설명 중 옳지 않은 것을 모두 고르면? (다툼이 있는 경우 판례에 의함)

㉠ 송금인이 송금 절차의 착오로 인하여 甲 명의의 은행 계좌에 잘못 송금한 돈을 甲이 임의로 인출하여 소비한 경우 송금인과 甲 사이에 별다른 거래관계가 없다고 하더라도 甲에게 횡령죄가 성립한다.
㉡ 피고인이 乙으로부터 수표를 현금으로 교환해 주면 대가를 주겠다는 제안을 받고 위 수표가 A 등이 사기범행을 통해 취득한 범죄수익 등이라는 사실을 잘 알면서도 교부받아 그 일부를 현금으로 교환한 후 丙, 丁과 공모하여 아직 교환되지 못한 수표 및 교환된 현금을 임의로 사용한 경우, 횡령죄가 성립하지 않는다.
㉢ 채무자 甲이 차용금을 변제하지 못할 경우 어머니 소유 부동산에 대한 유증상속분을 대물변제하기로 乙과 약정한 후, 막상 부동산을 상속받자 甲이 이를 乙이 아닌 제3자에게 매도한 경우 甲에게 배임죄가 성립하지 않는다.
㉣ 법률상 원인없는 무효등기가 되어 있음을 기화로 등기명의인이 등기된 토지를 제3자에게 처분한 경우 횡령죄가 성립한다.

① ㉠㉡㉢   ② ㉡㉣   ③ ㉢㉣   ④ ㉣

49 다음 설명 중 가장 적절한 것은? (다툼이 있는 경우 판례에 의함)

① 피고인이 근저당권설정등기를 마치는 방법으로 부동산을 횡령하여 취득한 구체적인 이득액은 부동산의 시가 상당액에서 위 범행 전에 설정된 피담보채무액을 공제한 잔액이다.
② 수의계약을 체결하는 공무원이 해당 공사업자와 적정한 금액 이상으로 계약금액을 부풀려서 계약하고, 부풀린 금액을 자신이 되돌려 받기로 사전에 약정한 다음 그에 따라 수수한 돈은 성격상 뇌물이 아니고 횡령금에 해당한다.
③ A주식회사의 대표이사인 甲이 자신의 채권자 B에게 차용금에 대한 담보로 A주식회사 명의의 정기예금에 질권을 설정하여 주었는데, 그 후 B가 甲의 동의하에 위 정기예금 계좌에 입금되어 있던 A주식회사의 자금을 전액 인출하였다면 甲의 예금인출 동의행위는 업무상횡령죄에 해당한다.
④ 제3자 명의의 사기이용계좌(이른바 대포통장)의 계좌명의인이 영득의 의사로써 전기통신금융사기 피해금을 인출한 경우 계좌명의인이 사기 범행의 공범인지 여부와 상관없이 전기통신금융사기 피해자에 대한 횡령죄에 해당하지 않는다.

제7절 배임의 죄

50 다음 설명 중 가장 적절하지 않은 것은? (다툼이 있는 경우 판례에 의함)

① 동산 매매계약에서의 매도인은 매수인에 대하여 그의 사무를 처리하는 지위에 있지 아니하므로 매도인이 목적물을 타에 처분하였다 하더라도 형법상 배임죄가 성립하지 아니하는데, 이러한 법리는 권리이전에 등기·등록을 요하는 동산에 대한 매매계약에서도 동일하게 적용되므로 자동차 등의 매도인은 매수인에 대하여 그의 사무를 처리하는 지위에 있지 아니한다.

② 채무자가 채권자로부터 금원을 차용하는 등 채무를 부담하면서 채무 담보를 위하여 부동산에 관한 저당권설정계약을 체결한 경우 위 약정의 내용에 좇아 채권자에게 부동산에 관한 저당권을 설정하여 줄 의무는 자기의 사무인 동시에 상대방의 재산보전에 협력할 의무에 해당하여 '타인의 사무'에 해당한다.

③ 채무자가 금전채무를 담보하기 위하여 그 소유의 동산을 채권자에게 양도담보로 제공함으로써 채권자인 양도담보권자에 대하여 담보물의 담보가치를 유지·보전할 의무 내지 담보물을 타에 처분하거나 멸실, 훼손하는 등으로 담보권 실행에 지장을 초래하는 행위를 하지 않을 의무를 부담하게 되었더라도 이를 들어 채무자가 통상의 계약에서의 이익대립관계를 넘어서 채권자와의 신임관계에 기초하여 채권자의 사무를 맡아 처리하는 것으로 볼 수 없다. 따라서 채무자를 배임죄의 주체인 '타인의 사무를 처리하는 자'에 해당한다고 할 수 없다.

④ 주권발행 전 주식의 경우 양도인이 양수인으로 하여금 회사 이외의 제3자에게 대항할 수 있도록 확정일자 있는 증서에 의한 양도통지 또는 승낙을 갖추어 주어야 할 채무를 부담한다 하더라도 이는 자기의 사무라고 보아야 하고, 이를 양수인과의 신임관계에 기초하여 양수인의 사무를 맡아 처리 하는 것으로 볼 수 없으므로 주권발행 전 주식에 대한 양도 계약에서의 양도인은 양수인에 대하여 그의 사무를 처리하는 지위에 있지 아니한다.

51 배임의 죄에 관한 설명 중 가장 적절하지 않은 것은? (다툼이 있는 경우 판례에 의함)

① 채무자가 금전채무를 담보하기 위해 주식에 관하여 양도담보설정계약을 체결한 후 변제일 전에 제3자에게 해당 주식을 처분하더라도 배임죄는 성립하지 않는다.
② 권리이전에 등록을 요하는 자동차에 대한 매매계약에서 매도인은 매수인의 사무를 처리하는 자의 지위에 있지 않으므로, 매도인이 매수인에게 소유권이전등록을 하지 아니하고 그 자동차를 제3자에게 처분하였다고 하더라도 배임죄는 성립하지 않는다.
③ 배임수재죄의 주체로서 '타인의 사무를 처리하는 자'라 함은 타인과의 대내관계에 있어서 신의성실의 원칙에 비추어 그 사무를 처리할 신임관계가 존재한다고 인정되는 자를 의미하고, 반드시 제3자에 대한 대외관계에서 그 사무에 관한 권한이 존재할 것을 요하지는 않는다.
④ 서면으로 부동산 증여의 의사를 표시한 증여자가 증여계약을 취소하거나 해제할 수 없음에도 불구하고 증여계약에 따라 수증자에게 부동산의 소유권을 이전하지 않고 부동산을 제3자에게 처분하여 등기를 한 경우, 증여자의 소유권이전등기의무는 증여자 자신의 사무일 뿐 타인의 사무에 해당하지 않으므로 배임죄가 성립하지 않는다.

52 횡령과 배임의 죄에 관한 설명 중 가장 적절하지 않은 것은? (다툼이 있는 경우 판례에 의함)

① 부동산 매매계약에서 중도금이 지급되는 등 계약이 본격적으로 이행되는 단계에 이른 때에는 계약이 취소되거나 해제되지 않는 한 매도인은 매수인에게 부동산의 소유권을 이전해 줄 의무에서 벗어날 수 없다. 따라서 이러한 단계에 이른 때에 매도인은 매수인에 대하여 매수인의 재산보전에 협력하여 재산적 이익을 보호·관리할 신임관계에 있게 된다. 그때부터 매도인은 배임죄에서 말하는 '타인의 사무를 처리하는 자'에 해당한다.
② 양도담보로 제공된 동산을 채권자가 채무자와의 합의를 통해 점유보관하고 있다가 채권자가 변제기가 도래하기 전에 그 목적물을 임의로 제3자에게 처분하면 횡령죄가 성립한다.
③ 업무상배임죄에 있어서 타인의 사무를 처리하는 자란 고유의 권한으로서 그 처리를 하는 자에 한하지 않고 그 자의 보조기관으로서 직접 또는 간접으로 그 처리에 관한 사무를 담당하는 자도 포함한다.
④ 채무담보를 위하여 채권자에게 부동산에 관하여 근저당권을 설정해 주기로 약정한 채무자가 담보목적물을 임의로 처분하여 담보가치를 상실시킨 경우 채무자에게 배임죄가 성립한다.

53 배임의 죄에 대한 설명으로 가장 적절하지 않은 것은? (다툼이 있는 경우 판례에 의함)

① 금융기관이 금원을 대출함에 있어 대출금 중 선이자를 공제한 나머지만 교부하거나 약속어음을 할인함에 있어 만기까지의 선이자를 공제한 경우, 배임행위로 인하여 금융기관이 입는 손해는 선이자를 공제한 금액이 아니라 선이자로 공제한 금원을 포함한 대출금 전액이거나 약속어음 액면금 상당액으로 보아야 한다.
② 회사직원이 영업비밀 등을 적법하게 반출하여 반출행위가 업무상배임죄에 해당하지 않는 경우라도, 퇴사시에 영업비밀 등을 회사에 반환하거나 폐기할 의무가 있음에도 경쟁업체에 유출하거나 스스로의 이익을 위하여 이용할 목적으로 이를 반환하거나 폐기하지 아니하였다면, 이러한 행위 역시 퇴사시에 업무상배임죄의 기수가 된다.
③ 금융기관의 임직원은 예금주와의 사이에서 그의 재산관리에 관한 사무를 처리하는 자의 지위에 있으므로 임직원이 임의로 예금주의 예금계좌에서 돈을 인출한 경우 업무상 배임죄가 성립한다.
④ 업무상 배임죄에 있어서 재산상 손해가 발생하였다고 평가될 수 있는 재산상 실해 발생의 위험이라 함은 본인에게 손해가 발생할 막연한 위험이 있는 것만으로는 부족하고 경제적인 관점에서 보아 본인에게 손해가 발생한 것과 같은 정도로 구체적인 위험이 있는 경우를 말한다.

54 배임의 죄에 대한 설명 중 옳지 않은 것을 모두 고르면? (다툼이 있는 경우 판례에 의함)

㉠ 업무상 배임죄에 있어 본인에게 재산상의 손해를 가한다 함은 현실적인 손해를 가한 경우뿐만 아니라 재산상 실해 발생의 위험을 초래한 경우도 포함되며, 재산상 손해의 유무에 대한 판단은 경제적 관점에서 파악하여야 한다.
㉡ 피해자 회사의 사업부 영업팀장인 피고인이 체인점들에 대한 전매입고 금액을 삭제하여 전산상 회사의 체인점들에 대한 외상대금채권이 줄어든 것으로 처리하는 전산조작행위를 한 경우 업무상 배임죄가 성립한다.
㉢ 주식회사의 대표이사가 대표권을 남용하여 약속어음을 발행한 경우, 그 발행 상대방이 대표권 남용사실을 알았거나 알 수 있었던 때에 해당하여 약속어음 발행이 무효일 뿐 아니라, 실제 그 어음이 유통되지도 않았다면 회사에 현실적으로 손해가 발생하였다거나 실해 발생의 위험이 발생하였다고 볼 수 없으므로 배임죄의 기수, 미수 어느 것도 성립할 수 없다.
㉣ 서면에 의하지 아니한 증여계약이 행하여진 경우 증여자가 수증자에 대하여 배임죄의 주체인 타인의 사무를 처리하는 자의 지위에 있다고 할 수 없다.

① ㉠㉡   ② ㉡㉢   ③ ㉢㉣   ④ ㉣

55 배임의 죄에 관한 설명 중 가장 적절하지 않은 것은? (다툼이 있는 경우 판례에 의함)

① 채무자 甲이 차용금을 변제하지 못할 경우 어머니 소유 부동산에 대한 유증상속분을 대물변제하기로 乙과 약정한 후, 막상 부동산을 상속받자 甲이 이를 乙이 아닌 제3자에게 매도한 경우 甲에게 배임죄가 성립하지 않는다.
② 미성년자와 친생자관계는 없으나 호적상 친모로 등재된 자가 미성년자의 상속재산 처분에 관여한 경우, 배임죄가 성립한다.
③ 배임행위가 본인 이외의 제3자에 대한 사기죄를 구성한다 하더라도 그로 인하여 본인에게 손해가 생긴 때에는 사기죄와 함께 배임죄가 성립하고, 두 죄는 상상적 경합의 관계에 있다.
④ 주권발행 전 주식에 대한 양도계약에서 양도인이 양수인으로 하여금 회사 이외의 제3자에 대항할 수 있도록 확정일자 있는 증서에 의한 양도통지 또는 승낙을 갖추어 주어야 할 채무를 부담한다 하더라도 이는 자기의 사무라고 보아야 하고, 이를 양수인과의 신임관계에 기초하여 양수인의 사무를 맡아 처리하는 것으로 볼 수 없다.

56 배임수증재죄에 관한 설명 중 가장 적절하지 않은 것은? (다툼이 있는 경우 판례에 의함)

① 배임수재자가 배임증재자로부터 부정한 청탁으로 받은 재물을 그대로 가지고 있다가 증재자에게 반환하였더라도, 이미 기수에 이른 범죄 수익에 불과한 그 재물에 대한 몰수나 가액의 추징은 배임수재자를 대상으로 하여야 한다.
② 배임수재죄에서 타인의 업무를 처리하는 자에게 공여한 금품에 부정한 청탁의 대가로서의 성질과 그 외의 행위에 대한 사례로서의 성질이 불가분적으로 결합되어 있는 경우에는 그 전부가 불가분적으로 부정한 청탁의 대가로서의 성질을 갖는 것으로 보아야 한다.
③ 배임수재죄는 타인의 사무를 처리하는 자가 그 임무에 관하여 부정한 청탁을 받고 재물 또는 재산상의 이익을 취득한 경우는 물론, 제3자로 하여금 이를 취득하게 한 때에도 성립한다.
④ 타인의 사무를 처리하는 자가 증재자로부터 돈이 입금된 계좌의 예금을 인출할 수 있는 현금카드를 교부받아 이를 소지하면서 언제든지 위 현금카드를 이용하여 예금된 돈을 인출할 수 있다면, 예금된 돈을 재물로 취득한 것으로 보아야 한다.
⑤ 공동의 사기 범행으로 인하여 얻은 돈을 공범자끼리 수수한 행위가 공동정범들 사이의 그 범행에 의하여 취득한 돈이나 재산상 이익의 내부적인 분배행위에 지나지 않는 것이라면, 공범자끼리 내부적으로 그 돈을 수수하는 행위가 따로 배임수증재죄를 구성한다고 볼 수 없다.

57 횡령과 배임의 죄에 관한 설명으로 옳은 것은 모두 몇 개인가? (다툼이 있는 경우 판례에 의함)

㉠ 건물의 임차인 甲이 임대인 A에 대한 임대차 보증금반환채권을 B에게 양도하고, 이를 A에게 통지하지 않고, A로부터 남아있던 임대차보증금을 반환받아 甲이 소비한 경우 횡령죄가 성립하지 않는다.
㉡ 직무발명에 대한 권리를 사용자 등에게 승계한다는 취지를 정한 약정 또는 근무규정의 적용을 받는 종업원 등이 직무발명의 완성 사실을 사용자 등에게 통지하지 아니한 채 그에 대한 특허를 받을 수 있는 권리를 제3자에게 이중으로 양도하여 제3자가 특허권 등록까지 마치도록 하는 등으로 발명의 내용이 공개되도록 한 경우, 배임죄가 성립한다.
㉢ 채무자가 본인 소유의 동산을 채권자에게 「동산·채권 등의 담보에 관한 법률」에 따른 동산담보로 제공한 경우, 채무자가 담보물을 제3자에게 처분하는 등으로 담보가치를 감소 또는 상실시켜 채권자의 담보권 실행이나 이를 통한 채권실현에 위험을 초래하더라도 배임죄는 성립하지 않는다.
㉣ 甲이 범죄수익 등의 은닉을 위해 乙로부터 교부받은 무기명 양도성예금증서를 현금으로 교환하여 임의로 소비하였다면 횡령죄가 성립한다.

① 1개 ② 2개 ③ 3개 ④ 4개

58 배임죄에 관한 설명 중 가장 적절하지 않은 것은? (다툼이 있는 경우 판례에 의함)

① 甲이 인쇄기를 A에게 양도하기로 하고 계약금 및 중도금을 수령하였음에도 이를 자신의 채권자 B에게 기존 채무 변제에 갈음하여 양도하더라도 A에 대한 배임죄가 성립하지 아니한다.
② 금융기관 임직원이 임의로 예금주의 예금계좌에서 5,000만 원을 인출한 경우, 예금주에 대한 업무상배임죄는 성립하지 않는다.
③ 회사 직원이 영업비밀이나 영업상 주요자산인 자료를 적법하게 반출하여 그 반출행위가 업무상배임죄에 해당하지 않는 경우라도, 퇴사 시에 그 영업비밀 등을 회사에 반환하거나 폐기할 의무가 있음에도 경쟁업체에 유출하거나 스스로의 이익을 위하여 이용할 목적으로 이를 반환하거나 폐기하지 아니하였다면, 이러한 행위는 업무상배임죄에 해당한다.
④ 부실대출에 의한 업무상배임죄가 성립하는 경우에는 담보물의 가치를 초과하여 대출한 금액이나 실제로 회수가 불가능하게 된 금액만을 손해액으로 볼 것은 아니고, 재산상 권리의 실행이 불가능하게 될 염려가 있거나 손해발생의 위험이 있는 대출금 전액을 손해액으로 보아야 한다.

⑤ 음식점 임대차계약에 의한 임차인의 지위를 양도한 자는 양도사실을 임대인에게 통지하고 양수인이 갖는 임차인의 지위를 상실하지 않게 할 의무가 있고, 이러한 임무는 자기의 사무임과 동시에 양수인의 권리취득을 위한 사무의 일부를 이룬다고 할 것이다.

제8절 장물의 죄

59 장물에 관한 죄에 관한 설명 중 옳은 것을 모두 고른 것은? (다툼이 있는 경우 판례에 의함)

> ㉠ 장물인 정을 모르고 보관하던 중 장물임을 알게 되었고, 이를 반환하는 것이 불가능하지 않음에도 장물을 반환하지 않고 계속 보관하였다면 장물보관죄에 해당한다.
> ㉡ 甲이 권한 없이 인터넷뱅킹으로 타인의 예금계좌에서 자신의 예금계좌로 돈을 이체한 후 그 중 일부를 인출하여 그 정을 아는 乙에게 교부한 경우 乙에게 장물취득죄가 성립한다.
> ㉢ 절도 범인으로부터 장물보관 의뢰를 받은 자가 그 정을 알면서 이를 인도받아 보관하고 있다가 임의 처분하였다면 장물보관죄와 횡령죄의 실체적 경합범에 해당한다.
> ㉣ 금은방을 운영하는 자가 귀금속류를 매수함에 있어 매도자의 신원확인절차를 거쳤다고 하여도 장물인지의 여부를 의심할 만한 특별한 사정이 있거나 매수물품의 성질과 종류 및 매도자의 신원 등에 좀 더 세심한 주의를 기울였다면 그 물건이 장물임을 알 수 있었음에도 불구하고 이를 게을리 하여 장물인 정을 모르고 매수하여 취득한 경우에는 업무상과실장물취득죄가 성립한다.
> ㉤ 甲이 지입회사와 지입계약을 체결하고 지입회사 명의로 등록된 차량에 대하여 운행관리권을 위임받아 보관하던 중 지입회사의 승낙 없이 보관 중인 차량을 그 정을 아는 乙에게 처분하였더라도 횡령죄가 성립하지 아니하고, 乙에게도 장물취득죄가 성립하지 아니한다.

① ㉠㉤   ② ㉠㉡   ③ ㉡㉢
④ ㉠㉣   ⑤ ㉠㉡㉣

60 장물의 죄에 대한 설명으로 옳은 것은 모두 몇 개인가? (다툼이 있는 경우 판례에 의함)

> ㉠ 재산범죄를 저지른 이후에 별도의 재산범죄의 구성요건에 해당하는 사후행위가 있었다면 비록 그 행위가 불가벌적 사후행위로서 처벌의 대상이 되지 않는다 할지라도 그 사후행위로 인하여 취득한 물건은 재산범죄로 인하여 취득한 물건으로서 장물이 될 수 있다.
> ㉡ 상습장물취득죄에 있어서의 상습성의 유무를 판단함에 있어서는 장물취득의 전과가 중요한 판단자료가 되나 장물취득의 전과가 없다고 하더라도 범행의 회수, 수단과 방법, 동기 등 제반 사정을 참작하여 장물취득의 습벽이 인정되는 경우에는 상습성을 인정하여야 할 것이다.
> ㉢ 본범 이외의 자가 본범이 절취한 차량이라는 정을 알면서 강도예비의 고의를 가지고 강도행위를 위해 그 차량을 운전해 준 경우에는 강도예비죄와 아울러 장물운반죄가 성립할 수 있다.
> ㉣ 재물을 인도받은 후에 비로소 장물이 아닌가 하는 의구심을 가졌다면 그 재물수수행위는 장물취득죄를 구성한다.

① 1개   ② 2개   ③ 3개   ④ 4개

61 장물에 관한 죄에 대한 설명 중 옳은 것은 모두 몇 개인가? (다툼이 있는 경우 판례에 의함)

> ㉠ 형법상 장물죄의 행위 태양은 취득, 양도, 운반, 보관 또는 알선이며, 모두 동일한 법정형으로 규정되어 있다.
> ㉡ 재산범죄를 저지른 이후에 별도의 재산범죄의 구성요건에 해당하는 사후행위가 불가벌적 사후행위로서 처벌의 대상이 되지 않는다 하더라도 그 사후행위로 인하여 취득한 물건은 장물이 될 수 있다.
> ㉢ 甲이 미등록상태였던 수입자동차를 취득하여 신규등록을 마친 후 그 수입자동차가 장물일지도 모른다고 생각하면서도 이를 다시 제3자에게 양도한 경우, 구「자동차관리법」이 '자동차 소유권의 득실변경은 등록을 하여야 그 효력이 생긴다.'라고 규정하고 있어 수입자동차를 신규등록하였을 때 그 최초등록명의인 甲이 해당수입자동차를 원시취득한 것이어서 장물성이 상실되어 장물양도죄가 성립하지 않는다.
> ㉣ 본범의 행위에 관한 법적평가는 대한민국 형법이 적용되지 아니하는 경우에도 대한민국 형법을 기준으로 하여야 하고, 본범의 행위가 대한민국 형법에 비추어 절도죄 등의 구성요건에 해당하는 위법한 행위라고 인정되는 이상 이에 의하여 영득된 재물은 장물에 해당한다.

① 1개   ② 2개   ③ 3개   ④ 4개

62 장물죄에 대한 설명 중 가장 적절하지 않은 것은? (다툼이 있는 경우 판례에 의함)

① 장물취득죄는 취득 당시 장물인 정을 알면서 재물을 취득하여야 성립하는 것이므로 피고인이 재물을 인도받은 후에 비로소 장물이 아닌가 하는 의구심을 가졌다고 하여 장물취득죄를 구성한다고 할 수 없으나, 장물인 정을 모르고 보관하였다가 그 후에 장물인 정을 알게 된 경우 그 정을 알고서도 계속 보관하는 행위는 장물보관죄를 구성한다. 이 경우 보관자가 점유할 권한이 있는지 여부는 장물보관죄의 성부에 영향을 미치지 못한다.
② 이중매도로 인한 배임죄에 제공된 부동산을 취득한 때에는 장물취득죄가 성립하지 않는다.
③ 절도를 교사한 자가 절도범으로부터 절취한 물건을 취득한 경우, 절도죄의 교사와 장물취득죄의 실체적 경합이 된다.
④ 대표이사가 동업관계를 정리하면서 정당한 절차없이 회사자금을 동업자에게 주식매각대금조로 지급하여 이를 횡령한 경우 그 금원은 단순히 횡령행위에 제공된 물건이 아니라 장물에 해당한다.

63 다음 설명 중 가장 적절하지 않은 것은? (다툼이 있는 경우 판례에 의함)

① 장물인 정을 모르고 장물을 보관하였다가 그 후에 장물인 정을 알게 된 경우 그 정을 알고서도 이를 계속하여 보관하는 행위는 장물죄를 구성하는 것이나 이 경우에도 점유할 권한이 있는 때에는 이를 계속하여 보관하더라도 장물보관죄가 성립하지 않는 것이라고 할 것이다. 따라서 채권의 담보로서 수표들을 교부받았다가 장물인 정을 알게 되었음에도 이를 계속하여 보관한 행위는 장물보관죄에 해당하지 않는다.
② 장물알선죄에서 '알선'이란 장물을 취득·양도·운반·보관하려는 당사자 사이에 서서 이를 중개하거나 편의를 도모하는 것을 의미한다. 따라서 장물인 정을 알면서, 장물을 취득·양도·운반·보관하려는 당사자 사이에 서서 서로를 연결하여 장물의 취득·양도·운반·보관행위를 중개하거나 편의를 도모하였다면, 그 알선에 의하여 당사자 사이에 실제로 장물의 취득·양도·운반·보관에 관한 계약이 성립하지 아니하였거나 장물의 점유가 현실적으로 이전되지 아니한 경우라도 장물알선죄가 성립한다.
③ 절도 범인으로부터 장물보관 의뢰를 받은 자가 그 정을 알면서 이를 인도받아 보관하고 있다가 임의 처분하였다 하여도 장물보관죄가 성립하는 때에는 이미 그 소유자의 소유물추구권을 침해하였으므로 그 후의 횡령행위는 불가벌적 사후행위에 불과하여 별도로 횡령죄가 성립하지 않는다.
④ 장물이라 함은 재산범죄로 인하여 취득한 물건 그 자체를 말하고, 그 장물의 처분대가는 장물성을 상실하는 것이다. 따라서 본범이 사기 범행으로 교부받은 자기앞수표를 그의 명의의 예금계좌에 예치하였다가 현금으로 인출한 경우, 그 현금은 이미 장물성을 상실한 것이어서 그 현금을 보관 또는 취득하였다고 하더라도 장물죄가 성립할 수 없다.

제9절 손괴의 죄

64 손괴죄에 관한 설명 중 가장 적절하지 않은 것은? (다툼이 있는 경우 판례에 의함)

① 형법 제366조는 "타인의 재물, 문서 또는 전자기록 등 특수 매체기록을 손괴 또는 은닉 기타 방법으로 그 효용을 해한 자는 3년 이하의 징역 또는 700만 원 이하의 벌금에 처한다."라고 규정하고 있다. 여기에서 '기타 방법'이란 형법 제366조의 규정 내용 및 형벌법규의 엄격해석 원칙 등에 비추어 손괴 또는 은닉에 준하는 정도의 유형력을 행사하여 재물 등의 효용을 해하는 행위를 의미하고, '재물의 효용을 해한다'고 함은 사실상으로나 감정상으로 그 재물을 본래의 사용목적에 제공할 수 없게 하는 상태로 만드는 것을 말하며, 일시적으로 그 재물을 이용할 수 없거나 구체적 역할을 할 수 없는 상태로 만드는 것도 포함한다.

② 피고인이 피해자가 홍보를 위해 설치한 광고판을 그 장소에서 제거하여 컨테이너로 된 창고로 옮겨 놓았다면 비록 물질적인 형태의 변경이나 멸실, 감손을 초래하지 않은 채 그대로 옮겼더라도 그 광고판은 본래적 역할을 할 수 없는 상태로 되었다고 보아야 하므로 손괴죄가 성립한다.

③ 피고인이 피해 차량의 앞뒤에 쉽게 제거하기 어려운 철근콘크리트 구조물 등을 바짝 붙여 놓아 차량을 운행할 수 없게 하였더라도 피해 차량 자체에 물리적 훼손이나 기능적 효용의 멸실 내지 감소가 발생하지 않았으므로 재물 본래의 효용을 해한 것이라고 볼 수 없다.

④ 자동문설치공사를 한 피고인이 대금을 지급받지 못하자 자동문의 자동작동중지 예약기능을 이용하여 자동문이 자동으로 여닫히지 않도록 설정하여 수동으로만 개폐가 가능하도록 한 경우 손괴죄가 성립한다.

65 손괴죄에 대한 설명 중 가장 적절하지 않은 것은? (다툼이 있는 경우 판례에 의함)

① 문서에 대한 종래의 사용상태가 문서 소유자의 의사에 반하여 또는 문서 소유자의 의사와 무관하게 이루어진 경우에 단순히 종래의 사용상태를 제거하거나 변경시키는 것에 불과하고 문서 소유자의 문서 사용에 지장을 초래하지 않은 경우에는 문서손괴죄가 성립하지 아니한다.

② 甲은 A건물 1층 출입구 자동문의 설치공사를 맡았던 자로서, 설치자가 아니면 해제할 수 없는 자동문의 자동작동중지 예약기능을 이용하여 특정시점부터 자동문이 수동으로만 여닫히게 하였으나, 자동문이 자동잠금장치로서 일시적으로 역할을 할 수 없게 된 것에 그쳤다면 재물손괴죄가 성립하지 않는다.

③ 재건축사업으로 철거예정이고 그 입주자들이 모두 이사하여 아무도 거주하지 않은 채 비어 있는 아파트라 하더라도, 그 객관적 성상이 본래 사용목적인 주거용으로 쓰일 수 없는 상태라거나 재물로서의 이용가치나 효용이 없는 물건이 되었다고 할 수 없다면 이 아파트는 재물손괴죄의 객체가 된다.
④ 물건을 본래의 사용목적에 공할 수 없게 하는 상태로 만드는 것이 아니라 일시 이용할 수 없는 상태로 만드는 것도 손괴죄에 해당한다.

제10절 권리행사를 방해하는 죄

66 권리행사를 방해하는 죄에 대한 설명 중 가장 적절한 것은? (다툼이 있는 경우 판례에 의함)

① 권리행사방해죄에서 '은닉'이란 타인의 점유 또는 권리의 목적이 된 자기 물건 등의 소재를 발견하기 불가능하게 하거나 또는 현저히 곤란한 상태에 두는 것을 말하고, 그로 인하여 현실적으로 권리행사가 방해되었을 것을 요한다.
② 피고인이 피해자에게 담보로 제공한 차량이 그 자동차등록원부에 타인 명의로 등록되어 있는 경우 피고인이 피해자의 승낙 없이 미리 소지하고 있던 위 차량의 보조키를 이용해서 운전하여 간 행위는 권리행사방해죄를 구성하지 않는다.
③ 물건의 소유자가 아닌 甲이 소유자 乙의 권리행사방해 범행에 가담한 경우 乙에게 고의가 없어 범죄가 성립하지 않더라도 甲은 권리행사방해죄의 공범으로 처벌될 수 있다.
④ 채권자들이 피고인을 상대로 법적 절차를 취하기 위한 준비를 하고 있지 않았으나 피고인이 어음의 지급기일 도래 전에 강제집행을 면탈하기 위해 자신의 형에게 허위채무를 부담하고 가등기를 해주었다면 강제집행면탈죄가 성립한다.

67 권리행사방해죄에 관한 설명 중 옳은 것은 모두 몇 개인가? (다툼이 있는 경우 판례에 의함)

> ㉠ 렌트카회사의 공동대표이사 중 1인이 회사 보유 차량을 자신의 개인적인 채무담보 명목으로 피해자에게 넘겨 주었는데 다른 공동대표이사인 피고인이 위 차량을 몰래 회수하도록 한 경우, 위 피해자의 점유는 권리행사방해죄의 보호대상인 점유에 해당한다.
> ㉡ 甲과 乙이 공모하여 렌트카 회사인 A주식회사를 설립한 다음 B주식회사 등의 명의로 저당권등록이 되어 있는 다수의 차량들을 사들여 A회사 소유의 영업용 차량으로 등록한 후 자동차대여사업자등록 취소처분을 받아 차량등록을 직권말소시켜 저당권 등이 소멸되게 함으로써 B회사 등의 저당권의 목적인 차량들을 은닉한 경우, 권리행사방해죄가 성립한다.
> ㉢ 권리행사방해죄는 권리행사가 방해될 우려가 있는 상태에 이르면 성립하며, 현실로 권리행사가 방해되었을 것까지 필요로 하는 것은 아니다
> ㉣ 피고인이 타인의 권리의 목적이 된 자기의 물건을 그 점유자의 점유로부터 자기의 점유로 옮긴 경우, 그것이 피고인의 기망에 의한 하자 있는 의사에 기한 것이었다면 권리행사방해죄가 성립한다.

① 1개   ② 2개   ③ 3개   ④ 4개

68 강제집행면탈죄에 관한 설명 중 가장 적절하지 않은 것은? (다툼이 있는 경우 판례에 의함)

① 甲이 A와 공모하여, A의 B에 대한 채무를 면탈하기 위하여 A 소유의 부동산에 대하여 甲 앞으로 근저당권설정등기를 하였다고 하더라도, A의 B에 대한 채무가 존재하지 아니한다는 판결이 확정된 경우에는 강제집행면탈죄가 성립하지 않는다.
② '보전처분 단계에서의 가압류채권자의 지위' 자체는 원칙적으로 민사집행법상 강제집행 또는 보전처분의 대상이 될 수 없어 강제집행면탈죄의 객체에 해당한다고 볼 수 없다.
③ 甲이 타인에게 채무를 부담하고 있는 양 가장하는 방편으로 甲 소유의 부동산들에 관하여 소유권이전청구권보전을 위한 가등기를 경료하여 준 경우, 그와 같이 가등기를 경료한 사실만으로도 甲이 강제집행을 면탈할 목적으로 허위채무를 부담하여 채권자를 해한 것이라고 할 수 있다.
④ 진의에 의하여 재산을 양도하였다면 설령 그것이 강제집행을 면탈할 목적으로 이루어진 것으로서 채권자의 불이익을 초래하는 결과가 되었다고 하더라도 강제집행면탈죄의 허위양도 또는 은닉에는 해당하지 아니한다.

69 강제집행면탈죄에 관한 설명 중 옳고 그름의 표시(O, ×)가 바르게 된 것은? (다툼이 있는 경우 판례에 의함)

> ㉠ 허위양도한 부동산의 시가액보다 그 부동산에 의하여 담보된 채무액이 더 많다면 그 허위양도로 인하여 채권자를 해할 위험이 없으므로 강제집행면탈죄가 성립하지 않는다.
> ㉡ 채권자가 채무자의 재산에 대하여 가압류 한 후에 그 목적물의 소유권을 취득한 제3취득자가 허위의 채무에 기하여 근저당권을 설정한 행위는 강제집행면탈죄를 구성하지 않는다.
> ㉢ 채무자가 제3자에 대하여 가압류채권자의 지위에 있던 중 가압류집행해제를 신청함으로써 그 지위를 상실하였다면 자신의 채권자에 대한 강제집행면탈죄가 성립한다.
> ㉣ 사업장의 유체동산에 대한 강제집행을 면탈할 목적으로 사업자 등록의 사업자 명의를 변경함이 없이 사업장에서 사용하는 금전등록기의 사업자 이름만을 변경한 경우도 강제집행면탈죄에 있어서 재산의 '은닉'에 해당한다.

① ㉠(O) ㉡(O) ㉢(O) ㉣(×)
② ㉠(O) ㉡(O) ㉢(×) ㉣(O)
③ ㉠(×) ㉡(O) ㉢(O) ㉣(O)
④ ㉠(×) ㉡(O) ㉢(×) ㉣(O)

70 강제집행면탈죄에 관한 설명 중 옳은 것은 모두 몇 개인가? (다툼이 있는 경우 판례에 의함)

> ㉠ 계약명의신탁의 방식으로 명의수탁자가 당사자가 되어 소유자와 부동산에 관한 매매계약을 체결하고 그 명의로 소유권이전등기를 마친 경우, 그 부동산은 명의신탁자의 강제집행면탈죄의 객체가 될 수 있다.
> ㉡ 강제집행의 기초가 되는 채권자의 채권의 존재가 인정되지 않을 때에는 강제집행면탈죄가 성립할 여지가 없다.
> ㉢ 민사집행법 제3편의 적용 대상인 '담보권 실행 등을 위한 경매'를 면탈할 목적으로 재산을 은닉하는 등의 행위는 강제집행면탈죄의 규율 대상에 포함된다.
> ㉣ 피고인이 장차 지급될 휴업급여 수령계좌를 기존의 압류된 예금계좌에서 압류가 되지 않은 다른 예금계좌로 변경하여 휴업급여를 수령하면 강제집행면탈죄가 성립한다.
> ㉤ 甲은 장기간 세금 납부를 하지 않고 도망 다니던 중 처로부터 체납처분 관련 서류가 집으로 배달되었다는 연락을 받자 이를 면탈할 목적으로 자신의 소유 아파트를 친구에게 허위양도한 경우, 강제집행면탈죄가 성립한다.

① 1개   ② 2개   ③ 3개   ④ 4개

71 권리행사방해죄에 관한 설명 중 가장 적절하지 않은 것은? (다툼이 있는 경우 판례에 의함)
① 무효인 부동산경매절차에서 목적부동산을 매수하여 점유하고 있는 사람은 권리행사방해죄에서 타인의 물건을 점유하고 있는 자이다.
② 甲이 A회사가 유치권을 행사중인 건물을 강제경매를 통하여 아들 乙 명의로 매수한 후 열쇠수리공을 불러 잠금장치를 변경하여 A회사의 유치권 행사를 방해한 경우, 권리행사방해죄가 성립하지 않는다.
③ 점유의 개시 당시에는 적법한 사유에 기하였으나, 그 후에 그 점유물을 소유자에게 인도해야 할 사정이 발생하였음에도 불구하고 점유자가 임의로 이를 인도하지 아니하고 계속 이를 무단 점유하고 있다면, 그 점유자는 더 이상 권리행사방해죄에서의 '타인의 물건을 점유하고 있는 자'라 할 수 없다.
④ 주식회사의 대표이사가 대표이사의 지위에 기하여 그 직무집행행위로서 타인이 점유하는 위 회사의 물건을 취거한 경우, 위 회사의 물건도 권리행사방해죄에 있어서의 '자기의 물건'에 해당한다.

제2편 사회적 법익에 대한 죄

제1장 공공의 안전과 평온에 대한 죄

제1절 공안을 해하는 죄 ~ 교통방해의 죄

01 다음 설명 중 가장 적절하지 않은 것은? (다툼이 있는 경우 판례에 의함)

① 형법 제114조(범죄단체 등의 조직)에서 정한 '범죄를 목적으로 하는 집단'이란 특정 다수인이 일정한 범죄를 수행한다는 공동목적 아래 구성한 계속적인 결합체로서 그것을 주도하거나 내부의 질서를 유지하는 최소한의 통솔체계를 갖춘 것을 의미한다.

② 담배불을 완전히 끄지 않은 과실로 인하여 타인의 사과나무를 소훼하여 공공의 위험을 발생하게 한 때에는 실화죄가 성립한다.

③ 현주건조물방화죄의 주된 보호법익은 공공의 안전이고, 부차적인 보호법익은 개인의 재산권이다.

④ 甲이 국가정보원 직원임을 사칭하면서 위임받은 채권추심을 한 경우 형법상 공무원자격사칭죄가 성립하지 아니한다.

02 범죄단체조직죄 등에 관한 설명 중 옳지 않은 것은 모두 몇 개인가? (다툼이 있는 경우 판례에 의함)

> ㉠ 형법 제114조에서 정한 '범죄를 목적으로 하는 단체'란 특정 다수인이 일정한 범죄를 수행한다는 공동목적 아래 구성한 계속적인 결합체로서 그 단체를 주도하거나 내부의 질서를 유지하는 최소한의 통솔체계를 갖춘 것을 의미한다.
> ㉡ 불특정 다수의 피해자들에게 전화하여 금융기관 등을 사칭하면서 신용등급을 올려 낮은 이자로 대출을 해주겠다고 속여 신용관리비용 명목의 돈을 송금받아 편취할 목적으로 다수의 사람들을 모아 총책, 간부급 조직원, 상담원, 현금인출책 등으로 구성되어 내부의 위계질서가 유지되고 조직원의 역할 분담이 이루어지는 최소한의 통솔체계를 갖춘 보이스피싱 사기 조직을 구성한 경우 이는 형법상의 '범죄단체'에 해당한다.
> ㉢ 피고인이 무등록 중고차 매매상사를 운영하면서 피해자들을 기망하여 중고차량을 불법으로 판매해 금원을 편취할 목적으로 다수인을 모집하여 대표, 팀장, 팀원으로 직책이나 역할을 분담하여 사기범행을 반복적으로 실행한 경우 이는 형법 제114조의 '범죄를 목적으로 하는 집단'에 해당한다.
> ㉣ 범죄단체의 구성이나 가입은 범죄행위의 실행 여부와 관계 없이 범죄단체 구성원으로서의 활동을 예정하는 것이고, 범죄단체 구성원으로서의 활동은 범죄단체의 구성이나 가입을 전제로 하는 것이므로 양자는 모두 범죄단체의 생성 및 존속·유지를 도모하는 일련의 예비·음모 과정에 해당한다는 점에서 그 범의의 단일성과 계속성을 인정할 수 있을 뿐만 아니라 피해법익도 다르지 않으므로 범죄단체를 구성하거나 이에 가입한 자가 더 나아가 구성원으로 활동하는 경우 이는 포괄일죄의 관계에 있다.

① 없음   ② 1개   ③ 2개   ④ 3개

03 다음 설명 중 가장 적절한 것은? (다툼이 있는 경우 판례에 의함)

① 불을 놓아 전봇대 주변에 놓인 무주물(쓰레기)을 소훼하여 공공의 위험을 발생하게 한 경우, 그 무주물은 자신의 물건이 아니므로 형법 제167조 제1항의 일반물건방화죄를 적용하여 처벌하여야 한다.
② 현주건조물방화치사죄와 현주건조물일수치사죄는 법정형으로 사형이 규정되어 있다.
③ 유리꽃병 내부에 휴대용 부탄가스통을 넣고 그 사이의 두께 약 1cm의 공간에 폭죽에서 분리한 화약을 채운 후 배터리의 전원이 연결되면 발열체의 발열에 의하여 화약이 점화되는 구조의 제작물은 폭발작용 자체에 의하여 공공의 안전을 문란하게 하거나 사람의 생명·신체 또는 재산을 대량으로 해할 정도의 성능이 없어서 폭발물사용죄에서의 '폭발물'에 해당하지 않는다.

④ 타인소유의 현주건조물에 방화하자 불이 옆에 있는 자기소유의 일반건조물에 옮겨 붙은 경우 연소죄가 성립한다.

04 다음 설명 중 가장 적절한 것은? (다툼이 있는 경우 판례에 의함)

① 주식회사의 임원 甲이 실질적 1인 주주의 양해 하에 공적 업무수행을 위하여서만 사용이 가능한 법인카드를 개인 용도로 사용한 경우 甲에게는 업무상 배임죄가 성립한다.
② 甲이 지붕과 문짝, 창문이 없고 담장과 일부 벽체가 붕괴된 철거 대상 건물이고 사실상 기거·취침에 사용할 수 없는 상태에 있는 폐가 내부와 외부에 쓰레기를 모아놓고 불을 놓은 경우 甲에게는 일반건조물등방화죄가 성립한다.
③ 甲이 A초등학교 1학년 1반 교실 및 1학년 2반 교실 안에서 학생들에게 욕설을 하여 수업을 듣지 못하게 한 경우 甲에게는 학생들의 수업업무를 방해한 업무방해죄가 성립한다.
④ 신규 직원 채용권한을 가지고 있는 지방공사 사장인 甲이 시험업무 담당자에게 지시하여 상호 공모 내지 양해 하에 시험성적조작 등의 부정한 행위를 하게 한 경우 甲에게는 위계에 의한 업무방해죄가 성립한다.

05 교통방해의 죄에 관한 설명 중 가장 적절하지 않은 것은? (다툼이 있는 경우 판례에 의함)

① 신고 범위를 현저히 벗어나거나 집회 및 시위에 관한 법률 제12조에 따른 조건을 중대하게 위반함으로써 교통방해를 유발한 집회에 참가한 경우 참가 당시 이미 다른 참가자들에 의해 교통의 흐름이 차단된 상태였다고 하더라도 교통방해를 유발한 다른 참가자들과 암묵적·순차적으로 공모하여 교통방해의 위법상태를 지속시켰다고 평가할 수 있다면 일반교통방해죄가 성립한다.
② 형법 제187조에서 정한 '파괴'란 교통기관으로서의 기능·용법의 전부나 일부를 불가능하게 할 정도의 파손에 이르지 아니하는 단순한 손괴도 포함된다.
③ 일반교통방해죄는 이른바 추상적 위험범으로서 교통이 불가능하거나 또는 현저히 곤란한 상태가 발생하면 바로 기수가 되고 교통방해의 결과가 현실적으로 발생하여야 하는 것은 아니다.
④ 공로에 출입할 수 있는 다른 도로가 있는 상태에서 토지 소유자로부터 일시적인 사용승낙을 받아 통행하거나 토지 소유자가 개인적으로 사용하면서 부수적으로 타인의 통행을 묵인한 장소에 불과한 도로는 형법 제185조에서 말하는 육로에 해당하지 않는다.
⑤ 교통방해 행위가 피해자의 사상이라는 결과를 발생하게 한 유일하거나 직접적인 원인이 된 경우만이 아니라 그 행위와 결과 사이에 피해자나 제3자의 과실 등 다른 사실이 개재된 때에도 그와 같은 사실이 통상 예견될 수 있는 것이라면 상당인과관계를 인정할 수 있다.

06 다음 중 옳지 않은 것을 모두 고른 것은? (다툼이 있는 경우 판례에 의함)

㉠ 목장 소유자가 목장운영을 위해 목장용지 내에 임도를 개설하고 차량 출입을 통제하면서 인근 주민들의 일부 통행을 부수적으로 묵인한 경우 위 임도는 공공성을 지닌 장소로 일반교통방해죄의 '육로'에 해당한다.
㉡ 농촌주택에서 배출되는 생활하수의 배수관(소형 PVC관)을 토사로 막아 하수가 내려가지 못하게 한 경우 수리방해죄에 해당하지 아니한다.
㉢ 도선사가 강제도선 구역 내에서 조기 하선함에 따라 적기에 충돌회피동작을 취하지 못하여 선박충돌사고가 일어난 경우 도선사에게 업무상과실선박파괴죄가 성립한다.
㉣ 형법에는 업무상 과실 또는 중대한 과실로 인하여 과실일수죄를 범한 자를 가중하여 처벌하는 규정이 있다.

① ㉠㉡   ② ㉠㉣   ③ ㉡㉢   ④ ㉢㉣

07 다음 설명 중 가장 적절하지 않은 것은? (다툼이 있는 경우 판례에 의함)

① 피고인이 고속도로 2차로를 따라 자동차를 운전하다가 1차로를 진행하던 甲의 차량 앞에 급하게 끼어든 후 곧바로 정차하여, 甲의 차량 및 이를 뒤따르던 차량 두 대는 연이어 급제동하여 정차하였으나, 그 뒤를 따라오던 乙의 차량이 앞의 차량들을 연쇄적으로 추돌케 하여 乙을 사망에 이르게 하였다면, 일반교통방해치사죄가 성립할 수 있다.
② 도로가 농가의 영농을 위한 경운기나 리어카 등의 통행을 위한 농로로 개설되었다 하더라도 그 도로가 사실상 일반 공중의 왕래에 공용되는 도로로 된 이상 다른 차량도 통행할 수 있는 것이므로 이러한 차량의 통행을 방해한다면 이는 일반교통방해죄에 해당한다.
③ 공항 여객터미널 버스정류장 앞 도로 중 공항리무진 버스 외의 다른 차의 주차가 금지된 구역에서 밴 차량을 40분간 불법주차하고 호객행위를 한 것만으로는 일반교통방해죄가 성립하지 않는다.
④ 건설 당시의 부실제작 및 부실시공행위 등에 의하여 나중에 트러스가 붕괴된 것을 일반교통방해에서의 손괴라고 볼 수는 없으므로, 이로 인해 교량이 붕괴되어 교통이 방해되었다 하더라도, 교량 건설회사의 트러스 제작 책임자나 교량공사 현장감독에게 업무상과실일반교통방해죄가 성립한다고 볼 수 없다.

08 일반교통방해죄에 관한 설명 중 가장 적절하지 않은 것은? (다툼이 있는 경우 판례에 의함)

① 일반교통방해죄는 이른바 추상적 위험범으로서 교통이 불가능하거나 또는 현저히 곤란한 상태가 발생하면 바로 기수가 되고 교통방해의 결과가 현실적으로 발생하여야 하는 것은 아니다.
② 일반교통방해죄는 일반공중의 교통의 안전을 보호법익으로 하는 범죄로서 여기서의 '육로'라 함은 사실상 일반공중의 왕래에 공용되는 육상의 통로를 널리 일컫는 것으로서 그 부지의 소유관계나 통행권리관계 또는 통행인의 많고 적음 등을 가리지 않는다.
③ 집회 또는 시위가 당초 신고된 범위를 현저히 일탈하거나 교통질서 유지를 위한 조건을 중대하게 위반하여 도로 교통을 방해함으로써 통행을 불가능하게 하거나 현저하게 곤란하게 하는 경우에는 일반교통방해죄가 성립한다.
④ 집회 및 시위에 관한 법률에 따른 신고 없이 이루어진 집회에 참석한 참가자들이 차로 위를 행진하는 등으로 도로교통을 방해함으로써 통행을 불가능하게 하거나 현저하게 곤란하게 하는 경우에 일반교통방해죄가 성립하고, 이때 실제로 참가자가 교통방해를 유발하는 직접적인 행위를 하였는지 여부, 참가자의 참가 경위나 관여 정도 등을 불문하고 공모공동정범의 죄책을 물을 수 있다.

제2장 공공의 신용에 대한 죄

제1절 통화에 관한 죄 ~ 유가증권·인지와 우표에 관한 죄

09 통화에 관한 죄에 대한 설명 중 가장 적절하지 않은 것은? (다툼이 있는 경우 판례에 의함)
① 미국에서 발행된 적이 없이 단지 여러 종류의 관광용 기념상품으로 제조, 판매되고 있는 미합중국 100만 달러 지폐와 과거에 발행되어 은행 사이에서 유통되다가 현재는 발행되지 않고 있으나 화폐수집가나 재벌들이 이를 보유하여 오고 있는 미합중국 10만 달러 지폐는 일반인의 관점에서 미합중국에서 강제통용력을 가졌다고 오인할 수 있다고 하더라도 형법 제207조 제3항의 외국에서 통용하는 지폐에 포함되지 않는다.
② 위조통화임을 알고 있는 자에게 그 위조통화를 교부한 경우에 피교부자가 이를 유통시키리라는 것을 예상 내지 인식하면서 교부하였다면 위조통화행사죄가 성립한다.
③ 형법은 행사할 목적으로 외국에서 유통하는 외국의 화폐, 지폐 또는 은행권을 위조 또는 변조한 자에 대한 처벌규정을 두고 있다.
④ 위조된 외국의 화폐, 지폐 또는 은행권이 외국에서 강제통용력이 없고 국내에서 사실상 거래 대가의 지급수단이 되지 않는 경우, 그 화폐 등을 행사한 행위는 위조사문서행사죄 또는 위조사도화행사죄로 처벌할 수 있다

10 통화에 관한 죄에 대한 설명으로 가장 적절한 것은? (다툼이 있는 경우 판례에 의함)
① 통화의 위조는 통화발행권이 없는 자가 외견상 진정한 통화와 유사한 것을 제조하는 행위로 누구든지 쉽게 그 진부를 식별하기 불가능할 정도의 것임을 요한다.
② 통화의 변조는 권한 없이 진정한 통화에 가공하여 그 진실한 가치를 변경시키는 행위를 말하며 항상 진정한 통화를 그 재료로 삼는다.
③ 외국에서 통용하지 아니하는 지폐, 즉 강제통용력을 가지지 아니하는 지폐라도 일반인의 관점에서 통용할 것이라고 오인할 가능성이 있으므로 '외국에서 통용하는 외국의 지폐'에 해당한다.
④ 위조통화를 행사하여 재물을 불법영득한 경우 위조통화행사는 언제나 기망적인 요소를 포함하고 있을 뿐 아니라 그 법정형이 가중되어 있으므로 사기죄는 위조통화행사죄에 흡수된다.

11 다음 설명 중 가장 적절하지 않은 것은? (다툼이 있는 경우 판례에 의함)

① 유가증권위조죄에 있어 모용되는 명의인은 반드시 실재할 필요가 없으므로 허무인 명의로 유가증권을 작성한 경우에도 유가증권위조죄가 성립할 수 있다.
② 백지어음에 대하여 취득자가 발행자와의 합의에 의하여 정하여진 보충권의 한도를 넘어 보충권을 남용하여 행사한 경우에는 유가증권위조죄가 성립한다.
③ 주권작성에 관한 일반적인 권한을 가지고 있는 대표이사가 자기와 제3자의 이익을 도모할 목적으로 대표권을 남용하여 그들 명의의 주권의 기재사항에 변경을 가한 경우, 유가증권변조죄가 성립하지 않는다.
④ 주식회사 대표이사로 재직하던 피고인이 대표이사가 타인으로 변경되었음에도 이전부터 사용하던 피고인 명의로 된 위 회사 대표이사의 명판을 이용하여 피고인을 위 회사의 대표이사로 표시하여 약속어음을 발행한 경우 후임 대표이사의 승낙을 얻었다면 자격모용에 의한 유가증권작성죄가 성립하지 않는다.

12 다음 설명 중 가장 적절하지 않은 것은? (다툼이 있는 경우 판례에 의함)

① 통화유사물제조죄, 허위유가증권작성죄는 예비·음모를 처벌하는 규정이 있다.
② 형법 제214조의 유가증권이 되기 위해서는 재산권이 증권에 화체된다는 것과 그 권리의 행사와 처분에 증권의 점유를 필요로 한다는 두 가지 요소를 갖추면 족하지 반드시 유통성을 가질 필요는 없다.
③ 이미 타인에 의하여 위조된 약속어음의 기재사항을 권한 없이 변경하였다고 하더라도 유가증권변조죄는 성립하지 않는다.
④ 타인이 위조한 액면과 지급기일이 백지로 된 약속어음을 구입하여 행사의 목적으로 백지인 액면란에 금액을 기입하여 그 위조어음을 완성하는 행위는 백지어음 형태의 위조행위와 별개의 유가증권위조죄를 구성한다.

13 다음 설명 중 옳지 않은 것은 모두 몇 개인가? (다툼이 있는 경우 판례에 의함)

> ㉠ 위조한 통화를 진정한 통화로서 유통에 놓겠다는 목적 없이 자신의 신용력을 증명하기 위하여 타인에게 보일 목적으로 통화를 위조한 경우에는 통화위조죄의 '행사할 목적'이 있다고 할 수 없다.
> ㉡ 위조된 약속어음을 복사한 후 그 사본을 소송서류에 첨부하여 법원에 제출한 경우, 유가증권위조죄 및 동행사죄가 성립한다.
> ㉢ 허위로 작성된 공문서를 그 내용이 진실한 문서인 것처럼 관공서에 비치하는 행위는 허위공문서의 '행사'로 인정된다.
> ㉣ 문서가 위조되었다는 정을 아는 공범자에게 위조공문서를 교부하거나 제시하는 경우에는 위조공문서행사죄가 성립한다.

① 1개　　② 2개　　③ 3개　　④ 4개

14 유가증권에 관한 죄에 대한 설명 중 옳고 그름의 표시(O, X)가 바르게 된 것은? (다툼이 있는 경우 판례에 의함)

> ㉠ 유가증권이란 증권상에 표시된 재산상의 권리의 행사와 처분에 그 증권의 점유를 필요로 하는 것을 총칭하는 것으로서 재산권이 증권에 화체된다는 것, 그 권리의 행사와 처분에 증권의 점유를 필요로 한다는 것과 반드시 유통성을 가질 것을 필요로 한다.
> ㉡ 甲이 백지 약속어음의 액면란을 부당 보충하여 위조한 후 乙이 甲과 공모하여 금액란을 임의로 변경한 경우 乙의 행위는 유가증권변조죄에 해당하지 않는다.
> ㉢ A회사의 대표이사로 재직한 바 있는 甲이 A회사의 대표이사가 이미 乙로 변경된 이후임에도 불구하고, 이전부터 사용하여오던 자기 명의로 된 A회사 대표이사 명판을 이용하여 여전히 자신을 A회사 대표이사로 표시하여 약속어음을 발행하고 행사한 경우 유가증권위조죄 및 동행사죄가 성립한다.
> ㉣ 위조유가증권의 교부자와 피교부자가 서로 유가증권위조를 공모한 경우 그들 사이의 위조유가증권교부행위는 유가증권의 유통질서를 해할 우려가 있어 위조유가증권행사죄가 성립한다.

① ㉠(O) ㉡(X) ㉢(O) ㉣(X)　　② ㉠(X) ㉡(O) ㉢(X) ㉣(O)
③ ㉠(X) ㉡(O) ㉢(X) ㉣(X)　　④ ㉠(X) ㉡(X) ㉢(X) ㉣(O)

15 다음 설명 중 가장 적절하지 않은 것은? (다툼이 있는 경우 판례에 의함)

① 위조우표취득죄 및 위조우표행사죄에 관한 형법 제219조 및 제218조 제2항 소정의 "행사"라 함은 위조된 대한민국 또는 외국의 우표를 진정한 우표로서 사용하는 것으로 우편요금의 납부용으로 사용하는 것에 한정되고 우표수집의 대상으로서 매매하는 경우는 이에 해당하지 않는다.
② 은행을 통하여 지급이 이루어지는 약속어음의 발행인이 그 발행을 위하여 은행에 신고된 것이 아닌 발행인의 다른 인장을 날인한 경우 허위유가증권작성죄가 성립하지 않는다.
③ 유가증권이 실재하지 않은 사자 또는 허무인 명의로 작성되었다 하더라도 외형상 일반인으로 하여금 진정하게 작성된 유가증권이라고 오신케 할 수 있을 정도라면 유가증권위조죄가 성립한다.
④ 사자 명의로 된 약속어음을 작성함에 있어 사망자의 처로부터 사망자의 인장을 교부받아 생존 당시 작성한 것처럼 약속어음의 발행일자를 그 명의자의 생존 중의 일자로 소급하여 작성한 때에는 발행명의인의 추정적 승낙이 있었다고 볼 수 없다.

제2절 문서에 관한 죄

16 문서에 관한 죄에 대한 설명으로 가장 적절하지 않은 것은? (다툼이 있는 경우 판례에 의함)

① 사법경찰관 甲이 검사로부터 '교통사고 피해자들로부터 사고 경위에 대해 구체적인 진술을 청취하여 운전자 A의 도주 여부에 대해 재수사할 것'을 요청받고, 재수사 결과서의 '재수사 결과'란에 피해자들로부터 진술을 청취하지 않았음에도 진술을 듣고 그 진술내용을 적은 것처럼 기재한 행위는 허위공문서작성죄에 해당한다.
② 경찰관이 운전면허증 제시를 요구하자 운전자 甲이 타인의 운전면허증을 촬영한 이미지 파일을 휴대전화 화면을 통하여 보여주는 행위는 운전면허증의 사용권한 없는 자가 그 사용권한 있는 것처럼 가장하여 부정한 목적으로 행사한 것으로 공문서부정행사죄에 해당한다.
③ 문서의 명의인이 작성일자 전에 이미 사망하였다고 하더라도 그러한 문서는 공공의 신용을 해할 위험성이 있으므로 문서위조죄의 객체인 문서에 해당한다.
④ '문서가 원본인지 여부'가 중요한 거래에서 문서의 사본을 진정한 사문서 원본인 것처럼 행사할 목적으로 다른 조작을 가함이 없이 문서의 원본을 그대로 컬러복사기로 복사한 후 복사한 문서의 사본을 원본인 것처럼 행사한 행위는 사문서위조죄 및 위조사문서행사죄에 해당한다.

17 허위공문서작성죄에 관한 설명 중 가장 적절하지 않은 것은? (다툼이 있는 경우 판례에 의함)

① 피의자신문조서 말미에 작성자의 서명, 날인이 없으나, 첫머리에 작성 사법경찰리와 참여 사법경찰리의 직위와 성명을 적어 넣은 것이 있다면 그 문서 자체에 의하여 작성자를 추지할 수 있으므로 피의자신문조서는 허위공문서작성죄의 객체가 되는 공문서로 볼 수 있다.

② 공무원이 아닌 피고인이 건축물조사 및 가옥대장 정리업무를 담당하는 공무원을 교사하여 무허가 건물을 허가받은 건축물인 것처럼 가옥대장 등에 등재케 하여 허위공문서 등을 작성케 한 사실이 인정된다면 허위공문서작성죄의 교사범으로 처벌할 수 있다.

③ 공증담당 변호사가 법무사의 직원으로부터 인증 촉탁서류를 제출받은 후, 법무사가 공증사무실에 출석하여 사서증서의 날인이 당사자 본인의 것임을 확인한 바 없지만, 업계의 관행에 따라 그러한 확인을 한 것처럼 인증서에 기재한 경우에는 허위공문서작성죄가 성립하지 아니한다.

④ 컴퓨터스캔 및 이미지 편집 프로그램을 이용하여 공인중개사 자격증의 이미지 파일을 만들어 낸 후 이를 이메일에 첨부하여 전송함으로써 다른 사람으로 하여금 모니터 화면을 통해 그 이미지 파일을 열어보도록 한 경우, 공문서위조 및 동행사죄가 성립하지 않는다.

18 문서에 관한 죄에 대한 설명 중 옳지 않은 것을 모두 고르면? (다툼이 있는 경우 판례에 의함)

㉠ 주식회사의 지배인이 자신을 그 회사의 대표이사로 표시하여 연대보증채무를 부담하는 취지의 회사 명의의 차용증을 작성·교부한 경우, 그 문서에 일부 허위 내용이 포함되거나 위 연대보증행위가 회사의 이익에 반하는 것이더라도 사문서위조 및 위조사문서행사에 해당하지 않는다.

㉡ 공무원이 여러 차례의 출장반복의 번거로움을 회피하고 민원사무를 신속히 처리한다는 방침에 따라 사전에 출장조사한 다음 출장조사 내용이 변동없다는 확신하에 출장복명서를 작성하고 다만 그 출장일자를 작성일자로 기재한 경우 허위공문서작성죄가 성립한다.

㉢ 공립학교 교사가 작성하는 교원의 인적사항과 전출희망사항 등을 기재하는 부분과 학교장이 작성하는 학교장의견란 등으로 구성되어 있는 교원실태조사카드의 교사 명의 부분을 명의자의 의사에 반하여 작성한 행위는 공문서위조죄를 구성한다.

㉣ 권한 없는 자가 임의로 인감증명서의 사용용도란에 나오는 기재사항을 고쳐 쓴 경우에는 공문서변조죄가 성립하지 않는다.

◎ 변호사인 피고인이 대량의 저작권법 위반 형사고소 사건을 수임하여 피고소인 30명을 각 형사고소하기 위하여 20건 또는 10건의 고소장을 개별적으로 수사관서에 제출하면서 각 하나의 고소위임장에만 소속 변호사회에서 발급받은 진정한 경유증표 원본을 첨부한 후 이를 일체로 하여 컬러복사기로 20장 또는 10장의 고소위임장을 각 복사한 다음 고소위임장과 일체로 복사한 경유증표를 고소장에 첨부하여 접수한 경우, 사문서위조죄 및 동행사죄에 해당한다.

① ㉠㉡㉢   ② ㉠㉡㉣   ③ ㉡㉢   ④ ㉡㉣㉤

19 문서에 관한 죄에 대한 설명 중 가장 적절하지 않은 것은? (다툼이 있는 경우 판례에 의함)

① 국립대학교 교무처장 명의의 '졸업증명서 이미지 파일'을 위조한 경우에 공문서위조죄가 성립하지 않는다.

② 주식회사의 적법한 대표이사는 회사의 영업에 관하여 재판상 또는 재판외의 모든 행위를 할 권한이 있으므로, 대표이사로부터 포괄적으로 권한 행사를 위임받은 사람이 주식회사 명의로 문서를 작성하는 행위는 권한 있는 사람의 문서 작성행위로서 자격모용사문서작성 또는 위조에 해당하지 않는다.

③ 종중 소유의 토지를 자신의 개인 소유로 신고하여 토지대장에 올린 경우에 공정증서원본부실기재죄가 성립하지 않는다.

④ 형법 제225조의 공문서변조나 위조죄의 주체인 공무원 또는 공무소에는 형법 또는 기타 특별법에 의하여 공무원 등으로 의제되는 경우를 제외하고는 계약 등에 의하여 공무와 관련되는 업무를 일부 대행하는 경우가 있다 하더라도 공무원 또는 공무소가 될 수는 없다.

20 문서에 관한 죄에 대한 설명 중 가장 적절한 것은? (다툼이 있는 경우 판례에 의함)
① 주식을 명의신탁한 피고인이 명의수탁자를 변경하기 위해 제3자에게 주식을 양도한 후 수탁자 명의의 증권거래세 과세표준신고서를 작성하여 관할세무서에 제출한 경우에 사문서위조죄가 성립한다.
② 주식회사의 대표이사가 회사의 운영을 실질적으로 장악, 통제하고 있는 1인 주주의 구체적인 위임이나 승낙을 받지 않고 이미 퇴임한 전 대표이사를 대표이사로 표시하여 회사 명의의 문서를 작성한 경우 사문서위조죄가 성립한다.
③ 공무원이 고의로 법령을 잘못 적용하여 공문서를 작성하였다면, 그 법령 적용의 전제가 된 사실관계에 대한 내용에 거짓이 없더라도 허위공문서작성죄가 성립될 수 있으므로 건축허가요건을 갖추지 못한 것을 알고도 허가권자의 결재를 받아 건축허가서를 작성한 경우 허위공문서작성죄가 성립한다.
④ 공문서부정행사죄, 허위진단서작성죄, 공정증서원본부실기재죄는 목적범이 아니다.

21 문서에 관한 죄에 대한 설명으로 가장 적절하지 않은 것은? (다툼이 있는 경우 판례에 의함)
① 작성명의인이 허무인이라고 하더라도 일반인으로 하여금 공무원 또는 공무소의 권한 내에서 작성된 문서라고 믿을 수 있는 형식과 외관을 구비한 문서라면 공문서위조죄의 공문서가 된다.
② 피고인과 매도인 사이에 매매계약이 성립한 후 계약금과 대부분의 중도금이 지급되었고 매도인이 법무사에게 소유권이전등기에 필요한 서류 일체를 맡기고 나중에 잔금지급이 되면 그 등기신청을 하도록 위임하였는데, 피고인이 법무사를 기망하여 법무사가 잔금이 모두 지급된 것으로 잘못 알고 등기신청을 하여 그 소유권이전등기를 경료한 경우, 공정증서원본부실기재죄가 성립하지 않는다.
③ 인터넷을 통하여 열람·출력한 등기사항전부증명서 하단의 열람 일시 부분을 수정테이프로 지우고 복사한 행위는 등기사항전부증명서가 나타내는 권리·사실관계와 다른 새로운 증명력을 가진 문서를 만든 것에 해당하므로 공문서위조죄가 성립한다.
④ 위조된 공문서를 스캐너 등을 통해 이미지화한 다음 이를 전송하여 컴퓨터 화면상에서 보게 하는 경우에는 위조공문서행사죄가 성립한다.

22. 공정증서원본부실기재죄에 관한 설명 중 옳은 것은 모두 몇 개인가? (다툼이 있는 경우 판례에 의함)

> ㉠ 토지거래 허가구역 안의 토지에 관하여 실제로는 매매계약을 체결하고서도 처음부터 토지거래허가를 잠탈하려는 목적으로 등기원인을 '증여'로 하여 소유권이전등기를 경료한 경우 공정증서원본부실기재죄가 성립한다.
> ㉡ 부동산 매수인이 매도인과 사이에 부동산의 소유권이전에 관한 물권적 합의가 없는 상태에서, 소유권이전등기신청에 관한 대리권이 없이 단지 소유권이전등기에 필요한 서류를 보관하고 있을 뿐인 법무사를 기망하여 매수인 명의의 소유권이전등기를 신청하게 하여 그 등기가 완료된 경우, 위 소유권이전등기는 원인무효의 등기로서 공정증서원본부실기재죄가 성립한다.
> ㉢ 甲이 허위의 공정증서에 기해 乙의 부동산에 대한 강제경매신청을 하였고, 이에 의해 동 부동산에 대해 법원의 강제경매개시결정을 원인으로 하는 경매신청등기가 경료된 경우, 공정증서원본부실기재죄가 성립하지 않는다.
> ㉣ 발행인과 수취인이 통모하여 진정한 어음채무 부담이나 어음채권 취득 의사 없이 단지 발행인의 채권자에게서 채권추심이나 강제집행을 받는 것을 회피하기 위하여 형식적으로만 약속어음의 발행을 가장한 후 공증인에게 마치 진정한 어음발행행위가 있는 것처럼 허위로 신고하여 어음공정증서원본을 작성·비치하게 한 경우에 공정증서원본부실기재 및 동행사죄가 성립한다.

① 1개   ② 2개   ③ 3개   ④ 4개

23. 문서에 관한 죄에 대한 설명 중 가장 적절하지 않은 것은? (다툼이 있는 경우 판례에 의함)

① 타인 명의의 휴대전화 신규 가입신청서를 위조한 甲이 이를 스캔한 이미지 파일을 제3자에게 이메일로 전송하여 컴퓨터 화면상으로 보게 한 경우에는 사문서위조죄와 위조사문서행사죄가 성립하고 양 죄는 실체적 경합범 관계에 있다.
② A선박에 의해 발생한 사고를 마치 B선박에 의해 발생한 것처럼 허위신고를 하면서 그에 대한 검정용 자료로서 B선박의 선박국적증서와 선박검사증서를 제출한 경우에 공문서부정행사죄가 성립한다.
③ 사문서위조나 공정증서원본부실기재가 성립한 후 사후에 피해자의 동의 또는 추인 등의 사정으로 문서에 기재된 대로 효과의 승인을 받거나 등기가 실체적 권리관계에 부합하게 되었다 하더라도 이미 성립한 범죄에는 아무런 영향이 없다
④ 위조된 문서를 우송한 경우에는 그 문서가 상대방에게 도달한 때에 기수가 되고 상대방이 실제로 그 문서를 보아야 하는 것은 아니다

24 문서에 관한 죄에 대한 설명 중 옳은 것은 모두 몇 개인가? (다툼이 있는 경우 판례에 의함)

㉠ 자동차운전면허증 재교부신청서의 사진란에 본인의 사진이 아닌 다른 사람의 사진을 붙여 제출함으로써 담당공무원으로 하여금 자동차운전면허대장에 부실의 사실을 기재하여 이를 비치하게 한 경우에 공정증서원본부실기재죄가 성립한다.
㉡ 실질적인 채권채무관계 없이 작성명의인과의 합의(당사자간의 합의)로 작성한 '차용증 및 이행각서'를 그 작성명의인의 의사에 의하지 아니하고 차용증상의 채권이 실제로 존재하는 것처럼 그 지급을 구하는 민사소송을 제기하면서 법원에 제출한 경우에 사문서부정행사죄가 성립한다.
㉢ 장애인사용자동차표지를 사용할 권한이 없는 사람이 장애인전용주차구역에 주차하는 등 장애인사용자동차에 대한 지원을 받을 것으로 합리적으로 기대되는 상황이 아닌 경우에 단순히 이를 자동차에 비치한 경우에 공문서부정행사죄가 성립하지 않는다.
㉣ 작성권한 있는 자가 그 권한을 남용하여 허위의 정보를 입력함으로써 시스템 설치·운영 주체의 의사에 반하는 전자기록을 생성한 행위는 형법 제232조의2에서 정한 사전자기록위작죄의 '위작'에 해당한다.
㉤ 간접정범을 통한 위조문서행사범행에 있어 도구로 이용된 자라고 하더라도 문서가 위조된 것임을 알지 못하는 자에게 행사한 경우에는 위조문서행사죄가 성립한다.

① 1개　　② 2개　　③ 3개　　④ 4개

25 다음 설명 중 가장 적절하지 않은 것은? (다툼이 있는 경우 판례에 의함)

① 타인의 주민등록표등본을 자기의 것처럼 행사한 경우에는 공문서부정행사죄에 해당한다.
② 종중의 적법한 대표 권한이 없는 자가 종중 소유의 토지에 보존등기를 신청하면서 자신이 대표자인 것처럼 허위신고를 함으로써 부동산등기부에 종중의 대표자로 기재된 경우에는 공정증서원본부실기재죄가 성립한다.
③ 어떤 문서에 권한 없는 자가 타인의 서명을 기재하는 경우에, 일단 서명이 완성된 이상 문서가 완성되지 아니한 경우에도 사서명위조죄는 성립할 수 있다.
④ 사망한 乙의 단독상속인인 甲이 사망자 명의로 된 아파트에 대한 채권자의 강제집행을 면하기 위하여 乙이 증여한 사실이 없음에도 불구하고 증여를 원인으로 丙명의의 소유권이전등기를 한 경우 공정증서원본부실기재죄 및 동행사죄가 성립하지 않는다.

26 문서의 죄에 관한 설명 중 옳지 않은 것은 모두 몇 개인가? (다툼이 있는 경우 판례에 의함)

㉠ 컴퓨터의 기억장치 중 하나인 램(RAM)은 기억장치 또는 저장매체이기는 하나 임시적인 기억 또는 저장에 활용되는 매체에 불과하여 램에 올려진 전자기록은 형법 제232조의2의 사전자기록위작·변작죄에서 말하는 전자기록에 해당하지 않는다.

㉡ 형법 제228조 제2항의 공정증서원본 부실기재죄에서 말하는 '등록증'은 공무원이 작성한 모든 등록증을 말하는 것이 아니라, 일정한 자격이나 요건을 갖춘 자에게 그 자격이나 요건에 상응한 활동을 할 수 있는 권능 등을 인정하기 위하여 공무원이 작성한 증서를 말하는 것으로서 사업자등록증은 단순한 사업 사실의 등록을 증명하는 증서에 불과하여 동법 제228조 제2항의 등록증에 해당하지 않는다.

㉢ 타인의 주민등록증을 습득한 자가 해당 주민등록증을 본인 가족의 것이라고 제시하면서 그 주민등록증 상의 명의 또는 가명으로 이동전화 가입신청을 한 경우 형법 제230조 공문서부정행사죄가 성립한다.

㉣ 형법 제228조 제1항이 규정하는 공정증서원본부실기재죄나 공전자기록등부실기재죄는 공무원에 대하여 진실에 반하는 허위신고를 하여 공정증서원본 또는 이와 동일한 전자기록 등특수매체기록에 그 증명하는 사항에 관하여 실체관계에 부합하지 아니하는 '부실의 사실'을 기재 또는 기록하게 함으로써 성립하고, 여기서 '부실의 사실'이라 함은 권리의무관계에 중요한 의미를 갖는 사항이 객관적인 진실에 반하는 것을 말한다.

① 1개 ② 2개 ③ 3개 ④ 4개

27 문서에 관한 죄에 대한 설명 중 가장 적절하지 않은 것은? (다툼이 있는 경우 판례에 의함)

① 형법상 문서에 관한 죄에서 문서란 문자 또는 이에 대신할 수 있는 가독적 부호로 계속적으로 물체상에 기재된 의사 또는 관념의 표시인 원본 또는 이와 사회적 기능, 신용성 등을 동일시할 수 있는 기계적 방법에 의한 복사본으로서 그 내용이 법률상, 사회생활상 주요 사항에 관한 증거로 될 수 있는 것을 말하고, 컴퓨터 모니터 화면에 나타나는 이미지는 이미지 파일을 보기 위한 프로그램을 실행할 경우에 그때마다 전자적 반응을 일으켜 화면에 나타나는 것에 지나지 않아서 계속적으로 화면에 고정된 것으로는 볼 수 없으므로 형법상 문서에 관한 죄에서의 '문서'에는 해당되지 않는다.

② 위조문서행사죄에서 행사란 위조된 문서를 진정한 문서인 것처럼 그 문서의 효용방법에 따라 이를 사용하는 것을 말하고, 위조된 문서를 진정한 문서인 것처럼 사용하는 한 행사의 방법에 제한이 없으므로 위조된 문서를 스캐너 등을 통해 이미지화한 다음 이를 전송하여 컴퓨터 화면상에서 보게 하는 경우도 행사에 해당하지만, 이는 문서의 형태로 위조가 완성된 것을 전제로 하는 것이므로 공문서로서의 형식과 외관을 갖춘 문서에 해당하지 않아 공문서위조죄가 성립하지 않는 경우에는 위조공문서행사죄도 성립할 수 없다.

③ 피고인 소유의 자동차를 타인에게 명의신탁 하기 위한 것이거나 이른바 권리 이전 과정이 생략된 중간생략의 소유권 이전등록이라도 그러한 소유권 이전등록이 실체적 권리관계에 부합하는 유효한 등록이라면 이를 부실의 사실을 기록하게 하였다고 할 수 없다.

④ 공문서변조죄는 권한 없는 자가 공무소 또는 공무원이 이미 작성한 문서내용에 대하여 동일성을 해하지 않을 정도로 변경을 가하여 새로운 증명력을 작출케 함으로써 공공적 신용을 해할 위험성이 있을 때 성립하므로 인터넷을 통하여 출력한 등기사항전부증명서 하단의 열람 일시 부분을 수정 테이프로 지우고 복사한 행위는 공공적 신용을 해할 위험이 있는 정도의 새로운 증명력을 작출한 것으로 보기 어려우므로 공문서변조죄에 해당하지 않는다.

28 문서에 관한 죄에 대한 설명 중 가장 적절한 것은? (다툼이 있는 경우 판례에 의함)

① 종중의 신임 대표자 등이 선임되고 전임 대표자에 대한 직무집행가처분결정이 있은 후 위 가처분결정이 취소된 경우, 위 선임결의가 무효라면 종전 임원이 위 가처분결정 이전에 작성한 이사회 회의록은 '자격을 모용하여 작성한 문서'가 아니고, 이를 위 가처분결정 이후에 행사하였더라도 자격모용작성사문서행사죄가 성립하지 않는다.
② 금융위원회의 설치 등에 관한 법률 제29조, 제69조 제1항에서 정한 금융감독원 집행간부인 금융감독원장 명의의 문서를 위조, 행사한 행위는 사문서위조죄, 위조사문서행사죄에 해당한다.
③ 작성권 있는 공무원의 직무를 보좌하여 공문서를 기안하는 자가 그 직위를 이용하여 행사할 목적으로 기안 문서에 허위의 내용을 기재하고 그 사정을 모르는 상사로 하여금 서명날인케 함으로써 허위의 공문서를 작성토록 하였다면 공문서위조죄의 간접정범으로 처벌한다.
④ 유한회사의 사원이 상법 등 법령에 정한 회사설립의 요건과 절차에 따라 회사설립등기를 함으로써 회사가 성립되었다고 하더라도 회사를 성립할 당시 회사를 실제로 운영할 의사가 없이 회사를 이용한 범죄 의도나 목적이 있었다거나 회사로서의 물적·인적조직 등 영업실질을 갖추지 않고 있는 경우에는 공전자기록등부실기재죄가 성립한다.

29 문서에 관한 죄에 관한 설명 중 옳은 것은 모두 몇 개인가? (다툼이 있는 경우 판례에 의함)

㉠ 甲이 A회사의 전문건설업등록증 등의 이미지 파일을 위조하여 공사 수주에 사용하기 위해 발주업체 직원 B에게 이메일로 송부하여 위조 사실을 모르는 B로 하여금 위 이미지 파일을 출력하게 한 경우 간접정범을 통한 위조문서행사 범행의 피이용자인 B는 甲과 동일시할 수 있는 자와 마찬가지이므로 甲에게는 위조문서행사죄의 간접정범이 성립하지 아니한다.
㉡ 허위로 작성된 공문서를 그 동일성을 해하지 아니하는 정도로 변경을 가하였다면 공문서변조죄가 성립한다.
㉢ 문서의 작성에는 작성자가 자필로 작성할 필요는 없고 명의인의 착각을 이용하여 명의인으로 하여금 진의에 반하는 문서를 작성·서명하도록 하는 것과 같이 간접정범에 의한 위조도 가능하다.
㉣ 고소사건의 담당 경찰관은 경찰 범죄정보시스템에 접근하여 당해 사건의 처리정보를 입력할 수 있는 정당한 권한을 가진 자이므로 고소사건을 처리하지 아니하였더라도 그 사건을 검찰에 송치한 것으로 입력한 행위만으로는 공전자기록위작죄가 성립하지 아니한다.

① 1개   ② 2개   ③ 3개   ④ 4개

30 문서의 죄에 관한 설명 중 가장 적절하지 않은 것은? (다툼이 있는 경우 판례에 의함)

① 사진을 바꾸어 붙이는 방법으로 위조한, 외국 공무원이 발행한 국제운전면허증이 유효기간을 경과하여 본래의 용법에 따라 사용할 수 없더라도, 면허증 행사 시 상대방이 유효기간을 쉽게 알 수 없는 등의 사정으로 발급 권한 있는 자로부터 국제운전면허를 받은 것으로 오신하기에 충분한 정도의 형식과 외관을 갖추고 있다면, 문서위조죄의 위조문서에 해당한다.

② 변조 당시 명의인의 명시적, 묵시적 승낙이 없었다면 변조된 문서가 명의인에게 유리하여 결과적으로 그 의사에 합치한다 하더라도 사문서변조죄의 구성요건을 충족한다.

③ 사법인(私法人)이 구축한 전산망 시스템의 설치·운영 주체로부터 각자의 직무 범위에서 개개의 단위정보의 입력 권한을 부여받은 사람이 그 권한을 남용하여 허위의 정보를 입력함으로써 시스템 설치·운영 주체의 의사에 반하는 전자기록을 생성한 경우, 이는 사전자기록등위작죄에서 말하는 전자기록의 '위작'에 포함되지 않는다.

④ 권한 없이 행사할 목적으로 전세계약서 원본을 스캐너로 복사하여 컴퓨터 화면에 띄운 후 그 보증금액란을 포토샵 프로그램을 이용하여 공란으로 만든 다음 이를 프린터로 출력하여 그 공란에 볼펜으로 보증금액을 사실과 달리 기재하여 그 정을 모르는 자에게 교부하였다면, 사문서변조죄 및 변조사문서행사죄가 성립한다.

31 다음 설명 중 가장 적절하지 않은 것은? (다툼이 있는 경우 판례에 의함)

① 인감증명서 발급업무를 담당하는 공무원이 발급을 신청한 본인이 직접 출두한 바 없음에도 불구하고 본인이 직접 신청하여 발급받은 것처럼 인감증명서에 기재하였다면, 이는 공문서위조죄가 아닌 허위공문서작성죄를 구성한다.

② 문서명의인이 이미 사망하였는데도 문서명의인이 생존하고 있다는 점이 문서의 중요한 내용을 이루거나 그 점을 전제로 문서가 작성되었다고 하더라도, 그러한 내용의 문서에 관하여 사망한 명의자의 승낙이 추정된다면 사문서위조죄가 성립하지 않는다.

③ 주식회사의 지배인이 직접 주식회사 명의 문서를 작성하는 행위는 위조나 자격모용사문서작성에 해당하지 않는 것이 원칙이고, 이는 그 문서의 내용이 진실에 반하는 허위이거나 권한을 남용하여 자기 또는 제3자의 이익을 도모할 목적으로 작성된 경우에도 마찬가지이다.

④ 이사회를 개최함에 있어 공소외 이사들이 그 참석 및 의결권의 행사에 관한 권한을 甲에게 위임하였다면, 그 이사들이 실제로 이사회에 참석하지도 않았는데 마치 참석하여 의결권을 행사한 것처럼 甲이 이사회 회의록에 기재하였다 하더라도 甲에게 사문서위조 및 동행사죄가 성립하지 않는다.

32 공정증서원본부실기재죄에 관한 설명 중 가장 적절한 것은? (다툼이 있는 경우 판례에 의함)

① 양도인이 허위의 채권에 관하여 그 정을 모르는 양수인과 실제로 채권양도의 법률행위를 하면서 공증인에게 위 법률 행위에 관한 공정증서를 작성하게 하였다면 공정증서원본부실기재죄가 성립한다.

② 법원에 허위 내용의 조정신청서를 제출하여 판사로 하여금 조정조서에 부실의 사실을 기재하게 하였다면, 공정증서원본부실기재죄가 성립한다.

③ 주식회사의 신주발행에 법률상 무효사유가 존재함에도 신주발행이 판결로써 무효로 확정되기 이전에 그 신주발행사실을 담당 공무원에게 신고하여 공정증서인 법인등기부에 기재하게 하였다면 공정증서원본부실기재죄가 성립한다.

④ 발행인과 수취인이 통모하여 진정한 어음채무 부담이나 어음채권 취득 의사 없이 단지 발행인의 채권자에게서 채권 추심이나 강제집행을 받는 것을 회피하기 위하여 형식적으로만 약속어음의 발행을 가장한 후 공증인에게 마치 진정한 어음발행 행위가 있는 것처럼 허위로 신고하여 어음공정증서원본을 작성·비치하게 한 경우 공정증서원본부실기재죄가 성립한다.

33 문서에 관한 죄에 대한 설명 중 가장 적절하지 않은 것은? (다툼이 있는 경우 판례에 의함)

① 재건축조합 임시총회의 소집절차나 결의방법이 법령이나 정관에 위반되어 임원개임결의가 사법상 무효라면 실제로 재건축조합의 조합총회에서 그와 같은 내용의 임원개임결의가 이루어졌고 그 결의에 따라 임원변경등기를 마쳤다 하더라도 공정증서원본부실기재죄가 성립한다.

② 1개의 문서에 주채무자와 연대보증인의 명의를 위조한 경우에는 2개의 문서위조죄의 상상적 경합범에 해당한다.

③ 문서작성 권한이 있는 공무원을 보조하는 보조공무원이 작성권한을 가진 공무원의 결재를 받지 아니하고 임의로 허위내용의 공문서를 완성한 경우, 공문서위조죄가 성립한다.

④ 공무원인 의사가 공무소의 명의로 허위진단서를 작성한 경우에는 허위공문서작성죄만이 성립하고 허위진단서작성죄는 별도로 성립하지 않는다.

34 문서에 관한 죄에 대한 설명 중 옳지 않은 것은 모두 몇 개인가? (다툼이 있는 경우 판례에 의함)

> ㉠ 일정 한도액에 관하여 연대보증인이 될 것을 허락한 乙로부터 그에 필요한 문서를 작성하는 데 쓰일 인감도장과 인감증명서를 교부받아 乙을 직접 차주로 하는 동액 상당의 차용금 증서를 작성한 경우에는 본래의 정당한 권한 범위를 벗어난 것이므로 사문서위조죄가 성립한다.
> ㉡ 이사가 이사회 회의록에 서명 대신 서명거부사유를 기재하고 그에 대한 서명을 하였는데 이사회 회의록의 작성권한자인 이사장이 임의로 이를 삭제한 경우에 사문서변조죄가 성립하지 않는다.
> ㉢ '문서가 원본인지 여부'가 중요한 거래에서 문서의 사본을 진정한 원본인 것처럼 행사할 목적으로 다른 조작을 가함이 없이 문서의 원본을 그대로 컬러복사기로 복사한 후 복사한 문서의 사본을 원본인 것처럼 행사한 행위는 사문서위조죄 및 동행사죄에 해당한다.
> ㉣ 사문서의 작성명의자의 인장이 압날되지 않고 주민등록번호가 기재되지 않았다면 일반인이 그 작성명의자에 의해 작성된 사문서라고 믿을만한 정도의 형식과 외관을 갖추었더라도 사문서위조죄의 객체가 되지 않는다.

① 1개   ② 2개   ③ 3개   ④ 4개

제3장 사회의 도덕에 대한 죄

제1절 성풍속에 관한 죄 ~ 신앙에 관한 죄

35 다음 설명 중 가장 적절하지 않은 것은? (다툼이 있는 경우 판례에 의함)

① 사기도박의 경우 사기적인 방법으로 도금을 편취하려고 하는 자가 상대방에게 도박에 참가할 것을 권유하는 행위를 개시한 것만으로도 실행의 착수가 있는 것으로 볼 수 있다.
② 사기도박의 경우에 사기행위자는 사기죄와 도박죄가, 상대방에게는 도박죄가 성립한다.
③ 성인피시방 운영자가 손님들로 하여금 컴퓨터에 접속하여 인터넷 도박게임을 하고 게임머니의 충전과 환전을 하도록 하면서 게임머니의 일정 금액을 수수료 명목으로 받은 행위는 도박장소등개설죄에 해당한다.
④ 이른바 '광고복권'은 통상의 경우 이를 홍보 및 판촉의 수단으로 사용하는 사업자들이 당첨되지 않은 참가자들의 손실을 대신 부담하여 주는 것일 뿐, 그 자체로는 추첨 등의 우연한 방법에 의하여 일부 당첨자에게 재산상의 이익을 주고 다른 참가자에게 손실을 주는 복표로서의 성질을 갖추고 있다고 보아 형법 제248조 소정의 복표에 해당한다.

36 도박의 죄에 관한 설명 중 옳은 것은 모두 몇 개인가? (다툼이 있는 경우 판례에 의함)

㉠ 영리의 목적으로 속칭 포커나 고스톱 등의 인터넷 도박게임 사이트를 개설하여 운영하는 경우 게임이용자들이 그 도박게임 사이트에 접속하여 실제로 도박이 행하여진 때에 도박장소등개설죄는 기수에 이른다.
㉡ 사기도박의 경우 도박에서의 우연성이 결여되어 사기죄만 성립하고, 사기도박에 필요한 준비를 갖추고 그러한 의도로 피해자들에게 도박에 참가하도록 권유한 때 또는 늦어도 그 정을 알지 못하는 피해자들이 도박에 참가한 때 실행의 착수가 인정된다.
㉢ 상습도박죄에 있어서의 상습성이란 반복하여 도박행위를 하는 습벽으로서 행위자의 속성을 말하는데, 이러한 습벽의 유무를 판단함에 있어서는 도박의 전과나 도박 횟수 등이 중요한 판단자료가 되나, 도박전과가 없다 하더라도 도박의 성질과 방법, 도금의 규모, 도박에 가담하게 된 태양 등의 제반 사정을 참작하여 도박의 습벽이 인정되는 경우에는 상습성을 인정할 수 있다.
㉣ 도박행위가 공갈죄의 수단이 된 경우 공갈죄와 도박죄는 그 구성요건과 보호법익을 달리하고 있고, 공갈죄의 성립에 일반적·전형적으로 도박행위를 수반하는 것은 아니기에 공갈죄와 별도로 도박죄가 성립한다.

① 1개 ② 2개 ③ 3개 ④ 4개

37 다음 설명 중 가장 적절하지 않은 것은? (다툼이 있는 경우 판례에 의함)

① 공연음란죄가 성립하기 위해서는 음란성에 대한 의미의 인식이 있어야 할 뿐만 아니라 주관적으로 성욕의 흥분 또는 만족 등의 성적인 목적이 있어야 한다.
② 영화포스터 등을 제작하면서 그 영화의 예술적 측면이 아닌 선정적 측면을 특히 강조하여 그 표현이 과도하게 성감을 자극시키고 일반인의 정상적인 성적 정서를 해치는 것이라면 그 영화작품이 영상물등급위원회(구 공연윤리위원회)의 심의를 마쳤다 하더라도 위 포스터는 음화에 해당한다.
③ 음란한 부호 등이 전시된 웹페이지에 대한 링크(Link)행위도 구 전기통신기본법 제48조의2의 음란한 부호 등을 공연히 전시한 경우에 해당한다.
④ 음화제조 내지 판매죄의 고의는 음화에 해당하는 그림이 존재한다는 것과 이를 제조나 판매하고 있다는 것을 인식하고 있으면 되고, 그 이상 더 나아가 그 그림이 음란한 것인가 아닌가를 인식할 필요는 없다.

38 다음 설명 중 가장 적절하지 않은 것은? (다툼이 있는 경우 판례에 의함)

① 내국인의 출입을 허용하는 폐광지역 카지노에 출입하는 것은 법령에 의한 행위로 위법성이 조각되지만, 도박죄를 처벌하지 않는 외국 카지노에서의 도박은 위법성이 조각되지 아니한다.
② 인터넷 고스톱게임 사이트를 유료화하는 과정에서 사이트를 홍보하기 위하여 고스톱대회를 개최하면서 참가자들로부터 참가비를 받고 입상자들에게 상금을 지급한 경우에는 도박장소등개설죄가 성립한다.
③ 피고인이 가맹점을 모집하여 인터넷 도박게임이 가능하도록 시설 등을 설치하고 도박게임 프로그램을 가동하던 중 문제가 발생하여 더 이상의 영업으로 나아가지 못한 경우, 실제로 이용자들이 도박게임 사이트에 접속하여 도박을 한 사실이 없다면 도박장소등개설죄는 기수에 이르렀다고 볼 수 없다.
④ 인터넷 게임사이트의 온라인 게임에서 통용되는 사이버 머니를 구입하고자 하는 사람을 유인하여 돈을 받고 위 게임사이트에 접속하여 일부러 패하는 방법으로 사이버머니를 판매한 사람에 대하여, 정범인 위 게임사이트 개설자의 도박 개장행위를 인정할 수 없는 이상 종범인 도박장소등개설죄의 방조범도 성립하지 않는다.

39 다음 설명 중 가장 적절하지 않은 것은? (다툼이 있는 경우 판례에 의함)

① 장례식방해죄는 피고인의 행위로 인하여 장례식이 현실적으로 저지 내지 방해되었다고 하는 결과의 발생까지 요하지 않고 방해행위의 수단과 방법에도 아무런 제한이 없으며, 일시적인 행위라 하더라도 무방하다.
② 사후 시체의 발견이 불가능 또는 심히 곤란하게 하려는 의사로 인적이 드문 숲속으로 피해자를 유인하여 그곳에서 살해하고 사체를 그대로 방치한 채 도주한 경우에는 살인죄와 사체은닉죄가 성립한다.
③ 사람을 살해한 자가 그 사체를 다른 장소로 옮겨 유기하였을 때에는 살인죄와 사체유기죄의 경합범이 성립한다.
④ 범죄로 인하여 사망한 것이 명백한 자의 시체는 변사체검시방해죄의 객체가 될 수 없다.

40 다음 설명으로 옳은 것을 모두 고르면? (다툼이 있는 경우 판례에 의함)

㉠ 사기도박의 실행에 착수한 후에 사기도박을 숨기기 위하여 얼마간 정상적인 도박을 한 경우, 사기죄만이 성립하고 도박죄는 따로 성립하지 않는다.
㉡ 도박에 참여한 수인의 피해자로부터 사기도박으로 도금을 편취한 경우 피해자들에 대한 각 사기죄는 실체적 경합의 관계에 있다.
㉢ 도박행위를 처벌하지 않는 외국 카지노에서의 내국인의 도박에 대해서는 내국인의 폐광지역 카지노 출입을 허용하는 국내법을 유추적용하여 위법성이 조각되는 것으로 보아야 한다.
㉣ 도박은 '재물을 걸고 우연에 의하여 재물의 득실을 결정하는 것'을 의미하는 바, 당사자의 능력이 승패의 결과에 영향을 미친다면 다소간 우연성의 영향을 받는다고 하여도 도박죄는 성립하지 않는다.
㉤ 도박의 습벽이 있는 자가 타인의 도박을 방조하면 상습도박방조의 죄가 성립한다.
㉥ 유료낚시터에서 입장료 명목으로 요금을 받은 후 낚인 물고기에 부착된 시상번호에 따라 경품을 지급한 경우 도박장소등개설죄가 성립한다.

① ㉠㉤㉥   ② ㉡㉣㉥   ③ ㉠㉡㉢㉤   ④ ㉠㉣㉤㉥

제3편 국가적 법익에 대한 죄

제1장 국가의 존립과 권위에 대한 죄

제1절 내란의 죄 ~ 외환의 죄

01 내란의 죄에 관한 설명 중 가장 적절하지 않은 것은? (다툼이 있는 경우 판례에 의함)

① 내란의 실행과정에서 폭동행위에 수반하여 개별적으로 발생한 살인행위는 내란행위의 한 구성요소를 이루는 것이므로 내란행위에 흡수되어 내란목적살인의 별죄를 구성하지 아니하나, 특정인 또는 일정한 범위 내의 한정된 집단에 대한 살해가 내란의 와중에 폭동에 수반하여 일어난 것이 아니라 그것 자체가 의도적으로 실행된 경우에는 이러한 살인행위는 내란에 흡수될 수 없고 내란목적살인의 별죄를 구성한다.

② 범죄는 '어느 행위로 인하여 처벌되지 아니하는 자'를 이용하여서도 이를 실행할 수 있으므로, 내란죄의 경우에도 '국헌문란의 목적'을 가진 자가 그러한 목적이 없는 자를 이용하여 이를 실행할 수 있다.

③ 내란선동죄는 내란이 실행되는 것을 목표로 선동함으로써 성립하는 독립한 범죄이고, 선동으로 말미암아 피선동자들에게 범죄의 결의가 발생할 것을 요건으로 하며, 선동에 따라 피선동자가 내란으로 나아갈 실질적인 위험성이 인정되는 경우에 한하여 범죄가 성립한다.

④ 내란음모가 성립하였다고 하기 위해서는 개별 범죄행위에 관한 세부적인 합의가 있을 필요는 없으나, 공격의 대상과 목표가 설정되어 있고, 그 밖의 실행계획에 있어서 주요 사항의 윤곽을 공통적으로 인식할 정도의 합의가 있어야 한다.

02 다음 설명 중 옳은 것은 모두 몇 개인가? (다툼이 있는 경우 판례에 의함)

㉠ 간첩방조죄는 간첩죄에 비하여 형을 감경한다.
㉡ 내란음모죄에 해당하는 합의가 있다고 하기 위해서는 단순히 내란에 관한 범죄결심을 외부에 표시·전달하는 것만으로는 부족하고 객관적으로 내란범죄의 실행을 위한 합의라는 것이 명백히 인정되고, 그러한 합의에 실질적인 위험성이 인정되어야 한다.
㉢ 내란죄나 내란목적살인죄를 예비, 음모, 선동, 선전한 자가 내란죄나 내란목적살인죄에 이르기 전에 자수한 때에는 그 형을 감경 또는 면제한다.
㉣ 단순히 숙식을 제공하거나 무전기를 매몰하는 행위를 도와준 것만으로는 간첩방조죄가 성립하지 않는다.

① 1개 ② 2개 ③ 3개 ④ 4개

제2장 국가의 기능에 대한 죄

제1절 공무원의 직무에 관한 죄

03 직무유기죄에 대한 설명 중 옳지 않은 것은 모두 몇 개인가? (다툼이 있는 경우 판례에 의함)

> ⊙ 경찰서 방범과장이 부하직원으로부터 음반·비디오물및게임물에관한법률 위반 혐의로 오락실을 단속하여 증거물로 오락기의 변조기판을 압수하여 사무실에 보관중임을 보고받아 알고 있었음에도 부하직원에게 위와 같이 압수한 변조기판을 돌려주라고 지시하여 오락실 업주에게 이를 돌려준 경우 증거인멸죄와 직무유기죄의 상상적 경합범이 된다.
> ⓒ 어업허가신청자가 어업허가를 받을 수 없는 자임을 알면서도 담당공무원이 실태조사를 하지 않고 오히려 부하직원에게 어업허가처리기안문을 작성하게 한 다음 스스로 중간결재를 한 후 그 정을 모르는 농수산국장의 최종결재를 받았다면 위계에 의한 공무집행방해죄와 직무유기죄의 상상적 경합범이 성립한다.
> ⓒ 경찰공무원이 지명수배 중인 범인을 발견하고도 직무상 의무에 따른 적절한 조치를 취하지 아니하고 오히려 범인을 도피하게 하는 행위를 한 경우 범인도피죄와 직무유기죄는 상상적 경합관계에 있다.
> ⓒ 직무유기죄는 이른바 부진정부작위범으로서 구체적으로 그 직무를 수행하여야 할 작위의무가 있는데도 불구하고 이러한 직무를 버린다는 인식하에 그 작위의무를 수행하지 아니함으로써 성립하는 것이다

① 1개 ② 2개 ③ 3개 ④ 4개

04 직무유기죄에 관한 설명 중 가장 적절하지 않은 것은? (다툼이 있는 경우 판례에 의함)

① 경찰공무원이 지명수배 중인 범인을 발견하고도 직무상 의무에 따른 적절한 조치를 취하지 아니하고 오히려 범인을 도피하게 하는 행위를 하였다면 범인도피죄만 성립하고 직무유기죄는 따로 성립하지 않는다.

② 직무유기죄는 작위의무를 수행하지 아니함으로써 구성요건에 해당하는 사실이 있었고 그 후에도 계속하여 그 작위의무를 수행하지 아니하는 위법한 부작위상태가 계속되는 한 가벌적 위법상태는 계속 존재하고 있다고 할 것이므로 즉시범이라 할 수 없다.

③ 하나의 행위가 부작위범인 직무유기죄와 작위범인 허위공문서작성·행사죄의 구성요건을 동시에 충족하는 경우 공소제기권자가 작위범인 허위공문서작성·행사죄로 공소를 제기하지 아니하고 부작위범인 직무유기죄로만 공소를 제기할 수는 없다.

④ 지방자치단체장이 전국공무원노동조합이 주도한 파업에 참가한 소속 공무원들에 대하여 관할 인사위원회에 징계의결요구를 하지 아니하고 가담 정도의 경중을 가려 자체 인사위원회에 징계의결요구를 하거나 훈계처분을 하도록 지시한 행위는 직무유기죄를 구성하지 않는다.

05 공무원의 직무에 관한 죄의 설명 중 가장 적절하지 않은 것은? (다툼이 있는 경우 판례에 의함)

① 지방자치단체의 장이 미리 승진후보자명부상 후보자들 중에서 승진대상자를 실질적으로 결정한 다음, 그 내용을 인사위원회 간사, 서기 등을 통해 인사위원회 위원들에게 '승진대상자 추천'이라는 명목으로 제시하여 인사위원회로 하여금 자신이 특정한 후보자들을 승진대상자로 의결하도록 유도하는 행위는 직권남용권리행사방해죄의 구성요건인 '직권의 남용' 및 '의무 없는 일을 하게 한 경우'로 볼 수 있다.

② 공무원이 직무상 알게 된 비밀을 그 직무와의 관련성 혹은 필요성에 기하여 해당 직무의 집행과 관련 있는 다른 공무원에게 직무집행의 일환으로 전달한 경우 국가기능에 위험이 발생하리라고 볼 만한 특별한 사정이 인정되지 않는 한 그 행위는 비밀의 누설에 해당하지 아니한다.

③ 직무집행의 의사로 자신의 직무를 수행한 경우에는 그 직무집행의 내용이 위법한 것으로 평가된다는 점만으로 직무유기죄의 성립을 인정할 것은 아니고, 공무원이 태만·분망 또는 착각 등으로 인하여 직무를 성실히 수행하지 아니한 경우나 형식적으로 또는 소홀히 직무를 수행한 탓으로 적절한 직무수행에 이르지 못한 것에 불과한 경우에도 직무유기죄는 성립하지 아니한다.

④ 경찰관들이 현행범으로 체포한 도박혐의자들에게 현행범인체포서 대신에 임의동행동의서를 작성하게 하고, 그나마 제대로 조사도 하지 않은 채 석방하였으며, 압수한 일부 도박자금에 관하여 압수조서 및 목록도 작성하지 않은 채 반환하고, 일부 도박혐의자의 명의도용 사실과 도박 관련 범죄로 수회 처벌받은 전력을 확인하고서도 아무런 추가조사도 없이 석방한 경우 그 경찰관들에게는 직무유기죄가 성립한다.

06 직권남용죄에 관한 설명 중 가장 적절하지 않은 것은? (다툼이 있는 경우 판례에 의함)

① 공무원이 자신의 직무권한에 속하는 사항에 관하여 실무 담당자로 하여금 그 직무집행을 보조하는 사실행위를 하도록 하더라도 원칙적으로 의무 없는 일을 하게 한 때에 해당한다고 할 수 없다.
② 형법 제123조는 "공무원이 직권을 남용하여 사람으로 하여금 의무없는 일을 하게 하거나 사람의 권리행사를 방해한 때에는 5년 이하의 징역, 10년 이하의 자격정지 또는 1천만원 이하의 벌금에 처한다"라고 규정하고 있는데, 여기서 말하는 '권리'는 공법상의 권리인지 사법상의 권리인지를 묻지 않는다.
③ 치안본부장인 甲이 국립과학수사연구소 A과장에게 고문치사자의 사인에 관하여 기자간담회에 참고할 메모를 작성하도록 요구하고 A과장으로 하여금 내심의 의사에 반하여 두번이나 고쳐 작성하도록 한 경우에도 직권남용죄는 성립하지 않는다.
④ 공무원의 직권남용행위가 있었다면 현실적으로 권리행사의 방해라는 결과가 발생하지 아니하였더라도 직권남용권리행사방해죄는 기수에 이른 것이다.

07 직권남용죄에 대한 설명으로 가장 적절하지 않은 것은? (다툼이 있는 경우 판례에 의함)

① 직권남용죄가 성립하기 위해서는 현실적으로 다른 사람이 의무 없는 일을 하였거나 다른 사람의 구체적인 권리행사가 방해되는 결과가 발생하여야 하며, 또한 그 결과의 발생은 직권남용 행위로 인한 것이어야 한다.
② 직권남용은 공무원이 그의 일반적 권한에 속하는 사항에 관하여 그것을 불법하게 행사하는 것, 즉 형식적·외형적으로는 직무집행으로 보이나 실질적으로는 정당한 권한 외의 행위를 하는 경우를 의미한다.
③ 직권남용죄에 있어 의무 없는 일에 해당하는지는 직권을 남용하였는지와 별도로 상대방이 그러한 일을 할 법령상 의무가 있는지를 살펴 개별적으로 판단하여야 한다.
④ 직무집행의 기준과 절차가 법령에 구체적으로 명시되어 있고 실무 담당자에게도 직무집행의 기준을 적용하고 절차에 관여할 고유한 권한과 역할이 부여되어 있다면 공무원이 실무 담당자로 하여금 그러한 기준과 절차를 위반하여 직무집행을 보조하게 한 경우에는 '의무 없는 일을 하게 한 때'에 해당한다고 할 수 없으나, 공무원이 자신의 직무권한에 속하는 사항에 관하여 실무 담당자로 하여금 그 직무집행을 보조하는 사실행위를 하도록 하였다면 원칙적으로 '의무 없는 일을 하게 한 때'에 해당한다.

08 공무원의 직무에 관한 죄에 대한 설명 중 가장 적절한 것은? (다툼이 있는 경우 판례에 의함)

① 상급 경찰관이 관내 범죄수사를 지휘할 권한을 남용하여 부하 경찰관들의 수사를 중단시키거나 사건을 다른 경찰관서로 이첩하게 한 경우에 '권리행사를 방해함으로 인한 직권남용죄'와 '의무 없는 일을 하게 함으로 인한 직권남용죄'가 별개로 성립한다.
② 공무원의 직권남용행위가 있었다 할지라도 현실적으로 권리행사의 방해라는 결과가 발생하지 아니하였다면 형법 제123조의 직권남용권리행사방해죄의 기수를 인정할 수 없다.
③ 구청에서 체납차량 영치 및 공매 등의 업무를 담당하던 공무원이 乙의 부탁을 받고 차적조회 시스템을 이용하여 범죄현장 부근에서 경찰의 잠복근무에 이용되고 있던 경찰청 소속 차량의 소유관계에 관한 정보를 알아내 알려준 경우에 공무상비밀누설죄가 성립한다.
④ 감금죄는 간접정범의 형태로는 행하여질 수 없으므로, 인신구속에 관한 직무를 행하는 자 또는 이를 보조하는 자가 피해자를 구속하기 위하여 진술조서 등을 허위로 작성한 후 이를 기록에 첨부하여 구속영장을 신청하고, 진술조서 등이 허위로 작성된 정을 모르는 검사와 영장전담판사를 기망하여 구속영장을 발부받은 후 그 영장에 의하여 피해자를 구금한 경우, 형법 제124조 제1항의 직권남용감금죄가 성립하지 않는다.

09 뇌물죄에 관한 설명으로 가장 적절하지 않은 것은? (다툼이 있는 경우 판례에 의함)

① 뇌물죄는 공여자의 출연에 의한 수뢰자의 영득의사의 실현으로서, 공여자의 특정은 직무행위와 관련이 있는 이익의 부담 주체라는 관점에서 파악하여야 할 것이므로, 금품이나 재산상 이익 등이 반드시 공여자와 수뢰자 사이에 직접 수수될 필요는 없다.
② 공무원이 뇌물을 받는 데에 필요한 경비를 지출한 경우 그 경비는 뇌물수수의 부수적 비용에 불과하여 뇌물의 가액과 추징액에서 공제할 항목에 해당하지 않는다.
③ 제3자뇌물수수죄는 공무원이 그 직무에 관하여 부정한 청탁을 받고 뇌물공여자로 하여금 제3자에게 뇌물을 공여하게 한 경우에 성립하는데, 이 경우 뇌물을 받는 제3자는 뇌물임을 인식할 것을 요한다.
④ 공무원이 타인을 기망하여 그로부터 뇌물을 수수한 경우에 뇌물을 수수한 공무원에게는 뇌물죄와 사기죄의 상상적 경합이 성립한다.

10 뇌물죄에 관한 설명 중 가장 적절한 것은? (다툼이 있는 경우 판례에 의함)

① 수수된 금품의 뇌물성을 인정하기 위하여는 그 금품의 개개의 직무행위와 대가적 관계에 있음이 증명되어야 한다.
② 임용될 당시 「지방공무원법」상 임용결격자임에도 공무원으로 임용되어 계속 근무하던 중 직무에 관하여 뇌물을 수수한 경우, 임용행위의 무효에도 불구하고 뇌물수수죄의 성립을 인정할 수 있다.
③ 뇌물을 수수한 자가 공동수수자가 아닌 교사범 또는 종범에게 뇌물 중 일부를 사례금 등의 명목으로 교부한 경우, 실제 수익은 뇌물에서 사례금을 공제한 금액이므로 전체 뇌물액수에서 사례금 상당액을 공제한 금액을 뇌물수수자에게서 몰수·추징하여야 한다.
④ 공무원이 직접 뇌물을 받지 않고 증뢰자로 하여금 자신이 채무를 부담하고 있었던 제3자에게 뇌물을 공여하게 함으로써 자신의 지출을 면하였다면 「형법」 제130조의 제3자뇌물제공죄가 성립한다.

11 뇌물죄에 관한 죄에 대한 설명 중 가장 적절하지 않은 것은? (다툼이 있는 경우 판례에 의함)

① 배임수재자가 배임증재자에게서 무상으로 빌린 물건을 인도받아 사용하던 중 공무원이 되었고, 배임증재자가 뇌물공여 의사를 밝히면서 배임수재자가 물건을 계속 사용하도록 한 경우 처음에 정한 사용기간을 연장해 주는 등 새로운 이익을 제공한 것으로 평가할 만한 사정이 없다면 뇌물공여죄가 성립하지 않는다.
② 제3자뇌물공여죄에서 막연히 선처하여 줄 것이라는 기대에 의하거나 직무집행과는 무관한 다른 동기에 의하여 제3자에게 금품을 공여한 경우에는 묵시적인 의사표시에 의한 부정한 청탁이 있다고 보기 어렵다.
③ 수수된 금품의 뇌물성을 인정하는데 특별한 청탁이 있어야만 하는 것은 아니고, 또한 금품이 직무에 관하여 수수된 것으로 족하고 개개의 직무행위와 대가적 관계에 있을 필요는 없으나, 그 직무행위는 특정된 것이어야 한다.
④ 공무원이 직무관련자에게 제3자와 계약을 체결하도록 요구하여 계약 체결을 하게 한 행위가 제3자뇌물수수죄의 구성요건과 직권남용권리행사방해죄의 구성요건에 모두 해당하는 경우에는, 제3자뇌물수수죄와 직권남용권리행사방해죄가 각각 성립하되, 이는 사회관념상 하나의 행위가 수 개의 죄에 해당하는 경우이므로 두 죄는 형법 제40조의 상상적 경합관계에 있다.

12 뇌물죄에 대한 설명 중 옳은 것은 모두 몇 개인가? (다툼이 있는 경우 판례에 의함)

> ㉠ 알선의뢰인이 알선수재자에게 공무원이나 금융기관 임직원의 직무에 속한 사항에 관한 알선의 대가를 형식적으로 체결한 고용계약에 터잡아 급여의 형식으로 지급한 경우에, 명목상 급여액에서 원천징수된 근로소득세 등을 제외하고 알선수재자가 실제 지급받은 금액을 몰수·추징하여야 한다.
> ㉡ 오로지 공무원을 함정에 빠뜨릴 의사로 직무와 관련되었다는 형식을 빌려 그 공무원에게 금품을 공여한 경우에는 비록 공무원이 그 금품을 직무와 관련하여 수수한다는 의사를 가지고 받아들이더라도 뇌물수수죄가 성립하지 않는다.
> ㉢ 제3자뇌물공여죄에 있어서 비록 청탁의 대상이 된 직무집행 그 자체는 위법·부당한 것이 아니라 하더라도 당해 직무집행을 어떤 대가관계와 연결시켜 그 직무집행에 관한 대가의 교부를 내용으로 하는 청탁이라면 이는 의연 '부정한 청탁'에 해당한다.
> ㉣ 공무원의 직무에 속한 사항의 알선에 관하여 금품을 받은 범인이 그 금품 중의 일부를 받은 취지에 따라 청탁과 관련하여 관계 공무원에게 뇌물로 공여하거나 다른 알선행위자에게 청탁의 명목으로 교부하였더라도 그 범인으로부터 전액을 추징하여야 한다.

① 1개   ② 2개   ③ 3개   ④ 4개

13 뇌물죄에 대한 설명 중 옳은 것은 모두 몇 개인가? (다툼이 있는 경우 판례에 의함)

> ㉠ 공무원이 직접 금품을 받지 않고 증뢰자로 하여금 다른 사람에게 금품을 공여하도록 한 경우라도 그가 직무에 관하여 부정한 청탁을 받은 사정이 없다면 이를 형법 제130조의 제3자뇌물제공죄로 처벌하지 못한다.
> ㉡ 공무원이 직무와 관련하여 뇌물수수를 약속하고 퇴직 후 이를 수수하는 경우 뇌물약속과 뇌물수수가 시간적으로 근접하여 있다면 하나의 뇌물수수죄가 성립한다.
> ㉢ 공무원에게 뇌물로 공여하기 위한 목적이라는 사정을 알면서 증뢰자로부터 금품을 교부받은 자는 그가 실제로 그 금품을 공무원에게 전달하지 않고 있는 이상 형법상 아무런 처벌을 받지 않는다.
> ㉣ 공무원이 직무와 관련하여 금품을 수수하였더라도 특별한 청탁이 없이 사교적 의례의 형식을 갖추어 금품을 주고 받았다면 형법 제129조 제1항의 뇌물수수죄가 성립하지 않는다.

① 1개   ② 2개   ③ 3개   ④ 4개

14 뇌물죄에 관한 설명 중 가장 적절하지 않은 것은? (다툼이 있는 경우 판례에 의함)

① 제3자뇌물수수죄에서 제3자란 행위자와 공동정범 및 교사자와 방조자 이외의 사람을 말한다.
② 공무원이 아닌 사람이 공무원과 공동가공의 의사와 이를 기초로 한 기능적 행위지배를 통하여 공무원의 직무에 관하여 뇌물을 수수하는 범죄를 실행하였다면 공무원이 직접 뇌물을 받은 것과 동일하게 평가할 수 있으므로 공무원과 비공무원에게 형법 제129조 제1항에서 정한 뇌물수수죄의 공동정범이 성립한다.
③ 단지 상대방으로 하여금 뇌물을 수수하는 자에게 잘 보이면 어떤 도움을 받을 수 있다거나 손해를 입을 염려가 없다는 정도의 막연한 기대감을 갖게 하는 정도에 불과하고, 뇌물을 수수하는 자 역시 상대방이 그러한 기대감을 가질 것이라고 짐작하면서 수수하였다는 사정만으로는 알선뇌물수수죄가 성립하지 않는다.
④ 공무원 또는 중재인이 부정한 청탁을 받고 제3자에게 뇌물을 제공하게 하고 제3자가 그러한 공무원 또는 중재인의 범죄행위를 알면서 방조한 경우에는 그에 대한 별도의 처벌규정이 없더라도 방조범에 관한 형법총칙의 규정이 적용되어 제3자뇌물수수방조죄가 인정될 수 있다.

15 뇌물죄에 대한 설명 중 옳은 것은 모두 몇 개인가? (다툼이 있는 경우 판례에 의함)

㉠ 뇌물죄에서 말하는 '직무'에는 법령에 정하여진 직무뿐만 아니라 그와 관련 있는 직무, 과거에 담당하였거나 장래에 담당할 직무 외에 사무분장에 따라 현실적으로 담당하지 않는 직무라도 법령상 일반적인 직무권한에 속하는 직무 등 공무원이 그 직위에 따라 공무로 담당할 일체의 직무를 포함한다.
㉡ 형사피고사건의 공판참여주사는 공판에 참여하여 양형에 관한 사항의 심리내용을 공판조서에 기재하므로 형사사건의 양형은 참여주사의 직무와 밀접한 관계가 있는 사무이며, 따라서 참여주사가 형량을 감경케하여 달라는 청탁과 함께 금품을 수수하였다면 뇌물수수죄의 주체가 된다.
㉢ 공무원이 아닌 사람이 공무원과 공동가공의 의사와 이를 기초로 한 기능적 행위지배를 통하여 공무원의 직무에 관하여 뇌물을 수수하였다면 공무원과 공무원 아닌 사람에게 뇌물수수죄의 공동정범이 성립한다.
㉣ 뇌물증여죄가 성립되기 위하여서는 뇌물을 공여하는 행위와 상대방측에서 금전적으로 가치가 있는 그 물품 등을 받아들이는 행위가 필요하고 나아가 상대방 측에서 뇌물수수죄가 성립되어야 한다.

① 1개 ② 2개 ③ 3개 ④ 4개

16 다음 설명 중 가장 적절하지 않은 것은? (다툼이 있는 경우 판례에 의함)

① 불우이웃돕기 성금이나 연극제에 전달할 의사로 금원을 받은 것에 불과하고 자신이 영득할 의사로 수수하였다고 보기는 어려운 경우 뇌물수수죄는 성립하지 아니한다.

② 형법은 제357조 제1항에서 배임수재죄를, 제2항에서 배임증재죄를 규정하고, 이어 제3항에서 "범인이 취득한 제1항의 재물은 몰수한다. 그 재물을 몰수하기 불능하거나 재산상의 이익을 취득한 때에는 그 가액을 추징한다."라고 규정하고 있다. 위 제3항에서 몰수의 대상으로 규정한 '범인이 취득한 제1항의 재물'은 배임수재죄의 범인이 취득한 목적물이자 배임증재죄의 범인이 공여한 목적물을 가리키는 것이지 배임수재죄의 목적물만을 한정하여 가리키는 것이 아니다.

③ 제3자뇌물수수죄에서 제3자란 행위자와 공동정범, 교사자, 방조자 이외의 사람을 말한다. 그러므로 공무원 또는 중재인이 부정한 청탁을 받고 제3자에게 뇌물을 제공하게 하고 제3자가 그러한 공무원 또는 중재인의 범죄행위를 알면서 방조한 경우라 하더라도 별도의 처벌규정이 없는 한 제3자뇌물수수방조죄로 처벌할 수는 없다.

④ 공무원이 직무관련자에게 제3자와 계약을 체결하도록 요구하여 계약 체결을 하게 한 행위가 제3자뇌물수수죄의 구성요건과 직권남용권리행사방해죄의 구성요건에 모두 해당하는 경우에는, 제3자뇌물수수죄와 직권남용권리행사방해죄가 각각 성립하되, 이는 사회 관념상 하나의 행위가 수 개의 죄에 해당하는 경우이므로 두 죄는 형법 제40조의 상상적 경합관계에 있다.

17 뇌물수수죄와 제3자뇌물수수죄에 관한 설명 중 가장 적절하지 않은 것은? (다툼이 있는 경우 판례에 의함)

① 지방공무원법은 공무원은 노동운동이나 그 밖에 공무 외의 일을 위한 집단행위를 하지 못하도록 규정하고, 이를 위반한 경우 처벌하는 규정을 두고 있다. 법이 그 주체를 지방공무원으로 제한하고 있고, 위 법조항에 의하여 행위자의 인격적 요소가 일정한 의미를 가지므로 지방공무원의 신분을 가지지 아니하는 사람은 지방공무원의 범행에 가공하더라도 형법 제33조 본문에 의해서 공범으로 처벌받을 수 없다.

② 형법은 제130조에서 제129조 제1항 뇌물수수죄와는 별도로 공무원이 그 직무에 관하여 뇌물공여자로 하여금 제3자에게 뇌물을 공여하게 한 경우에는 부정한 청탁을 받고 그와 같은 행위를 한 때에 뇌물수수죄와 법정형이 동일한 제3자뇌물수수죄로 처벌하고 있다.

③ 형법 제133조 제1항, 제129조 제1항에서 정한 뇌물공여죄의 고의는 '공무원에게 그 직무에 관하여 뇌물을 공여한다'는 사실에 대한 인식과 의사를 말하고, 미필적 고의로도 충분하다.

④ 공무원이 아닌 사람이 공무원과 공동가공의 의사와 이를 기초로 한 기능적 행위지배를 통하여 공무원의 직무에 관하여 뇌물을 수수하는 범죄를 실행하였다면 공무원이 직접 뇌물을 받은 것과 동일하게 평가할 수 있으므로 공무원과 비공무원에게 형법 제129조 제1항에서 정한 뇌물수수죄의 공동정범이 성립한다.

제2절 공무방해에 관한 죄

18 공무방해에 관한 죄에 대한 설명 중 옳은 것은 모두 몇 개인가? (다툼이 있는 경우 판례에 의함)

> ㉠ 허위 화재신고로 소방관 및 경찰관들이 출동한 것에 대해 거짓신고에 의한 경범죄처벌법위반죄와 위계에 의한 공무집행방해죄의 상상적 경합범이 된다.
> ㉡ 특수공무집행방해치상죄는 원래 결과적 가중범이기는 하지만, 이는 중한 결과에 대하여 예견가능성이 있었음에도 불구하고 예견하지 못한 경우 뿐만 아니라 고의가 있는 경우까지도 포함하는 부진정결과적가중범이다.
> ㉢ 민원상담 시도 종료 이후 소란을 피우고 있는 민원인을 사무실에서 퇴거시키는 등의 후속조치는 민원안내 업무와 관련된 직무수행이라고 할 수 없다.
> ㉣ 공무집행방해죄는 추상적 위험범으로서 구체적으로 직무집행의 방해라는 결과발생을 요하지 아니한다.

① 1개   ② 2개   ③ 3개   ④ 4개

19. 공무집행방해죄에 대한 설명으로 가장 적절한 것은? (다툼이 있는 경우 판례에 의함)

① 공무집행방해죄의 폭행은 사람에 대한 유형력의 행사이고 이는 반드시 신체에 대한 것임을 요하며, 본죄에서 '직무를 집행하는'이란 공무원이 직무수행에 직접 필요한 행위를 현실적으로 행하고 있는 때만을 가리킨다.
② 음주운전 신고를 받고 출동한 경찰관 P가 시동이 걸린 차량 운전석에 앉아있던 만취한 甲을 발견하고 음주측정을 위하여 하차를 요구하자 甲이 운전하지 않았다고 다투었고, 이에 P가 차량 블랙박스 확인을 위해 경찰서로 임의동행할 것을 요구하자, 甲이 차량에서 내리자마자 도주하여 P가 이미 착수한 음주측정 직무를 계속하기 위하여 甲을 10미터 정도 추격하여 도주를 제지한 것은 정당한 직무집행에 해당한다.
③ 위계에 의한 공무집행방해죄에서 '공무원의 직무집행'이란 법령의 위임에 따른 공무원의 적법한 직무집행으로서 공권력을 내용으로 하는 권력적 작용에 한정하므로 사경제 주체로서의 활동을 비롯한 비권력적 작용은 포함하지 아니한다.
④ 위력으로써 공무원이 직무상 수행하는 공무를 방해하는 행위에 대해서는 형법 제314조의 업무방해죄로 처단할 수 있다.

20. 공무방해에 관한 죄에 대한 설명 중 가장 적절하지 않은 것은? (다툼이 있는 경우 판례에 의함)

① 출원에 대한 심사업무를 담당하는 공무원이 출원인의 출원사유가 허위라는 사실을 알면서도 결재권자로 하여금 오인, 착각, 부지를 일으키게 하고 그 오인, 착각, 부지를 이용하여 인·허가 처분에 대한 결재를 받아낸 경우에는 위계에 의한 공무집행방해죄가 성립한다.
② 甲이 술에 취해 난동을 부리자 경찰관 C와 D는 신고를 받고 함께 출동하여 신고 처리 및 수사 업무를 집행 중이었는데, 甲은 같은 장소에서 위 경찰관들에게 욕설을 하면서 먼저 경찰관 C를 폭행하고 곧 이어 이를 제지하는 경찰관 D를 폭행하였다. 이 경우 甲은 C에 대한 공무집행방해죄와 D에 대한 공무집행방해죄의 상상적 경합이 된다
③ 인근에서 자전거를 이용한 날치기 사건이 발생한 직후 검문을 실시 중이던 경찰관이 위 날치기 사건의 범인과 흡사한 인상착의 피고인이 자전거를 타고 다가오는 것을 발견하고 정지를 요구하였으나 멈추지 않아, 앞을 가로막고 검문에 협조해 달라고 하였음에도 불응하고 그대로 전진하자, 따라가서 재차 앞을 막고 검문에 응하라고 요구하였는데 이에 피고인이 경찰관들의 멱살을 잡아 밀치는 등 항의한 경우, 공무집행방해죄가 성립한다.
④ 공무집행방해죄에 있어서의 범의는 상대방이 직무를 집행하는 공무원이라는 사실, 그리고 이에 대하여 폭행 또는 협박을 가한다는 사실에 대한 인식과 그 직무집행을 방해할 의사가 있어야 인정할 수 있다.

21. 공무방해에 관한 죄에 대한 설명 중 옳고 그름의 표시 (○, ×)가 모두 바르게 된 것은? (다툼이 있는 경우 판례에 의함)

> ㉠ 형법 제136조에서 정한 공무집행방해죄는 직무를 집행하는 공무원에 대하여 폭행 또는 협박한 경우에 성립하는 범죄로서, 여기서의 폭행은 사람에 대한 유형력의 행사로 족하고 반드시 그 신체에 대한 것임을 요하지 아니하며 또한 추상적 위험범으로서 구체적으로 직무집행의 방해라는 결과발생을 요하지도 아니한다.
>
> ㉡ 甲이 노조원들과 함께 경찰관 P 등이 파업투쟁 중인 공장에 진입할 경우에 대비하여 미리 윤활유나 철판조각을 바닥에 뿌려 놓았고, P 등이 이에 미끄러져 넘어지거나 철판조각에 찔려 다친 경우 설령 甲 등이 그 윤활유나 철판조각을 P등의 면전에서 그들의 공무집행을 방해할 의도로 뿌린 것이 아니라 하더라도 甲의 행위는 특수공무집행방해치상죄에 해당한다.
>
> ㉢ 야간 당직 근무 중인 청원경찰이 불법주차 단속요구에 응하여 현장을 확인만 하고 주간 근무자에게 전달하여 단속하겠다고 했다는 이유로 민원인이 청원경찰을 폭행한 경우 야간 당직 근무자는 불법주차 단속권한이 없기 때문에 민원인의 행위는 공무집행방해죄에 해당하지 않는다.
>
> ㉣ 집회를 주최하거나 참가하는 것이 형사처벌의 대상이 되는 위법한 집회·시위가 장차 특정지역에서 개최될 것이 예상되자, 경찰관 P가 이와 시간적·장소적으로 근접하지 않은 다른 지역에서 그 집회·시위에 참가하기 위하여 출발 또는 이동하는 행위를 제지한 경우 이는 공무집행방해죄의 보호대상이 되는 공무원의 적법한 직무집행에 해당하지 않는다.

① ㉠(○) ㉡(○) ㉢(×) ㉣(○)　　② ㉠(○) ㉡(×) ㉢(×) ㉣(○)
③ ㉠(×) ㉡(○) ㉢(○) ㉣(○)　　④ ㉠(○) ㉡(×) ㉢(○) ㉣(×)

22. 공무방해에 관한 죄에 대한 설명으로 가장 적절하지 않은 것은? (다툼이 있는 경우 판례에 의함)

① 노조원들이 파업투쟁 중인 공장에 경찰관들이 진입할 것에 대비하여 경찰관들의 부재중에 미리 윤활유나 철판 조각을 바닥에 뿌려 놓은 경우 그 후 공장에 진입하던 경찰관들이 이로 인해 미끄러져 넘어지거나 철판 조각에 찔려 다쳤다고 하더라도 특수공무집행방해치상죄가 성립하지 않는다.
② 절도범인이 체포를 면탈할 목적으로 경찰관에게 폭행을 가한 때에는 준강도죄와 공무집행방해죄를 구성하고 양 죄는 상상적 경합 관계에 있으나, 강도범인이 체포를 면탈할 목적으로 경찰관에게 폭행을 가한 때에는 강도죄와 공무집행방해죄는 실체적 경합 관계에 있다.
③ 집행관이 법원으로부터 피신청인에 대하여 부작위를 명하는 가처분이 발령되었음을 고시하는 데 그치고 나아가 봉인 또는 물건을 자기의 점유로 옮기는 등의 구체적인 집행행위를 하지 아니한 경우 단순히 피신청인이 가처분의 부작위명령을 위반하였다는 것만으로는 공무상표시무효죄가 성립하지 않는다.
④ 집행관이 유체동산을 가압류하면서 이를 채무자에게 보관하도록 한 경우 채무자가 가압류된 유체동산을 제3자에게 양도하고 그 점유를 이전한 경우라도 채무자와 양수인이 가압류된 유체동산을 원래 있던 장소에 그대로 두었다면 특별한 사정이 없는 한 공무상표시무효죄가 성립하지 않는다.

23. 다음 설명 중 가장 적절하지 않은 것은? (다툼이 있는 경우 판례에 의함)

① 피의자 등이 수사기관에 대하여 허위사실을 진술하거나 피의사실 인정에 필요한 증거를 감추고 허위의 증거를 제출하였다고 하더라도 수사기관이 충분한 수사를 하지 아니한 채 이와 같은 허위의 진술과 증거만으로 증거의 수집·조사를 마쳤다면, 위계에 의한 공무집행방해죄가 성립된다고 할 수 없다.
② 건물점유자로서 명도집행을 저지할 수 있는 정당한 권능이 있는 자가 그 점유사실을 입증하기 위한 수단으로 실효된 임대차계약서 사본을 제시하면서 그 실효된 사실을 고지하지 아니하고 자신이 정당한 임차인인 것처럼 주장하였다고 하더라도 위계에 의한 공무집행방해에 해당한다고 볼 수는 없다.
③ 국립대학교의 전임교원 공채심사위원인 학과장 甲이 지원자 乙의 부탁을 받고 이미 논문접수가 마감된 학회지에 乙의 논문이 게재되도록 돕고, 그 후 甲이 연구실적심사의 기준을 강화하자고 제안하여 乙에게 유리한 결과가 되었다면, 이는 형법 제137조(위계에 의한 공무집행방해)에서 말하는 위계에 해당한다.
④ 피의자나 참고인이 아닌 자가 자발적이고 계획적으로 피의자를 가장하여 수사기관에 대하여 허위사실을 진술한 경우, 위계에 의한 공무집행방해죄가 성립하지 않는다.

24 공무방해에 관한 죄에 대한 설명 중 가장 적절한 것은? (다툼이 있는 경우 판례에 의함)

① 녹음·녹화 등을 할 수 있는 전자장비가 교정시설의 안전 또는 질서를 해칠 우려가 있는 금지물품에 해당하여 반입을 금지할 필요가 있는 경우, 수용자가 아닌 사람이 교도관의 검사·단속을 피하여 위와 같은 금지물품을 교정시설 내로 반입한 행위는 위계에 의한 공무집행방해죄를 구성한다.
② 교육인적자원부 장관이 약학대학 학제개편에 관한 공청회를 개최하면서 행정절차법상 통지 절차를 위반했다면 다중이 위력으로 공청회 진행을 방해했을지라도 특수공무집행방해죄는 성립하지 않는다.
③ 특정 정당 소속 지방의회의원인 피고인들 등이 지방의회 의장 선거를 앞두고 '甲을 의장으로 추대'하기로 서면합의하고 그 이행을 확보하기 위해 투표용지에 가상의 구획을 설정하고 각 의원별로 기표할 위치를 미리 정하기로 구두합의하는 방법으로 선거를 사실상 기명·공개투표로 치르기로 공모한 다음 그 정을 모르는 임시의장 乙이 선거를 진행할 때 사전공모에 따라 투표하여 단독 출마한 甲이 의장에 당선되도록 하였다면 위계에 의한 공무집행방해죄가 성립한다.
④ 미결수용자 甲이 변호사 6명을 고용하여 총 51회에 걸쳐 변호인접견을 가장해 변호사들로 하여금 甲의 개인적 업무와 심부름을 하도록 하고, 소송서류 외의 문서를 수수한 경우 변호인 접견업무 담당 교도관의 직무집행을 대상으로 한 위계에 의한 공무집행방해죄가 성립하지 않는다.

25 다음 설명 중 옳지 않은 것을 모두 고르면? (다툼이 있는 경우 판례에 의함)

㉠ 진술자의 서명무인과 간인까지 받아 작성한 진술조서를 아직 상사에게 정식보고하지 않고 수사기록에 편철되지 아니한 채 보관하다가 휴지통에 자의로 폐기한 경우, 공용서류무효죄가 성립하지 않는다.
㉡ 출입국관리공무원이 관리자의 사전 동의 없이 사업장에 진입하여 불법체류자 단속업무를 개시한 경우, 공무집행행위의 적법성이 부인되어 공무집행방해죄가 성립하지 않는다.
㉢ 가처분결정이나 그 결정의 집행으로서 집행관이 실시한 고시에 그러한 취지가 명시되어 있지 않다고 하더라도 가처분 채권자의 승낙을 얻어 그 건조물 등에 출입하는 경우에는 출입금지가처분 표시의 효용을 해한 것이라고 할 수 없다.
㉣ 음주운전을 하다가 교통사고를 야기한 후 그 형사처벌을 면하기 위하여 타인의 혈액을 자신의 혈액인 것처럼 교통사고 조사 경찰관에게 제출하여 감정하도록 한 경우, 위계에 의한 공무집행방해죄가 성립한다.

① ㉠   ② ㉠㉢   ③ ㉡㉢   ④ ㉡㉣

제3절 도주와 범인은닉의 죄

26 범인도피죄에 대한 설명으로 가장 적절한 것은? (다툼이 있는 경우 판례에 의함)

① '도피하게 하는 행위'란 은닉을 포함하여 범인에 대한 수사, 재판, 형의 집행 등 형사사법의 작용을 곤란하게 하거나 불가능하게 하는 일체의 행위를 말한다.

② 범인이 자신을 위하여 타인으로 하여금 허위의 자백을 하게 하여 범인도피죄를 범하게 하는 행위는 방어권의 남용으로 범인도피교사죄에 해당하지만, 그 타인이 「형법」 제151조 제2항에 의하여 처벌을 받지 아니하는 친족 또는 동거 가족에 해당한다면 범인도피교사죄에 해당하지 않는다.

③ 피고인들이 부정수표단속법 피의자 A가 공소외 B에 대하여 지는 또 다른 노임채무를 인수키로 하는 지불각서를 작성하여 주고 위 B가 A를 수사당국에 인계하는 것을 포기하기로 하는 합의가 이루어져 위 A가 수사당국에 인계되지 않은 경우이면 피고인들에 대하여 범인도피죄의 성립을 인정할 수 없다

④ 참고인이 수사기관에서 범인에 관하여 조사를 받으면서 그가 알고 있는 사실을 묵비하거나 허위로 진술한 경우, 그것이 적극적으로 수사기관을 기만하여 착오에 빠지게 함으로써 범인의 발견 또는 체포를 곤란 내지 불가능하게 할 정도의 것이라 하더라도 그 참고인에게는 범인도피죄가 성립하지 않는다.

27 다음 설명 중 가장 적절하지 않은 것은? (다툼이 있는 경우 판례에 의함)

① 甲이 무면허운전으로 교통사고를 내자 자신의 아들 乙을 경찰서에 대신 출석시켜 피의자로 조사받도록 한 경우 乙을 범인도피죄로 처벌할 수는 없고 甲의 행위 역시 범인도피교사죄에 해당하지 않는다.

② 乙과 공동정범 관계에 있는 甲이 수사절차에서 조사받으면서 자기의 범행을 구성하는 사실관계에 관하여 허위로 진술하고 허위 자료를 제출한 경우 그것이 乙을 도피하게 하는 결과가 되더라도 甲을 범인도피죄로 처벌할 수 없고 乙이 그러한 행위를 교사하였더라도 범인도피교사죄가 성립하지 않는다.

③ 증인이 증언거부권을 고지받지 못함으로 인하여 그 증언거부권을 행사하는 데 사실상 장애가 초래되었다고 볼 수 있는 경우에는 위증죄의 성립이 부정된다.

④ 무고죄에 있어서 '형사처분 또는 징계처분을 받게 할 목적'은 허위신고를 함에 있어서 다른 사람이 그로 인하여 형사 또는 징계처분을 받게 될 것이라는 인식이 있으면 족하고 그 결과발생을 희망하는 것을 요하는 것은 아니다.

28 국가의 기능에 대한 죄에 관한 설명으로 가장 적절하지 않은 것은? (다툼이 있는 경우 판례에 의함)

① 증인의 증언은 그 전부를 일체로 관찰 판단하는 것이므로 선서한 증인이 일단 기억에 반하는 허위의 진술을 하였더라도 그 신문이 끝나기 전에 그 진술을 취소 시정한 경우에는 위증이 되지 아니한다. 따라서 위증죄의 기수시기는 해당 증인신문이 열린 공판기일이 마쳐진 때로 보아야 한다.
② 피의자 등이 적극적으로 허위의 증거를 조작하여 제출하고 그 증거 조작의 결과 수사기관이 그 진위에 관하여 나름대로 충실한 수사를 하더라도 제출된 증거가 허위임을 발견하지 못할 정도에 이르렀다면 이는 위계에 의하여 수사기관의 수사행위를 적극적으로 방해한 것으로서 위계공무집행방해죄가 성립된다.
③ 사실의 증명을 위해 작성된 문서가 그 사실에 관한 내용이나 작성명의 등에 아무런 허위가 없다면 증거위조죄에서의 '증거위조'에 해당한다고 볼 수 없는 것이고, 설령 사실증명에 관한 문서가 형사사건 또는 징계사건에서 허위의 주장에 관한 증거로 제출되어 그 주장을 뒷받침하게 되더라도 마찬가지이다.
④ 경찰공무원이 지명수배 중인 범인을 발견하고도 직무상 의무에 따른 적절한 조치를 취하지 아니하고 오히려 범인을 도피하게 하는 행위를 한 경우 범인도피죄만이 성립하고 직무유기죄는 따로 성립하지 아니한다.

29 도주와 범인은닉의 죄에 대한 설명으로 가장 적절하지 않은 것은? (다툼이 있는 경우 판례에 의함)

① 범인은닉죄라 함은 죄를 범한 자임을 인식하면서 장소를 제공하여 체포를 면하게 하는 것만으로 성립한다 할 것이고, 죄를 범한 자에게 장소를 제공한 후 동인에게 일정 기간 동안 경찰에 출두하지 말라고 권유하는 언동을 하여야만 범인은닉죄가 성립하는 것이 아니며, 또 그 권유에 따르지 않을 경우 강제력을 행사하여야만 한다거나, 죄를 범한 자가 은닉자의 말에 복종하는 관계에 있어야만 범인은닉죄가 성립하는 것은 더욱 아니다.
② 절도혐의로 사법경찰관에 의해 위법한 동행의 형식으로 강제연행 되었으나, 그로부터 6시간 경과 후 긴급체포된 상태에서 감시가 소홀한 틈을 타 도주한 경우 도주죄가 성립하지 않는다.
③ 범인이 자신을 위하여 타인으로 하여금 범인도피죄를 범하게 하는 행위는 방어권의 남용으로 범인도피교사죄에 해당하는바, 범인 甲이 도피를 위하여 타인에게 도움을 요청하여 범인의 요청에 응하여 범인을 도운 타인의 행위가 범인도피죄에 해당한다면, 비록 그 요청행위가 통상의 도피행위의 범주에 속한다 하더라도 이는 범인도피교사죄로 처벌된다.
④ 사실혼관계에 있는 자는 범인은닉·도피죄의 친족간의 특례규정이 적용되지 않는다.

30 도주와 범인은닉의 죄에 관한 설명 중 옳은 것은 모두 몇 개인가? (다툼이 있는 경우 판례에 의함)

> ⊙ 벌금 이상의 형에 해당하는 죄를 범하고 도피 중이던 甲이 친구에게 그런 사실을 설명하고 수사기관의 추적을 피하기 위해 위 친구에게 요청하여 속칭 '대포폰'을 개설하여 받고, 위 친구를 전화로 불러 그가 운전하는 차를 타고 시내를 이동하여 다닌 경우, 범인도피교사죄가 성립하지 않는다.
> ⓒ 범인도피죄는 범인은닉 이외의 방법으로 범인에 대한 수사·재판 및 형의 집행 등 형사사법의 작용을 곤란 또는 불가능하게 하는 행위를 말하는 것으로서, 현실적으로 형사사법의 작용을 방해하는 결과가 초래되지 않았다면 범인도피죄를 인정할 수 없다.
> ⓒ 음주운전 혐의로 체포되었다가 사안이 경미하다는 이유로 석방될 예정에 있었던 乙에 대한 신원보증인으로서 경찰서에 출석한 甲이, 당시 乙이 경찰에서 A의 성명을 모용한다는 사실을 알고 있었음에도 이를 묵비하고 신원보증서에 甲 자신의 인적사항을 B로 기재하여 제출한 경우, 당시 乙이 다른 범죄로 기소중지된 상태였다는 사실을 알지 못했다 하더라도 甲에 대해서는 범인도피죄가 성립한다.
> ⓔ 도주죄의 범인이 도주행위를 하여 기수에 이른 이후에 범인의 도피를 도와주는 행위는 도주원조죄에 해당할 수 있을 뿐 범인도피죄에는 해당하지 않는다.

① 없음 ② 1개 ③ 2개 ④ 3개

31 도주와 범인은닉의 죄에 관한 설명 중 가장 적절한 것은? (다툼이 있는 경우 판례에 의함)

① 벌금 이상의 형에 해당하는 죄를 범하고 도피 중이던 甲이 친구에게 그런 사실을 설명하고 수사기관의 추적을 피하기 위해 위 친구에게 요청하여 속칭 '대포폰'을 개설하여 받고, 위 친구를 전화로 불러 그가 운전하는 차를 타고 시내를 이동하여 다닌 경우, 범인도피교사죄가 성립하지 않는다.
② 검사로부터 필로폰 투약사범으로 지명수배된 자를 검거하라는 지시를 받은 경찰관이 오히려 범인으로부터 1,300만 원을 받고 휴대전화를 제공해 도피를 권유하여 범인을 도피케 한 경우, 직무유기죄도 별도로 성립한다.
③ 음주운전 혐의로 체포되었다가 사안이 경미하다는 이유로 석방될 예정에 있었던 乙에 대한 신원보증인으로서 경찰서에 출석한 甲이, 당시 乙이 경찰에서 A의 성명을 모용한다는 사실을 알고 있었음에도 이를 묵비하고 신원보증서에 甲 자신의 인적사항을 B로 기재하여 제출한 경우, 당시 乙이 다른 범죄로 기소중지된 상태였다는 사실을 알지 못했다 하더라도 甲에 대해서는 범인도피죄가 성립한다.
④ 범죄의 혐의를 받고 수사의 대상이 되어 있는 乙을 甲이 은닉했는데 후에 乙이 무혐의로 석방되었다면 甲에 대하여는 범인은닉죄가 성립하지 않는다.

32 범인은닉·도피죄에 관한 설명 중 옳고 그름의 표시(○, ×)가 바르게 된 것은? (다툼이 있는 경우 판례에 의함)

㉠ 공범 중 1인이 그 범행에 관한 수사절차에서 참고인 또는 피의자로 조사받으면서 자기의 범행을 구성하는 사실관계에 관하여 허위로 진술하고 허위 자료를 제출하는 것이 다른 공범을 도피하게 하는 결과가 된다고 하더라도 범인도피죄로 처벌되지 않으나, 공범이 이러한 행위를 교사하였다면 범인도피교사의 죄책을 면할 수 없다.
㉡ 범인이 기소중지자임을 알고도 범인의 부탁으로 다른 사람의 명의로 대신 임대차계약을 체결해 준 경우 범인도피죄가 성립한다.
㉢ 친족 또는 동거의 가족이 본인을 위하여 범인은닉·도피죄를 범한 때에는 처벌하지 아니한다.
㉣ 범인도피죄는 범인을 도피하게 함으로써 기수에 이르게 되므로 공범자의 범인도피 행위의 도중에 그 범행을 인식하면서 그와 공동의 범의를 가지고 기왕의 범인도피 상태를 이용하여 스스로 범인도피행위를 계속한 자에 대하여는 범인도피죄의 종범이 성립한다.

① ㉠(○) ㉡(○) ㉢(○) ㉣(×)   ② ㉠(○) ㉡(×) ㉢(×) ㉣(○)
③ ㉠(×) ㉡(○) ㉢(○) ㉣(○)   ④ ㉠(×) ㉡(○) ㉢(○) ㉣(×)

제4절 위증과 증거인멸의 죄

33 다음 사례에 대한 설명 중 옳은 것은 모두 몇 개인가? (다툼이 있는 경우 판례에 의함)

> 항만청 직원 甲과 乙은 선박침몰사건과 관련하여 검찰로부터 관련서류의 제출을 요구받자, 선장으로부터 정원초과운항확인서를 받았으면서도 아무런 조치를 취하지 않은 사실과 관련하여 처벌을 받을 것을 두려워한 나머지 그 정원초과 운항확인서를 몰래 빼내어 소각한 후 선박의 안전점검을 실시하지 아니한 채, 이를 실시한 것처럼 여객안전점검표를 작성하여 사무실에 비치하였다.

㉠ 甲과 乙은 설사 다른 공범자의 형사사건이나 징계사건에 관한 증거를 인멸한 결과가 된다고 하더라도 증거인멸죄로 처벌하지 못한다.
㉡ 甲과 乙의 공범자가 아닌 자의 형사사건이나 징계사건에 관한 증거를 인멸한 결과가 된다고 하더라도 증거인멸죄로 처벌하지 못한다.
㉢ 甲과 乙이 항만청 직원이 아니라 사단법인 한국해운조합소속 운항관리자이고 위 사례와 같은 행위를 하였다면 업무방해죄가 성립할 수 있다.
㉣ 甲과 乙은 공용서류무효죄의 죄책과 더불어 허위공문서작성죄와 동행사죄가 성립할 수 있다.

① 1개 ② 2개 ③ 3개 ④ 4개

34 증거위조죄에 대한 설명으로 가장 적절하지 않은 것은? (다툼이 있는 경우 판례에 의함)

① 증거위조죄의 '증거'에는 범죄 또는 징계 사유의 성립 여부에 관한 것뿐만 아니라 형 또는 징계의 경중과 관계있는 정상을 인정하는 데 도움이 될 자료까지도 포함된다.
② 증거위조죄의 '위조'란 새로운 증거의 창조를 의미하는 것이므로 존재하지 아니한 증거를 이전부터 존재하고 있는 것처럼 작출하는 행위도 증거위조에 해당하며, 증거가 문서의 형식을 갖는 경우 증거위조죄에서의 증거에 해당하는지가 그 작성 권한의 유무나 내용의 진실성에 좌우되는 것은 아니다.
③ 사실의 증명을 위해 작성된 문서가 그 사실에 관한 내용이나 작성명의 등에 아무런 허위가 없다면 증거위조에 해당하지 않지만, 이 문서가 형사사건 또는 징계사건에서 허위의 주장에 관한 증거로 제출되어 그 주장을 뒷받침하게 되었다면 증거위조에 해당한다.
④ 참고인이 타인의 형사사건에서 직접 진술 또는 증언하는 것을 대신하거나 그 진술 등에 앞서서 허위의 사실확인서나 진술서를 작성하여 수사기관에 제출하더라도 증거위조죄가 성립하지 않는다.

35 위증죄에 대한 설명 중 가장 적절하지 않은 것은? (다툼이 있는 경우 판례에 의함)

① 증인이 선서를 하고서 진술한 증언내용이 자신이 그 증언내용사실을 잘 알지 못하면서도 잘 아는 것으로 증언한 것이라면 위증죄가 성립한다.
② 자기의 형사사건에 관하여 타인을 교사하여 위증죄를 범하게 한 경우에는 방어권남용으로서 위증죄의 교사범이 성립한다.
③ 피고인이 이미 유죄판결을 받아 확정된 후 별건으로 기소된 공범에 대한 피고사건의 증인으로 출석하여 허위의 진술을 한 경우 증언에 앞서 증언거부권을 고지받지 못하였다면 위증죄가 성립하지 않는다.
④ 甲이 A를 모해할 목적으로 B에게 위증을 교사하여 B가 위증을 한 경우, B에게 모해의 목적이 없었던 경우에도 甲을 모해위증교사죄로 처단할 수 있다.

36 위증죄에 대한 설명 중 옳지 않은 것은 모두 몇 개인가? (다툼이 있는 경우 판례에 의함)

㉠ 증인이 법정에서 선서한 후 허위사실이 기재된 증인진술서의 내용이 사실대로라는 취지의 진술만을 한 경우 특별한 사정이 없는 한 이는 증인진술서에 기재된 구체적 내용을 반복 진술한 것으로 볼 수 있으므로 위증죄가 성립한다.
㉡ 증인이 증인신문절차에서 허위의 진술을 하고 그대로 증인신문절차가 종료된 후, 별도의 증인 신청 및 채택 절차를 거쳐 그 증인이 다시 신문을 받는 과정에서 종전 증인신문절차에서의 진술을 철회·시정하더라도 종전 증인신문절차에서 행한 위증죄의 성립에는 영향이 없다.
㉢ 증인이 소송사건의 같은 심급에서 변론기일을 달리하여 수차 증인으로 나가 수 개의 허위진술을 하였더라도 최초에 한 선서의 효력을 유지시킨 후 증언하였다면 1개의 위증죄가 성립한다.
㉣ 법률에 의하여 선서한 증인이 그 기억에 반하는 허위의 진술을 한 경우 그 진술내용이 당해 사건의 요증사항이 아니거나 재판의 결과에 영향을 미친 바 없을지라도 위증죄가 성립한다.

① 1개   ② 2개   ③ 3개   ④ 4개

37 위증과 증거인멸의 죄에 대한 설명 중 가장 적절하지 않은 것은? (다툼이 있는 경우 판례에 의함)

① 제3자가 심문절차로 진행되는 가처분 신청사건에서 증인으로 출석하여 선서를 하고 허위 공술을 한 경우 위증죄가 성립하지 않는다.
② 모해위증죄에서 모해의 목적은 허위의 진술을 함으로써 피고인에게 불리하게 될 것이라는 인식이 있으면 충분하고 그 결과의 발생까지 희망할 필요는 없다.
③ 증거위조죄에서 '타인의 형사사건'이란 증거위조 행위 시에 아직 수사절차가 개시되기 전이라도 장차 형사사건이 될 수 있는 것까지 포함하나 그 형사사건이 기소되지 아니하거나 무죄가 선고될 경우 증거위조죄가 성립하지 않는다.
④ 타인의 형사사건과 관련하여 수사기관이나 법원에 제출하거나 현출되게 할 의도로 법률행위 당시에는 존재하지 아니하였던 처분문서를 사후에 그 작성일을 소급하여 작성하는 것은 증거위조죄의 구성요건을 충족시키는 것이라고 보아야 하고, 비록 그 내용이 진실하다 하여도 국가의 형사사법기능에 대한 위험이 있다는 점은 부인할 수 없다.

38 다음 설명 중 가장 적절하지 않은 것은? (다툼이 있는 경우 판례에 의함)

① 자신의 강도상해 범행을 일관되게 부인하였으나 유죄판결이 확정된 피고인이 별건으로 기소된 공범의 형사사건에서 자신의 범행사실을 부인하는 증언을 한 경우, 피고인에게 사실대로 진술할 기대가능성이 없으므로 위증죄가 성립하지 않는다.
② 위증죄 또는 모해위증죄를 범한 자가 그 진술한 사건의 재판 또는 징계처분이 확정되기 전에 자백 또는 자수한 때에는 그 형을 감경 또는 면제한다.
③ 피고인 자신이 직접 형사처분이나 징계처분을 받게 될 것을 두려워한 나머지 자기의 이익을 위하여 그 증거가 될 자료를 인멸하였다면 그 행위가 동시에 다른 공범자의 형사사건이나 징계사건에 관한 증거를 인멸한 결과가 된다고 하더라도 이를 증거인멸죄로 처벌할 수 없다.
④ 참고인이 허위의 진술서 등을 작성하여 수사기관에 제출한 경우, 증거위조죄를 구성하지 않는다.

39 위증과 증거인멸의 죄에 관한 설명 중 옳은 것은 모두 몇 개인가? (다툼이 있는 경우 판례에 의함)

㉠ 증거위조죄 성립 여부와 관련하여 증거위조죄가 규정한 '증거의 위조'란 '증거방법의 위조'를 의미하는 것이 아니므로, 위조에 해당하는지 여부는 증거방법 자체를 기준으로 하여야 하는 것이 아니라 그것을 통해 증명하려는 사실이 허위인지 진실인지 여부에 따라 결정되어야 한다.
㉡ 피고인이 형사재판에서 증인으로 채택되어 신문을 받는 과정에서 증언거부사유가 발생하게 되었는데도 재판장으로부터 증언거부권을 고지받지 못하여 증언거부권을 행사하는데 사실상 장애가 초래된 상태에서 증언거부권을 포기하고 허위진술을 한 경우, 위증죄가 성립하지 않는다.
㉢ 참고인이 수사기관에서 허위의 진술을 하는 것은 증거위조에 해당하지 않으나, 참고인이 허위의 사실확인서나 진술서를 작성하여 수사기관 등에 제출하거나 또는 제3자에게 교부하여 제3자가 이를 제출한 것은 증거위조죄를 구성한다.
㉣ 위증죄에 있어서 형의 감면 규정은 재판 확정전의 자백을 형의 필요적 감면 사유로 한다는 것이고, 자발적인 고백은 물론 법원이나 수사기관의 심문에 의한 고백도 위자백의 개념에 포함된다.

① 1개 ② 2개 ③ 3개 ④ 4개

40 다음 설명 중 옳은 것은 모두 몇 개인가? (다툼이 있는 경우 판례에 의함)

㉠ 피고인 자신이 직접 형사처분이나 징계처분을 받게 될 것을 두려워한 나머지 자기의 이익을 위하여 그 증거가 될 자료를 인멸하였다 하더라도 그 행위가 동시에 다른 공범자의 형사사건이나 징계사건에 관한 증거를 인멸한 결과가 되는 경우, 증거인멸죄가 성립하지 않는다.
㉡ 자기의 형사사건에 관한 증거를 인멸하기 위하여 타인을 교사하여 증거인멸죄를 범하게 한 자에 대하여는 증거인멸죄의 교사범이 성립하지 않는다.
㉢ 참고인이 타인의 형사사건 등에 관하여 제3자와 대화를 하면서 허위로 진술하고 그 진술이 담긴 대화 내용을 녹음한 녹음파일 또는 이를 녹취한 녹취록을 만들어 수사기관 등에 제출하는 행위는 증거위조죄를 구성한다.
㉣ 변호사인 甲이 乙 명의 은행 계좌에서 A회사 명의 은행 계좌에 금원을 송금하고 다시 되돌려 받는 행위를 반복한 후 그 중 송금자료만을 발급받아 이를 3억 5,000만원을 변제하였다는 허위 주장과 함께 법원에 제출한 행위는 증거위조에 해당한다.

① 1개 ② 2개 ③ 3개 ④ 4개

41 다음 설명 중 옳지 않은 것을 모두 고르면? (다툼이 있는 경우 판례에 의함)

> ㉠ 위증죄와 모해위증죄가 형법 제33조 단서 소정의 '신분관계로 인하여 형의 경중이 있는 경우'에 해당한다.
> ㉡ 위증죄와 무고죄에서의 '허위'의 개념은 동일하다.
> ㉢ 진술내용이 당해 사건의 요증사실에 관한 것인지 여부나 판결에 영향을 미친 것인지의 여부는 위증죄의 성립과 관계가 없다.
> ㉣ 피고인이 선서무능력자로서 범죄현장을 목격하지도 못한 사람으로 하여금 범죄현장을 목격한 것처럼 허위의 증언을 하도록 한 경우에는 증거위조죄가 성립한다.

① ㉠㉡　　　② ㉠㉢　　　③ ㉡㉢　　　④ ㉡㉣

제5절 무고죄

42 무고죄에 관한 설명으로 옳지 않은 것을 모두 고른 것은? (다툼이 있는 경우 판례에 의함)

> ㉠ 자기 자신을 무고하기로 제3자와 공모하고 이에 따라 무고 행위에 가담한 경우 무고죄의 공동정범으로 처벌할 수 없다.
> ㉡ 신고사실의 일부에 허위의 사실이 포함되어 있다고 하더라도 그 허위부분이 범죄의 성부에 영향을 미치는 중요한 부분이 아니고 단지 신고한 사실을 과장한 것에 불과한 경우에는 무고죄에 해당하지 아니하지만, 그 일부 허위인 사실이 국가의 심판작용을 그르치거나 부당하게 처벌을 받지 아니할 개인의 법적 안정성을 침해할 우려가 있을 정도로 고소사실 전체의 성질을 변경시키는 때에는 무고죄가 성립될 수 있다.
> ㉢ 신고자가 진실이라고 확신하고 신고하였을 때에는 무고죄가 성립하지 않는다고 할 것이고, '진실이라고 확신한다' 함에는 신고자가 알고 있는 객관적 사실관계에 의하여 신고사실이 허위라거나 허위일 가능성이 있다는 인식을 하면서도 이를 무시한 채 무조건 자신의 주장이 옳다고 생각하는 경우까지 포함되는 것은 아니다.
> ㉣ 무고죄에 있어서의 신고는 자발적인 것이어야 하고 수사기관 등의 추문에 대하여 허위의 진술을 하는 것은 무고죄를 구성하지 않는 것이므로, 당초 고소장에 기재하지 않은 사실을 수사기관에서 고소보충조서를 받을 때 자진하여 진술하였다 하더라도 이 진술 부분까지 신고한 것으로 볼 수는 없다.
> ㉤ 타인에게 형사처분을 받게 할 목적으로 '허위의 사실'을 신고한 행위가 무고죄를 구성하기 위해서는 신고된 사실 자체가 형사처분의 대상이 될 수 있어야 하므로 허위로 신고한 사실이 신고 당시에는 형사처분의 대상이 될 수 있었으나 이후 그러한 사실이 형사처분의 대상이 되지 않는 것으로 대법원 판례가 변경된 경우 무고죄는 성립하지 않는다.

① ㉠㉡ ② ㉡㉢ ③ ㉢㉣ ④ ㉣㉤

43 무고죄에 관한 설명 중 가장 적절하지 않은 것은? (다툼이 있는 경우 판례에 의함)

① 무고죄는 국가의 형사사법권 또는 징계권의 적정한 행사를 주된 보호법익으로 하는 것이지 개인의 부당하게 처벌 또는 징계받지 아니할 이익을 보호하는 죄는 아니므로 설사 무고에 있어서 피무고자의 승낙이 있었다고 하더라도 무고죄의 성립에는 영향을 미치지 못한다 할 것이다.
② 甲이 도박자금으로 돈을 빌려주었다가 이를 돌려받지 못하게 되자, 도박자금으로 빌려주었다는 사실을 감추고 "乙이 차용금을 변제할 의사나 능력이 없으면서 내비게이션 구입에 필요한 자금이라는 명목으로 돈을 차용하여 편취하였으니 사기죄로 처벌하여 달라"고 고소한 경우, 무고죄가 성립하지 않는다.
③ 무고죄에서 신고한 사실이 객관적 사실에 반하는 허위사실이라는 요건은 적극적인 증명이 있어야 하며, 신고사실의 진실성을 인정할 수 없다는 소극적 증명만으로 곧 그 신고사실이 객관적 진실에 반하는 허위사실이라고 단정하여 무고죄의 성립을 인정할 수는 없다.
④ 무고죄에 있어서 형사처분 또는 징계처분을 받게 할 목적은 허위신고를 함에 있어서 다른 사람이 그로 인하여 형사 또는 징계처분을 받게 될 것이라는 인식이 있으면 족한 것이고 그 결과발생을 희망하는 것까지를 요하는 것은 아니므로 고소인이 고소장을 수사기관에 제출한 이상 그러한 인식은 있었다고 보아야 한다.

44 교사범에 관한 설명 중 옳은 것은 모두 몇 개인가? (다툼이 있는 경우 판례에 의함)

㉠ 범인 자신이 타인으로 하여금 허위의 자백을 하게 하여 자신을 도피시킨 경우 범인도피죄의 교사범이 성립한다.
㉡ 무면허운전으로 사고를 낸 자가 동생을 경찰서에 대신 출두시켜 허위의 자백을 하게 하여 범인도피죄를 범하게 한 경우 동생이 친족간의 특례 규정(형법 제151조 제2항)에 의하여 처벌을 받지 않는 친족 또는 동거 가족에 해당한다고 하여도 범인도피죄의 교사범이 성립한다.
㉢ 무고자를 교사하여 자신을 무고하도록 한 피무고자에 대해서는 무고죄의 교사범이 성립하지 않는다.
㉣ 자기의 형사사건에 관하여 타인을 교사하여 위증죄를 범하게 한 경우 위증죄의 교사범이 성립한다.
㉤ 피고인이 자기에 대한 형사사건의 증거가 될 석유난로를 은닉하게 할 의사로 다른 사람을 교사하여 숲 속에 버리게 한 경우 증거인멸죄의 교사범이 성립한다.

① 2개 ② 3개 ③ 4개 ④ 5개

45 무고죄에 관한 설명 중 옳은 것은 모두 몇 개인가? (다툼이 있는 경우 판례에 의함)

㉠ 甲이 A를 사기죄로 고소하였는데, 수사 결과 甲의 무고 혐의가 밝혀져 甲은 무고죄로 공소제기되고 A는 불기소결정되었다. 甲은 제1심에서 혐의를 부인하였으나 유죄가 선고되자 제1심의 유죄판결에 대하여 양형부당을 이유로 항소하면서 항소심 제1회 공판기일에서 양형부당의 항소 취지와 무고 사실을 모두 인정한다는 취지가 기재된 항소이유서를 진술하였다면, 甲은 형법 제157조(자백·자수)에 따른 형의 필요적 감면 조치를 받아야 한다.
㉡ 객관적으로 고소사실에 대한 공소시효가 완성되었더라도, 고소를 제기하면서 마치 공소시효가 완성되지 아니한 것처럼 고소하였다면 무고죄를 구성한다.
㉢ 자기무고는 무고죄를 구성하지 않으나, 피무고자의 교사 하에 제3자가 피무고자에 대한 허위사실을 신고한 경우에는 제3자를 교사한 피무고자도 교사범으로서의 죄책을 부담한다.
㉣ 피고인이 사립대학교 교수인 피해자로 하여금 학교법인으로부터 징계처분을 받게 할 목적으로 국민권익위원회가 운영하는 국민신문고에 허위의 민원을 제기하였다면, 피고인의 행위는 무고죄에 해당한다.

① 1개   ② 2개   ③ 3개   ④ 4개

46 무고죄에 관한 설명 중 가장 적절하지 않은 것은? (다툼이 있는 경우 판례에 의함)

① 도박자금을 빌려주고 변제받지 못하자 '자동차구입대금을 빌려주었으나 변제하지 않고 자동차도 구입하지 않았다'라고 고소하였다면 금전의 용도에 대하여 허위신고한 것에 불과하여 무고죄가 성립하지 않는다.
② 사자·허무인에 대한 무고는 형사처분 또는 징계처분을 받게 할 가능성이 전혀 없으므로 무고죄가 성립하지 않는다.
③ 고소당한 범죄가 유죄로 인정되는 경우에 고소를 당한 사람이 고소인에 대하여 '고소당한 죄의 혐의가 없는 것으로 인정된다면 고소인이 자신을 무고한 것에 해당하므로 고소인을 처벌해 달라'는 내용의 고소장을 제출하였다면 설사 그것이 자신의 결백을 주장하기 위한 것이라고 하더라도 방어권의 행사를 벗어난 것으로서 고소인을 무고한다는 범의를 인정할 수 있다.
④ 성폭행 등의 피해를 입었다는 신고사실에 관하여 불기소처분 내지 무죄판결이 내려졌다고 하여, 그 자체를 무고를 하였다는 적극적인 근거로 삼아 신고내용을 허위라고 단정하여서는 아니된다.

47 다음 설명 중 옳은 것은 모두 몇 개인가? (다툼이 있는 경우 판례에 의함)

㉠ 피고인이 '피고소인 甲이 2010. 1. 1. 피고인과의 사이에 피고인이 10년간 甲 소유의 임야에 자생하는 송이를 채취하고 甲에게 그 대가를 지급하기로 하는 계약을 체결하였는데, 甲이 이후 乙에게 위 임야에 자생하는 송이 채취권을 이중으로 넘겨주어 피고인으로 하여금 손해를 입게 하였다'는 고소장을 제출하였는데, 피고인이 2010. 1. 1. 피고소인 甲과 위 내용과 같은 계약을 체결한 사실이 없는 것으로 드러난 경우 피고인의 위 고소 행위는 무고죄에 해당한다.
㉡ 무고죄는 국가의 형사사법권 또는 징계권의 적정한 행사를 주된 보호법익으로 하고 있으므로, 개인의 부당하게 처벌 또는 징계받지 아니할 이익을 보호하는 죄는 아니다.
㉢ 변호사인 피해자로 하여금 징계처분을 받게 할 목적으로 서울지방변호사회에 허위내용의 진정서를 제출한 경우에 무고죄가 성립한다.
㉣ 무고죄에 있어서 허위사실 적시의 정도는 수사관서 또는 감독관서에 대하여 수사권 또는 징계권의 발동을 촉구하는 정도의 것이면 충분하고 반드시 범죄구성요건 사실이나 징계요건 사실을 구체적으로 명시하여야 하는 것은 아니다

① 1개   ② 2개   ③ 3개   ④ 4개

CHAPTER 3 형사법 III <수사 및 증거>

제1편 수 사

제1장 수사의 의의와 구조

제1절 수사의 조건

01 함정수사에 대한 설명으로 옳은 것만을 모두 고르면? (다툼이 있는 경우 판례에 의함)

> ㉠ 수사기관이 이미 범행을 저지른 범인을 검거하기 위해 정보원을 이용하여 범인을 검거장소로 유인한 경우 함정수사로 볼 수 없다.
> ㉡ 수사기관이 피의자의 범죄사실을 인지하고도 바로 체포하지 않고 추가 범행을 지켜보고 있다가 범죄사실이 많이 늘어난 뒤에야 피의자를 체포하였다면 위법한 함정수사에 해당한다.
> ㉢ 아동·청소년의 성보호에 관한 법률의 아동·청소년 대상 디지털 성범죄의 수사 특례에 따른 신분위장수사를 할 때에는 본래 범의를 가지지 않은 자에게 범의를 유발하는 행위를 하는 것이 허용된다.
> ㉣ 유인자가 수사기관과 직접적인 관련을 맺지 아니한 상태에서 피유인자를 상대로 단순히 수차례 반복적으로 범행을 부탁하였을 뿐 수사기관이 사술이나 계략 등을 사용하였다고 볼 수 없는 경우 설령 그로 인해 피유인자의 범의가 유발되었다 하더라도 위법한 함정수사에 해당하지 않는다.

① ㉠㉢ ② ㉠㉣ ③ ㉡㉢ ④ ㉡㉣

02 다음 중 함정수사에 관한 설명으로 옳은 것은 모두 몇 개인가? (다툼이 있는 경우 판례에 의함)

> ㉠ 甲이 수사기관에 체포된 동거남의 석방을 위한 공적을 쌓기 위하여 乙에게 대가의 지급을 약속하며 도움을 부탁하였고, 이를 승낙한 乙은 마약수사관에게 연락하여 甲의 동거남을 석방해주는 조건으로 필로폰 밀수입에 관한 정보를 제공하기로 협의한 다음 丙에게 필로폰 밀수입을 권유하였고, 丙은 다시 丁에게 필로폰 밀수입을 권유하여 丁이 이를 승낙하고 필로폰을 받으러 나오자 乙의 연락을 받은 마약수사관이 丁을 체포한 경우 乙, 丙 등이 각자의 사적인 동기에 기하여 수사기관과 직접적인 관련이 없이 독자적으로 丁을 유인한 것으로서 위법한 함정수사에 해당하지 않는다.
> ㉡ 경찰관이 노래방의 도우미 알선영업 단속실적을 올리기 위하여 그에 대한 제보나 첩보가 없는데도 손님을 가장하고 들어가 도우미를 불러낸 경우, 이러한 단속은 수사기관이 사술이나 계략 등을 써서 피고인의 범의를 유발케 한 것으로서 위법하고, 이러한 함정수사에 기한 이 사건 공소제기 또한 그 절차가 법률의 규정에 위반하여 무효인 때에 해당한다.
> ㉢ 수사기관이 피고인의 범죄사실을 인지하고도 피고인을 바로 체포하지 않고 추가 범행을 지켜보고 있다가 범죄사실이 많이 늘어난 뒤에야 피고인을 체포하였다는 사정만으로 피고인에 대한 수사와 공소제기가 위법하다거나 함정수사에 해당한다고 할 수 없다.
> ㉣ 유인자가 수사기관과 직접적인 관련을 맺지 않은 상태에서 피유인자를 상대로 단순히 수차례 반복적으로 범행을 부탁하였을 뿐 수사기관이 사술이나 계략 등을 사용하였다고 볼 수 없는 경우라 하더라도 그로 인하여 피유인자의 범의가 유발되었다면 위법한 함정수사에 해당한다.

① 1개   ② 2개   ③ 3개   ④ 4개

제2장 수사기관과 피의자

제1절 수사기관

03 다음 설명 중 옳지 않은 것은 모두 몇 개인가?

> ㉠ 검사는 제197조의3 제6항(시정조치요구), 제198조의2 제2항(수사과정에서 위법행위) 및 제245조의7 제2항(고소인 등의 이의신청)에 따라 사법경찰관으로부터 송치받은 사건에 관하여는 해당 사건과 동일성을 해치지 아니하는 범위 내에서 수사할 수 있다.
> ㉡ 검사와 사법경찰관, 특별사법경찰관은 수사, 공소제기 및 공소유지에 관하여 서로 협력하여야 한다.
> ㉢ 사법경찰관은 사건송치 요구를 받은 날부터 10일 이내에 사건을 검사에게 송치해야 한다. 이 경우 관계 서류와 증거물을 함께 송부해야 한다.
> ㉣ 검사는 사법경찰관이 사건을 송치하지 아니한 것이 위법 또는 부당한 때에는 사법경찰관에게 보완수사를 요구할 수 있다.

① 1개 ② 2개 ③ 3개 ④ 4개

04 다음은 「검사와 사법경찰관의 상호협력과 일반적 수사준칙에 관한 규정」에 대한 설명이다. 사법경찰관이 재수사한 사건에 대하여 사건을 송치하지 않은 경우에 검사가 사건송치를 요구할 수 있는 경우는 모두 몇 개인가?

> ㉠ 관련 법령 또는 법리에 위반된 경우
> ㉡ 범죄 혐의의 유무를 명확히 하기 위해 재수사요청한 사항에 관하여 그 이행이 이루어지지 않은 경우(다만, 불송치 결정의 유지에 영향을 미치지 않음이 명백한 경우는 제외한다)
> ㉢ 송부받은 관계 서류 및 증거물과 재수사 결과만으로도 범죄 혐의가 명백히 인정되는 경우
> ㉣ 공소시효 또는 형사소추의 요건을 판단하는 데 오류가 있는 경우

① 1개 ② 2개 ③ 3개 ④ 4개

05 수사기관에 대한 설명으로 가장 적절하지 않은 것은?

① 검사가 사법경찰관과 동일한 범죄사실을 수사하게 된 경우에는 사법경찰관에게 사건을 송치할 것을 요구할 수 없다.
② 사법경찰관이 범죄를 수사하여 범죄의 혐의가 있다고 인정되는 경우에는 지체 없이 검사에게 사건을 송치하고 관계서류와 증거물을 검사에게 송부하여야 한다.
③ 사법경찰관이 범죄를 수사하여 범죄의 혐의가 있다고 인정되는 경우가 아닌 때에는 그 이유를 명시한 서면과 함께 관계 서류와 증거물을 지체 없이 검사에게 송부하여야 하는데, 이 경우 검사는 사법경찰관이 사건을 검사에 송치하지 아니한 것이 위법 또는 부당한 때에는 그 이유를 문서로 명시하여 사법경찰관에게 재수사를 요청할 수 있다.
④ 삼림, 해사, 전매, 세무, 군수사기관 그 밖에 특별한 사항에 관하여 사법경찰관리의 직무를 행할 특별사법경찰관리와 그 직무의 범위는 법률로 정하며, 특별사법경찰관은 모든 수사에 관하여 검사의 지휘를 받는다.

06 다음 중 검사와 사법경찰관리의 관계에 대한 설명으로 가장 적절하지 않은 것은?

① 사법경찰관리의 수사과정에서 법령위반을 이유로 검사의 송부 요구를 받은 사법경찰관은 지체 없이 검사에게 사건기록 등본을 송부하여야 한다. 송부를 받은 검사는 필요하다고 인정되는 경우에는 사법경찰관에게 시정조치를 요구할 수 있다.
② 검사는 사법경찰관리의 수사과정에서 법령위반, 인권침해 또는 현저한 수사권 남용이 의심되는 사실의 신고가 있거나 그러한 사실을 인식하게 된 경우에는 사법경찰관에게 사건기록 등본의 송부를 요구할 수 있다.
③ 검사는 고소·고발된 범죄 사건을 사법경찰관이 수사한 후 사건을 송치하지 아니한 것이 위법 또는 부당한 때에는 그 이유를 문서 또는 구두로 명시하여 사법경찰관에게 재수사를 요청해야 하고, 사법경찰관은 필요한 경우 사건을 재수사할 수 있다.
④ 사법경찰관이 범죄를 수사한 후 범죄의 혐의가 인정되지 않아 불송치결정을 하는 경우 사법경찰관은 그 이유를 명시한 서면과 함께 관계 서류와 증거물을 지체 없이 검사에게 송부해야 하며, 검사는 송부받은 날부터 90일 이내에 사법경찰관에게 그 서류 등을 반환하여야 한다.

07 다음은 「검사와 사법경찰관의 상호협력과 일반적 수사준칙에 관한 규정」에 대한 설명이다. 재수사요청에 관한 설명으로 옳지 않은 것은 모두 몇 개인가?

> ⊙ 검사는 사법경찰관이 사건을 송치하지 아니한 것이 위법 또는 부당한 때에는 그 이유를 명시한 서면과 함께 관계 서류와 증거물을 송부받은 날부터 원칙적으로 60일 이내에 사법경찰관에게 재수사를 요청할 수 있다.
> ⓒ 검사는 사법경찰관의 불송치 결정이 위법 또는 부당한 경우에는 관계 서류와 증거물을 송부받은 날로부터 90일 이내에 재수사를 요청할 수 있는데, 만약 (ⅰ) 불송치 결정에 영향을 줄 수 있는 명백히 새로운 증거 또는 사실이 발견된 경우 또는 (ⅱ) 증거 등의 허위, 위조 또는 변조를 인정할 만한 상당한 정황이 있는 경우에는 90일이 지난 후에도 재수사를 요청할 수 있다.
> ⓒ 검사는 재수사를 요청할 때에는 그 내용과 이유를 구체적으로 적은 서면으로 해야 한다. 이 경우 형사소송법 제245조의5 제2호에 따라 송부받은 관계 서류와 증거물을 사법경찰관에게 반환해야 한다.
> ⓔ 검사는 형사소송법 제245조의8에 따라 재수사를 요청한 경우 그 사실을 고소인 등에게 통지해야 한다.
> ⓜ 사법경찰관은 형사소송법 제245조의8 제1항에 따른 재수사의 요청이 접수된 날로부터 2개월 이내에 재수사를 마쳐야 한다.

① 1개 ② 2개 ③ 3개 ④ 4개

08 다음 설명 중 가장 적절하지 않은 것은?

① 체포·구속장소의 감찰결과 피의자가 적법한 절차에 의하지 아니하고 체포 또는 구속된 것이라고 의심할 만한 상당한 이유가 있는 경우에 검사는 즉시 체포 또는 구속된 자를 석방하거나 사건을 검찰에 송치할 것을 명하여야 하는데, 이 송치요구에 따라 사법경찰관으로부터 송치받은 사건에 관하여 검사는 동일성을 해치지 아니하는 범위 내에서 수사할 수 있다.
② 수사기관이 수사 중인 사건의 범죄 혐의를 밝히기 위한 목적으로 합리적인 근거 없이 별개의 사건을 부당하게 수사하여서는 아니 된다.
③ 수사기관은 다른 사건의 수사를 통해 확보된 증거 또는 자료를 내세워 관련 없는 사건에 대한 자백이나 진술을 강요하여서는 아니 된다.
④ 사법경찰관의 불송치결정에 대하여 형사소송법 제245조의7에 따라 해당 사법경찰관의 소속 관서의 장에게 이의신청을 할 수 있는 주체에는 고발인이 포함된다.

제3장 수사의 개시

제1절 불심검문 ~ 변사자검시

09 불심검문에 관한 설명 중 가장 적절한 것은? (다툼이 있는 경우 판례에 의함)

① 경찰관이 불심검문 대상자 해당 여부를 판단할 때에는 불심검문 당시의 구체적 상황은 물론 사전에 얻은 정보나 전문적 지식 등에 기초하여 그 대상자인지를 객관적·합리적 기준에 따라 판단하여야 하므로, 불심검문의 적법요건으로 불심검문 대상자에게 형사소송법상 체포나 구속에 이를 정도의 혐의가 있을 것을 요한다.

② 행정경찰 목적의 경찰활동으로 행하여지는 경찰관 직무집행법 제3조 제2항 소정의 질문을 위한 동행요구가 형사소송법의 규율을 받는 수사로 이어지는 경우에는 형사소송법 제199조 제1항 및 제200조 규정에 의하여야 한다.

③ 경찰관 직무집행법 제3조 제4항은 경찰관이 불심검문을 하고자 할 때에는 자신의 신분을 표시하는 증표를 제시하여야 한다고 규정하고 있고, 동법 시행령은 위 법에서 규정한 신분을 표시하는 증표가 경찰관의 공무원증이라고 규정하고 있으므로, 경찰관이 불심검문 과정에서 공무원증을 제시하지 않았다면 어떠한 경우라도 그 불심검문은 위법한 공무집행에 해당한다.

④ 경찰관 직무집행법 제3조 제6항은 불심검문에 관하여 임의동행한 사람을 6시간을 초과하여 경찰관서에 머물게 할 수 없다고 규정하고 있으므로, 대상자를 6시간 동안 경찰관서에 구금하는 것이 허용된다.

10. 불심검문에 대한 설명 중 옳고 그름의 표시(O, ×)가 바르게 된 것은? (다툼이 있는 경우 판례에 의함)

㉠ 행정경찰 목적의 경찰활동으로 행하여지는 「경찰관직무집행법」 제3조 제2항 소정의 질문을 위한 동행요구도 「형사소송법」의 규율을 받는 수사로 이어지는 경우에는 수사관이 동행에 앞서 피의자에게 동행을 거부할 수 있음을 알려 주었거나 동행한 피의자가 언제든지 자유로이 동행과정에서 이탈 또는 동행장소로부터 퇴거할 수 있었음이 인정되는 등 오로지 피의자의 자발적인 의사에 의하여 수사관서 등에의 동행이 이루어졌음이 객관적인 사정에 의하여 명백하게 입증된 경우에 한하여 적법하다.

㉡ 경찰관이 불심검문 대상자에의 해당 여부를 판단할 때에는 불심검문 당시의 구체적 상황은 물론 사전에 얻은 정보나 전문적 지식 등에 기초하여 불심검문 대상자인지를 객관적·합리적인 기준에 따라 판단하여, 반드시 불심검문 대상자에게 「형사소송법」상 체포나 구속에 이를 정도의 혐의가 있을 것을 요한다.

㉢ 검문 중이던 경찰관들이, 자전거를 이용한 날치기 사건의 범인과 흡사한 인상착의의 피고인이 자전거를 타고 다가오는 것을 발견하고 정지를 요구하였으나 멈추지 않아, 앞을 가로막고 검문에 협조해 달라고 하였음에도 불응하고 그대로 전진하자 따라가서 재차 앞을 막고 검문에 응하라고 요구하였다면, 그러한 경찰관들의 행위는 적법한 불심검문에 해당하지 않는다.

㉣ 불심검문을 하게 된 경위, 불심검문 당시의 현장상황과 검문을 하는 경찰관들의 복장, 피고인이 공무원증 제시나 신분 확인을 요구하였는지 여부 등을 종합적으로 고려하여, 검문하는 사람이 경찰관이고 검문하는 이유가 범죄행위에 관한 것임을 피고인이 충분히 알고 있었다고 보이는 경우에는 신분증을 제시하지 않았다고 하여 그 불심검문이 위법한 공무집행이라고 할 수 없다.

① ㉠(O) ㉡(×) ㉢(O) ㉣(×)
② ㉠(O) ㉡(×) ㉢(×) ㉣(O)
③ ㉠(×) ㉡(O) ㉢(×) ㉣(O)
④ ㉠(×) ㉡(O) ㉢(O) ㉣(×)

제2절 고소 및 고발

11 고소에 관한 다음 설명 중 가장 적절하지 않은 것은? (다툼이 있는 경우 판례에 의함)

① 친고죄에서 구술에 의한 고소를 받은 수사기관은 조서를 작성하여야 하지만 그 조서가 독립된 조서일 필요는 없으며, 수사기관이 고소권자를 증인 또는 피해자로서 신문한 경우에 그 진술에 범인의 처벌을 요구하는 의사표시가 포함되어 있고 그 의사표시가 조서에 기재되면 고소는 적법하다.

② 형사소송법이 고소취소의 시한과 재고소의 금지를 규정하고 반의사불벌죄에 위 규정을 준용하는 규정을 두면서도, 고소와 고소취소의 불가분에 관한 규정을 함에 있어서는 반의사불벌죄에 이를 준용하는 규정을 두지 아니한 것은 처벌을 희망하지 아니하는 의사표시나 처벌을 희망하는 의사표시의 철회에 관하여 친고죄와는 달리 공범자간에 불가분의 원칙을 적용하지 아니하고자 함에 있다.

③ 친고죄가 아닌 죄로 공소가 제기되어 제1심에서 친고죄가 아닌 죄의 유죄판결을 선고받은 경우, 제1심에서 친고죄의 범죄사실은 현실적 심판대상이 되지 아니하였으므로 그 판결을 친고죄에 대한 제1심판결로 볼 수는 없고, 따라서 친고죄에 대한 제1심판결은 없었다고 할 것이므로 그 사건의 항소심에서도 고소를 취소할 수 있다.

④ 친고죄에 있어서의 피해자의 고소권은 공법상의 권리라고 할 것이므로 법이 특히 명문으로 인정하는 경우를 제외하고는 자유처분을 할 수 없고 따라서 일단 제기한 고소는 취소할 수 있으나 고소 전에 고소권을 포기할 수는 없다.

12 다음 설명 중 옳은 것은 모두 몇 개인가? (다툼이 있는 경우 판례에 의함)

⊙ 고소를 한 피해자가 가해자에게 합의서를 작성하여 준 것만으로는 적법한 고소취소로 보기 어렵지만, 가해자와 원만히 합의하였으므로 피해자는 가해자를 상대로 이 사건과 관련한 어떠한 민·형사상의 책임도 묻지 아니한다.'는 취지의 합의서를 공소제기 이전 수사기관에 제출하였다면 고소취소의 효력이 있다
ⓒ 반의사불벌죄에 있어서 청소년인 피해자에게 비록 의사능력이 있다 하더라도 피고인에 대하여 처벌을 희망하지 않는다는 의사표시 또는 처벌을 희망하는 의사표시의 철회는 피해자가 단독으로 이를 할 수 없고 법정대리인의 동의가 있어야 한다.
ⓒ 고소는 제1심 판결선고 전까지 취소할 수 있으므로 친고죄의 공범 중 일부에 대하여 제1심 판결이 선고된 후라도 제1심 판결선고 전의 다른 공범자에 대하여는 그 고소를 취소할 수 있고, 고소를 취소한 경우 친고죄에 대한 고소 취소로서의 효력이 있다.
ⓔ 법인세는 사업연도를 과세기간으로 하는 것이므로 그 포탈범죄는 각 사업연도마다 1개의 범죄가 성립하는데, 일죄의 관계에 있는 범죄사실의 일부에 대한 공소제기 및 고발(전속고발범죄)의 효력은 그 일죄의 전부에 대하여 미친다.

① 1개   ② 2개   ③ 3개   ④ 4개

13 고소의 효력에 관한 설명 중 가장 적절하지 않은 것은? (다툼이 있는 경우 판례에 의함)

① 甲과 乙은 서로 짜고 주변 사람들에게 A를 모욕하는 말을 떠들고 다녔다. 이에 A는 甲과 乙을 친고죄인 모욕죄의 범죄사실로 고소하였다. 甲과 乙이 모욕죄의 공범으로 기소되어 제1심 공판심리 중 A가 甲에 대한 고소를 취소하면 수소법원은 甲과 乙 모두에 대하여 공소기각판결을 선고해야 한다.
② 다른 환자들 앞에서 수술결과에 불만을 품고 거칠게 항의하는 환자 A에 대하여 의사 甲이 욕을 하면서 업무상 지득한 A에 대한 비밀을 누설한 경우, 모욕행위에 대한 A의 고소는 업무상 비밀누설행위에 대하여도 효력이 미친다.
③ 甲이 수개의 저작권법 위반행위를 저질러 포괄일죄의 관계에 있는 경우에 일부의 행위에 대해서만 고소가 있었더라도 그 고소는 포괄일죄의 관계에 있는 행위 전부에 미친다.
④ 변호사 甲이 A에게 직무상 알게 된 비밀을 누설하는 방법으로 B의 명예를 훼손한 경우, 명예훼손행위에 대한 B의 고소는 업무상 비밀누설행위에 대하여도 효력이 미친다.

14 고소에 대한 설명 중 가장 적절한 것은? (다툼이 있는 경우 판례에 의함)

① 고소장에 명예훼손죄의 죄명을 붙이고 그 죄에 관한 사실을 적었으나 그 사실이 명예훼손죄를 구성하지 않고 모욕죄를 구성하는 경우 위 고소는 모욕죄에 대한 고소로서의 효력은 갖지 않는다.
② 「형사소송법」 제236조의 대리인에 의한 고소의 경우, 대리권이 정당한 고소권자에 의하여 수여되었음이 실질적으로 증명되면 충분하고 그 방식에 특별한 제한은 없지만, 고소를 할 때 반드시 위임장을 제출하거나 '대리'라는 표시를 하여야 한다.
③ 고소능력은 피해를 입은 사실을 이해하고 고소에 따른 사회생활상의 이해관계를 알아차릴 수 있는 사실상의 의사능력으로 충분하지만, 민법상 행위능력이 없는 사람은 위와 같은 능력을 갖추었더라도 고소능력이 인정되지 않는다.
④ 친고죄의 공범 중 그 1인 또는 수인에 대한 고소 또는 그 취소는 다른 공범자에 대하여도 효력이 있다.

15 다음 설명 중 가장 적절하지 않은 것은? (다툼이 있는 경우 판례에 의함)

① 프로그램저작권이 명의신탁된 경우 대외적인 관계에서는 명의수탁자만이 프로그램저작권자이므로 제3자의 침해행위에 대한 구 컴퓨터프로그램 보호법 제48조 소정의 고소 역시 명의수탁자만이 할 수 있다
② 친고죄에서의 고소 유무 및 반의사불벌죄에서 처벌불원 의사표시의 유무는 모두 법원의 직권조사사항이다.
③ 친고죄에 대하여 고소할 자가 없는 경우 이해관계인의 신청이 있으면 검사는 10일 이내에 고소할 수 있는 자를 지정하여야 한다
④ 고소인이 사건 당일 범죄사실을 신고하면서 현장에 출동한 경찰관에게 고소장을 교부한 경우 경찰서에 도착하여 최종적으로 고소장을 접수시키지 아니하기로 결심하고 고소장을 반환받았더라도 고소장이 수사기관에 적법하게 수리되어 고소의 효력이 발생되었다고 할 수 있다.

16. 다음 설명 중 옳고 그름의 표시(O, ×)가 바르게 된 것은? (다툼이 있는 경우 판례에 의함)

㉠ 甲과 乙이 공모하여 A에 대하여 사실적시에 의한 명예훼손을 한 혐의로 공소제기 되었으나 A가 甲에 대하여만 처벌불원의 의사를 표시하였다면 법원은 A의 이러한 의사에 기하여 乙에 대하여 공소기각판결을 선고해서는 안 된다.

㉡ 甲이 제1심 법원에서 「소송촉진 등에 관한 특례법」에 따라 甲의 진술없이 A에 대한 폭행죄로 유죄를 선고받고 확정된 후 적법하게 제1심 법원에 재심을 청구하여 재심 개시결정이 내려졌다면 A는 그 재심의 제1심 판결 선고 전까지 처벌희망의사표시를 철회할 수 없으나, 甲이 재심을 청구하는 대신 항소권회복청구를 함으로써 항소심재판을 받게 되었다면 그 항소심 절차에서는 처벌희망의사표시를 철회할 수 있다.

㉢ 甲이 자신의 친구 乙과 함께 다른 도시에 살고 있는 甲의 삼촌 A의 물건을 절취한 경우 A가 乙에 대해서만 고소를 하였다면 그 고소의 효력은 甲에게도 미친다.

㉣ 수개의 범칙사실 중 일부만을 범칙사건으로 하는 고발이 있는 경우에 고발장에 기재된 범칙사실과 동일성이 인정되지 않는 다른 범칙사실에 대해서는 고발의 효력이 미치지 아니한다.

① ㉠(O) ㉡(×) ㉢(O) ㉣(O)
② ㉠(O) ㉡(×) ㉢(×) ㉣(O)
③ ㉠(×) ㉡(O) ㉢(O) ㉣(×)
④ ㉠(×) ㉡(O) ㉢(×) ㉣(×)

17. 고소에 관한 설명 중 가장 적절하지 않은 것은? (다툼이 있는 경우 판례에 의함)

① 법원이 선임한 부재자 재산관리인이 그 관리대상인 부재자의 재산에 대한 범죄행위에 관하여 법원으로부터 고소권 행사에 관한 허가를 얻은 경우 부재자 재산관리인은 형사소송법 제225조 제1항에서 정한 법정대리인으로서 적법한 고소권자에 해당한다고 보아야 한다.

② 법원은 고소권자가 비친고죄로 고소한 사건이더라도 검사가 사건을 친고죄로 구성하여 공소를 제기하였다면 공소장 변경절차를 거쳐 공소사실이 비친고죄로 변경되지 아니하는 한, 법원으로서는 친고죄에서 소송조건이 되는 고소가 유효하게 존재하는지를 직권으로 조사·심리하여야 한다.

③ 고소는 제1심판결 선고 전까지 취소할 수 있으나, 항소심에서 공소장의 변경에 의하여 또는 공소장변경절차를 거치지 아니하고 법원 직권에 의하여 친고죄가 아닌 범죄를 친고죄로 인정하였다면, 항소심이 실질적으로 제1심이라 할 것이므로, 항소심에서 고소인이 고소를 취소하였다면 이는 친고죄에 대한 고소취소로서의 효력이 있다.

④ 고소의 취소나 처벌을 희망하는 의사표시의 철회는 수사기관 또는 법원에 대한 법률행위적 소송행위이므로 공소제기 전에는 고소사건을 담당하는 수사기관에, 공소제기 후에는 고소사건의 수소법원에 대하여 이루어져야 한다.

18 전속고발에 대한 설명 중 옳은 것은 모두 몇 개인가? (다툼이 있는 경우 판례에 의함)

㉠ 세무공무원 등의 고발이 있어야 공소를 제기할 수 있는 「조세범 처벌법」 위반죄에 관하여 일단 불기소처분이 있었더라도 세무공무원 등이 종전에 한 고발은 여전히 유효하고, 따라서 나중에 공소를 제기함에 있어 세무공무원 등의 새로운 고발이 있어야 하는 것은 아니다.
㉡ 공정거래위원회의 고발이 있어야 공소를 제기할 수 있는 「독점규제 및 공정거래에 관한 법률」 위반죄를 적용하여 위반행위자들 중 일부에 대하여 공정거래위원회가 고발을 하였다면 나머지 위반행위자에 대하여도 위 고발의 효력이 미친다.
㉢ 전속고발사건에 있어서 수사기관이 고발에 앞서 수사를 하고 甲에 대한 구속영장을 발부받은 후 검찰의 요청에 따라 관계공무원이 고발조치를 하였다고 하더라도 공소제기 전에 고발이 있은 이상 甲에 대한 공소제기의 절차가 법률의 규정에 위반하여 무효라고 할 수는 없다.
㉣ 공정거래위원회가 사업자에게 「독점규제 및 공정거래에 관한 법률」의 규정을 위반한 혐의가 있다고 인정하여 동법 제71조에 따라 사업자를 고발하였다면, 법원이 본안에 대하여 심판한 결과 위반되는 혐의 사실이 인정되지 아니하더라도 이러한 사정만으로는 그 고발을 기초로 이루어진 공소제기 등 형사절차의 효력에 영향을 미치지 아니한다.

① 1개   ② 2개   ③ 3개   ④ 4개

19 고소에 관한 설명으로 옳은 것을 모두 고른 것은? (다툼이 있는 경우 판례에 의함)

㉠ 고소는 어떤 범죄사실 등이 구체적으로 특정되어야 하는데, 그 특정의 정도는 범인의 동일성을 식별할 수 있을 정도로 인식하면 족하고 범인의 성명이 불명 또는 오기가 있었다거나, 범행일시·장소·방법 등이 명확하지 않거나 틀리는 것이 있다고 하더라도 고소의 효력에는 영향이 없다.
㉡ 법원이 선임한 부재자 재산관리인은 관리대상 재산에 관한 범죄행위에 대하여 법원으로부터 고소권행사 허가를 받은 경우, 독립하여 고소권을 가지는 법정대리인에 해당한다.
㉢ 고소조서는 반드시 독립된 조서일 필요가 없으므로 참고인으로 조사하는 과정에서 고소권자가 처벌을 희망하는 의사표시를 하고 그 의사표시가 참고인진술조서에 기재된 경우에도 고소는 유효하나, 다만 그러한 의사표시가 사법경찰관의 질문에 답하는 형식으로 이루어진 것은 유효하지 않다.
㉣ 친고죄 피해자 A의 법정대리인 甲의 고소기간은 甲이 범인을 알게 된 날로부터 진행하고, A가 변호사 乙을 선임하여 乙이 고소를 제기한 경우에는 乙이 범인을 알게 된 날부터 고소기간이 기산된다.
㉤ 관련 민사사건에서 제1심판결 선고 전에 '이 사건과 관련하여 서로 상대방에 대하여 제기한 형사 고소 사건의 일체를 모두 취하한다'는 내용이 포함된 조정이 성립되었다면, 조정성립 후 고소인이 제1심 법정에서 여전히 피고인의 처벌을 원한다는 취지로 진술하더라도 고소를 취소한 것으로 볼 수 있다.

① ㉠㉡   ② ㉠㉡㉢   ③ ㉢㉣㉤   ④ ㉠㉡㉣㉤

제4장 임의수사

제1절 서 설

20 다음 중 옳지 않은 것은 모두 몇 개인가? (다툼이 있는 경우 판례에 의함)

> ㉠ 경찰관이 피고인의 정신 상태, 신체에 있는 주사바늘 자국, 알콜솜 휴대, 전과 등을 근거로 피고인의 마약류 투약 혐의가 상당하다고 판단하여 경찰서로 임의동행을 요구하였다면, 경찰관 직무집행법 제3조 제2항에 따른 행정경찰 목적의 임의동행에 해당한다.
> ㉡ 특별한 이유 없이 호흡측정기에 의한 측정에 불응하는 운전자에게 경찰공무원이 혈액채취에 의한 측정방법이 있음을 고지하고 그 선택 여부를 물어야 할 의무가 있다고는 할 수 없다.
> ㉢ 피의자의 승낙을 받아 유치하는 것은 임의수사로서 허용되나, 수사의 필요성과 상당성이라는 제한을 받는다.
> ㉣ 수사관이 임의동행에 앞서 피의자에게 동행을 거부할 수 있음을 알려주었거나 동행한 피의자가 언제든지 자유로이 동행과정에서 이탈 또는 동행장소에서 퇴거할 수 있었음이 인정되는 등 오로지 피의자의 자발적인 의사에 의하여 수사관서 등에의 동행이 이루어졌음이 객관적인 사정에 의하여 명백하게 입증된 경우에 한하여, 동행의 적법성이 인정된다.

① 1개　　② 2개　　③ 3개　　④ 4개

21 다음 설명 중 가장 적절하지 않은 것은? (다툼이 있는 경우 판례에 의함)

① 검사·사법경찰관리와 그 밖에 직무상 수사에 관계있는 자는 수사과정에서 수사와 관련하여 작성하거나 취득한 서류 또는 물건에 대한 목록을 빠짐없이 작성하여야 한다.
② 임의수사도 형사절차인 이상 적정절차의 원리에 의한 법적 규제를 받는다. 즉, 임의수사의 경우에도 법률에 일정한 요건과 절차가 규정되어 있는 경우에 절차를 위반하여 증거를 수집하면 위법한 수사에 근거한 증거이므로 증거능력을 부인한다.
③ 법원이 행하는 강제처분에 대한 영장은 집행기관에 대한 허가장, 수사기관이 행하는 강제처분에 대한 영장은 수사기관에 대한 명령장의 성격을 갖는다.
④ 피의자가 동행을 거부하는 의사를 표시하였음에도 불구하고 경찰관들이 피의자를 강제로 연행한 행위는 수사상의 강제처분에 관한 형사소송법상의 절차를 무시한 채 이루어진 것으로 위법한 체포에 해당하고, 이와 같이 위법한 체포상태에서 마약 투약 혐의를 확인하기 위한 채뇨 요구가 이루어진 경우 그와 같은 위법한 채뇨 요구에 의하여 수집된 '소변검사시인서'는 유죄 인정의 증거로 삼을 수 없다.

22 수사의 방법에 관한 설명으로 가장 적절하지 않은 것은? (다툼이 있는 경우 판례에 의함)

① 「형사소송법」에서 규정하고 있는 임의수사로는 피의자신문, 참고인조사, 공무소 등에 대한 사실조회, 감정·통역·번역의 위촉이 있다.
② 수사기관이 범죄를 수사함에 있어 현재 범행이 행하여지고 있거나 행하여진 직후이고, 증거보전의 필요성 및 긴급성이 있으며 일반적으로 허용되는 상당한 방법에 의하여 촬영을 한 경우에는, 그 촬영행위가 영장없이 이루어졌다 하여 이를 위법하다고 할 수 없다.
③ 마약류사범인 수형자에게 마약류반응검사를 위해 소변을 받아 제출하도록 하는 것은 법관의 영장을 필요로 하는 강제처분이므로 구치소 등 교정시설 내에서 소변채취가 법관의 영장없이 실시된 경우에는 영장주의 원칙에 반한다.
④ 피의자의 진술은 조서에 기재하여야 하며, 조서를 열람하게 하거나 읽어 들려주는 과정에서 피의자가 이의를 제기하거나 의견을 진술한 때에는 이를 조서에 추가로 기재하여야 한다.

23 임의수사에 관한 설명 중 가장 적절하지 않은 것은? (다툼이 있는 경우 판례에 의함)

① 사법경찰관이 피고인을 수사관서까지 동행한 것이 사실상의 강제연행, 즉 불법체포에 해당하고 불법체포로부터 6시간 상당이 경과한 후에 이루어진 긴급체포 또한 위법하므로, 피고인이 불법체포된 자로서 형법 제145조 제1항에 정한 법률에 의하여 체포 또는 구금된 자가 아니어서 도주죄의 주체가 될 수 없다.
② 임의동행의 경우 수사관이 동행에 앞서 피의자에게 동행을 거부할 수 있음을 알려 주었거나 동행한 피의자가 언제든지 자유로이 동행과정에서 이탈 또는 동행장소에서 퇴거할 수 있었음이 인정되는 등 오로지 피의자의 자발적인 의사에 의하여 수사관서 등에 동행이 이루어졌다는 것이 주관적인 사정에 의하여 명백하게 입증된 경우에 한하여 동행의 적법성이 인정된다.
③ 경찰관이 甲을 경찰서로 동행할 당시 甲에게 언제든지 동행을 거부할 수 있음을 고지한 다음 동행에 대한 동의를 구하였고, 이에 甲이 고개를 끄덕이며 동행의 의사표시를 하였으며, 동행 당시 경찰관에게 욕을 하거나 특별한 저항을 하지 않고서 동행에 순순히 응하였으며, 동행 당시 술에 취한 상태이긴 하였으나 동행 후 경찰서에서 주취운전자 정황진술보고서의 날인을 거부하고 "이번이 3번째 음주운전이다. 난 시청직원이다. 1번만 봐달라."라고 말한 경우 甲에 대한 임의동행은 적법하다.
④ 수사의 필요상 피의자를 임의동행한 경우에도 조사 후 귀가시키지 아니하고 그의 의사에 반하여 경찰서 조사실 또는 보호실 등에 계속 유치함으로써 신체의 자유를 속박하였다면 이는 구금에 해당한다.

제2절 임의수사의 방법

24 다음 중 「검사와 사법경찰관의 상호협력과 일반적 수사준칙에 관한 규정」상 심야조사와 장시간 조사에 대한 설명으로 가장 적절하지 않은 것은?

① 검사 또는 사법경찰관은 피의자나 사건관계인에 대해 원칙적으로 오후 9시부터 오전 6시까지 사이에 심야조사를 해서는 안 되지만, 이미 작성된 조서의 열람을 위한 절차는 예외적으로 오후 9시부터 오전 6시까지 사이에 진행할 수 있다.
② 검사 또는 사법경찰관은 피의자를 체포한 후 48시간 이내에 구속영장의 청구 또는 신청 여부를 판단하기 위해 불가피한 경우 오후 9시부터 오전 6시까지 사이에 심야조사를 할 수 있다.
③ 검사 또는 사법경찰관은 사건의 성질 등을 고려할 때 심야조사가 불가피하다고 판단되는 경우 등 법무부장관, 경찰청장 또는 해양경찰청장이 정하는 경우로서 검사 또는 사법경찰관의 소속 기관의 장이 지정하는 인권보호 책임자의 허가 등을 받은 때에는 오후 9시부터 오전 6시까지 사이에 심야조사를 할 수 있다.
④ 검사 또는 사법경찰관은 조사, 신문, 면담 등 그 명칭을 불문하고 피의자나 사건관계인을 조사하는 경우에는 원칙적으로 대기시간, 휴식시간, 식사시간 등 모든 시간을 합산한 조사시간이 12시간을 초과하지 않도록 해야 한다.

25 「검사와 사법경찰관의 상호협력과 일반적 수사준칙에 관한 규정」에 대한 설명으로 가장 적절하지 않은 것은?

① 검사 또는 사법경찰관은 피의자가 치료 등 수사관서에 출석하여 조사를 받는 것이 현저히 곤란한 사정이 있는 경우에는 수사관서 외의 장소에서 조사할 수 있다
② 검사 또는 사법경찰관은 피의자에게 출석요구를 하려는 경우 피의자와 조사의 일시·장소에 관하여 협의해야 하나, 변호인이 있는 경우에는 변호인과 별도로 협의할 필요는 없다.
③ 검사 또는 사법경찰관은 피의자에게 출석요구를 하려는 경우 피의사실의 요지 등 출석요구의 취지를 구체적으로 적은 출석요구서를 발송해야 한다. 다만, 신속한 출석요구가 필요한 경우 등 부득이한 사정이 있는 경우에는 전화, 문자메시지, 그 밖의 상당한 방법으로 출석요구를 할 수 있다.
④ 검사 또는 사법경찰관은 피의자나 사건관계인에 대한 조사를 마친 때부터 8시간이 지나기 전에는 다시 조사할 수 없다.

26. 영상녹화제도에 관한 설명 중 옳고 그름의 표시(○, ×)가 바르게 된 것은? (다툼이 있는 경우 판례에 의함)

㉠ 참고인에 대한 영상녹화물은 증인의 기억을 환기시키는 수단은 될 수 있지만, 참고인진술조서의 진정성립을 증명하는 자료는 될 수 없다.

㉡ 피의자 진술에 대한 영상녹화가 완료된 이후 피의자 또는 변호인에게 영상녹화물을 재생하여 시청하게 하여야 하며, 그 내용에 대하여 이의를 진술하는 때에는 해당 내용을 삭제하고 그 진술을 영상녹화하여 첨부하여야 한다.

㉢ 수사기관이 참고인을 조사하는 과정에서 형사소송법 제221조 제1항에 따라 작성한 영상녹화물은, 다른 법률에서 달리 규정하고 있는 등의 특별한 사정이 없는 한, 원칙적으로 공소사실을 직접 증명할 수 있는 독립적인 증거로 사용될 수 있다.

㉣ 피고인의 진술을 내용으로 하는 영상녹화물은 공판준비 또는 공판기일에서의 피고인진술의 증명력을 다투기 위한 증거로 할 수 있다.

㉤ 수사기관이 피의자의 진술을 영상녹화하려는 경우 피의자 또는 변호인에게 미리 영상녹화사실을 알려주어야 하며, 형사소송법 제244조의2 제1항에 따라 반드시 서면으로 사전동의를 받아야 한다.

① ㉠(○) ㉡(○) ㉢(○) ㉣(○) ㉤(○)
② ㉠(○) ㉡(×) ㉢(×) ㉣(○) ㉤(○)
③ ㉠(×) ㉡(○) ㉢(○) ㉣(×) ㉤(×)
④ ㉠(×) ㉡(×) ㉢(×) ㉣(×) ㉤(×)

27. 피의자신문에 대한 설명으로 가장 적절한 것은? (다툼이 있는 경우 판례에 의함)

① 피의자신문에 참여한 변호인은 신문 후 의견을 진술할 수 있고, 부당한 신문방법에 대하여는 신문 중이더라도 이의를 제기하고 의견을 진술할 수 있다. 다만, 부당한 신문방법에 대한 신문 중의 이의제기는 검사 또는 사법경찰관의 승인을 얻어야 한다.

② 피의자신문에 대한 변호인의 참여권은 구속된 피의자의 방어권을 실질적으로 보장하기 위한 취지이므로 불구속 피의자의 피의자신문에 대해서는 정당한 사유가 있는 경우에만 변호인의 참여가 허용된다.

③ 검사 또는 사법경찰관은 피의자에 대한 신문이 아닌 단순 면담 등의 경우에는 변호인의 참여·조력을 제한할 수 있다.

④ 피의자가 "변호인의 조력을 받을 권리를 행사할 것인가요"라는 사법경찰관의 물음에 "예"라고 답변하였음에도 사법경찰관이 변호인의 참여를 제한하여야 할 정당한 사유 없이 변호인이 참여하지 아니한 상태에서 계속하여 피의자를 상대로 신문을 행한 경우, 그 내용을 기재한 피의자신문조서는 적법한 절차에 따르지 않고 수집한 증거에 해당한다.

28 참고인조사에 관한 설명 중 가장 적절하지 않은 것은? (다툼이 있는 경우 판례에 의함)

① 진술거부권 고지의 대상이 되는 피의자의 지위는 수사기관이 범죄인지서를 작성하는 등의 형식적인 사건수리 절차를 거치기 전이라도 조사대상자에 대하여 범죄의 혐의가 있다고 보아 실질적으로 수사를 개시하는 행위를 한 때에 인정되므로, 진술조서의 형식을 취하더라도 실질이 피의자신문조서의 성격을 가지는 경우에는 수사기관은 진술을 듣기 전에 조사대상자에게 미리 진술거부권을 고지하여야 한다.

② 참고인이 수사과정에서 진술서를 작성하였지만 수사기관이 그에 대한 조사과정을 기록하지 아니한 경우에는, 특별한 사정이 없는 한 '적법한 절차와 방식'에 따라 수사과정에서 진술서가 작성되었다 할 수 없으므로 증거능력을 인정할 수 없다.

③ 검사가 공판기일에서 이미 증언을 마친 증인을 소환하여 피고인에게 유리한 증언 내용을 추궁한 다음 그로 하여금 본인의 증언 내용을 번복하는 내용의 진술서를 작성하도록 하여 법원에 제출한 경우, 이러한 진술서는 피고인이 증거로 할 수 있음에 동의하여도 증거능력이 없다.

④ 검사가 작성한 참고인진술조서에 대하여 피고인이 증거로 함에 부동의한 경우, 원진술자가 법정에서 검사나 재판장의 신문에 대하여 수사기관에서 사실대로 진술하였다는 취지로 증언하더라도, 원진술자가 그 진술기재의 내용을 열람하거나 고지받지 못한 채로 그와 같이 증언한 것이라면 그 진술조서는 증거능력이 없다.

29 피의자신문에 대한 설명 중 가장 적절하지 않은 것은? (다툼이 있는 경우 판례에 의함)

① 검사 또는 사법경찰관의 「형사소송법」 제243조의2에 따른 변호인의 참여 등에 관한 처분에 대하여 불복이 있으면 그 직무집행지의 관할법원 또는 검사의 소속검찰청에 대응한 법원에 그 처분의 취소 또는 변경을 청구할 수 있다.

② 검사 또는 사법경찰관은 피의자신문에 참여한 변호인이 피의자의 옆자리 등 실질적인 조력을 할 수 있는 위치에 앉도록 해야 하고, 정당한 사유가 없으면 피의자에 대한 법적인 조언·상담을 보장해야 하며, 법적인 조언·상담을 위한 변호인의 메모를 허용해야 한다.

③ 검사 또는 사법경찰관이 피의자를 신문하면서 피의자와 신뢰관계에 있는 자를 동석하게 한 경우, 동석한 사람으로 하여금 피의자를 대신하여 진술하도록 하여서는 안 된다. 만약 동석한 사람이 피의자를 대신하여 진술한 부분이 조서에 기재되어 있다면 그 부분은 피의자의 진술을 기재한 것이 아니라 동석한 사람의 진술을 기재한 조서에 해당한다.

④ 신문에 참여하고자 하는 변호인이 2인 이상인 때에는 피의자가 신문에 참여할 변호인 1인을 지정한다. 지정이 없는 경우에는 검사 또는 사법경찰관이 이를 지정하여야 한다.

제5장 강제처분과 강제수사

제1절 체포와 구속

[1] 체포

01 위법한 수사에 해당하지 않는 것을 모두 고른 것은? (다툼이 있는 경우 판례에 의함)

> ㉠ 범죄의 피해자인 검사가 그 사건의 수사에 관여한 경우
> ㉡ 경찰관이 순찰 중 경찰서로부터 교통사고에 대한 무전연락을 받고 도주차량 용의자를 수색하다가 약 10분 후 사고발생 지점으로부터 약 1 km 떨어진 곳에서 운전석 앞범퍼가 훼손된 차량에서 내리는 운전자를 발견하고 검문한 후 영장 없이 체포한 경우
> ㉢ 수사기관이 甲으로부터 乙의 범행에 대한 진술을 들은 다음 추가적인 증거확보를 목적으로 구속수감되어 있던 甲에게 그로부터 압수한 휴대전화를 제공하여 乙과 통화하고 범행에 관한 통화내용을 녹음하게 한 다음, 그 휴대전화를 제출받은 경우
> ㉣ 수사기관과 직접 관련이 없는 甲이 乙의 범의를 유발하여 범행하게 하고 그 정보를 제공하자, 수사기관이 이를 근거로 乙을 체포한 경우
> ㉤ 경찰관이 행위의 가벌성, 범죄의 현행성·시간적 접착성, 범인·범죄의 명백성은 인정되지만 도망 또는 증거인멸의 염려가 없는 자를 현행범인으로 체포한 경우

① ㉠㉡㉣ ② ㉠㉢㉣ ③ ㉡㉢㉤ ④ ㉡㉣㉤

02 체포에 관한 설명 중 옳지 않은 것만을 모두 고른 것은? (다툼이 있는 경우 판례에 의함)

㉠ 경찰관들이 성폭력범죄 혐의에 대한 체포영장을 근거로 체포절차에 착수하였으나 피의자가 흥분하여 타고 있던 승용차를 출발시켜 경찰관들에게 상해를 입히는 범죄를 추가로 저지르자, 경찰관들이 그 승용차를 멈춘 후 저항하는 피의자를 별도 범죄인 특수공무집행방해치상의 현행범으로 적법하게 체포하였더라도, 집행완료에 이르지 못한 성폭력범죄 체포영장은 사후에 그 피의자에게 제시하여야 한다.

㉡ 긴급체포의 요건을 갖추었는지 여부는 사후에 밝혀진 사정을 기초로 판단하는 것이 아니라 체포 당시 상황을 기초로 판단하여 수사주체의 판단에 상당한 재량의 여지가 있지만, 긴급체포 당시의 상황으로 보아서도 그 요건의 충족 여부에 관한 수사주체의 판단이 경험칙에 비추어 현저히 합리성을 잃은 경우에는 그 체포는 위법한 체포가 된다.

㉢ 사법경찰관은 긴급체포한 피의자에 대하여 구속영장을 신청하지 아니하고 석방한 경우에는 즉시 검사에게 보고하여야 하고, 검사는 석방한 날부터 30일 이내에 서면으로 긴급체포 후 석방된 자의 인적사항, 긴급체포의 일시 장소와 긴급체포하게 된 구체적 이유 등을 법원에 통지하여야 한다.

㉣ 체포한 피의자를 구속하고자 할 때에는 체포한 때부터 48시간 이내에 구속영장을 청구해야 하는데, 검사 또는 사법경찰관이 아닌 이에 의하여 현행범인이 체포된 후 불필요한 지체 없이 검사 등에게 인도된 경우 위 48시간의 기산점은 체포시이다.

① ㉠㉣ ② ㉠㉢㉣ ③ ㉡㉢ ④ ㉣

03 체포에 관한 설명 중 옳은 것은 모두 몇 개인가? (다툼이 있는 경우 판례에 의함)

㉠ 甲의 마약 투약 제보를 받은 경찰관 P가 자신의 집에 있던 甲을 밖으로 유인하여 불러내려 하였으나, 이를 실패하자 甲의 집 현관문의 잠금장치를 해제하고 강제로 들어가서 수색한 후 甲을 긴급체포한 경우 P가 이미 甲의 신원, 주거지, 전화번호를 모두 알고 있었고, 마약 투약의 증거가 급속히 소멸될 상황이 아니었다고 하더라도 甲이 마약 관련 범죄를 범했다고 의심할 만한 상당한 이유가 있었다면, 이 긴급체포는 위법하지 아니하다.

㉡ 긴급체포한 피의자를 구속하고자 할 때 구속영장은 피의자를 체포한 때로부터 24시간 이내에 청구되어야 한다.

㉢ 다액 50만 원 이하의 벌금, 구류 또는 과료에 해당하는 사건의 경우 피의자가 일정한 주거가 없는 때에 한하여 사법경찰관은 체포영장을 발부받아 피의자를 체포할

수 있다.
㉣ 수사기관이 영장에 의한 체포를 하고자 하는 경우 검사는 관할 지방법원판사에게 체포영장을 청구할 수 있고, 사법경찰관리는 검사의 승인을 얻어 관할 지방법원판사에게 체포영장을 청구할 수 있다.

① 없음   ② 1개   ③ 2개   ④ 3개

04 긴급체포에 대한 설명 중 옳고 그름의 표시(○, ×)가 바르게 된 것은? (다툼이 있는 경우 판례에 의함)

㉠ 피의자를 긴급체포하는 경우에 필요한 때에는 영장 없이 체포현장에서 압수·수색을 할 수 있고, 이에 따라 압수한 물건을 계속 압수할 필요가 있는 경우에는 지체 없이 압수·수색영장을 청구하여야 하며, 청구한 압수·수색영장을 발부받지 못한 때에는 압수한 물건을 즉시 반환하여야 하는 바, 이를 위반하여 압수·수색영장을 발부받지 아니하고도 즉시 반환하지 아니한 압수물은 피고인이나 변호인이 이를 증거로 함에 동의하지 않는 한 유죄 인정의 증거로 사용할 수 없다.
㉡ 긴급체포 후 구속영장을 청구하지 아니하거나 발부받지 못하여 석방된 자는 영장 없이는 동일한 범죄사실에 관하여 체포하지 못한다.
㉢ 검사는 긴급체포한 피의자를 구속영장 청구 없이 석방한 경우에는 석방한 날로부터 30일 이내에 긴급체포서사본과 함께 법정기재사항이 기재된 서면으로 법원에 통지하여야 하고, 만약 사후에 석방통지가 법에 따라 이루어지지 않은 사정이 있다면 그와 같은 사정만으로도 긴급체포 중에 작성된 피의자신문조서의 증거능력은 소급하여 부정된다.
㉣ 긴급체포의 요건을 갖추었는지 여부는 사후에 밝혀진 사정을 기초로 판단하는 것이 아니라 체포 당시의 상황을 기초로 판단하여야 하고, 이에 관한 검사나 사법경찰관 등 수사주체의 판단에는 상당한 재량의 여지가 있다.

① ㉠(○) ㉡(×) ㉢(○) ㉣(×)   ② ㉠(○) ㉡(×) ㉢(×) ㉣(×)
③ ㉠(×) ㉡(○) ㉢(○) ㉣(○)   ④ ㉠(×) ㉡(○) ㉢(×) ㉣(○)

05 긴급체포에 대한 설명 중 옳지 않은 것은 모두 몇 개인가? (다툼이 있는 경우 판례에 의함)

> ㉠ 긴급체포된 자로부터 압수한 물건에 대해서는 24시간 이내에 한하여 영장없이 압수·수색할 수 있고, 압수된 물건을 계속 압수할 필요가 있는 경우에는 압수한 때로부터 48시간 이내에 압수·수색영장을 청구하여야 한다.
> ㉡ 긴급체포 요건을 갖추었는지 여부는 체포 당시 상황과 사후에 밝혀진 사정을 종합적으로 판단함으로써 검사나 사법경찰관 등 수사주체의 판단에는 상당한 재량의 여지가 있다.
> ㉢ 긴급체포 후 구속영장을 발부받지 못하여 석방한 경우 동일한 범죄사실로 다시 긴급체포 할 수 없다. 그러나 체포영장을 다시 발부받은 경우 체포가 가능하다.
> ㉣ 긴급체포된 피의자에 대하여 구속영장이 발부된 경우 그 구속기간은 피의자를 체포한 날부터 기산한다.
> ㉤ 형사소송법 제208조(재구속의 제한)에서 말하는 '구속되었다가 석방된 자'의 범위에는 긴급체포나 현행범으로 체포되었다가 사후영장 발부 전에 석방된 경우도 포함된다.

① 1개 ② 2개 ③ 3개 ④ 4개

06 체포에 대한 설명 중 가장 적절하지 않은 것은? (다툼이 있는 경우 판례에 의함)

① 다액 50만원 이하의 벌금, 구류 또는 과료에 해당하는 죄의 현행범인에 대하여는 범인의 주거가 분명하지 아니한 때에 한하여 현행범인으로 체포할 수 있다.
② 검사 또는 사법경찰관리(이하 '검사' 등) 아닌 이에 의하여 현행범인이 체포된 후 불필요한 지체 없이 검사 등에게 인도된 경우 구속영장 청구기간의 기산점은 체포시가 아니라 검사 등이 현행범인을 인도받은 때라고 할 것이다.
③ 피의자가 2009. 11. 2. 22:00경 긴급체포되어 조사를 받고 구속영장이 청구되지 아니하여 2009. 11. 4. 20:10경 석방되었음에도 검사가 그로부터 30일 이내에 형사소송법 제200조의4에 따른 석방통지를 법원에 하지 않았다면, 피의자에 대한 긴급체포 당시의 상황과 경위, 긴급체포 후 조사 과정 등에 특별한 위법이 없다고 하더라도 사후에 석방통지가 법에 따라 이루어지지 않았다는 사정만으로 그 긴급체포에 의한 유치 중에 작성된 피의자에 대한 피의자신문조서들의 작성이 소급하여 위법하게 된다.
④ 경찰관의 현행범인 체포경위 및 그에 관한 현행범인체포서와 범죄사실의 기재에 다소 차이가 있더라도, 그것이 논리와 경험칙상 장소적·시간적 동일성이 인정되는 범위 내라면 그 체포행위가 공무집행방해죄의 요건인 적법한 공무집행에 해당한다.

07 체포에 관한 설명 중 옳지 않은 것은 모두 몇 개인가? (다툼이 있는 경우 판례에 의함)

㉠ 사법경찰관이 피의자를 긴급체포하기 위하여 달아나는 피의자를 쫓아가 붙들거나 폭력으로 대항하는 피의자를 실력으로 제압하는 경우에도, 피의사실의 요지, 체포의 이유와 변호인을 선임할 수 있음을 반드시 긴급체포를 위한 실력행사에 들어가기 이전에 미리 고지하여야 한다.
㉡ 검사가 긴급체포한 피의자를 구속하기 위하여 관할지방법원판사에게 구속영장을 청구하였으나 구속영장을 발부받지 못한 때에는 피의자를 즉시 석방하여야 한다.
㉢ 검사 또는 사법경찰관리 아닌 자가 현행범인을 체포한 때에는 즉시 검사 등에게 인도하여야 하는데, 여기서 '즉시'라고 함은 반드시 체포시점과 시간적으로 밀착된 시점이어야 하는 것은 아니고, '정당한 이유 없이 인도를 지연하거나 체포를 계속하는 등으로 불필요한 지체를 함이 없이'라는 뜻이다.
㉣ 순찰 중이던 경찰관이, 교통사고를 낸 차량이 도주하였다는 무전연락을 받고 주변을 수색하다가 범퍼 등의 파손상태로 보아 사고차량으로 인정되는 차량에서 내리는 사람을 발견한 경우, 준현행범인으로 영장 없이 체포할 수 있다.
㉤ 현행범인으로 규정된 '범죄의 실행의 즉후인 자'라고 함은 범죄의 실행행위를 종료한 직후의 범인이라는 것이 체포를 당하는 자의 입장에서 볼 때 명백한 경우를 일컫는 것이다.

① 1개   ② 2개   ③ 3개   ④ 4개

08 긴급체포에 관한 설명 중 가장 적절하지 않은 것은? (다툼이 있는 경우 판례에 의함)

① 검사 또는 사법경찰관은 피의자가 사형·무기 또는 장기 3년 이상의 징역이나 금고에 해당하는 죄를 범하였다고 의심할 만한 상당한 이유가 있고, 피의자가 증거를 인멸할 염려가 있거나, 도망하거나 도망할 우려가 있는 경우에 긴급을 요하여 지방법원판사의 체포영장을 받을 수 없는 때에는 그 사유를 알리고 영장없이 피의자를 체포할 수 있다.

② 긴급체포는 영장주의 원칙에 대한 예외인 만큼 형사소송법 제200조의3(긴급체포) 제1항의 요건을 모두 갖춘 경우에 한하여 예외적으로 허용되어야 하고, 요건을 갖추지 못한 긴급체포는 법적 근거에 의하지 아니한 영장 없는 체포로서 위법한 체포에 해당하는 것이고, 여기서 긴급체포의 요건을 갖추었는지 여부는 사후에 밝혀진 사정을 기초로 판단하는 것이 아니라 체포 당시의 상황을 기초로 판단하여야 한다.

③ 긴급체포되었다가 수사기관의 조치로 석방된 후 법원이 발부한 구속영장에 의하여 구속이 이루어진 경우 형사소송법 제208조(재구속의 제한)에 위배되는 위법한 구속이다.

④ 검사 또는 사법경찰관이 피의자를 긴급체포한 경우 피의자를 구속하고자 할 때에는 지체 없이 검사는 관할지방법원판사에게 구속영장을 청구하여야 하고, 사법경찰관은 검사에게 신청하여 검사의 청구로 관할지방법원판사에게 구속영장을 청구하여야 한다. 이 경우 구속영장은 피의자를 체포한 때부터 48시간 이내에 청구하여야 하며, 긴급체포서를 첨부하여야 한다.

09 다음 중 현행범인에 관한 설명으로 가장 적절하지 않은 것은? (다툼이 있는 경우 판례에 의함)

① 현행범인으로 체포하기 위하여는 행위의 가벌성, 범죄의 현행성·시간적 접착성, 범인·범죄의 명백성 이외에 체포의 필요성 즉, 도망 또는 증거인멸의 염려가 있어야 하고, 이러한 요건을 갖추지 못한 현행범인 체포는 법적 근거에 의하지 아니한 영장 없는 체포로서 위법한 체포에 해당한다.

② 다액 50만원 이하의 벌금, 구류, 과료에 해당하는 죄의 현행범인에 대하여는 범인의 주거가 분명하지 아니한 때에 한하여 현행범인으로 체포할 수 있다.

③ 검사 또는 사법경찰관리 아닌 자가 현행범인을 체포한 때에는 즉시 검사 또는 사법경찰관리에게 인도하여야 한다. 사법경찰관리가 현행범인의 인도를 받은 때에는 체포자의 성명, 주거, 체포의 사유를 물어야 하고 필요한 때에는 체포자에 대하여 경찰관서에 동행함을 요구할 수 있다.

④ 형사소송법 제211조가 현행범인으로 규정한 '범죄의 실행의 즉후인 자'라고 함은, 범죄의 실행행위를 종료한 직후의 범인이라는 것이 제3자의 입장에서 볼 때 명백한 경우를 일컫는 것이다.

10 강제처분에 관한 설명 중 가장 적절하지 않은 것은? (다툼이 있는 경우 판례에 의함)

① 현행범 체포현장이나 범죄장소에서 소지자 등이 임의로 제출하는 물건은 영장 없이 압수할 수 있고, 이 경우에는 검사나 사법경찰관이 사후에 영장을 받을 필요가 없다.

② A가 필로폰을 투약한다는 제보를 받은 경찰관이 A의 주거지를 방문하였다가, 그곳에서 A를 발견하고 A의 전화번호로 전화를 하여 나오라고 하였으나 응하지 않자 A의 집 문을 강제로 열고 들어가 긴급체포한 경우, 경찰관이 A의 신원과 주거지 및 전화번호 등을 모두 파악하고 있었고, 당시 마약 투약의 범죄 증거가 급속하게 소멸될 상황도 아니었다면, 위법한 체포이다.

③ 피고인이 수사 당시 긴급체포되었다가 수사기관의 조치로 석방된 후 법원이 발부한 구속영장에 의하여 구속이 이루어진 경우 「형사소송법」 제200조의4 제3항, 제208조에 규정된 재체포 또는 재구속 제한에 위배되는 위법한 구속이라고 볼 수 없다.

④ 「형사소송법」 제217조 제1항은 수사기관이 피의자를 긴급체포한 상황에서 피의자가 체포되었다는 사실이 공범이나 관련자들에게 알려짐으로써 관련자들이 증거를 파괴하거나 은닉하는 것을 방지하고, 범죄사실과 관련된 증거물을 신속히 확보할 수 있도록 하기 위한 것이므로, 긴급체포된 자가 체포현장이 아닌 장소에서 소유·소지 또는 보관하는 물건을 압수할 수는 없다.

⑤ 체포영장의 제시나 고지 등은 체포를 위한 실력행사에 들어가기 이전에 미리 하여야 하는 것이 원칙이나, 달아나는 피의자를 쫓아가 붙들거나 폭력으로 대항하는 피의자를 실력으로 제압하는 경우에는 붙들거나 제압하는 과정에서 하거나, 그것이 여의치 않은 경우에는 일단 붙들거나 제압한 후에 지체 없이 하여야 한다.

11. 현행범인 체포에 대한 설명 중 옳지 않은 것을 모두 고른 것은? (다툼이 있는 경우 판례에 의함)

㉠ 교사가 교장실에 들어가 불과 약 5분 동안 식칼을 휘두르며 교장을 협박하는 등의 소란을 피운 후 40여분 정도가 지나 경찰관들이 출동하여 교장실이 아닌 서무실에서 동행을 거부하는 그 교사를 현행범으로 체포한 경우 적법한 공무집행이다.
㉡ 경찰관이 현행범인 체포요건을 갖추지 못하였는데도, 실력으로 현행범인을 체포하려고 하였다면 적법한 공무집행이라고 할 수 없고, 현행범인 체포행위가 적법한 공무집행을 벗어나 불법인 것으로 볼 수밖에 없다면 현행범이 체포를 면하려고 반항하는 과정에서 경찰관에게 상해를 가한 것은 불법체포로 인한 신체에 대한 현재의 부당한 침해에서 벗어나기 위한 행위로서 정당방위에 해당하여 위법성이 조각된다.
㉢ 검사 또는 사법경찰관리 아닌 이에 의하여 현행범인이 체포된 후 불필요한 지체없이 검사 등에게 인도된 경우, 구속영장 청구기간인 48시간의 기산점은 현행범인 체포시이다.
㉣ 현행범인은 누구든지 영장 없이 체포할 수 있는데, 현행범인으로 체포하기 위하여는 행위의 가벌성, 범죄의 현행성·시간적 접착성, 범인·범죄의 명백성 이외에 체포의 필요성 즉, 도망 또는 증거인멸의 염려가 있어야 한다.

① ㉠㉡ ② ㉠㉢ ③ ㉡㉢ ④ ㉢㉣

12. 현행범체포에 대한 설명 중 옳지 않은 것은 모두 몇 개인가? (다툼이 있는 경우 판례에 의함)

㉠ 경찰관이 시위에 참가한 6명의 조합원을 집회 및 시위에 관한법률 위반 혐의로 현행범 체포 후 경찰서로 연행하였는데, 그 과정에서 체포의 이유를 설명하지 않다가 조합원들의 항의를 받고 1시간이 지난 후 그 이유를 설명한 것은 위법하다.
㉡ 사법경찰관리가 현행범인을 체포하는 경우에는 범죄사실의 요지, 체포의 이유와 변호인을 선임할 수 있음을 말하고 변명할 기회를 주어야 할 것임이 명백하고 이와 같은 고지는 반드시 체포를 위한 실력행사에 들어가기 이전에 미리 하여야 한다.
㉢ 검사 또는 사법경찰관리가 아닌 자에 의하여 현행범으로 체포된 후 검사에게 인도된 경우, 검사는 현행범 체포시로부터 48시간 이내에 구속영장을 청구하여야 한다.
㉣ 9시 10분 목욕탕 탈의실에서 구타하고 약 1분여 동안 피해자의 목을 잡고 있다가 그 곳에 있던 다른 사람들이 말리자 잡고 있던 목을 놓은 후 위 목욕탕 탈의실 의자에 앉아 있었는데, 그 무렵 위 목욕탕에서 이발소를 운영하고 있는 자가 피고인에게 옷을 입고 가라고 하여 피고인이 옷을 입고 있었던 중 경찰관들이 현장에 출동하여

9시 35분 현행범인으로 체포한 경우에는 적법한 현행범체포에 해당하지 아니한다.
ⓜ 순찰 중이던 경찰관이 교통사고를 낸 차량이 도주하였다는 무전연락을 받고 주변을 수색하다가 범퍼 등의 파손상태로 보아 사고차량으로 인정되는 차량에서 내리는 사람을 발견하고 준현행범인으로 체포한 행위는 위법하다.

① 1개 ② 2개 ③ 3개 ④ 4개

[2] 구속

13 인신구속에 관한 설명 중 가장 적절하지 않은 것은? (다툼이 있는 경우 판례에 의함)

① 피의자에 대한 구속영장의 제시와 집행이 그 발부 시로부터 정당한 사유 없이 시간이 지체되어 이루어졌다 하더라도 구속영장이 그 유효기간 내에 집행되었다면, 위 기간 동안의 체포 내지 구금 상태를 위법하다고 볼 수는 없다.

② 검사 또는 사법경찰관이 체포영장을 집행할 때에는 피의자에게 반드시 체포영장을 제시하여야 하지만, 체포영장을 소지하지 아니한 경우에 급속을 요하는 때에는 피의자에게 범죄사실의 요지와 영장이 발부되었음을 고하고 체포영장을 집행할 수 있다.

③ 검사 등이 현행범인을 체포하거나 현행범인을 인도받은 후 현행범인을 구속하고자 하는 경우 48시간 이내에 구속영장을 청구하여야 하고 그 기간 내에 구속영장을 청구하지 아니하는 때에는 즉시 석방하여야 한다. 검사 등이 아닌 이에 의하여 현행범인이 체포된 후 불필요한 지체 없이 검사 등에게 인도된 경우 위 48시간의 기산점은 체포시가 아니라 검사 등이 현행범인을 인도받은 때라고 할 것이다.

④ 긴급체포의 요건을 갖추었는지 여부는 사후에 밝혀진 사정을 기초로 판단하는 것이 아니라 체포 당시의 상황을 기초로 판단하여야 하고, 이에 관한 검사나 사법경찰관 등 수사주체의 판단에는 상당한 재량의 여지가 있다고 할 것이나, 긴급체포 당시의 상황으로 보아서도 그 요건의 충족 여부에 관한 검사나 사법경찰관의 판단이 경험칙에 비추어 현저히 합리성을 잃은 경우에는 그 체포는 위법한 체포라 할 것이다.

14 구속에 대한 설명으로 가장 적절하지 않은 것은? (다툼이 있는 경우 판례에 의함)

① 검사의 구속영장 청구 전 피의자 대면조사는 강제수사가 아니므로 피의자는 검사의 출석 요구에 응할 의무가 없고, 피의자가 검사의 출석 요구에 동의한 때에 한하여 사법경찰관리는 피의자를 검찰청으로 호송하여야 한다.
② 구인한 피고인을 법원에 인치한 경우에 구금할 필요가 없다고 인정한 때에는 그 인치한 때로부터 24시간 내에 석방하여야 한다.
③ 구속영장 발부에 의하여 적법하게 구금된 피의자가 피의자신문을 위한 출석요구에 응하지 아니하면서 수사기관 조사실에 출석을 거부한다면 수사기관은 그 구속영장의 효력에 의하여 피의자를 조사실로 구인할 수 있다.
④ 검사의 체포영장 또는 구속영장 청구에 대한 지방법원판사의 재판은 「형사소송법」 제402조의 규정에 의하여 항고의 대상이 되는 '법원의 결정'에 해당하지 않지만, 제416조 제1항의 규정에 의하여 준항고의 대상이 되는 '재판장 또는 수명법관의 구금 등에 관한 재판'에는 해당한다.

15 재체포·재구속에 대한 설명으로 가장 적절한 것은? (다툼이 있는 경우 판례에 의함)

① 보증금 납입을 조건으로 석방된 피의자가 주거의 제한이나 그 밖에 법원이 정한 조건을 위반한 때에는 동일한 범죄사실로 재차 체포하거나 구속할 수 있다.
② 체포 또는 구속 적부심사결정에 의하여 석방된 피의자가 도망하거나 범죄의 증거를 인멸할 염려가 있다고 믿을 만한 충분한 이유가 있는 때에는 동일한 범죄사실로 재차 체포하거나 구속할 수 있다.
③ 보증금 납입을 조건으로 석방된 피의자가 피해자, 당해 사건의 재판에 필요한 사실을 알고 있다고 인정되는 자 또는 그 친족의 생명·신체·재산에 해를 가하거나 가할 염려가 있다고 믿을 만한 충분한 이유가 있는 때에는 동일한 범죄사실로 재차 체포하거나 구속할 수 있다.
④ 검사 또는 사법경찰관에 의하여 영장에 의해 체포되었다가 석방된 자는 다른 중요한 증거를 발견한 경우를 제외하고는 동일한 범죄사실로 재차 체포하지 못한다.

16 구속에 관한 설명으로 옳고 그름의 표시(○, ×)가 바르게 된 것은? (다툼이 있는 경우 판례에 의함)

> ㉠ 수사기관의 청구에 의하여 발부하는 구속영장은 허가장으로서의 성질을 가지며, 법원이 직권으로 발부하는 영장은 명령장으로서의 성질을 가진다.
> ㉡ 구속기간이 만료될 무렵에 종전 구속영장에 기재된 범죄사실과 다른 범죄사실로 다시 구속영장을 집행하는 것은 위법하다.
> ㉢ 적법하게 체포된 피의자에 대하여 구속영장을 청구받은 판사는 필요하다고 인정되는 때에는 지체없이 영장실질심사를 위하여 피의자를 심문할 수 있으며, 심문할 피의자에게 변호인이 없는 때에는 판사는 직권으로 변호인을 선정하여야 한다.
> ㉣ 구속 전 피의자심문을 하는 경우 법원이 구속영장청구서·수사관계 서류 및 증거물을 접수한 날부터 구속영장을 발부하여 검찰청에 반환한 날까지의 기간은 사법경찰관 및 검사의 피의자 구속기간에 산입하지 아니한다.
> ㉤ 피의자에 대한 심문절차는 공개하지 아니하지만, 판사는 상당하다고 인정하는 경우에는 일반인의 방청을 허가할 수 있다.

① ㉠(×) ㉡(×) ㉢(○) ㉣(×) ㉤(×)
② ㉠(○) ㉡(×) ㉢(○) ㉣(○) ㉤(○)
③ ㉠(○) ㉡(○) ㉢(×) ㉣(○) ㉤(○)
④ ㉠(○) ㉡(×) ㉢(×) ㉣(○) ㉤(×)

17 체포·구속에 관한 설명 중 옳고 그름의 표시(O, ×)가 모두 바르게 된 것은? (다툼이 있는 경우 판례에 의함)

> ㉠ 검사는 긴급체포한 피의자를 구속영장 청구 없이 석방한 경우에는 석방한 날로부터 30일 이내에 긴급체포서사본과 함께 법정기재사항이 기재된 서면으로 법원에 통지하여야 하고, 만약 사후에 석방통지가 법에 따라 이루어지지 않은 사정이 있다면 그와 같은 사정만으로도 긴급체포 중에 작성된 피의자신문조서의 증거능력은 소급하여 부정된다.
> ㉡ 구속영장 발부에 의하여 적법하게 구금된 피의자가 피의자신문을 위한 출석요구에 응하지 아니하면서 수사기관 조사실에 출석을 거부한다면 수사기관은 그 구속영장의 효력에 의하여 피의자를 조사실로 구인할 수 있는데, 이 경우 피의자신문절차도 강제수사의 한 방법으로 진행되어야 하므로 수사기관은 피의자를 신문하기 전에 진술거부권이 있음을 고지하여야 한다.
> ㉢ 검사의 구속영장 청구 전 피의자 대면조사는 강제수사가 아니므로 피의자는 검사의 출석 요구에 응할 의무가 없다.
> ㉣ 영장실질심사는 필요적 변호사건이므로 심문할 피의자에게 변호인이 없는 때에는 지방법원판사는 직권으로 변호인을 선정하여야 한다. 이 경우 변호인 선정의 효력은 구속영장 청구가 기각된 경우에도 제1심까지 효력이 있다.
> ㉤ 공동피의자의 순차적인 체포·구속적부심사청구가 수사방해를 목적으로 하고 있음이 명백한 때에는 법원은 피의자에 대한 심문 없이 결정으로 청구를 기각할 수 있으며, 이와 같은 결정에 대해서는 피의자가 항고할 수 없다.

① ㉠(O) ㉡(O) ㉢(×) ㉣(O) ㉤(×) ② ㉠(O) ㉡(×) ㉢(O) ㉣(O) ㉤(×)
③ ㉠(×) ㉡(O) ㉢(O) ㉣(×) ㉤(O) ④ ㉠(×) ㉡(×) ㉢(O) ㉣(×) ㉤(O)

18 강제수사에 대한 설명으로 옳은 것을 모두 고르면? (다툼이 있는 경우 판례에 의함)

> ㉠ 현행범인 체포의 요건을 갖추었는지 여부는 체포 당시의 상황을 기초로 판단하여야 하고, 체포 당시의 상황으로 볼 때 그 요건의 충족 여부에 관한 검사나 사법경찰관 등의 판단이 경험칙에 비추어 현저히 합리성을 잃은 경우에는 그 체포는 위법하다.
> ㉡ 구속기간연장허가결정이 있는 경우에 그 연장기간은 구속기간이 만료된 날로부터 기산한다.
> ㉢ 피의자, 피의자의 변호인·법정대리인·배우자·직계친족·형제자매·가족·동거인 또는 고용주는 구속된 피의자의 보석을 법원에 청구할 수 있다.

ⓔ 수사기관이 압수·수색영장에 적힌 '수색할 장소'에 있는 컴퓨터 등 정보처리장치에 저장된 전자정보 외에 원격지 서버에 저장된 전자정보를 압수·수색하기 위해서는 압수·수색영장에 적힌 '압수할 물건'에 별도로 원격지 서버 저장 전자정보가 특정되어 있어야 한다.

① ㄱㄴ   ② ㄱㄹ   ③ ㄴㄷ   ④ ㄷㄹ

19. 체포·구속적부심사제도에 관한 설명 중 옳은 것은 모두 몇 개인가? (다툼이 있는 경우 판례에 의함)

㉠ 공범이나 공동피의자의 구속적부심사 순차청구가 수사 방해를 목적으로 하고 있음이 명백하더라도 법원은 피의자에 대한 심문 없이 그 청구를 기각해서는 아니 된다.
㉡ 구속된 피의자가 체포·구속적부심사청구권을 행사한 다음 검사가 공소제기를 한 경우, 비록 적부심사에 따른 석방결정이 있어도 피의자는 피고인으로 신분이 변동되었으므로, 법원은 구속취소나 보석에 의하여 석방하여야 한다.
㉢ 체포·구속적부심사에 관한 법원의 기각결정과 석방결정에 대하여는 항고가 허용되지 않는다.
㉣ 구속적부심문조서는 법원 또는 법관의 면전에서 작성된 조서로서 법원 또는 법관의 검증의 결과를 기재한 조서이므로 「형사소송법」 제311조에 따라 당연히 증거능력이 인정된다.
㉤ 체포영장이나 구속영장을 발부한 법관은 체포·구속적부심사 청구된 피의자의 석방여부를 결정하기 위한 심문·조사·결정에 관여할 수 없고 이는 체포영장이나 구속영장을 발부한 법관 외에는 심문·조사·결정을 할 판사가 없는 경우에도 마찬가지이다.

① 1개   ② 2개   ③ 3개   ④ 4개

20 체포·구속적부심사에 관한 설명 중 가장 적절한 것은? (다툼이 있는 경우 판례에 의함)

① 체포의 적부심사는 구속의 적부심사와 달리 국선변호인에 관한 규정이 준용되지 않으므로 체포된 피의자가 심신장애의 의심이 있는 경우에도 법원은 원칙적으로 국선변호인을 선정하지 않고 심사를 진행할 수 있다.
② 형사소송법 제214조의2 제4항의 규정에 의한 체포·구속적부심사결정에 의하여 석방된 피의자는 법원의 출석요구를 받고 정당한 이유 없이 출석하지 아니하거나 주거의 제한 그 밖에 법원이 정한 조건을 위반한 경우를 제외하고는 동일한 범죄사실로 재차 체포하거나 구속할 수 없다.
③ 고소로 시작된 형사피의사건의 구속적부심절차에서 피구속자의 변호를 맡은 변호인에게는 수사기록 중 고소장과 피의자신문조서의 내용을 알 권리 및 그 서류들을 열람·등사할 권리가 인정된다.
④ 법원은 체포된 피의자에 대하여 피의자의 출석을 보증할 만한 보증금의 납입을 조건으로 하여 결정으로 석방을 명할 수 있다.

21 체포·구속적부심사에 대한 설명으로 가장 적절하지 않은 것은? (다툼이 있는 경우 판례에 의함)

① 체포·구속적부심사의 청구권자는 체포되거나 구속된 피의자 또는 그 변호인, 법정대리인, 배우자, 직계친족, 형제자매나 가족, 동거인 또는 고용주이다.
② 고소로 시작된 형사피의사건의 구속적부심절차에서 피구속자의 변호를 맡은 변호인에게는 수사기록 중 고소장과 피의자신문조서의 내용을 알 권리 및 그 서류들을 열람·등사할 권리가 인정된다.
③ 구속적부심사청구에 대하여 법원은 기각결정과 석방결정, 보증금 납입조건부 석방결정을 할 수 있으며, 검사와 피의자는 이와 같은 법원의 결정에 대하여 항고할 수 없다.
④ 법원은 체포된 피의자에 대하여는 피의자의 출석을 보증할 만한 보증금의 납입을 조건으로 하여 결정으로 석방을 명할 수 없다.

22 구속에 대한 설명으로 가장 적절하지 않은 것은? (다툼이 있는 경우 판례에 의함)

① 구속기간이 만료될 무렵에 종전 구속영장에 기재된 범죄사실과 다른 범죄사실로 피고인을 구속하였다는 사정만으로는 피고인에 대한 구속이 위법하다고 할 수 없다.
② 구속의 사유가 없거나 소멸된 때에는 법원은 직권 또는 검사, 피고인, 변호인과 형사소송법 제30조 제2항에 규정된 자의 청구에 의하여 결정으로 구속을 취소하여야 한다.
③ 구속영장 발부에 의하여 적법하게 구금된 피의자가 피의자신문을 위한 출석요구에 응하지 아니하면서 수사기관 조사실에 출석을 거부한다면 수사기관은 그 구속영장의 효력에 의하여 피의자를 조사실로 구인할 수 있으며, 이에 따른 피의자신문의 절차도 강제수사의 한 방법으로 진행되지 않을 수 없으므로 이 경우 피의자는 수사기관의 질문에 대하여 진술을 거부할 수 없다.
④ 법원은 상당한 이유가 있는 때에는 결정으로 구속된 피고인을 친족·보호단체 기타 적당한 자에게 부탁하거나 피고인의 주거를 제한하여 구속의 집행을 정지할 수 있으며, 이 때 급속을 요하는 경우를 제외하고는 검사의 의견을 물어야 한다.

23 구속 전 피의자심문제도에 대한 설명 중 옳지 않은 것을 모두 고른 것은?

> ㉠ 판사는 지정된 심문기일에 피의자를 심문할 수 없는 특별한 사정이 있는 경우에는 그 심문기일을 변경할 수 있으며, 법원은 변호인의 사정이나 그 밖의 사유로 변호인 선정결정이 취소되어 변호인이 없게 된 때에는 직권으로 변호인을 다시 선정하여야 한다.
> ㉡ 변호인은 구속영장이 청구된 피의자에 대한 심문 시작 전에 피의자와 접견할 수 있고, 피의자는 판사의 심문이 끝난 후에만 변호인에게 조력을 구할 수 있다.
> ㉢ 구속 전 피의자심문시 피의자에게 변호인이 없는 때에는 지방법원판사는 직권으로 변호인을 선정하여야 한다.
> ㉣ 체포영장에 의한 체포·긴급체포 또는 현행범인의 체포에 의하여 체포된 피의자에 대하여 구속영장을 청구받은 판사는 구속의 사유를 판단하기 위하여 필요하다고 인정하는 때에는 피의자를 심문할 수 있다.
> ㉤ 피의자심문을 하는 경우 법원이 구속영장 청구서·수사관계 서류 및 증거물을 접수한 날부터 구속영장을 발부하여 검찰청에 반환한 날까지의 기간은 사법경찰관이나 검사의 피의자 구속 기간에 산입하지 아니한다.

① ㉠㉡㉢   ② ㉠㉡㉣   ③ ㉡㉢㉣   ④ ㉡㉣㉤

[3] 피의자·피고인의 접견교통권

24 접견교통권에 관한 설명 중 가장 적절하지 않은 것은? (다툼이 있는 경우 판례에 의함)

① 변호인의 접견교통의 상대방인 신체구속을 당한 사람이 그 변호인을 자신의 범죄행위에 공범으로 가담시키려고 하였다는 등의 사정만으로 그 변호인의 신체구속을 당한 사람과의 접견교통을 금지하는 것이 정당화될 수는 없다.

② 형사소송법 제34조에 따르면 변호인 또는 변호인이 되려는 자는 신체구속을 당한 피고인 또는 피의자와 접견하고 서류 또는 물건을 수수할 수 있으며 의사로 하여금 진료하게 할 수 있으므로, 변호인이 되려는 의사를 표시한 자가 객관적으로 변호인이 될 가능성이 있다고 인정된다면, 신체구속을 당한 피고인 또는 피의자와 접견하지 못하도록 제한해서는 안 된다.

③ 변호인의 구속된 피고인 또는 피의자와의 접견교통권은 피고인 또는 피의자 자신이 가지는 변호인과의 접견교통권과는 성질을 달리하는 것으로서 헌법상 보장된 권리라고 할 수 없으므로, 수사기관의 처분 등에 의하여 이를 제한할 수 있으며 반드시 법령에 의하여서만 제한 가능한 것은 아니다.

④ 변호인의 조력을 받을 권리를 보장하는 목적은 피의자 또는 피고인의 방어권 행사를 보장하기 위한 것이므로, 변호인의 조력을 받을 기회가 충분히 보장되었다고 인정될 수 있는 경우에는 미결수용자 또는 변호인이 원하는 특정한 시점에 접견이 이루어지지 못하였다 하더라도 그것만으로 곧바로 변호인의 조력을 받을 권리가 침해되었다고 단정할 수는 없다.

25 다음 중 접견교통권에 대한 설명으로 가장 적절하지 않은 것은? (다툼이 있는 경우 판례에 의함)

① 변호인이 되려는 의사를 표시한 자가 객관적으로 변호인이 될 가능성이 있다고 인정되는데도, 「형사소송법」 제34조에서 정한 '변호인 또는 변호인이 되려는 자'가 아니라고 보아 신체구속을 당한 피고인 또는 피의자와 접견하지 못하도록 제한하여서는 아니 된다.

② 교도관이 변호인 접견이 종료된 뒤 변호인과 미결수용자가 지켜보는 가운데 미결수용자와 변호인 간에 주고받는 서류를 확인하여 그 제목을 소송관계처리부에 기재하여 등재한 행위는 미결수용자의 변호인 접견교통권이나 개인정보자기결정권을 침해하지 아니한다.

③ 법원은 도망하거나 범죄의 증거를 인멸할 염려가 있다고 인정할 만한 상당한 이유가 있는 때에는 직권 또는 검사의 청구에 의하여 결정으로 구속된 피고인과 비변호인과의 접견을 금지할 수 있고, 서류나 그 밖의 물건(의류·양식·의료품 포함)을 수수하지 못하게 하거나 검열 또는 압수할 수 있다.

④ 변호인의 조력을 받을 권리가 침해되었다고 하기 위해서는 특정 시점에 접견이 불허됨으로써 피의자의 방어권 행사에 어느 정도는 불이익이 초래되었다고 인정할 수 있어야 한다.

제3절 압수·수색·검증

[1] 압수·수색·검증

01 압수·수색에 관한 설명 중 가장 적절하지 않은 것은? (다툼이 있는 경우 판례에 의함)

① 피고인의 동생이 피의자로 기재된 압수·수색영장으로 피고인 소유의 정보저장매체를 압수한 영장 집행은 적법한 압수집행이 아니다.
② 정보저장매체의 외형적·객관적 지배·관리 등 상태와 별도로 단지 피의자나 그 밖의 제3자가 과거 그 정보저장매체의 이용 내지 개별 전자정보의 생성·이용 등에 관여한 사실이 있다거나 그 과정에서 생성된 전자정보에 의해 식별되는 정보주체에 해당한다는 사정만으로 그들을 실질적으로 압수·수색을 받는 당사자로 취급하여야 하는 것은 아니다.
③ 수사기관의 압수·수색영장 집행에 대한 사후적 통제수단 및 피의자 등의 신속한 구제절차로 마련된 준항고 등(형사소송법 제417조)을 통한 불복의 기회를 실질적으로 보장하기 위하여 수사기관으로 하여금 압수·수색영장의 집행을 종료한 직후에 압수목록을 작성·교부할 의무를 규정하였다.
④ 사실심 법원은 인접한 시기에 같은 피해자를 상대로 저질러진 동종 범죄에 대해서도 각각의 범죄에 따라 피해자 진술의 신빙성이나 그 신빙성 유무를 기초로 한 범죄 성립 여부를 달리 판단할 수 없다.

02 전자정보의 압수·수색에 대한 설명 중 옳고 그름의 표시(O, ×)가 바르게 된 것은? (다툼이 있는 경우 판례에 의함)

> ㉠ 피의자의 이메일 계정에 대한 접근권한에 갈음하여 발부받은 압수·수색영장의 효력은 대한민국의 사법관할권이 미치지 아니하는 해외 이메일서비스제공자의 해외서버 및 그 해외서버에 소재하는 저장매체 속 피의자의 전자정보에 대하여까지 미치지는 않는다.
> ㉡ 수사기관 사무실 등으로 반출된 저장매체 또는 복제본에서 혐의사실 관련성에 대한 구분 없이 임의로 저장된 전자정보를 문서로 출력하거나 파일로 복제하는 행위는 원칙적으로 영장주의 원칙에 반하는 위법한 압수가 된다.
> ㉢ 임의제출된 정보저장매체에서 압수의 대상이 되는 전자정보의 범위를 넘어서는 전자정보에 대해 수사기관이 영장없이 압수·수색하여 취득한 증거는 위법수집증거에 해당하고, 사후에 법원으로부터 영장이 발부되었다거나 피고인이나 변호인이 이를 증거로 함에 동의하였다고 하여 그 위법성이 치유되는 것도 아니다.
> ㉣ 전자정보에 대한 압수·수색영장을 집행할 때에는 원칙적으로 영장발부의 사유인 혐의사실과 관련된 부분만을 문서 출력물로 수집하거나 수사기관이 휴대한 저장매체에 해당 파일을 복사하는 방식으로 이루어져야 하지만, 집행현장 사정상 이러한 방식에 의한 집행이 현저히 곤란한 부득이한 사정이 존재하는 경우에는 영장에의 기재 여부와 상관없이 저장매체 자체를 직접 혹은 하드카피나 이미징 등 형태로 수사기관 사무실 등 외부로 반출하여 해당 파일을 압수·수색할 수 있다.

① ㉠(O) ㉡(×) ㉢(×) ㉣(×)
② ㉠(O) ㉡(×) ㉢(×) ㉣(O)
③ ㉠(×) ㉡(O) ㉢(O) ㉣(×)
④ ㉠(×) ㉡(O) ㉢(O) ㉣(O)

03 다음 중 전자정보의 압수에 대한 설명으로 가장 적절하지 않은 것은? (다툼이 있는 경우 판례에 의함)

① 전자정보에 대한 압수·수색 영장을 집행할 때에는 원칙적으로 영장 발부의 사유로 된 혐의사실과 관련된 부분만을 문서 출력물로 수집하거나 수사기관이 휴대한 저장매체에 해당 파일을 복사하는 방식으로 이루어져야 한다.
② 피의자 소유 정보저장매체를 제3자가 보관하고 있던 중 이를 수사기관에 임의제출하면서 그곳에 저장된 모든 전자정보를 일괄하여 임의제출한다는 의사를 밝힌 경우에도 특별한 사정이 없는 한 수사기관은 범죄혐의사실과 관련된 전자정보에 한정하여 영장 없이 적법하게 압수할 수 있다.
③ 전자정보가 담긴 저장매체 또는 복제본을 수사기관 사무실 등으로 옮겨 이를 복제·탐색·출력하는 경우 피압수자 측에 절차 참여를 보장한 취지가 실질적으로 침해되었다면

수사기관이 저장매체 또는 복제본에서 혐의사실과 관련된 전자정보만을 복제·출력하였더라도 그 압수·수색은 위법하다.

④ 수사기관이 정보저장매체에 기억된 정보 중에서 키워드 또는 확장자 검색 등을 통해 범죄 혐의사실과 관련 있는 정보를 선별한 다음 정보저장매체와 동일하게 비트열 방식으로 복제하여 생성한 파일('이미지 파일')을 제출받아 압수하였다면, 그 이후 수사기관 사무실에서 위와 같이 압수된 이미지 파일을 탐색·복제·출력하는 모든 과정에서도 피의자 등에게 참여의 기회를 보장하여야 한다.

04 전자정보 압수·수색에 관한 설명 중 옳지 않은 것은 모두 몇 개인가? (다툼이 있는 경우 판례에 의함)

㉠ 수사기관이 압수 수색영장에 적힌 '수색할 장소'에 있는 컴퓨터 등 정보처리장치에 저장된 전자정보 외에 원격지 클라우드에 저장된 전자정보를 압수 수색하기 위해서는 압수·수색영장에 적힌 '압수할 물건'에 별도로 원격지 클라우드 저장 전자정보가 특정되어 있어야 한다.

㉡ 수사기관이 전자정보에 대한 압수 수색이 종료되기 전에 혐의사실과 관련된 전자정보를 적법하게 탐색하는 과정에서 별도 범죄혐의와 관련된 전자정보를 우연히 발견한 경우, 대법원은 '우연한 육안발견 원칙(plain view doctrine)'에 의해 별도의 영장 없이 우연히 발견한 별도 범죄혐의와 관련된 전자정보를 압수 수색할 수 있다고 판시하였다.

㉢ 수사기관이 피의자의 이메일 계정에 대한 접근권한에 갈음하여 발부받은 압수 수색영장에 따라, 원격지의 저장매체에 적법하게 접속하여 내려받거나 현출된 전자정보를 대상으로 하여 범죄 혐의사실과 관련된 부분에 대하여 압수 수색하는 것은 특별한 사정이 없는 한 허용되지만, 원격지 저장매체가 국외에 있는 경우에는 허용되지 않는다.

㉣ 수사기관이 범죄 혐의사실과 관련 있는 정보를 선별하여 압수한 후에도 그와 관련이 없는 나머지 정보를 법원의 영장내용에 반하여 삭제·폐기 반환하지 아니한 채 그대로 보관하고 있다면, 범죄 혐의사실과 관련이 없는 부분에 대하여는 압수의 대상이 되는 전자정보의 범위를 넘어서는 전자정보를 영장없이 압수 수색하여 취득한 것이어서 위법하다.

㉤ 피의자가 휴대전화를 임의제출하면서 휴대전화에 저장된 전자정보가 아닌 클라우드 등 제3자가 관리하는 원격지에 저장되어 있는 전자정보를 수사기관에 제출한다는 의사로 수사기관에게 클라우드 등에 접속하기 위한 아이디와 비밀번호를 임의로 제공하였다면 위 클라우드 등에 저장된 전자정보를 임의제출하는 것으로 볼 수 있다.

① 1개 ② 2개 ③ 3개 ④ 4개

05 압수·수색에 대한 설명 중 가장 적절하지 않은 것은? (다툼이 있는 경우 판례에 의함)

① 수사기관이 정보저장매체에 기억된 정보 중에서 범죄 혐의사실과 관련 있는 정보를 선별한 다음, 선별한 파일을 복제하여 생성한 파일을 제출받아 적법하게 압수하였다면 수사기관 사무실에서 위와 같이 압수된 이미지 파일을 탐색·복제·출력하는 과정에서 피의자 등에게 참여의 기회를 보장하여야 하는 것은 아니다.

② 수사기관이 압수·수색영장을 집행하면서 압수·수색 대상 기관에 팩스로 영장 사본을 송신하기만 하였을 뿐 영장 원본을 제시하거나 압수조서와 압수물 목록을 작성하여 피압수·수색 당사자에게 교부하지도 않았다면 그 압수·수색은 위법하다.

③ 영장담당판사가 발부한 압수·수색영장에 법관의 서명이 있다면 비록 날인이 없다고 하더라도 그 압수·수색영장은 형사소송법이 정한 요건을 갖추지 못하였다고 볼 수는 없다.

④ 압수·수색영장에 압수할 물건을 '압수장소에 보관중인 물건'이라고 기재한 경우, 이를 '압수장소에 현존하는 물건'이라고 해석할 수 없다.

06 압수·수색에 관한 설명 중 가장 적절하지 않은 것은? (다툼이 있는 경우 판례에 의함)

① 수사기관이 2022. 9. 12. 甲을 성폭력범죄의처벌등에관한특례법위반(카메라등이용촬영)의 현행범으로 체포하면서 휴대전화를 임의제출받은 후 피의자신문과정에서 甲과 함께 휴대전화를 탐색하던 중 2022. 6.경의 동일한 범행에 관한 영상을 발견하고 그 영상을 甲에게 제시하였으며 甲이 해당 영상을 언제, 어디에서 촬영한 것인지 쉽게 알아보고 그에 관해 구체적으로 진술하였던 경우에 甲에게 전자정보의 파일 명세가 특정된 압수목록이 작성·교부되지 않았더라도 甲의 절차상 권리가 실질적으로 침해되었다고 볼 수 없다.

② 甲이 A 소유 모텔 객실에 위장형 카메라를 몰래 설치해 불법촬영을 하였는데 이후 甲의 범행을 인지한 수사기관이 A로부터 임의제출 형식으로 위 카메라를 압수한 경우, 카메라의 메모리카드에 사실상 대부분 압수의 대상이 되는 전자정보만이 저장되어 있어 해당 전자정보인 불법촬영 동영상을 탐색·출력하는 과정에서 위 임의제출에 따른 통상의 압수절차 외에 별도의 조치가 따로 요구되는 것은 아니므로, 甲에게 참여의 기회를 보장하지 않고 전자정보 압수목록을 작성·교부하지 않았다는 점만으로 곧바로 위 임의제출물의 증거능력을 부정할 수 없다.

③ 정보저장매체를 임의제출한 피압수자에 더하여 임의제출자 아닌 피의자에게도 참여권이 보장되어야 하는 '피의자의 소유·관리에 속하는 정보저장매체'에 해당하는지 여부는 전자정보에 의해 식별되는 정보주체의 정보자기결정권을 고려할 때 압수·수색 당시 외형적·객관적으로 인식 가능한 사실상의 상태가 아니라 민사법상 권리의 귀속에 따른

법률적·사후적 판단을 기준으로 판단하여야 한다.
④ 수사기관은 압수 직후 현장에서 압수물 목록을 바로 작성하여 교부해야 하는 것이 원칙이고 압수된 전자정보의 상세목록에는 정보의 파일 명세가 특정되어 있어야 하며 수사기관은 이를 출력한 서면을 교부하거나 전자파일 형태로 복사해 주거나 이메일을 전송하는 등의 방식으로도 할 수 있다.
⑤ 수사기관이 압수·수색영장으로 압수한 휴대전화가 클라우드 서버에 로그인되어 있는 상태를 이용하여 클라우드 서버에서 불법촬영물을 다운로드받아 압수한 경우 압수·수색영장에 적힌 '압수할 물건'에 원격지 서버 저장 전자정보가 기재되어 있지 않았다면 압수한 불법촬영물은 유죄의 증거로 사용할 수 없다.

07 다음 중 압수물처리에 관한 설명으로 가장 적절한 것은? (다툼이 있는 경우 판례에 의함)

① 법령상 생산·제조·소지·소유 또는 유통이 금지된 압수물로서 부패의 염려가 있거나 보관하기 어려운 압수물은 소유자 등 권한 있는 자의 동의를 받아 폐기하여야 한다.
② 피압수자 등 압수물의 환부를 받은 자가 압수 후 그 소유권을 포기하면 수사기관의 압수물 환부 의무는 면제된다.
③ 사법경찰관은 압수물을 피압수자에게 환부하기에 앞서 피해자뿐만 아니라 피의자에게도 통지하여야 한다.
④ 압수한 서류 또는 물품에 대하여 몰수의 선고가 없는 경우 압수의 효력에는 영향이 없다.

08 전자정보의 압수·수색에 대한 설명으로 가장 적절하지 않은 것은? (다툼이 있는 경우 판례에 의함)

① 수사기관의 전자정보에 대한 압수·수색은 원칙적으로 영장 발부의 사유로 된 범죄 혐의사실과 관련된 부분만을 문서 출력물로 수집하거나 수사기관이 휴대한 저장매체에 해당 파일을 복제하는 방식으로 이루어져야 한다.
② 임의제출된 정보저장매체에서 압수의 대상이 되는 전자정보의 범위를 넘어서는 전자정보에 대해 수사기관이 영장 없이 압수·수색하여 취득한 증거는 사후에 피고인이 이를 증거로 함에 동의하였다고 하여 그 위법성이 치유되지 않는다.
③ 피의자가 휴대전화를 임의제출하면서 원격지에 저장되어 있는 전자정보를 수사기관에 제출한다는 의사로 클라우드에 접속하기 위한 아이디와 비밀번호를 임의로 제공하였더라도 그 클라우드에 저장된 전자정보를 임의제출하는 것으로 볼 수는 없다.
④ 수사기관이 甲을 피의자로 하여 발부받은 압수·수색영장에 기하여 인터넷서비스업체인 A주식회사를 상대로 A주식회사의 본사 서버에 저장되어 있는 甲의 전자정보인 SNS 대화내용 등에 대하여 압수·수색을 실시한 경우 수사기관은 압수·수색 과정에서 甲에게 참여권을 보장하여야 한다.

09 강제처분에 대한 설명으로 가장 적절하지 않은 것은? (다툼이 있는 경우 판례에 의함)

① 수사기관이 압수·수색에 착수하면서 그 장소의 관리책임자에게 영장을 제시하였더라도 물건을 소지하고 있는 다른 사람으로부터 이를 압수하고자 하는 때에는 그 사람에게도 따로 영장을 제시하여야 한다.
② 우편물 통관검사절차에서 이루어지는 우편물의 개봉, 시료채취, 성분분석 등의 검사는 수출입물품에 대한 적정한 통관 등을 목적으로 한 행정조사의 성격을 가지는 것으로서 수사기관의 강제처분이라고 할 수 없으므로 압수·수색영장 없이 우편물의 개봉, 시료채취, 성분분석 등 검사가 진행되었다 하더라도 특별한 사정이 없는 한 위법하다고 볼 수 없다.
③ 피처분자가 현장에 없거나 현장에서 그를 발견할 수 없는 경우 등 영장 제시가 현실적으로 불가능한 경우에는 영장을 제시하지 아니한 채 압수·수색을 하더라도 위법하다고 볼 수 없다.
④ 여자의 신체에 대하여 수색할 때에는 의사와 성년 여자를 참여하게 하여야 한다.

10 전자정보의 압수에 대한 설명으로 가장 적절한 것은? (다툼이 있는 경우 판례에 의함)

① 피의자 소유 정보저장매체를 제3자가 보관하고 있던 중 이를 수사기관에 임의제출하면서 그곳에 저장된 모든 전자정보를 일괄하여 임의제출한다는 의사를 밝힌 경우에도 특별한 사정이 없는 한 수사기관은 범죄혐의사실과 관련된 전자정보에 한정하여 영장 없이 적법하게 압수할 수 있다.

② 임의제출된 전자정보매체에서 압수의 대상이 되는 전자정보의 범위를 넘어서는 전자정보에 대해 수사기관이 영장 없이 압수·수색하여 취득한 증거는 위법수집증거에 해당하지만, 사후에 법원으로부터 영장이 발부되었거나 피고인 또는 변호인이 이를 증거로 함에 동의하였다면 그 위법성은 치유된다.

③ 정보저장매체를 임의제출 받아 이를 탐색·복제·출력하는 경우 압수·수색 당시 또는 이와 시간적으로 근접한 시기까지 해당 정보저장매체를 현실적으로 지배·관리하지는 아니하였더라도 그곳에 저장되어 있는 개별 전자정보의 생성·이용 등에 관여한 자에 대하여서는 압수·수색절차에 대한 참여권을 보장해 주어야 한다.

④ 수사기관이 임의제출된 정보저장매체에서 범죄혐의사실이 아닌 별도의 범죄혐의와 관련된 전자정보를 우연히 발견한 경우 당해 정보저장매체에 대한 임의제출에 기한 압수·수색이 종료되기 전이라면 별도의 영장을 발부받지 않고 이를 적법하게 압수·수색할 수 있으나 임의제출에 의한 압수·수색이 종료되었던 경우에는 별도의 범죄혐의에 대한 압수·수색영장을 발부받아야 이를 적법하게 압수할 수 있다.

11 압수·수색에 대한 설명으로 가장 적절하지 않은 것은?

① 사법경찰관은 제212조(현행범인의 체포)의 규정에 의하여 피의자를 체포하는 경우에 필요한 때에는 영장 없이 체포현장에서 압수할 수 있다.

② 사법경찰관은 제200조의3(긴급체포)에 따라 체포된 자가 소유하는 물건에 대하여 긴급히 압수할 필요가 있는 경우에는 체포한 때부터 24시간 이내에 한하여 영장 없이 압수할 수 있다.

③ 사법경찰관은 제200조의2(영장에 의한 체포)의 규정에 의하여 피의자를 체포하는 경우에 필요한 때에는 영장 없이 타인의 주거 내에서 피의자를 수색할 수 있다. 다만 미리 수색영장을 발부받기 어려운 긴급한 사정이 있는 때에 한정한다.

④ 사법경찰관은 제216조(영장에 의하지 아니한 강제처분)의 규정에 의하면 범행 중 또는 범행직후의 장소에서 긴급을 요하여 법원판사의 영장을 받을 수 없는 때에는 영장 없이 압수할 수 있다. 이 경우에는 사후 24시간 이내에 영장을 받아야 한다.

12 압수물의 환부 또는 가환부에 대한 설명 중 옳지 않은 것은 모두 몇 개인가? (다툼이 있는 경우 판례에 의함)

> ㉠ 피압수자인 피의자가 압수물에 대하여 소유권을 포기하였다 하더라도 환부사유가 생기고 피압수자가 환부를 청구하면 검사는 이를 환부하여야 한다.
> ㉡ 압수한 장물은 피해자에게 환부할 이유가 명백한 때에는 피고사건 또는 피의사건 종결전이라도 법원 또는 수사기관의 결정으로 피해자에게 환부하여야 한다.
> ㉢ 검사는 압수를 계속할 필요가 없다고 인정되는 압수물 및 증거에 사용할 압수물에 대하여 공소제기 전이라도 소유자, 소지자, 보관자 또는 제출인의 청구가 있는 때에는 환부 또는 가환부하여야 한다.
> ㉣ 검사가 가환부 처분을 할 경우에는 미리 피해자, 피의자 또는 변호인에게 통지해야 한다.
> ㉤ 소유자 등의 환부 또는 가환부 청구에 대해 검사가 이를 거부하는 경우 신청인은 해당 검사의 소속 검찰청에 대응한 법원에 압수물의 환부 또는 가환부 결정을 청구할 수 있다.

① 1개 ② 2개 ③ 3개 ④ 4개

13 영장 없는 압수·수색·검증에 관한 설명 중 가장 적절하지 않은 것은? (다툼이 있는 경우 판례에 의함)

① 체포영장이 발부된 피의자를 체포하기 위하여 경찰관이 타인의 주거 등을 수색하는 경우에는 그 피의자가 그 장소에 소재할 개연성 이외에도 별도로 사전에 수색영장을 발부받기 어려운 긴급한 사정이 있는 경우에만 제한적으로 이루어져야 한다.
② 음주운전 중 교통사고를 야기하고 의식불명 상태에 빠져 병원응급실에 후송된 피의자의 신체 내지 의복류에 주취로 인한 냄새가 강하게 나고, 교통사고 발생 시각으로부터 사회통념상 범행 직후라고 볼 수 있는 시간 내라면 경찰관은 의료진에게 요청하여 피의자의 혈액을 채취하도록 하여 압수할 수 있다.
③ 경찰관이 음주운전과 관련한 도로교통법위반죄의 수사를 목적으로 미성년자인 피의자의 혈액을 채취해야 할 경우, 피의자에게 의사능력이 있다면 피의자 본인의 동의를 받아서 하면 되고, 별도로 법정대리인의 동의를 받을 필요는 없다.
④ 경찰관이 2020. 10. 5. 20:00 도로에서 마약류 거래를 하고 있는 피의자를 긴급체포한 뒤 같은 날 20:24경 영장 없이 체포현장에서 약 2km 떨어진 피의자의 주거지에 대한 수색을 실시해서 작은 방 서랍장 등에서 메스암페타민 약 10g을 압수한 것은 위법하다.

14 영장에 의하지 아니한 강제처분에 대한 설명으로 옳은 것은 모두 몇 개인가? (다툼이 있는 경우 판례에 의함)

> ㉠ 범행 중 또는 범행직후의 범죄 장소에서 긴급을 요하여 법원판사의 영장을 받을 수 없는 때에는 영장없이 압수, 수색 또는 검증을 할 수 있다. 이 경우에는 사후에 지체없이 영장을 받아야 한다.
> ㉡ 사법경찰관은 긴급체포된 자가 소유·소지 또는 보관하는 물건에 대하여 긴급히 압수할 필요가 있는 경우에는 체포한 때부터 24시간 이내에 한하여 영장 없이 압수·수색 또는 검증을 할 수 있다.
> ㉢ 긴급체포된 자가 소유·소지 또는 보관하는 물건을 영장 없이 압수한 이후 이 물건을 계속 압수할 필요가 있는 경우 사법경찰관은 압수한 때부터 48시간 이내에 압수·수색영장을 청구하여야 한다.
> ㉣ 교통사고를 가장한 살인사건의 범행일로부터 약 3개월 가까이 경과한 후 범죄에 이용된 승용차의 일부분인 강판조각이 범행현장에서 발견된 경우 이 강판조각은 형사소송법 제218조에 규정된 유류물에 해당하므로 영장 없이 압수할 수 있다.

① 1개　　② 2개　　③ 3개　　④ 4개

[2] 통신비밀보호법과 통신제한조치

15 통신비밀보호법에 대한 설명 중 옳고 그름의 표시(O, ×)가 바르게 된 것은? (다툼이 있는 경우 판례에 의함)

> ㉠ 사람의 목소리인 이상 상대방에게 의사를 전달하는 말이 아닌 단순한 비명소리나 탄식 등이라 할지라도 통신비밀 보호법이 보호하는 타인 간의 '대화'에 해당한다.
> ㉡ 통신비밀보호법상 '전기통신의 감청'은 전기통신이 이루어지고 있는 상황에서 실시간으로 전기통신의 내용을 지득·채록하는 경우와 통신의 송·수신을 직접적으로 방해하는 경우뿐만 아니라 이미 수신이 완료된 전기통신에 관하여 남아 있는 기록이나 내용을 열어보는 등의 행위를 포함한다.
> ㉢ 통신제한조치허가서에 의하여 허가된 통신제한조치가 '전기 통신 감청 및 우편물 검열'뿐인 경우 그 후 연장결정서에 당초 허가 내용에 없던 '대화녹음'이 기재되어 있다고 하더라도 이는 대화녹음의 적법한 근거가 되지 못한다.
> ㉣ 검사는 형의 집행을 위하여 필요한 경우 전기통신사업법에 의한 전기통신사업자에게 통신사실 확인자료의 열람이나 제출을 요청할 수 있고, 이 경우에는 관할 지방법원(보통군사법원을 포함한다) 또는 지원의 허가를 받아야 한다.

① ㉠(O) ㉡(O) ㉢(×) ㉣(×)   ② ㉠(O) ㉡(O) ㉢(×) ㉣(O)
③ ㉠(×) ㉡(×) ㉢(×) ㉣(O)   ④ ㉠(×) ㉡(×) ㉢(O) ㉣(O)

16 비밀녹음과 관련된 설명 중 가장 적절한 것은? (다툼이 있는 경우 판례에 의함)

① 甲이 휴대전화기로 乙과 통화한 후 예우차원에서 바로 전화를 끊지 않고 기다리던 중 그 휴대전화기로부터 乙과 丙이 대화하는 내용이 들리자 이를 그 휴대전화기로 녹음한 경우 이 녹음은 위법하다고 할 수 없다.
② 대화당사자의 일방이 상대방 몰래 대화내용을 녹음하는 경우와 같이 사인간의 비밀녹음에 대해 전문법칙에 근거하여 그 증거능력을 제한하였을 뿐 아니라 위법수집증거배제법칙에 기하여 증거능력을 제한하였다.
③ 수사기관이 甲으로부터 乙의 마약류 관리에 관한 법률 위반 범행에 대한 진술을 듣고 추가적인 증거를 확보할 목적으로 구속 수감 중인 甲에게 그의 압수된 휴대전화를 제공하여 乙과 통화하고 범행에 관한 통화 내용을 녹음하게 한 행위는 불법감청에 해당하고, 그 녹음자체는 물론 이를 근거로 작성된 녹취록 첨부 수사보고서도 증거로 사용할 수 없다.
④ 제3자가 전화통화자 중 일방만의 동의를 얻어 그 통화내용을 녹음한 경우에는 통신비밀보호법 위반에 해당되지 않는다.

17 녹음증거 및 「통신비밀보호법」에 관한 설명 중 가장 적절하지 않은 것은? (다툼이 있는 경우 판례에 의함)

① 「통신비밀보호법」상 통신사실확인자료 제공요청의 목적이 된 범죄와 관련된 범죄란 통신사실확인자료 제공요청허가서에 기재된 혐의사실과 객관적 관련성이 있고 자료제공요청대상자와 피의자 사이에 인적 관련성이 있는 범죄를 의미한다.

② '우당탕' 소리는 사람의 목소리가 아니라 사물에서 발생하는 음향이고 '악' 소리도 사람의 목소리이기는 하나 그것만으로 상대방에게 의사를 전달하는 말이라고 보기는 어려워 특별한 사정이 없는 한 「통신비밀보호법」에서 말하는 타인 간의 '대화'에 해당한다고 볼 수 없다.

③ 수사기관은 통신기관 등에 통신제한조치허가서의 사본을 교부하고 집행을 위탁할 수 있지만, 위탁을 받은 통신기관 등이 허가서에 기재된 집행방법 등을 준수하지 아니한 채 취득한 전기통신의 내용 등은 유죄 인정의 증거로 할 수 없다.

④ 수사기관이 피고인의 마약류관리에관한법률위반(향정)죄의 추가적인 증거를 확보할 목적으로 필로폰 투약혐의로 구속수감 중인 공소외인에게 그의 압수된 휴대전화를 제공하여 그로 하여금 피고인과 통화하고 피고인의 이 사건 공소사실 범행에 관한 통화 내용을 녹음하게 한 경우 그 녹음파일은 '타인 간의 대화'라고 할 수 없으므로 증거능력이 있다.

⑤ 「통신비밀보호법」상 감청은 전기통신이 이루어지고 있는 상황에서 실시간으로 그 전기통신의 내용을 지득·채록하는 경우와 통신의 송·수신을 직접적으로 방해하는 경우를 의미하는 것이지 이미 수신이 완료된 전기통신에 관하여 남아 있는 기록이나 내용을 열어보는 등의 행위는 포함하지 않는다.

18 통신비밀보호법상 사법경찰관의 통신제한조치(전기통신의 감청)에 관한 설명으로 옳지 않은 것을 모두 고른 것은?

> ㉠ 통신제한조치를 집행한 사건에 관하여 검사로부터 공소를 제기하거나 제기하지 아니하는 처분(기소중지 또는 참고인중지결정은 제외한다)의 통보를 받거나 검찰송치를 하지 아니하는 처분(수사중지 결정은 제외한다) 또는 내사사건에 관하여 입건하지 아니하는 처분을 한 때에는 그 날부터 30일 이내에 감청의 대상이 된 전기통신의 가입자에게 통신제한조치를 집행한사실과 집행기관 및 그 기간 등을 서면으로 통지하여야 한다.
> ㉡ 인터넷 회선을 통하여 송신·수신하는 전기통신을 대상으로 통신제한조치를 집행한 경우 그 전기통신의 보관 등을 하고자 하는 때에는 집행종료일부터 10일 이내에 보관 등이 필요한 전기통신을 선별하여 검사에게 보관 등의 승인을 신청하고, 검사는 신청일부터 10일 이내에 통신제한조치를 허가한 법원에 그 승인을 청구할 수 있다.
> ㉢ 일정한 요건이 구비된 경우에는 검사에 대하여 각 피의자별 또는 각 피내사자별로 통신제한조치에 대한 허가를 신청하고, 검사는 법원에 대하여 그 허가를 청구할 수 있다.
> ㉣ 통신제한조치의 기간은 3개월을 초과하지 못하나 허가요건이 존속하는 경우에는 3개월의 범위에서 통신제한조치기간의 연장을 청구할 수 있다. 다만 통신제한조치의 연장을 청구하는 경우에 통신제한조치의 총 연장기간은 1년(일정한 범죄의 경우는 3년)을 초과할 수 없다.

① ㉠㉢   ② ㉠㉣   ③ ㉡㉢   ④ ㉡㉣

19 「통신비밀보호법」상 통신제한조치에 대한 설명 중 가장 적절한 것은? (다툼이 있는 경우 판례에 의함)

① 불법감청에 의하여 녹음된 전화통화의 내용은 「통신비밀보호법」에 의하여 증거능력이 없으나 피고인이나 변호인이 이를 증거로 함에 동의한 때에는 예외적으로 증거능력이 인정된다.
② 「형법」상 절도죄, 강도죄, 사기죄, 공갈죄는 「통신비밀보호법」상 범죄수사를 위한 통신제한조치가 가능한 범죄이다.
③ 사법경찰관이 「통신비밀보호법」 제8조에 따른 긴급통신제한조치를 할 경우에는 미리 검사의 지휘를 받아야 한다. 다만, 특히 급속을 요하여 미리 지휘를 받을 수 없는 사유가 있는 경우에는 긴급통신제한조치의 집행착수 후 지체없이 검사의 승인을 얻어야 한다.

④ 전기통신의 감청은 전기통신이 이루어지고 있는 상황에서 실시간으로 전기통신의 내용을 지득·채록하는 경우와 통신의 송·수신을 직접적으로 방해하는 경우뿐만 아니라 이미 수신이 완료된 전기통신에 관하여 남아 있는 기록이나 내용을 열어보는 등의 행위도 포함한다.

20 통신제한조치와 관련된 설명 중 옳지 않은 것은 모두 몇 개인가? (다툼이 있는 경우 판례에 의함)

㉠ 검사, 사법경찰관 또는 정보수사기관의 장은 긴급통신제한조치의 집행에 착수한 후 지체 없이 제6조(제7조 제3항에서 준용하는 경우를 포함한다)에 따라 법원에 허가청구를 하여야 한다.
㉡ 통신기관 등은 통신제한조치허가서 또는 긴급감청서 등에 기재된 통신제한조치 대상자의 전화번호 등이 사실과 일치하지 않을 경우에는 그 집행을 거부할 수 있으며, 어떠한 경우에도 전기통신에 사용되는 비밀번호를 누설할 수 없다.
㉢ 사법경찰관은 긴급통신제한조치의 집행에 착수한 때부터 36시간 이내에 법원에 허가청구를 하지 못한 경우에는 해당 조치를 즉시 중지하고 해당 조치로 취득한 자료를 폐기하여야 한다.
㉣ 무전기와 같은 무선전화기를 이용한 통화는 「통신비밀보호법」상 '전기통신'에 해당하고 '타인간의 대화'에 포함되지 않는다.
㉤ 사법경찰관은 감청의 실시를 종료하면 감청대상이 된 전기통신의 가입자에게 감청사실 등을 통지하여야 하지만, 통지로 인하여 수사에 방해가 될 우려가 있다고 인정할 때에는 통지하지 않을 수 있다.

① 1개 ② 2개 ③ 3개 ④ 4개

제4절 수사상의 증거보전 및 증인신문

01 다음 중 증거보전절차에 대한 설명으로 옳은 것을 모두 고른 것은? (다툼이 있는 경우 판례에 의함)

> ㉠ 증거보전은 제1심 제1회 공판기일 전에 한하여 허용되는 것이므로 재심청구사건에서는 증거보전절차가 허용되지 않는다.
> ㉡ 압수에 관한 증거보전의 청구는 압수할 물건의 소재지를 관할하는 지방법원판사에게 하여야 한다.
> ㉢ 검사는 미리 증거를 보전하지 아니하면 그 증거를 사용하기 곤란한 사정이 있는 때에는 제1회 공판기일 전이라도 판사에게 증인신문 뿐만 아니라 압수·수색·검증·감정을 내용으로 하는 증거보전을 청구할 수 있다.
> ㉣ 증거보전을 청구하는 경우에는 서면으로 그 사유를 소명하여야 하며, 증거보전청구를 기각하는 결정에 대하여는 3일 이내에 항고 할 수 있다.
> ㉤ 검사는 수사단계에서 피고인에 대한 증거를 미리 보전하기 위하여 필요한 경우에는 판사에게 공동피고인을 증인으로 신문할 것을 청구할 수 있다.

① ㉠㉡㉢㉣   ② ㉠㉡㉣㉤   ③ ㉠㉢㉣㉤   ④ ㉠㉡㉢㉣㉤

02 형사소송법 제184조의 수사상 증거보전과 형사소송법 제221조의2의 증인신문에 관한 설명으로 가장 적절하지 않은 것은? (다툼이 있는 경우 판례에 의함)

① 아동·청소년대상 성범죄의 피해자, 그 법정대리인 또는 경찰은 피해자가 공판기일에 출석하여 증언하는 것에 현저히 곤란한 사정이 있을 때에는 그 사유를 소명하여 아동·청소년의 성보호에 관한 법률 제26조에 따라 촬영된 영상물 또는 그 밖의 다른 증거물에 대하여 해당 성범죄를 수사하는 검사에게 증거보전의 청구를 할 것을 요청할 수 있다.
② 형사소송법 제221조의2의 증인신문청구를 하려면 증인의 진술로서 증명할 대상인 피의사실이 존재해야 하는데, 피의사실은 수사기관 내심의 혐의만으로는 존재한다고 할 수 없고, 고소·고발 또는 자수를 받는 등 수사의 대상으로 삼고 있음을 외부로 표현한 때에 비로소 그 존재를 인정할 수 있다.
③ 증거보전으로서 피의자의 신문을 구하는 청구는 할 수 없지만, 필요적 공범관계에 있는 공동피고인을 증인으로 신문할 것을 청구할 수 있다.
④ 형사소송법 제221조의2의 증인신문에 관한 서류는 증인신문을 한 법원이 보관하므로, 공소제기 이전에도 피의자 또는 변호인은 판사의 허가를 얻어 서류와 증거물을 열람 또는 등사할 수 있다.

03 증거보전제도에 대한 설명 중 옳지 않은 것은 모두 몇 개인가? (다툼이 있는 경우 판례에 의함)

㉠ 검사, 피고인, 피의자 또는 변호인은 미리 증거를 보전하지 아니하면 그 증거를 사용하기 곤란한 사정이 있는 때에는 제1회 공판기일 전이라도 판사에게 압수, 수색, 검증, 증인신문 또는 감정을 청구할 수 있다.
㉡ 증거보전절차에서 작성된 증인신문조서 중 증인에 대한 반대신문 과정에서 피의자였던 피고인이 당사자로 참여하여 자신의 범행사실을 시인하는 전제하에 증인에게 반대신문한 내용이 기재되어 있는 경우 그 조서 중 피의자 진술부분에 대하여는 형사소송법 제311조에 의한 증거능력을 인정할 수 있다.
㉢ 증거보전청구를 기각하는 결정에 대하여는 항고할 수 있으나, 수사상 증인신문청구를 기각하는 결정에 대하여는 항고할 수 없다
㉣ 검사, 피고인, 피의자 또는 변호인은 법원의 허가를 얻어 증거보전의 처분에 관한 서류와 증거물을 열람 또는 등사할 수 있다.

① 없음   ② 1개   ③ 2개   ④ 3개

04 형사소송법상 증거보전절차(제184조)와 증인신문청구(제221조의2)의 차이점에 해당하지 않는 것은 모두 몇 개인가?

㉠ 청구권자   ㉡ 청구요건
㉢ 청구내용   ㉣ 청구시기
㉤ 조서의 증거능력   ㉥ 당사자의 불복 가능성
㉦ 당사자의 열람·등사권

① 2개   ② 3개   ③ 4개   ④ 5개

제6장 수사의 종결

제1절 검사의 수사종결

01 다음 중 수사종결에 대한 설명으로 옳지 않은 것을 모두 고른 것은? (다툼이 있는 경우 판례에 의함)

> ㉠ 검사가 공소제기 후에 그 피고사건에 관하여 수소법원이 아닌 지방법원판사에게 청구하여 발부받은 영장에 의하여 압수·수색하는 것은 공소유지를 위해 필요한 경우에 한하여 적법하다.
> ㉡ 검사의 불기소처분이 있는 경우 일사부재리의 원칙이 적용되므로 다시 공소를 제기할 수 없다.
> ㉢ 검사는 「형사소송법」상 불기소처분 또는 타관송치를 한 때에는 피해자에게 즉시 그 취지를 통지하여야 한다.
> ㉣ 사법경찰관으로부터 사건을 검사에게 송치하지 아니하는 취지와 그 이유를 통지받은 사람은 통지를 받은 날로부터 30일 이내에 해당 사법경찰관의 소속관서의 장에게 이의를 신청할 수 있다.

① ㉠㉡㉢㉣ ② ㉠㉡㉢ ③ ㉠㉢㉣ ④ ㉡㉢㉣

02 수사의 종결에 관한 설명으로 옳고 그름의 표시(O, ×)가 바르게 된 것은? (다툼이 있는 경우 판례에 의함)

> ㉠ 고소인과 고발인은 사법경찰관으로부터 사건불송치 통지를 받은 경우에 해당 사법경찰관의 소속 관서의 장에게 이의를 신청할 수 있다.
> ㉡ 사법경찰관은 범죄혐의가 인정되지 않는다고 판단하는 경우 검사에게 사건을 송치할 필요는 없으나, 불송치결정서와 함께 압수물 총목록, 기록목록 등 관계서류와 증거물을 검사에게 송부하여야 한다.
> ㉢ 검사의 불기소처분에 의해 기본권을 침해받은 자는 헌법소원을 제기할 수 있으므로 고소하지 않은 피해자 및 기소유예 처분을 받은 피의자는 헌법소원을 제기할 수 있으나 고발인은 특별한 사정이 없는 한 자기관련성이 없으므로 헌법소원심판을 청구할 수 없다.
> ㉣ 검사의 불기소처분에 대한 헌법소원에 있어서 그 대상이 된 범죄에 대하여 공소시효가 완성되었더라도 헌법소원을 제기할 수 있다.

① ㉠(O) ㉡(×) ㉢(O) ㉣(O) ② ㉠(O) ㉡(×) ㉢(×) ㉣(×)
③ ㉠(×) ㉡(O) ㉢(O) ㉣(×) ④ ㉠(×) ㉡(O) ㉢(×) ㉣(O)

제2절 불기소처분에 대한 불복

03 재정신청에 대한 설명으로 가장 적절한 것은? (다툼이 있는 경우 판례에 의함)

① 법원은 재정신청서를 송부받은 때에는 송부받은 날부터 7일 이내에 피의자에게 그 사실을 통지하여야 하고, 재정신청서를 송부받은 날부터 3개월 이내에 항고의 절차에 준하여 결정한다.

② 검사의 불기소처분은 물론 진정사건에 대한 입건 전 조사(내사) 종결처분도 재정신청의 대상이 된다.

③ 재정신청인이 자기 또는 대리인이 책임질 수 없는 사유로 인하여 재정신청 기각결정에 대한 재항고 제기기간을 준수하지 못한 경우, 「형사소송법」 제345조(상소권회복청구권자)에 따라 재항고권 회복을 청구할 수 있다.

④ 재소자인 재정신청인이 재정신청 기각결정에 불복하여 재항고를 제기하는 경우, 그 제기기간 내에 교도소장이나 구치소장 또는 그 직무를 대리하는 사람에게 재항고장을 제출한 때에 재항고를 한 것으로 간주한다.

04 재정신청에 관하여 옳지 않은 것은 모두 몇 개인가? (다툼이 있는 경우 판례에 의함)

> ㉠ 재정신청사건의 심리는 항고절차에 준하여 진행되며 심리 중에는 증거조사가 허용되지 아니한다.
> ㉡ 재정신청 기각결정이 확정된 사안에 대하여는 다른 중요한 증거를 발견한 경우를 제외하고는 소추할 수 없는데, 여기에서 '다른 중요한 증거를 발견한 경우'란 재정신청 기각결정 당시에 제출된 증거에 새로 발견된 증거를 추가하면 충분히 유죄의 확신을 가지게 될 정도의 증거가 있는 경우를 말한다.
> ㉢ 재정신청은 대리인에 의하여 할 수 있으며 공동신청권자 중 1인의 신청은 그 전원을 위하여 효력을 발생하고, 재정신청의 취소도 다른 공동신청권자에게 효력을 발생한다.
> ㉣ 재정신청사건의 심리 중에는 관련 서류 및 증거물을 열람 또는 등사할 수 없다. 다만, 법원은 형사소송법 제262조 제2항 후단의 증거조사 과정에서 작성된 서류의 전부 또는 일부의 열람 또는 등사를 허가할 수 있다.

① 1개   ② 2개   ③ 3개   ④ 4개

05   불기소처분에 대한 불복에 관한 설명 중 가장 적절하지 않은 것은? (다툼이 있는 경우 판례에 의함)

① 「형사소송법」 제262조 제4항 후문에서 말하는 '재정신청 기각결정이 확정된 사건'이라 함은 재정신청 사건을 담당하는 법원에서 공소제기의 가능성과 필요성 등에 관한 심리와 판단이 현실적으로 이루어져 재정신청 기각결정의 대상이 된 사건만을 의미한다.
② 대통령에게 제출한 청원서를 대통령비서실로부터 이관받은 검사가 진정사건으로 내사 후 내사종결 처리한 경우 위 내사종결 처리는 고소 또는 고발사건에 대한 불기소처분이라고 볼 수 없어 재정신청의 대상이 되지 아니한다.
③ 재정신청은 법원의 결정이 있을 때까지 취소할 수 있으나 취소한 자는 다시 재정신청을 할 수 없다.
④ 고소권자로서 고소를 한 자는 검사로부터 공소를 제기하지 아니한다는 통지를 받은 때에는 그 검사 소속의 지방검찰청 소재지를 관할하는 고등법원에 그 당부에 관한 재정을 신청할 수 있으나, 검찰항고전치주의가 적용되어 반드시 검찰항고를 먼저 거쳐야 한다.

06   재정신청에 대한 설명으로 가장 적절한 것은? (다툼이 있는 경우 판례에 의함)

① 검사의 불기소처분에 대하여 고소인은 재정신청을 할 수 있으나 고발인은 할 수 없다.
② 재소자인 재정신청인이 재정신청 기각결정에 불복하여 재항고를 제기하는 경우, 그 제기기간 내에 교도소장이나 구치소장 또는 그 직무를 대리하는 사람에게 재항고장을 제출한 때에 재항고를 한 것으로 간주한다.
③ 재정신청에 대한 공소제기결정에 대하여는 검사는 물론 공소제기결정의 대상이 된 피의자도 불복할 수 없다. 그러나 공소제기한 검사는 통상의 공판절차에서와 마찬가지로 권한을 행사하고 피고인의 이익을 위해서 공소취소도 할 수 있다.
④ 법원이 재정신청 대상 사건이 아님에도 이를 간과한 채 「형사소송법」 제262조 제2항 제2호에 따라 공소제기결정을 하였더라도, 그에 따른 공소가 제기되어 본안사건의 절차가 개시된 후에는 다른 특별한 사정이 없는 한 본안사건에서 위와 같은 잘못을 다툴 수 없다.

제3절 공소제기 후의 수사

07 공소제기 후 수사에 관한 설명으로 가장 적절한 것은? (다툼이 있는 경우 판례에 의함)

① 불구속으로 기소된 피고인이 도망하거나 증거인멸의 염려가 있는 경우 검사는 지방법원 판사에게 구속영장을 청구하여 발부받아 피고인을 구속할 수 있다.
② 피고인에 대한 수소법원의 구속영장을 집행하는 경우 필요한 때에도 수사기관은 그 집행현장에서 영장 없이는 압수·수색·검증을 할 수 없다.
③ 피의자신문은 그 대상자를 피의자로 한정하고 있어 공소제기 후 검사가 작성한 피고인 진술조서는 증거능력이 없다.
④ 공판절차에서 피고인은 검사와 대등한 지위를 가지는 당사자이므로 공소제기 후에 수사기관이 피고인을 구속할 수는 없고 피고인 구속은 법원의 권한에 속한다.

08 다음 설명 중 가장 적절하지 않은 것은? (다툼이 있는 경우 판례에 의함)

① 공소제기 후 법원이 피고인에 대하여 구속영장을 발부하는 경우에는 검사의 신청을 요하지 않는다.
② 검사가 공소제기 후 수소법원 이외의 지방법원판사에게 청구하여 발부받은 영장에 의하여 압수·수색을 하였다면, 그와 같이 수집된 증거는 적법한 절차에 따르지 않은 것으로서 원칙적으로 유죄의 증거로 삼을 수 없다.
③ 검사가 피의자를 구속 기소한 후 다시 그를 소환하여 공범들과의 활동 등에 관한 신문을 하면서 피의자신문조서가 아닌 일반적인 진술조서의 형식으로 조서를 작성한 경우, 조서의 내용이 피의자신문조서와 실질적으로 같고, 그 진술의 임의성이 인정되는 경우라도 미리 피의자에게 진술거부권을 고지하지 않았다면 그 조서는 유죄의 증거로 할 수 없다.
④ 공판준비 또는 공판기일에서 이미 증언을 마친 증인을 검사가 소환한 후 그 증언 내용을 추궁하여 이를 일방적으로 번복시키는 방식으로 진술조서를 작성한 경우, 그 후 원진술자인 종전 증인이 다시 법정에 출석하여 증언을 하면서 그 진술조서의 성립의 진정함을 인정하고 피고인측에 반대신문의 기회가 부여되었다면 그 진술조서는 증거능력이 있다.

09 다음 중 공소제기 후 수사에 관한 설명으로 가장 적절하지 않은 것은? (다툼이 있는 경우 판례에 의함)

① 공소제기 후에도 수사기관은 임의제출물을 영장없이 압수할 수 있다.

② 검사 또는 사법경찰관이 피고인에 대한 구속영장을 집행하는 경우에 필요한 때에는 영장 없이 구속현장에서 압수·수색·검증을 할 수 있다.

③ 공판준비기일 또는 공판기일에서 이미 증언을 마친 증인을 검사가 소환한 후 피고인에게 유리한 증언내용을 추궁하여 이를 일방적으로 번복시킨 참고인진술조서는 피고인이 증거로 할 수 있음에 동의하지 않는 한 그 증거능력이 없다.

④ 불구속으로 기소된 피고인이 증거를 인멸하거나 도주할 우려가 있어서 구속해야 할 필요성이 있으면 검사는 수소법원 이외의 법관으로부터 영장을 발부받아 피고인을 구속할 수 있다.

제2편 증 거

제1장 서 론

제1절 증거법의 기본개념

01 간접증거에 대한 설명 중 가장 적절하지 않은 것은? (다툼이 있는 경우 판례에 의함)

① 간접증거가 개별적으로는 범죄사실에 대한 완전한 증명력을 가지지 못하더라도 전체 증거를 상호관련하에 종합적으로 고찰할 경우 종합적 증명력이 있는 것으로 판단되면 그에 의하여도 범죄사실을 인정할 수가 있다.
② 유죄의 심증은 반드시 직접증거에 의하여 형성되어야만 하는 것은 아니며 경험칙과 논리법칙에 위반되지 아니하는 한 간접증거에 의하여 형성되어도 된다.
③ 간접증거에 의하여 주요사실의 전제가 되는 수개의 간접사실을 인정할 때에는 하나하나의 간접사실 사이에 모순, 저촉이 없어야 할 정도까지는 요구되지 않으며 전체적으로 고찰하여 유죄의 심증을 형성할 수 있으면 충분하다.
④ 형사재판에서 유죄로 인정하기 위한 심증형성의 정도는 합리적인 의심을 할 여지가 없을 정도여야 하나, 이는 모든 가능한 의심을 배제할 정도에 이를 것까지 요구하는 것은 아니다.

02 증거에 관한 설명으로 옳은 것은 모두 몇 개인가? (다툼이 있는 경우 판례에 의함)

> ㉠ 간접증거만으로 유죄를 인정하는 경우에는 여러 간접사실로 보아 피고인이 범행한 것으로 보기에 충분할 만큼 압도적으로 우월한 증명이 있어야 한다.
> ㉡ 피고인이 수표를 발행하였으나 예금부족 또는 거래정지처분으로 지급되지 아니하게 하였다는 부정수표단속법위반의 공소사실을 증명하기 위하여 제출되는 수표는 증거물의 예에 의하여 증거능력을 판단하여야 한다.
> ㉢ 타인의 진술을 내용으로 하는 진술이 전문증거인지 여부는 요증사실과의 관계에서 정하여지는바, 원진술의 내용인 사실이 요증사실인 경우에는 전문증거가 아니라 본래증거이다.
> ㉣ 형사소송법 제150조 증언거부사유의 소명, 제184조 제3항 증거보전청구사유의 소명, 제221조의2 제3항 증인신문청구 사유의 소명은 증명의 정도에 이르지 않더라도 입증이 허용된다.
> ㉤ 공판기일 외의 증인신문 검증에 대하여는 공판조서의 배타적 증명력이 인정되지 않는다.

① 1개 ② 2개 ③ 3개 ④ 4개

제2절 증명의 기본원칙

03 증명에 관한 설명으로 가장 적절한 것은? (다툼이 있는 경우 판례에 의함)

① 형법 제307조 제2항 허위사실 적시 명예훼손죄에서 허위사실의 인식과 달리 허위사실 자체는 엄격한 증명의 대상이 된다.
② 증거능력이 없는 증거는 유죄의 직접적인 증거로 삼을 수 없으나, 구성요건 사실을 추인하게 하는 간접사실이나 구성요건 사실을 입증하는 직접증거의 증명력을 보강하는 보조사실의 인정자료로는 사용할 수 있다.
③ 합리적 의심이란 요증사실과 양립할 수 없는 사실의 개연성에 대한 합리성 있는 의문을 의미하는 것으로서 관념적인 의심이나 추상적인 가능성에 기초한 의심도 포함된다.
④ 범행에 관한 간접증거만이 존재하고 더구나 그 간접증거의 증명력에 한계가 있는 경우, 범인으로 지목되고 있는 자에게 범행을 저지를 만한 동기가 발견되지 않는다면, 만연히 무엇인가 동기가 분명히 있는데도 이를 범인이 숨기고 있다고 단정할 것이 아니라 반대로 간접증거의 증명력이 그만큼 떨어진다고 평가하는 것이 형사증거법의 이념에 부합하는 것이다.

04 증명에 대한 설명으로 가장 적절한 것은? (다툼이 있는 경우 판례에 의함)

① 교통사고로 인하여 업무상과실치상죄 또는 중과실치상죄를 범한 운전자에 대하여 피해자의 명시한 의사에 반하여 공소를 제기할 수 있도록 하고 있는 교통사고처리 특례법 제3조 제2항 단서의 각 호에서 규정한 신호위반 등의 예외사유는 같은 법 제3조 제1항 위반죄의 구성요건 요소에 해당하므로 엄격한 증명을 필요로 한다.
② 검사가 제출한 사법경찰관 작성의 피고인에 대한 피의자신문조서는 그 내용을 부인한 이상 증거능력이 없지만, 임의성이 있으면 탄핵증거로 사용할 수 있으며 탄핵증거로 사용하려면 엄격한 증거조사를 거쳐야 한다.
③ 간접증거만으로 유죄를 인정하는 경우에는 여러 간접사실로 보아 피고인이 범행한 것으로 보기에 충분할만큼 압도적으로 우월한 증명이 있어야 한다.
④ 검사는 체포영장의 유효기간을 연장할 필요가 있다고 인정하는 때에는 그 사유를 증명하여 다시 체포영장을 청구하여야 하지만, 그 증명은 자유로운 증명으로 족하다.

05 자유심증주의에 관한 설명으로 가장 적절하지 않은 것은? (다툼이 있는 경우 판례에 의함)

① 경찰에서의 진술조서의 기재와 당해 사건의 공판정에서의 같은 사람의 증인으로서의 진술이 상반되는 경우 반드시 공판정에서의 증언에 따라야 한다는 법칙은 없고 그 중 어느 것을 채용하여 사실인정의 자료로 할 것인가는 오로지 사실심법원의 자유심증에 속하는 것이다.

② 호흡측정기에 의한 음주측정치와 혈액검사에 의한 음주측정치가 다른 경우에 혈액채취에 의한 검사 결과를 믿지 못할 특별한 사정이 없는 한, 혈액검사에 의한 음주측정치가 호흡측정기에 의한 음주측정치보다 측정 당시의 혈중알코올농도에 더 근접한 음주측정치라고 보는 것이 경험칙에 부합한다.

③ '성추행 피해자가 추행 즉시 행위자에게 항의하지 않은 사정'이나 '피해 신고 시 성폭력이 아닌 다른 피해 사실을 먼저 진술한 사정'만으로 곧바로 피해자 진술의 신빙성을 부정할 것은 아니고, 가해자와의 관계와 피해자의 구체적 상황을 모두 살펴 판단하여야 한다.

④ 형사재판에서 이와 관련된 다른 형사사건의 확정판결에서 인정된 사실은 특별한 사정이 없는 한 유력한 증거자료가 되는 것이므로, 당해 형사재판에서 제출된 다른 증거 내용에 비추어 관련 형사사건 확정판결의 사실판단을 그대로 채택하기 어렵다고 인정되는 면이 있다고 하여도 이를 배척할 수는 없다.

06 다음 중 거증책임에 관한 설명으로 가장 적절하지 않은 것은? (다툼이 있는 경우 판례에 의함)

① 형사재판에 있어 공소가 제기된 범죄사실에 대한 입증책임은 검사에게 있고, 유죄의 인정은 법관으로 하여금 합리적인 의심을 할 여지가 없을 정도로 공소사실이 진실한 것이라는 확신을 가지게 하는 증명력을 가진 증거에 의하여야 한다.

② 횡령죄에 있어서 불법영득의사에 관한 입증책임은 검사에게 있으므로 불법영득의사에 의한 사정을 검사가 입증하여야 한다.

③ 명예훼손죄의 위법성조각사유인 적시한 사실의 진실성과 공익성에 대해서도 그 부존재를 검사가 엄격한 증명의 방식으로 입증하여야 한다.

④ 검사 작성의 피의자신문조서에 기재된 진술의 임의성에 다툼이 있을 때에는 그 임의성을 의심할 만한 합리적이고 구체적인 사실을 피고인이 증명할 것이 아니라, 검사가 그 임의성의 의문점을 제거 하는 증명을 하여야 한다.

07 자유심증주의에 대한 설명 중 가장 적절하지 않은 것은? (다툼이 있는 경우 판례에 의함)

① 합리적 의심이라 함은 피고인에게 불리한 정황을 사실인정과 관련하여 파악한 이성적 추론에 그 근거를 두어야 하는 것이므로 단순히 관념적인 의심이나 추상적인 가능성에 기초한 의심은 합리적 의심에 포함된다고 할 수 없다.
② 형사재판에 있어 심증형성은 반드시 직접증거에 의하여 형성되어야만 하는 것은 아니고 간접증거에 의할 수도 있는 것이며, 간접증거는 이를 개별적·고립적으로 평가하여서는 아니 되고 모든 관점에서 빠짐없이 상호 관련시켜 종합적으로 평가하고, 치밀하고 모순 없는 논증을 거쳐야 한다.
③ 형사재판에 있어 유죄로 인정하기 위한 심증형성의 정도는 합리적인 의심을 할 여지가 없을 정도여야 하나, 이는 모든 가능한 의심을 배제할 정도에 이를 것까지 요구하는 것은 아니다.
④ 증명력이 있는 것으로 인정되는 증거를 합리적인 근거가 없는 의심을 일으켜 이를 배척하는 것은 자유심증주의의 한계를 벗어나는 것으로 허용되지 않는다.

08 다음 중 엄격한 증명의 대상에 해당하는 것을 모두 고르면? (다툼이 있는 경우 판례에 의함)

㉠ 친고죄에서 적법한 고소가 있었는지 여부
㉡ 횡령죄에 있어서 피해자 등이 목적과 용도를 특정하여 위탁한 사실 및 그 용도 내용
㉢ 음주운전에 있어서 위드마크 공식의 적용을 위한 전제 사실인 섭취한 알코올의 양, 음주 시각, 체중 등의 전제사실
㉣ 뇌물죄에 있어서 수뢰가액
㉤ 명예훼손죄에 있어서 위법성조각사유인 진실한 사실로서 오로지 공공의 이익에 관한 것인지 여부
㉥ 피고인의 범행 당시의 정신상태가 심신상실인지 또는 심신미약이었는지 여부

① ㉡㉢㉣　　② ㉡㉢㉤　　③ ㉠㉢㉤　　④ ㉠㉣㉥

09 증거와 증명에 대한 설명으로 가장 적절한 것은? (다툼이 있는 경우 판례에 의함)

① 강간죄에서 공소사실을 인정할 증거로 사실상 피해자의 진술이 유일하고 피고인의 진술은 경험칙상 합리성이 없고 그 자체로 모순되어 믿을 수 없는 경우, 이러한 사정은 법관의 자유판단의 대상이 되지 않는다.

② 형사소송법 제312조 제4항에서 '특히 신빙할 수 있는 상태'는 증거능력의 요건에 해당하므로 검사가 그 존재에 대하여 구체적으로 주장·증명하여야 하고, 엄격한 증명을 요한다.

③ 몰수는 부가형이자 형벌이므로 몰수의 대상 여부는 엄격한 증명의 대상이나, 추징은 형벌이 아니므로 추징의 대상, 추징액의 인정은 자유로운 증명의 대상이다.

④ 충분한 증명력이 있는 증거를 합리적인 근거 없이 배척하거나 반대로 객관적인 사실에 명백히 반하는 증거를 아무런 합리적인 근거 없이 채택·사용하는 등으로 논리와 경험의 법칙에 어긋나는 것이 아닌 이상, 법관은 자유심증으로 증거를 채택하여 사실을 인정할 수 있다.

10 다음 설명 중 가장 적절한 것은? (다툼이 있는 경우 판례에 의함)

① 출입국사범 사건에서 지방출입국·외국인관서의 장의 적법한 고발이 있었는지 여부가 문제 되는 경우에 법원은 증거조사의 방법이나 증거능력의 제한을 받지 아니하고 제반 사정을 종합하여 적당하다고 인정되는 방법에 의하여 엄격한 증명으로 그 고발 유무를 판단하면 된다.

② 상해죄의 피해자가 제출하는 상해진단서는 일반적으로 의사가 당해 피해자의 진술을 토대로 상해의 원인을 파악한 후 의학적 전문지식을 동원하여 관찰·판단한 상해의 부위와 정도 등을 기재한 것으로서, 거기에 기재된 상해가 곧 피고인의 범죄행위로 인하여 발생한 것이라는 사실을 직접 증명하는 증거가 되기에 충분하다.

③ 살인죄 등과 같이 법정형이 무거운 범죄의 경우에도 직접증거 없이 간접증거만에 의하여 유죄를 인정할 수 있다.

④ 음주운전에 있어서 위드마크 공식의 적용을 위한 전제사실인 섭취한 알코올의 양, 음주시각, 체중 등의 사실은 엄격한 증명을 요하지 않는다.

11 증명책임에 대한 설명으로 가장 적절하지 않은 것은? (다툼이 있는 경우 판례에 의함)

① 「성폭력범죄의 처벌 등에 관한 특례법」 제7조 제1항에서 정하는 13세 미만의 미성년자에 대한 강간죄의 성립이 인정되려면 피고인이 피해자가 13세 미만의 미성년자임을 알면서 그를 강간했다는 사실이 검사에 의하여 입증되어야 한다.
② 영장발부의 사유로 된 범죄 혐의사실과 무관한 별개의 증거를 압수하였을 경우 수사기관이 그 별개의 증거를 피압수자 등에게 환부하고 후에 임의 제출받아 다시 압수하였다면 그 제출에 임의성이 있었다는 점에 관하여 검사가 합리적 의심을 배제할 수 있을 정도로 증명하지 못하는 경우 그 증거능력을 인정할 수 없다.
③ 민사재판에서의 입증책임분배의 원칙은 형사재판에도 동일하게 적용되므로 피고인은 자신에게 유리한 사항을 입증할 책임을 진다.
④ 명예를 훼손한 행위가 형법 제310조의 규정에 따라서 위법성이 조각되기 위해서는 그것이 진실한 사실로서 오로지 공공의 이익에 관한 때에 해당된다는 점을 검사가 아닌 행위자가 증명하여야 한다.

제2장 증거능력 관련 문제

제1절 위법수집증거배제법칙

01 위법수집증거배제법칙에 대한 설명으로 가장 적절하지 않은 것은? (다툼이 있는 경우 판례에 의함)

① 피의자가 변호인의 참여를 원한다는 의사를 명백하게 표시하였음에도 수사기관이 정당한 사유 없이 변호인을 참여하게 하지 아니한 채 피의자를 신문하여 작성한 피의자신문조서는 적법한 절차에 따르지 아니하고 수집한 증거에 해당하므로 이를 증거로 할 수 없다.

② 제1심 법정에서의 피고인의 자백이, 진술거부권을 고지받지 않은 상태에서 이루어진 수사기관에서의 최초 자백 이후 몇 시간 뒤 바로 수사기관의 진술거부권 고지가 이루어졌고 그 후 신문시마다 진술거부권 고지가 모두 적법하게 이루어졌을 뿐만 아니라 40여 일이 지난 후에 변호인의 충분한 조력을 받으면서 공개된 법정에서 임의로 이루어진 것인 경우 피고인의 그 법정자백은 예외적으로 유죄 인정의 증거로 사용할 수 있다.

③ 검사가 형사사법공조절차를 거치지 아니한 채 과테말라공화국에 머무르는 우리나라 사람을 직접 만나 그를 참고인으로 조사하여 작성한 진술조서는 국제법상 마땅히 보장되어야 하는 외국의 영토주권을 침해하고 국제형사사법공조절차를 위반한 위법수집증거로서 그 증거능력이 부정되어야 한다.

④ 압수·수색은 영장 발부의 사유로 된 범죄 혐의사실과 관련된 증거에 한하여 할 수 있는 것이므로, 영장 발부의 사유로 된 범죄 혐의사실과 무관한 별개의 증거를 압수하였을 경우 이는 원칙적으로 유죄 인정의 증거로 사용할 수 없지만, 수사기관이 그 별개의 증거를 피압수자 등에게 환부하고 후에 이를 임의제출받아 다시 압수하였다면 그 증거를 압수한 최초의 절차위반행위와 최종적인 증거수집 사이의 인과관계가 단절되었다고 평가할 수 있는 사정이 될 수 있다.

02 다음 중 위법수집증거배제법칙에 대한 설명으로 가장 적절한 것은? (다툼이 있는 경우 판례에 의함)

① 범행 현장에서 지문채취 대상물에 대한 지문채취가 먼저 이루어지고 수사기관이 그 이후에 지문채취 대상물을 적법한 절차에 의하지 아니한 채 압수한 경우, 압수 이전에 채취된 지문은 위법하게 압수한 지문채취 대상물로부터 획득한 2차적 증거에 해당하므로 위법수집증거이다.
② 수사기관이 사전에 영장을 제시하지 않은 채 구속영장을 집행한 다음 공소제기 후에 이루어진 피고인의 법정진술은 이른바 2차적 증거로서 위법수집증거의 배제원칙에 따라 증거능력이 없다는 것이 판례이다.
③ 「형사소송법」 제217조 제2항, 제3항에 위반하여 압수·수색영장을 청구하여 이를 발부받지 아니하고도 즉시 반환하지 아니한 압수물은 이를 유죄의 증거로 사용할 수 없는 것이나, 피고인이나 변호인이 이를 증거로 함에 동의하면 유죄의 증거로 사용할 수 있다.
④ 마약 투약 혐의를 받고 있던 피고인을 경찰관들이 영장 없이 강제로 연행한 상태에서 마약 투약 여부의 확인을 위한 1차 채뇨절차가 이루어졌다고 하더라도, 그 후 피고인이 법관이 발부한 영장에 의하여 적법하게 구금되고, 압수·수색영장에 의하여 2차 채뇨 및 채모절차가 적법하게 이루어진 이상, 이와 같은 사정은 체포과정에서의 절차적 위법과 2차적 증거수집 사이의 인과관계를 희석하게 할 만한 정황에 속한다.

03 위법수집증거배제법칙에 대한 설명으로 가장 적절하지 않은 것은? (다툼이 있는 경우 판례에 의함)

① 위법하게 수집된 증거에서 파생하는 2차적 증거는 원칙적으로 증거능력이 배제되어야 하지만, 절차에 따르지 않은 증거수집과 2차적 증거수집 사이의 인과관계의 희석 또는 단절 여부를 중심으로 2차적 증거수집과 관련된 모든 사정을 전체적 종합적으로 고려하여 예외적인 경우에는 2차적 증거의 증거능력을 인정할 수 있다
② 기본권의 본질적 영역에 대한 보호는 국가의 기본적 책무이고 사인 간의 공개되지 않은 대화에 대한 도청 및 감청을 불법으로 간주하는 통신비밀보호법의 취지 등을 종합적으로 고려하면 제3자가 권한 없이 개인의 전자우편을 무단으로 수집한 것은 비록 그 전자우편 서비스가 공공적 성격을 가지는 것이라고 하더라도 증거로 제출하는 것이 허용될 수 없다.
③ 유류물인 강판조각 및 임의제출물인 보강용 강판과 페인트를 영장 없이 적법하게 압수한 경우, 위 압수 후 압수조서의 작성 및 압수목록의 작성·교부 절차가 제대로 이행되지 아니한 잘못이 있다 하더라도 그것이 적법절차의 실질적인 내용을 침해하는 경우에 해

당한다거나 그 증거능력의 배제가 요구되는 경우에 해당한다고 볼 수는 없다
④ 피고인 A와 B의 간통 범행을 고소한 A의 남편 甲이 A의 주거에 침입하여 수집한 후 수사기관에 제출한 혈흔이 묻은 휴지들 및 침대시트를 목적물로 하여 이루어진 감정의뢰회보는 증거능력이 있다

04 위법수집증거배제법칙에 관한 설명으로 가장 적절한 것은? (다툼이 있는 경우 판례에 의함)

① 검사가 공소외 甲을 구속기소한 후 다시 소환하여 피고인 등 공범과의 활동에 관한 신문을 하면서 피의자신문조서가 아닌 일반적인 진술조서의 형식으로 조서를 작성한 경우 이 진술조서의 내용이 피의자신문조서와 실질적으로 같고 진술의 임의성이 인정되는 경우라도 甲에게 미리 진술거부권을 고지하지 않은 때에는 그 진술은 위법수집증거에 해당하므로 피고인에 대한 유죄의 증거로 사용할 수 없다.

② 법관의 서명날인란에 서명만 있고 날인이 없는 영장은 형사소송법이 정한 요건을 갖추지 못하여 적법하게 발부되었다고 볼 수 없으므로 비록 판사의 의사에 기초하여 진정하게 영장이 발부되었다는 점이 외관상 분명하고 의도적으로 적법절차의 실질적인 내용을 침해한다거나 영장주의를 회피할 의도를 가지고 이 영장에 따른 압수·수색을 하였다고 보기 어렵다 하더라도 이 영장에 따라 압수한 파일 출력물과 이에 기초하여 획득한 2차적 증거인 피의자신문조서도 유죄 인정의 증거로 사용할 수 없다.

③ 유흥주점 업주인 피고인이 성매매업을 하면서 금품을 수수하였다고 하여 기소된 사안에서, 경찰이 피고인 아닌 甲, 乙을 사실상 강제연행하여 불법체포한 상태에서 받은 자술서 및 진술조서가 위법수사로 얻은 진술증거에 해당하더라도 이를 피고인에 대한 유죄 인정의 증거로 삼을 수 있다.

④ 피고인이 발송한 이메일에 대한 압수·수색영장을 집행하면서 수사기관이 甲 회사에 팩스로 영장 사본을 송신하였다면, 비록 영장 원본을 제시하거나 압수조서와 압수물 목록을 작성하여 피압수·수색 당사자에게 교부하지 않았더라도 이 같은 방법으로 압수된 피고인의 이메일은 위법수집증거의 증거능력을 인정할 수 있는 예외적인 경우에 해당하므로 증거능력이 부정되지 않는다.

05 증거능력에 관한 설명 중 가장 적절하지 않은 것은? (다툼이 있는 경우 판례에 의함)

① 임의제출된 정보저장매체에서 압수의 대상이 되는 전자정보의 범위를 넘어서는 전자정보에 대해 수사기관이 영장 없이 압수·수색하여 취득한 증거는 위법수집증거에 해당하고, 사후에 법원으로부터 영장이 발부되었다거나 피고인이나 변호인이 이를 증거로 함에 동의하였다고 하여 그 위법성이 치유되는 것도 아니므로 증거능력이 없다.

② 법원조직법 제57조 제1항에서 정한 공개금지사유가 없음에도 불구하고 재판의 심리에 관한 공개를 금지하기로 결정하였다면, 그 절차에 의하여 이루어진 증인의 증언은 증거능력이 없고, 변호인의 반대신문권이 보장되었더라도 달리 볼 수 없으며, 이러한 법리는 공개금지결정의 선고가 없는 등으로 공개금지결정의 사유를 알 수 없는 경우에도 마찬가지이다.

③ 형사소송법 제244조의4(수사과정의 기록) 제1항은 피고인이 아닌 자가 수사과정에서 진술서를 작성하는 경우에도 준용되므로, 수사기관이 그에 대한 조사과정을 기록하지 아니한 경우에는, 특별한 사정이 없는 한 '적법한 절차와 방식'에 따라 수사과정에서 진술서가 작성되었다 할 수 없으므로 그 증거능력을 인정할 수 없다.

④ 경찰관이 피고인이 아닌 자의 주거지·근무지를 방문한 곳에서 진술서 작성을 요구하여 제출받은 경우 등 그 진술서가 경찰서에서 작성한 것이 아니라 작성자가 원하는 장소를 방문하여 받은 것이라면, 형사소송법 제244조의4(수사과정의 기록) 제1항 규정이 적용되지 않는다.

06 증거능력에 관한 설명 중 가장 적절하지 않은 것은? (다툼이 있는 경우 판례에 의함)

① 경찰이 피고인 아닌 제3자를 사실상 강제연행하여 불법체포한 상태에서 위 제3자를 처벌하기 위하여 그로부터 자술서를 받은 경우 위 자술서는 위법수사로 얻은 진술증거에 해당하여 증거능력이 없고, 이는 위 제3자가 아닌 피고인에 대한 증거로도 삼을 수 없다.

② 수사기관이 피고인이 2018. 5.경 피해자 甲(여, 10세)에 대하여 저지른 간음유인미수 및 통신매체이용음란 범행과 관련하여 압수·수색영장을 받아 피고인의 휴대전화를 압수하였는데, 이에 대한 디지털정보분석 결과 피고인이 2017.12.경부터 2018. 4.경까지 사이에 다른 피해자 乙(여, 12세), 丙(여, 10세) 등에 대하여 저지른 간음유인, 미성년자의제강간, 통신매체이용음란 등 범행에 관한 추가 자료들이 획득된 경우 위 추가 자료들은 피고인의 乙, 丙 등에 대한 범행에 관하여 유죄 인정의 증거로 사용할 수 있다.

③ 제1심에서 간이공판절차에 의하여 상당하다고 인정하는 방법으로 증거조사를 한 이상, 피고인이 항소심에 이르러 범행을 부인하였다고 하더라도 제1심에서 이미 증거능력이 있었던 증거는 항소심에서도 증거능력이 그대로 유지된다.

④ 제3자가 피고인으로부터 건축허가 담당 공무원이 외국연수를 가므로 사례비를 주어야 한다는 말을 들었다는 취지로 한 진술은 피고인에 대한 알선수재죄에 있어 전문증거에 해당하므로 피고인의 부동의에도 불구하고 증거능력이 인정되기 위해서는 형사소송법 제311조 내지 제316조에서 정한 사유가 인정되어야 한다.

07 위법수집증거배제법칙에 관한 설명 중 옳은 것은 모두 몇 개인가? (다툼이 있는 경우 판례에 의함)

㉠ 호텔 투숙객 甲이 마약을 투약하였다는 신고를 받고 출동한 경찰관이 임의동행을 거부하는 甲을 강제로 경찰서로 데리고 가서 채뇨 요구를 하자 이에 甲이 응하여 소변검사가 이루어진 경우, 그 결과물인 소변검사시인서는 증거능력이 없다.

㉡ 피고인의 뇌물수수 범행에 대한 추가적인 증거를 확보할 목적으로, 수사기관이 구속 수감되어 있던 A에게 휴대전화를 제공하여 피고인과 통화하게 하고 그 통화내용을 녹음하게 한 경우, 이를 근거로 작성된 녹취록은 피고인이 증거로 함에 동의하면 증거능력이 있다.

㉢ 경찰관들이 피고인에 대한 범죄 혐의가 포착된 상태에서 그에 관한 증거를 보전하기 위한 필요에 의하여, 불특정, 다수가 출입할 수 있는 A업소에 통상적인 방법으로 출입하여 업소 내에 있는 사람이라면 누구나 볼 수 있었던 손님들의 춤추는 모습을 확인하고 이를 촬영한 것은 영장 없이 이루어졌다하여 위법하다고 볼 수 없으므로, 경찰관들이 촬영한 사진의 증거능력은 인정된다.

㉣ 수사기관이 甲의 뇌물수수 범행을 범죄사실로 하여 발부받은 압수·수색영장을 집행하는 과정에, 乙과 丙 사이의 甲과 무관한 별개의 뇌물수수에 관한 대화가 녹음된 녹음파일을 발견한 경우, 별도의 압수·수색영장을 발부받지 않더라도 위 녹음파일을 乙과 丙에 대한 뇌물수수죄의 증거로 사용할 수 있다.

① 1개　　　② 2개　　　③ 3개　　　④ 4개

08 다음 중 위법수집증거배제법칙에 관한 설명으로 가장 적절하지 않은 것은? (다툼이 있는 경우 판례에 의함)

① 피의자가 변호인의 참여를 원한다는 의사를 명백하게 표시하였음에도 수사기관이 정당한 사유없이 변호인을 참여하게 하지 아니한 채 피의자를 신문하여 작성한 피의자신문조서라도 증거능력 자체가 부정되는 것은 아니나 증명력이 낮게 평가될 수 밖에 없다.
② 긴급체포가 그 요건을 갖추지 못한 경우 단순히 체포가 위법함에 그치는 것이 아니라 그 체포에 의한 유치 중에 작성된 피의자 신문조서도 특별한 사정이 없는 한 증거능력이 부정된다.
③ 소유자, 소지자 또는 보관자가 아닌 피해자로부터 임의로 제출받은 물건을 영장없이 압수한 경우 그 '압수물' 및 '압수물을 찍은 사진'에 대해 피고인이나 변호인이 증거동의를 하였다 하더라도 이를 유죄 인정의 증거로 사용할 수 없다.
④ 범죄의 피해자인 검사가 그 사건의 수사에 관여하거나 압수·수색영장의 집행에 참여한 검사가 다시 수사에 관여하였다는 이유만으로 바로 그 수사가 위법하다거나 그에 따른 참고인이나 피의자의 진술에 임의성이 없다고 볼 수는 없다.

09 위법수집증거배제법칙에 대한 설명으로 가장 적절하지 않은 것은? (다툼이 있는 경우 판례에 의함)

① 수사기관이 피의자를 신문함에 있어서 피의자에게 미리 진술거부권을 고지하지 않은 때에는 그 피의자의 진술은 위법하게 수집된 증거로서 진술의 임의성이 인정되는 경우라도 증거능력이 부인되어야 한다.
② 범행 현장에서 지문채취 대상물에 대한 지문채취가 먼저 이루어진 이상, 수사기관이 그 이후에 지문채취 대상물을 적법한 절차에 의하지 아니한 채 압수하였다고 하더라도, 이와 같이 채취된 지문은 위법하게 압수한 지문채취 대상물로부터 획득한 2차적 증거에 해당하지 아니한다.
③ 영장 발부의 사유로 된 범죄 혐의사실과 무관한 별개의 증거를 압수하였을 경우 이는 원칙적으로 유죄인정의 증거로 사용할 수 없다. 그러나 압수·수색의 목적이 된 범죄나 이와 관련된 범죄의 경우에는 그 압수·수색의 결과를 유죄의 증거로 사용할 수 있다.
④ 비진술증거인 압수물은 압수절차가 위법하다 하더라도 그 물건자체의 성질, 형태에 변경을 가져오는 것은 아니어서 그 형태 등에 관한 증거가치에는 변함이 없다 할 것이므로 증거능력이 있다.

10 위법수집증거배제법칙에 대한 설명으로 가장 적절하지 않은 것은? (다툼이 있는 경우 판례에 의함)

① 수사기관이 헌법과 「형사소송법」이 정한 절차에 따르지 아니하고 수집한 증거는 유죄 인정의 증거로 삼을 수 없는 것이 원칙이므로, 수사기관이 피고인 아닌 자를 상대로 적법한 절차에 따르지 아니하고 수집한 증거는 원칙적으로 피고인에 대한 유죄 인정의 증거로 삼을 수 없다.

② 제3자가 전화통화 당사자 중 일방만의 동의를 받고 통화 내용을 녹음하였더라도 그 상대방의 동의가 없었다면 「통신비밀보호법」을 위반한 불법감청으로 그 녹음된 통화 내용의 증거능력을 인정할 수 없다.

③ 법원의 증인신문절차 공개금지결정이 피고인의 공개재판을 받을 권리를 침해하는 경우, 그 절차에 의하여 이루어진 증인의 증언은 변호인의 반대신문권이 보장되지 않는 한 증거능력이 없다.

④ "범행 중 또는 범행 직후의 범죄 장소에서 긴급을 요하여 법원 판사의 영장을 받을 수 없는 때에는 영장없이 압수·수색 또는 검증을 할 수 있다. 이 경우에는 사후에 지체 없이 영장을 받아야 한다."고 규정하고 있는 「형사소송법」 제216조 제3항의 요건 중 어느 하나라도 갖추지 못한 경우에 그러한 압수·수색 또는 검증은 위법하며, 이에 대하여 사후에 법원으로부터 영장을 발부받았다고 하여 그 위법성이 치유되지 아니한다.

11 사인에 의한 위법수집증거에 대한 설명으로 가장 적절한 것은? (다툼이 있는 경우 판례에 의함)

① 위법수집증거배제법칙은 국가기관의 기본권 침해와 위법한 수사활동을 규제하기 위한 원칙이므로 사인이 타인의 기본권을 침해하는 방법으로 수집한 증거에 대해서는 항상 적용되지 않는다.

② 피고인이 범행 후 피해자에게 전화를 걸어오자 피해자가 증거를 수집하려고 그 전화내용을 녹음한 경우 그 녹음테이프가 피고인 모르게 녹음된 것이라 하여 이를 위법하게 수집된 증거라고 할 수 없다.

③ 소송사기의 피해자가 제3자로부터 대가를 지급하고 취득한 업무일지는 그것이 제3자에 의해 절취된 것이라면 위법수집증거에 해당하며, 그로 인하여 피고인의 사생활 영역을 침해하는 결과가 초래된다면 공익의 실현을 위한 것이라도 사기죄에 대한 증거로 사용할 수 없다.

④ 제3자가 대화당사자 일방만의 동의를 받고 통화내용을 녹음한 경우 그 통화내용은 다른 상대방의 동의가 없었다고 하더라도 증거능력이 인정된다.

12 다음 중 원칙적으로 피고인에 대한 유죄 인정의 증거로 사용할 수 있는 것은 모두 몇 개인가?
(다툼이 있는 경우 판례에 의함)

> ㉠ 피고인에 대하여 「성매매알선 등 행위의 처벌에 관한 법률 위반」으로 공소가 제기된 사건에서 피고인 아닌 甲을 사실상 강제연행한 상태에서 받은 자술서 및 진술조서
> ㉡ 피고인에 대하여 뇌물수수죄로 공소가 제기된 사건에서 공판절차 진행 중 수소법원 이외의 지방법원판사로부터 발부받은 뇌물공여자 乙에 대한 압수·수색영장에 의해 수집한 '자립예탁금 거래내역표' 및 '수표 사본'
> ㉢ 경찰이 피고인의 집에서 20m 떨어진 곳에서 피고인을 체포한 후 피고인의 집안을 수색하여 칼과 합의서를 압수하였고, 적법한 시간 내에 압수·수색영장을 청구하여 발부받지 않은 경우, 위 칼과 합의서를 기초로 한 2차 증거인 '임의제출동의서', '압수조서 및 목록', '압수품 사진'
> ㉣ 미성년자인 피고인의 음주운전과 관련된 도로교통법 위반죄의 수사를 위하여 의식을 잃은 피고인을 대신하여 법정대리인인 아버지의 동의를 받아 혈액을 채취하였으나 사후 영장은 발부받지 않은 경우, 피고인의 혈중알코올농도에 대한 국립과학수사연구소의 감정의뢰 회보

① 없음   ② 1개   ③ 2개   ④ 3개

제2절 자백배제법칙

13 자백배제법칙에 관한 설명으로 가장 적절하지 않은 것은? (다툼이 있는 경우 판례에 의함)

① 피고인의 자백이 고문, 폭행, 협박, 신체구속의 부당한 장기화 또는 기망 기타의 방법으로 임의로 진술한 것이 아니라고 의심할 만한 이유가 있는 때에는 이를 유죄의 증거로 하지 못한다.
② 임의성이 인정되지 아니하여 증거능력이 없는 진술증거는 피고인이 증거로 함에 동의하더라도 증거로 삼을 수 없으나, 임의성이 의심되는 자백은 피고인의 법정에서의 진술을 탄핵하기 위한 반대증거로는 사용할 수 있다.
③ 피고인이 피의자신문조서에 기재된 피고인의 진술 및 공판기일에서의 피고인의 진술의 임의성을 다투면서 그것이 허위자백이라고 다투는 경우 법원은 제반 사정을 참작하여 자유로운 심증으로 임의성 여부를 판단하면 된다.
④ 피고인이나 그 변호인이 검사 작성의 당해 피고인에 대한 피의자신문조서의 임의성을 인정하는 진술을 하였다가 이를 번복하는 경우에 증거조사를 마친 조서의 임의성을 다투는 주장이 받아들여지게 되면 그 조서는 증거배제결정을 통하여 유죄인정의 자료에서 제외되어야 한다.

14 자백배제법칙에 대한 설명으로 가장 적절한 것은? (다툼이 있는 경우 판례에 의함)

① 피고인이나 그 변호인이 검사 작성의 당해 피고인에 대한 피의자신문조서의 임의성을 인정하는 진술을 하였다가 이를 번복하는 경우에는 검사가 아니라 피고인이 그 임의성의 의문점을 없애는 증명을 하여야 한다.
② 임의성이 의심되는 자백은 피고인이 증거동의를 하더라도 유죄의 증거로는 사용할 수 없으나, 탄핵증거로는 사용할 수 있다.
③ 진술거부권을 고지하지 아니하고 받은 자백도 진술의 임의성이 인정되는 경우에는 증거능력이 인정된다.
④ 일정한 증거가 발견되면 피의자가 자백하겠다고 한 약속이 검사의 강요나 위계에 의하여 이루어졌다던가 또는 불기소나 경한 죄의 소추 등 이익과 교환 조건으로 된 것으로 인정되지 않는다면 위와 같은 자백의 약속하에 된 자백이라 하여 곧 임의성이 없는 자백이라고 단정할 수 없다.

15 자백배제법칙에 관한 설명 중 옳지 않은 것은 모두 몇 개인가? (다툼이 있는 경우 판례에 의함)

> ㉠ 피고인이 수사기관에서 가혹행위 등으로 인하여 임의성 없는 자백을 하고, 그 후 법정에서도 임의성 없는 심리상태가 계속 되어 동일한 내용의 자백을 하였다면 법정에서의 자백도 임의성 없는 자백이라고 보아야 한다.
> ㉡ 임의성에 다툼이 있을 때에는 피고인이 그 임의성을 의심할 만한 합리적인 이유가 되는 구체적인 사실을 입증할 필요가 있다.
> ㉢ 횡령죄의 피고인이 제출한 항소이유서에 "피고인은 돈이 급해 지어서는 안될 죄를 지었습니다.", "진심으로 뉘우치고 있습니다."라고 기재되어 있더라도, 이어진 검사와 재판장 및 변호인의 각 신문에 대하여 범죄사실을 일관되게 부인한다면 범죄사실을 자백한 것이라고 볼 수 없다.
> ㉣ 자백과 임의성이 없다고 의심하게 된 사유 사이에 인과관계가 존재하지 않는 것이 명백하여 그 자백이 임의성 있는 것임이 인정되는 때에는 그 자백은 증거능력을 가진다.
> ㉤ 검찰주사가 피의자에게 피의사실을 자백하면 그 피의사실 부분은 가볍게 처리하고 보호감호의 청구를 하지 않겠다는 각서를 작성하여 주면서 자백을 유도한 경우에는 자백의 증거능력이 인정되지 않는다.

① 1개 ② 2개 ③ 3개 ④ 4개

16 자백배제법칙에 관한 설명 중 가장 적절하지 않은 것은? (다툼이 있는 경우 판례에 의함)

① 상업장부나 항해일지, 진료일지 등의 경우 설사 그 문서가 우연히 피고인이 작성하였고 그 문서의 내용 중 피고인의 범죄사실의 존재를 추론해 낼 수 있는 공소사실에 일부 부합되는 사실의 기재가 있다면 피고인이 범죄사실을 자백하는 문서라고 볼 수 있다.
② 검사의 접견금지 결정으로 비변호인과의 접견이 제한된 상황 하에서 피의자신문조서가 작성되었다는 사실만으로 바로 그 조서가 임의성이 없는 것이라고 볼 수 없다.
③ 검사가 피고인들에게 공소사실 그대로의 사실 유·무를 묻자, 피고인들이 동시에 "예, 있습니다", "예, 그랬습니다"라고 답을 하였으나, 재판장의 물음에서는 다시 부동산전매업을 도와주는 모집책이 아니고 단순한 고객일 뿐이라고 진술하면서 범행을 부인하였다면 피고인들이 공모하여 기망 내지 편취하였다는 내용까지 자백한 것이라고 볼 수 없다.
④ 자백의 임의성에 다툼이 있을 때에는 검사가 그 임의성에 대한 의문점을 해소하는 입증을 하여야 한다.

제3절 전문법칙

17 전문증거에 대한 설명으로 가장 적절하지 않은 것은? (다툼이 있는 경우 판례에 의함)

① 어떤 진술이 기재된 서류가 그 내용의 진실성이 범죄사실에 대한 직접증거로 사용될 때는 전문증거가 되지만, 그와 같은 진술을 하였다는 것 자체 또는 진술의 진실성과 관계없는 간접사실에 대한 정황증거로 사용될 때는 반드시 전문증거가 되는 것이 아니다.
② 전문증거라도 공판준비 또는 공판기일에서의 피고인 또는 피고인이 아닌 자의 진술의 증명력을 다투기 위한 증거로는 사용할 수 있다.
③ 감금된 피해자 A가 甲으로부터 풀려나는 당일 남동생 B에게 도움을 요청하면서 甲이 협박한 말을 포함하여 공갈 등 甲으로부터 피해를 입은 내용을 문자메시지로 보낸 경우 이 문자메시지의 내용을 촬영한 사진은 A의 진술서로 볼 수 없다.
④ 甲이 수표를 발행하였으나 예금부족으로 지급되지 아니하게 하였다는 부정수표단속법 위반의 공소사실을 증명하기 위하여 제출되는 수표는 증거물인 서면에 해당한다.

18 전문증거에 대한 설명으로 가장 적절하지 않은 것은? (다툼이 있는 경우 판례에 의함)

① 공판준비 또는 공판기일에 피고인이나 피고인 아닌 자의 진술을 기재한 조서와 법원 또는 법관의 검증의 결과를 기재한 조서는 당해 사건에서 당연히 증거로 할 수 있다.
② 피고인이 공판정에서 공소사실을 자백하여 법원이 간이공판절차로 심판할 것을 결정한 사건에서는 전문법칙이 그대로 적용된다.
③ 전문증거라도 공판준비 또는 공판기일에서의 피고인 또는 피고인이 아닌 자의 진술의 증명력을 다투기 위한 증거로는 사용할 수 있다.
④ 체포·구속인접견부는 형사소송법 제315조에 규정된 당연히 증거능력이 있는 서류로 볼 수 없다.

19 다음 중 전문증거에 해당하지 않는 것은 모두 몇 개인가? (다툼이 있는 경우 판례에 의함)

㉠ 甲이 반국가단체로부터 지령을 받고 국가기밀을 탐지·수집하였다는 공소사실로 기소되었는데 甲의 컴퓨터에 저장되어 있던 국가기밀을 담은 서류가 증거로 제출된 경우
㉡ 甲이 진술 당시 술에 취하여 횡설수설하였다는 것을 확인하기 위하여 제출된 甲의 진술이 녹음된 녹음테이프
㉢ 횡령죄로 기소된 D의 의뢰를 받은 변호사가 작성하여 D에게 이메일로 전송한 '법률의견서'를 출력한 사본
㉣ 甲이 반국가단체 구성원 A와 회합한 후 A로부터 지령을 받고 국가기밀을 탐지·수집하였다는 공소사실로 기소되었고, 甲의 컴퓨터에서 "A 선생 앞 : 2011년 면담은 1월 30일 북경에서 하였으면 하는 의견입니다."라는 등의 내용이 담겨져 있는 파일이 발견되었는데, 이 파일이 甲과 A의 회합을 입증하기 위한 증거로 제출된 경우
㉤ 증인이 법정에서 "甲이 ○○체육관 부지를 공시지가로 매입하게 해 주겠다고 말하였다."라고 증언하였는데, 그 증언이 甲이 그와 같이 말한 사실의 존재를 증명하기 위한 증거로 제출된 경우

① 1개　　② 2개　　③ 3개　　④ 4개

20 증거능력에 대한 설명 중 가장 적절하지 않은 것은? (다툼이 있는 경우 판례에 의함)

① 상해의 공소사실에서 피해자 A의 상해 부위를 촬영한 사진은 비진술증거로서 전문법칙이 적용되지 아니한다.
② 외국에 거주하는 참고인 A와의 전화 대화내용을 문답형식으로 기재한 검찰주사보 작성의 수사보고서는 형사소송법 제313조가 적용되기 위하여 그 진술을 기재한 서류에 그 진술자의 서명 또는 날인이 있어야 한다.
③ 수사기관이 피의자의 범의를 명백하게 하기 위하여 A를 참고인으로 조사하는 과정에서 진술거부권을 고지하지 않고 진술조서를 작성하였는데, 추후 계속된 수사를 통하여 A가 피의자와 공범관계에 있을 가능성이 인정되었다면 A에 대한 위 조사 당시 A는 이미 피의자의 지위에 있었다고 볼 수 있으므로 A에 대한 위 진술조서는 증거능력이 없다.
④ 피해자가 남동생에게 도움을 요청하면서 피고인으로부터 당한 공갈 등 피해 내용을 담아 보낸 문자메시지를 촬영한 사진은 형사소송법 제313조에 규정된 '피해자의 진술서'에 준하는 것으로 보아야 한다.

21. 증거능력과 증명에 관한 설명 중 가장 적절하지 않은 것은? (다툼이 있는 경우 판례에 의함)

① 피고인 甲이 사업주(실질적 경영귀속주체)인 사업체의 종업원 乙이 법규위반행위를 하여 甲이 양벌규정에 의하여 기소되고 사법경찰관이 작성한 乙에 대한 피의자신문조서가 증거로 제출되었으나 甲이 이를 내용부인 취지로 부동의하였고 재판 진행 중 乙이 지병으로 사망한 경우 위 피의자신문조서는 「형사소송법」 제314조에 의해 증거능력이 인정될 수 있다.

② 제1심에서 피고인에 대하여 무죄판결이 선고되어 검사가 항소한 후 수사기관이 항소심 공판기일에 증인으로 신청하여 신문할 수 있는 사람을 특별한 사정 없이 미리 수사기관에 소환하여 작성한 진술조서는 피고인이 증거로 할 수 있음에 동의하지 않는 한 증거능력이 없다.

③ 피고인 아닌 자의 공판기일에서의 진술이 피고인 아닌 타인의 진술을 그 내용으로 하는 경우 「형사소송법」 제316조 제2항이 요구하는 특히 신빙할 수 있는 상태하에서 행하여졌음에 대한 증명은 단지 그러한 개연성이 있다는 정도로는 부족하고 합리적인 의심의 여지를 배제하는 정도에 이르러야 한다.

④ 양심적 병역거부를 주장하는 피고인이 자신의 병역거부가 그에 따라 행동하지 않고서는 인격적 존재가치가 파멸되고 말 것이라는 절박하고 구체적인 양심에 따른 것으로 그 양심이 깊고 확고하며 진실한 것이라는 사실의 존재를 수긍할 만한 소명자료를 법원에 제출한 경우, 검사는 제출된 자료의 신빙성을 탄핵하는 방법으로 진정한 양심의 부존재를 증명할 수 있다.

22 다음 중 전문법칙에 관한 설명으로 가장 적절하지 않은 것은? (다툼이 있는 경우 판례에 의함)

① 「형사소송법」 제312조 제3항은 검사 이외의 수사기관이 작성한 당해 피고인에 대한 피의자신문조서를 유죄의 증거로 하는 경우뿐만 아니라 검사 이외의 수사기관이 작성한 당해 피고인과 공범관계에 있는 다른 피고인이나 피의자에 대한 피의자신문조서를 당해 피고인에 대한 유죄의 증거로 채택할 경우에도 적용된다.

② 조세범칙조사를 담당하는 세무공무원이 피고인이 된 혐의자 또는 참고인에 대하여 심문한 내용을 기재한 조서는 「형사소송법」 제313조에 따라 공판준비 또는 공판기일에서 작성자·진술자의 진술에 따라 성립의 진정함이 증명되고, 나아가 그 진술이 특히 신빙할 수 있는 상태 아래에서 행하여진 때에 한하여 증거능력이 인정된다.

③ 검사 이외의 수사기관이 작성한 피의자신문조서는 적법한 절차와 방식에 따라 작성된 것으로서 공판준비 또는 공판기일에 그 피의자였던 피고인 또는 변호인이 그 성립의 진정함을 증명한 때에 한하여 증거로 할 수 있다.

④ 사법경찰관이 수사의 경위 및 결과를 내부적으로 보고하기 위하여 수사보고서를 작성하면서 그 수사보고서에 검증의 결과와 관련한 기재를 하였더라도 그 수사보고서를 두고 「형사소송법」 제312조 제6항이 규정하고 있는 '검사 또는 사법경찰관이 검증의 결과를 기재한 조서'라고 할 수는 없다.

23 증거능력에 대한 설명 중 옳고 그름의 표시(○, ×)가 가장 바르게 된 것은? (다툼이 있는 경우 판례에 의함)

㉠ 검사가 작성한 피의자신문조서는 적법한 절차와 방식에 따라 작성된 것으로서 공판준비, 공판기일에 그 피의자였던 피고인 또는 변호인이 그 내용을 인정할 때에 한정하여 증거로 할 수 있다.

㉡ 피의자 아닌 자의 진술을 기재한 조서는 공판정에서 원진술자의 진술에 의하여 그 성립의 진정함이 인정된 것이 아니면 설사 공판정에서 피고인이 그 성립을 인정하여도 이를 증거로 할 수 있음에 동의한 것이 아닌 이상 증거로 할 수 없다.

㉢ 사법경찰관이 작성한 검증조서에 피의자이던 피고인이 검사 이외의 수사기관 앞에서 자백한 범행내용을 현장에 따라 진술·재연한 내용이 기재되고 그 재연 과정을 촬영한 사진이 첨부되어 있다면, 그러한 기재나 사진은 피고인이 공판정에서 그 진술내용 및 범행재연의 상황을 모두 부인하더라도 증거능력이 있다.

㉣ 디지털 저장매체 원본을 대신하여 저장매체에 저장된 자료를 '하드카피' 또는 '이미징'한 매체로부터 출력한 문건의 경우에는 디지털 저장매체 원본과 '하드카피' 또는 '이미징'한 매체 사이에 자료의 동일성이 인정되어야 하는 것은 아니다.

① ㉠(○) ㉡(○) ㉢(×) ㉣(×)　　② ㉠(×) ㉡(×) ㉢(○) ㉣(○)
③ ㉠(×) ㉡(○) ㉢(×) ㉣(×)　　④ ㉠(○) ㉡(×) ㉢(○) ㉣(○)

24 전문증거에 관한 설명 중 가장 적절하지 않은 것은? (다툼이 있는 경우 판례에 의함)

① A가 특정범죄가중처벌등에관한법률위반(알선수재)죄로 기소된 피고인으로부터 건축허가를 받으려면 담당공무원에게 사례비를 주어야 한다는 말을 들었다는 취지의 법정진술을 한 경우, 원진술의 존재 자체가 알선수재죄에서의 요증사실이므로 A의 진술은 전문증거가 아니라 본래증거에 해당한다.

② 사법경찰리 작성의 피해자에 대한 진술조서가 피해자의 화상으로 인한 서명불능이라는 이유로 입회하고 있던 동생에게 대신 읽어 주고 그 동생으로 하여금 서명·날인하게 한 서류인 경우, 그 진술 조서는 형식적 요건을 결여한 서류로서 증거로 사용할 수 없다.

③ 휴대전화로 협박내용을 반복적으로 보냈다는 공소사실에 대한 증거로 제출된 '전송된 문자정보를 휴대전화 화면에 띄워 촬영한 사진'에 대해 피고인이 성립 및 내용의 진정을 부인하는 경우 이는 유죄 인정의 증거가 될 수 없다.

④ 조서말미에 피고인의 서명만이 있고, 그 날인(무인 포함)이나 간인이 없는 검사 작성의 피고인에 대한 피의자신문조서는 피고인이 법정에서 그 피의자신문조서의 임의성을 인정하였다고 하여도 증거능력이 없다.

25 영상녹화물, 녹음테이프 또는 사진의 증거능력에 대한 설명으로 가장 적절하지 않은 것은? (다툼이 있는 경우 판례에 의함)

① 사인(私人)이 피고인 아닌 사람과의 대화내용을 녹음한 녹음테이프에 대해 법원이 그 진술 당시 진술자의 상태 등을 확인하기 위하여 작성한 검증조서는 법원의 검증 결과를 기재한 조서로서 형사소송법 제311조에 의하여 증거로 할 수 있다.

② 사인(私人)이 피고인 아닌 사람과의 대화내용을 녹음한 녹음테이프는 피고인의 증거동의가 없는 이상 그 증거능력을 부여하기 위해서는, 첫째 녹음테이프가 원본이거나 인위적 개작없이 원본 내용 그대로 복사된 사본일 것, 둘째 형사소송법 제313조 제1항에 따라 공판준비나 공판기일에서 원진술자의 진술에 의하여 녹음테이프에 녹음된 각자의 진술내용이 자신이 진술한대로 녹음된 것이라는 점이 인정되어야 한다.

③ 검증조서에 첨부된 사진은 검증조서와 일체를 이루는 것이므로 사법경찰관 작성의 검증조서 중 피고인 진술 기재부분 및 범행재연의 사진 부분에 대하여 원진술자이며 행위자인 피고인이 그 진술 및 범행재연의 진정함을 인정하지 않는다고 하더라도 검증조서 전체의 증거능력이 인정된다.

④ 피고인 또는 피고인이 아닌 자의 진술을 내용으로 하는 영상녹화물은 공판준비 또는 공판기일에서 피고인 또는 피고인이 아닌 자가 진술함에 있어서 기억이 명백하지 아니한 사항에 관하여 기억을 환기시켜야 할 필요가 있다고 인정되는 때에 한하여 피고인 또는 피고인이 아닌 자에게 재생하여 시청하게 할 수 있다.

26 형사소송법 제311조에 따라서 증거능력이 인정되는 전문증거는 모두 몇 개인가? (다툼이 있는 경우 판례에 의함)

> ㉠ 당해 사건에서 상소심에 의한 파기환송 전의 공판조서
> ㉡ 당해 사건에서 공판절차 갱신 전의 공판조서
> ㉢ 당해 사건의 공판준비절차에서 작성된 감정인신문조서
> ㉣ 당해 사건의 공판기일에서 피고인이 행한 진술
> ㉤ 증거보전절차에서 작성된 증인신문조서 중 증인에 대한 반대신문과정에서 피의자가 진술한 내용을 기재한 부분

① 2개　　② 3개　　③ 4개　　④ 5개

27 전문증거에 관한 설명 중 가장 적절하지 않은 것은? (다툼이 있는 경우 판례에 의함)

① 녹음파일에 담긴 진술 내용의 진실성이 증명의 대상이 되는 때에는 전문법칙이 적용된다고 할 것이나, 녹음파일에 담긴 진술 내용의 진실성이 아닌 그와 같은 진술이 존재하는 것 자체가 증명의 대상이 되는 경우에는 전문법칙이 적용되지 아니한다.
② A에 대한 사기죄로 공소제기된 甲의 공판에서 甲이 자신의 처에게 보낸 "내가 A를 속여 투자금을 받았는데 그 돈을 송금한다."라는 내용의 문자 메시지가 증거로 제출되었다면 이 메시지는 전문증거에 해당한다.
③ 전문증거라도 당사자가 동의한 경우에는 전문법칙이 적용되지 않으며, 증인의 신용성을 탄핵하기 위한 탄핵증거로 제출된 경우에도 전문법칙이 적용되지 않는다.
④ "피해자로부터 '피고인이 자신을 추행했다.'는 취지의 말을 들었다."는 A의 진술을 "피고인이 자신을 추행했다."는 피해자의 진술내용의 진실성을 증명하는 간접사실로 사용하는 경우에는 전문증거에 해당하지 않는다.

28 전문법칙에 대한 설명 중 가장 적절하지 않은 것은? (다툼이 있는 경우 판례에 의함)

① 검사 또는 사법경찰관이 검증의 결과를 기재한 조서는 적법한 절차와 방식에 따라 작성된 것으로서 공판준비 또는 공판기일에서의 피고인의 진술에 따라 그 성립의 진정함이 증명된 때에는 증거로 할 수 있다.
② 공판준비 또는 공판기일에 피고인이나 피고인 아닌 자의 진술을 기재한 조서와 법원 또는 법관의 검증의 결과를 기재한 조서는 증거로 할 수 있다.
③ 검사 이외의 수사기관이 작성한 피의자신문조서는 적법한 절차와 방식에 따라 작성된 것으로서 공판준비 또는 공판기일에 그 피의자였던 피고인 또는 변호인이 그 내용을 인정할 때에 한하여 증거로 할 수 있다.
④ 피고인 아닌 자의 공판준비 또는 공판기일에서의 진술이 피고인 아닌 타인의 진술을 그 내용으로 하는 것인 때에는 원진술자가 사망, 질병, 외국거주, 소재불명 그 밖에 이에 준하는 사유로 인하여 진술할 수 없고, 그 진술이 특히 신빙할 수 있는 상태하에서 행하여졌음이 증명된 때에 한하여 이를 증거로 할 수 있다.

29 전문법칙에 대한 설명 중 가장 적절하지 않은 것은? (다툼이 있는 경우 판례에 의함)

① 사인(私人)이 피고인 아닌 사람과의 대화내용을 녹음한 녹음테이프는 원본으로서 공판준비나 공판기일에서 원진술자의 진술에 의하여 녹음된 각자의 진술내용이 자신이 진술한대로 녹음된 것이라는 점이 인정되더라도 피고인이 동의하지 않는다면 증거로 사용할 수 없다.
② 사인(私人)이 피고인 아닌 사람과의 대화내용을 녹음한 녹음테이프에 대해 법원이 그 진술당시 진술자의 상태 등을 확인하기 위해 작성한 검증조서는 법원의 검증결과를 기재한 조서로서 「형사소송법」 제311조에 의하여 증거로 할 수 있다.
③ 甲이 법정에서 '피고인이 체육관 부지를 공시지가로 매입하게 해주고 방송국과의 시설이주 협의도 2개월 내로 완료하겠다고 말하였다'고 진술한 경우, 피고인의 이러한 원진술의 존재 자체가 피고인에 대한 사기죄 또는 변호사법위반죄 사건에 있어서의 요증사실이므로 이러한 사건에서 甲의 위와 같은 진술은 전문증거라고 볼 수 없다.
④ 압수된 디지털 저장매체로부터 출력한 문건을 진술증거로 사용하는 경우 그것에 기재된 내용의 진실성에 관해서는 전문법칙이 적용된다.

30 검사 이외의 수사기관이 작성한 피의자신문조서에 관한 설명 중 가장 적절하지 않은 것은? (다툼이 있는 경우 판례에 의함)

① 피고인이 제1심 제4회 공판기일부터 공소사실을 일관되게 부인하여 경찰 작성 피의자신문조서의 진술 내용을 인정하지 않는 경우, 제1심 제4회 공판기일에 피고인이 그 서증의 내용을 인정한 것으로 공판조서에 기재된 것은 착오 기재 등으로 보아 피의자신문조서의 증거능력을 부정하여야 한다.
② 형사소송법 제312조 제3항은 형법 총칙의 공범 이외에도, 서로 대향된 행위의 존재를 필요로 할 뿐 각자의 구성요건을 실현하고 별도의 형벌 규정에 따라 처벌되는 강학상 필요적 공범 내지 대향범 관계에 있는 자들 사이에서도 적용된다.
③ 피고인과 공범관계에 있는 다른 피의자에 대한 검사 이외의 수사기관 작성의 피의자신문조서에 대하여는 사망 등 사유로 인하여 법정에서 진술할 수 없는 때에 예외적으로 증거능력을 인정하는 규정인 형사소송법 제314조가 적용되지 않는다.
④ 양벌규정에 따라 처벌되는 행위자와 사업주가 공동피고인으로 기소된 경우 그 행위자에 대해 검사 이외의 수사기관이 작성한 피의자신문조서는 그 행위자의 법정진술에 의해 그 성립의 진정이 인정되는 등 형사소송법 제312조 제4항의 요건을 갖추면 그 사업주가 공판기일에서 그 조서의 내용을 부인하더라도 그 사업주에 대해 증거능력이 인정된다.

31 다음 설명 중 가장 적절하지 않은 것은? (다툼이 있는 경우 판례에 의함)

① 甲이 살인죄로 공소제기된 공판에서 A가 증인으로 출석하여 교통사고로 사망한 B가 생전에 자신에게 "甲이 C를 살해하는 것을 보았다."는 말을 한 적이 있다고 진술한 경우 B의 진술이 특히 신빙할 수 있는 상태 하에서 행하여졌음이 증명된 때에 한하여 이를 증거로 할 수 있다.
② 피조사자에 대한 진술거부권 고지 규정이 신설되기 전의 구 공직선거법 시행 당시 선거관리위원회 위원·직원이 선거범죄 조사와 관련하여 관계자에게 질문을 하면서 미리 진술거부권을 고지하지 않았다면 그 과정에서 작성·수집된 선거관리위원회 문답서의 증거능력은 부정된다.
③ 형사소송법 제316조 제2항에서 '피고인 아닌 타인'이라고 함은 제3자는 말할 것도 없고 공동피고인이나 공범자를 모두 포함한다
④ 경찰에서의 자술서, 검사 작성의 각 피의자신문조서, 다른 형사사건의 공판조서의 기재와 당해 사건의 공판정에서의 같은 사람의 증인으로서의 진술이 상반되는 경우 반드시 공판정에서의 증언을 믿어야 된다는 법칙은 없고, 상반된 증언, 감정 중에 그 어느 것을 사실인정의 자료로 인용할 것인가는 오로지 사실심 법원의 자유심증에 속한다.

32 전문법칙에 대한 설명 중 가장 적절한 것은? (다툼이 있는 경우 판례에 의함)

① 사법경찰관 작성의 공동피고인(乙)에 대한 피의자신문조서를 乙이 법정에서 진정성립 및 내용을 인정한 경우, 공동피고인(甲)이 그 피의자신문조서의 진정성립 및 내용을 인정하지 않더라도 甲에 대하여 증거능력이 있다.
② 의사가 작성한 진단서는 업무상 필요에 의하여 순서적, 계속적으로 작성되는 것이고 그 작성이 특히 신빙할 만한 정황에 의하여 작성된 문서이므로 당연히 증거능력이 인정되는 서류라고 할 수 있다.
③ "甲이 도둑질 하는 것을 보았다"라는 乙의 발언사실을 A가 법정에서 증언하는 경우, 乙의 명예훼손 사건에 대한 전문증거로서 전문법칙이 적용된다.
④ 성폭력 피해아동이 어머니에게 진술한 내용을 어머니가 상담원에게 전한 후, 상담원이 그 내용을 검사 면전에서 진술하여 작성된 진술조서는 이른바 '재전문진술을 기재한 조서'로서 피고인이 동의하지 않는 한 증거능력이 인정되지 아니한다.

33 증거능력에 관한 다음 설명 중 가장 적절하지 않은 것은? (다툼이 있는 경우 판례에 의함)

① 전문진술의 증거능력 인정기준 중의 하나인 '그 진술이 특히 신빙할 수 있는 상태하에서 행하여진 때'라 함은 그 진술을 하였다는 것에 허위개입의 여지가 거의 없고, 그 진술내용의 신빙성이나 임의성을 담보할 구체적이고 외부적인 정황이 있는 경우를 말한다.
② 피고인 아닌 자를 조사한 자의 증언에 증거능력이 인정되기 위해서는 원진술자가 사망, 질병, 외국거주, 소재불명, 그 밖에 이에 준하는 사유로 인하여 진술할 수 없어야 하는 것이라서, 원진술자가 법정에 출석하여 수사기관에서 한 진술을 부인하는 취지로 증언한 이상 원진술자의 진술을 내용으로 하는 조사자의 증언은 증거능력이 없다.
③ 형사소송법은 전문진술에 대하여 제316조에서 실질상 단순한 전문의 형태를 취하는 경우에 한하여 예외적으로 그 증거능력을 인정하는 규정을 두고 있을 뿐, 재전문진술이나 재전문진술을 기재한 조서에 대하여는 달리 그 증거능력을 인정하는 규정을 두고 있지 아니하고 있으므로, 피고인이 증거로 하는 데 동의하더라도 이를 증거로 할 수 없다.
④ 전문의 진술을 증거로 함에 있어서는 전문진술자가 원진술자로부터 진술을 들을 당시 원진술자가 증언능력에 준하는 능력을 갖춘 상태에 있어야 한다.

34 다음 설명 중 옳은 것은 모두 몇 개인가? (다툼이 있는 경우 판례에 의함)

○ 피고인과 공범관계가 있는 다른 피의자에 대한 사법경찰관 작성의 피의자신문조서는 그 다른 피의자가 사망하여 법정에서 진술할 수 없는 때에는 형사소송법 제314조에 따라 증거능력이 인정된다.
○ 피고인이 수표를 발행한 후 예금부족으로 지급되지 않도록 한 혐의로 공소제기된 부정수표단속법 위반사실을 증명하기 위하여 제출된 원본수표를 복사한 사본에는 전문법칙이 적용되지 않는다.
○ 피고인 아닌 자가 작성한 진술서에 대하여 작성자가 그 진정성립을 부인하는 경우에는 과학적 분석결과에 기초한 디지털포렌식 자료, 감정 등 객관적인 방법으로 성립의 진정이 증명되고, 반대신문의 기회가 제공되었다면 증거로 할 수 있다.

① 없음   ② 1개   ③ 2개   ④ 3개

35 전문증거에 대한 설명 중 옳은 것은 모두 몇 개인가? (다툼이 있는 경우 판례에 의함)

○ 조서 말미에 피고인의 서명만이 있고 그 날인이나 간인이 없는 검사 작성의 피고인에 대한 피의자신문조서는 증거능력이 없다고 할 것이나, 그 날인이나 간인이 없는 것이 피고인이 그 날인이나 간인을 거부하였기 때문이어서 그러한 취지가 조서 말미에 기재되어 있는 경우에는 증거능력이 인정된다.
○ 검사 또는 사법경찰관이 작성한 참고인진술조서의 실질적 진정성립을 영상녹화물에 의하여 증명할 수 있다.
○ 공판준비 또는 공판기일에 피고인이나 피고인 아닌 자의 진술을 기재한 조서와 법원 또는 법관의 검증의 결과를 기재한 조서는 증거로 할 수 있다.
○ 형사소송법 제314조에 따라 참고인의 소재불명 등의 경우에 그 참고인이 진술하거나 작성한 진술조서나 진술서에 대하여 증거능력을 인정하는 경우 참고인의 진술 또는 작성이 '특히 신빙할 수 있는 상태 하에서 행하여졌음에 대한 증명'은 그러할 개연성이 있다는 정도에 이르러야 한다.

① 1개   ② 2개   ③ 3개   ④ 4개

36 전문증거에 대한 설명으로 가장 적절하지 않은 것은? (다툼이 있는 경우 판례에 의함)

① 피고인 아닌 자의 전문진술이 기재된 조서로서 재전문서류는「형사소송법」제312조 또는 제314조의 전문서류의 증거능력 인정요건을 갖추어야 함은 물론 나아가「형사소송법」제316조 제2항의 전문진술의 증거능력 인정요건을 모두 갖추어야 증거능력이 인정된다.
② 대한민국 법원의 형사사법공조요청에 따라 미합중국 법원의 지명을 받은 수명자(미합중국 검사)가 작성한 피해자 및 공범에 대한 증언녹취서(deposition)는 이를「형사소송법」제315조 소정의 당연히 증거능력이 인정되는 서류로 볼 수 없다.
③ 사법경찰관이 적법한 절차와 방식에 따라 작성한 검증조서에 피의자 아닌 자의 진술이 기재된 경우 그 진술이 영상녹화물에 의하여 증명되고 공판기일에서 작성자인 사법경찰관의 진술에 따라 그 성립의 진정함이 증명된 때에는 증거로 할 수 있다.
④ 디지털 저장매체에 저장된 로그파일의 원본이 아니라 그 복사본의 일부내용을 요약·정리하는 방식으로 새로운 문서파일이 작성된 경우에 피고인이 증거사용에 동의하지 않은 상황에서 새로운 문서파일에 대해 진술증거로서 증거능력을 인정하기 위해서는 로그파일 원본과의 동일성이 인정되는 외에 전문법칙에 따라 작성자 또는 진술자의 진술에 의해 성립의 진정이 증명되어야 한다.

37 다음 중 전문법칙에 대한 설명으로 옳은 것은 모두 몇 개인가? (다툼이 있는 경우 판례에 의함)

> ⊙ 사인(私人)이 피고인 아닌 자의 진술을 녹음한 녹음테이프에 대하여 법원이 실시한 검증의 내용이 녹음테이프에 녹음된 대화내용이 검증조서에 첨부된 녹취서에 기재된 내용과 같다는 것에 불과한 경우, 그 검증조서는「형사소송법」제311조의 '법원의 검증의 결과를 기재한 조서'에 해당하여 그 조서 중 위 진술내용은 위 제311조에 의하여 증거능력이 인정된다.
> ⓒ 사인(私人)인 제3자가 절취한 업무일지를 소송사기의 피해자가 대가를 지급하고 취득한 경우, 그 업무일지는 사기죄에 대한 증거로 사용될 수 있다.
> ⓒ 「형사소송법」은 전문진술에 대하여 제316조에서 실질상 단순한 전문의 형태를 취하는 경우에 한하여 예외적으로 그 증거능력을 인정하는 규정을 두고 있을 뿐, 재전문진술이나 재전문진술을 기재한 조서에 대하여는 달리 그 증거능력을 인정하는 규정을 두고 있지 아니하고 있으므로, 피고인이 증거로 하는데 동의하지 아니하는 한「형사소송법」제310조의2의 규정에 의하여 이를 증거로 할 수 없다.
> ② 의사가 작성한 진단서는 업무상 필요에 의하여 순차적, 계속적으로 작성되는 것이고 그 작성이 특히 신빙할 만한 정황에 의하여 작성된 문서이므로 당연히 증거능력이 인정되는 서류라고 할 수 있다.

① 1개   ② 2개   ③ 3개   ④ 4개

38 형사소송법 제314조에서 규정한 '진술을 요하는 자가 사망·질병·외국거주·소재불명, 그 밖에 이에 준하는 사유로 인하여 진술할 수 없는 때'에 해당하는 것은? (다툼이 있는 경우 판례에 의함)

① 10세 남짓의 성추행 피해자인 진술자가 만 5세 무렵에 당한 성추행으로 인하여 외상 후 스트레스 증후군을 앓고 있다는 등의 이유로 공판정에 출석하지 아니한 경우
② 수사기관에서 진술한 피해자인 유아가 공판정에서 진술을 하였으나 증인신문 당시 대부분의 사항에 관하여 기억이 나지 않는다는 취지로 진술하여 수사기관에서 행한 진술이 재현 불가능하게 된 경우
③ 증인에 대한 소재탐지촉탁을 하여 소재수사를 하였으나 그 소재를 확인할 수 없었는데, 진술조서에 기재된 증인의 전화번호로 연락하여 보지 아니하는 등 증인의 법정 출석을 위한 가능하고도 충분한 노력을 다하지 않은 경우
④ 증인이 형사소송법에서 정한 바에 따라 정당하게 증언거부권을 행사하여 증언을 거부한 경우

39 형사소송법 제315조에 규정된 당연히 증거능력 있는 서류에 해당하는 것(○)과 해당하지 않는 것(×)을 바르게 연결한 것은? (다툼이 있는 경우 판례에 의함)

㉠ 보험사기 사건에서 건강보험심사평가원이 수사기관의 의뢰에 따라 그 수사기관이 보내온 자료를 토대로 작성한 입원진료의 적정성에 대한 의견을 제시하는 내용의 '입원진료 적정성 여부 등 검토의뢰에 대한 회신'
㉡ 대한민국 주중국 대사관 영사가 공무수행과정에서 작성하였지만 공적인 증명보다는 상급자에 대한 보고를 목적으로 작성한 사실확인서(공인(公印) 부분은 제외)
㉢ 검찰에서 피고인이 소지·탐독을 인정한 유인물에 대하여, 사법경찰관이 그 내용을 분석하고 이를 기계적으로 복사하여 그 말미에 그대로 첨부하여 작성한 수사보고서
㉣ 성매매업소에서 성매매 여성들이 영업에 참고하기 위하여 성매매 상대방의 아이디, 전화번호 등에 관한 정보를 입력하여 작성한 메모리카드의 내용

① ㉠(○) ㉡(×) ㉢(○) ㉣(×)   ② ㉠(×) ㉡(×) ㉢(○) ㉣(×)
③ ㉠(○) ㉡(○) ㉢(×) ㉣(○)   ④ ㉠(×) ㉡(×) ㉢(○) ㉣(○)

40. 전문증거에 관한 다음 설명 중 옳고 그름의 표시(O, ×)가 바르게 된 것은? (다툼이 있는 경우 판례에 의함)

> ㉠ 디지털 정보저장매체에 기억된 문자정보의 내용의 진실성이 아닌 그와 같은 내용의 문자정보의 존재 자체가 직접 증거로 되는 경우에도 전문법칙이 적용되므로 「형사소송법」 제313조 제1항에 의하여 작성자 또는 진술자의 진술에 의하여 성립의 진정함이 증명된 때에 한하여 이를 증거로 사용할 수 있다.
> ㉡ 공범으로서 별도로 공소제기된 다른 사건의 피고인 甲에 대한 수사과정에서 담당 검사가 피의자인 甲과 그 사건에 대하여 대화하는 내용과 장면을 녹화한 비디오테이프에 대한 법원의 검증조서는 피의자신문조서에 준하여 그 증거능력을 가려야 한다.
> ㉢ 재전문진술이나 재전문진술을 기재한 조서는 피고인이 증거로 하는 데 동의하지 아니하는 한 전문법칙에 관한 형사소송법 제310조의2의 규정에 의하여 이를 증거로 할 수 없다.
> ㉣ 증인신문조서가 증거보전절차에서 증인 甲의 증언내용을 기재한 것으로, 피의자였던 피고인이 당사자로 참여하여 자신의 범행사실을 시인하는 전제하에 위 증인에게 반대신문 한 내용이 기재되어 있다면, 위 조서 중 피의자의 진술기재부분은 형사소송법 제311조 소정의 법원 또는 법관의 조서로서 증거능력이 인정된다.

① ㉠(O) ㉡(O) ㉢(×) ㉣(O)
② ㉠(O) ㉡(×) ㉢(×) ㉣(×)
③ ㉠(×) ㉡(O) ㉢(O) ㉣(×)
④ ㉠(×) ㉡(×) ㉢(O) ㉣(O)

41. 형사소송법 제315조의 '당연히 증거능력이 있는 서류'에 대한 설명으로 옳지 않은 것은? (다툼이 있는 경우 판례에 의함)

① 변호사가 피고인에 대한 법률자문 과정에 작성하여 피고인에게 전송한 전자문서를 출력한 법률의견서는 '업무상 필요로 작성한 통상문서'에 해당하지 않는다.
② '기타 특히 신용할 만한 정황에 의하여 작성된 문서'는 굳이 반대신문의 기회 부여 여부가 문제되지 않을 정도로 고도의 신용성의 정황적 보장이 있는 문서를 의미한다.
③ 다른 피고인에 대한 형사사건의 공판조서 중 일부인 증인신문조서는 '기타 특히 신용할 만한 정황에 의하여 작성된 문서'에 해당한다.
④ 특별한 자격이 없이 범칙물자에 대한 시가감정업무에 4~5년 종사해 온 세관공무원이 세관에 비치된 기준과 수입신고서에 기재된 가격을 참작하여 작성한 감정서는 '공무원의 직무상 증명할 수 있는 사항에 관하여 작성한 문서'에 해당하지 않는다.

42 전문증거의 증거능력에 관한 설명 중 가장 적절하지 않은 것은? (다툼이 있는 경우 판례에 의함)

① 보험사기 사건에서 건강보험심사평가원이 수사기관의 의뢰에 따라 그 보내온 자료를 토대로 입원진료의 적정성에 대한 의견을 제시하는 내용의 '건강보험심사평가원의 입원진료 적정성 여부 등 검토의뢰에 대한 회신'은 형사소송법 제315조 제3호의 '기타 특히 신용할 만한 정황에 의하여 작성된 문서'에 해당하지 않는다.

② 정보통신망을 통하여 공포심이나 불안감을 유발하는 글을 반복적으로 상대방에게 도달하게 하는 행위를 하였다는 공소사실에 대하여, 휴대전화기에 저장된 문자정보는 형사소송법 제310조의2의 전문법칙이 적용되지 않는다.

③ 체포·구속인접견부는 유치된 피의자가 죄증을 인멸하거나 도주를 기도하는 등 유치장의 안전과 질서를 위태롭게 하는 것을 방지하기 위한 목적으로 작성되는 서류일 뿐이어서 형사소송법 제315조 제2호, 제3호에 따라 당연히 증거능력이 인정되는 서류로 볼 수는 없다.

④ 양벌규정에 따라 처벌되는 행위자와 행위자가 아닌 법인 또는 개인 사이는 공범 관계라고 볼 수 없으므로 법인 또는 개인이 피고인인 사건에서 사법경찰관 작성의 행위자에 대한 피의자신문조서에는 피고인이 아닌 자의 진술을 기재한 조서에 관한 형사소송법 제312조 제4항이 적용된다.

제4절 당사자의 동의와 증거능력

43 증거동의에 관한 설명으로 가장 적절하지 않은 것은? (다툼이 있는 경우 판례에 의함)

① 유죄의 자료가 되는 것으로 제출된 증거의 반대증거 서류에 대하여는 그것이 유죄사실을 인정하는 증거가 되는 것이 아닌 이상 반드시 그 진정성립이 증명되지 아니하거나 이를 증거로 함에 있어서의 상대방의 동의가 없다고 하더라도 증거판단의 자료로 할 수 있다.

② 피고인이 공소사실을 부인하고 있는 상황에서 검사가 신청한 증인의 법정진술이 전문증거로서 증거능력이 없는 경우 피고인 또는 변호인에게 의견을 묻는 등의 적절한 방법으로 그러한 사정에 대하여 고지가 이루어지지 않은 채 증인신문이 진행되었다면, 피고인이 그 증거조사 결과에 대하여 별 의견이 없다고 진술하였더라도 증인의 법정증언을 증거로 삼는 데에 동의한 것으로 볼 수 없다.

③ 피고인이 재판장의 허가 없이 퇴정하고 변호인도 이에 동조하여 퇴정해 버린 상태에서 증거조사를 할 수 밖에 없는 경우에는 피고인의 진의와는 관계없이 증거에 대하여 피고인의 동의가 있는 것으로 간주된다.

④ 피고인의 변호인이 증거 부동의 의견을 밝힌 고발장을 첨부문서로 포함하고 있는 검찰주사보 작성의 수사보고가 수사기관이 첨부한 자료를 통하여 얻은 인식·판단·추론이거나 자료의 단순한 요약에 불과하더라도 피고인이 증거에 동의하여 증거조사가 행하여졌다면 그 수사보고에 대한 증거동의의 효력은 첨부된 고발장에도 당연히 미친다고 볼 것이므로 이를 유죄의 증거로 삼을 수 있다.

44 증거동의에 대한 설명 중 가장 적절하지 않은 것은? (다툼이 있는 경우 판례에 의함)

① 소유자, 소지자 또는 보관자가 아닌 자로부터 제출받은 물건을 영장없이 압수한 경우 그 압수물 및 압수물을 찍은 사진은 유죄의 증거로 사용할 수 없고, 피고인이나 변호인이 이를 증거로 함에 동의하였다고 하더라도 달리 볼 것은 아니다.

② 수사기관이 마약사범 수사에 협조해 온 공소외인으로부터 피고인의 필로폰 판매 범행에 대한 진술을 들은 다음, 추가증거를 확보할 목적으로 필로폰투약 혐의로 구속수감되어 있는 공소외인에게 압수된 그의 휴대전화기를 제공하여 그로 하여금 피고인과 통화하고 범행에 관한 통화 내용을 몰래 녹음하게 한 행위는 불법감청에 해당하고, 그 녹취내용은 피고인의 증거동의에 상관없이 증거능력이 없다.

③ 수사기관이 법원으로부터 영장 또는 감정처분허가장을 발부받지 아니한 채 피의자의 동의 없이 피의자의 신체로부터 혈액을 채취하고 사후적으로도 지체없이 그에 대한 영장을 발부받지도 아니한 채 피의자의 혈액 중 알콜농도에 관한 감정이 이루어졌다면, 그 감정결과보고서는 영장주의 원칙을 위반하여 수집한 증거로서 피고인이나 변호인의 증거동의가 있다고 하더라도 유죄의 증거로 사용할 수 없다.

④ 피의자를 긴급체포하는 경우에 필요한 때에는 영장 없이 체포현장에서 압수·수색을 할 수 있고, 이에 따라 압수한 물건을 계속 압수할 필요가 있는 경우에는 지체 없이 압수·수색영장을 청구하여야 하며, 청구한 압수·수색영장을 발부받지 못한 때에는 압수한 물건을 즉시 반환하여야 하는 바, 이를 위반하여 압수·수색영장을 발부받지 아니하고도 즉시 반환하지 아니한 압수물은 피고인이나 변호인이 이를 증거로 함에 동의하지 않는 한 유죄 인정의 증거로 사용할 수 없다.

45 다음 중 증거동의에 관한 설명으로 가장 적절한 것은? (다툼이 있는 경우 판례에 의함)

① 피고인이 제1심에서 2회 불출정하여 증거동의가 간주된 후 증거조사를 완료한 경우라도 항소심에 출석하여 증거동의를 철회 또는 취소하는 의사표시를 한다면 그 증거능력이 상실된다.

② 피고인은 증거로 할 수 있음에 동의하는 의사표시를 하였더라도 증거조사가 완료되기 전까지 그 의사를 철회할 수 있다.

③ 검사 작성의 피고인 아닌 자에 대한 진술조서에 관하여 피고인이 공판정 진술과 배치되는 부분은 부동의한다고 진술한 것은 조서내용의 특정부분에 대하여 증거로 함에 동의한다는 특별한 사정이 있는 때와 같이 그 조서를 증거로 함에 동의한다는 취지로 해석해야 한다.

④ 피고인이 무죄에 관한 자료로 제출한 서증 가운데 도리어 유죄임을 뒷받침하는 내용이 있는 경우 법원은 증거공통의 원칙상 피고인의 증거동의 등 별도의 조치가 없더라도 이를 유죄의 증거로 사용할 수 있다.

46 증거동의에 관한 설명 중 옳은 것은 모두 몇 개인가? (다툼이 있는 경우 판례에 의함)

㉠ 피고인과의 대화내용을 피해자가 녹음한 보이스펜 자체에 대해서는 피고인이 증거동의하였으나, 그 녹음내용을 재녹음한 녹음테이프의 녹취록의 기재가 위 각 녹음된 내용과 모두 일치하는 것으로 확인하였을 뿐 녹음테이프를 증거로 함에 동의하지 않았더라도, 그 진술이 특히 신빙할 수 있는 상태하에서 행하여진 것으로 인정된다면 녹취록은 증거능력이 있다.
㉡ '재전문진술'이나 '전문진술이 기재된 조서' 그리고 '재전문진술을 기재한 조서'는 피고인이 증거로 하는 데 동의하더라도 증거능력이 없다.
㉢ 피고인이 변호인과 함께 출석한 공판기일의 공판조서에 검사가 제출한 증거에 대하여 동의한다는 기재가 되어 있더라도 이를 피고인이 증거동의한 것으로 보아서는 안 된다.
㉣ 증거동의는 명시적으로 하여야 하므로 피고인이 신청한 증인의 전문진술에 대하여 피고인이 별 의견이 없다고 진술한 것만으로는 그 증언을 증거로 함에 동의한 것으로 볼 수 없다.
㉤ 증거동의는 구두변론 종결시까지 철회할 수 있다.

① 없음   ② 1개   ③ 2개   ④ 3개

47 당사자의 동의와 증거능력에 대한 설명 중 가장 적절한 것은? (다툼이 있는 경우 판례에 의함)

① 피고인이 출석한 공판기일에서 증거로 함에 부동의한다는 의견이 진술된 경우에도 그 후 피고인이 출석하지 아니한 공판기일에 변호인만이 출석하여 종전 의견을 번복하여 증거로 함에 동의하였다면 이는 특별한 사정이 없는 한 효력이 있다.
② 진술에 임의성이 인정되지 않아 증거능력이 없는 증거라도 피고인이 증거로 함에 동의한다면 증거로 삼을 수 있다.
③ 피고인의 출정 없이 증거조사를 할 수 있는 경우에 피고인이 출정하지 아니한 때에는 피고인의 대리인 또는 변호인이 출정한 때를 제외하고 피고인이 증거로 함에 동의한 것으로 간주한다.
④ 약식명령에 불복하여 정식재판을 청구한 피고인이 정식재판절차의 제1심에서 2회 불출정하여 증거동의로 간주되어 증거조사를 완료한 경우에 피고인이 항소심에 출석하여 공소사실을 부인하면서 간주된 증거동의를 철회 또는 취소하면 제1심에서 부여된 증거능력은 상실된다.

48 증거동의에 관한 설명 중 가장 적절하지 않은 것은? (다툼이 있는 경우 판례에 의함)

① 피고인이 출석한 공판기일에서 증거로 함에 부동의한 경우에는 그 후 피고인이 출석하지 아니한 공판기일에 변호인만 출석하여 종전 의견을 번복하여 증거로 함에 동의하였더라도 효력이 없다.

② 개개의 증거에 대하여 개별적으로 증거동의를 받지 아니하고 검사가 제시한 모든 증거에 대하여 피고인이 증거로 함에 동의한다는 방식으로 증거동의가 이루어진 것일지라도 증거동의로서의 효력을 부정할 이유가 되지 못한다.

③ 「형사소송법」 제184조에 의한 증거보전절차에서 증인신문을 하는 경우 피의자에게 증인신문에 참여할 수 있는 기회를 주지 아니하고 작성된 증인신문조서는 피의자였던 피고인이 법정에서 그 증인신문조서를 증거로 할 수 있음에 동의하여 별다른 이의 없이 적법하게 증거조사를 거친 경우라 하더라도 증거능력이 부여되지 않는다.

④ 증거동의의 의사표시는 증거조사가 완료되기 전까지 철회할 수 있으나, 일단 증거조사가 완료된 뒤에는 철회가 인정되지 아니하므로 제1심에서 한 증거동의를 제2심에서 철회할 수 없다.

⑤ 피고인의 출정없이 증거조사를 할 수 있는 경우에 피고인이 출정하지 아니한 때에는 「형사소송법」 제318조 제1항의 증거동의가 있는 것으로 간주되지만, 대리인 또는 변호인이 출정한 때에는 그러하지 아니하다.

제3장 증명력 관련 문제

제1절 탄핵증거

01 탄핵증거에 대한 설명 중 옳지 않은 것은 모두 몇 개인가? (다툼이 있는 경우 판례에 의함)

> ㉠ 피고인이 내용을 부인하여 증거능력이 없는 사법경찰리 작성의 피의자신문조서가 당초 증거제출 당시 탄핵증거라는 입증취지를 명시하지 아니하였다면 탄핵증거로서의 증거조사절차가 대부분 이루어졌더라도 피의자신문조서를 피고인의 법정 진술에 대한 탄핵증거로 사용할 수 없다.
> ㉡ 탄핵증거는 범죄사실을 인정하는 증거가 아니어서 엄격한 증거능력을 요하지 아니한다.
> ㉢ 비록 증거목록에 기재되지 않았고 증거결정이 있지 아니하였다 하더라도 공판과정에서 그 입증취지가 구체적으로 명시되고 제시까지 된 이상, 그 제시된 증거에 대하여 탄핵증거로서의 증거조사는 이루어졌다고 보아야 할 것이다.
> ㉣ 검사가 유죄의 자료로 제출한 사법경찰리 작성의 피고인에 대한 피의자신문조서는 피고인이 그 내용을 부인하는 이상 증거능력이 없지만, 그것이 임의로 작성된 것이 아니라고 하더라도 피고인의 법정에서의 진술을 탄핵하기 위한 반대증거로는 사용할 수 있다.

① 1개 ② 2개 ③ 3개 ④ 4개

02 탄핵증거에 관한 설명 중 가장 적절하지 않은 것은? (다툼이 있는 경우 판례에 의함)
① 탄핵증거는 진술의 증명력을 다투기 위한 경우에만 허용되므로 처음부터 증명력을 지지하거나 보강하기 위하여 탄핵증거를 사용하는 것은 허용되지 않는다.
② 탄핵의 대상은 진술의 증명력이고 진술에는 구두진술과 진술이 기재된 서면도 포함된다.
③ 법정에서 증거로 제출된 바가 없어 전혀 증거조사가 이루어지지 아니한 채 수사기록에만 편철되어 있는 증거를 피고인의 진술을 탄핵하는 증거로 사용할 수는 없다.
④ 탄핵증거는 범죄사실을 인정하는 증거가 아니므로 엄격한 증거조사를 거칠 필요는 없는바, 증명력을 다투고자 하는 증거의 어느 부분에 의하여 진술의 어느 부분을 다투려고 한다는 것까지 사전에 상대방에게 알릴 필요는 없다.

03 탄핵증거에 관한 설명 중 옳고 그름의 표시(O,×)가 바르게 된 것은? (다툼이 있는 경우 판례에 의함)

> ㉠ 「형사소송법」 제318조의2 제2항에 따른 영상녹화물의 탄핵증거로의 사용에 대해서 논란은 있으나, 영상녹화물의 재생은 법원의 직권이나 검사의 신청이 있는 경우에 한하고, 기억의 환기가 필요한 피고인 또는 피고인 아닌 자에게만 이를 재생하여 시청하게 하여야 한다.
> ㉡ 검사가 탄핵증거로 신청한 체포·구속인접견부 사본은 피고인의 부인진술을 탄핵한다는 것이므로 결국 검사에게 입증책임이 있는 공소사실 자체를 입증하기 위한 것에 불과하므로 형사소송법 제318조의2 제1항 소정의 피고인의 진술의 증명력을 다투기 위한 탄핵증거로 볼 수 없다.
> ㉢ 탄핵증거에 대하여는 그 진정성립이 증명되지 않더라도 무방하다.
> ㉣ 탄핵증거는 범죄사실을 인정하는 증거가 아니므로 엄격한 증거조사를 거쳐야 할 필요가 없음은 형사소송법 제318조의2의 규정에 따라 명백하므로 법정에서 이에 대한 증거조사는 필요하지 않다.

① ㉠(O) ㉡(×) ㉢(O) ㉣(O)
② ㉠(O) ㉡(×) ㉢(×) ㉣(O)
③ ㉠(×) ㉡(O) ㉢(O) ㉣(×)
④ ㉠(×) ㉡(O) ㉢(×) ㉣(×)

제2절 자백의 보강법칙

04 자백과 보강증거에 대한 중 가장 적절하지 않은 것은? (다툼이 있는 경우 판례에 의함)
① 피고인이 甲과 합동하여 피해자 乙의 재물을 절취하려다가 미수에 그쳤다는 내용의 공소사실을 자백한 경우 피고인을 현행범으로 체포한 피해자 乙의 수사기관에서의 진술과 현장 사진이 첨부된 수사보고서는 피고인 자백에 대한 보강증거가 된다.
② 횡령죄의 피고인이 제출한 항소이유서에 "피고인은 돈이 급해 지어서는 안될 죄를 지었습니다.", "진심으로 뉘우치고 있습니다."라고 기재되어 있더라도, 이어진 검사와 재판장 및 변호인의 각 신문에 대하여 범죄사실을 일관되게 부인한다면 범죄사실을 자백한 것이라고 볼 수 없다.
③ 일정한 증거가 발견되면 자백하겠다고 한 피의자의 약속이 검사의 강요나 위계에 의하여 이루어진 것이 아니라 경한 죄의 소추 등 이익과 교환조건으로 이루어진 경우, 그 약속에 의한 자백은 임의성 없는 자백이라 할 수 없다.
④ 피고인이 범행을 자인하는 것을 들었다는 피고인 외의 제3자의 진술이 기재된 검찰 진술조서는 피고인의 자백에 대한 보강증거로 사용할 수 없다.

05 자백과 보강증거에 관한 설명 중 가장 적절하지 않은 것은? (다툼이 있는 경우 판례에 의함)

① 전과에 관한 사실은 누범가중의 사유가 되는 경우에도 피고인의 자백만으로 인정할 수 있다.
② 「국가보안법」상 회합죄를 피고인이 자백하는 경우, 회합 당시 상대방으로부터 받았다는 명함의 현존은 보강증거로 될 수 있다.
③ '자동차 점거로 甲이 처벌받은 것은 학교측의 제보 때문이라 하여 피고인이 그 보복으로 학교총장실을 침입점거했다'는 피고인의 자백에 대해, '피고인과 공소외 甲이 자동차 영업소를 점거했다가 甲이 처벌받았다'는 검사 제출의 증거내용은 보강증거가 될 수 없다.
④ 2021.10.19. 채취한 소변에 대한 검사결과 메스암페타민 성분이 검출된 경우 위 소변검사결과는 2021.10.17. 메스암페타민을 투약하였다는 자백에 대한 보강증거가 될 수는 있지만, 각 투약행위에 대한 자백의 보강증거는 별개의 것이어야 하므로 같은 달 13. 메스암페타민을 투약하였다는 자백에 대한 보강증거는 될 수 없다.
⑤ 실체적 경합범의 경우 각 범죄사실에 관하여 자백에 대한 보강증거가 있어야 한다.

06 보강증거에 대한 설명으로 가장 적절하지 않은 것은? (다툼이 있는 경우 판례에 의함)

① 휴대전화기의 카메라를 이용하여 성명불상 여성 피해자의 치마 속을 몰래 촬영하다가 현행범으로 체포된 피고인이 공소사실에 대해 자백한 바, 현행범체포 당시 임의제출 방식으로 압수된 피고인 소유 휴대전화기에 대한 압수조서의 '압수 경위'란에 기재된 피고인의 범행을 직접 목격한 사법경찰관의 진술내용은 피고인의 자백을 보강하는 증거가 된다.
② 기소된 대마 흡연일자로부터 한 달 후 피고인의 주거지에서 압수된 대마 잎이 피고인의 자백에 대한 보강증거가 된다.
③ 피고인이 甲과 합동하여 피해자 乙의 재물을 절취하려다가 미수에 그쳤다는 내용의 공소사실을 자백한 경우 피고인을 현행범으로 체포한 피해자 乙의 수사기관에서의 진술과 현장 사진이 첨부된 수사보고서는 피고인 자백에 대한 보강증거가 된다.
④ 전문증거는 전문법칙의 예외에 해당하는지 여부에 관계없이 보강증거가 될 수 있다.

07 자백에 관한 설명 중 옳은 것은 모두 몇 개인가? (다툼이 있는 경우 판례에 의함)

> ㉠ 자백에 대한 보강증거는 범죄사실의 전부 또는 중요 부분을 인정할 수 있는 정도이어야 하고, 자백과 보강증거가 서로 어울려서 전체로서 범죄사실을 인정할 수 있어야 한다.
> ㉡ 상업장부나 금전출납부 등과 같이 범죄사실의 인정 여부와는 관계없이 우연히 피고인이 자기에게 맡겨진 사무를 처리한 사무 내역을 그때 그때 계속적, 기계적으로 기재한 문서라도 공소사실에 일부 부합되는 사실의 기재가 있다면 이는 범죄사실을 자백하는 문서로 보아야 한다.
> ㉢ 피고인이 그 범죄혐의를 받기 전에 이와는 관계없이 자기의 업무수행에 필요한 자금을 지출하면서 스스로 그 지출한 자금내역을 자료로 남겨두기 위하여 뇌물자금과 기타 자금을 구별하지 아니하고 그 내역을 기입한 수첩은 피고인의 검찰에서의 자백에 대한 보강증거가 될 수 없다.
> ㉣ 변론을 분리하지 아니한 채 이루어진 공범인 공동피고인의 공판정에서의 자백은 피고인에 대하여 불리한 증거로 사용할 수 없다.

① 없음　　② 1개　　③ 2개　　④ 3개

08 다음 사례에 대한 설명으로 가장 적절하지 않은 것은? (다툼이 있는 경우 판례에 의함)

> 피해자 A에 대한 강도 사건에서 甲은 정범으로, 乙은 교사범으로 기소되어 甲과 乙 모두 공동피고인으로 재판을 받고 있다. 공판정에서 甲은 乙이 시켜서 A에 대한 범행을 했다고 자백한 반면, 乙은 甲에게 교사한 적이 없다고 부인하였다. 증인 丙은 공판정에서 사건 발생 직후 甲으로부터 "乙이 시켜서 A에 대한 범행을 했다."는 말을 들었다고 증언하였다. 법원은 甲의 진술과 丙의 증언에 신빙성이 있다고 판단하고 있으나 甲의 자백 외에는 다른 증거가 없다.

① 법원은 甲의 자백만으로 乙에게 유죄를 선고할 수 있다.
② 甲이 丙에게 한 진술의 특신상태가 증명되면 丙의 증언은 甲의 범죄사실을 입증하는 증거로 사용할 수 있다.
③ 甲의 범죄사실에 대한 丙의 증언에 증거능력이 인정되면 법원은 丙의 증언을 기초로 甲에게 유죄를 선고할 수 있다.
④ 丙의 증언은 乙의 범죄사실을 입증하는 증거로 사용할 수 없다.

09 자백의 보강증거에 대한 설명으로 옳지 않은 것을 모두 고른 것은? (다툼이 있는 경우 판례에 의함)

> ㉠ 형사소송법 제310조 소정의 '피고인의 자백'에 공범인 공동피고인의 진술은 포함되지 아니하므로 공범인 공동피고인의 진술은 다른 공동피고인에 대한 범죄사실을 인정하는 증거로 할 수 있을 뿐만 아니라 공범인 공동피고인들의 각 진술은 상호 간에 서로 보강증거가 될 수 있다.
> ㉡ 약 3개월에 걸쳐 8회의 도박을 하였다는 혐의로 검사가 피고인에 대해 상습도박죄로 기소한 경우, 총 8회의 도박 중 3회의 도박사실에 대해서는 피고인의 자백 외에 보강증거가 없는 경우에도 법원은 소위 진실성담보설에 입각하여 8회의 도박행위 전부에 대하여 유죄판결을 할 수 있다.
> ㉢ 피고인 甲이 업무수행에 필요한 자금을 지출하면서, 스스로 그 지출한 자금내역을 자료로 남겨두기 위해 뇌물자금과 기타자금을 구별하지 아니하고 그 지출 내역을 그때그때 계속적, 기계적으로 수첩에 직접 기재한 기재내용은 뇌물 공여사실에 대한 보강증거가 될 수 있다.
> ㉣ 피고인 甲이 乙로부터 필로폰을 매수하면서 그 대금을 乙이 지정하는 은행계좌로 송금한 사실에 대한 압수·수색·검증영장 집행보고는 피고인 甲의 필로폰 매수행위와 실체적 경합범 관계에 있는 필로폰 투약행위에 대한 보강증거가 될 수 있다.
> ㉤ 공소장에 기재된 대마 흡연일자로부터 한 달 후 피고인의 주거지에서 압수된 대마잎은 비록 피고인의 자백이 구체적이고 그 진실성이 인정된다고 하더라도 피고인의 자백에 대한 보강증거가 될 수 없다.

① ㉠㉡㉣   ② ㉡㉢㉣   ③ ㉡㉣㉤   ④ ㉢㉣㉤

10 보강증거에 대한 설명 중 가장 적절하지 않은 것은? (다툼이 있는 경우 판례에 의함)

① 2017. 2. 18. 01:35경 자동차를 타고 온 甲으로부터 필로폰을 건네받은 후 甲이 위 차량을 운전해 갔다고 한 A의 진술과 2017. 2. 20. 甲으로부터 채취한 소변에서 나온 필로폰 양성 반응 결과는, 甲이 2017. 2. 18. 02:00경의 필로폰 투약으로 정상적으로 운전하지 못할 우려가 있는 상태에서 운전하였다는 자백을 보강하는 증거가 되기에 충분하다.
② 휴대전화기의 카메라를 이용하여 성명불상 여성 피해자의 치마 속을 몰래 촬영하다가 현행범으로 체포된 피고인이 공소사실에 대해 자백한 바, 현행범체포 당시 임의제출 방식으로 압수된 피고인 소유 휴대전화기에 대한 압수조서의 '압수 경위'란에 기재된 피고인의 범행을 직접 목격한 사법경찰관의 진술내용은 피고인의 자백을 보강하는 증거가 된다.
③ 피고인이 다세대주택의 여러 세대에서 7건의 절도행위를 한 것으로 기소되었는데 그중 4건은 범행 장소인 구체적 호수가 특정되지 않은 사안에서, 위 4건에 관한 피고인 자백의 진실성이 인정되는 경우라면 피고인의 집에서 압수한 위 4건의 각 피해품에 대한 압수조서와 압수물 사진은 위 자백에 대한 보강증거가 된다.
④ 자백에 대한 보강증거는 자백이 가공적인 것이 아닌 진실한 것임을 인정할 수 있는 정도로 충분하지만, 자백과 보강증거만으로도 유죄의 증거로 충분하다고 볼 수 있으므로, 간접증거나 정황증거는 보강증거가 될 수 없다.

11 자백의 증거능력과 증명력에 관한 설명 중 옳고 그름의 표시(O, ×)가 바르게 된 것은? (다툼이 있는 경우 판례에 의함)

> ㉠ 피고인이 범행을 자인하는 것을 들었다는 피고인 아닌 자의 진술내용은 형사소송법 제310조의 피고인의 자백에 포함되며, 자백을 자백으로 보강할 수 없다는 법리에 따라 그 진술내용을 피고인의 자백의 보강증거로 할 수 없다.
> ㉡ 일정한 증거가 발견되면 피의자가 자백하겠다고 한 약속이 검사의 강요나 위계에 의하여 이루어졌다던가 또는 불기소나 경한 죄의 소추 등 이익과 교환조건으로 된 것으로 인정되지 않는다면 위와 같은 자백의 약속하에 된 자백이라 하여 곧 임의성 없는 자백으로 증거능력이 부정된다고 단정할 수 없다.
> ㉢ 상습범은 피고인의 습벽을 구성요건으로 하는 범죄로서 상습범에 있어 피고인의 자백이 있는 경우, 이를 구성하는 각 행위에 관하여 개별적으로 보강증거를 필요로 하는 것은 아니다.
> ㉣ 자백에 대한 보강증거는 범죄사실의 전부 또는 중요 부분을 인정할 수 있는 정도가 되지 아니하더라도 피고인의 자백이 가공적인 것이 아닌 진실한 것임을 인정할 수 있는 정도만 되면 족할 뿐만 아니라, 직접증거가 아닌 간접증거나 정황증거도 보강증거가 될 수 있다.

① ㉠(×) ㉡(○) ㉢(×) ㉣(○) ② ㉠(×) ㉡(×) ㉢(○) ㉣(×)
③ ㉠(○) ㉡(○) ㉢(×) ㉣(○) ④ ㉠(○) ㉡(×) ㉢(○) ㉣(×)

제3절 공판조서의 증명력

12 공판조서에 관한 설명 중 가장 적절하지 않은 것은? (다툼이 있는 경우 판례에 의함)

① 동일한 사항에 관하여 두 개의 서로 다른 내용이 기재된 공판조서가 병존하는 경우에 그 중 어느 쪽이 진실한 것으로 볼 것인지는 법관의 자유로운 심증에 따를 수밖에 없다.
② 공판기일에 검사가 제출한 증거에 관하여 동의 또는 진정성립 여부 등에 관한 피고인의 의견이 증거목록에 기재된 경우에 그 증거목록의 기재는 공판조서의 일부로서 명백한 오기가 아닌 이상 절대적인 증명력을 가진다.
③ 결심공판에 검사가 출석하여 의견을 진술하였다고 하더라도 결심공판에 관한 공판조서에 검사의 의견진술이 누락되어 있다면 검사의 의견진술이 없는 것으로 보아야 하므로 판결에 영향을 미친 잘못이 있다.
④ 공판조서에 그 공판에 관여한 법관의 성명이 기재되어 있지 않다면 공판절차가 법령에 위반되어 판결에 영향을 미친 위법이 있다.

13 공판조서의 증명력에 대한 설명 중 가장 적절하지 않은 것은? (다툼이 있는 경우 판례에 의함)

① 공판조서에 재판장이 판결서에 의하여 판결을 선고하였음이 기재되어 있다면 검찰서기의 판결서 없이 판결선고되었다는 내용의 보고서가 있더라도 공판조서의 기재내용이 허위라고 판정할 수 없다.
② 공판기일의 소송절차로서 공판조서에 기재된 것은 그 조서만으로써 증명한다.
③ 피고인이 변호인과 함께 출석한 공판기일의 공판조서에 검사가 제출한 증거에 대하여 동의한다는 기재가 되어 있다면 이는 피고인이 증거동의를 한 것으로 보아야 하고, 그 기재는 절대적인 증명력을 가진다.
④ 피고인이 자신의 진술 내용을 확인하기 위해 공판조서에 대한 열람·등사 청구를 하였으나 법원이 이에 불응하여 열람·등사청구권이 침해된 경우에도 공판조서의 기재 내용 자체에는 영향이 없으므로 위 공판조서에 기재된 당해 피고인의 진술은 유죄의 증거로 할 수 있다.

형사법 정답 및 해설편

PART 02

형사법 파이널 600제
cafe.naver. 김종욱형사법

CHAPTER 1 형사법 | <형법 총론>

제1편 서 론

제1장 형법의 기본개념

제1절 죄형법정주의

01 정답 ①

① (×) 명확성의 원칙이란 기본적으로 최대한이 아닌 최소한의 명확성을 요구하는 것으로서, 그 문언이 법관의 보충적인 가치판단을 통해서 그 의미내용을 확인할 수 있고, 그러한 보충적 해석이 해석자의 개인적인 취향에 따라 좌우될 가능성이 없다면 명확성의 원칙에 반한다고 할 수 없다(대판 2008.10.23, 2008초기264)
② (○) 대판 2004.5.14, 2003도3487
③ (○) 대판 2002.11.26, 2002도2998
④ (○) 대결 2008.7.24, 2008어4

02 정답 ②

① (○) 대판 2022.12.22, 2016도21314 전원합의체
② (×) 환자가 사망한 경우 사망진단 전에 이루어지는 사망징후관찰은 구 의료법 제2조 제2항 제5호에서 간호사의 임무로 정한 '상병자 등의 요양을 위한 간호 또는 진료 보조'에 해당한다고 할 수 있다. 그러나 사망의 진단은 의사 등이 환자의 사망 당시 또는 사후라도 현장에 입회해서 직접 환자를 대면하여 수행해야 하는 의료행위이고, 간호사는 의사 등의 개별적 지도·감독이 있더라도 사망의 진단을 할 수 없다(대판 2022.12.29, 2017도10007)
③ (○) 대판 2022.12.16, 2022도10629
④ (○) 대판 2023.1.12, 2019도16782

03 정답 ④

① (×) 사전자기록등위작죄에서 정한 '위작'의 포섭 범위에 권한 있는 사람이 그 권한을 남용하여 허위의 정보를 입력함으로써 시스템 설치·운영 주체의 의사에 반하는 전자기록을 생성하는 행위를 포함하는 것으로 보더라도 이러한 해석이 '위작'이란 낱말이 가지는 문언의 가능한 의미를 벗어났다거나 피고인에게 불리한 유추해석 또는 확장해석을 한 것이라고 볼 수 없다(대판 2020.8.27, 2019도11294 전원합의체)
② (×) '공정증서원본'에는 공정증서의 정본이 포함된다고 볼 수 없으므로 불실의 사실이 기재된 공정증서의 정본을 그 정을 모르는 법원 직원에게 교부한 행위는 형법 제229조의 불실기재공정증서원본행사죄에 해당하지 아니한다(대판 2002.3.26, 2001도6503)
③ (×) 위법성 및 책임의 조각사유나 소추조건 또는 처벌조각사유인 형면제 사유에 관하여 그 범위를 제한적으로 유추적용하게 되면 행위자의 가벌성의 범위는 확대되어 행위자에게 불리하게 되는 바, 이는 가능한 문언의 의미를 넘어 범죄구성요건을 유추적용하는 것과 같은 결과가 초래되므로 죄형법정주의의 파생원칙인 유추해석금지의 원칙에 위반하여 허용될 수 없다(대판 1997.3.20, 96도1167 전원합의체)
④ (○) 대판 2020.3.12, 2016도19170

04 정답 ②

㉠ (○) 대판 2021.12.16, 2020도9789
㉡ (×) 변호사인 甲이 乙 명의 은행 계좌에서 X회사 명의 은행 계좌에 금원을 송금하고 다시 되돌려 받는 행위를 반복한 후 그 중 송금자료만을 발급받아 이를 3억 5,000만 원을 변제하였다는 허위 주장과 함께 법원에 제출한 행위는 형법상 증거위조죄의 보호법익인 사법기능을 저해할 위험성

이 있지만, 甲이 제출한 입금확인증 등은 금융기관이 금융거래에 관한 사실을 증명하기 위해 작성한 문서로서 그 내용이나 작성명의 등에 아무런 허위가 없는 이상 이를 증거의 '위조'에 해당한다고 볼 수 없고, 나아가 '위조된 증거를 사용'한 행위에 해당한다고 볼 수도 없다(대판 2021. 1. 28, 2020도2642).
ⓒ (O) 대판 2021.8.26, 2020도12017
ⓔ (O) 대판 2009.11.19, 2009도6058 전원합의체
ⓜ (×) [1] '특정 범죄자에 대한 위치추적 전자장치 부착 등에 관한 법률'(이하 '전자장치부착법'이라 한다) 제5조 제1항 제3호는 검사가 전자장치 부착명령을 법원에 청구할 수 있는 경우 중의 하나로 '성폭력범죄를 2회 이상 범하여(유죄의 확정판결을 받은 경우를 포함한다) 그 습벽이 인정된 때'라고 규정하고 있는데, 이 규정 전단은 문언상 '유죄의 확정판결을 받은 전과사실을 포함하여 성폭력범죄를 2회 이상 범한 경우'를 의미한다고 해석된다. 따라서 피부착명령청구자가 소년법에 의한 보호처분(이하 '소년보호처분'이라고 한다)을 받은 전력이 있다고 하더라도 이는 유죄의 확정판결을 받은 경우에 해당하지 아니함이 명백하므로, 피부착명령청구자가 2회 이상 성폭력범죄를 범하였는지를 판단할 때 소년보호처분을 받은 전력을 고려할 것이 아니다.
[2] 피부착명령청구자가 피고사건 범죄사실인 강간상해죄를 1회 범한 것 외에 과거에 성폭력범죄로 소년보호처분을 받은 사실이 있다는 사유만으로는 위 규정에서 정한 '성폭력범죄를 2회 이상 범한 경우'에 해당하지 않는다(대판 2012.3.22, 2011도15057 전원합의체).

05 정답 ③

① (O) 대판 2021.4.8, 2021도1177
② (O) 대판 2021.6.3, 2021도1349
③ (×) 개인정보 보호법은 제2조 제5호, 제6호에서 공공기관 중 법인격이 없는 '중앙행정기관 및 그 소속 기관' 등을 개인정보처리자 중 하나로 규정하고 있으면서도 양벌규정에 의하여 처벌되는 개인정보처리자로는 같은 법 제74조 제2항에서 '법인 또는 개인'만을 규정하고 있을 뿐이고, 법인격 없는 공공기관에 대하여도 위 양벌규정을 적용할 것인지 여부에 대하여는 명문의 규정을 두고 있지 않으므로 죄형법정주의의 원칙상 '법인격 없는 공공기관'을 위 양벌규정에 의하여 처벌할 수 없고 그 경우 행위자 역시 위 양벌규정으로 처벌할 수 없다(대판 2021.10.28, 2020도1942).
④ (O) 대판 2021.9.9, 2016도88

06 정답 ②

ⓐ (×) 법규범의 문언은 어느 정도 가치개념을 포함한 일반적, 규범적 개념을 사용하지 않을 수 없는 것이기 때문에 명확성의 원칙이란 기본적으로 최대한이 아닌 최소한의 명확성을 요구하는 것으로서, 그 문언이 법관의 보충적인 가치판단을 통해서 그 의미내용을 확인할 수 있고, 그러한 보충적 해석이 해석자의 개인적인 취향에 따라 좌우될 가능성이 없다면 명확성의 원칙에 반한다고 할 수 없다(대결 2008.10.23, 2008초기264).
ⓑ (O) 대판 2017.3.15, 2016도17691
ⓒ (×) 법관이 형을 양정함에 있어서 참고할 수 있는 자료에 달리 제한이 있는 것도 아닌 터에 법원이 양형기준이 발효하기 전에 공소가 제기된 범죄에 관하여 형을 양정함에 있어서 양형기준을 참고자료로 삼았다고 하여 피고인에게 불리한 법률을 소급하여 적용한 위법이 있다고 할 수 없다(대판 2009.12.10, 2009도11448).
ⓓ (×) 원인불명으로 재산상 이익인 가상자산을 이체받은 자가 가상자산을 사용·처분한 경우 이를 형사처벌하는 명문의 규정이 없는 현재의 상황에서 착오송금 시 횡령죄 성립을 긍정한 판례를 유추하여 신의칙을 근거로 피고인을 배임죄로 처벌하는 것은 죄형법정주의에 반한다(대판 2021. 12.16, 2020도9789).
ⓔ (O) 대판 2018.7.24, 2018도3443

제2장 형법의 적용범위

07 정답 ④

① (O) 대판 2022.12.22, 2020도16420 전원합의체
② (O) 대판 2022.12.22, 2020도16420 전원합의체
③ (O) 대판 2022.12.22, 2020도16420 전원합의체
④ (×) 법무사인 피고인이 개인파산·회생사건 관련 법률사무를 위임받아 취급하여 변호사법 제109조 제1호 위반으로 기소되었는데, 범행 이후인 2020. 2. 4. 개정된 법무사법 제2조 제1항 제6호에 의하여 '개인의 파산사건 및 개인회생사건 신청의 대리'가 법무사의 업무로 추가된 사안에서, 위 법무사법 개정은 범죄사실의 해당 형벌법규 자체인 변호사법 제109조 제1호 또는 그로부터 수권 내지 위임을 받은 법령이 아닌 별개의 다른 법령의 개정에 불과하고, 변호사법 제109조 제1호 위반죄의 성립 요건과 구조를 살펴보더라도 법무사법 제2조의 규정이 보충규범으로서 기능하고 있다고 보기 어려운 점 등을 종합하면, 위 법무사법 개정은 형사법적 관점의 변화를 주된 근거로 하는 법령의 변경에 해당하지 않는다(대판 2023.2.23, 2022도4610).

08 정답 ①

① (×) 형법 제5조 제6호(공문서위조)에 해당하므로 우리 형법이 적용된다.
② (O) 기국주의를 규정한 형법 제4조에 의해 우리나라 형법이 적용된다.
③ (O) 속인주의를 규정한 형법 제3조에 의해 우리나라 형법이 적용되고, 행위지의 형법도 모두 적용될 수 있다.
④ (O) 「약취, 유인 및 인신매매의 죄」의 장의 각 죄들은 대한민국 영역 밖에서 죄를 범한 외국인에게도 적용되도록 세계주의 규정을 두고 있다(제296조의2 참고).

09 정답 ②

① (O) 대판 2009.4.9, 2009도321
② (×) 형법 제1조 제2항 및 제8조에 의하면, 범죄 후 법률의 변경에 의하여 형이 구법보다 가벼운 때에는 원칙적으로 신법에 따라야 하지만, 신법에 경과규정을 두어 이러한 신법의 적용을 배제하는 것도 허용되는 것으로서 형벌법규의 형을 종전보다 가볍게 개정하면서 그 부칙에서 개정된 법의 시행 전의 범죄에 대하여는 종전의 형벌법규를 적용하도록 규정한다 하여 형벌불소급의 원칙이나 신법우선의 원칙에 반한다고 할 수 없다(대판 2013.7.11, 2011도15056).
③ (O) 대판 2022.12.22, 2020도16420 전원합의체
④ (O) 대판 2006.9.22, 2006도5010

10 정답 ③

① (×) '범죄의 성립과 처벌은 행위시의 법률에 의한다(형법 제1조 제1항)'고 할 때의 '행위시'라 함은 범죄행위의 종료시를 의미한다(대판 1994.5.10, 94도563).
② (×) 의료법상 의료제도는 대한민국 영역 내에서 이루어지는 의료행위를 규율하기 위하여 체계화된 것으로 이해된다. 그렇다면 구 의료법 제87조 제1항 제2호, 제27조 제1항이 대한민국 영역 외에서 의료행위를 하려는 사람에게까지 보건복지부장관의 면허를 받을 의무를 부과하고 나아가 이를 위반한 자를 처벌하는 규정이라고 보기는 어렵다. 따라서 내국인이 대한민국 영역 외에서 의료행위를 하는 경우에는 구 의료법 제87조 제1항 제2호, 제27조 제1항의 구성요건 해당성이 없다(대판 2020.4.29, 2019도19130).
③ (O) 대판 2011.8.25, 2011도6507
④ (×) 형사사건으로 외국 법원에 기소되었다가 무죄판결을 받은 사람은, 설령 그가 무죄판결을 받기까지 상당 기간 미결구금되었더라도 이를 유죄판결에 의하여 형이 실제로 집행된 것으로 볼 수는 없으므로, '외국에서 형의 전부 또는 일부가 집행된 사람'에 해당한다고 볼 수 없고, 그 미결구금 기간은 형법 제7조에 의한 산입의 대상이 될 수 없다(대판 2017.8.24, 2017도5977 전원합의체).

11 정답 ②

㉠ (×) 설문상 甲이 문서의 명의인이므로 사문서위조죄는 성립하지 않고, 허위의 사문서작성에 대해서는 처벌규정이 없으므로 죄가 되지 않는다. 따라서 보호주의가 적용될 사안이 아니다.
㉡ (O) 형법 제2조를 적용함에 있어서 공모공동정범의 경우 공모지도 범죄지로 보아야 한다(대판 1998.11.27, 98도2734).
㉢ (×) 중국 북경시에 소재한 대한민국 영사관 내부는 여전히 중국의 영토에 속할 뿐 이를 대한민국의 영토로서 그 영역에 해당한다고 볼 수 없을 뿐 아니라, 사문서위조죄가 형법 제6조의 대한민국 또는 대한민국 국민에 대하여 범한 죄에 해당하지 아니함은 명백하다(대판 2006.9.22, 2006도5010).
㉣ (O) 중국 북경시에 소재한 대한민국 영사관 내부는 여전히 중국의 영토에 속할 뿐 이를 대한민국의 영토로서 그 영역에 해당한다고 볼 수 없다(대판 2006.9.22, 2006도5010). 따라서 속지주의에 의해서는 甲을 처벌할 수 없고, 속인주의에 따라 처벌할 수 있다.
㉤ (O) 대판 2002.11.26, 2002도4929

12 정답 ⑤

① (적용 O) 국제협정이나 관행에 의하여 대한민국 내에 있는 미국문화원이 치외법권지역이고 그 곳을 미국영토의 연장으로 본다 하더라도 그 곳에서 죄를 범한 대한민국 국민에 대하여 우리 법원에 먼저 공소가 제기되고 미국이 자국의 재판권을 주장하지 않고 있는 이상 속인주의를 함께 채택하고 있는 우리나라의 재판권은 동인들에게도 당연히 미친다 할 것이며 미국문화원측이 동인들에 대한 처벌을 바라지 않았다고 하여 그 재판권이 배제되는 것도 아니다(대판 1986.6.24, 86도403).
② (적용 O) 제207조 제3항 외국통용 외국통화 위조죄에 해당하고, 형법 제5조에 의하여 우리 형법이 적용될 수 있다.
③ (적용 O) 형법 제2조를 적용함에 있어서 공모공동정범의 경우 공모지도 범죄지로 보아야 한다 (대판 1998.11.27, 98도2734).
④ (적용 O) 필리핀국에서 카지노의 외국인 출입이 허용되어 있다 하여도 형법 제3조에 따라 필리핀국에서 도박을 한 피고인에게 우리나라 형법이 당연히 적용된다(대판 2001.9.25, 99도3337).
⑤ (적용 ×) 위 각 구성요건상 범죄지는 모두 독일이므로 이는 외국인의 국외범에 해당하여, 형법 제5조와 제6조에서 정한 요건에 해당하지 않는 이상 위 각 조항을 적용하여 처벌할 수 없다(대판 2008.4.17, 2004도4899 전원합의체).

제2편 범죄론

제1장 범죄의 기본개념

제1절 범죄의 의의와 종류

01 정답 ②

㉠ (O) 대판 2015.1.22, 2014도10978
㉡ (×) 모해의 목적은 허위의 진술을 함으로써 피고인에게 불리하게 될 것이라는 인식이 있으면 충분하고 결과의 발생까지 희망할 필요는 없다(대판 2007.12.27, 2006도3575)
㉢ (×) 내란죄는 다수인이 결합하여 한 지방의 평온을 해할 정도의 폭행·협박 행위를 하면 기수가 되고, 국토참절 또는 국헌문란의 목적의 달성여부는 이와 무관하다(대판 1997.4.17, 96도3376 전원합의체).
㉣ (O) 대판 2003.12.26, 2003도6036

02 정답 ①

㉠ (×) 계속범도 포괄일죄와 동일하게 범죄 실행 종료시의 법인 신법이 행위시법에 해당한다(대판 1998.2.24, 97도183 참고)
㉡ (O) 대판 1995.9.5, 95도577
㉢ (O) 대판 1997.8.29, 97도675 ※ 직무유기죄는 계속범이다.
㉣ (O) 대판 1997.4.17, 96도3376 전원합의체

03 정답 ④

① (×) 형법 제123조의 타인의 권리행사방해죄가 기수에 이르려면 행위에 결과가 발생한 것을 필요로 하므로 공무원의 직권남용이 있다 하여도 현실적으로 권리행사의 저해가 없다면 기수를 인정할 수 없다(대판 1978.10.10, 75도2665) ※ 판례는 직권남용죄(직권남용권리행사방해죄)의 경우의 권리행사가 현실적으로 방해되었을 때 기수가 된다고 본다.
② (×) 절도죄의 구성요건에 해당하지만, 친족상도례에 해당하여 형이 면제된다.
③ (×) 단순과실장물죄는 처벌규정이 없으므로 업무상과실장물취득죄는 부진정신분범이 아니다.
④ (○) 옳음

04 정답 ③

㉠ (○) 대판 2022.9.29, 2021도14514
㉡ (×) 일반교통방해죄는 이른바 추상적 위험범으로서 교통이 불가능하거나 또는 현저히 곤란한 상태가 발생하면 바로 기수가 되고 교통방해의 결과가 현실적으로 발생하여야 하는 것은 아니다(대판 2007.12.14, 2006도4662)
㉢ (×) 장례식방해죄는 장례식의 평온과 공중의 추모감정을 보호법익으로 하는 이른바 추상적 위험범으로서 범인의 행위로 인하여 장례식이 현실적으로 저지 내지 방해되었다고 하는 결과의 발생까지 요하지 않고 방해행위의 수단과 방법에도 아무런 제한이 없으며 일시적인 행위라 하더라도 무방하나, 적어도 객관적으로 보아 장례식의 평온한 수행에 지장을 줄 만한 행위를 함으로써 장례식의 절차와 평온을 저해할 위험이 초래될 수 있는 정도는 되어야 비로소 방해행위가 있다고 보아 장례식방해죄가 성립한다고 할 것이다(대판 2013.2.14, 2010도13450)
㉣ (○) 대판 2020.11.19, 2020도5813 전원합의체

05 정답 ③

(ⅰ) 친고죄 : 사자명예훼손죄, 업무상비밀누설죄, 비밀침해죄(㉠㉢㉤)
(ⅱ) 반의사불벌죄 : 외국원수에 대한 폭행죄, 출판물에 의한 명예훼손죄, 존속협박죄, 과실치상죄(㉡㉣㉥)

06 정답 ③

① (×) [1] 명예훼손죄는 추상적 위험범으로 불특정 또는 다수인이 적시된 사실을 실제 인식하지 못하였다고 하더라도 인식할 수 있는 상태에 놓인 것으로도 명예가 훼손된 것으로 보아야 한다(대판 2020.12.30, 2015도15619)
[2] 명예훼손죄 규정이 '명예를 훼손한'이라고 규정되어 있음에도 이를 침해범이 아니라 추상적 위험범으로 보는 것은 명예훼손이 갖는 행위반가치와 결과반가치의 특수성에 있다. 즉 명예훼손죄의 보호법익인 명예에 대한 침해가 객관적으로 확인될 수 없고 이를 증명할 수도 없기 때문이다(대판 2020.11.19, 2020도5813 전원합의체)
② (×) 일반교통방해죄는 이른바 추상적 위험범으로서 교통이 불가능하거나 또는 현저히 곤란한 상태가 발생하면 바로 기수가 되고 교통방해의 결과가 현실적으로 발생하여야 하는 것은 아니다(대판 2019.4.23, 2017도1056)
③ (○) 대판 2014.5.16, 2012도12867
④ (×) 체포죄는 계속범으로서 체포의 행위에 확실히 사람의 신체의 자유를 구속한다고 인정할 수 있을 정도의 시간적 계속이 있어야 기수에 이르고, 신체의 자유에 대한 구속이 그와 같은 정도에 이르지 못하고 일시적인 것으로 그친 경우에는 체포죄의 미수범이 성립할 뿐이다(대판 2020.3.27, 2016도18713)

07 정답 ②

㉠ (○) 대판 2010.5.27, 2010도2680
㉡ (×) 사자명예훼손죄와 모욕죄는 친고죄이고, 명예훼손죄와 출판물에 의한 명예훼손죄는 반의사불벌죄에 해당한다.

ⓒ (×) 폭행죄와 존속폭행죄는 피해자의 명시한 의사에 반하여 공소를 제기할 수 없으나(반의사불벌죄), 특수폭행죄는 피해자의 명시한 의사에 반하여도 공소제기할 수 있다.
ⓓ (○) "직계혈족, 배우자, 동거친족, 동거가족 또는 그 배우자" 이외의 친족간인 경우에는 고소가 있어야 공소를 제기할 수 있다(제328조 제2항) 따라서 동거하지 않는 가족의 경우에는 친고죄에 해당한다.

08 정답 ②
허위진단서작성죄와 명예훼손죄는 목적범이 아니다 (ⓐⓑ)

제2절 행위의 주체(법인)

09 정답 ②
① (○) 대판 2018.4.12, 2013도6962
② (×) 회사 대표자의 위반행위에 대하여 징역형의 형량을 정상참작감경하고 병과하는 벌금형에 대하여 선고유예를 한 이상 양벌규정에 따라 그 회사를 처벌함에 있어서도 같은 조치를 취하여야 한다는 논지는 독자적인 견해에 지나지 아니하여 받아들일 수 없다(대판 1995.12. 12, 95도1893)
③ (○) 대판 2013.7.11, 2011도15056 ※ 실질적 경영자와 형식적 경영자(허수아비)가 다른 경우에 양벌규정상의 형사책임은 실질적 경영자가 져야 한다.
④ (○) 대판 2018.8.1, 2015도10388

10 정답 ①
① (○) 대판 2015.12.24, 2015도13946
② (×) 법인격 없는 사단과 같은 단체는 법인과 마찬가지로 사법상의 권리의무의 주체가 될 수 있음은 별론으로 하더라도 법률에 명문의 규정이 없는 한 그 범죄능력은 없고 그 단체의 업무는 단체를 대표하는 자연인인 대표기관의 의사결정에 따른 대표행위에 의하여 실현될 수밖에 없다(대판 2017.4.7, 2016도21283)
③ (×) 양벌규정은 법인의 대표자나 법인 또는 개인의 대리인, 사용인, 그 밖의 종업원등 행위자가 법규위반행위를 저지른 경우 일정 요건 하에 이를 행위자가 아닌 법인 또는 개인이 직접 법규위반행위를 저지른 것으로 평가하여 행위자와 같이 처벌하도록 규정한 것으로서, 이때의 법인 또는 개인의 처벌은 행위자의 처벌에 종속되는 것이 아니라 법인 또는 개인의 직접책임 내지 자기책임에 기초하는 것이다(대판 2020.6.11, 2016도9367)
④ (×) [1] 국가가 본래 그의 사무의 일부를 지방자치단체의 장에게 위임하여 처리하게 하는 기관위임사무의 경우 지방자치단체는 국가기관의 일부로 볼 수 있다.
[2] 지방자치단체가 그 고유의 자치사무를 처리하는 경우 지방자치단체는 국가기관의 일부가 아니라 국가기관과는 별도의 독립한 공법인으로서 양벌규정에 의한 처벌대상이 되는 법인에 해당한다(대판 2009.6.11, 2008도6530)

11 정답 ①
① (×) [1] 법인 대표자의 법규위반행위에 대한 법인의 책임은 법인 자신의 법규위반행위로 평가될 수 있는 행위에 대한 법인의 직접책임으로서, 대표자의 고의에 의한 위반행위에 대하여는 법인 자신의 고의에 의한 책임을, 대표자의 과실에 의한 위반행위에 대하여는 법인 자신의 과실에 의한 책임을 부담한다(대판 2010.9.30, 2009도3876)
[2] 양벌규정 중 법인의 대표자 관련 부분은 대표자의 책임을 요건으로 하여 법인을 처벌하는 것이지 그 대표자의 처벌까지 전제조건이 되는 것은 아니다(대판 2022.11.17, 2021도701)
② (○) 대판 2006.6.15, 2004도1639
③ (○) 대판 1999.7.15, 95도2870 전원합의체
④ (○) 대판 2009.6.11, 2008도6530

12 정답 ④

① (×) 형법 제355조 제2항의 배임죄에 있어서 타인의 사무를 처리할 의무의 주체가 법인이 되는 경우라도 법인은 다만 사법상의 의무주체가 될 뿐 범죄능력이 없는 것이며, 그 법인을 대표하여 사무를 처리하는 자연인인 대표기관이 바로 타인의 사무를 처리하는 자 즉 배임죄의 주체가 된다(대판 1984.10.10, 82도2595 전원합의체). ※ 회사는 배임죄의 주체가 될 수 없어 배임죄가 성립하지 않는다.

② (×) 양벌규정에 의한 영업주의 처벌은 금지위반행위자인 종업원의 처벌에 종속하는 것이 아니라 독립하여 그 자신의 종업원에 대한 선임감독상의 과실로 인하여 처벌되는 것이므로 종업원의 범죄성립이나 처벌이 영업주 처벌의 전제조건이 될 필요는 없다(대판 2006.2.24, 2005도7673).

③ (×) 친고죄의 경우에 있어서도 행위자의 범죄에 대한 고소가 있으면 족하고, 나아가 양벌규정에 의하여 처벌받는 자에 대하여 별도의 고소를 요한다고 할 수는 없다(대판 1996.3.12, 94도2423).

④ (○) 대판 2000.10.27, 2000도3570

13 정답 ①

① (×) 구 건축법 제54조 내지 제56조의 벌칙규정에서 그 적용대상자를 건축주, 공사감리자, 공사시공자 등 일정한 업무주로 한정한 경우에 있어서, 같은 법 제57조의 양벌규정은 업무주가 아니면서 당해 업무를 실제로 집행하는 자가 있을 때에 위 벌칙규정의 실효성을 확보하기 위하여 그 적용대상자를 당해 업무를 실제로 집행하는 자에게까지 확장함으로써 그러한 자가 당해 업무집행과 관련하여 위 벌칙규정의 위반행위를 한 경우 위 양벌규정에 의하여 처벌할 수 있도록 한 행위자의 처벌규정임과 동시에 그 위반행위의 이익귀속주체인 업무주에 대한 처벌규정이라고 할 것이다(대판 1999.7.15, 95도2870 전원합의체).

② (○) 대판 2010.9.30, 2009도3876
③ (○) 대판 1984.10.10, 82도2595 전원합의체
④ (○) 대판 2005.11.10, 2004도2657

제2장 구성요건

제1절 부작위범

14 정답 ①

㉠ (○) 대판 1998.4.14, 98도231
㉡ (○) 대판 2006.10.19, 2005도3909 전원합의체
㉢ (○) 대판 2008.3.27, 2008도89
㉣ (×) [1] 형법상 방조는 작위에 의하여 정범의 실행행위를 용이하게 하는 경우는 물론, 직무상의 의무가 있는 자가 정범의 범죄행위를 인식하면서도 그것을 방지하여야 할 제반조치를 취하지 아니하는 부작위로 인하여 정범의 실행행위를 용이하게 하는 경우에도 성립한다(대판 1984.11.27, 84도1906)
[2] 부작위범에 대한 교사·방조와 부작위에 의한 방조는 가능하나, 부작위에 의한 교사는 불가능하다.

15 정답 ③

① (○) 특정한 행위를 하지 아니하는 부작위가 형법적으로 부작위로서의 의미를 가지기 위해서는 보호법익의 주체에게 해당 구성요건적 결과발생의 위험이 있는 상황에서 행위자가 구성요건의 실현을 회피하기 위하여 요구되는 행위를 현실적·물리적으로 행할 수 있었음에도 하지 아니하였다고 평가될 수 있어야 한다(대판 2015.11.12, 2015도6809 전원합의체). ※불가항력적 사항인 경우에는 부작위범이 성립할 수 없다.

② (○) 대판 2008.2.14, 2005도4202
③ (×) 퇴거불응죄와 집합명령위반죄는 진정부작위범이지만 형법상 미수범 처벌규정이 있다(형법 제322조, 제149조) 살인죄와 같은 부진정부작위범은 당연히 미수범 성립이 가능하다.
④ (○) 대판 2015.11.12, 2015도6809 전원합의체 참고

16 정답 ④

㉠ (×) 토지에 대하여 도시계획이 입안되어 있어 장차 협의매수되거나 수용될 것이라는 사정을 매수인에게 고지하지 아니한 행위가 부작위에 의한 사기죄를 구성한다(대판 1993.7.13, 93도14)

㉡ (×) 이분설에 의하면 보증인지위에 대한 착오는 구성요건적 착오가 되지만, 보증인의무에 대한 착오는 금지착오에 해당하게 된다.

㉢ (○) 피고인이 미성년자를 유인하여 포박 감금한 후 단지 그 상태를 유지하였을 뿐인데도 피감금자가 사망에 이르게 된 것이라면 감금치사죄에 해당하겠으나, 나아가서 그 감금상태가 계속된 어느 시점에서 피고인에게 살해의 범의가 생겨 피감금자에 대한 위험발생을 방지함이 없이 포박 감금상태에 있던 피감금자를 그대로 방치함으로써 사망케 하였다면 부작위에 의한 살인죄를 구성한다(대판 1982.11.23, 82도2024) ※ 피해자의 사망부분에 대하여 감금치사죄가 아니라 (부작위에 의한)살인죄가 성립한다는 점을 유의해야 한다.

㉣ (×) 부작위에 의한 교사는 부정되나 부작위에 의한 방조는 가능하다.

17 정답 ③

① (○) 제18조
② (○) 대판 2015.11.12, 2015도6809 전원합의체
③ (×) [1] 업무방해죄와 같이 작위를 내용으로 하는 범죄를 부작위에 의하여 범하는 부진정부작위범이 성립하기 위해서는 부작위를 실행행위로서의 작위와 동일시할 수 있어야 한다.
[2] 비록 피고인이 공사대금을 받을 목적으로 건축자재를 치우지 않았다고 하더라도, 피고인이 자신의 공사를 위하여 쌓아 두었던 건축자재를 공사 완료 후에 단순히 치우지 않은 행위는 위력으로써 피해자의 추가 공사 업무를 방해하는 업무방해죄의 실행행위로서 피해자의 업무에 대하여 하는 적극적인 방해행위와 동등한 형법적 가치를 가진다고 볼 수는 없다(대판 2017.12.22, 2017도13211)
④ (○) 제319조 제2항

18 정답 ①

㉠ (○) 대판 1996.5.10, 96도51
㉡ (○) 대판 1998.12.8, 98도3263
㉢ (×) 1등 항해사 乙, 2등 항해사 丙이 간부 선원들로서 선장 甲을 보좌하여 승객 등을 구조하여야 할 지위에 있음에도 별다른 구조조치를 취하지 아니한 채 사태를 방관하여 결과적으로 선내 대기 중이던 승객 등이 탈출에 실패하여 사망에 이르게 한 잘못은 있으나, 그러한 부작위를 작위에 의한 살인의 실행행위와 동일하게 평가하기 어렵고 또한 살인의 미필적 고의로 선장 甲의 부작위에 의한 살인행위에 공모 가담하였다고 단정하기도 어려우므로 乙, 丙에 대해 부작위에 의한 살인의 고의를 인정하기 어렵다(대판 2015.11.12, 2015도6809 전원합의체) ※ 선장만 부작위에 의한 살인죄의 죄책을 지고, 항해사와 기관장 등은 유기치사죄의 죄책을 진다.

㉣ (○) 대판 1994.4.26, 93도1731

19 정답 ①

㉠ (○) 대판 2004.6.24, 2002도995
㉡ (○) 대판 2021.5.27, 2020도15529
㉢ (○) [1] 부작위에 의해서는 피교사자에게 아무런 심리적 영향을 주지 못하므로 부작위에 의한 교사는 불가능하다.
[2] 형법상 방조는 직무상의 의무가 있는 자가 정범의 범죄행위를 인식하면서도 그것을 방지하여야 할 제반조치를 취하지 아니하는 부작위로 인하여 정범의 실행행위를 용이하게 하는 경우에도 성립된다(대판 1984.11.27, 84도1906) ※ 부작위에 의한 방조는 결과발생을 방지해야 할 보증인지위에 있는 자가 정범의 범행을 방치한 경우에 가능하다.

㉣ (○) 부작위범에 대하여도 적극적인 작위에 의한 교사와 방조가 가능하다.

20 정답 ③

㉠ (×) 위법성조각사유의 전제사실에 대한 착오로 엄격책임설에 의하면 상해죄가 성립하지만, 법효과제한적 책임설에 의하면 과실치상죄가 성립한다.

㉡ (○) 불능미수는 반전된 구성요건적 착오, 환각범은 반전된 금지착오에 해당한다.

㉢ (×) 甲은 아버지로서의 지위를 가지고 있음에도 불구하고 그러한 지위에 있지 않다고 착오하였는데, 이는 보증인 지위에 대한 착오이다. 이분설에 의하면 보증인 지위에 대한 착오는 구성요건적 착오가 된다.

㉣ (○) 대판 2000.4.21, 99도5563

제2절 인과관계와 객관적 귀속

21 정답 ③

① (○) 대판 1991.2.12, 90도2547
② (○) 대판 2022.7.14, 2017도20911 ※ 기술자격증 대여를 처벌하는 것은 별론이고, 공사완성에 따른 공사대금 받은 것은 사기라고 볼 수 없다.
③ (×) 자동차운전자의 과실과 피해자의 상해 사이에는 상당한 인과관계가 있다(대판 1989.9.12, 89도866)
④ (○) 대판 1983.8.23, 82도3222

22 정답 ④

① (○) 폭행죄와 명예훼손죄는 거동범이므로 인과관계를 필요로 하지 않는다.
② (○) 대판 2000.2.11, 99도5286
③ (○) 대판 2011.4.14, 2010도10104
④ (×) 피고인의 전원지체 등의 과실로 신속한 수혈 등의 조치가 지연된 이상 피해자의 사망과 피고인의 과실 사이에 인과관계가 인정된다(대판 2010.4.29, 2009도7070)

23 정답 ③

㉠ (×) 공동정범 관계에 있는 여러 사람의 행위가 경합하여 하나의 결과가 발생한 경우에는 형법 제19조에 규정된 독립행위의 경합에 해당하지 않으므로 비록 결과발생의 원인행위가 밝혀지지 않은 경우라도 각 행위자를 기수범으로 그 죄의 정범으로 처벌한다(형법 제30조)
㉡ (○) 대판 2017.9.26, 2017도8449
㉢ (○) 옳음
㉣ (○) 대판 2020.8.27, 2015도9436 전원합의체

24 정답 ②

㉠ (○) 대판 2015.6.24, 2014도11315
㉡ (○) 대판 1955.6.7, 4288형상88
㉢ (×) 강간을 당한 피해자가 집에 돌아가 음독자살한 경우 그 원인이 강간을 당함으로 인하여 생긴 수치심과 장래에 대한 절망감 등에 있다 하더라도 강간행위와 자살행위 사이에 인과관계를 인정할 수 없다(대판 1982.11.23, 82도1446)
㉣ (○) 대판 1984.1.17, 83도2746
㉤ (○) 대판 1984.6.26, 84도831

25 정답 ②

㉠ (○) 대판 2011.4.14, 2010도10104
㉡ (○) 고의범의 경우에 인과관계가 인정되면 기수가 되고, 인과관계가 부정되면 미수범 처벌규정이 있는 경우에 한하여 미수범이 성립한다.
㉢ (○) 대판 2020.8.27, 2015도9436 전원합의체
㉣ (○) 대판 2017.9.26, 2017도8449
㉤ (×) 살인의 실행행위와 피해자의 사망과의 사이에 다른 사실이 개재되어 그 사실이 치사의 직접적인 원인이 되었다고 하더라도 그와 같은 사실이 통상 예견할 수 있는 것에 지나지 않는다면 살인의 실행행위와 피해자의 사망과의 사이에 인과관계가 있는 것으로 보아야 한다(대판 1994.3.22, 93도3612)

26 정답 ④

㉠ (인과관계 ×) 피고인이 좌회전 금지구역에서 좌회전한 것은 잘못이나 이러한 경우에도 피고인으로서는 50여 미터 후방에서 따라오던 후행차량이 중앙선을 넘어 피고인 운전차량의 좌측으로 돌진하는 등 극히 비정상적인 방법으로 진행할 것까지를 예상하여 사고발생 방지조치를 취하여야 할 업무상 주의의무가 있다고 할 수는 없고, 따라서 좌회전 금지구역에서 좌회전한 행위와 사고발생 사이에 상당인과관계가 인정되지 아니한다(대판 1996.5.28, 95도1200)

㉡ (인과관계 ○) 살인의 실행행위와 피해자의 사망과의 사이에 다른 사실이 개재되어 그 사실이 치사의 직접적인 원인이 되었다고 하더라도 그와 같은 사실이 통상 예견할 수 있는 것에 지나지 않는다면 살인의 실행행위와 피해자의 사망과의 사이에 인과관계가 있는 것으로 보아야 한다(대판 1994.3.22, 93도3612)

㉢ (인과관계 ○) 상해행위를 피하려고 하다가 차량에 치어 사망한 경우 상해행위와 피해자의 사망 사이에 상당인과관계가 있어 상해치사죄가 성립한다(대판 1996.5.10, 96도529)

㉣ (인과관계 ○) A가 두부 손상을 입은 후 병원에서 입원치료를 받다가 합병증으로 사망에 이르게 되어 피고인의 범행과 A의 사망 사이에 인과관계를 부정할 수 없고, 사망 결과에 대한 예견가능성이 있었다고 한 사례(대판 2012.3.15, 2011도17648)

27 정답 ②

㉠ (×) 형법은 과실범의 미수를 처벌하는 규정이 없다.

㉡ (○) 옳음

㉢ (○) 옳음

㉣ (×) 선행 교통사고와 후행 교통사고 중 어느 쪽이 원인이 되어 피해자가 사망에 이르게 되었는지 밝혀지지 않은 경우 후행 교통사고를 일으킨 사람의 과실과 피해자의 사망 사이에 인과관계가 인정되기 위해서는 후행 교통사고를 일으킨 사람이 주의의무를 게을리하지 않았다면 피해자가 사망에 이르지 않았을 것이라는 사실이 입증되어야 하고, 그 입증책임은 검사에게 있다(대판 2007.10.26, 2005도8822)

28 정답 ②

㉠ (○) 대판 1989.10.13, 89도556

㉡ (×) 피고인의 폭행과 피해자의 사망간에 상당인과관계가 없다고 할 수 없다(대판 1986.9.9, 85도2433)

㉢ (×) 피해자의 사망과 피고인의 과실 사이에는 인과관계를 부정하기 어렵다(대판 2010.4.29, 2009도7070)

㉣ (○) 대판 2012.3.15, 2011도17117

제3절 구성요건적 고의

29 정답 ④

① (×) 친족상도례가 적용되는 범죄에 있어서 '친족관계'는 객관적 구성요건요소가 아니므로 고의의 인식대상이 아니다. 그에 비하여 특수폭행죄에 있어서 '위험한 물건을 휴대한다는 사실'은 객관적 구성요건요소이므로 고의의 인식대상이다.

② (×) 내란선동죄에 있어 '국헌문란의 목적'은 범죄 성립을 위하여 고의 외에 요구되는 초과주관적 위법요소로서 엄격한 증명사항에 속하나 확정적 인식임을 요하지 아니하며 다만 미필적 인식이 있으면 족하다(대판 2015.1.22, 2014도10978 전원합의체)

③ (×) 방조범의 경우에 정범의 고의는 정범에 의하여 실현되는 범죄의 구체적 내용을 인식할 것을 요하는 것은 아니고 미필적 인식 또는 예견으로 족하다(대판 2012.6.28, 2012도2628)

④ (○) 대판 2004.5.14, 2004도74

30 정답 ①

① (×) 대구지하철 화재 사고 현장을 수습하기 위한 청소 작업이 한참 진행되고 있는 시간 중에 실종자 유족들로부터 이의제기가 있었음에도 즉각 청

소작업을 중단하도록 지시하지 않고 수사기관과 협의하거나 확인하지 않은 경우, 그러한 청소작업으로 인한 증거인멸의 결과가 발생할 가능성을 용인하는 내심의 의사가 있었다고 단정하기는 어렵다(대판 2004.5.14, 2004도74)
② (○) 대판 1997.3.28, 96도2417
③ (○) 대판 2021.3.11, 2016도14415
④ (○) 대판 2019.3.28, 2018도16002 전원합의체

31 정답 ②
㉠ (○) 대판 1997.3.28, 96도2417
㉡ (○) 대판 2018.1.25, 2017도13628
㉢ (○) 대판 1997.12.12, 97도2368
㉣ (×) 방조범에 있어서 정범의 고의는 정범에 의하여 실현되는 범죄의 구체적 내용을 인식할 것을 요하는 것은 아니고 미필적 인식 또는 예견으로 족하다(대판 2005.4.29, 2003도6056)

32 정답 ④
㉠ (○) 대판 2015.11.12, 2015도6809 전원합의체
㉡ (○) 대판 2022.5.26, 2022도2188
㉢ (○) 대판 2009.10.29, 2009도7150
㉣ (○) 옳음

33 정답 ②
① (○) 대판 2014.3.13, 2012도2468
② (×) 피고인의 구타행위로 상해를 입은 피해자가 정신을 잃고 빈사상태에 빠지자 사망한 것으로 오인하고, 자신의 행위를 은폐하고 피해자가 자살한 것처럼 가장하기 위하여 피해자를 베란다 아래의 바닥으로 떨어뜨려 사망케 하였다면 포괄하여 단일의 상해치사죄에 해당한다(대판 1994.11.4, 94도2361)
③ (○) 대판 2003.8.19, 2001도3667
④ (○) 대판 1987.10.26, 87도1745

34 정답 ④
㉠ (×) 부진정 부작위범의 고의는 미필적 고의로 인정될 수 있다(대판 2015.11.12, 2015도6809)

㉡ (○) 대판 2008.11.27, 2008도7311
㉢ (○) 일반물건방화죄에 있어 '공공의 위험 발생'은 객관적 구성요건요소로서 고의의 인식대상이 된다. 따라서 행위자가 이를 인식해야 범죄가 성립한다.
㉣ (×) 처벌조건인 친족관계의 존부는 고의의 인식대상이 아니므로 이에 대한 인식 여부는 친족상도례의 적용과 무관하다.
㉤ (×) 형법 제331조 제2항(흉기휴대절도)의 특수절도죄에서 흉기의 휴대는 객관적 구성요건요소로서 고의의 인식대상이 되므로 특수절도죄가 성립하기 위해서는 행위자의 인식이 필요하다.

35 정답 ④
① (○) 대판 1995.1.20, 94도1968
② (○) 대판 2004.12.10, 2004도6480
③ (○) 대판 1995.1.24, 94도1949
④ (×) 미필적 고의는 중대한 과실과는 달리 범죄사실의 발생 가능성에 대한 인식이 있고 나아가 범죄사실이 발생할 위험을 용인하는 내심의 의사가 있어야 한다. 행위자가 범죄사실이 발생할 가능성을 용인하고 있었는지 여부는 행위자의 진술에 의존하지 않고 외부에 나타난 행위의 형태와 행위의 상황 등 구체적인 사정을 기초로 일반인이라면 해당 범죄사실이 발생할 가능성을 어떻게 평가할 것인지를 고려하면서 행위자의 입장에서 그 심리상태를 추인하여야 한다(대판 2004.5.14, 2004도74)

36 정답 ④
① (○) 대판 2007.3.15, 2004도5742
② (○) 대판 2002.6.28, 2002도2425
③ (○) 대판 2010.7.23, 2010도1189 전원합의체
④ (×) 진실한 객관적인 사실들에 근거하여 고소인이 피고소인의 주관적인 의사에 관하여 갖게 된 의심을 고소장에 기재하였을 경우에 법률 전문가 아닌 일반인의 입장에서 볼 때 그와 같은 의심을 갖는 것이 충분히 합리적인 근거가 있다고 볼 수 있다면, 비록 그 의심이 나중에 진실하지 않은 것

으로 밝혀졌다고 하여 곧바로 고소인에게 무고의 미필적 고의가 있었다고 단정하여서는 안 된다는 이유로 무고죄를 유죄로 인정한 원심판결을 파기한 사례(대판 1996.3.26, 95도2998)

37 정답 ③

㉠ (○) 대판 2010.2.11, 2009도9807
㉡ (×) 형법 제167조 제1항의 일반물건방화죄에 있어 '공공의 위험발생'은 객관적 구성요건요소로서 고의의 인식대상이 된다.
㉢ (×) 공무집행방해죄에 있어서의 범의는 상대방이 직무를 집행하는 공무원이라는 사실 그리고 이에 대하여 폭행 또는 협박을 한다는 사실을 인식하는 것을 그 내용으로 하고, 그 직무집행을 방해할 의사를 필요로 하지 않는다(대판 2012.5.24, 2010도11381)
㉣ (×) 저작권법이 보호하는 복제권·전송권의 침해를 방조하는 행위란 정범의 복제권·전송권 침해를 용이하게 해주는 직접·간접의 모든 행위로서, 정범의 복제권·전송권 침해행위가 실행되는 일시, 장소, 객체 등을 구체적으로 인식할 필요가 없으며, 나아가 정범이 누구인지 확정적으로 인식할 필요도 없다(대판 2013.9.26, 2011도1435)
㉤ (○) 친족상도례가 적용되기 위해서는 친족관계가 객관적으로 존재하면 족하고, 행위자가 이를 인식해야 할 필요는 없다.

제4절 구성요건적 착오

38 정답 ②

① (×) 甲의 경우 구체적 사실의 착오 중 방법의 착오에 해당한다. 이 경우 구체적 부합설과 법정적 부합설은 결론이 다르다.
② (○) 乙은 애초에 C를 살해할 의사가 있었지만 D에게 결과가 발생해도 무방하다고 생각하고 행위한 경우로서, 이러한 경우를 택일적 고의라고 한

다. 택일적 고의의 경우는 택일관계에 있는 객체 모두에 대해서 고의가 인정된다.
③ (×) 丙의 경우 구체적 사실의 착오 중 객체의 착오에 해당한다. 이 경우 착오에 관한 학설 모두 발생사실에 대한 고의기수가 되므로, F에 대한 살인기수가 인정된다.
④ (×) 법정적 부합설은 구체적 사실의 착오에 해당하는 한 발생사실에 대한 고의기수를 인정한다. 따라서 甲의 경우 B에 대한 살인기수, 丙의 경우 F에 대한 살인기수를 인정한다. 한편 乙의 경우에는 D에 대한 살인의 고의가 인정되므로 D에 대한 살인기수가 성립한다.

39 정답 ③

① (○) 대판 1968.8.23, 68도884
② (○) 구체적 사실의 착오 중 방법의 착오에 해당한다. 법정적 부합설에 따르면 A에 대한 살인죄(기수)가 성립한다.
③ (×) 피고인의 행위는 포괄하여 단일의 상해치사죄에 해당한다(대판 1994.11.4, 94도2361)
④ (○) 구체적 사실의 착오 중 방법의 착오에 해당한다. 구체적 부합설에 따르면 A에 대한 과실치사죄와 B에 대한 살인미수죄의 상상적 경합이 되므로, A에 대한 살인죄의 고의가 인정되지 않는다.

40 정답 ①

㉠ (○) 개괄적 고의설은 제1행위의 고의가 제2행위에 대해서도 개괄적으로 미치는 단일사건이므로 하나의 고의기수범이 된다고 본다. 따라서 이 견해에 의하면 甲은 살인죄의 기수가 된다.
㉡ (×) 인과관계착오설(인과관계의 착오의 문제로 해결하는 견해)은 개괄적 고의를 인과관계의 착오의 한 형태로 보고, 결과발생의 결정적 원인은 고의가 존재하는 제1행위이고 인과과정의 착오는 비본질적이기 때문에 발생한 결과의 고의기수범 성립한다고 본다. 따라서 이 견해에 의하면 甲은 살인죄의 기수가 된다.

ⓒ (×) 미수범설(미수와 과실의 경합범설)은 제1행위와 제2행위는 고의를 달리하는 별개의 행위이므로 '고의의 행위시 존재원칙'에 따라 제1행위에 대한 살인미수죄와 제2행위에 대한 과실치사죄가 성립하고, 양자는 실체적 경합이 된다고 본다. 따라서 이 견해에 의하면 甲은 살인미수죄와 과실치사죄의 실체적 경합이 된다.

ⓔ (○) 피해자가 피고인들의 살해의 의도로 행한 구타행위에 의하여 직접 사망한 것이 아니라 죄적을 인멸할 목적으로 행한 매장행위에 의하여 사망하게 되었다 하더라도 전 과정을 개괄적으로 보면 피해자의 살해라는 처음에 예견된 사실이 결국은 실현된 것으로서 피고인들은 살인죄의 죄책을 면할 수 없다(대판 1988.6.28, 88도650)

41 정답 ①

① (×) 객관적으로는 존재하지도 않는 구성요건적 사실을 행위자가 적극적으로 존재한다고 생각한 '반전된 구성요건적 착오'는 불능미수로 처벌된다.

② (○) 피고인이 그 본가의 소유물로 오신하여 이를 절취하였다 할지라도 그 오신은 형의 면제사유에 관한 것으로서 이에 범죄의 구성요건 사실에 관한 제15조 제1항은 적용되지 않는 것이므로 그 오신은 범죄의 성립이나 처벌에 아무런 영향도 미치지 아니한다(대판 1966.6.28, 66도104)

③ (○) 대판 1983.9.13, 83도1762

④ (○) 구체적 사실의 착오 중 방법의 착오에 해당한다. 구체적 부합설에 의하면 A에 대한 살인미수죄와 B에 대한 과실치사죄의 상상적 경합이 된다. 따라서 甲에게는 B에 대한 살인죄의 죄책이 인정되지 않는다.

42 정답 ②

① (×) 처벌규정이 없으면 비록 그 행위에 대한 위험성이 있다 하더라도 처벌할 수 없다.

② (○) 구체적 사실의 착오 중 객체의 착오의 경우 구체적 부합설, 법정적 부합설, 추상적 부합설 모두 '발생사실에 대한 고의기수'를 인정한다는 점에서 결론의 차이가 없다.

③ (×) 형법상 모든 미수범에 있어서 고의는 '기수의 고의'이어야만 한다. 따라서 결과의 발생이 처음부터 불가능한 것을 알았다면 행위자에게 '기수의 고의'가 인정될 수 없으므로 미수범이 성립할 여지가 없다.

④ (×) 친족상도례가 적용되기 위해서는 친족관계가 객관적으로 존재하면 족하고 행위자가 이를 인식할 필요는 없다.

43 정답 ③

㉠ (○) 피해자가 피고인들의 살해의 의도로 행한 구타행위에 의하여 직접 사망한 것이 아니라 죄적을 인멸할 목적으로 행한 매장행위에 의하여 사망하게 되었다 하더라도 전 과정을 개괄적으로 보면 피해자의 살해라는 처음의 예견된 사실이 결국은 실현된 것으로서 피고인들은 살인죄의 죄책을 면할 수 없다(대판 1988.6.28, 88도650) 판례의 취지에 의할 때 甲은 살인죄의 죄책을 진다.

㉡ (×) 피고인의 구타행위로 상해를 입은 피해자가 정신을 잃고 빈사상태에 빠지자 사망한 것으로 오인하고, 자신의 행위를 은폐하고 피해자가 자살한 것처럼 가장하기 위하여 피해자를 베란다 아래의 바닥으로 떨어뜨려 사망케 하였다면 포괄하여 단일의 상해치사죄에 해당한다(대판 1994.11.4, 94도2361) ※ 판례의 취지에 의할 때 甲은 상해치사죄의 죄책을 진다.

㉢ (○) 추상적 사실의 착오 중 방법의 착오 사례이다. 구체적 부합설은 특수손괴미수죄와 과실치상죄의 상상적 경합범으로 처리한다.

㉣ (○) 교사자가 피교사자에 대하여 상해를 교사하였는데 피교사자가 이를 넘어 살인을 실행한 경우 교사자에게 피해자의 사망이라는 결과에 대하여 과실 내지 예견가능성이 있는 때에는 상해치사죄의 죄책을 지울 수 있다(대판 2002.10.25, 2002도4089) 甲은 상해치사교사죄의 죄책을 진다.

제5절 과실범

44 정답 ④

① (○) 옳음
② (○) 대판 2022.12.1, 2022도1499
③ (○) 대판 2022.12.1, 2022도1499
④ (×) [1] 약사는 의약품을 판매하거나 조제함에 있어서 의약품이 표시 포장상에 있어서 약사법 소정의 검인 합격품이고 또한 부패 변질 변색되지 아니하고 유효기간이 경과되지 아니함을 확인하고 조제·판매한 경우에는 특별한 사정이 없는 한 관능시험 및 기기시험까지 할 주의의무가 없으므로 약의 표시를 신뢰하고 이를 사용한 경우에는 과실이 없다고 볼 수 있다.
[2] 약사가 제약회사에서 공급받은 의약품을 사용하여 약을 조제한 후 乙에게 주었는데 乙은 그 약을 먹고 사망하였다. 그런데 약사가 사용한 의약품은 극약으로서 제약회사의 직원이 잘못 판매한 것이었다면 약사에게 과실이 있다고 볼 수 없다(대판 1976.2.10, 74도2046)

45 정답 ③

㉠ (×) 골재채취허가여부는 골재채취업무가 업무상과실치사상죄에 있어서의 업무에 해당하는 사실에 아무런 소장이 없다(대판 1985.6.11, 84도2527)
㉡ (×) 의료사고에 있어서 그 과실의 유무를 판단함에는 같은 업무와 직무에 종사하는 일반적 보통인의 주의 정도를 표준으로 하여야 하며, 이에는 사고 당시의 일반적인 의학의 수준과 의료환경 및 조건, 의료행위의 특수성 등이 고려되어야 한다(대판 2003.1.10, 2001도3292) ※ 일반인의 주의정도를 기준으로 하는 것이 아니라, 같은 업무와 직무에 종사하는 일반적 보통인(일반적인 의사들)의 주의정도를 기준으로 하여야 한다.
㉢ (×) 행정상의 단속을 주안으로 하는 법규라 하더라도 명문규정이 있거나 해석상 과실범도 벌할 뜻이 명확한 경우를 제외하고는 형법의 원칙에 따라 고의가 있어야 벌할 수 있다(대판 2010.2.11, 2009도9807)

㉣ (○) 대판 2011.9.8, 2009도13959

46 정답 ③

① (○) 대판 1994.4.26, 92도3283
② (○) 대판 1984.2.28, 83도3007
③ (×) 과실범의 미수는 처벌하지 않는다.
④ (○) 대판 2011.5.26, 2010도17506

47 정답 ②

㉠ (×) 단순과실장물죄는 처벌규정이 없으므로, 업무상과실장물죄는 가중적 구성요건이 아니라 기본적 구성요건이므로 진정신분범의 성격을 갖는다.
㉡ (×) 형법 제10조 제3항은 고의에 의한 원인에 있어서의 자유로운 행위만이 아니라 과실에 의한 원인에 있어서의 자유로운 행위까지도 포함하는 것으로서, 위험의 발생을 예견할 수 있었는데도 자의로 심신장애를 야기한 경우도 그 적용대상이 된다고 할 것이다(대판 1992.7.28, 92도999)
㉢ (○) 대판 2012.6.28, 2012도2628
㉣ (○) [1] 과실에 의한 공동정범은 성립할 수 있다(대판 1994.5.24, 94도660)
[2] 위험범은 고의에 의한 경우뿐만 아니라 과실에 의한 경우도 성립할 수 있다. 예) 실화죄, 과실교통방해죄

제6절 결과적 가중범

48 정답 ③

㉠ (○) 대판 1996.4.12, 96도215
㉡ (○) 대판 1993.8.24, 93도1674
㉢ (○) 대판 1997.6.24, 97도1075
㉣ (○) 대판 2008.11.27, 2008도7311

49 정답 ②
① (×) 현주건조물일수치사죄는 무기 또는 7년 이상의 징역이다(제177조 제2항) ※ 현주건조물일수치사죄에는 사형이 없다.
② (○) 대판 2008.11.27, 2008도7311
③ (×) 형법 제15조 제2항의 결과적 가중범은 예견가능성에 대해서만 규정하고 있을 뿐, 기본범죄와 무거운 결과 사이의 인과관계를 명시적으로 요구하고 있지는 않다.
④ (×) 해상강도치사상죄, 강도치사상죄, 인질치사상죄는 형법상 미수범 처벌규정이 있으나, 자기소유일반물건방화죄는 형법상 미수범 처벌규정이 없다.

50 정답 ②
㉠ (○) 대판 1995.1.20, 94도2842
㉡ (×) 결과적 가중범의 공동정범은 기본행위를 공동으로 할 의사가 있으면 성립하고, 결과를 공동으로 할 의사는 필요 없으며, 그 결과의 발생을 예견할 수 있으면 족하다(대판 2005.5.26, 2005도945)
㉢ (○) 대판 2008.11.27, 2008도7311
㉣ (○) 사람을 살해할 목적으로 현주건조물에 방화하여 사망에 이르게 한 경우에는 현주건조물방화치사죄로 의율하여야 하고 이와 더불어 살인죄와의 상상적 경합범으로 의율할 것은 아니며, 다만 존속살해죄와 현주건조물방화치사죄는 상상적 경합관계에 있으므로 법정형이 중한 존속살해죄로 의율함이 타당하다(대판 1996.4.26, 96도485)

51 정답 ③
㉠ (○) 대판 2008.4.24, 2007도10058
㉡ (×) 강도가 재물강취의 뜻을 재물의 부재로 이루지 못한 채 미수에 그쳤으나 그 자리에서 항거불능의 상태에 빠진 피해자를 간음할 것을 결의하고 실행에 착수했으나 역시 미수에 그쳤더라도 반항을 억압하기 위한 폭행으로 피해자에게 상해를 입힌 경우에는 강도강간미수죄와 강도치상죄가 성립되고 이는 상상적 경합관계가 성립된다(대판 1988.6.28, 88도820)
㉢ (○) 대판 1998.12.8, 98도3416
㉣ (○) 대판 2021.2.4, 2020도12103

52 정답 ④
㉠ (○) 대판 2014.7.24, 2014도6206
㉡ (○) 사람을 살해할 목적으로 현주건조물에 방화하여 사망에 이르게 한 경우에는 현주건조물방화치사죄로 의율하여야 하고 이와 더불어 살인죄와의 상상적경합범으로 의율할 것은 아니다(대판 1996.4.26, 96도485)
㉢ (○) 대판 1983.1.18, 82도2341
㉣ (×) 피해자가 피고인들의 살해의 의도로 행한 구타행위에 의하여 직접 사망한 것이 아니라 죄적을 인멸할 목적으로 행한 매장행위에 의하여 사망하게 되었다 하더라도 전 과정을 개괄적으로 보면 피해자의 살해라는 처음에 예견된 사실이 결국은 실현된 것으로서 피고인들은 살인죄의 죄책을 면할 수 없다(대판 1988.6.28, 88도650) ※ 살인죄가 성립하므로 결과적 가중범이 아니다.

53 정답 ①
① (×) 기본범죄를 통하여 고의로 중한 결과를 발생하게 한 경우에 가중 처벌하는 부진정결과적가중범에서, 고의로 중한 결과를 발생하게 한 행위가 별도의 구성요건에 해당하고 그 고의범에 대하여 결과적가중범에 정한 형보다 더 무겁게 처벌하는 규정이 있는 경우에는 그 고의범과 결과적가중범이 상상적 경합관계에 있다(대판 2008.11.27, 2008도7311).
② (○) 대판 2017.6.29, 2017도3196
③ (○) 제15조 제2항
④ (○) 대판 2015.3.26, 2014도13345 ※ 교통사고 등의 발생 없이 직접적으로 운전자에 대한 상해의 결과만 발생시킨 경우에도 특가법 제5조의10 제2항의 죄가 성립한다. [21 경간]

제3장 위법성

제1절 위법성의 일반이론

01 정답 ②
- ㉠ (○) 옳음
- ㉡ (○) 옳음
- ㉢ (×) 형법 제21조 제3항의 면책적 과잉방위는 우연방위행위는 포함하지 않는다.
  [참조조문] 과잉방위의 경우에 야간이나 그 밖의 불안한 상태에서 공포를 느끼거나 경악하거나 흥분하거나 당황하였기 때문에 그 행위를 하였을 때에는 벌하지 아니한다(제21조 제3항).
- ㉣ (○) 주관적 정당화요소 필요설에 의하면 우연방위는 구성요건에 해당하고 위법성까지 갖추었으므로 이에 대한 정당방위나 긴급피난이 가능하다.

02 정답 ③
사례는 객관적 정당화상황(긴급피난 상황)은 존재하나, 주관적 정당화요소(피난의사)가 결여된 경우로 우연피난에 해당한다.
① (○) 주관적 정당화요소 불요설에 의하면 甲의 행위는 긴급피난에 해당하여 위법성이 조각된다.
② (○) 주관적 정당화요소 필요설의 입장이다.
③ (×) 행위반가치는 존재하나 객관적 정당화상황의 존재로 인해 결과반가치가 배제되므로 甲에게 불능미수 규정을 유추적용하자는 견해 즉, 불능미수범설에 따르는 경우 甲은 손괴죄의 불능미수에 해당한다.
④ (○) 옳음

제2절 정당방위 ~ 자구행위

03 정답 ③
- ㉠ (○) 대판 2023.4.27, 2020도6874
- ㉡ (×) 의도적 도발의 경우에는 자초침해에 해당하므로 정당방위에 해당하지 않는다. 이는 권리남용에 해당하여 형법 제21조 제1항(정당방위)의 상당성 요건을 충족하지 못한다.
- ㉢ (○) 대판 1996.4.9, 96도241
- ㉣ (○) 대판 1992.12.22, 92도2540

04 정답 ③
① (×) 사회 기타 일반 다수인의 이익에 관한 것뿐만 아니라 특정한 사회집단이나 그 구성원 전체의 관심과 이익에 관한 것도 포함하는 것이다(대판 2004.10.15, 2004도3912).
② (×) 피고인이 스스로 야기한 강간범행의 와중에서 피해자가 피고인의 손가락을 깨물며 반항하자 물린 손가락을 비틀며 잡아 뽑다가 피해자에게 치아결손의 상해를 입혔다 하더라도 이는 긴급피난에 해당하지 않는다(대판 1995.1.12, 94도2781)
※ 강간치상죄에 해당한다.
③ (○) 대판 2020.6.11, 2016도3048
④ (×) [1] 경찰관 A가 피고인 甲을 체포한 행위는 현행범인 체포의 요건을 갖추지 못하여 적법한 공무집행이라고 볼 수 없으므로 甲이 A에게 상해를 가하더라도 공무집행방해죄의 구성요건을 충족하지 아니한다.
[2] 피고인 甲이 체포를 면하려고 반항하는 과정에서 경찰관 A에게 상해를 가한 것은 불법체포로 인한 신체에 대한 현재의 부당한 침해에서 벗어나기 위한 행위로서 정당방위에 해당하여 위법성이 조각된다(대판 2011.5.26, 2011도3682)

05 정답 ④
① (○) 대판 1986.10.14, 86도1091
② (○) 대판 1992.12.22, 92도2540
③ (○) 대판 2023.4.27, 2020도6874

④ (×) 피고인은 경찰관의 불심검문에 응하여 이미 운전면허증을 교부한 상태이고, 경찰관뿐 아니라 인근 주민도 욕설을 직접 들었으므로 피고인이 도망하거나 증거를 인멸할 염려가 있다고 보기는 어렵고, 피고인의 모욕 범행은 불심검문에 항의하는 과정에서 저지른 일시적, 우발적인 행위로서 사안 자체가 경미할 뿐 아니라 피해자인 경찰관이 범행현장에서 즉시 범인을 체포할 급박한 사정이 있다고 보기도 어려우므로 경찰관이 피고인을 체포한 행위는 적법한 공무집행이라고 볼 수 없고, 피고인이 체포를 면하려고 반항하는 과정에서 상해를 가한 것은 불법체포로 인한 신체에 대한 현재의 부당한 침해에서 벗어나기 위한 행위로서 정당방위에 해당한다(대판 2011.5. 26, 2011도3682)

06 정답 ②

① (○) 대판 2021.12.30, 2021도9680
② (×) 원심이 피고인들의 행위가 정당방위에 해당한다거나 야간 기타 불안스러운 상태하에서 공포, 경악, 흥분 또는 당황으로 인하여 그 정도를 초과한 경우에 해당한다는 피고인들의 주장을 배척한 조처도 정당하다(대판 1992.12.22, 92도2540)
※ 정당방위나 과잉방위에 해당하지 않는다.
③ (○) 대판 2016.1.28, 2014도2477
④ (○) 제21조 제1항, 대판 2017.3.15, 2013도2168 참고

07 정답 ③

① (○) 옳음
② (○) 작위뿐만 아니라 부작위에 의한 침해에도 정당방위가 가능하고,
③ (×) 순수한 결과반가치론에 의하면 甲은 위법성이 조각되어 무죄가 된다.
④ (○) 제22조 제3항

08 정답 ④

① (긴급피난 ×) 긴급피난의 요건을 갖춘 행위로 평가하기 어렵다(대판 2013.6.13, 2010도13609)
② (긴급피난 ×) 긴급피난 내지는 정당행위에 해당한다고 볼 수 없다(대판 2006.4.13, 2005도9396).
③ (긴급피난 ×) 정당방위에 해당한다(대판 2011. 5.26, 2011도3682).
④ (긴급피난 ○) 긴급피난으로서 위법성이 조각된다(대판 1987.1.20, 85도221).

09 정답 ②

㉠ (○) 옳음
㉡ (○) 옳음
㉢ (×) [1] 강요된 행위는 자기 또는 친족의 생명·신체를 보호하기 위한 것이지만, 긴급피난은 개인적·사회적 법익 등을 보호하기 위하여 할 수 있다.
[2] 저항할 수 없는 폭력이나 자기 또는 친족의 생명, 신체에 대한 위해를 방어할 방법이 없는 협박에 의하여 강요된 행위는 벌하지 아니한다 (제12조)
㉣ (○) 대판 2008.10.23, 2005도10101

제3절 피해자의 승낙 ~ 정당행위

10 정답 ③

① (○) 옳음
② (○) 대판 1985.11.26, 85도1487
③ (×) 위법성이 조각되는 피해자의 승낙은 개인적 법익을 훼손하는 경우에 법률상 이를 처분할 수 있는 사람의 승낙이어야 할 뿐만 아니라 그 승낙이 윤리적·도덕적으로 사회상규에 반하는 것이 아니어야 한다(대판 2008.12.11, 2008도9606)
④ (○) 대판 1993.7.27, 92도2345

11 정답 ①

① (×) [1] 무고죄는 국가의 형사사법권 또는 징계권의 적정한 행사를 주된 보호법익으로 하고, 다만 개인의 부당하게 처벌 또는 징계받지 아니할 이익을 부수적으로 보호하는 죄이다(대판 2006.

8.25, 2006도3631)

[2] 무고에 있어서 피무고자의 승낙이 있었다고 하더라도 무고죄의 성립에는 영향을 미치지 못한다(대판 2005.9.30, 2005도2712)

② (○) 대판 1990.8.10, 90도1211

③ (○) 성폭력특례법 제14조 제2항 참고

④ (○) 제305조 제2항 참고

12 정답 ④

① (○) 대판 2004.4.23, 2002도2518

② (○) 대판 1995.8.22, 95도936

③ (○) 대판 2004.10.28, 2004도3405

④ (×) 감정평가업자가 아닌 공인회계사가 타인의 의뢰에 의하여 일정한 보수를 받고 부동산공시법이 정한 토지에 대한 감정평가를 업으로 행하는 것은 특별한 사정이 없는 한 형법 제20조가 정한 '법령에 의한 행위'로서 정당행위에 해당한다고 볼 수 없다(대판 2015.11.27, 2014도191)

13 정답 ④

① (○) 대판 1999.1.26, 98도3029

② (○) 대판 1986.6.10, 86도400

③ (○) 대판 2002.12.26, 2002도5077

④ (×) 설사 피고인이 도청자료를 취득하는 과정에 위법한 점이 없었다고 하더라도 이를 내용으로 하는 보도자료를 인터넷 홈페이지에 게재함으로써 통신비밀을 공개한 행위는 정당행위로서 위법성이 조각되는 경우에 해당한다고 볼 수 없다(대판 2011.5.13, 2009도14442)

14 정답 ④

① (위법성 조각 ×) 건물의 건축허가 또는 토지상의 가설건축물 허가 여부에 관한 관할관청의 행정행위에 하자가 존재한다고 가정하더라도, 피고인이 법정절차에 의하여 토지의 소유권을 방해하는 사람들에 대한 방해배제 등 청구권을 보전하는 것이 불가능하였거나 현저하게 곤란하였다고 볼 수 없을 뿐만 아니라 피고인의 행위가 그 청구권의 실행불능 또는 현저한 실행곤란을 피하기 위한 상당한 행위라고 볼 수도 없다(대판 2007.12.28, 2007도7717) ※ 자구행위에 해당하지 않는다.

② (위법성 조각 ×) 집회장소 사용 승낙을 하지 않은 A대학교측의 집회 저지 협조요청에 따라 경찰관들이 A대학교 출입문에서 신고된 A대학교에서의 집회에 참가하려는 자의 출입을 저지한 것은 경찰관직무집행법 제6조의 주거침입행위에 대한 사전 제지조치로 볼 수 있고, 비록 그 때문에 소정의 신고없이 B대학교로 장소를 옮겨서 집회를 하였다 하여 그 신고없이 한 집회가 긴급피난에 해당한다고도 할 수 없다(대판 1990.8.14, 90도870)

③ (위법성 조각 ×) 피고인이 다수 입주민들의 민원에 따라 입주자대표회의 회장의 자격으로 위성방송 수신을 방해하는 경기동부방송의 시험방송 송출을 중단시키기 위하여 경기동부방송의 방송안테나를 절단하도록 지시하였다고 할지라도 피고인의 위와 같은 행위를 긴급피난 내지는 정당행위에 해당한다고 볼 수 없다(대판 2006.4.13, 2005도9396)

④ (위법성 조각 ○) 피고인이 선거관리위원회가 주체한 합동연설회장에서 일간지의 신문기사를 읽는 방법으로 전과사실을 적시하였다는 점과 그 사실 적시에 있어서 과장 또는 왜곡된 것이 없는 점 및 그 표현방법 등에 비추어 볼 때 피고인이 위 사실을 적시한 것은 상대 후보의 평가를 저하시켜 스스로가 당선되려는 사적 이익도 동기가 되었지만 유권자들에게 상대 후보자의 자질에 대한 자료를 제공함으로써 적절한 투표권을 행사하도록 하려는 공공의 이익도 한 동기가 되었다고 보는 것이 상당하다. 또한 위와 같은 전과사실이 공표됨으로써 상대 후보가 입는 명예(인격권)의 침해정도와 만일 이를 금지할 경우 생기는 피고인의 표현의 자유에 대한 제한과 유권자들의 올바른 선택권에 대한 장애의 정도를 교량한다면 후자가 전자보다 중하다고 보는 것이 상당하다. 따라서 피고인이 상대 후보의 전과사실을 적시한 것은 진실한 사실로서 공공의 이익에 관한 때에 해당하므로 공직선거법 제251조 단서에 의하여 위법성이 조각된다(대판 1996.6.28, 96도977)

15 정답 ④

① (○) 대판 2005.6.9, 2004도7218
② (○) 대판 2005.9.30, 2005도4688
③ (○) 대판 2021.10.14, 2017도10634
④ (×) 원심은, 아파트의 입주자대표회의로부터 새롭게 관리업무를 위임받은 X회사의 직원들인 피고인들이 저수조 청소를 위하여 중앙공급실에의 출입을 시도하여 오다가 기존에 관리업무를 수행하던 Y회사의 직원들로부터 계속 출입을 제지받자 출입문에 설치된 자물쇠를 손괴하고 중앙공급실에 침입한 사실은 인정되나 피고인들의 행위는 사회통념상 허용될 만한 정도의 상당성이 있어 정당행위에 해당한다고 판단하였다. 그리고 원심은, 아파트 입주자대표회의의 임원 또는 X회사의 직원들인 피고인들이 관리비 고지서를 빼앗거나 사무실의 집기 등을 들어낸 것은 사회통념상 허용될 만한 정도의 상당성이 있는 행위라고 볼 수 없어 정당행위에 해당하지 않는다고 판단하였다. 원심의 위와 같은 판단은 정당한 것으로 수긍이 간다(대판 2006.4.13, 2003도3902).

16 정답 ③

① (○) 옳음
② (○) 대판 1986.10.14, 86도1091
③ (×) 가해자의 행위가 피해자의 부당한 공격을 방위하기 위한 것이라기보다는 서로 공격할 의사로 싸우다가 먼저 공격을 받고 이에 대항하여 가해하게 된 것이라고 봄이 상당한 경우, 그 가해행위는 방어행위인 동시에 공격행위의 성격을 가지므로 정당방위 또는 과잉방위행위라고 볼 수 없다(대판 2000.3.28, 2000도228).
④ (○) 대판 2021.3.25, 2017도17643

17 정답 ④

① (○) 대판 1990.8.10, 90도1211
② (○) 대판 2003.11.13, 2003도3606
③ (○) 대판 1987.1.20, 85도221
④ (×) 甲이 乙과 공모하여 보험사기를 목적으로 乙에게 상해를 가한 경우, 甲의 행위는 피해자의 승낙으로 위법성이 조각되지 아니한다(대판 2008.12.11, 2008도9606).

18 정답 ③

① (×) 통상의 일반적인 안수기도의 방식과 정도를 벗어나 환자의 신체에 비정상적이거나 과도한 유형력을 행사하고 신체의 자유를 과도하게 제압하여 환자의 신체에 상해까지 입힌 경우라면, 그러한 유형력의 행사가 비록 안수기도의 명목과 방법으로 이루어졌다 해도 사회상규상 용인되는 정당행위라고 볼 수 없다(대판 2008.8.21, 2008도2695).
② (×) 위 행위가 설령 협박죄에서 말하는 해악의 고지에 해당하더라도 특별한 사정이 없는 한 기사 작성을 위한 자료를 수집하고 보도하기 위한 것으로서 신문기자의 일상적 업무 범위에 속하여 사회상규에 반하지 아니하는 행위라고 보는 것이 타당하다(대판 2011.7.14, 2011도639).
③ (○) 대판 2009.12.24, 2007도6243
④ (×) 피고인들이 확성장치 사용, 연설회 개최, 불법행렬, 서명날인운동, 선거운동기간 전 집회 개최 등의 방법으로 특정 후보자에 대한 낙선운동을 함으로써 공직선거및선거부정방지법에 의한 선거운동제한 규정을 위반한 피고인들의 같은 법 위반의 각 행위는 위법한 행위로서 허용될 수 없는 것이고, 피고인들의 위 각 행위가 시민불복종운동으로서 헌법상의 기본권 행사 범위 내에 속하는 정당행위이거나 형법상 사회상규에 위반되지 아니하는 정당행위 또는 긴급피난의 요건을 갖춘 행위로 볼 수는 없다(대판 2004.4.27, 2002도315).

19 정답 ②

① (○) 대판 2017.10.26, 2012도13352
② (×) 피고인이 접근금지, 문언송신금지 등을 명한 임시보호명령을 위반하여 피해자의 주거지에 접근하고 문자메시지를 보낸 사안에서, 임시보호명령을 위반한 주거지 접근이나 문자메시지 송신을 피해자가 양해 내지 승낙하였더라도 가정폭력범죄의 처벌 등에 관한 특례법 위반죄의 구성요

건에 해당하고 형법 제20조의 정당행위로 볼 수 없다는 이유로 가정폭력범죄의 처벌 등에 관한 특례법 위반죄를 인정한 원심판결을 정당하다고 한 사례(대판 2022.1.14, 2021도14015)
③ (O) 대판 1983.11.22, 83도2224
④ (O) 대판 2004.10.28, 2004도3405

20 정답 ④
① (O) 대판 2021.8.19, 2020도14576 ※ 형법 제20조의 정당행위에 해당하여 상관모욕죄가 성립하지 않는다.
② (O) 대판 2022.10.27, 2019도10516
③ (O) 대판 2006.9.8, 2006도148
④ (×) 위 게재행위와 관련된 사정을 종합하여 볼 때 위 게재에 의하여 얻어지는 이익 및 가치가 통신비밀이 유지됨으로써 얻어지는 이익 및 가치를 초월한다고 볼 수 없으므로, 피고인이 위 녹음 자료를 취득하는 과정에 위법이 없었더라도 위 행위는 형법 제20조의 정당행위에 해당한다고 볼 수 없다(대판 2011.5.13, 2009도14442)

제4장 책임론

제1절 책임의 일반이론 ~ 책임능력

01 정답 ④
① (O) 대판 2007.2.8, 2006도7900
② (O) 옳음
③ (O) 대판 2016.2.19, 2015도12980 전원합의체
④ (×) 甲의 살해행위는 고의에 의한 원인에 있어서 자유로운 행위로서 책임이 조각되지 않는다. 다만, 손목시계를 빼간 행위는 원인행위시에 甲이 전혀 예견할 수 없었던 행위로 원인에 있어서 자유로운 행위가 아니므로 심신상실이 그대로 인정되어 절도죄가 성립되지 않는다(술을 마실 당시 절취할 고의는 없었으므로).

02 정답 ④
㉠ (×), ㉡ (O) 도의적 책임론은 자유의사를 가진 자가 적법한 행위를 할 수 있었음에도 위법한 행위를 하였다는 행위책임(의사책임)에서 책임의 근거를 찾는다. 이에 비하여 사회적 책임론은 행위자가 과거에 잘못된 성격을 형성한 행위자책임(성격책임)에서 책임의 근거를 찾는다. 전자는 책임무능력자에 대한 보안처분 부과를 반대하지만, 후자는 책임무능력자에 대한 보안처분 부과를 옹호한다.
㉢ (O) 대판 2020.10.22, 2020도4140 전원합의체
㉣ (O) 대판 2021.9.9, 2021도8657
㉤ (O) 대판 2007.7.27, 2007도4484

03 정답 ②
① (O) 대판 1999.8.24, 99도1194
② (×) 이미 유죄의 확정판결을 받은 피고인은 공범의 형사사건에서 그 범행에 대한 증언을 거부할 수 없을 뿐만 아니라 나아가 사실대로 증언하여야 하고, 설사 피고인이 자신의 형사사건에서 시종일관 그 범행을 부인하였다 하더라도 이러한 사정은 위증죄에 관한 양형참작사유로 볼 수 있음은 별론으로 하고 이를 이유로 피고인에게 사실대로 진술할 것을 기대할 가능성이 없다고 볼

수는 없다(대판 2008.10.23, 2005도10101).
③ (○) 원인에 있어서 자유로운 행위에 있어 행위와 책임의 동시존재원칙을 고수하는 구성요건모델설(원인설정행위시설, 일치설)은 원인행위시를 기준으로 실행의 착수를 인정한다.
④ (○) 대판 1983.12.13, 83도2276

04 정답 ③

㉠ (○) 대판 1998.4.10, 98도549
㉡ (×) 듣거나 말하는 데 모두 장애가 있는 사람의 행위에 대해서는 형을 감경한다(제11조). ※ 청각 및 언어장애 모두 있는 경우에만 필요적 감경이다.
㉢ (×) 형법 제10조 제1항 또는 제2항의 심신상실자 또는 심신미약자가 되기 위해서는 '심신장애'라는 생물학적 요소와 이로 인한 '사물을 변별할 능력 또는 의사를 결정할 능력의 결여 또는 미약'이라는 심리적 요소가 동시에 존재해야 한다. 따라서 양 요소 중 어느 하나만으로는 심신상실 또는 심신미약이 될 수 없다(대판 1992.8.18, 92도1425 참조)
㉣ (○) 대판 1999.8.24, 99도1194

05 정답 ②

① (○) 대판 1990.6.26, 90도887
② (×) 형법 제10조에 규정된 심신장애의 유무 및 정도의 판단은 법률적 판단이다(대판 1999.8.24, 99도1194).
③ (○) 대판 1999.4.27, 99도693
④ (○) 대판 1992.7.28, 92도999

06 정답 ②

㉠ (○) 대판 1992.8.18, 92도1425
㉡ (○) 대판 2013.1.24, 2012도12689
㉢ (×) 심신장애로 인하여 사물을 변별할 능력이나 의사를 결정할 능력이 미약한 자의 행위는 형을 감경할 수 있다(제10조 제2항) ※ 임의적 감경사유이다.
㉣ (○) 대판 1992.7.28, 92도999

㉤ (×) 소년법 제4조 제1항의 '죄를 범한 소년'(범죄소년)은 죄를 범한 14세 이상 19세 미만의 자를 의미한다. 범죄소년은 책임능력자로서 그에 대하여 보호처분은 물론 범죄의 동기와 죄질에 따라 형사처벌(형벌)도 가능하다.

07 정답 ③

㉠ (○) 대판 1992.7.28, 92도999
㉡ (×) 원인설정행위시설(일치설)은 구성요건의 정형성을 갖추지 못한 원인설정행위에서 실행행위성을 찾음으로써 죄형법정주의의 보장적 기능을 저해할 위험이 있다. 예를 들면, 살인의 고의를 갖고 음주하다가 명정상태에 빠져 그대로 잠들어 버린 경우에도 살인미수를 인정해야 하는 문제가 발생한다.
㉢ (×) 형법 제10조 제3항의 '위험의 발생을 예견'이란 행위자가 구성요건적 결과발생을 인식한 경우(고의)뿐만 아니라 그 예견가능성이 있었던 경우(과실)도 포함된다. 따라서 원인행위시에 행위자가 전혀 예견할 수 없었던 행위에 의해 결과가 발생한 경우에는 원인에 있어서 자유로운 행위에 해당하지 않는다.
㉣ (×) 원인행위를 실행행위로 보는 견해(일치설)는 행위와 책임의 동시존재의 원칙에는 충실하나 실행행위의 정형성을 무시했다는 비판을 받는다. 행위와 책임의 동시존재의 원칙의 예외를 인정하는 것은 예외설(불가분적 연관설)이다.

제2절 위법성의 인식 ~ 법률의 착오

08 정답 ③

① (×) 가감삼십전대보초와 한약 가지수에만 차이가 있는 십전대보초를 제조하고 그 효능에 관하여 광고를 한 사실에 대하여 이전에 검찰의 혐의 없음 결정을 받은 적이 있다면, 피고인이 비록 한의사, 약사, 한약업사 면허나 의약품판매업 허가가 없이 의약품인 가감삼십전대보초를 판매하였다고 하더라도 자기의 행위가 법령에 의하여 죄가 되지 않는 것으로 믿을 수밖에 없었고, 또 그렇게 오인함에 있어서 정당한 이유가 있는 경우에 해당한다(대판 1995.8.25, 95도717).

② (×) 피고인이 그 이전에 그와 유사한 행위에 대하여 '혐의없음' 처분을 받은 전력이 있다거나 일정한 시청차단장치를 설치하였다는 등의 사정만으로는 형법 제16조 소정의 정당한 이유가 있다고 볼 수 없다(대판 2010.7.15, 2008도11679).

③ (○) 대판 2021.11.25, 2021도10903

④ (×) 형법 제16조는 단순한 법률의 부지를 말하는 것이 아니고 일반적으로는 범죄가 되지만 자기의 특수한 경우에는 법령에 따라 허용된 행위로서 죄가 되지 아니한다고 그릇 인식하고 그와 같이 그릇 인식함에 정당한 이유가 있는 경우 벌하지 않는다는 취지이다(대판 2015.2.12, 2014도11501).

09 정답 ①

① (○) 대판 2005.6.10, 2005도835

② (×) 피고인이 자기의 행위가 죄가 되지 아니한다고 오인한 근거로 주장하는 환경부의 질의회신 내용은, 건설폐기물의재활용촉진에관한법률 제27조 제1항에 따라, 건설폐기물의 배출자가 건설공사현장에 건설폐기물처리시설을 직접 설치·운영하여 건설폐기물을 재활용하고자 하는 경우, 관할관청이 그 설치승인을 함에 있어서 그 대상이 되는 건설폐기물처리시설의 범위에 관한 것일 뿐, 같은 법 제16조 제1항의 자가처리의 범위를 판단할 수 있는 직접적인 자료가 되는 것은 아니라고 보이므로, 피고인이 질의회신에 따라 자기의 행위가 죄가 되지 아니한다고 오인하였다고 하더라도, 이는 질의회신을 자기에게 유리하게 잘못 해석한 것에 불과하여 정당한 이유가 있는 법률의 착오에 해당한다고 볼 수 없다(대판 2009.1.30, 2008도8607).

③ (×) 자격기본법에 의한 민간자격관리자로부터 대체의학자격증을 수여받은 자가 사업자등록을 한 후 침술원을 개설하였다고 하더라도 국가의 공인을 받지 못한 민간자격을 취득하였다는 사실만으로는 자신의 행위가 무면허 의료행위에 해당되지 아니하여 죄가 되지 않는다고 믿는 데에 정당한 사유가 있었다고 할 수 없다(대판 2003.5.13, 2003도939).

④ (×) 위법성의 인식에 필요한 노력의 정도는 구체적인 행위정황과 행위자 개인의 인식능력 그리고 행위자가 속한 사회집단에 따라 달리 평가되어야 한다(대판 2015.2.12, 2014도11501).

10 정답 ④

위 사례는 위법성조각사유의 전제사실에 대한 착오로, 오상방위에 해당한다.

① (○) 엄격책임설의 입장으로, 오인에 정당한 이유가 없으면 고의범으로 처벌된다. 따라서 甲은 상해의 고의범으로 처벌된다.

② (○) 소극적구성요건표지이론의 입장으로, 甲은 구성요건적 착오에 해당하며 상해의 고의가 조각된다.

③ (○) 유추적용설의 입장으로, 구성요건적 착오에 관한 규정을 유추적용하여 고의가 조각되고, 오인에 과실이 있으면 과실범으로 처벌된다. 따라서 甲은 과실치상죄의 성립을 검토할 수 있다.

④ (×) 법효과제한적 책임설의 입장으로, 행위자의 구성요건적 고의는 인정되지만 착오로 인하여 행위자의 심정반가치를 인정할 수 없으므로 책임고의가 조각되어 행위자에게 과실이 있으면 과실범으로 처벌되고, 과실이 없으면 무죄가 된다. 따라서 甲은 과실치상죄로 처벌된다.

11 정답 ③

① (O) 대판 2006.3.24, 2005도3717
② (O) 대판 1995.7.11, 94도1814
③ (×) 부동산중개업자가 부동산중개업협회의 자문을 통하여 인원수의 제한 없이 중개보조원을 채용하는 것이 허용되는 것으로 믿고서 제한인원을 초과하여 중개보조원을 채용함으로써 부동산중개업법 위반행위에 이르게 되었다고 하더라도 그러한 사정만으로 자신의 행위가 법령에 저촉되지 않는 것으로 오인함에 정당한 이유가 있는 경우에 해당한다거나 범의가 없었다고 볼 수는 없다(대판 2000.8.18, 2000도2943).
④ (O) 대판 1995.6.16, 94도1793

12 정답 ③

㉠ (O) 대판 2015.2.12, 2014도11501
㉡ (O) 대판 2015.2.12, 2014도11501
㉢ (O) 대판 2002.5.17, 2001도4077
㉣ (×) 가사 상표법 위반행위 중 무혐의 처분일 이후에 이루어진 행위에 대하여도 무혐의 처분에 대하여는 곧바로 고소인의 항고가 받아들여져 재기수사명령에 따라 재수사되어 기소에 이르게 된 이상 피고인들이 자신들의 행위가 죄가 되지 않는다고 그릇 인식하는 데 정당한 이유가 있었다고는 할 수 없다(대판 1995.6.16, 94도1793).

13 정답 ①

① (O) 대판 1989.2.28, 88도1141
② (×) 피고인이 A외국인학교의 교비회계에 속하는 수입을 B외국인학교에 대여한 행위가 법률상 허용되는 것으로서 죄가 되지 않는다고 그릇 인식하고 있었다고 하더라도 그와 같이 그릇된 인식에 정당한 이유가 있다고 볼 수 없다(대판 2017.3.15, 2014도12773).
③ (×) 자기의 행위가 법령에 의하여 죄가 되지 아니하는 것으로 오인한 행위는 그 오인에 정당한 이유가 있는 때에 한하여 벌하지 아니한다(제16조).
④ (×) 탐정업이 정부기관에 의하여 하나의 업종으로 취급되고 있다거나 세무서에서 사업자등록을 받아 주었다고 하여 그것이 위 법률에서 금지하는 행위까지를 할 수 있다는 취지는 아님이 분명하고 그렇다면 피고인이 특정인 소재탐지, 사생활조사 등의 행위가 죄가 되지 않는다고 믿은 데에 정당한 이유가 있었다고는 할 수 없다(대판 1994.8.26, 94도780).

14 정답 ③

① (×) 엄격고의설에 의하면 행위자에게 현실적인 위법성의 인식이 없으므로 (책임요소로서의) 고의가 조각되고, 다만 행위자에게 과실이 있으면 과실범으로 처벌되고, 과실이 없으면 무죄가 된다. 甲, 乙은 과실치상죄의 죄책을 지는 것은 별론으로 하고 '특수'상해죄의 죄책은 지지 않는다.
② (×) 법효과제한적 책임설에 의하면 (구성요건적) 고의는 인정되지만, 법질서 수호의사로 한 행위이므로 책임 고의가 조각되고(고의행위지만 고의책임을 지지 않으므로), 다만 행위자에게 과실이 있으면 과실범으로 처벌되고, 과실이 없으면 무죄가 된다. "정범이 구성요건에 해당하고 위법하면 공범이 성립한다"라는 제한적 종속형식에 의할 때 乙에게 공범의 죄책을 물을 수 있다.
③ (O) 소극적 구성요건표지이론에 의하면 위법성조각사유는 소극적 구성요건이므로 구성요건적 착오에 관한 규정을 직접 적용하여 (불법) 고의가 조각되고, 다만 행위자에게 과실이 있으면 과실범으로 처벌되고, 과실이 없으면 무죄가 된다. 이 이론에 대하여 구성요건해당성이 없는 행위(예를 들어 파리나 모기를 죽이는 행위)와 구성요건에는 해당하나 위법성이 조각되는 행위(예를 들어 아군이 적군을 사살하는 행위) 사이에 존재하는 가치 차이를 무시한다는 비판이 제기된다.
④ (×) 유추적용설에 의하면 이는 사실의 착오와 유사하므로 구성요건적 착오에 관한 규정을 유추적용하여 (구성요건적) 고의가 조각되고, 다만 행위자에게 과실이 있으면 과실범으로 처벌되고, 과실이 없으면 무죄가 된다. 甲, 乙의 경우 구성요건적 고의가 조각되어 '특수'상해죄의 죄책은 지지 않고, 경우에 따라 과실치상죄의 죄책을 질 뿐이다.

제3절 기대가능성

15 정답 ④

① (○) 대판 1973.9.12, 73도1684
② (○) 대판 1983.12.13, 83도2543
③ (○) 대판 1983.12.13, 83도2276
④ (×) 형법 제12조에서 말하는 강요된 행위는 저항할 수 없는 폭력이나 생명, 신체에 위해를 가하겠다는 협박 등 다른 사람의 강요행위에 의하여 이루어진 행위를 의미하는 것이지 어떤 사람의 성장교육과정을 통하여 형성된 내재적인 관념 내지 확신으로 인하여 행위자 스스로의 의사결정이 사실상 강제되는 결과를 낳게 하는 경우까지 의미한다고 볼 수 없다(대판 1990.3.27, 89도1670).

16 정답 ③

㉠ (×) 이미 유죄의 확정판결을 받은 피고인은 공범의 형사사건에서 그 범행에 대한 증언을 거부할 수 없을 뿐만 아니라 나아가 사실대로 증언하여야 하고, 설사 피고인이 자신의 형사사건에서 시종일관 그 범행을 부인하였다 하더라도 이러한 사정은 위증죄에 관한 양형참작사유로 볼 수 있음은 별론으로 하고 이를 이유로 피고인에게 사실대로 진술할 것을 기대할 가능성이 없다고 볼 수는 없다(대판 2008.10.23, 2005도10101).
㉡ (○) 대판 1987.1.20, 86도874
㉢ (○) 대판 2009.6.11, 2008도11784
㉣ (○) 강요된 행위는 자기 또는 친족의 생명·신체를 보호하기 위한 것이지만, 긴급피난은 개인적·사회적·국가적 법익 등을 보호하기 위하여 할 수 있다.

제5장 미수론

제1절 미수범의 일반이론

01 정답 ③

(㉠㉡㉣ : 미수범 처벌규정 ○ /
㉢㉤㉥㉦ : 미수범 처벌규정 ×)
(ⅰ) 재산죄는 원칙적으로 미수를 처벌하나, 점유이탈물횡령죄, 부당이득죄, 경계침범죄, 장물죄, 강제집행면탈죄, 권리행사방해죄 등은 미수범 처벌규정이 없다(㉢㉥).
(ⅱ) 사문서부정행사죄는 문서에 관한 죄 중 유일하게 미수범 처벌규정이 없다(㉤).
(ⅲ) 공무집행방해죄, 업무방해죄, 위계에 의한 공무집행방해죄는 모두 미수를 처벌하지 않는다(㉦).
(ⅳ) 공무방해에 관한 죄 중에서 공무상비밀표시무효죄, 공용서류무효죄, 공무상보관물무효죄 등은 미수를 처벌한다(㉣).
(ⅴ) 도주에 관한 죄(도주죄, 특수도주죄, 도주원조죄, 간수자도주원조죄, 집합명령위반죄)의 미수범은 모두 처벌한다(㉡).

02 정답 ③

① (○) 옳음
② (○) 위와 같은 경우 많은 피가 흘러나오는 것에 놀라거나 두려움을 느끼는 것은 일반 사회통념상 범죄를 완수함에 장애가 되는 사정에 해당한다고 보아야 할 것이므로, 이를 자의에 의한 중지미수라고 볼 수 없다(대판 1999.4.13. 99도640).
③ (×) 방화예비죄와 통화위조예비죄에는 자수에 대한 필요적 감면규정이 있으나(제175조 단서, 제213조 단서 참고), 일수예비·음모죄에는 그런 규정이 없다.
④ (○) 옳음

03 정답 ①

① (×) 사문서부정행사죄는 문서에 관한 죄 중 미수를 처벌하지 않는 유일한 범죄이다.

② (○) 대판 1999.4.9, 99도424
③ (○) 형법 제31조 제2항
④ (○) 형법 제25조, 제26조, 제27조

제2절 장애미수 ~ 불능미수

04 정답 ①
㉠ (○) 대판 2003.10.24, 2003도4417
㉡ (○) 대판 2000.1.14, 99도5187
㉢ (○) 대판 2009.9.24, 2009도4998
㉣ (×) 법률적 판단에 의하여 당해 배임행위가 무효라 하더라도 경제적 관점에서 파악하여 배임행위로 인하여 본인에게 현실적인 손해를 가하였거나 재산상 실해 발생의 위험을 초래한 경우에는 재산상의 손해를 가한 때에 해당되어 배임죄를 구성한다(대판 2014.2.13, 2011도16763) 지문의 경우 배임죄의 실행의 착수를 인정할 수 있다.
㉤ (×) 가압류는 강제집행의 보전방법에 불과한 것이어서 허위의 채권을 피보전권리로 삼아 가압류를 하였다고 하더라도 그 채권에 관하여 현실적으로 청구의 의사표시를 한 것이라고는 볼 수 없으므로 본안소송을 제기하지 아니한 채 가압류를 한 것만으로는 사기죄의 실행에 착수하였다고 할 수 없다(대판 1988.9.13, 88도55)

05 정답 ②
① (○) 대판 2008.4.24, 2007도10058
② (×) 소송비용을 편취할 의사로 소송비용의 지급을 구하는 손해배상청구의 소를 제기한 경우 사기죄의 불능범에 해당한다(대판 2005.12.8, 2005도8105)
③ (○) 대판 1997.6.13, 97도957
④ (○) 대판 2012.8.17, 2011도9113
⑤ (○) 대판 2004.11.18, 2004도5074 전원합의체

06 정답 ①
① (×) 피고인이 지하철 환승에스컬레이터 내에서 짧은 치마를 입고 있는 피해자의 뒤에 서서 카메라폰으로 성적 수치심을 느낄 수 있는 치마 속 신체 부위를 피해자 의사에 반하여 동영상 촬영 중 경찰관에게 발각되어 저장버튼을 누르지 않고 촬영을 종료하였더라도 동영상 촬영을 시작하여 일정한 시간이 경과하였다면 구 「성폭력범죄의 처벌 및 피해자보호 등에 관한 법률」상 카메라이용촬영죄의 기수에 해당한다(대판 2011.6.9, 2010도10677)
② (○) 대판 1990.5.25, 90도607
③ (○) 대판 2006.9.14, 2006도2824
④ (○) 대판 2010.4.29, 2009도14427
⑤ (○) 대판 2001.7.27, 2000도4298

07 정답 ④
① (○) 대판 2015.2.12, 2014도10086
② (○) 대판 2017.7.20, 2014도1104 전원합의체
③ (○) 대판 2021.5.27, 2020도15529
④ (×) 국제우편 등을 통하여 향정신성의약품을 수입하는 경우에는 국내에 거주하는 사람이 수신인으로 명시되어 발신국의 우체국 등에 향정신성의약품이 들어 있는 우편물을 제출할 때에 범죄의 실행에 착수하였다고 볼 수 있다(대판 2019.5.16, 2019도97) ※ 乙이 필로폰이 들어 있는 우편물을 발신국의 우체국에 제출하지 않았으므로 아직 향정신성의약품 수입의 예비행위라고 볼 수 있을지언정 이를 가지고 실행에 착수하였다고 볼 수 없다.

08 정답 ⑤
① (○) 대판 2018.2.28, 2017도21249
② (○) 대판 2015.3.20, 2014도16920
③ (○) 대판 2015.9.10, 2015도6980
④ (○) 대판 2021.8.12, 2021도7035
⑤ (×) 업무상배임죄에 있어 부작위를 실행의 착수로 볼 수 있기 위해서는 작위의무가 이행되지 않으면 사무처리의 임무를 부여한 사람이 재산권을

행사할 수 없으리라고 객관적으로 예견되는 등으로 구성요건적 결과 발생의 위험이 구체화한 상황에서 부작위가 이루어져야 한다. 그리고 행위자는 부작위 당시 자신에게 주어진 임무를 위반한다는 점과 그 부작위로 인해 손해가 발생할 위험이 있다는 점을 인식하였어야 한다(대판 2021. 5. 27, 2020도15529).

09 정답 ④

㉠ (×) 피고인 甲이 현역병입영대상자인 乙이 신장질환이 있는 것처럼 가장하여 병역면제처분을 받을 목적으로 신장에 질병이 있는 것처럼 치료를 받게 하는 등 그 범행을 용이하게 하였더라도 乙이 병사용 진단서를 발급받아 관할 병무청에 제출하는 단계에까지 이르지 않은 이상 '사위행위'의 실행에 이르렀다고 볼 수 없어 방조죄가 성립하지 아니한다(대판 2005. 11. 10, 2005도1995).
㉡ (○) 대판 2010. 4. 29, 2009도14427
㉢ (○) 대판 2015. 2. 12, 2014도10086
㉣ (○) 대판 2009. 9. 24, 2009도5900

10 정답 ④

① (×) 장애미수는 임의적 감경사유이므로 기수범에 비하여 반드시 감경해야 하는 것은 아니므로 기수범의 형과 동일하게 처벌하는 것도 가능하다.
② (×) 공동정범의 형태로 범죄의 실행에 착수한 경우에는 공범자 전원의 실행행위를 중지케 하여 결과발생을 방지한 때에 한하여 중지미수가 성립한다. 행위자가 행위의 계속을 중단하거나 진지한 노력에도 불구하고 결과가 발생한 경우에는 이미 기수에 이른 것이므로 중지미수가 성립할 수 없다.
③ (×) 중지범은 범죄의 실행에 착수한 후 자의로 그 행위를 중지한 때를 말하는 것이고, 실행의 착수가 있기 전인 예비·음모의 행위를 처벌하는 경우에 있어서는 중지범의 관념은 이를 인정할 수 없는 것이다(대판 1991. 6. 25, 91도436).
④ (○) 대판 2011. 11. 10, 2011도10539

11 정답 ①

① (×) 형법상 모든 미수범에 있어서 고의는 '기수의 고의'이어야만 한다. 따라서 처음부터 결과발생의 불가능을 인식하였다면 미수의 성립요건인 기수의 고의가 없는 것으로서 미수범 자체가 성립할 수 없다.
② (○) 대판 1993. 7. 27, 93도901
③ (○) 대판 1985. 3. 26, 85도206
④ (○) 대판 2005. 12. 8, 2005도8105

12 정답 ②

① (○) 대판 2005. 2. 25, 2004도8259
② (×) 필로폰을 매수하려는 자에게서 필로폰을 구해 달라는 부탁과 함께 돈을 지급받았다고 하더라도, 당시 필로폰을 소지 또는 입수한 상태에 있었거나 그것이 가능하였다는 등 매매행위에 근접·밀착한 상태에서 대금을 지급받은 것이 아니라 단순히 필로폰을 구해 달라는 부탁과 함께 대금 명목으로 돈을 지급받은 것에 불과한 경우에는 필로폰 매매행위의 실행의 착수에 이른 것이라고 볼 수 없다(대판 2015. 3. 20, 2014도16920).
③ (○) 대판 1997. 6. 13, 97도957.
④ (○) 대판 2019. 3. 28, 2018도16002 전원합의체

13 정답 ②

㉠ (○) 대판 2005. 9. 28, 2005도3065
㉡ (×) 양수인에게 무허가건물을 인도할 의무를 부담하는 양도인이 중도금 또는 잔금까지 수령한 상태에서 양수인의 의사에 반하여 제3자에게 무허가건물을 이중으로 양도하고 중도금까지 수령하였다면 배임죄의 실행의 착수가 있었다고 할 것이고, 더 나아가 제3자로부터 잔금을 수령하고 무허가건물을 인도하였다면 배임죄의 기수에 해당한다(대판 2005. 10. 28, 2005도5713).
㉢ (○) 대판 2012. 11. 15, 2012도9603
㉣ (○) 대판 2009. 10. 15, 2008도9433

14 정답 ②
① (○) 대판 2009.9.24, 2009도4998
② (×) 은행강도 범행으로 강취할 돈을 송금받을 계좌를 개설한 것만으로는 범죄수익 등의 은닉에 관한 죄의 실행에 착수한 것으로 볼 수 없다(대판 2007.1.11, 2006도5288)
③ (○) 대판 2015.9.10, 2015도6980
④ (○) 대판 2008.3.27, 2008도917

15 정답 ②
㉠ (×) 현주건조물방화치사죄는 미수범 처벌규정이 없다. 따라서 현주건조물방화죄와 살인미수(중지미수)가 된다.
㉡ (○) 실행의 수단 또는 대상의 착오로 인하여 결과의 발생이 불가능하더라도 위험성이 있는 때에는 처벌한다(형법 제27조) 따라서 주체의 착오로 인한 경우에는 형법상 명문 규정이 없다.
㉢ (×) 제297조(강간죄), 제297조의2(유사강간죄), 제299조(준강간죄에 한한다), 제301조(강간상해죄) 및 제305조(미성년자 간음·추행죄)의 죄를 범할 목적으로 예비 또는 음모한 사람은 3년 이하의 징역에 처한다. 따라서 강제추행죄는 예비 처벌규정이 없다.
㉣ (○) 대판 2019.5.16, 2019도97

16 정답 ③
① (○) 대판 2007.7.26, 2007도3687
② (○) 대판 1985.3.26, 85도206
③ (×) 불능범과 구별되는 불능미수의 판단 기준으로서 위험성 판단은 피고인이 행위 당시에 인식한 사정을 놓고 이것이 객관적으로 일반인의 판단으로 보아 결과 발생의 가능성이 있느냐를 따지는 것이다(대판 2005.12.8, 2005도8105)
④ (○) 옳음

17 정답 ①
① (×) 경매법원이 실제의 임차인을 처로 오인하여 배당결정을 하였더라도 이로써 재물의 편취라는 결과의 발생은 불가능하다 할 것이고, 이러한 임차인의 행위를 객관적으로 결과발생의 가능성이 있는 행위라고 볼 수도 없으므로 형사소송법 제325조에 의하여 무죄를 선고하여야 한다(대판 2002.2.8, 2001도6669)
② (○) 실행의 수단 또는 대상의 착오로 인하여 결과의 발생이 불가능하더라도 위험성이 있는 때에는 처벌한다(형법 제27조) 따라서 주체의 착오로 인한 경우에는 형법상 명문 규정이 없다.
③ (○) 대판 2019.5.16, 2019도97
④ (○) 대판 1954.1.30, 4286형상103

18 정답 ③
㉠ (×) 종범은 정범이 실행행위에 착수하여 범행을 하는 과정에서 이를 방조한 경우뿐 아니라 정범의 실행의 착수 이전에 장래의 실행행위를 미필적으로나마 예상하고 이를 용이하게 하기 위하여 방조한 경우에도 그 후 정범이 실행행위에 나아갔다면 성립할 수 있다(대판 2013.11.14, 2013도7494)
㉡ (○) 친족상도례는 고의의 인식대상이 아니므로 이에 대한 착오는 범죄의 성립과는 무관하다(대판 1966.6.28, 66도104)
㉢ (×) 객관적으로는 존재하지도 않는 구성요건적 사실을 행위자가 적극적으로 존재한다고 생각한 '반전된 구성요건적 착오'는 불능미수에 해당한다.
㉣ (×) 구타행위로 상해를 입은 피해자가 정신을 잃고 빈사상태에 빠지자 사망한 것으로 오인하고 자살한 것처럼 가장하기 위하여 베란다 아래의 바닥으로 떨어뜨려 사망케 한 경우, 상해치사죄의 포괄일죄가 성립한다(대판 1994.11.4, 94도2361)

19 정답 ②
① (○) 대판 1993.10.12, 93도1851
② (×) 주관설은 후회·동정·연민·양심의 가책 등 윤리적 동기로 인하여 중지한 경우에는 중지미수이고, 그 외의 사정으로 인하여 중지한 경우에는 장애미수이다
③ (○) 대판 2011.11.10, 2011도10539

④ (○) 위와 같은 경우 많은 피가 흘러나오는 것에 놀라거나 두려움을 느끼는 것은 일반 사회통념상 범죄를 완수함에 장애가 되는 사정에 해당한다고 보아야 할 것이므로, 이를 자의에 의한 중지미수라고 볼 수 없다(대판 1999.4.13. 99도640)

제3절 예비죄

20 정답 ④
[1] 예비·음모 처벌규정이 있는 경우 : 유가증권위조죄(ⓒ), 도주원조죄(ⓔ)
[2] 예비·음모 처벌규정이 없는 경우 : 위계에 의한 공무집행방해죄(㉠), 소인말소죄(ⓒ), 통화유사물제조죄(ⓜ), 촉탁·승낙살인죄(ⓗ), 타인소유 일반물건방화죄(ⓢ), 특수도주죄(ⓞ)

21 정답 ③
도주원조죄(㉠), 현주건조물방화죄(ⓒ), 유가증권위조죄(ⓒ), 수도불통죄(ⓜ) 예비·음모 처벌규정이 있다.

22 정답 ①
㉠ (○) 대판 1976.5.25. 75도1549
ⓒ (×) 중지범은 범죄의 실행에 착수한 후 자의로 그 행위를 중지한 때를 말하는 것이고 실행의 착수가 있기 전인 예비음모의 행위를 처벌하는 경우에 있어서 중지범의 관념은 이를 인정할 수 없다(대판 1999.4.9. 99도424)
ⓒ (×) [1] 흉기나 그 밖의 위험한 물건을 지닌 채 또는 2명 이상이 합동하여 형법 제298조(강제추행)의 죄를 범한 사람은 5년 이상의 유기징역에 처한다(성폭력특례법 제4조 제2항)
[2] 제3조부터 제7조까지의 죄를 범할 목적으로 예비 또는 음모한 사람은 3년 이하의 징역에 처한다(성폭력특례법 제15조의2) ※ 형법상 강제추행죄는 예비·음모 처벌규정이 없으나 성폭력특례법상 강제추행죄는 예비·음모 처벌규정이 있다.
ⓔ (○) 대판 1976.5.25. 75도1549

23 정답 ④
㉠ (○) 대판 2006.9.14. 2004도6432
ⓒ (○) 대판 2009.10.29. 2009도7150
ⓒ (○) 대판 1999.3.26. 98도3030
ⓔ (○) 대판 1976.5.25. 75도1549

24 정답 ③
① (○) 대판 2006.9.14. 2004도6432
② (○) 옳음
③ (×) 피고인이 본범이 절취한 차량이라는 점을 알면서도 본범 등으로부터 그들이 위 차량을 이용하여 강도를 하려함에 있어 차량을 운전해 달라는 부탁을 받고 위 차량을 운전해 준 경우, 피고인은 강도예비와 아울러 장물운반의 고의를 가지고 위와 같은 행위를 하였다고 봄이 상당하다(대판 1999.3.26. 98도3030). ※ 강도예비죄와 장물운반죄가 성립한다.
④ (○) 대판 1966.12.6. 66도1317

25 정답 ②
㉠ (○) 대판 1976.5.25. 75도1549
ⓒ (×) 미수의 경우에는 형법 총칙에 기수의 형을 감경 또는 면제하는 형식으로 규정되어 있어 각칙에 그 구체적인 법정형까지 규정될 필요는 없으나(형법 제25조부터 제27조), 예비의 경우에는 각칙에 구체적인 법정형이 없으면 죄형법정주의 원칙상 피고인을 처벌할 수 없다(대판 1979.12.26. 78도957)
ⓒ (×) 중지범은 범죄의 실행에 착수한 후 자의로 그 행위를 중지한 때를 말하는 것이고 실행의 착수가 있기 전인 예비음모의 행위를 처벌하는 경우에 있어서 중지범의 관념은 이를 인정할 수 없다(대판 1999.4.9. 99도424)
ⓔ (○) 대판 2009.10.29. 2009도7150
ⓜ (○) 대판 1976.5.25. 75도1549

제6장 정범 및 공범

제1절 정범·공범의 일반이론

01 정답 ③
㉠ (×) 공범 종속성설은 자살교사·방조를 처벌하는 형법 제252조 제2항을 특별규정으로 본다.
㉡ (○) 대판 2000.2.25, 99도1252
㉢ (○) 옳음
㉣ (○) 옳음

02 정답 ④
㉠ (×) 극단적 종속형식에 의하면, 공범(교사범 및 종범)이 성립하기 위해서는 정범의 행위가 구성요건에 해당하고 위법하며 책임까지 갖춰야 한다. 따라서 정범의 행위가 구성요건에 해당하고 위법하더라도 유책하지 않으면 공범은 성립할 수 없고, 다만 간접정범이 성립할 뿐이다.
㉡ (×) 공모가 이루어진 이상 실행행위에 직접 관여하지 아니한 사람이라도 다른 공범자의 행위에 대하여 공동정범으로서의 형사책임을 진다. 따라서 사기의 공모공동정범이 그 기망방법을 구체적으로 몰랐다고 하더라도 공모관계를 부정할 수 없다(대판 2013.8.23, 2013도5080).
㉢ (×) 형법 제357조 제1항의 배임수재죄와 같은 조 제2항의 배임증재죄는 통상 필요적 공범의 관계에 있기는 하나 이것은 반드시 수재자와 증재자가 같이 처벌받아야 하는 것을 의미하는 것은 아니고, 증재자에게는 정당한 업무에 속하는 청탁이라도 수재자에게는 부정한 청탁이 될 수 있는 것이다(대판 1991.1.15, 90도2257)
㉣ (○) 대판 2018.2.8, 2016도17733

03 정답 ①
㉠ (○) 대판 2008.3.13, 2007도10804
㉡ (×) 집합범이란 2인 이상이 동일한 목표달성을 위하여 같은 방향으로 행하는 공범형태로서 가담자에게 같은 법정형이 규정된 경우도 있고(소요죄, 해상강도죄 등), 가담자에게 다른 법정형이 규정된 경우도 있다(내란죄 등).

㉢ (×) 뇌물공여죄가 성립하기 위하여는 뇌물을 공여하는 행위와 상대방 측에서 금전적으로 가치가 있는 그 물품 등을 받아들이는 행위가 필요할 뿐 반드시 상대방 측에서 뇌물수수죄가 성립하여야 하는 것은 아니다(대판 1987.12.22, 87도1699)
※ 뇌물수수죄는 성립하지 않고 뇌물공여죄만 성립하므로, 대향자의 일방만 처벌하는 경우도 있다.
㉣ (○) 합동범은 2인 이상이 합동하여 범행하는 경우를 법문으로 구성요건화한 범죄유형으로 대체로 형벌이 가중되어 있다.

04 정답 ④
① (×) 2인 이상의 서로 대향된 행위의 존재를 필요로 하는 대향범에 대하여 공범에 관한 형법 총칙 규정이 적용될 수 없다. 이러한 법리는 해당 처벌규정의 구성요건 자체에서 2인 이상의 서로 대향적 행위의 존재를 필요로 하는 필요적 공범인 대향범을 전제로 한다. 구성요건상으로는 단독으로 실행할 수 있는 형식으로 되어 있는데 단지 구성요건이 대향범의 형태로 실행되는 경우에도 대향범에 관한 법리가 적용된다고 볼 수는 없다(대판 2022.6.30, 2020도7866)
② (×) 형사소송법 제253조 제2항은 공범 사이의 처벌에 형평을 기하기 위하여 공범 중 1인에 대한 공소의 제기는 다른 공범자에 대하여도 공소시효가 정지되도록 규정하고 있는데, 여기서 말하는 '공범'에는 뇌물공여죄와 뇌물수수죄 사이와 같은 대향범 관계에 있는 자는 포함되지 않는다(대판 2015.2.12, 2012도4842)
③ (×) 형법 제30조에 '공동하여 죄를 범한 때'의 '죄'는 고의범이고 과실범이고를 불문한다고 해석하여야 할 것이고, 따라서 공동정범의 주관적 요건인 공동의 의사도 고의를 공동으로 가질 의사임을 필요로 하지 않고 고의행위이고 과실행위이고 간에 그 행위를 공동으로 할 의사이면 족하다고 해석하여야 할 것이다(대판 1962.3.29, 4294형상598) ※ 판례는 과실범의 공동정범을 인정하고 있다.
④ (○) 대판 2002.8.27, 2001도513

05 정답 ③

㉠ (○) 대판 2001.12.28, 2001도5158
㉡ (×) 뇌물증여죄가 성립되기 위하여서는 뇌물을 공여하는 행위와 상대방측에서 금전적으로 가치가 있는 그 물품 등을 받아들이는 행위(부작위 포함)가 필요할 뿐이지 반드시 상대방측에서 뇌물수수죄가 성립되어야만 한다는 것을 뜻하는 것은 아니다(대판 1987.12.22, 87도1699).
㉢ (×) 배임수재죄는 배임증재죄에 비하여 중하게 처벌한다.
㉣ (○) 대판 2007.10.25, 2007도6712
㉤ (○) 대판 2004.10.28, 2004도3994

06 정답 ②

① (○) 대판 2014.1.16, 2013도6969.
② (×) 뇌물공여죄와 뇌물수수죄는 필요적 공범관계에 있다고 할 것이나, 필요적 공범이라는 것은 법률상 범죄의 실행이 다수인의 협력을 필요로 하는 것을 가리키는 것으로서 이러한 범죄의 성립에는 행위의 공동을 필요로 하는 것에 불과하고 반드시 협력자 전부가 책임이 있음을 필요로 하는 것은 아니다(대판 2008.3.13, 2007도10804).
③ (○) 대판 1997.1.24, 96도2427
④ (○) 대판 2015.2.12, 2012도4842

제2절 간접정범

07 정답 ②

① (○) 제34조 제1항
② (×) 작성권자의 직인 등을 보관하는 담당자는 일반적으로 작성권자의 결재가 있는 때에 한하여 보관 중인 직인 등을 날인할 수 있을 뿐이다. 이러한 경우 다른 공무원 등이 작성권자의 결재를 받지 않고 직인 등을 보관하는 담당자를 기망하여 작성권자의 직인을 날인하도록 하여 공문서를 완성한 때에도 공문서위조죄가 성립한다

(대판 2017.5.17, 2016도13912)
③ (○) 대판 2008.9.11, 2007도7204
④ (○) 대판 2018.2.8, 2016도17733

08 정답 ③

㉠ (○) 대판 2002.6.28, 2000도3045
㉡ (×) 공무원 아닌 자가 관공서에 허위내용의 증명원을 제출하여 그 내용이 허위인 정을 모르는 담당공무원으로부터 그 증명원 내용과 같은 증명서를 발급받은 경우 공문서위조죄의 간접정범으로 의율할 수는 없다(대판 2001.3.9, 2000도938).
㉢ (○) 대판 2006.5.25, 2003도3945
㉣ (○) 대판 1992.1.17, 91도2837

09 정답 ③

① (○) 대판 2008.9.11, 2007도7204
② (○) 대판 2001.3.9, 2000도938
③ (×) 자기에게 유리한 판결을 얻기 위하여 소송상의 주장이 사실과 다름이 객관적으로 명백하거나 증거가 조작되어 있다는 정을 인식하지 못하는 제3자를 이용하여 그로 하여금 소송의 당사자가 되게 하고 법원을 기망하여 소송 상대방의 재물 또는 재산상 이익을 취득하려 하였다면 간접정범의 형태에 의한 소송사기죄가 성립하게 된다(대판 2007.9.6, 2006도3591).
④ (○) 대판 1996.10.11, 95도1706

10 정답 ②

㉠ (×) 피고인 甲이 위조한 A회사의 전문건설업등록증 등의 컴퓨터 이미지 파일을 공사 수주에 사용하기 위하여 B 등에게 이메일로 송부하였고, B 등이 甲으로부터 이메일로 송부받은 컴퓨터 이미지 파일을 프린터로 출력할 당시 그 이미지 파일이 위조된 것을 알지 못한 경우 형법 제229조의 위조·변조공문서행사죄를 구성한다(대판 2012.2.23, 2011도14441)
㉡ (○) 대판 2017.5.31, 2017도3894

ⓒ (×) 작성권자의 직인 등을 보관하는 담당자는 일반적으로 작성권자의 결재가 있는 때에 한하여 보관 중인 직인 등을 날인할 수 있을 뿐이다. 이러한 경우 다른 공무원 등이 작성권자의 결재를 받지 않고 직인 등을 보관하는 담당자를 기망하여 작성권자의 직인을 날인하도록 하여 공문서를 완성한 때에도 공문서위조죄가 성립한다(대판 2017.5.17, 2016도13912).

ⓔ (○) 대판 2018.2.8, 2016도17733

제3절 공동정범

11 정답 ③

㉠ (×) 상명하복관계에 있는 자들 사이에서도 범행에 공동 가공한 이상 공동정범이 성립하는 데 아무런 지장이 없다(대판 2013.7.11, 2011도15056).

㉡ (○) 대판 2021.3.11, 2020도12583

㉢ (×) 공모자들이 그 공모한 범행을 수행하거나 목적 달성을 위해 나아가는 도중에 부수적인 다른 범죄가 파생되리라고 예상하거나 충분히 예상할 수 있는데도 그러한 가능성을 외면한 채 이를 방지하기에 족한 합리적인 조치를 취하지 아니하고 공모한 범행에 나아갔다가 결국 그와 같이 예상되던 범행들이 발생하였다면, 비록 그 파생적인 범행 하나하나에 대하여 개별적인 의사의 연락이 없었다 하더라도 당초의 공모자들 사이에 그 범행 전부에 대하여 암묵적인 공모는 물론 그에 대한 기능적 행위지배가 존재한다고 보아야 할 것이다(대판 2010.12.23, 2010도7412).

㉣ (×) 공동정범이 성립한다(대판 2010.9.9, 2010도6924).

㉤ (○) 대판 1984.12.26, 82도1373

12 정답 ②

① (○) 대판 1988.9.13, 88도1114

② (×) 포괄일죄의 범행 도중에 공동정범으로 범행에 가담한 자는 비록 그가 그 범행에 가담할 때에 이미 이루어진 종전의 범행을 알았다 하더라도 그 가담 이후의 범행에 대하여만 공동정범으로 책임을 진다(대판 1997.6.27, 97도163).

③ (○) 대판 1984.12.26, 82도1373

④ (○) 대판 2002.8.27, 2001도513

13 정답 ⑤

① (○) 대판 1962.3.29, 4294형상598

② (○) 대판 1986.10.28, 86도1517

③ (○) 대판 1985.5.14, 84도2118

④ (○) 대판 1997.4.17, 96도3377

⑤ (×) 공무상비밀누설교사죄에 해당하지 않는다(대판 2011.4.28, 2009도3642).

14 정답 ①

㉠ (○) 공동정범은 행위자 상호간에 범죄행위를 공동으로 한다는 공동가공의 의사를 가지고 범죄를 공동실행하는 경우에 성립하는 것으로서, 여기에서의 공동가공의 의사는 공동행위자 상호간에 있어야 하며 행위자 일방의 가공의사만으로는 공동정범관계가 성립할 수 없다(대판 1985.5.14, 84도2118).

㉡ (○) 대판 2003.10.30, 2003도4382

㉢ (○) 대판 1962.3.29, 4294형상598

㉣ (○) 대판 2001.11.30, 2001도2015

15 정답 ④

① (○) 대판 1990.10.30, 90도2022

② (○) 공동정범의 경우 일부실행·전부책임의 원칙이 적용되고, 인과관계도 전체적·종합적으로 판단한다. 甲, 乙이 살인을 공모한 이상 사망의 결과발생이 누구의 행위로 인한 것인지 인과관계가 판명되지 아니한 때에도 甲, 乙 모두 살인죄의 기수로 처벌된다.

③ (○) 대판 1997.11.28, 97도1740

④ (×) 포괄일죄의 범행 도중에 공동정범으로 범행에 가담한 자는 비록 그가 그 범행에 가담할 때에 이미 이루어진 종전의 범행을 알았다 하더라도 그 가담 이후의 범행에 대하여만 공동정범으로 책임을 진다(대판 2007.11.15, 2007도6336).

16 정답 ③

① (○) 대판 2015.2.16, 2014도14843
② (○) 대판 2013.9.12, 2012도2744
③ (×) 어느 행위로 인하여 처벌되지 아니하는 자 또는 과실범으로 처벌되는 자를 교사 또는 방조하여 범죄행위의 결과를 발생하게 한 자는 교사 또는 방조의 예에 의하여 처벌한다(제34조 제1항).
④ (○) 제한종속형식에 의할 때 정범의 행위가 구성요건에 해당하고 위법할 때 공범이 성립한다. 따라서 乙의 행위가 범죄구성요건에 해당하지만 위법하지 않은 경우 甲이 乙의 행위를 방조하였더라도 종범(방조범)이 성립하지 않는다.

17 정답 ③

① (○) 대판 2011.1.13, 2010도9927
② (○) 대판 2009.6.11, 2008도11784
③ (×) 공모관계에서 이탈한 것으로 볼 수 없다(대판 2011.12.22, 2011도12927).
④ (○) 대판 1988.9.13, 88도1114 ※ 甲은 乙, 丙과 강도를 공모하였을 뿐 강도강간을 공모한 것이 아니므로 甲은 강도강간죄의 죄책은 지지 아니한다.

18 정답 ④

① (○) 대판 1988.9.13, 88도1046
② (○) 대판 1985.3.26, 84도2956
③ (○) 대판 1998.5.21, 98도321 전원합의체
④ (×) 합동범이 성립하기 위하여는 주관적 요건으로서의 공모와 객관적 요건으로서의 실행행위의 분담이 있어야 하나, 그 공모는 법률상 어떠한 정형을 요구하는 것이 아니어서 공범자 상호간에 직접 또는 간접으로 범죄의 공동가공의사가 암묵리에 서로 상통하면 되고, 사전에 반드시 어떠한 모의과정이 있어야 하는 것도 아니어서 범의 내용에 대하여 포괄적 또는 개별적인 의사연락이나 인식이 있었다면 공모관계가 성립하며, 그 실행행위는 시간적으로나 장소적으로 협동관계에 있다고 볼 수 있는 사정이 있으면 되는 것이다(대판 2012.6.28, 2012도2631)

19 정답 ②

㉠ (○) 대판 1998.4.14, 98도356
㉡ (○) 옳음
㉢ (×) 3인 이상의 범인이 합동절도의 범행을 공모한 후 적어도 2인 이상의 범인이 범행 현장에서 시간적, 장소적으로 협동관계를 이루어 절도의 실행행위를 분담하여 절도 범행을 한 경우에, 그 공모에는 참여하였으나 현장에서 절도의 실행행위를 직접 분담하지 아니한 다른 범인에 대하여도 그가 현장에서 절도 범행을 실행한 위 2인 이상의 범인의 행위를 자기 의사의 수단으로 하여 합동절도의 범행을 하였다고 평가할 수 있는 정범성의 표지를 갖추고 있는 한 공동정범의 일반이론에 비추어 그 다른 범인에 대하여 합동절도의 공동정범으로 인정할 수 있다(대판 2011.5.13, 2011도2021)
㉣ (×) 甲은 乙, 丙과 실행행위의 분담을 공모하고 乙, 丙의 절취행위 장소부근에서 甲이 운전하는 차량 내에 대기하여 실행행위를 분담한 사실이 인정되고 다만 乙, 丙이 범행대상을 물색하는 과정에서 절취행위 장소가 甲이 대기중인 차량으로부터 다소 떨어지게 된 때가 있었으나 그렇다고 하여 시간적, 장소적 협동관계에서 일탈하였다고는 보여지지 아니한다(대판 1988.9.13, 88도1197)

20 정답 ④

① (○) 대판 1984.4.24, 84도372
② (○) 대판 2000.7.28, 2000도2466
③ (○) 대판 1984.5.15, 84도488.
④ (×) 공범관계에 있어 공동가공의 의사가 있었다면 이에는 동시범 등의 문제는 제기될 여지가 없다(대판 1985.12.10, 85도1892) 乙은 甲의 연락을 받고 왔으므로 甲과 乙은 공모가 인정되고, 따라서 甲과 乙은 제30조에 따라 폭행치사죄의 공동정범으로 처벌된다.

제4절 교사범 ~ 종범

21 정답 ③

① (○) 대판 2013.9.12, 2012도2744
② (○) 대판 2002.10.25, 2002도4089
③ (×) 교사범이 성립하기 위해 교사범의 교사가 정범의 범행에 대한 유일한 조건일 필요는 없으므로 교사행위에 의하여 피교사자가 범죄 실행을 결의하게 된 이상 피교사자에게 다른 원인이 있어 범죄를 실행한 경우에도 교사범의 성립에는 영향이 없다(대판 2012.11.15, 2012도7407)
④ (○) 대판 2008.10.23, 2008도4852

22 정답 ②

① (○) 대판 2000.2.25, 99도1252
② (×) 정범의 성립은 교사범, 방조범의 구성요건의 일부를 형성하고 교사범, 방조범이 성립함에는 먼저 정범의 범죄행위가 인정되는 것이 그 전제요건이 되는 것은 공범의 종속성에 연유하는 당연한 귀결이다(대판 2020.5.28, 2016도2518)
③ (○) 대판 1977.9.28, 76도4133
④ (○) 대판 2015.8.27, 2015도8408

23 정답 ②

㉠ (×) 교사행위에 의하여 정범이 실행을 결의하게 된 이상 비록 정범에게 범죄의 습벽이 있어 그 습벽과 함께 교사행위가 원인이 되어 정범이 범죄를 실행한 경우에도 교사범은 성립한다(대판 1991.5.14, 91도542)
㉡ (○) 대판 2011.7.14, 2009도13151
㉢ (○) 효과 없는 교사는 제31조 제2항에 의하여 교사자, 피교사자 모두 예비·음모에 준하여 처벌된다. 반면 효과 없는 방조는 처벌규정이 없으므로 피방조자가 실행의 착수에 나아가지 않은 이상 방조자는 처벌받지 않는다.
㉣ (○) 교사를 받은 자가 범죄의 실행을 승낙하지 아니한 때에도 교사자에 대하여는 음모 또는 예비에 준하여 처벌한다(제31조 제3항) ※ 실패한 교사의 경우 교사자만 예비·음모로 처벌된다.

24 정답 ①

㉠ (×) 절도죄의 교사와 강도죄의 예비의 상상적 경합이 성립하고, 무거운 죄인 강도죄의 예비로 처벌된다.
㉡ (○) 대판 2006.12.7, 2005도3707
㉢ (×) 자기의 지휘·감독을 받는 자를 교사 또는 방조하여 전항의 결과를 발생하게 한 자는 교사인 때에는 정범에 정한 형의 장기 또는 다액에 그 2분의 1까지 가중하고, 방조인 때에는 정범의 형으로 처벌한다(제34조 제2항)
㉣ (×) 甲이 범행을 만류하는 취지의 말을 한 것만으로는 甲의 교사행위와 乙의 실행행위 사이에 인과관계가 단절되었다거나 甲이 공범관계에서 이탈한 것으로 볼 수 없으므로 甲은 살인교사죄의 죄책을 진다(대판 2012.11.15, 2012도7407 참고)

25 정답 ②

① (×) [1] 직무상 비밀을 누설받은 자에 대하여는 공범에 관한 형법총칙 규정이 적용될 수 없다. [2] 공무원 乙이 직무상 비밀을 누설한 행위와 직원 甲이 이를 누설받은 행위는 대향범 관계에 있으므로 공범에 관한 형법총칙 규정이 적용될 수 없어 甲의 행위는 공무상비밀누설교사죄에 해당하지 않는다(대판 2011.4.28, 2009도3642)
② (○) 대판 2013.9.12, 2012도2744
③ (×) 교사자가 피교사자에게 피해자를 "정신차릴 정도로 때려주라"고 교사하였다면 이는 상해에 대한 교사에 해당한다(대판 1997.6.24, 97도1075)
④ (×) [1] 교사는 특정한 범죄에 대한 결의를 가지게 하는 것임을 요하므로, 막연히 "범죄를 하라"거나 "절도를 하라"고 하는 것과 같이 범죄일반을 교사하는 행위만으로는 교사라고 할 수 없다(대판 1991.5.14, 91도542)
[2] 교사범이 성립하기 위하여는 범행의 일시, 장소, 방법 등의 세부적인 사항까지를 특정하여 교사 필요는 없는 것이고, 정범으로 하여금 일정한 범죄의 실행을 결의할 정도에 이르게 하면 교사범이 성립된다(대판 1991.5.14, 91도542)

26 정답 ①

㉠ (○) 대판 2000.3.24, 99도5275
㉡ (○) 대판 2017.3.15, 2016도19659
㉢ (×) 종범은 정범의 실행행위 중에 이를 방조하는 경우는 물론이고 실행의 착수 전에 장래의 실행행위를 예상하고 이를 용이하게 하는 행위를 하여 방조한 경우에도 정범이 그 실행행위에 나아갔다면 성립한다(대판 1997.4.17, 96도3377).
㉣ (×) 교사자가 피교사자에 대하여 상해를 교사하였는데 피교사자가 이를 넘어 살인을 실행한 경우에 일반적으로 교사자는 상해죄에 대한 교사범이 되는 것이고, 다만 이 경우 교사자에게 피해자의 사망이라는 결과에 대하여 과실 내지 예견가능성이 있는 때에는 상해치사죄의 교사범으로서의 죄책을 지울 수 있다(대판 1997.6.24, 97도1075).

27 정답 ④

① (○) 대판 2012.11.15, 2012도7407
② (○) 대판 2013.9.12, 2012도2744
③ (○) 대판 1991.5.14, 91도542
④ (×) 피교사자의 객체의 착오는 교사자에게 방법의 착오가 된다는 견해가 방법의 착오에 관한 구체적 부합설을 취하면, 교사자 甲은 A에 대한 살인미수의 교사와 B에 대한 과실치사죄의 상상적 경합이 된다.

28 정답 ④

① (○) 대판 2013.9.12, 2012도2744
② (○) 대판 2013.9.12, 2012도2744
③ (○) 대판 1997.6.24, 97도1075
④ (×) 교사행위에 의하여 정범이 실행을 결의하게 된 이상 비록 정범에게 범죄의 습벽이 있어 그 습벽과 함께 교사행위가 원인이 되어 정범이 범죄를 실행한 경우에도 교사범은 성립한다(대판 1991.5.14, 91도542).

29 정답 ④

① (×) 공무원이 아닌 사람이 공무원과 공동가공의 의사와 이를 기초로 한 기능적 행위지배를 통하여 공무원의 직무에 관하여 뇌물을 수수하였다면 공무원과 공무원 아닌 사람에게 뇌물수수죄의 공동정범이 성립한다(대판 2019.8.29, 2018도2738 전원합의체).
② (×) 피고인이 丙을 모해할 목적으로 乙에게 위증을 교사한 이상, 가사 정범인 乙에게 모해의 목적이 없었다고 하더라도 형법 제33조 단서의 규정에 의하여 피고인을 모해위증교사죄로 처벌할 수 있다(대판 1994.12.23, 93도1002).
③ (×) 문서작성 권한있는 공무원을 보조하는 보조공무원이 허위공문서를 기안하여 그 정을 모르는 작성권자의 결재를 받아 공문서를 완성한 경우, 허위공문서작성죄의 간접정범이 된다(대판 1981.7.28, 81도898).
④ (○) 대판 2006.12.7, 2005도3707

30 정답 ③

① (○) 甲이 강도를 교사하였으나 乙이 절도를 실행한 경우에 甲은 절도죄의 교사범과 강도죄의 예비·음모의 상상적 경합이 성립하고, 무거운 형인 강도죄의 예비·음모로 처벌된다.
② (○) 甲은 효과없는 교사로, 교사한 범죄인 절도죄의 예비·음모로 처벌되나, 절도죄의 예비·음모 처벌규정이 없으므로 불가벌이다.
③ (×) 甲이 乙에게 사기를 교사하였는데 乙이 공갈을 실행한 경우에 甲은 교사한 범죄의 교사범(사기죄의 교사범)의 책임을 진다.
④ (○) 대판 1997.6.24, 97도1075

31 정답 ③

① (○) 대판 2023.6.29, 2017도9835
② (○) 대판 2012.11.15, 2012도7407
③ (×) 과실에 의한 방조는 성립할 수 없다
④ (○) 대판 2022.10.27, 2020도12563

제5절 공범과 신분

32 정답 ④
① (○) 대판 1992.1.17, 91도2837
② (○) 대판 1994.12.23, 93도1002
③ (○) 대판 1961.8.2, 4294형상284
④ (×) 지방공무원의 신분을 가지지 아니하는 사람도 지방공무원법 제58조 제1항(집단행위의 금지)을 위반하여 같은 법 제82조에 따라 처벌되는 지방공무원의 범행에 가공한다면 형법 제33조 본문에 의해서 공범으로 처벌받을 수 있다(대판 2012.6.14, 2010도14409).

33 정답 ①
① (×) 도박의 습벽이 있는 자가 타인의 도박을 방조하면 상습도박방조의 죄에 해당하는 것이며, 도박의 습벽이 있는 자가 도박을 하고 또 도박방조를 하였을 경우 상습도박방조의 죄는 무거운 상습도박의 죄에 포괄시켜 일죄로서 처벌하여야 할 것이다(대판 1984.4.24, 84도195).
② (○) 대판 2018.8.30, 2018도10047
③ (○) 대판 1986.2.11, 85도448
④ (○) 대판 2019.8.29, 2018도2738 전원합의체

34 정답 ④
㉠ (×) 형법 제33조에 관하여 판례는 본문은 진정신분범과 부진정신분범의 성립을, 단서는 부진정신분범의 과형을 규정한 것이라고 해석한다.
㉡ (×) 형법 제33조 소정의 이른바 신분관계라 함은 남녀의 성별, 내 외국인의 구별, 친족관계, 공무원인 자격과 같은 관계뿐만 아니라 널리 일정한 범죄행위에 관련된 범인의 인적관계인 특수한 지위 또는 상태를 지칭하는 것인 바, 형법 제152조 제1항·제2항은 위증을 한 범인이 형사사건의 피고인 등을 '모해할 목적'을 가지고 있었는가 아니면 그러한 목적이 없었는가 하는 범인의 특수한 상태의 차이에 따라 범인에게 과할 형의 경중을 구별하고 있으므로 이는 바로 형법 제33조 단서 소정의 '신분관계로 인하여 형의 경중이 있는 경우'에 해당한다(대판 1994.12.23, 93도1002)
※ 판례는 고의나 목적과 같이 행위 관련적 요소도 '신분'에 포함시키고 있다.
㉢ (○) 대판 1994.12.23, 93도1002
㉣ (○) 대판 2008.3.13, 2007도9507 ※ 위의 판례의 경우 공직선거법 규정의 취지상 형법 제33조의 적용이 배제되므로 주의를 요한다.

35 정답 ①
① (×) 물건의 소유자가 아닌 사람은 형법 제33조 본문에 따라 소유자의 권리행사방해 범행에 가담한 경우에 한하여 그의 공범이 될 수 있을 뿐이다. 그러나 권리행사방해죄의 공범으로 기소된 물건의 소유자에게 고의가 없는 등으로 범죄가 성립하지 않는다면 공동정범이 성립할 여지가 없다(대판 2017.5.30, 2017도4578) ※ 물건의 소유자가 아닌 사람이 소유자의 권리행사방해 범행에 가담한 경우에 권리행사방해죄의 공범이 성립할 수 있다.
② (○) 대판 1986.10.28, 86도1517 ※ 업무상 배임죄가 성립하나 제33조 단서에 의하여 단순배임죄의 형으로 처벌된다.
③ (○) 대판 2012.5.10, 2010도5964
④ (○) 대판 1994.12.23, 93도1002

36 정답 ②
㉠ (×) 물건의 소유자가 아닌 사람은 형법 제33조 본문에 따라 소유자의 권리행사방해 범행에 가담한 경우에 한하여 그의 공범이 될 수 있을 뿐이다. 그러나 권리행사방해죄의 공범으로 기소된 물건의 소유자에게 고의가 없는 등으로 범죄가 성립하지 않는다면 공동정범이 성립할 여지가 없다(대판 2017.5.30, 2017도4578)
㉡ (×) 甲이 자기의 물건이 아닌 위 도어락의 비밀번호를 변경하였다고 하더라도 권리행사방해죄가 성립할 수 없고, 정범인 甲의 권리행사방해죄가 인정되지 않는 이상 교사자인 피고인에 대하여 권리행사방해교사죄도 성립할 수 없다(대판 2022.9.15, 2022도5827)

ⓒ (○) 대판 1994.12.23, 93도1002
ⓓ (○) 대판 2015.2.26, 2014도15182

37 정답 ①

㉠ (○) 대판 2019.8.29, 2018도13792 전원합의체
㉡ (○) 판례는 형법 제33조 본문은 진정신분범·부진정신분범의 성립을, 단서는 부진정신분범의 과형을 규정한 것이라고 해석한다. 따라서 乙이 甲과 공모하여 甲의 아버지를 살해한 경우 (甲은 존속살해죄가 성립하고) 乙도 제33조 본문에 의하여 존속살해죄가 성립하지만, 제33조 단서에 의하여 보통살인죄에 정한 형으로 처단된다(대판 1961.8.2, 61도284 참고).
㉢ (×) 상습도박의 죄나 상습도박방조의 죄에 있어서의 상습성은 행위의 속성이 아니라 행위자의 속성으로서 도박을 반복해서 거듭하는 습벽을 말하는 것인 바, 도박의 습벽이 있는 자가 타인의 도박을 방조하면 상습도박방조의 죄에 해당하는 것이며, 도박의 습벽이 있는 자가 도박을 하고 또 도박방조를 하였을 경우 상습도박방조의 죄는 무거운 상습도박의 죄에 포괄시켜 1죄로서 처단하여야 한다(대판 1984.4.24, 84도195) 甲은 상습도박의 포괄일죄로 처벌된다.
㉣ (×) [1] 신분이 있어야 성립되는 범죄에 신분 없는 사람이 가담한 경우에는 그 신분 없는 사람에게도 제30조부터 제32조(공동정범, 교사범, 종범)까지의 규정을 적용한다(제33조) 따라서 진정신분범에 가담한 비신분자는 공동정범, 교사범, 종범은 성립할 수 있으나 간접정범은 성립할 수 없다.
[2] 공무원이 아닌 甲은 수뢰죄의 주체가 될 수 없으므로 A로 하여금 뇌물을 받게 한 경우(고의가 없는 A는 수뢰죄의 죄책을 지지 아니한다) 수뢰죄의 간접정범이 성립하지 않는다.

제7장 죄수론

38 정답 ④

① (×) 건물제공행위와 성매매알선행위의 경우 성매매알선행위가 건물제공행위의 필연적 결과라거나 반대로 건물제공행위가 성매매알선행위에 수반되는 필연적 수단이라고도 볼 수 없으므로 '영업으로 성매매를 알선한 행위'와 '영업으로 성매매에 제공되는 건물을 제공하는 행위'는 당해 행위 사이에서 각각 포괄일죄를 구성할 뿐, 서로 독립된 가벌적 행위로서 별개의 죄를 구성한다(대판 2011.5.6, 2010도6090)
② (×) 감금행위가 단순히 강도상해 범행의 수단이 되는 데 그치지 아니하고 강도상해의 범행이 끝난 뒤에도 계속된 경우에는 1개의 행위가 감금죄와 강도상해죄에 해당하는 경우라고 볼 수 없고, 이 경우 감금죄와 강도상해죄는 형법 제37조의 경합범 관계에 있다(대판 2003.1.10, 2002도4380)
③ (×) 건물관리인이 건물주로부터 월세임대차계약 체결업무를 위임받고도 임차인들을 속여 전세임대차계약을 체결하고 그 보증금을 편취한 경우, 사기죄와 업무상배임죄의 실체적 경합이 된다 (대판 2010.11.11, 2010도10690)
④ (○) 대판 2002.7.18, 2002도669 전원합의체

39 정답 ①

① (×) 이는 하나의 범죄의사에 의하여 계속하여 허위의 진술을 한 것으로서 포괄하여 1개의 위증죄를 구성하는 것이고 각 진술마다 수 개의 위증죄를 구성하는 것이 아니다(대판 2007.3.15, 2006도9463)
② (○) 대판 2007.7.26, 2007도4404
③ (○) 대판 2001.8.21, 2001도3447
④ (○) 대판 1999.1.29, 98도3584

40 정답 ④

① (○) 대판 1976.11.23, 76도3067
② (○) 대판 2010.2.25, 2010도93

③ (○) 대판 1969.6.24, 69도692
④ (×) 이는 새로운 법익의 침해로 보아야 하므로 위와 같은 번호판을 떼어내는 행위가 절도범행의 불가벌적 사후행위가 되는 것은 아니다(대판 2007.9.6, 2007도4739)

41 정답 ②

① (○) 대판 2015.9.10, 2015도7081
② (×) 사기죄에 있어서 수인의 피해자에 대하여 각 피해자별로 기망행위를 하여 각각 재물을 편취한 경우에 그 범의가 단일하고 범행방법이 동일하다고 하더라도 포괄1죄가 성립하는 것이 아니라 피해자별로 1개씩의 죄가 성립하는 것으로 보아야 한다(대판 1997.6.27, 97도508)
③ (○) 대판 1998.2.24, 97도183
④ (○) 대판 2003.2.28, 2002도7335

42 정답 ②

① (○) 대판 2007.5.10, 2007도2372
② (×) 형법 제131조 제1항의 수뢰후부정처사죄에 있어서 공무원이 수뢰후 행한 부정행위가 공도화변조 및 동행사죄와 같이 보호법익을 달리하는 별개 범죄의 구성요건을 충족하는 경우에는 수뢰후부정처사죄 외에 별도로 공도화변조 및 동행사죄가 성립하고 이들 죄와 수뢰후부정처사죄는 각각 상상적 경합 관계에 있다(대판 2001.2.9, 2000도1216)
③ (○) 대판 2004.4.9, 2003도7762
④ (○) 대판 2010.1.14, 2009도10845

43 정답 ③

① (○) 대판 2003.4.8, 2002도6033
② (○) 대판 2002.7.23, 2001도6281
③ (×) 유죄의 확정판결을 받은 사람이 그 후 별개의 후행범죄를 저질렀는데 유죄의 확정판결에 대하여 재심이 개시된 경우 후행범죄가 재심대상판결에 대한 재심판결 확정 전에 범하여졌다 하더라도 아직 판결을 받지 아니한 후행범죄와 재심판결이 확정된 선행범죄 사이에는 형법 제37조 후단에서 정한 경합범 관계가 성립하지 않는다(대판 2019.6.20, 2018도20698 전원합의체)
④ (○) 대판 2019.4.18, 2017도14609 전원합의체

44 정답 ③

① (×) 예금주인 현금카드 소유자를 협박하여 카드를 갈취한 다음 피해자의 승낙에 의하여 현금카드를 사용할 권한을 부여받아 현금자동지급기에서 현금을 인출한 행위는 모두 피해자의 예금을 갈취하고자 하는 피고인의 단일하고 계속된 범의 아래에서 이루어진 일련의 행위로서 포괄하여 하나의 공갈죄를 구성하므로, 현금자동지급기에서 피해자의 예금을 인출한 행위를 현금카드 갈취행위와 분리하여 따로 절도죄로 처단할 수는 없다(대판 1996.9.20, 95도1728)
② (×) 음주로 인한 특가법위반(위험운전치사상)죄와 도로교통법위반(음주운전)죄는 입법 취지와 보호법익 및 적용 영역을 달리하는 별개의 범죄로서 두 죄는 실체적 경합관계에 있다(대판 2008.11.13, 2008도7143)
③ (○) 대판 2017.3.15, 2016도19659
④ (×) 업무방해죄와 폭행죄는 구성요건과 보호법익을 달리하고 있고, 업무방해죄의 성립에 일반적·전형적으로 사람에 대한 폭행행위를 수반하는 것은 아니며, 폭행행위가 업무방해죄에 비하여 별도로 고려되지 않을 만큼 경미한 것이라고 할 수도 없으므로, 설령 피해자에 대한 폭행행위가 동일한 피해자에 대한 업무방해죄의 수단이 되었다고 하더라도 그러한 폭행행위가 이른바 '불가벌적 수반행위'에 해당하여 업무방해죄에 대하여 흡수관계에 있다고 볼 수는 없다(대판 2012.10.11, 2012도1895)

45 정답 ④

① (○) 대판 2012.5.10, 2011도12131
② (○) 대판 2004.4.9, 2003도8219
③ (○) 대판 1995.7.28, 95도997
④ (×) 단일하고도 계속된 범의 아래 일정 기간 반복하여 일련의 뇌물수수 행위와 부정한 행위가 행하여졌고 그 뇌물수수 행위와 부정한 행위 사

이에 인과관계가 인정되며 피해법익도 동일하다면, 최후의 부정한 행위 이후에 저질러진 뇌물수수 행위도 최후의 부정한 행위 이전의 뇌물수수 행위 및 부정한 행위와 함께 수뢰후부정처사죄의 포괄일죄로 처벌함이 타당하다(대판 2021.2.4, 2020도12103).

46 정답 ②
㉠ (×) 상상적 경합으로 처단하여야 한다(대판 2015.10.29, 2015도12838).
㉡ (○) 대판 2007.5.10, 2007도2372
㉢ (×) 수수한 메스암페타민을 장소를 이동하여 투약하고서 잔량을 은닉하는 방법으로 소지한 행위는 그 소지의 경위나 태양에 비추어 볼 때 당초의 수수행위에 수반되는 필연적 결과로 볼 수는 없고, 사회통념상 수수행위와는 독립된 별개의 행위를 구성한다(대판 1999.8.20, 99도1744).
㉣ (×) 음주 또는 약물의 영향으로 정상적인 운전이 곤란한 상태에서 자동차를 운전하여 사람을 상해에 이르게 함과 동시에 다른 사람의 재물을 손괴한 때에는 특가법위반(위험운전치사상)죄 외에 업무상과실 재물손괴로 인한 도로교통법위반죄가 성립하고, 두 죄는 상상적 경합관계에 있다(대판 2010.1.14, 2009도10845).
㉤ (○) 대판 2007.7.26, 2007도4404

47 정답 ①
① (×) 강도강간미수죄와 강도치상죄의 상상적 경합이 성립된다(대판 1988.6.28, 88도820).
② (○) 대판 2002.4.26, 2002도429
③ (○) 대판 1983.7.26, 83도137
④ (○) 대판 2022.10.27, 2022도8806

48 정답 ③
① (○) 대판 2002. 7.18, 2002도669 전원합의체
② (○) 대판 1991.6.25, 91도643
③ (×) 피해자에 대한 폭행행위가 동일한 피해자에 대한 업무방해죄의 수단이 되었다고 하더라도 그러한 폭행행위가 이른바 '불가벌적 수반행위'에 해당하여 업무방해죄에 대하여 흡수관계에 있다고 볼 수는 없다(대판 2012.10.11, 2012도1895).
※ 별도로 폭행죄가 성립한다.
④ (○) 대판 2013.10.31, 2013도10020

49 정답 ③
① (○) 대결 1984.8.21, 84모1297
② (○) 대판 1996.3.8, 95도2114
③ (×) 아직 판결을 받지 아니한 수개의 죄가 판결 확정을 전후하여 저질러진 경우 판결 확정 전에 범한 죄를 이미 판결이 확정된 죄와 동시에 판결할 수 없었던 경우라고 하여 마치 확정된 판결이 존재하지 않는 것처럼 그 수개의 죄 사이에 형법 제37조 전단의 경합범 관계가 인정되어 형법 제38조가 적용된다고 볼 수도 없으므로, 판결 확정을 전후한 각각의 범죄에 대하여 별도로 형을 정하여 선고할 수밖에 없다(대판 2014.3.27, 2014도469).
④ (○) 대판 2019.4.18, 2017도14609 전원합의체

50 정답 ③
① (○) 대판 1987.5.26, 87도527
② (○) 대판 2003.8.22, 2002도5341
③ (×) 유사수신행위 금지규정에 위반한 유사수신행위가 별도로 사기죄의 구성요건도 충족하는 경우 유사수신행위의 규제에 관한 법률 위반죄와 사기죄는 별개의 범죄로 성립하고, 양 죄는 실체적 경합관계에 있다(대판 2008.2.29, 2007도10414).
④ (○) 대판 2013.10.31, 2013도10020

51 정답 ②
① (×) [1] 형법 제40조가 규정하는 1개의 행위가 수개의 죄에 해당하는 경우에 '가장 중한 죄에 정한 형으로 처벌한다'라고 함은 수개의 죄명 중 가장 중한 형을 규정한 법조에 의하여 처단한다는 취지와 함께 다른 법조의 최하한의 형보다 가볍게 처단할 수 없다는 취지 즉, 각 법조의 상한과 하한을 모두 중한 형의 범위 내에서 처단한다는 것을 포함하는 것으로 새겨야 한다.

[2] 법원은 A죄에 규정된 징역형으로 처벌하면서 B죄에 규정된 벌금형을 병과할 수 있다(대판 2008.12.24, 2008도9169).

② (○) 유죄의 확정판결을 받은 사람이 그 후 별개의 후행범죄를 저질렀는데 유죄의 확정판결에 대하여 재심이 개시된 경우 후행범죄가 그 재심대상판결에 대한 재심판결 확정 전에 범하여졌다 하더라도 (아직 판결을 받지 아니한 후행범죄는 재심심판절차에서 재심대상이 된 선행범죄와 함께 심리하여 동시에 판결할 수 없었으므로) 아직 판결을 받지 아니한 후행범죄와 재심판결이 확정된 선행범죄 사이에는 형법 제37조 후단 경합범이 성립하지 않는다(대판 2019.6.20, 2018도20698 전원합의체). ※ A죄와 B죄는 형법 제37조 후단의 경합범 관계에 있지 않으므로 Y법원은 B죄에 대하여 형법 제39조 제1항에 의한 형의 감경 또는 면제를 할 수 없다.

③ (×) 살해의 목적으로 일시·장소를 달리하여 수차에 걸쳐 예비행위를 하거나 또는 공격을 가하였으나 미수에 그치다가 드디어 그 목적을 달성한 경우에 그 예비행위 내지 공격행위가 동일한 의사 발동에서 나왔고 그 사이에 범의의 갱신이 없는 한 각 행위가 같은 일시·장소에서 행하여졌거나 또는 다른 장소에서 행하여졌거나를 막론하고 또 그 방법이 동일하거나 여부를 가릴 것 없이 그 살해의 목적을 달성할 때까지의 행위는 모두 실행행위의 일부로서 이를 포괄적으로 보고 단순한 한개의 살인기수죄로 처단할 것이지 살인예비 내지 미수죄와 동 기수죄의 경합죄로 처단할 수는 없다(대판 1965.9.28, 65도695). ※ 甲은 살인죄의 죄책만 진다.

④ (×) 무면허운전으로 인한 도로교통법위반죄는 특별한 경우를 제외하고는 운전한 날마다 1죄가 성립한다고 보아야 할 것이고, 비록 계속적으로 무면허운전을 할 의사를 가지고 여러 날에 걸쳐 무면허운전행위를 반복하였다 하더라도 이를 포괄하여 일죄로 볼 수는 없다(대판 2002.7.23, 2001도6281). ※ 甲은 7개의 도로교통법위반(무면허운전)죄의 실체적 경합범으로서의 죄책을 진다.

제3편 형벌론

제1장 형 벌

제1절 형벌의 종류

01 정답 ①

① (×) 몰수는 압수되어 있는 물건에 대해서만 하는 것이 아니므로 판결선고전 검찰에 의하여 압수된 후 피고인에게 환부된 물건에 대하여도 피고인으로 부터 몰수할 수 있다(대판 1977.5.24, 76도4001).
② (○) 대판 2017.9.21, 2017도8611
③ (○) 대판 2018.7.26, 2018도8194
④ (○) 대판 1992.7.28, 92도700

02 정답 ④

① (○) 대판 1988. 6.21, 88도551
② (○) 대판 2006.9.14, 2006도4075
③ (○) 대판 1991.5.28, 91도352
④ (×) 피고인이 乙, 丙과 공모하여 정보통신망을 통하여 음란한 화상 또는 영상을 배포하고, 도박사이트를 홍보하면서 범죄행위에 이용한 웹사이트 매각을 통해 취득한 대가의 경우, 위 웹사이트는 범죄행위에 제공된 무형의 재산에 해당할 뿐 형법 제48조 제1항 제2호에서 정한 '범죄행위로 인하여 생하였거나 이로 인하여 취득한 물건'에 해당하지 않으므로 피고인이 위 웹사이트 매각을 통해 취득한 대가는 형법 제48조 제1항 제2호, 제2항이 규정한 추징의 대상에 해당하지 않는다(대판 2021.10.14, 2021도7168).

03 정답 ④

① (×) 몰수는 타형에 부가하여 과한다. 단, 행위자에게 유죄의 재판을 아니할 때에도 몰수의 요건이 있는 때에는 몰수만을 선고할 수 있다(제49조).
② (×) 배임수증재죄에서 몰수의 대상으로 규정한 '범인이 취득한 재물'은 배임수재죄의 범인이 취득한 목적물이자 배임증재죄의 범인이 공여한 목적물을 가리키는 것이지 배임수재죄의 목적물만

을 한정하여 가리키는 것이 아니므로 수재자가 증재자로부터 받은 재물을 그대로 가지고 있다가 증재자에게 반환하였다면 증재자로부터 이를 몰수하거나 그 가액을 추징하여야 한다(대판 2017. 4. 7, 2016도18104)

③ (×) '범죄행위에 제공한 물건'은 범죄의 실행행위 자체에 사용한 물건에만 한정되는 것이 아니며, 실행행위의 착수 전의 행위 또는 실행행위의 종료 후의 행위에 사용한 물건이더라도 그것이 범죄행위의 수행에 실질적으로 기여하였다고 인정되는 한 범죄행위에 제공한 물건에 포함된다(대판 2006. 9. 14, 2006도4075)

④ (○) 대판 2002. 9. 24, 2002도3589

04 정답 ②

① (×) 공소사실이 인정되지 않는 경우에 이와 별개의 공소가 제기되지 아니한 범죄사실을 법원이 인정하여 그에 관하여 몰수나 추징을 선고할 수 없다(대판 1992. 7. 28, 92도700)

② (○) 대판 2022. 11. 17, 2022도8662

③ (×) 피고인이 乙, 丙과 공모하여 정보통신망을 통하여 음란한 화상 또는 영상을 배포하고, 도박사이트를 홍보하면서 범죄행위에 이용한 웹사이트 매각을 통해 취득한 대가의 경우, 위 웹사이트는 범죄행위에 제공된 무형의 재산에 해당할 뿐 형법 제48조 제1항 제2호에서 정한 '범죄행위로 인하여 생하였거나 이로 인하여 취득한 물건'에 해당하지 않으므로 피고인이 위 웹사이트 매각을 통해 취득한 대가는 형법 제48조 제1항 제2호, 제2항이 규정한 추징의 대상에 해당하지 않는다(대판 2021. 10. 14, 2021도7168)

④ (×) 특별법에서 해당 법률의 입법 목적과 취지 등을 고려하여 몰수·추징의 성격이나 그 범위 등에 관하여 형법과 달리 정한 경우에는 특별법 우선의 원칙상 특별법 규정이 적용되는 한도에서 형법 제48조의 적용이 배제된다. 그러나 특별법에 따른 몰수·추징 요건이 구비되지 않고 형법 제48조의 요건이 충족되는 경우에는 이에 따른 몰수·추징이 가능하다. 다만 형법 제48조 제1항에 따른 몰수는 임의적인 것이므로 그 몰수의 요건에 해당하는 물건이라도 이를 몰수할 것인지는 법원의 재량에 맡겨져 있다(대판 2018. 7. 26, 2018도8194)

05 정답 ④

① (몰수 또는 추징 ○) 범죄수익은닉의 규제 및 처벌 등에 관한 법률에 정한 중대범죄에 해당하는 범죄행위에 의하여 취득한 것으로 재산적 가치가 인정되는 무형재산인 비트코인은 몰수할 수 있다(대판 2018. 5. 30, 2018도3619)

② (몰수 또는 추징 ○) 甲주식회사 대표이사인 피고인이 금융기관에 청탁하여 乙주식회사가 대출을 받을 수 있도록 알선행위를 하고 그 대가로 용역대금 명목의 수수료를 甲회사 계좌를 통해 송금받아 특정경제범죄 가중처벌 등에 관한 법률 위반(알선수재)죄가 인정된 사안에서, 피고인이 甲회사의 대표이사로서 같은 법 제7조에 해당하는 행위를 하고 당해 행위로 인한 대가로 수수료를 받았다면, 수수료에 대한 권리가 甲회사에 귀속된다 하더라도 행위자인 피고인으로부터 수수료로 받은 금품을 몰수 또는 그 가액을 추징할 수 있다(대판 2015. 1. 15, 2012도7571)

③ (몰수 또는 추징 ○) 구 관세법 제198조 제2항에 따라 몰수하여야 할 압수물이 멸실, 파손 또는 부패의 염려가 있거나 보관하기에 불편하여 이를 형사소송법 제132조의 규정에 따라 매각하여 그 대가를 보관하는 경우에는 몰수와의 관계에서는 그 대가보관금을 몰수 대상인 압수물과 동일시할 수 있다(대판 1996. 11. 12, 96도2477)

④ (몰수 또는 추징 ×) 체포될 당시에 미처 송금하지 못하고 소지하고 있던 자기앞수표나 현금은 장차 실행하려고 한 외국환거래법 위반의 범행에 제공하려는 물건일 뿐, 그 이전에 범해진 외국환거래법 위반의 '범죄행위에 제공하려고 한 물건'으로는 볼 수 없으므로 몰수할 수 없다(대판 2008. 2. 14, 2007도10034)

06 정답 ②

㉠ (×) [1] 형법 제48조 제1항에 의한 몰수는 임의적인 것이므로 몰수의 요건에 해당되는 물건이라도 이를 몰수할 것인지의 여부는 법원의 재량에 맡겨져 있다. 전자기록은 일정한 저장매체에 전자방식이나 자기방식에 의하여 저장된 기록으로서 저장매체를 매개로 존재하는 물건이므로 형법 제48조 제1항 각호의 사유가 있는 때에는 이를 몰수할 수 있다.
[2] 피고인은 피해자의 의사에 반하여 압수된 휴대전화기의 동영상 촬영기능을 이용하여 피해자에 대한 강간범행 장면을 촬영하여 저장한 사실을 알 수 있다. 이러한 사실관계를 위의 법리에 비추어 살펴보면, 이 사건 휴대전화기는 형법 제48조 제1항 제1호가 정하는 '범죄행위에 제공된 물건'에, 이 사건 동영상은 이 사건 휴대전화기에 저장된 전자기록으로서 형법 제48조 제1항 제2호가 정하는 '범죄행위로 인하여 생긴 물건'에 각각 해당하고, 이러한 경우 이 사건 휴대전화기와 이 사건 동영상의 몰수 여부는 법원의 재량이므로, 법원이 이 사건 휴대전화기를 몰수하지 않고 이 사건 휴대전화기 중 이 사건 동영상만을 몰수하였다고 하여 이를 위법하다고까지 할 수는 없다(대판 2017.10.23, 2017도5905).

㉡ (○) 대판 1998.5.21, 95도2002 전원합의체

㉢ (○) 대판 2006.9.14, 2006도4075

㉣ (×) 필요적 공범관계에 있는 자도 포함된다(대판 2006.11.23, 2006도5586)

07 정답 ④

① (○) 대판 2021.1.21, 2018도5475 전원합의체
② (○) 대판 2017.6.29, 2016도18194
③ (○) 제38조 제1항 제2호
④ (×) 형법 제35조 제1항에 규정된 '금고 이상에 해당하는 죄'라 함은 유기금고형이나 유기징역형으로 처단할 경우에 해당하는 죄를 의미하는 것으로서 법정형 중 벌금형을 선택한 경우에는 누범가중을 할 수 없다(대판 1982.9.14, 82도1702)

제2절 형의 양정(양형)

08 정답 ①

㉠ (○) 대판 2021.1.21, 2018도5475 전원합의체
㉡ (○) 대판 2021.1.21, 2018도5475 전원합의체
㉢ (○) 대판 2021.1.21, 2018도5475 전원합의체
㉣ (○) 대판 2011.12.22, 2011도12041
㉤ (○) 제39조 제1항

09 정답 ②

① (○) 대판 2021.1.21, 2018도5475 전원합의체
② (×) 법관이 처단형을 결정하는 과정에서 피고인에 대한 양형조건들을 참작하여 최종 선고형을 머릿속에 그리면서 임의적 감경 여부를 결정하는 것이 법리적·논리적으로 잘못이라 할 수 없다(대판 2021.1.21, 2018도5475 전원합의체)
③ (○) 대판 2021.1.21, 2018도5475 전원합의체
④ (○) 대판 2021.1.21, 2018도5475 전원합의체

10 정답 ③

① (○) 대판 2004.6.24, 2004도2003
② (○) 대판 1995.7.25, 95도391
③ (×) 그 형을 감경 또는 면제한다(제153조)
④ (○) 대판 2011.12.22, 2011도12041

제3절 누 범

11 정답 ③

㉠ (×), ㉡ (×) [1] 금고 이상의 형을 선고받아 그 집행이 종료되거나 면제된 후 3년 내에 금고 이상에 해당하는 죄를 지은 사람은 누범으로 처벌한다(제35조 제1항).
[2] 징역 3년 형의 집행이 종료된 때부터 3년 이내에 공무집행방해 범행을 저질렀으므로 (비록 연이어 징역 1년 형을 복역하던 중이라고 하더라도) 그 범행은 누범에 해당한다.
[3] 석방은 형기종료일에 하여야 한다(제86조) 형법 제86조의 해석상 누범기간은 피고인이 출

소한 다음날인 2015. 9. 18. 00:00부터 2018. 9. 17. 24:00까지이다. 따라서 피고인이 2018. 9. 17. 01:10경 범행을 저지른 경우 그 범행은 누범에 해당한다.
ⓒ (○) 대판 1982.5.25, 82도600
ⓔ (○) 대판 2006.4.7, 2005도9858 전원합의체

12 정답 ③

① (○) 대판 2017.9.21, 2017도4019
② (○) 대판 1986.11.11, 86도2004
③ (×) 형법 제35조 제1항에 규정된 "금고 이상에 해당하는 죄"라 함은 유기금고형이나 유기징역형으로 처벌할 경우에 해당하는 죄를 의미하는 것으로서, 법정형 중 벌금형을 선택한 경우에는 누범가중을 할 수 없다(대판 1982.9.14, 82도1702)
④ (○) 대판 1970.9.22, 70도1627

제4절 집행유예, 선고유예, 가석방

13 정답 ③

① (○) 3년 이하의 징역이나 금고 또는 500만원 이하의 벌금의 형을 선고할 경우에 제51조의 사항을 참작하여 그 정상에 참작할 만한 사유가 있는 때에는 1년 이상 5년 이하의 기간 형의 집행을 유예할 수 있다(제62조 제1항)
② (○) 대판 2007.2.8, 2006도6196
③ (×) [1] 형의 집행을 유예하는 경우에는 보호관찰을 받을 것을 명하거나 사회봉사 또는 수강을 명할 수 있다(제62조의2 제1항)
[2] 제1항의 규정에 의한 보호관찰의 기간은 집행을 유예한 기간으로 한다. 다만, 법원은 유예기간의 범위내에서 보호관찰기간을 정할 수 있다(제62조의2 제2항)
④ (○) 집행유예의 선고를 받은 다음 집행유예의 선고가 실효되거나 취소되지 않고 유예기간이 지난 때에는 형법 제65조에 따라 형의 선고는 효력을 잃는다. 이와 같이 형의 선고가 효력을 잃은 다음

에는 형법 제64조 제2항에서 정한 사유로 집행유예의 선고를 취소할 수 없다(대결 2022.8.31, 2022모1466)

14 정답 ④

① (○) 제63조
② (○) 대판 2012.6.28, 2011도10570
③ (○) 대판 2008.4.11, 2007도8373
④ (×) 형법 제64조 제1항에 의하면 '집행유예의 선고를 받은 후 형법 제62조 단행의 사유(집행유예 결격사유)가 발각된 때에는 집행유예의 선고를 취소한다'고 규정되어 있는바, 여기에서 집행유예를 선고받은 후 형법 제62조 단행의 사유가 발각된 때라 함은 집행유예 선고의 판결이 확정된 후에 비로소 발각된 경우를 말하고, 그 판결확정 전에 결격사유가 발각된 경우에는 이를 취소할 수 없으며, 이때 판결확정 전에 발각되었다고 함은 검사가 명확하게 그 결격사유를 안 경우만을 말하는 것이 아니라 당연히 그 결격사유를 알 수 있는 객관적 상황이 존재함에도 부주의로 알지 못한 경우도 포함된다(대결 2001.6.27, 2001모135)

15 정답 ②

① (×) 형법 제37조 후단의 경합범 관계에 있는 두 개의 범죄에 대하여 하나의 판결로 두 개의 자유형을 선고하는 경우 그 두 개의 자유형은 각각 별개의 형이므로 형법 제62조 제1항에 정한 집행유예의 요건에 해당하면 그 각 자유형에 대하여 각각 집행유예를 선고할 수 있는 것이고, 또 그 두 개의 징역형 중 하나의 징역형에 대하여는 실형을 선고하면서 다른 징역형에 대하여 집행유예를 선고하는 것도 우리 형법상 이러한 조치를 금하는 명문의 규정이 없는 이상 허용되는 것으로 보아야 한다(대판 2001.10.12, 2001도3579)
② (○) 형법 제65조 소정의 "형의 선고는 효력을 잃는다"는 취지는 형의 선고의 법률적 효과가 없어진다는 것일 뿐 형의 선고가 있었다는 기왕의 사실 자체까지 없어진다는 뜻이 아니다(대결 1983.4.2, 83모8)

③ (×) 선고유예의 요건 중 '개전의 정상이 현저한 때'라고 함은 반성의 정도를 포함하여 널리 형법 제51조가 규정하는 양형의 조건을 종합적으로 참작하여 볼 때 형을 선고하지 않더라도 피고인이 다시 범행을 저지르지 않으리라는 사정이 현저하게 기대되는 경우를 가리킨다고 해석할 것이고, 이와 달리 여기서의 '개전의 정상이 현저한 때'가 반드시 피고인이 죄를 깊이 뉘우치는 경우만을 뜻하는 것으로 제한하여 해석하거나 피고인이 범죄사실을 자백하지 않고 부인할 경우에는 언제나 선고유예를 할 수 없다고 해석할 것은 아니다(대판 2003.2.20, 2001도6138 전원합의체)

④ (×) 형의 선고유예를 받은 날로부터 2년을 경과한 때에는 면소된 것으로 간주한다.

16 정답 ①

㉠ (○) 대판 1998.4.24, 98도98
㉡ (○) 대판 1988.6.21, 88도551
㉢ (○) 대판 2002.2.26, 2000도4637
㉣ (○) 대판 2010.7.8, 2010도931

17 정답 ①

① (×) 구류형에 대하여는 선고를 유예할 수 없다 (대판 1993.6.22, 93오1)
② (○) 제59조의2 제1항, 제2항
③ (○) 대판 1976.6.8, 74도1266
④ (○) 대판 2003.12.26, 2003도3768

18 정답 ②

① (×) 형의 선고유예를 받은 날로부터 2년을 경과한 때에는 면소된 것으로 간주한다(제60조)
② (○) 대판 2012.6.28, 2011도10570
③ (×) 집행유예기간 중에 범한 죄에 대하여 형을 선고할 때에 [1] 집행유예의 결격사유를 정하는 형법 제62조 제1항 단서 소정의 요건에 해당하는 경우란 이미 집행유예가 실효 또는 취소된 경우와 그 선고 시점에 미처 유예기간이 경과하지 아니하여 형 선고의 효력이 실효되지 아니한 채로 남아 있는 경우로 국한되고 [2] 집행유예가 실효 또는 취소됨이 없이 유예기간을 경과한 때에는 위 단서 소정의 요건에 해당하지 않는다고 할 것이므로 집행유예기간 중에 범한 범죄라고 할지라도 집행유예가 실효 또는 취소됨이 없이 그 유예기간이 경과한 경우에는 이에 대해 다시 집행유예의 선고가 가능하다(대판 2007.7.27, 2007도768)

④ (×) 징역이나 금고의 집행 중에 있는 사람이 행상(行狀)이 양호하여 뉘우침이 뚜렷한 때에는 무기형은 20년, 유기형은 형기의 3분의 1이 지난 후 행정처분으로 가석방을 할 수 있다(제72조 제1항)

제5절 형의 시효·소멸·기간

19 정답 ③

㉠ 20년, ㉡ 10년, ㉢ 7년. 따라서 숫자의 합은 37이다

제78조(형의 시효의 기간) 시효는 형을 선고하는 재판이 확정된 후 그 집행을 받지 아니하고 다음 각 호의 구분에 따른 기간이 지나면 완성된다.

1. 삭제
2. 무기의 징역 또는 금고: 20년
3. 10년 이상의 징역 또는 금고: 15년
4. 3년 이상의 징역이나 금고 또는 10년 이상의 자격정지: 10년
5. 3년 미만의 징역이나 금고 또는 5년 이상의 자격정지: 7년
6. 5년 미만의 자격정지, 벌금, 몰수 또는 추징: 5년
7. 구류 또는 과료: 1년

20 정답 ②

① (○) 제78조 제5호
② (×) [1] 여러 개의 형이 병과된 사람에 대하여 그 병과형 중 일부의 집행을 면제하거나 그에 대한 형의 선고의 효력을 상실케 하는 특별사면이 있은 경우 그 특별사면의 효력이 병과된 나머지

형에까지 미치는 것은 아니다.
[2] 징역형의 집행유예와 벌금형이 병과된 후 징역형의 집행유예의 효력을 상실케 하는 내용의 특별사면이 있는 경우 그 벌금형의 선고의 효력까지 상실케 하는 것은 아니다(대결 1997.10.13, 96모33) ※ 병과형의 일부에 대한 특별사면은 개별적인 효력만 있고, 병과형에는 영향이 없다.
③ (○) 제79조 제1항
④ (○) 제79조 제2항

CHAPTER 2 형사법 II <형법 각론>

제1편 개인적 법익에 대한 죄

제1장 생명과 신체에 대한 죄

제1절 살인의 죄

01 정답 ①
① (×) 살인죄의 간접정범이 성립한다(대판 1987.1.20, 86도2395).
② (○) 대판 2010.4.29, 2010도2328
③ (○) 대판 2005.6.10, 2005도1373
④ (○) 대판 2005.6.10, 2005도1373

02 정답 ④
① (○) 대판 1986.2.25, 85도2773
② (○) 대판 1965.9.28, 65도695
③ (○) 혼인 외의 출생자와 생모(生母)간에는 생모의 인지나 출생신고를 기다리지 않고 자의 출생으로 당연히 법률상의 친족관계가 생기는 것이다(대판 1980.9.9, 80도1731).
④ (×) 제왕절개 수술의 경우 '의학적으로 제왕절개 수술이 가능하였고 규범적으로 수술이 필요하였던 시기'는 판단하는 사람 및 상황에 따라 다를 수 있어 분만개시 시점 즉 사람의 시기도 불명확하게 되므로 이 시점을 분만의 시기로 볼 수는 없다(대판 2007.6.29, 2005도3832). ※ 판례는 사람의 시기에 대하여 자연분만과 제왕절개수술의 구별없이 모두 분만개시시(진통시)로 본다.

03 정답 ①
① (○) 대판 2007.11.29, 2007도8333
② (×) 甲이 乙을 살해하기 위하여 丙, 丁 등을 고용하면서 그들에게 대가의 지급을 약속한 경우, 甲에게는 살인죄를 범할 목적 및 살인의 준비에 관한 고의뿐만 아니라 살인죄의 실현을 위한 준비행위를 하였음을 인정할 수 있다는 이유로 살인예비죄의 성립을 인정한 사례(대판 2009.10.29, 2009도7150)
③ (×) 살인죄에 있어서의 고의는 반드시 살해의 목적이나 계획적인 살해의 의도가 있어야 하는 것은 아니고 자기의 행위로 인하여 타인의 사망의 결과를 발생시킬 만한 가능 또는 위험이 있음을 인식하거나 예견하면 족한 것이고 그 인식 또는 예견은 확정적인 것은 물론 불확정적인 것이더라도 소위 미필적 고의로서 살인의 범의가 인정된다(대판 2004.6.24, 2002도995)
④ (×) 고의는 행위시에 있어야 하므로, 사전고의의 경우에는 고의는 성립하지 않고 과실범의 문제가 된다. 사안에서 운전 실수로 저수지로 돌진하여 처를 빠져 죽게 하였다면 비록 사전에 살해의 고의가 있었더라도 행위시에 살해의 고의가 없었으므로 살인의 고의를 인정할 수 없다.

제2절 상해와 폭행의 죄

04 정답 ③
① (○) 대판 2009.7.9, 2009도1025
② (○) 대판 2003.1.10, 2000도5716
③ (×) 폭력행위 등 처벌에 관한 법률 제2조 제2항의 '2인 이상이 공동하여 상해 또는 폭행의 죄를 범한 때'라 함은 그 수인 사이에 소위 공범관계가 존재하는 것을 요건으로 하고, 또 수인이 동일 장소에서 동일 기회에 상호 다른 자의 범행을 인식하고 이를 이용하여 범행을 한 경우라야 하며, 2인 이상이 공동으로 가공하여 범죄를 행하는 공동정범에 있어서 공모나 모의는 반드시 직접, 명시적으로 이루어질 필요는 없고 순차적, 암묵적으로 상통하여 이루어질 수도 있으나 어느 경우에도 범죄에 공동 가공하여 이를 공동으로 실현

하려는 의사의 결합이 있어야 할 것이다(대판 2013.11.28, 2013도4430)
④ (○) 대판 2003.2.28, 2002도7335

05 정답 ④
① (○) 대판 2016.10.27, 2016도9302
② (○) 대판 2017.6.29, 2016도18194 ※ 특수상해죄는 법정형이 1년 이상 10년 이하의 징역이다.
③ (○) 대판 2020.3.27, 2016도18713
④ (×) 중상해죄는 사람의 신체를 상해하여 '생명에 대한 위험'을 발생하게 하거나, 불구 또는 불치나 난치의 질병에 이르게 하는 범죄이다(제258조 참고)

06 정답 ①
㉠ (○) 대판 2007.3.30, 2007도914
㉡ (○) 대판 1983.3.22, 83도231
㉢ (×) 상해치사죄의 포괄일죄에 해당한다(대판 1994.11.4, 94도2361)
㉣ (○) 대판 1990.2.13, 89도1406

07 정답 ①
① (×) 다방종업원이 자기를 만나주지 않는다는 이유로 시정된 탁구장문과 주방문을 부수고 주방으로 들어가 방문을 열어주지 않으면 모두 죽여버린다고 폭언을 하면서 시정된 방문을 수회 발로 찬 행위는 피해자들의 신체에 대한 유형력의 행사로 볼 수 없어 폭행죄에 해당하지 않는다(대판 1984.2.14, 83도3186) ※ 협박죄에 해당함은 별론으로 하고 단순히 방문을 발로 몇 번 찼다고 하여 그것이 폭행죄에 해당한다고 할 수 없다.
② (○) 대판 2018.4.24, 2017도10956
③ (○) 대판 1999.1.26, 98도3732
④ (○) 대판 1996.12.10, 96도2529

08 정답 ③
① (○) 대판 1970.9.22, 70도1638
② (○) 대판 1983.6.28, 83도996
③ (×) 피고인에게 폭행치사죄의 책임을 물을 수 없다(대판 1990.9.25, 90도1596)
④ (○) 대판 2020.3.27, 2016도18713

09 정답 ③
㉠ (○) 대판 2003.7.11, 2003도2313
㉡ (○) 대판 2010.5.27, 2010도2680
㉢ (×) 존속폭행죄는 반의사불벌죄이므로, 피해자의 명시한 의사에 반하여 공소를 제기할 수 없다(제260조 제3항)
㉣ (×) 甲과 乙이 살해의 의사로 총을 쏘았으나 상해를 입히는데 그쳤다면 이는 상해죄가 아니라 살인미수죄에 해당한다. 따라서 甲과 乙은 각각 살인미수죄에 해당한다(제263조가 적용될 사안이 아님).
㉤ (○) 대판 2003.1.10, 2000도5716

제3절 과실치사상의 죄

10 정답 ③
① (○) 대판 2014.4.10, 2012도11361
② (○) 대판 1989.11.24, 89도1618
③ (×) 피고인이 근무하는 병원에서는 인턴의 수가 부족하여 수혈의 경우 두 번째 이후의 혈액봉지는 인턴 대신 간호사가 교체하는 관행이 있었다고 하더라도, 위와 같이 혈액봉지가 바뀔 위험이 있는 상황에서 피고인이 그에 대한 아무런 조치도 취함이 없이 간호사에게 혈액봉지의 교체를 일임한 것이 관행에 따른 것이라는 이유만으로 정당화될 수는 없다(대판 1998.2.27, 97도2812) ※ 업무상과실치사죄의 죄책을 진다.
④ (○) 대판 2009.5.28, 2009도1040

11 정답 ③
① (○) 대판 2009.5.28, 2009도1040
② (○) 대판 2010.6.24, 2010도2615
③ (×) 교통사고처리 특례법에 정한 '교통사고'에 해당하지 않아 업무상과실치상죄가 성립한다고

한 사례(대판 2009.7.9, 2009도2390)
④ (○) 대판 1988.9.27, 88도833

제4절 유기와 학대의 죄

12 정답 ③
① (○) 대판 2008.2.14, 2007도3952
② (○) 대판 1972.6.27, 72도863
③ (×) 유기죄에서 작위의무는 법률상 또는 계약상의 의무가 있는 경우에만 인정되고, 신의성실·조리에 의해서는 발생할 수 없다(대판 1977.1.11, 76도3419)
④ (○) 대판 1988.8.9, 86도225

13 정답 ②
① (○) 대판 2011.11.24, 2011도12302
② (×) 살인의 고의로 유기하면 유기죄가 아니라 살인죄가 성립한다. 따라서 이 경우 살인미수죄가 된다.
③ (○) 대판 1980.6.24, 80도726
④ (○) 중유기죄는 유기죄를 지어 사람의 생명에 위험을 발생하게 함으로써 성립한다(제271조 제3항). 따라서 신체에 대한 위험발생한 경우에는 중유기죄가 성립하지 않는다.

14 정답 ④
㉠ (○) 형법 제274조
㉡ (○) 대판 1986.7.8, 84도2922
㉢ (○) 대판 2000.4.25, 2000도223
㉣ (×) [1] 단지 위와 같은 부수의무로서의 민사적 부조의무 또는 보호의무가 인정된다고 해서 형법 제271조 소정의 '계약상 의무'가 당연히 긍정된다고는 말할 수 없다.
[2] 피고인이 자신이 운영하는 주점에 손님으로 와서 수일 동안 식사는 한 끼도 하지 않은 채 계속하여 술을 마시고 만취한 피해자를 주점 내에 그대로 방치하여 저체온증 등으로 사망에 이르게 하였다는 내용으로 예비적으로 기소된 사안에서 유기치사죄를 인정한 원심판결을 수긍한 사례(대판 2011.11.24, 2011도12302)

제2장 자유에 대한 죄

제1절 협박의 죄 ~ 강요의 죄

15 정답 ③
㉠ (○) 대판 1995.9.29, 94도2187
㉡ (○) 대판 2009.5.28, 2009도1040
㉢ (×) 주택재건축조합 조합장인 피고인이 조합의 감사 A가 자신을 탄핵하는 것을 저지하기 위하여 조합사무실에 있던 컴퓨터 중 경리 여직원 B가 사용하던 컴퓨터에 자신만이 아는 비밀번호를 설정하고, 조합업무 담당자 C가 사용하던 컴퓨터의 하드디스크를 분리하여 사무실 금고에 보관하게 하여 감사 A가 탄핵자료를 수집하지 못하게 한 경우 함부로 컴퓨터에 비밀번호를 설정한 행위는 '허위의 정보 또는 부정한 명령의 입력'에 해당하고 컴퓨터의 하드디스크를 분리·보관한 행위는 '손괴'에 해당하므로 형법 제314조 제2항의 컴퓨터등장애업무방해죄가 성립한다(대판 2012.5.24, 2011도7943)
㉣ (○) 대판 2008.5.15, 2008도1097

16 정답 ②
① (×) 피고인은 A정당에 관한 해악을 고지한 것이므로 각 경찰관 개인에 관한 해악을 고지하였다고 할 수 없고, 다른 특별한 사정이 없는 한 일반적으로 A정당에 대한 해악의 고지가 각 경찰관 개인에게 공포심을 일으킬 만큼 서로 밀접한 관계에 있다고 보기 어렵다(대판 2012.8.17, 2011도10451)
② (○) 대판 2010.7.15, 2010도1017
③ (×) 저항할 수 없는 폭력이나 자기 또는 친족의 생명, 신체에 대한 위해를 방어할 방법이 없는 협박에 의하여 강요된 행위는 벌하지 아니한다(제12조)

④ (×) 공갈죄의 수단으로서의 협박은 사람의 의사결정의 자유를 제한하거나 의사실행의 자유를 방해할 정도로 겁을 먹게 할 만한 해악을 고지하는 것을 말하고 여기에서 고지된 해악의 실현은 반드시 그 자체가 위법한 것임을 요하지 아니한다(대판 2007.10.11, 2007도6406).

17 정답 ④

① (○) 대판 2006.8.25, 2006도546
② (○) 대판 1991.5.10, 90도2102
③ (○) 대판 1991.5.10, 90도2102
④ (×) 협박죄는 자연인만을 그 대상으로 예정하고 있을 뿐 법인은 협박죄의 객체가 될 수 없다. 따라서 지사장에게는 위 상무이사에 대한 협박죄가 인정되고, 회사에 대한 협박죄가 성립하지 않는다(대판 2010.7.15, 2010도1017).

18 정답 ②

① (○) 대판 2011.1.27, 2010도14316
② (×) 협박의 경우 행위자가 직접 해악을 가하겠다고 고지하는 것은 물론 제3자로 하여금 해악을 가하도록 하겠다는 방식으로도 해악의 고지는 얼마든지 가능하지만, 이 경우 고지자가 제3자의 행위를 사실상 지배하거나 제3자에게 영향을 미칠 수 있는 지위에 있는 것으로 믿게 하는 명시적·묵시적 언동을 하였거나 제3자의 행위가 고지자의 의사에 의하여 좌우될 수 있는 것으로 상대방이 인식한 경우에 한하여 비로소 고지자가 직접 해악을 가하겠다고 고지한 것과 마찬가지의 행위로 평가할 수 있고, 만약 고지자가 위와 같은 명시적·묵시적 언동을 하거나 상대방이 위와 같이 인식을 한 적이 없다면 비록 상대방이 현실적으로 외포심을 느꼈다고 하더라도 이러한 고지자의 행위가 협박죄를 구성한다고 볼 수는 없다(대판 2006. 12.8, 2006도6155).
③ (○) 대판 2007.9.28, 2007도606 전원합의체
④ (○) 감금을 하기 위한 수단으로서 행사된 단순한 협박행위는 감금죄에 흡수되어 따로 협박죄를 구성하지 아니한다(대판 1982.6.22, 82도705).

19 정답 ②

㉠ (○) 대판 2021.11.25, 2018도1346
㉡ (○) 대판 2003.9.26, 2003도763
㉢ (×) 인질강요죄에서 강요의 상대방은 제3자이다. 따라서 인질에 대한 강요는 인질강요죄가 성립하지 않는다.
㉣ (○) 대판 2008.5.15, 2008도1097
㉤ (×) 폭력조직 전력이 있는 피고인이 특정 연예인에게 팬미팅 공연을 하도록 강요하면서 만날 것을 요구하고, 팬미팅 공연이 이행되지 않으면 안 좋은 일을 당할 것이라고 협박한 사안에서, 위 연예인에게 공연을 할 의무가 없다는 점에 대한 미필적 인식 즉, 강요죄의 고의가 피고인에게 있었다고 단정하기 어렵다고 판단한 원심을 수긍한 사례(대판 2008.5.15, 2008도1097)

제2절 체포와 감금의 죄 ~ 약취·유인 및 인신매매의 죄

20 정답 ④

① (○) 대판 2021.9.9, 2019도16421
② (○) 대판 2013.6.20, 2010도14328 전원합의체
③ (○) 대판 2013.6.20, 2010도14328 전원합의체
④ (×) 부모의 별거 상황에서 일방 배우자인 피고인이 면접교섭권을 행사하기 위하여 프랑스에서 타방 배우자와 함께 생활하고 있던 만 5세인 피해아동을 대한민국으로 데려온 후 면접교섭 기간이 종료하였음에도 프랑스로 데려다 주지 않은 채 피해아동이 친모를 제대로 만나지도 못하게 한 경우 불법적인 사실상의 힘을 행사하여 피해아동을 약취한 것으로 볼 수 있다(대판 2021.9.9, 2019도16421)

21 정답 ②
㉠ (○) 대판 1998.5.26, 98도1036
㉡ (×) 신체의 자유에 대한 구속이 그와 같은 정도에 이르지 못하고 일시적인 것으로 그친 경우에는 체포죄의 미수범이 성립할 뿐이다(대판 2018.2.28, 2017도21249).
㉢ (×) 피고인이 피해자가 자동차에서 내릴 수 없는 상태에 있음을 이용하여 강간하려고 결의하고, 주행중인 자동차에서 탈출불가능하게 하여 외포케 하고 50킬로미터를 운행하여 여관 앞까지 강제연행한 후 강간하려다 미수에 그친 경우 감금죄와 강간미수죄는 상상적 경합이 된다(대판 1983.4.26, 83도323).
㉣ (○) 대판 1982.6.22, 82도705

22 정답 ②
㉠ (×) 부작위에 의한 미성년자약취죄가 성립한다 (대판 2021.9.9, 2019도16421).
㉡ (×) 이와 같이 감금행위가 단순히 강도상해 범행의 수단이 되는 데 그치지 아니하고 그 범행이 끝난 뒤에도 계속되었으므로, 피고인이 저지른 감금죄와 강도상해죄는 형법 제37조의 경합범 관계에 있다고 보아야 한다(대판 2003.1.10, 2002도4380).
㉢ (○) 대판 1991.8.27, 91도1604
㉣ (○) 대판 1984.5.15, 84도655

23 정답 ③
① (○) 대판 2003.2.11, 2002도7115
② (○) 대판 2008.1.31, 2007도8011
③ (×) 영리목적 약취·유인죄의 기수가 된다.
④ (○) 대판 2009.7.9, 2009도3816

24 정답 ②
㉠ (○) 중손괴죄는 재물손괴죄를 범하여 사람의 생명 또는 신체에 대한 위험을 발생하게 함으로써 성립한다(제368조) 따라서 구체적 위험범에 해당한다.
㉡ (×) 업무상비밀누설죄는 진정신분범이다

㉢ (×) 중체포·감금죄는 사람을 체포·감금하여 가혹한 행위를 함으로써 성립하는 범죄로(제277조) 구체적 위험범이 아니다.
㉣ (○) 대판 1994.4.26, 93도1731

제3절 강간과 추행의 죄

25 정답 ④
① (○) 대판 2021.2.4, 2018도9781
② (○) 대판 2023.9.21, 2018도13877 전원합의체
③ (○) 대판 2018.2.8, 2016도17733
④ (×) 비록 간음행위를 시작할 때 폭행 또는 협박이 없었다고 하더라도 간음행위와 거의 동시 또는 그 직후에 피해자를 폭행하여 간음한 경우에는 강간죄를 구성한다(대판 2017.10.12, 2016도16948).

26 정답 ①
① (×) [1] 그 행위는 객관적으로 일반인에게 성적 수치심이나 혐오감을 일으키게 하고 선량한 성적 도덕관념에 반하는 행위로서 피해자의 성적 자기결정권을 침해하는 추행행위에 해당한다고 볼 여지가 있다. 피고인의 행위가 객관적으로 추행행위에 해당한다면 그로써 행위의 대상이 된 피해자의 성적 자기결정권은 침해되었다고 보아야 할 것이고, 행위 당시에 피해자가 이를 인식하지 못하였다고 하여 추행에 해당하지 않는다고 볼 것은 아니다.
[2] 피고인이 처음 보는 여성인 갑의 뒤로 몰래 접근하여 성기를 드러내고 갑을 향한 자세에서 A의 등 쪽에 소변을 본 행위는 객관적으로 일반인에게 성적 수치심이나 혐오감을 일으키게 하고 선량한 성적 도덕관념에 반하는 행위로서 A의 성적 자기결정권을 침해하는 추행행위에 해당한다고 볼 여지가 있고, 행위 당시 A이 이를 인식하지 못하였더라도 마찬가지이다(대판 2021.10.28, 2021도7538).

② (○) 대판 2017.10.12, 2016도16948
③ (○) 대판 2013.9.26, 2013도5856
④ (○) 대판 2019.3.28, 2018도16002 전원합의체

27 정답 ③
① (○) 대판 2019.6.13, 2019도3341
② (○) 대판 2006.1.13, 2005도6791
③ (×) 위계와 간음행위 사이의 인과관계를 인정할 수 있다고 보아 이 사건 공소사실을 무죄로 판단한 원심판결을 파기하였음(대판 2020.8.27, 2015도9436 전원합의체)
④ (○) 대판 2016.12.27, 2016도16676

28 정답 ④
① (○) 대판 1991.4.9, 91도288
② (○) 대판 1975.5.13, 75도855.
③ (○) 대판 2019.6.13, 2019도3341
④ (×) 준강간죄의 실행에 착수하였다(대판 2000.1.14, 99도5187)

29 정답 ④
① (○) 대판 2021.2.4, 2018도9781
② (○) 대판 2010.12.9, 2010도9630
③ (○) 대판 2002.4.26, 2001도2417
④ (×) 형법은 폭행 또는 협박의 방법이 아닌 심신상실 또는 항거불능의 상태를 이용하여 간음한 행위를 강간죄에 준하여 처벌하고 있으므로, 준강간의 고의는 피해자가 심신상실 또는 항거불능의 상태에 있다는 것과 그러한 상태를 이용하여 간음한다는 구성요건적 결과 발생의 가능성을 인식하고 그러한 위험을 용인하는 내심의 의사를 말한다(대판 2019.3.28, 2018도16002 전원합의체)

30 정답 ②
① (○) 대판 2008.3.13, 2007도10050
② (×) 주거침입강제추행죄 및 주거침입준강제추행죄에 대하여 무기징역 또는 7년 이상의 징역에 처하도록 한 성폭력범죄의 처벌 등에 관한 특례법 제3조 제1항은 그 법정형이 형벌 본래의 목적과 기능을 달성함에 있어 필요한 정도를 일탈하였고, 각 행위의 개별성에 맞추어 그 책임에 알맞은 형을 선고할 수 없을 정도로 과중하므로, 책임과 형벌 간의 비례원칙에 위배된다(헌재 2023.2.23, 2021헌가9)
③ (○) 대판 2002.2.8, 2001도6425
④ (○) 대판 2011.6.9, 2010도10677

31 정답 ③
㉠ (상해 ○) 강간치상죄를 구성하는 상처에 해당된다(대판 1995.7.25, 94도1351).
㉡ (상해 ×) 강간치상죄의 상해에 해당한다 할 수 없다(대판 1986.7.8, 85도2042).
㉢ (상해 ○) 형법상 상해를 입힌 경우에 해당한다(대판 1969.3.11, 69도161).
㉣ (상해 ○) 비록 병원에서 치료를 받지 않더라도 일상생활에 지장이 없고 또 자연적으로 치료될 수 있는 것이라 하더라도 강간치상죄에 있어서의 상해에 해당한다(대판 1991.10.22, 91도1832).
㉤ (상해 ×) 그 정도의 상처는 일상생활에서 얼마든지 생길 수 있는 극히 경미한 상처로서 굳이 치료할 필요도 없는 것이어서 그로 인하여 인체의 완전성을 해하거나 건강상태를 불량하게 변경하였다고 보기 어려우므로 피해자가 입은 위 소상을 가지고서 강간치상죄의 상해에 해당된다고는 할 수 없다(대판 1987.10.26, 87도1880).

32 정답 ①
① (×) 피고인이 피해자에 대하여 한 행위는 피해자의 성적 자유의사를 제압하기에 충분한 세력에 의하여 추행행위에 나아간 것으로서 위력에 의한 추행행위에 해당한다(대판 2013.1.16, 2011도7164)
② (○) 대판 2019.6.13, 2019도3341
③ (○) 대판 2021.2.4, 2018도9781
④ (○) 대판 2020.7.9, 2020도5646

33 정답 ②

㉠ (○) 대판 2017.10.12, 2016도16948

㉡ (×) 혼인관계가 파탄된 경우뿐만 아니라 혼인관계가 실질적으로 유지되고 있는 경우에도 남편이 반항을 불가능하게 하거나 현저히 곤란하게 할 정도의 폭행이나 협박을 가하여 아내를 간음한 경우에는 강간죄가 성립한다(대판 2013.5.16, 2012도14788 전원합의체).

㉢ (×) 형법 제2편 제32장의 '강간과 추행의 죄'는 모두 개인의 성적 자유 또는 성적 자기결정권을 침해하는 것을 내용으로 하는데, 여기에서 '성적 자유'는 적극적으로 성행위를 할 수 있는 자유가 아니라 소극적으로 원치 않는 성행위를 하지 않을 자유를 말한다(대판 2019.6.13, 2019도3341).

㉣ (○) 대판 2015.9.10, 2015도6980

㉤ (×) 피고인이 피해자가 심신상실 또는 항거불능의 상태에 있다고 인식하고 그러한 상태를 이용하여 간음하였으나 피해자가 실제로는 심신상실 또는 항거불능의 상태에 있지 않았다면 이는 실행의 수단 또는 대상의 착오로 인하여 구성요건적 결과의 발생이 처음부터 불가능하였고 실제로 그러한 결과가 발생하였다고 할 수 없으나, 피고인이 행위 당시에 인식한 사정을 놓고 일반인이 객관적으로 판단하여 보았을 때 준강간의 결과가 발생할 위험성이 있었으므로 준강간죄의 불능미수가 성립한다(대판 2019.3.28, 2018도16002 전원합의체).

제3장 명예와 신용에 대한 죄

제1절 명예에 관한 죄

34 정답 ③

① (○) 대판 2008.10.9, 2007도1220

② (○) 대판 2000.5.16, 99도5622

③ (×) '국민호텔녀'라는 표현은 피해자의 사생활을 들추어 피해자가 종전에 대중에게 호소하던 청순한 이미지와 반대의 이미지를 암시하면서 피해자를 성적 대상화하는 방법으로 비하하는 것으로서 여성 연예인인 피해자의 사회적 평가를 저하시킬 만한 모멸적인 표현으로 평가할 수 있고, 정당한 비판의 범위를 벗어난 것으로서 정당행위로 보기도 어렵다(대판 2022.12.15, 2017도19229).

④ (○) 대판 2022.2.11, 2021도10827

35 정답 ①

① (×) 객관적으로 피해자의 사회적 평가를 저하시키는 사실에 관한 발언이 보도, 소문이나 제3자의 말을 인용하는 방법으로 단정적인 표현이 아닌 전문 또는 추측의 형태로 표현되었더라도, 표현 전체의 취지로 보아 사실이 존재할 수 있다는 것을 암시하는 방식으로 이루어진 경우에는 사실을 적시한 것으로 보아야 한다(대판 2021.3.25, 2016도14995).

② (○) 대판 1985.5.28, 85도588

③ (○) 대판 2011.9.2, 2010도17237

④ (○) 대판 2020.12.30, 2015도15619

36 정답 ②

㉠ (○) 대판 2014.3.27, 2011도15631

㉡ (×) 개인 블로그의 비공개 대화방에서 상대방으로부터 비밀을 지키겠다는 말을 듣고 일대일로 대화하였다고 하더라도 그 사정만으로 대화 상대방이 대화내용을 불특정 또는 다수에게 전파할 가능성이 없다고 할 수 없으므로 명예훼손죄의 요건인 공연성을 인정할 여지가 있다(대판 2008.2.14, 2007도8155).

ⓒ (×) 피고인이 자신의 카카오톡 계정 프로필 상태 메시지에 '학교폭력범은 접촉금지!!!'라는 글과 주먹 모양의 그림말 세 개를 게시했다고 하더라도 그 상태메시지를 통해 피해자의 학교폭력 사건이나 그 사건으로 피해자가 받은 조치에 대해 기재함으로써 피해자의 사회적 가치나 평가를 저하시키기에 충분한 구체적인 사실을 드러냈다고 볼 수 없다(대판 2020.5.28, 2019도12750) 명예훼손죄는 성립하지 않는다.
ⓓ (○) 대판 2000.5.16, 99도5622

37 정답 ②

① (○) 대판 2007.10.25, 2007도5077
② (×) 통상 기자가 아닌 보통 사람에게 사실을 적시할 경우에는 그 자체로서 적시된 사실이 외부에 공표되는 것이므로 그 때부터 곧 전파가능성을 따져 공연성 여부를 판단하여야 할 것이지만, 그와는 달리 기자를 통해 사실을 적시하는 경우에는 기사화되어 보도되어야만 적시된 사실이 외부에 공표된다고 보아야 할 것이므로 기자가 취재를 한 상태에서 아직 기사화하여 보도하지 아니한 경우에는 전파가능성이 없다고 할 것이어서 공연성이 없다고 봄이 상당하다(대판 2000.5.16, 99도5622).
③ (○) 대판 2008.11.27, 2008도6728.
④ (○) 대판 2008.7.10, 2007도9885

38 정답 ②

㉠ (○) 생존자를 사망한 것으로 오인하고 명예훼손을 한 경우에는 제15조 제1항에 의하여 사자명예훼손에 해당하나, 사자명예훼손죄는 허위사실을 적시한 경우에만 성립하므로 사자명예훼손죄가 성립하지 않는다.
㉡ (×) 표현이 모욕적 표현에 해당하여 구성요건이 인정된다고 한 원심의 판단은 정당하나, 피고인이 노동조합 집행부의 공적 활동과 관련한 자신의 의견을 담은 게시글을 작성하면서 이 사건 표현을 한 것은 사회상규에 위배되지 않는 행위로서 형법 제20조에 의하여 위법성이 조각된다고 볼 여지가 크다는 이유로, 이와 달리 위법성을 인정한 원심의 판단에는 모욕죄의 위법성 판단에 관한 법리를 오해한 나머지 심리를 다하지 아니하여 판결에 영향을 미친 잘못이 있다고 하여 파기·환송한 사례(대판 2022.8.25, 2020도16897)
㉢ (×) 의사가 의료기기 회사와의 분쟁을 정치적으로 해결하기 위하여 국회의원에게 허위의 사실을 제보하였을 뿐인데 위 국회의원의 발표로 그 사실이 일간신문에 게재된 경우 출판물에 의한 명예훼손죄가 성립하지 아니한다(대판 2002.6.28, 2000도3045).
㉣ (○) 대판 2014.3.27, 2011도15631

39 정답 ③

㉠ (○) 대판 2008.7.10, 2007도9885
㉡ (○) 대판 2022.8.31, 2019도7370
㉢ (×) 적시된 사실이 공공의 이익에 관한 것이면 진실한 것이라는 증명이 없다 할지라도 행위자가 진실한 것으로 믿었고 또 그렇게 믿을 만한 상당한 이유가 있는 경우에는 위법성이 없다고 보아야 할 것이다(대판 1996.8.23, 94도3191) ※ 따라서 위법성 자체가 조각될 수 있다.
㉣ (×) 통상 기자가 아닌 보통 사람에게 사실을 적시할 경우에는 그 자체로서 적시된 사실이 외부에 공표되는 것이므로 그 때부터 곧 전파가능성을 따져 공연성 여부를 판단하여야 할 것이지만, 그와는 달리 기자를 통해 사실을 적시하는 경우에는 기사화되어 보도되어야만 적시된 사실이 외부에 공표된다고 보아야 할 것이므로 기자가 취재를 한 상태에서 아직 기사화하여 보도하지 아니한 경우에는 전파가능성이 없다고 할 것이어서 공연성이 없다고 봄이 상당하다(대판 2000.5.16, 99도5622)

40 정답 ①

① (○) 제307조 제1항의 명예훼손죄는 적시된 사실이 진실한 사실인 경우이든 허위의 사실인 경우이든 모두 성립될 수 있고, 특히 적시된 사실이 허위의 사실이라고 하더라도 행위자에게 허위성에 대한 인식이 없는 경우에는 제307조 제2항의

명예훼손죄가 아니라 제307조 제1항의 명예훼손죄가 성립될 수 있다(대판 2017.4.26, 2016도18024)
② (×) 명예훼손죄가 성립하기 위하여는 특정인의 사회적 가치 내지 평가가 침해될 가능성이 있는 구체적인 사실을 적시하여야 하는바, 가치중립적인 표현을 사용하였다 하여도 사회통념상 그로 인하여 특정인의 사회적 평가가 저하되었다고 판단된다면 명예훼손죄가 성립할 수 있다(대판 2008.11.27, 2008도6728)
③ (×) 범죄의 고의는 확정적 고의뿐만 아니라 결과 발생에 대한 인식이 있고 그를 용인하는 의사인 이른바 미필적 고의도 포함하므로 허위사실 적시에 의한 명예훼손죄 역시 미필적 고의에 의하여도 성립하고, 위와 같은 법리는 형법 제308조의 사자명예훼손죄의 판단에서도 마찬가지로 적용된다(대판 2014.3.13, 2013도12430)
④ (×) 이른바 집단표시에 의한 모욕은, 모욕의 내용이 집단에 속한 특정인에 대한 것이라고는 해석되기 힘들고, 집단표시에 의한 비난이 개별구성원에 이르러서는 비난의 정도가 희석되어 구성원 개개인의 사회적 평가에 영향을 미칠 정도에 이르지 아니한 경우에는 구성원 개개인에 대한 모욕이 성립되지 않는다고 봄이 원칙이고, 비난의 정도가 희석되지 않아 구성원 개개인의 사회적 평가를 저하시킬 만한 것으로 평가될 경우에는 예외적으로 구성원 개개인에 대한 모욕이 성립할 수 있다(대판 2014.3.27, 2011도15631)

41 정답 ④
① (×) 명예에 관한 죄 중에 출판물에 의한 명예훼손죄는 '공연성'을 요하지 않는다.
② (×) 피고인이 피해자의 얼굴을 가리는 용도로 동물 그림을 사용하면서 피해자에 대한 부정적인 감정을 다소 해학적으로 표현하려 한 것에 불과하다고 볼 여지도 상당하므로, 해당 영상이 피해자를 불쾌하게 할 수 있는 표현이기는 하지만 객관적으로 피해자의 인격적 가치에 대한 사회적 평가를 저하시킬 만한 모욕적 표현을 한 경우에 해당한다고 단정하기는 어렵다는 취지로 원심의 무죄판단을 수긍하였음(대판 2023.2.2, 2022도4719)
③ (×) 미래의 사실관계에 관한 것은 원칙적으로 포함되지 않는다(대판 2008.10.9, 2007도1220)
④ (○) 대판 2011.9.2, 2010도17237

42 정답 ④
① (○) 대판 2005.12.9, 2004도2880
② (○) 대판 2003.12.26, 2003도6036
③ (○) 대판 2022.8.25, 2020도16897
④ (×) 객관적으로 B의 인격적 가치에 대한 사회적 평가를 저하시킬 만한 모욕적 언사에 해당하지 않는다(대판 2015.9.10, 2015도2229)

43 정답 ②
① (○) 대판 2014.9.4, 2012도13718
② (×) 형법 제310조에서 '공공의 이익'에는 널리 국가·사회 기타 일반 다수인의 이익에 관한 것뿐만 아니라 특정한 사회집단이나 그 구성원 전체의 관심과 이익에 관한 것도 포함되는 것으로서, 행위자의 주요한 동기 내지 목적이 공공의 이익을 위한 것이라면 부수적으로 다른 사익적 목적이나 동기가 내포되어 있더라도 형법 제310조의 적용을 배제할 수 없다(대판 2008.11.13, 2008도6342)
③ (○) 대판 2000.10.10, 99도5407
④ (○) 대판 2007.12.14, 2006도2074

44 정답 ②
㉠ (○) 대판 1998.10.9, 97도158
㉡ (×) 사회 기타 일반 다수인의 이익에 관한 것뿐만 아니라 특정한 사회집단이나 그 구성원 전체의 관심과 이익에 관한 것도 포함하는 것이다(대판 2004.10.15, 2004도3912)
㉢ (×) 형법 제310조에서 '오로지 공공의 이익에 관한 때'라 함은 적시된 사실이 객관적으로 볼 때 공공의 이익에 관한 것으로서 행위자도 주관적으로 공공의 이익을 위하여 그 사실을 적시한 것이어야 하는 것인데, 행위자의 주요한 동기 내지 목

적이 공공의 이익을 위한 것이라면 부수적으로 다른 사익적 목적이나 동기가 내포되어 있더라도 형법 제310조의 적용을 배제할 수 없다(대판 1998.10.9, 97도158)
- ㉣ (○) 대판 1996.4.12, 94도3309
- ㉤ (○) 대판 2009.5.28, 2008도8812

45 정답 ②

- ㉠ (○) 대판 2014.3.27, 2011도15631
- ㉡ (○) 대판 2011.9.2, 2010도17237
- ㉢ (×) 적시된 사실이 공공의 이익에 관한 것이면 진실한 것이라는 증명이 없다 할지라도 행위자가 진실한 것으로 믿었고 또 그렇게 믿을 만한 상당한 이유가 있는 경우에는 위법성이 없다고 보아야 할 것이다(대판 1996.8.23, 94도3191) ※ 그렇게 믿을 만한 상당한 이유까지 있어야 한다.
- ㉣ (×) 모욕의 수단과 방법에는 제한이 없으므로 언어적 수단이 아닌 비언어적·시각적 수단만을 사용하여 표현을 하더라도 그것이 사람의 사회적 평가를 저하시킬 만한 추상적 판단이나 경멸적 감정을 전달하는 것이라면 모욕죄가 성립한다 (대판 2023.2.2, 2022도4719)

제2절 신용·업무와 경매에 관한 죄

46 정답 ④

- ① (○) 대판 2008.1.17, 2006도1721
- ② (○) 대판 2001.11.30, 2001도2015
- ③ (○) 대판 2017.12.22, 2017도13211
- ④ (×) 피고인은 학교 교장이자 전형위원회 위원장으로서 사정회의에 참석하여 자신의 의견을 밝힌 후 계속하여 논의가 길어지자 발언을 한 것인바, 그 발언에 다소 과도한 표현이 사용되었더라도 그것만으로 그 행위의 내용이나 수단이 사회통념상 허용할 수 없는 것이었다거나 피해자들의 자유의사를 제압하기에 충분한 위력을 행사하였다고 단정하기 어렵고, 그로 인하여 피해자들의 신입생 면접 업무가 방해될 위험이 발생하였다고 보기도 어렵다(대판 2023.3.30, 2019도7446)

47 정답 ④

- ① (○) 대판 2011.10.13, 2011도7081
- ② (○) 대판 2010.3.25, 2009도8506
- ③ (○) 대판 2002.8.23, 2001도5592
- ④ (×) [1] 직업이나 사회생활상의 지위에 기한 것이라고 보기 어려운 단순한 개인적인 일상생활의 일환으로 행하여지는 사무는 업무방해죄의 보호대상인 업무에 해당한다고 볼 수 없다
[2] 乙이 개인적 용무로 고속버스를 타기 위하여 고속버스터미널까지 자가용 차량을 운행한 후 근처에 있던 건물 주차장에 주차하였는데, 주차장 관리인 甲이 위 차량을 무단주차 차량으로 여기고 차량 앞 범퍼와 손수레 사이를 쇠사슬로 묶어둔 경우, 甲은 업무방해죄가 성립하지 않는다(대판 2017.11.9, 2014도3270)

48 정답 ③

- ㉠ (×) 乙은 응시자들에 대한 면접을 마치고 인사담당직원에게 채점표를 작성하여 제출한 뒤 면접장소를 이탈함으로써 乙의 면접업무는 종료되었다. 그 후 甲은 영어로 면접한 응시생 중에서 영어 구사능력이 우수하다고 판단한 사람을 합격시키면 좋겠다는 취지로 남아 있던 다른 면접위원들을 설득한 것으로 보이고 남은 면접위원들이 甲의 제안을 수용하여 최종합격자를 결정하였다. 이처럼 甲이 최종합격자를 선정하는 데 영향력을 행사하였더라도 그러한 행위가 면접업무를 이미 마친 乙에게 오인·착각 또는 부지를 일으켰다고 할 수 없다(대판 2017.5.30, 2016도18858)
- ㉡ (×) 이와 같은 경우 피해자에게 오인·착각 또는 부지를 일으켜 이를 이용하여 피해자의 업무를 방해한 것으로 보기는 어렵고, 오히려 피해자가 운영하고 있는 학원이 자신의 명의로 등록되어 있는 지위를 이용하여 임의로 폐원신고를 함으로써 피해자의 업무를 위력으로써 방해한 것이다 (대판 2005.3.25, 2003도5004) ※ 위계에 의한 업무방해죄가 성립하는 것이 아니라, 위력에 의

한 업무방해죄가 성립한다.
ⓒ (×) 지방공사 사장이 신규직원 채용권한을 행사하는 것은 공사의 기관으로서 공사의 업무를 집행하는 것이므로, 위 권한의 귀속주체인 사장 본인에 대한 관계에서도 업무방해죄의 객체인 타인의 업무에 해당한다(대판 2007.12.27, 2005도6404)
ⓔ (○) 대판 2010.5.27, 2008도2344

49 정답 ①

① (×) 위계에 의한 업무방해죄에서 '위계'란 행위자가 행위목적을 달성하기 위하여 상대방에게 오인, 착각 또는 부지를 일으키게 하여 이를 이용하는 것을 말하고, 업무방해죄의 성립에는 업무방해의 결과가 실제로 발생함을 요하지 않고 업무방해의 결과를 초래할 위험이 발생하면 족하며, 업무수행 자체가 아니라 업무의 적정성 내지 공정성이 방해된 경우에도 업무방해죄가 성립한다(대판 2013.11.28, 2013도5117)
② (○) 대판 2023.3.30, 2019도7446
③ (○) 대판 2010.11.25, 2010도9186
④ (○) 대판 2011.7.28, 2009도11104

50 정답 ④

㉠ (×) 의료인인 A의 명의로 의료인이 아닌 乙이 개설하여 운영하는 丙 병원에서, 피고인이 단독으로 또는 공모하여 11회에 걸쳐 큰 소리를 지르거나 환자 진료 예약이 있는 A를 붙잡고 있는 등의 방법으로 위력으로써 A의 진료 업무를 방해하였다는 내용으로 기소된 사안에서, 피고인의 행위와 당시의 주변 상황 등을 종합하면, 공소사실 전부 또는 그중 일부는 피고인이 A의 환자에 대한 진료행위를 방해한 것으로 볼 여지가 있으므로, 피고인이 丙 병원의 일반적인 운영 외에 A의 진료행위를 방해한 것인지에 대해 더 세밀하게 심리하여 업무방해죄 성립 여부를 판단하였어야 함에도, 원심이 丙 병원의 운영에 관한 업무는 업무방해죄의 보호대상이 되는 업무에 해당하지 않는다고 전제한 다음, A의 진료행위도 丙 병원의 운영에 관한 업무에 포함되어 별개의 보호가치 있는 업무로 볼 수 없다고 단정하여 공소사실을 무죄로 판단한 것에 업무방해죄의 업무에 관한 법리오해의 잘못이 있다고 한 사례(대판 2023.3.16, 2021도16482)
㉡ (○) 대판 2013.11.28, 2013도5117
㉢ (×) [1] 컴퓨터등 정보처리장치에 정보를 입력하는 등의 행위도 그 입력된 정보 등을 바탕으로 업무를 담당하는 사람의 오인, 착각 또는 부지를 일으킬 목적으로 행해진 경우에는 여기서 말하는 위계에 해당할 수 있으나, 위와 같은 행위로 말미암아 업무와 관련하여 오인, 착각 또는 부지를 일으킨 상대방이 없었던 경우에는 위계가 있었다고 볼 수 없다.
[2] 전화금융사기 조직의 현금 수거책인 피고인이 무매체 입금거래의 '1인 1일 100만원' 한도 제한을 회피하기 위하여 은행 자동화기기에 제3자의 주민등록번호를 입력하는 방법으로 이른바 '쪼개기 송금'을 한 행위는 업무방해죄에서 말하는 위계에 해당하지 않는다(대판 2022.2.11, 2021도12394)
㉣ (○) 대판 2021.3.11, 2016도14415

51 정답 ①

㉠ (×) 경찰청 민원실에서 말똥을 책상 및 민원실 바닥에 뿌리고 소리를 지르는 등 난동을 부린 행위가 '위력'으로 경찰관의 민원접수 업무를 방해한 것이라는 이유로 업무방해에 해당한다고 본 원심판결에 법리오해의 위법이 있다고 한 사례(대판 2010.2.25, 2008도9049)
㉡ (○) 대판 2013.1.31, 2012도3475
㉢ (×) 그 단전조치 당시 보호받을 업무가 존재하지 않았을 뿐만 아니라 화재예방 등 건물의 안전한 유지 관리를 위한 정당한 권한 행사의 범위 내의 행위에 해당하므로 피고인의 단전조치가 업무방해죄를 구성한다고 볼 수 없다고 한 원심판결을 수긍한 사례(대판 1995.6.30, 94도3136)
㉣ (○) 대판 2010.6.10, 2010도935

52 정답 ③

① (○) 대판 2013.3.14, 2010도410
② (○) 대판 2022.3.31, 2021도8900
③ (×) 부작위에 의한 업무방해죄가 성립하지 않는다(대판 2017.12.22, 2017도13211)
④ (○) 대판 2006.3.10, 2005도382

53 정답 ④

① (○) 대판 2006.6.9, 2005도8498
② (○) 대판 2001.6.29, 99도4525
③ (○) 대판 1983.1.18, 81도824
④ (×) 범죄행위가 법원경매업무를 담당하는 집행관의 구체적인 직무집행을 저지하거나 현실적으로 곤란하게 하는 데까지는 이르지 않고 입찰의 공정을 해하는 정도의 행위라면 형법 제315조의 경매·입찰방해죄에만 해당될 뿐, 형법 제137조의 위계에 의한 공무집행방해죄에는 해당되지 않는다(대판 2000.3.24, 2000도102). ※ 위계에 의한 공무집행방해죄의 미수에 해당하나 본죄는 미수범 처벌규정이 없으므로 불가벌이다.

54 정답 ②

㉠ (○) 대판 2013.3.28, 2010도14607
㉡ (×) 퀵서비스의 주된 계약내용이 신속하고 친절한 배달이라 하더라도, 그와 같은 사정만으로 위 행위가 피해자의 경제적 신용, 즉 지급능력이나 지급의사에 대한 사회적 신뢰를 저해하는 행위에 해당한다고 보기는 어렵다는 이유로, 피고인에 대한 신용훼손의 주위적 공소사실을 무죄로 인정한 원심판단을 수긍한 사례(대판 2011.5.13, 2009도5549)
㉢ (×) 공적·사적 경제주체의 임의선택에 따른 계약체결의 과정에 공정한 경쟁을 해하는 행위가 개재되었다 하여도 입찰방해죄로 처벌할 수는 없다(대판 2008.12.24, 2007도9287)
㉣ (○) 대판 2010.10.14, 2010도4940

제4장 사생활의 평온에 대한 죄

제1절 비밀침해의 죄

55 정답 ②

① (○) 대판 2022.3.31, 2021도8900
② (×) 업무상 비밀누설죄는 의사·한의사 등 일정한 직업에 종사하는 자 또는 종사하던 자가 업무처리 중 또는 직무상 지득한 타인의 비밀을 누설함으로써 성립하는 범죄로, 진정신분범에 해당한다.
③ (○) 대판 2008.11.27, 2008도9071
④ (○) 옳음

제2절 주거침입의 죄

56 정답 ①

① (×) 외부인이 공동거주자의 일부가 부재중에 주거 내에 현재하는 거주자의 현실적인 승낙을 받아 통상적인 출입방법에 따라 공동주거에 들어간 경우라면 그것이 부재중인 다른 거주자의 추정적 의사에 반하는 경우에도 주거침입죄가 성립하지 않는다고 보아야 한다(대판 2021.9.9, 2020도12630 전원합의체)
② (○) 대판 2008.4.10, 2008도1464
③ (○) 대판 2008.5.8, 2007도11322
④ (○) 대판 1995.9.15, 94도2561

57 정답 ③

㉠ (×) 피고인이 A의 부재중에 A의 처 B와 혼외 성관계를 가질 목적으로 B가 열어 준 현관 출입문을 통하여 A와 B가 공동으로 거주하는 아파트에 들어간 경우에 주거침입죄가 성립하지 않고, 피고인의 주거 출입이 부재중인 A의 의사에 반하는 것으로 추정되더라도 주거침입죄의 성립 여부에 영향을 미치지 않는다(대판 2021.9.9, 2020도12630 전원합의체)

ⓒ (○) 대판 2022.3.24. 2017도18272 전원합의체
ⓔ (×) 甲과 乙에게는 주거침입죄의 공동정범이 성립하지 않는다(대판 2021.9.9. 2020도6085 전원합의체).
ⓕ (○) 대판 2010.4.29. 2009도14643

58 정답 ③

① (○) 대판 1989.9.12. 89도889
② (○) 대판 2003.5.30. 2003도1256
③ (×) 주거침입죄는 사실상 주거의 평온을 보호법익으로 하는 것이므로, 그 거주자 또는 간호자가 건조물 등에 거주 또는 간수할 권리를 가지고 있는가의 여부는 범죄의 성립을 좌우하는 것이 아니다(대판 1985.3.26. 85도122).
④ (○) 대판 2022.8.25. 2022도3801

59 정답 ④

① (○) 대판 2005.10.7. 2005도5351
② (○) 권리자가 그 권리를 실현함에 있어 법에 정하여진 절차에 의하지 아니하고 그 건조물 등에 침입하는 경우, 주거침입죄가 성립한다(대판 1984.4.24. 83도1429).
③ (○) 대판 2017.7.11. 2017도4044
④ (×) 주거침입죄에서의 침입이 신체적 침해로서 행위자의 신체가 주거에 들어가야 함을 의미하는 것과 마찬가지로 퇴거불응죄의 퇴거 역시 행위자의 신체가 주거에서 나감을 의미한다. 정당한 퇴거요구를 받고 건물에서 나가면서 가재도구 등을 남겨둔 경우 퇴거불응죄를 구성하지 않는다(대판 2007.11.15. 2007도6990).

60 정답 ④

① (○) 대판 2022.1.27. 2021도15507
② (○) 대판 1994.10.11. 94도1991
③ (○) 대판 2023.6.29. 2023도3351
④ (×) 주거침입죄의 기수가 성립한다(대판 2001.4.24. 2001도1092).

61 정답 ④

① (×) 그러한 피고인 등의 행위는 종법에 따른 검수절차를 통한 주지직 취임의 한계를 일탈한 것이고, 전임 주지측의 사찰경내에 대한 사실상 점유의 평온을 침해한 것으로 주거침입죄가 성립한다(대판 1983.3.8. 82도1363).
② (×) 주거침입죄에 해당한다(대판 2001.4.24. 2001도1092).
③ (×) 주거인 공용 계단에 들어간 행위가 거주자의 의사에 반한 것이라면 주거에 침입한 것이라고 보아야 한다(대판 2009.8.20. 2009도3452).
④ (○) 옳음

62 정답 ①

ⓐ (×) 이 사건 폐가는 지붕과 문짝, 창문이 없고 담장과 일부 벽체가 붕괴된 철거 대상 건물로서 사실상 기거·취침에 사용할 수 없는 상태의 것이므로 형법 제166조의 건조물이 아닌 형법 제167조의 물건에 해당하고, 피고인이 이 사건 폐가의 내부와 외부에 쓰레기를 모아놓고 태워 그 불길이 이 사건 폐가 주변 수목 4~5그루를 태우고 폐가의 벽을 일부 그을리게 하는 정도만으로는 방화죄의 기수에 이르렀다고 보기 어려우며, 일반물건방화죄에 관하여는 미수범의 처벌 규정이 없으므로 무죄에 해당한다(대판 2013.12.12. 2013도3950).
ⓑ (×) 공무원이 직무상 수행하는 공무를 방해하는 행위에 대해서는 업무방해죄로 처벌할 수는 없다고 해석함이 상당하다(대판 2009.11.19. 2009도4166 전원합의체).
ⓒ (×) 공동거주자 중 한 사람이 법률적인 근거 기타 정당한 이유 없이 다른 공동거주자가 공동생활의 장소에 출입하는 것을 금지하고, 이에 대항하여 다른 공동거주자가 공동생활의 장소에 들어가는 과정에서 그의 출입을 금지한 공동거주자의 사실상 평온상태를 해쳤더라도 주거침입죄가 성립하지 않는 경우로서, 그 공동거주자의 승낙을 받아 공동생활의 장소에 함께 들어간 외부인의 출입 및 이용행위가 전체적으로 그의 출입을 승낙한 공동거주자의 통상적인 공동생활 장소의 출

입 및 이용행위의 일환이자 이에 수반되는 행위로 평가할 수 있는 경우라면, 이를 금지하는 공동거주자의 사실상 평온상태를 해쳤음에도 불구하고 그 외부인에 대하여도 역시 주거침입죄가 성립하지 않는다고 봄이 타당하다(대판 2021.9.9, 2020도6085 전원합의체).
ㄹ (○) 공무원인 의사가 공무소의 명의로 허위진단서를 작성한 경우에는 허위공문서작성죄만이 성립하고 허위진단서작성죄는 별도로 성립하지 않는다(대판 2004.4.9, 2003도7762).

63 정답 ②

ㄱ (○) 대판 2022.3.31, 2018도15213
ㄴ (○) 대판 2021.9.9, 2020도6085 전원합의체
ㄷ (×) 주택의 매수인이 계약금과 중도금을 지급하고서 그 주택을 명도받아 점유하고 있던 중 위 매매계약을 해제하고 중도금반환청구소송을 제기하여 얻은 그 승소판결에 기하여 강제집행에 착수한 이후에, 매도인이 매수인이 잠그어 놓은 위 주택의 출입문을 열고 들어간 경우라면 매도인으로서는 매수인이 그 주택에 대한 모든 권리를 포기한 것으로 알고 그 주택에 들어간 것이라고 할 수 있을 뿐만 아니라 또한 그 주택에 대하여 보호받아야 할 피해자의 주거에 대한 평온상태는 소멸되었다고 볼 수 있으므로 매도인의 위 소위는 주거침입죄를 구성하지 아니한다(대판 1987.5.12, 87도3).
ㄹ (○) 대판 2008.4.10, 2008도1464

제5장 재산에 대한 죄

제1절 재산죄의 기본개념

01 정답 ③

① (○) 대판 2021.11.11, 2021도9855
② (○) 대판 2012.8.30, 2012도6157
③ (×) 법률상 정당하게 그 이행을 청구할 수 있는 것이 아니어도 강도죄에서의 재산상의 이익에 해당할 수 있고, 그 재산상의 이익은 반드시 사법상 유효한 재산상의 이득만을 의미하는 것이 아니며, 외견상 재산상의 이득을 얻을 것이라고 인정할 수 있는 사실관계만 있으면 여기에 해당된다(대판 2020.10.15, 2020도7218).
④ (○) 대판 2012.2.23, 2011도15857

02 정답 ①

① (×) 피고인이 금방에서 마치 귀금속을 구입할 것처럼 가장하여 피해자로부터 순금목걸이 등을 건네받은 다음 화장실에 갔다 오겠다는 핑계를 대고 도주한 것이라면 순금목걸이 등은 도주하기 전까지는 아직 피해자의 점유하에 있었다고 할 것이므로 이를 절도죄로 의율 처단한 것은 정당하다(대판 1994.8.12, 94도1487).
② (○) 대판 1993.3.16, 92도3170
③ (○) 대판 1984.2.28, 84도38
④ (○) 대판 1987.12.8, 87도1831

03 정답 ②

① (○) [1] 당사자 사이에 자동차의 소유권을 등록명의자 아닌 자가 보유하기로 약정한 경우, 약정 당사자 사이의 내부관계에서는 등록명의자 아닌 자가 소유권을 보유하게 된다고 하더라도 제3자에 대한 관계에서는 어디까지나 등록명의자가 자동차의 소유자라고 할 것이다.
[2] 丙에 대한 관계에서 자동차의 소유자는 乙이고 피고인은 소유자가 아니므로 丙이 점유하고 있는 자동차를 임의로 가져간 이상 절도죄가 성립한다(대판 2012.4.26, 2010도11771).
② (×) [1] 어떠한 물건을 점유자의 의사에 반하여

취거하는 행위가 결과적으로 소유자의 이익으로 된다는 사정 또는 소유자의 추정적 승낙이 있다고 볼 만한 사정이 있다고 하더라도 다른 특별한 사정이 없는 한 그러한 사유만으로 불법영득의 의사가 없다고 할 수는 없다.
[2] 甲의 행위는 '절취'에 해당함은 분명하고 또한 甲이 승용차를 임의로 가져간 것이 소유자인 리스회사의 의사에 반하는 것이라고는 보기 어렵고 실제로 리스회사에 반납된 사정을 감안한다고 하더라도 甲에게 불법영득의 의사가 없다고 할 수도 없다(대판 2014.2.21, 2013도14139).
③ (○) 대판 2012.4.26, 2010도6334
④ (○) 대판 1995.10.12, 94도2076

04 정답 ④
① (×) 피고인이 휴대전화를 자신의 소유물과 같이 경제적 용법에 따라 이용하다가 본래의 장소와 다른 곳에 유기한 것이므로 불법영득의사가 있었다고 할 것이다(대판 2012.7.12, 2012도1132).
② (×) 직불카드를 사용하여 타인의 예금계좌에서 자기의 예금계좌로 돈을 이체시켰다 하더라도 직불카드 자체가 가지는 경제적 가치가 계좌이체된 금액만큼 소모되었다고 할 수는 없으므로 이를 일시 사용하고 곧 반환한 경우에는 직불카드에 대한 불법영득의 의사는 없다고 보아야 한다(대판 2006.3.9, 2005도7819).
③ (×) 법인의 회계장부에 올리지 않고 법인의 운영자나 관리자가 회계로부터 분리시켜 별도로 관리하는 이른바 비자금은, 법인을 위한 목적이 아니라 법인의 자금을 빼내어 착복할 목적으로 조성한 것임이 명백히 밝혀진 경우에는 조성행위 자체로써 불법영득의 의사가 실현된 것으로 볼 수 있다(대판 2017.5.30, 2016도9027).
④ (○) 대판 2014.2.27, 2013도12155

05 정답 ④
① (○) 대판 2002.7.12, 2002도745
② (○) 대판 1981.8.25, 80도509
③ (○) 대판 1999.11.26, 99도3963

④ (×) 절도죄가 성립하지 않는다(대판 2008.7.10, 2008도3252).

06 정답 ④
㉠ (○) 대판 2000.10.13, 2000도3655
㉡ (×) 사용절도란 타인의 재물을 일시적으로 사용한 후에 그 소유자에게 반환하는 것을 말하는 것으로서, 불법영득의사의 내용 중 소극적 요소가 영구적이지 않은 경우이다.
㉢ (○) 대판 1987.12.8, 87도1959.
㉣ (×) 피고인이 군무를 이탈할 때 총기를 휴대하고 있는지 조차 인식할 수 없는 정신 상태에 있었고 총기는 어떤 경우라도 몸을 떠나서는 안 된다는 교육을 지속적으로 받아왔다면 사격장에서 군무를 이탈하면서 총기를 휴대하였다는 것만 가지고는 피고인에게 총기에 대한 불법영득의 의사가 있었다고 할 수 없다 한 사례(대판 1992.9.8, 91도3149)
㉤ (○) 대판 2014.2.21, 2013도14139

07 정답 ①
① (×) 父가 혼인 외의 출생자를 인지하는 경우에 있어서는 민법 제860조에 의하여 그 자의 출생시에 소급하여 인지의 효력이 생기는 것이며 이와 같은 인지의 소급효는 친족상도례에 관한 규정의 적용에도 미친다고 보아야 할 것이므로, 인지가 범행 후에 이루어진 경우라고 하더라도 그 소급효에 따라 형성되는 친족관계를 기초로 하여 친족상도례의 규정이 적용된다(대판 1997.1.24, 96도1731).
② (○) 대판 1980.11.11, 80도131
③ (○) 대판 2011.4.28, 2011도2170
④ (○) 대판 1966.6.28, 66도104

08 정답 ④
① (×) 사실혼 관계에 있는 배우자는 민법상 친족이 아니므로 친족상도례는 적용되지 아니한다.
② (×) 형법상 사기죄의 성질은 특정경제범죄 가중처벌 등에 관한 법률 제3조 제1항에 의해 가중처

벌되는 경우에도 그대로 유지되고 같은 법률에 친족상도례의 적용을 배제한다는 명시적인 규정이 없으므로 친족상도례에 관한 형법 제354조는 같은 법률 제3조 제1항 위반죄에도 그대로 적용된다(대판 2010.2.11, 2009도12627).

③ (×) 처벌조건인 친족관계의 존부는 고의의 인식대상이 아니므로 이에 대한 인식 여부는 친족상도례의 적용과 무관하다.

④ (○) 대판 2011.4.28, 2011도2170

09 정답 ③

㉠ (○) 대판 2013.9.13, 2013도7754

㉡ (×) 사기죄를 범하는 자가 금원을 편취하기 위한 수단으로 피해자와 혼인신고를 한 것이어서 그 혼인이 무효인 경우라면, 그러한 피해자에 대한 사기죄에서는 친족상도례를 적용할 수 없다(대판 2015.12.10, 2014도11533).

㉢ (×) 부(父)가 혼인 외의 출생자를 인지하는 경우에 있어서는 그 자(子)의 출생시에 소급하여 인지의 효력이 생기는 것이며, 이와 같은 인지의 소급효는 친족상도례에 관한 규정의 적용에도 미친다(대판 1997.1.24, 96도1731).

㉣ (×) 법원을 기망하여 제3자로부터 재물을 편취한 경우에 피기망자인 법원은 피해자가 될 수 없고 재물을 편취당한 제3자가 피해자라고 할 것이므로 피해자인 제3자와 사기죄를 범한 자가 직계혈족의 관계에 있을 때에는 그 범인에 대하여는 형법 제354조에 의하여 준용되는 형법 제328조 제1항에 의하여 그 형을 면제하여야 한다(대판 2018.1.25, 2016도6757).

㉤ (×) 형법 제344조에 의하여 준용되는 형법 제328조 제1항에 정한 친족간의 범행에 관한 규정은 범인과 피해물건의 소유자 및 점유자 쌍방간에 같은 규정에 정한 친족관계가 있는 경우에만 적용되는 것이며, 단지 절도범인과 피해물건의 소유자간에만 친족관계가 있거나 절도범인과 피해물건의 점유자간에만 친족관계가 있는 경우에는 그 적용이 없다(대판 2014.9.25, 2014도8984).

제2절 절도의 죄

10 정답 ④

① (×) 피고인이 동거중인 피해자의 지갑에서 현금을 꺼내가는 것을 피해자가 현장에서 목격하고도 만류하지 아니하였다면 피해자가 이를 허용하는 묵시적 의사가 있었다고 봄이 상당하여 이는 절도죄를 구성하지 않는다(대판 1985.11.26, 85도1487) ※ 절도죄의 구성요건에 해당하지 않아 절도죄가 성립하지 않는다.

② (×) 피고인 甲이 甲과 A의 동업자금으로 구입하여 A가 관리하고 있던 다이야포크레인 1대를 그의 허락 없이 乙로 하여금 운전하여 가도록 한 행위는 절도죄를 구성한다(대판 1990.9.11, 90도1021).

③ (×) 피고인들이 물품대금 채권을 다른 채권자들보다 우선적으로 확보할 목적으로 피해자가 부도를 낸 다음날 새벽에 피해자의 가구점의 시정장치를 쇠톱으로 절단하고 그곳에 침입하여 시가 1,600만원 상당의 가구들을 화물차에 싣고 가 다른 장소에 옮겨 놓은 경우 피고인들에게 불법영득의사가 있었다고 볼 수밖에 없다(대판 2006.3.24, 2005도8081).

④ (○) 대판 2014.2.21, 2013도14139

11 정답 ②

㉠ (○) 자동차 명의신탁관계에서 제3자가 명의수탁자로부터 승용차를 가져가 매도할 것을 허락받고 인감증명 등을 교부받아 위 승용차를 명의신탁자 몰래 가져간 경우 위 제3자와 명의수탁자의 공모·가공에 의한 절도죄의 공모공동정범이 성립한다(대판 2007.1.11, 2006도4498).

㉡ (○) 대판 2009.12.24, 2009도9667

㉢ (×) 입목을 절취하기 위하여 이를 캐낸 때에는 이미 소유자의 입목에 대한 점유가 침해되어 범인의 사실적 지배하에 놓이게 됨으로써 범인이 그 점유를 취득하게 되는 것이므로 이때 절도죄는 기수에 이르렀다고 할 것이고, 이를 운반하거나 반출하는 등의 행위는 필요로 하지 않는다. 그 이후에 제3자가 절도범과 함께 입목을 승용차까

지 운반하였다고 하더라도 합동하여 절취행위를 하였다고 볼 수는 없다(대판 2008.10.23, 2008도6080)
② (○) 대판 2002.4.26, 2002도429

12 정답 ②

① (○) 대판 2002.9.6, 2002도3465
② (×) 형법 제332조에 규정된 상습절도죄를 범한 범인이 범행의 수단으로 주간에 주거침입을 한 경우 주간 주거침입행위는 상습절도죄와 별개로 주거침입죄를 구성한다. 또 형법 제332조에 규정된 상습절도죄를 범한 범인이 그 범행 외에 상습적인 절도의 목적으로 주간에 주거침입을 하였다가 절도에 이르지 아니하고 주거침입에 그친 경우에도 주간 주거침입행위는 상습절도죄와 별개로 주거침입죄를 구성한다(대판 2015.10.15, 2015도8169).
③ (○) 대판 1985.3.26, 84도1613
④ (○) 대판 1984.12.26, 84도2433

13 정답 ③

㉠ (×) 타인의 토지상에 권원 없이 식재한 수목의 소유권은 토지소유자에게 귀속하고 권원에 의하여 식재한 경우에는 그 소유권이 식재한 자에게 있으므로, 권원 없이 식재한 감나무에서 감을 수확한 것은 절도죄에 해당한다(대판 1998.4.24, 97도3425). ※ 권원 없이 식재한 자가 감을 수확하면 절도죄가 성립하지만, 토지 소유자가 감을 수확하면 절도죄가 성립하지 아니한다.
㉡ (○) 대판 1998.11.24, 98도2967
㉢ (○) 대판 2012.4.26, 2010도11771
㉣ (○) 대판 2009.12.24, 2009도9667

14 정답 ②

㉠ (×) 입목을 절취하기 위하여 캐낸 때에 소유자의 입목에 대한 점유가 침해되어 범인의 사실적 지배하에 놓이게 되므로 범인이 그 점유를 취득하고 절도죄는 기수에 이른다. 이를 운반하거나 반출하는 등의 행위는 필요하지 않다(대판 2008.10.23, 2008도6080)
㉡ (○) 대판 2010.4.29, 2009도14554
㉢ (○) 대판 2011.4.14, 2011도300
㉣ (○) 대판 2015.10.29, 2015도7559

15 정답 ②

㉠ (○) 대판 2009.9.24, 2009도5595
㉡ (○) 대판 2008.6.12, 2008도2440
㉢ (○) 대판 2003.10.24, 2003도4417
㉣ (×) 피고인이 가방을 들고 나온 시점에 丙 및 丁이 아파트에 있던 가방을 사실상 지배하여 점유하고 있었다고 볼 수 없어 피고인의 행위가 丙 등의 가방에 대한 점유를 침해하여 절도죄를 구성한다고 할 수 없다(대판 2012.4.26, 2010도6334)

16 정답 ④

㉮ (○), ㉯ (○) 단일범의로서 절취한 시간과 장소가 접착되어 있고 같은 관리인의 관리하에 있는 방 안에서 소유자를 달리하는 두 사람의 물건을 절취한 경우에는 1개의 절도죄가 성립한다(대판 1970.7.21, 70도1133).
㉰ (○) 대판 1971.2.23, 70도2612
㉱ (×) 상습으로 단순절도를 범한 범인이 상습적인 절도범행의 수단으로 주간(낮)에 주거침입을 한 경우에 주간 주거침입행위의 위법성에 대한 평가가 형법 제332조, 제329조의 구성요건적 평가에 포함되어 있다고 볼 수 없다. 그러므로 형법 제332조에 규정된 상습절도죄를 범한 범인이 범행의 수단으로 주간에 주거침입을 한 경우 주간 주거침입행위는 상습절도죄와 별개로 주거침입죄를 구성한다. 또 형법 제332조에 규정된 상습절도죄를 범한 범인이 그 범행 외에 상습적인 절도의 목적으로 주간에 주거침입을 하였다가 절도에 이르지 아니하고 주거침입에 그친 경우에도 주간 주거침입행위는 상습절도죄와 별개로 주거침입죄를 구성한다(대판 2015.10.15, 2015도8169).

제3절 강도의 죄

17 정답 ②
① (○) 대판 2008.4.24, 2007도10058
② (×) 강도가 재물강취의 뜻을 재물의 부재로 이루지 못한 채 미수에 그쳤으나 그 자리에서 항거불능의 상태에 빠진 피해자를 간음할 것을 결의하고 실행에 착수했으나 역시 미수에 그쳤더라도 반항을 억압하기 위한 폭행으로 피해자에게 상해를 입힌 경우에는 강도강간미수죄와 강도치상죄가 성립되고 이는 상상적 경합관계가 성립된다 (대판 1988.6.28, 88도820)
③ (○) 대판 1993.8.24, 93도1674
④ (○) 대판 2021.2.4, 2020도12103

18 정답 ②
㉠ (○) 대판 2010.12.9, 2010도9630
㉡ (×) 형법 제333조 후단의 강도죄에서 말하는 '재산상의 이익'이란 재물 이외의 재산상의 이익을 말하는 것으로서 적극적 이익(재산의 증가)과 소극적 이익(부채의 감소)을 모두 포함한다. 강도죄를 처벌하는 취지는 권리의무관계가 외형상으로라도 불법적으로 변동되는 것을 막고자 함에 있고, 강도죄는 항거불능이나 반항을 억압할 정도의 폭행·협박을 그 요건으로 한다. 따라서 법률상 정당하게 그 이행을 청구할 수 있는 것이 아니어도 강도죄에서의 재산상의 이익에 해당할 수 있고, 그 재산상의 이익은 반드시 사법상 유효한 재산상의 이득만을 의미하는 것이 아니며, 외견상 재산상의 이득을 얻을 것이라고 인정할 수 있는 사실관계만 있으면 여기에 해당된다(대판 2020.10.15, 2020도7218)
㉢ (○) 대판 1985.5.28, 85도682
㉣ (×) 준강도죄의 기수 여부는 절도행위의 기수 여부를 기준으로 하여 판단하여야 한다(대판 2004.11.18, 2004도5074 전원합의체)

19 정답 ②
㉠ (×) 합동하여 절도를 한 경우 범인 중 1인이 체포를 면탈할 목적으로 폭행을 하여 상해를 가한 때에는 나머지 범인도 이를 예기하지 못한 것으로 볼 수 없으면 강도상해죄의 죄책을 면할 수 없다 (대판 1982.7.13, 82도1352) ※ 강도치상죄가 아니라 강도상해죄이다.
㉡ (○) 대판 2014.05.16, 2014도2521
㉢ (×) 피고인들의 행위는 강도살인죄와 현주건조물방화치사죄에 모두 해당하고 그 두 죄는 상상적 경합범 관계에 있다(대판 1998.12.8, 98도3416).
㉣ (×) 채무의 존재가 명백할 뿐만 아니라 채권자의 상속인이 존재하고 그 상속인에게 채권의 존재를 확인할 방법이 확보되어 있는 경우에는 비록 그 채무를 면할 의사로 채권자를 살해하더라도 일시적으로 채권자측의 추급을 면한 것에 불과하여 재산상 이익의 지배가 채권자측으로부터 범인 앞으로 이전되었다고 보기는 어려우므로, 이러한 경우에는 강도살인죄가 성립할 수 없다(대판 2004.6.24, 2004도1098).

20 정답 ④
① (○) 대판 2010.12.9, 2010도9630
② (○) 폭행에 의한 강도죄의 성립을 인정한 원심을 파기한 사례(대판 2009.1.30, 2008도10308)
③ (○) 대판 1973.11.13, 73도1553 전원합의체)
④ (×) 날치기 수법의 점유탈취 과정에서 이를 알아채고 재물을 뺏기지 않으려는 상대방의 반항에 부딪혔음에도 계속하여 피해자를 끌고 가면서 억지로 재물을 빼앗은 행위는 피해자의 반항을 억압한 후 재물을 강취한 것으로서 강도에 해당한다(대판 2007.12.13, 2007도7601)

21 정답 ①
① (×) 강도상해죄는 강도범인이 그 강도의 기회에 상해행위를 함으로써 성립하는 것이므로 강도범행의 실행 중이거나 그 실행 직후 또는 실행의 범의를 포기한 직후로서 사회통념상 범죄행위가 완

료되지 아니하였다고 볼 수 있는 단계에서 상해가 행하여짐을 요건으로 한다. 그러나 반드시 강도범행의 수단으로 한 폭행에 의하여 상해를 입힐 것을 요하는 것은 아니고 상해행위가 강도가 기수에 이르기 전에 행하여져야만 하는 것은 아니므로, 강도범행 이후에도 피해자를 계속 끌고 다니거나 차량에 태우고 함께 이동하는 등으로 강도범행으로 인한 피해자의 심리적 저항불능 상태가 해소되지 않은 상태에서 강도범인의 상해행위가 있었다면 강취행위와 상해행위 사이에 다소의 시간적·공간적 간격이 있었다는 것만으로는 강도상해죄의 성립에 영향이 없다(대판 2014.9.26, 2014도9567).
② (○) 대판 2001.8.21, 2001도3447
③ (○) 준강도죄는 목적범으로 '재물의 탈환에 항거하거나 체포를 면탈하거나 범죄의 흔적을 인멸할 목적'이 있어야 한다(제335조 참고).
④ (○) 대판 2010.12.9, 2010도9630

제4절 사기의 죄

22 정답 ②

㉠ (×) 丙은 지갑을 습득하여 진정한 소유자에게 돌려주어야 하는 지위에 있으므로 乙을 위하여 이를 처분할 수 있는 권능을 갖거나 그 지위에 있었으며, 이러한 처분 권능과 지위에 기초하여 지갑의 소유자라고 주장하는 피고인에게 지갑을 교부하였고 이를 통해 피고인이 지갑을 취득하여 자유로운 처분이 가능한 상태가 되었으므로, 丙의 행위는 사기죄에서 말하는 처분행위에 해당하고 피고인의 행위를 절취행위로 평가할 수 없다는 이유로, 피고인에 대한 주위적 공소사실인 절도 부분을 이유에서 무죄로 판단하면서 예비적 공소사실인 사기 부분을 유죄로 인정한 원심의 판단이 정당하다고 한 사례(대판 2022.12.29, 2022도12494)
㉡ (○) 대판 2021.11.11, 2021도9855
㉢ (○) 대판 2000.3.10, 98도2579

㉣ (×) 주거침입이 주간에 이루어진 경우에는 야간주거침입절도죄가 성립하지 않는다(대판 2011.4.14, 2011도300)

23 정답 ③

㉠ (○) 대판 1997.7.11, 95도1874
㉡ (×) 자기의 비용과 노력으로 건물을 신축하여 그 소유권을 원시취득한 미등기건물의 소유자가 있고 그에 대한 채권담보 등을 위하여 건축허가명의만을 가진 자가 따로 있는 상황에서, 건축허가 명의자에 대한 채권자가 위 명의자와 공모하여 명의자를 상대로 위 건물에 관한 강제경매를 신청하여 법원의 경매개시결정이 내려지고, 그에 따라 위 명의자 앞으로 촉탁에 의한 소유권보존등기가 되고 나아가 그 경매절차에서 건물이 매각되었다고 하더라도, 위와 같은 경매신청행위 등이 진정한 소유자에 대한 관계에서 사기죄가 된다고 볼 수는 없다(대판 2013.11.28, 2013도459)
㉢ (×) 허위 채권에 기한 공정증서를 집행권원으로 하여 채무자의 소유권이전등기청구권에 대하여 압류신청을 한 시점에 소송사기의 실행에 착수하였다고 볼 것이다(대판 2015.2.12, 2014도10086)
㉣ (○) 대판 2007.9.6, 2006도3591

24 정답 ④

① (×) 비록 자신들이 서명 또는 날인하는 문서의 정확한 내용과 문서의 작성행위가 어떤 결과를 초래하는지를 미처 인식하지 못하였더라도 토지거래허가 등에 관한 서류로 알고 그와 다른 근저당권설정계약에 관한 내용이 기재되어 있는 문서에 스스로 서명 또는 날인함으로써 그 문서에 서명 또는 날인하는 행위에 관한 인식이 있었던 이상 처분의사도 인정되므로 사기죄가 성립한다(대판 2017.2.16, 2016도13362 전원합의체)
② (×) 타인의 명의를 모용하여 발급받은 신용카드를 이용하여 현금자동지급기에서 현금을 인출한 행위와 ARS 전화서비스 등으로 신용대출을 받은 행위를 포괄적으로 카드회사에 대한 사기죄가 된다고 판단한 원심판결을 파기한 사례(대판

2006.7.27, 2006도3126) ※ 절도죄와 컴퓨터사용사기죄의 실체적 경합에 해당한다.
③ (×) 그 인출된 현금에 대한 점유를 취득함으로써 이 때에 인출한 현금 총액 중 인출을 위임받은 금액을 넘는 부분의 비율에 상당하는 재산상 이익을 취득한 것으로 볼 수 있으므로 그 차액 상당액에 관하여 컴퓨터등사용사기죄가 성립한다(대판 2006.3.24, 2005도3516) ※ 나머지 3만원에 대하여 컴퓨터등사용사기죄가 성립한다.
④ (○) 대판 2017.4.26, 2017도1405

25 정답 ②

㉠ (○) 대판 2014.3.13, 2013도16099
㉡ (×) 정유회사에 대하여 사기죄를 구성하는 것은 별론으로 하고 국가 또는 지방자치단체를 기망하여 국세 및 지방세의 환급세액 상당을 편취한 것으로 볼 수 없다(대판 2008.11.27, 2008도7303)
㉢ (○) 대판 1996.8.23, 96도1265
㉣ (×) 의료인으로서 자격과 면허를 보유한 사람이 의료법에 따라 의료기관을 개설하여 건강보험의 가입자 또는 피부양자에게 국민건강보험법에서 정한 요양급여를 실시하여 국민건강보험공단으로부터 요양급여비용을 지급받았다면, 설령 그 의료기관이 다른 의료인의 명의로 개설·운영되어 의료법 제4조 제2항을 위반하였다 하더라도 그 자체만으로는 요양급여비용을 청구할 수 있는 요양기관에서 제외되지 아니하므로, 달리 요양급여비용을 적법하게 지급받을 수 있는 자격 내지 요건이 흠결되지 않는 한 국민건강보험공단을 피해자로 하는 사기죄를 구성한다고 할 수 없다(대판 2019.5.30, 2019도1839)

26 정답 ①

㉠ (○) 대판 2017.9.26, 2017도8449
㉡ (×) 피고인이 사실은 국민주택 건설자금으로 사용할 의사가 없으면서도 국민주택 건설자금으로 사용할 것처럼 용도를 속여 대출받은 경우에는 대출받은 자에게 반환의 의사와 능력이 있었는지 여부를 불문하고 사기죄가 성립하는 것이며 또 기금 대출사무를 위탁받은 은행의 일선 담당 직원이 대출금이 지정된 용도에 사용되지 않을 것이라는 점을 알고 있었다거나 충분한 담보가 제공되었다고 하더라도 사기죄의 성립에는 아무런 지장이 없다(대판 2002.7. 26, 2002도2620)
㉢ (×) 피고인이 乙 등에게 자동차를 인도하고 소유권이전등록에 필요한 일체의 서류를 교부함으로써 乙 등이 언제든지 자동차의 소유권이전등록을 마칠 수 있게 된 이상, 피고인이 자동차를 양도한 후 다시 절취할 의사를 가지고 있었더라도 자동차의 소유권을 이전하여 줄 의사가 없었다고 볼 수 없고, 피고인이 자동차를 매도할 당시 곧바로 다시 절취할 의사를 가지고 있으면서도 이를 숨긴 것을 기망이라고 할 수 없어, 결국 피고인이 자동차를 매도할 당시 기망행위가 없었으므로, 피고인에게 사기죄를 인정한 원심판결에 법리오해의 잘못이 있다고 한 사례(대판 2016.3.24, 2015도17452)
㉣ (○) 대판 2012.6.28, 2012도4773 ※ 세금이나 채무는 실질사업자가 부담하는 것이지, 형식적 명의자가 부담하는 것은 아니므로 재산상 이익의 취득이 없어 사기죄가 성립하지 않는다.
㉤ (×) 간접정범을 통한 범행에서 피이용자는 간접정범의 의사를 실현하는 수단으로서의 지위를 가질 뿐이므로, 피해자에 대한 사기범행을 실현하는 수단으로서 타인을 기망하여 그를 피해자로부터 편취한 재물이나 재산상 이익을 전달하는 도구로서만 이용한 경우에는 편취의 대상인 재물 또는 재산상 이익에 관하여 피해자에 대한 사기죄가 성립할 뿐 도구로 이용된 타인에 대한 사기죄가 별도로 성립한다고 할 수 없다(대판 2017.5.31, 2017도3894)

27 정답 ④

① (×) 피고인이 담당 공무원을 기망하여 납부의무가 있는 농지보전부담금을 면제받은 경우에 사기죄가 성립하지 않는다(대판 2019.12.24, 2019도2003)
② (×) 부동산의 명의수탁자가 부동산을 제3자에게 매도하고 매매를 원인으로 한 소유권이전등기까

지 마쳐 준 경우 명의신탁의 법리상 대외적으로 수탁자에게 그 부동산의 처분권한이 있는 것임이 분명하고, 제3자로서도 자기 명의의 소유권이전등기가 마쳐진 이상 무슨 실질적인 재산상의 손해가 있을 리 없으므로 그 명의신탁 사실과 관련하여 신의칙상 고지의무가 있다거나 기망행위가 있었다고 볼 수도 없어서 그 제3자에 대한 사기죄가 성립될 여지가 없고, 나아가 그 처분시 매도인(명의수탁자)의 소유라는 말을 하였다고 하더라도 역시 사기죄가 성립되지 않으며, 이는 자동차의 명의수탁자가 처분한 경우에도 마찬가지이다(대판 2007.1.11, 2006도4498)

③ (×) 피고인이 수개의 선거비용 항목을 허위기재한 하나의 선거비용 보전청구서를 제출하여 대한민국으로부터 선거비용을 과다 보전받아 이를 편취하였다면 이는 일죄로 평가되어야 하고, 각 선거비용 항목에 따라 별개의 사기죄가 성립하는 것은 아니다(대판 2017.5.30, 2016도21713)

④ (○) 대판 2019.4.3, 2018도19772

28 정답 ②

① (○) 대판 2019.12.24, 2019도2003

② (×) 피고인이 자기의 채권자에 대한 채무이행으로 채권을 양도하였다 하더라도 위 채권이 존재하지 않는다면 이를 양도하였다 하여 권리이전의 효력을 발생할 수 없는 것이고 따라서 채권자에 대한 기존의 채무도 소멸하는 것이 아니므로 채무면탈의 효과도 발생할 수 없어 채권의 양도로써 재산상의 이득을 취하였다고는 볼 수 없으므로 사기죄는 성립하지 않는다(대판 1985.3.12, 85도74)

③ (○) 대판 2007.4.12, 2007도967

④ (○) 대판 2007.7.12, 2005도9221

29 정답 ④

① (○) 대판 2012.11.15, 2012도9603

② (○) 대판 2002.6.28, 2001도1610

③ (○) 대판 2006.11.10, 2006도5811

④ (×) 소송사기에 있어 피기망자인 법원의 재판은 피해자의 처분행위에 갈음하는 내용과 효력이 있는 것이어야 하므로 피고인이 타인과 공모하여 그 공모자를 상대로 제소하여 의제자백의 판결을 받아 이에 기하여 부동산의 소유권이전등기를 하였다고 하더라도 이는 소송 상대방의 의사에 부합하는 것으로서 착오에 의한 재산적 처분행위가 있다고 할 수 없어 동인으로부터 부동산을 편취한 것이라고 볼 수 없고 또 그 부동산의 진정한 소유자가 따로 있다고 하더라도 피고인이 의제자백 판결에 기하여 진정한 소유자로부터 소유권을 이전받은 것이 아니므로 그 소유자로부터 부동산을 편취한 것이라고 볼 여지도 없다(대판 1997.12.23, 97도2430) 사기죄는 성립하지 않지만, 공정증서원본부실기재죄는 성립한다.

30 정답 ①

㉠ (○) 대판 2013.11.14, 2013도7494

㉡ (×) 사기죄가 성립한다(대판 2013.4.26, 2011도10797)

㉢ (×) 사기죄는 타인을 기망하여 착오를 일으키게 하고 그로 인한 처분행위를 유발하여 재물·재산상의 이득을 얻음으로써 성립하고, 여기서 처분행위라 함은 재산적 처분행위로서 피해자가 자유의사로 직접 재산상 손해를 초래하는 작위에 나아가거나 또는 부작위에 이른 것을 말하므로, 피해자가 착오에 빠진 결과 채권의 존재를 알지 못하여 채권을 행사하지 아니하였다면 그와 같은 부작위도 재산의 처분행위에 해당한다(대판 2007.7.12, 2005도9221)

㉣ (×) 비의료인이 개설한 의료기관이 마치 의료법에 의하여 적법하게 개설된 요양기관인 것처럼 국민건강보험공단에 요양급여비용의 지급을 청구하는 것은 국민건강보험공단으로 하여금 요양급여비용 지급에 관한 의사결정에 착오를 일으키게 하는 것으로서 사기죄의 기망행위에 해당하고, 이러한 기망행위에 의하여 국민건강보험공단에서 요양급여비용을 지급받을 경우에는 사기죄가 성립한다. 이 경우 의료기관의 개설인인 비의료인이 개설 명의를 빌려준 의료인으로 하여금 환자들에게 요양급여를 제공하게 하였다 하여도 마찬가지이다(대판 2015.7.9, 2014도11843)

31 정답 ②

① (○) 대판 2004.4.16, 2004도353
② (×) [1] 강취한 현금카드를 사용하여 현금자동지급기에서 예금을 인출한 행위는 피해자의 승낙에 기한 것이라고 할 수 없으므로 현금자동지급기 관리자의 의사에 반하여 그의 지배를 배제하고 그 현금을 자기의 지배하에 옮겨 놓는 것이 되어서 강도죄와는 별도로 절도죄를 구성한다(대판 2007.5.10, 2007도1375).
[2] 피고인이 피해자로부터 현금카드를 사용한 예금인출의 승낙을 받고 현금카드를 교부받은 행위와 이를 사용하여 현금자동지급기에서 예금을 여러 번 인출한 행위들은 포괄하여 하나의 공갈죄를 구성한다고 볼 것이지, 현금지급기에서 피해자의 예금을 취득한 행위를 현금지급기 관리자의 의사에 반하여 그가 점유하고 있는 현금을 절취한 것이라 하여 이를 현금카드 갈취행위와 분리하여 따로 절도죄로 처벌할 수는 없다(대판 1996.9.20, 95도1728).
③ (○) 대판 1996.4.9, 95도2466
④ (○) 절취한 타인의 신용카드를 부정사용하여 현금자동인출기에서 현금을 인출하고 그 현금을 취득까지 한 행위는 신용카드업법 제25조 제1항의 부정사용죄에 해당할 뿐 아니라 그 현금을 취득함으로써 현금자동인출기 관리자의 의사에 반하여 그의 지배를 배제하고 그 현금을 자기의 지배하에 옮겨 놓는 것이 되므로 별도로 절도죄를 구성하고, 위 양 죄의 관계는 그 보호법익이나 행위태양이 전혀 달라 실체적 경합관계에 있는 것으로 보아야 한다(대판 1995.7.28, 95도997).

32 정답 ③

① (○) 대판 1998.4.14, 98도231
② (○) 대판 1991.12.24, 91도2698
③ (×) 특정경제범죄 가중처벌 등에 관한 법률 제3조에서 말하는 이득액은 단순일죄의 이득액이나 혹은 포괄일죄가 성립하는 경우의 이득액의 합산액을 의미하는 것이고, 경합범으로 처벌될 수죄의 각 이득액을 합한 금액을 의미하는 것은 아니며, 다수의 피해자에 대하여 각별로 기망행위를 하여 각각 재산상 이익을 편취한 경우에는 범의가 단일하고 범행방법이 동일하더라도 각 피해자의 피해법익은 독립한 것이므로 이를 포괄일죄로 파악할 수 없고 피해자별로 독립한 사기죄가 성립된다(대판 2015.4.23, 2014도16980) ※ 피해자별로 이득액을 합산하여 이득액이 5억원 이상이라도(예를 들어 피고인 甲이 A로부터 4억원을 편취한 후 며칠 뒤 다시 B로부터 3억원을 편취하여 실체적 경합범으로 처벌되는 경우) 특경법 제3조 제1항을 적용하여 처벌할 수 없다.
④ (○) 대판 2022.12.29, 2022도12494

33 정답 ③

① (○) 대판 1996.9.20, 95도1728
② (○) 대판 2013.11.14, 2011도4440
③ (×) 피고인이 절취한 신용카드로 대금을 결제하기 위하여 신용카드를 제시하고 카드회사의 승인까지 받았으나 나아가 매출전표에 서명을 한 사실을 인정할 증거는 없고, 카드가 없어진 사실을 알게 된 피해자에 의해 거래가 취소되어 최종적으로 매출취소로 거래가 종결된 경우, 피고인의 행위는 신용카드 부정사용의 미수행위에 불과하다 할 것인데 여신전문금융업법에서 위와 같은 미수행위를 처벌하는 규정을 두고 있지 아니한 이상 피고인을 위 법률위반죄로 처벌할 수 없으므로 무죄이다(대판 2008.2.14, 2007도8767).
④ (○) 대판 2006.7.27, 2006도3126

34 정답 ②

㉠ (○) 대판 2006.4.7, 2005도9858 전원합의체
㉡ (×) 유치권에 의한 경매를 신청한 유치권자는 일반채권자와 마찬가지로 피담보채권액에 기초하여 배당을 받게 되는 결과 피담보채권인 공사대금 채권을 실제와 달리 허위로 크게 부풀려 유치권에 의한 경매를 신청할 경우 정당한 채권액에 의하여 경매를 신청한 경우보다 더 많은 배당금을 받을 수도 있으므로, 이는 법원을 기망하여 배당이라는 법원의 처분행위에 의하여 재산상 이익을 취득하려는 행위로서, 불능범에 해당한다고 볼 수 없고, 소송사기죄의 실행의 착수에 해당한

다(대판 2012.11.15, 2012도9603)
ⓒ (×) 위 소송의 결과 원고로 된 뛰이 승소한다고 가정하더라도 위 피고들의 등기가 말소될 뿐이고 이것만으로 피고인이 위 임야에 관한 어떠한 권리를 취득하거나 의무를 면하는 것은 아니므로 법원을 기망하여 재물이나 재산상 이익을 편취한 것이라고 보기 어려우니 위 소제기 행위를 가리켜 사기의 실행에 착수한 것이라고 할 수 없다(대판 1981.12.8, 81도1451)
ⓔ (×) 가압류는 강제집행의 보전방법에 불과하고 그 기초가 되는 허위의 채권에 의하여 실제로 청구의 의사표시를 한 것이라고 할 수 없으므로 소의 제기 없이 가압류신청을 한 것만으로는 사기죄의 실행에 착수한 것이라고 할 수 없다(대판 1982.10.26, 82도1529)

35 정답 ②

㉠ (○) 대판 2017.9.26, 2017도8449
㉡ (×) 민법 제746조의 불법원인급여에 해당하여 급여자가 수익자에 대한 반환청구권을 행사할 수 없다고 하더라도 수익자가 기망을 통하여 급여자로 하여금 불법원인급여에 해당하는 재물을 제공하도록 하였다면 사기죄가 성립한다고 할 것인바, 피고인이 피해자로부터 도박자금으로 사용하기 위하여 금원을 차용하였더라도 사기죄의 성립에는 영향이 없다(대판 2006.11.23, 2006도6795)
ⓒ (○) 대판 1999.2.12, 98도3549
ⓔ (×) 사기죄에서 피해자에게 그 대가가 지급된 경우, 피해자를 기망하여 그가 보유하고 있는 그 대가를 다시 편취하거나 피해자로부터 그 대가를 위탁받아 보관 중 횡령하였다면, 이는 새로운 법익의 침해가 발생한 경우이므로 기존에 성립한 사기죄와는 별도의 새로운 사기죄나 횡령죄가 성립한다(대판 2009.10.29, 2009도7052)

제5절 공갈의 죄

36 정답 ③

㉠ (○) 대판 2013.4.11, 2010도13774
㉡ (×) 공갈죄에 있어서 공갈의 상대방은 재산상의 피해자와 동일함을 요하지는 아니하나 공갈의 목적이 된 재물 기타 재산상의 이익을 처분할 수 있는 사실상 또는 법률상의 권한을 갖거나 그러한 지위에 있음을 요한다(대판 2005.9.29, 2005도4738)
ⓒ (○) 대판 2013.4.11, 2010도13774
ⓔ (○) 대판 2013.4.11, 2010도13774

37 정답 ③

① (○) 대판 1994.12.22, 94도2528
② (○) 대판 2005.9.29, 2005도4738
③ (×) 부녀를 공갈하여 정교를 맺었다고 하여도 특단의 사정이 없는 한 이로써 재산상 이익을 갈취한 것이라고 볼 수는 없는 것이며, 부녀가 주점접대부라 할지라도 피고인과 매음을 전제로 정교를 맺은 것이 아닌 이상 피고인이 매음대가의 지급을 면하였다고 볼 여지가 없으니 공갈죄가 성립하지 아니한다(대판 1983.2.8, 82도2714)
④ (○) 대판 2012.8.30, 2012도6157

38 정답 ①

㉠ (○) 대판 1990.10.16, 90도1815
㉡ (○) 피고인이 피해자에 대하여 채권이 있다고 하더라도 그 권리행사를 빙자하여 사회통념상 용인되기 어려운 정도를 넘는 협박을 수단으로 상대방을 외포케 하여 재물의 교부 또는 재산상의 이익을 받았다면 공갈죄가 되는 것이다(대판 2000.2.25, 99도4305)
ⓒ (○) 대판 2012.8.30, 2012도6157
ⓔ (×) 공갈죄의 수단으로써의 협박은 객관적으로 사람의 의사결정의 자유를 제한하거나 의사실행의 자유를 방해할 정도로 겁을 먹게 할 만한 해악을 고지하는 것을 말하고 그 해악에는 인위적인 것뿐만 아니라 천재지변 또는 신력(神力)이나 길

흉화복에 관한 것도 포함될 수 있다(대판 2002. 2.8, 2000도3245)
ⓒ (○) 대판 1991.9.24, 91도1824

제6절 횡령의 죄

39 정답 ②

① (○) 대판 2021.2.18, 2016도18761
② (×) 전기통신금융사기(이른바 보이스피싱 범죄)의 범인이 피해자를 기망하여 피해자의 돈을 사기이용계좌로 송금·이체받았다면 이로써 편취행위는 기수에 이른다. 따라서 범인이 피해자의 돈을 보유하게 되었더라도 이로 인하여 피해자와 사이에 어떠한 위탁 또는 신임관계가 존재한다고 할 수 없는 이상 피해자의 돈을 보관하는 지위에 있다고 볼 수 없으며, 나아가 그 후에 범인이 사기이용계좌에서 현금을 인출하였더라도 이는 이미 성립한 사기범행의 실행행위에 지나지 아니하여 새로운 법익을 침해한다고 보기도 어려우므로, 위와 같은 인출행위는 사기의 피해자에 대하여 따로 횡령죄를 구성하지 아니한다. 그리고 이러한 법리는 사기범행에 이용되리라는 사정을 알고서도 자신 명의 계좌의 접근매체를 양도함으로써 사기범행을 방조한 종범이 사기이용계좌로 송금된 피해자의 돈을 임의로 인출한 경우에도 마찬가지로 적용된다(대판 2017.5.31, 2017도3045)
③ (○) 대판 2021.2.18, 2016도18761 전원합의체
④ (○) 대판 2022.6.23, 2017도3829 전원합의체

40 정답 ①

① (×) 계좌명의인의 인출행위는 전기통신금융사기의 범인에 대한 관계에서는 횡령죄가 되지 않는다(대판 2018.7.19, 2017도17494 전원합의체)
② (○) 대판 2011.3.24, 2010도17396
③ (○) 대판 2022.6.23, 2017도3829 전원합의체
④ (○) 대판 2000.2.11, 99도4979

41 정답 ③

㉠ (○) 계좌명의인은 피해자와 사이에 아무런 법률관계 없이 송금·이체된 사기피해금 상당의 돈을 피해자에게 반환하여야 하므로, 피해자를 위하여 사기피해금을 보관하는 지위에 있다고 보아야 하고, 만약 계좌명의인이 그 돈을 영득할 의사로 인출하면 피해자에 대한 횡령죄가 성립한다. 이때 계좌명의인이 사기의 공범이라면 자신이 가담한 범행의 결과 피해금을 보관하게 된 것일 뿐이어서 피해자와 사이에 위탁관계가 없고, 그가 송금·이체된 돈을 인출하더라도 이는 자신이 저지른 사기범행의 실행행위에 지나지 아니하여 새로운 법익을 침해한다고 볼 수 없으므로 사기죄 외에 별도로 횡령죄를 구성하지 않는다(대판 2018.7.19, 2017도17494 전원합의체)
㉡ (×) 타인으로부터 용도가 엄격히 제한된 자금을 위탁받아 집행하면서 그 제한된 용도 이외의 목적으로 자금을 사용하는 것은, 그 사용이 개인적인 목적에서 비롯된 경우는 물론 결과적으로 자금을 위탁한 본인을 위하는 면이 있더라도 그 사용행위 자체로서 불법영득의 의사를 실현한 것이 되어 횡령죄가 성립한다(대판 2018.10.4, 2016도16388)
㉢ (×) [1] 채무자가 저당권설정계약에 따라 채권자에게 저당권을 설정할 의무를 이행하는 것은 채무자 자신의 사무에 해당할 뿐이고 채무자를 채권자에 대한 관계에서 '타인의 사무를 처리하는 자'라고 할 수 없으므로 채무자가 제3자에게 먼저 담보물에 관한 저당권을 설정하거나 담보물을 양도하는 등으로 담보가치를 감소 또는 상실시켜 채권자의 채권실현에 위험을 초래하더라도 배임죄가 성립한다고 할 수 없다. 위와 같은 법리는, 채무자가 금전채무에 대한 담보로 부동산에 관하여 양도담보설정계약을 체결하고 이에 따라 채권자에게 소유권이전등기를 해 줄 의무가 있음에도 제3자에게 부동산을 처분한 경우에도 적용된다. [2] 피고인이 피해자로부터 18억원을 차용하면서 아파트에 4순위 근저당권을 설정해 주기로 약정하였음에도 제3자에게 채권최고액을 12억원으로 하는 4순위 근저당권을 설정해 준 경우 피고

인을 피해자와의 신임관계에 기초하여 피해자의 사무를 맡아 처리하는 것으로 볼 수 없으므로 배임죄가 성립하지 않는다(대판 2020.6.18, 2019도14340 전원합의체)

ㄹ (×) 타인의 사무를 처리하는 자가 여러 사람으로부터 각각 부정한 청탁을 받고 그들로부터 각각 금품을 수수한 경우에는 비록 그 청탁이 동종의 것이라고 하더라도 단일하고 계속된 범의 아래 이루어진 범행으로 보기 어려워 그 전체를 포괄일죄로 볼 수 없다(대판 2008.12.11, 2008도6987)

42 정답 ②

① (○) 대판 2011.11.24, 2010도5014
② (×) 전기통신금융사기(이른바 보이스피싱 범죄)의 범인이 피해자를 기망하여 피해자의 돈을 사기이용계좌로 송금·이체받았다면 이로써 편취행위는 기수에 이른다. 따라서 범인이 피해자의 돈을 보유하게 되었더라도 이로 인하여 피해자와 사이에 어떠한 위탁 또는 신임관계가 존재한다고 할 수 없는 이상 피해자의 돈을 보관하는 지위에 있다고 볼 수 없으며, 나아가 그 후에 범인이 사기이용계좌에서 현금을 인출하였더라도 이는 이미 성립한 사기범행의 실행행위에 지나지 아니하여 새로운 법익을 침해한다고 보기도 어려우므로, 위와 같은 인출행위는 사기의 피해자에 대하여 따로 횡령죄를 구성하지 아니한다. 그리고 이러한 법리는 사기범행에 이용되리라는 사정을 알고서도 자신 명의 계좌의 접근매체를 양도함으로써 사기범행을 방조한 종범이 사기이용계좌로 송금된 피해자의 돈을 임의로 인출한 경우에도 마찬가지로 적용된다(대판 2017.5.31, 2017도3045)
③ (○) 대판 2017.10.26, 2017도9254
④ (○) 대판 2000.4.11, 2000도565

43 정답 ②

㉠ (○) 대판 2004.6.17, 2003도7645 전원합의체
㉡ (×) 계좌명의인은 피해자와 사이에 아무런 법률관계 없이 송금, 이체된 사기피해금 상당의 돈을 피해자에게 반환하여야 하므로, 피해자를 위하여 사기피해금을 보관하는 지위에 있다고 보아야 하고, 만약 계좌명의인이 그 돈을 영득할 의사로 인출하면 피해자에 대한 횡령죄가 성립한다. 이때 계좌명의인이 사기의 공범이라면 자신이 가담한 범행의 결과 피해금을 보관하게 된 것일 뿐이어서 피해자와 사이에 위탁관계가 없고, 그가 송금 이체된 돈을 인출하더라도 이는 자신이 저지른 사기범행의 실행행위에 지나지 아니하여 새로운 법익을 침해한다고 볼 수 없으므로 사기죄 외에 별도로 횡령죄를 구성하지 않는다(대판 2018.7.19, 2017도17494 전원합의체)
㉢ (×) 피고인이 송금 절차의 착오로 인하여 피고인 명의의 은행 계좌에 입금된 돈을 임의로 인출하여 소비한 행위는 횡령죄에 해당하고, 이는 송금인과 피고인 사이에 별다른 거래관계가 없다고 하더라도 마찬가지이다(대판 2010.12.9, 2010도891)
㉣ (○) 대판 2015.6.25, 2015도1944 전원합의체

44 정답 ③

① (×) [1] 금융기관 발행의 자기앞수표는 그 액면금을 즉시 지급받을 수 있는 점에서 현금에 대신하는 기능을 가지고 있어서 장물인 자기앞수표를 취득한 후 이를 현금 대신 교부한 행위는 장물취득에 대한 가벌적 평가에 당연히 포함되는 불가벌적 사후행위로서 별도의 범죄를 구성하지 아니한다.
[2] 절도범인으로부터 그 정을 알면서 자기앞수표를 교부받아 이를 음식대금으로 지급하고 거스름돈을 환불받은 피고인의 소위는 사기죄가 되지 아니한다(대판 1993.11.23, 93도213)
② (×) 재물의 위탁행위가 범죄의 실행행위나 준비행위 등과 같이 범죄 실현의 수단으로 이루어진 경우 그 행위 자체가 처벌 대상인지와 상관없이 그러한 행위를 통해 형성된 위탁관계는 횡령죄로 보호할 만한 가치 있는 신임에 의한 것이 아니라고 봄이 타당하다(대판 2022.6.30, 2017도21286)

③ (○) 대판 2000.4.11, 2000도565
④ (×) 회사에 대하여 개인적인 채권을 가지고 있는 대표이사가 회사를 위하여 보관하고 있는 회사 소유의 금전으로 자신의 채권 변제에 충당하는 행위는 회사와 이사의 이해가 충돌하는 자기거래 행위에 해당하지 않는 것이므로, 대표이사가 이사회의 승인 등의 절차 없이 그와 같이 자신의 회사에 대한 채권을 변제하였더라도, 이는 대표이사의 권한 내에서 한 회사 채무의 이행행위로서 유효하고, 따라서 불법영득의 의사가 인정되지 아니하여 횡령죄의 죄책을 물을 수 없다(대판 2002.7.26, 2001도5459)

45 정답 ①

① (×) 甲주식회사 대표이사인 피고인이 자신의 채권자 乙에게 차용금에 대한 담보로 회사 명의 정기예금에 질권을 설정하여 주었는데, 그 후 乙이 피고인의 동의하에 정기예금 계좌에 입금되어 있던 회사 자금을 전액 인출하였다고 하여도, 위와 같은 예금인출 동의행위는 이미 배임행위로써 이루어진 질권설정 행위의 사후조처에 불과하여 불가벌적 사후행위에 해당하고 따라서 별도의 횡령죄를 구성하지 않는다(대판 2012.11.29, 2012도10980)
② (○) 대판 2015.2.12, 2014도11244
③ (○) 대판 2021.2.25, 2020도12927
④ (○) 대판 2015.6.25, 2015도1944 전원합의체

46 정답 ①

㉠ (×) 어떤 예금계좌에 돈이 착오로 잘못 송금되어 입금된 경우에는 그 예금주와 송금인 사이에 신의칙상 보관관계가 성립한다고 할 것이므로 피고인이 송금 절차의 착오로 인하여 피고인 명의의 은행 계좌에 입금된 돈을 임의로 인출하여 소비한 행위는 횡령죄에 해당하고, 이는 송금인과 피고인 사이에 별다른 거래관계가 없다고 하더라도 마찬가지이다(대판 2010.12.9, 2010도891) 횡령죄가 성립한다.
㉡ (○) 대판 2020.6.18, 2019도14340 전원합의체

㉢ (×) 채무자가 금전채무를 담보하기 위하여 동산을 채권자에게 양도담보로 제공함으로써 채권자인 양도담보권자에 대하여 담보물의 담보가치를 유지·보전할 의무 내지 담보물을 타에 처분하거나 멸실·훼손하는 등으로 담보권 실행에 지장을 초래하는 행위를 하지 않을 의무를 부담하게 되었더라도 이를 들어 채무자가 통상의 계약에서의 이익대립관계를 넘어서 채권자와의 신임관계에 기초하여 채권자의 사무를 맡아 처리하는 것으로 볼 수 없으므로 채무자를 배임죄의 주체인 '타인의 사무를 처리하는 자'에 해당한다고 할 수 없어, 그가 담보물을 제3자에게 처분하는 등으로 담보가치를 감소 또는 상실시켜 채권자의 담보권 실행이나 이를 통한 채권실현에 위험을 초래하더라도 배임죄가 성립한다고 할 수 없다(대판 2020.2.20, 2019도9756 전원합의체) 횡령죄나 배임죄는 성립하지 않는다.
㉣ (○) 대판 2018.5.17, 2017도4027 전원합의체
㉤ (○) 대판 2021.12.16, 2020도9789

47 정답 ④

① (×) [1] 배임수재죄는 타인의 사무를 처리하는 지위를 가진 자가 부정한 청탁을 받아야 성립하고, 타인의 사무처리자의 지위를 취득하기 전에 부정한 청탁을 받은 경우에 배임수재죄로는 처벌할 수 없다고 보는 것이 죄형법정주의의 원칙에 부합한다고 할 것이다.
[2] 피고인이 청탁을 받을 당시에 이 사건 건설사업에 관한 사무를 처리하는 지위에 있었다고 인정되지 아니하는 이상 피고인을 배임수재죄로 처벌할 수는 없다(대판 2010.7.22, 2009도12878).
② (×) 사금채취광업권은 재물인 광물을 취득할 수 있는 권리에 불과하지 재물 그 자체는 아니므로 횡령죄의 객체가 된다고 할 수 없고, 광업권이 부동산과 마찬가지로 횡령죄의 객체가 된다고 할 수는 없다(대판 1994.3.8, 93도2272).
③ (×) 컴퓨터등사용사기죄의 범행으로 예금채권을 취득한 다음 자기의 현금카드를 사용하여 현금자동지급기에서 현금을 인출한 경우, 현금카드 사용권한 있는 자의 정당한 사용에 의한 것으

로서 현금자동지급기 관리자의 의사에 반하거나 기망행위 및 그에 따른 처분행위도 없었으므로, 별도로 절도죄나 사기죄의 구성요건에 해당하지 않는다 할 것이고, 그 결과 그 인출된 현금은 재산범죄에 의하여 취득한 재물이 아니므로 장물이 될 수 없다고 한 사례(대판 2004.4.16. 2004도353).

④ (○) 피고인이 본사와 맺은 가맹점계약은 동업계약 관계로는 볼 수 없고, 따라서 가맹점주인 피고인이 판매하여 보관 중인 물품판매 대금은 피고인의 소유라 할 것이어서 피고인이 이를 임의 소비한 행위는 프랜차이즈 계약상의 채무불이행에 지나지 아니하므로, 결국 횡령죄는 성립하지 아니한다(대판 1998.4.14. 98도292).

48 정답 ④

㉠ (○) 대판 2010.12.9. 2010도891
㉡ (○) 대판 2017.4.26. 2016도18035 ※ 피고인이 乙로부터 범죄수익 등의 은닉범행 등을 위해 교부받은 수표는 불법의 원인으로 급여한 물건에 해당하여 소유권이 피고인에게 귀속되므로 횡령죄가 성립하지 않는다.
㉢ (○) 대판 2014.8.21. 2014도3363 전원합의체
㉣ (×) 횡령죄가 성립하지 않는다(대판 1989.2.28. 88도1368)

49 정답 ②

① (×) 피고인이 근저당권설정등기를 마치는 방법으로 각 부동산을 횡령하여 취득한 구체적인 이득액은 부동산을 담보로 제공한 피담보채무액 또는 채권최고액이지 각 부동산의 시가 상당액에서 범행 전에 설정된 피담보채무액을 공제한 잔액이 아니다(대판 2013.5.9. 2013도2857)
② (○) 대판 2007.10.12. 2005도7112
③ (×) 위와 같은 예금인출동의행위는 이미 배임행위로써 이루어진 질권설정행위의 불가벌적 사후행위에 해당한다(대판 2012.11.29. 2012도10980)
④ (×) 계좌명의인은 피해자와 사이에 아무런 법률관계 없이 송금·이체된 사기피해금 상당의 돈을 피해자에게 반환하여야 하므로, 피해자를 위하여 사기피해금을 보관하는 지위에 있다고 보아야 하고, 만약 계좌명의인이 그 돈을 영득할 의사로 인출하면 피해자에 대한 횡령죄가 성립한다. 이 때 계좌명의인이 사기의 공범이라면 자신이 가담한 범행의 결과 피해금을 보관하게 된 것일 뿐이어서 피해자와 사이에 위탁관계가 없고, 그가 송금·이체된 돈을 인출하더라도 이는 자신이 저지른 사기범행의 실행행위에 지나지 아니하여 새로운 법익을 침해한다고 볼 수 없으므로 사기죄 외에 별도로 횡령죄를 구성하지 않는다(대판 2018.7.19. 2017도17494 전원합의체)

제7절 배임의 죄

50 정답 ②

① (○) 대판 2020.10.22. 2020도6258 전원합의체
② (×) 채무자가 금전채무를 담보하기 위한 저당권설정계약에 따라 채권자에게 그 소유의 부동산에 관하여 저당권을 설정할 의무를 부담하게 되었다고 하더라도 이를 들어 채무자가 통상의 계약에서 이루어지는 이익대립관계를 넘어서 채권자와의 신임관계에 기초하여 채권자의 사무를 맡아 처리하는 것으로 볼 수 없다. 채무자가 저당권설정계약에 따라 채권자에 대하여 부담하는 저당권을 설정할 의무는 계약에 따라 부담하게 된 채무자 자신의 의무이다. 채무자가 위와 같은 의무를 이행하는 것은 채무자 자신의 사무에 해당할 뿐이므로 채무자를 채권자에 대한 관계에서 '타인의 사무를 처리하는 자'라고 할 수 없다. 따라서 채무자가 제3자에게 먼저 담보물에 관한 저당권을 설정하거나 담보물을 양도하는 등으로 담보가치를 감소 또는 상실시켜 채권자의 채권실현에 위험을 초래하더라도 배임죄가 성립한다고 할 수 없다(대판 2020.6.18. 2019도14340 전원합의체)
③ (○) 대판 2020.2.20. 2019도9756 전원합의체
④ (○) 대판 2020.6.4. 2015도6057

51 정답 ④

① (○) 대판 2021.1.28, 2014도8714
② (○) 대판 2020.10.22, 2020도6258 전원합의체
③ (○) 대판 2003.2.26, 2002도6834
④ (×) 서면으로 부동산 증여의 의사를 표시한 증여자는 계약이 취소되거나 해제되지 않는 한 수증자에게 목적부동산의 소유권을 이전할 의무에서 벗어날 수 없다. 그러한 증여자는 '타인의 사무를 처리하는 자'에 해당하고, 그가 수증자에게 증여계약에 따라 부동산의 소유권을 이전하지 않고 부동산을 제3자에게 처분하여 등기를 하는 행위는 수증자와의 신임관계를 저버리는 행위로서 배임죄가 성립한다(대판 2018.12.13, 2016도19308)

52 정답 ④

① (○) 대판 2018.5.17, 2017도4027 전원합의체
② (○) 점유개정에 의한 동산양도담보계약에 의하여 채무자가 점유하던 동산을 다른 사유로 보관하게 된 채권자는 타인 소유의 물건을 보관하는 자로서 횡령죄의 주체가 될 수 있다(대판 1989.4.11, 88도906) ※ 동산의 양도담보에서 변제기 전에 채권자가 목적물을 임의로 처분하면 횡령죄가 성립한다.
③ (○) 대판 2000.4.11, 99도334
④ (×) 채무자가 금전채무를 담보하기 위한 저당권설정계약에 따라 채권자에게 그 소유의 부동산에 관하여 저당권을 설정할 의무를 부담하게 되었다고 하더라도 이를 들어 채무자가 통상의 계약에서 이루어지는 이익대립관계를 넘어서 채권자와의 신임관계에 기초하여 채권자의 사무를 맡아 처리하는 것으로 볼 수 없다. 채무자가 저당권설정계약에 따라 채권자에 대하여 부담하는 저당권을 설정할 의무는 계약에 따라 부담하게 된 채무자 자신의 의무이다. 채무자가 위와 같은 의무를 이행하는 것은 채무자 자신의 사무에 해당할 뿐이므로 채무자를 채권자에 대한 관계에서 '타인의 사무를 처리하는 자'라고 할 수 없다. 따라서 채무자가 제3자에게 먼저 담보물에 관한 저당권을 설정하거나 담보물을 양도하는 등으로 담보가치를 감소 또는 상실시켜 채권자의 채권실현에 위험을 초래하더라도 배임죄가 성립한다고 할 수 없다(대판 2020.6.18, 2019도14340 전원합의체)

53 정답 ③

① (○) 대판 2004.7.9, 2004도810
② (○) 대판 2016.6.23, 2014도11876
③ (×) [1] 금융기관의 임직원은 예금주로부터 예금계좌를 통한 적법한 예금반환 청구가 있으면 이에 응할 의무가 있을 뿐 예금주와의 사이에서 그의 재산관리에 관한 사무를 처리하는 자의 지위에 있다고 할 수 없다.
[2] 임의로 예금주의 예금계좌에서 5,000만 원을 인출한 금융기관의 임직원에게 업무상배임죄가 성립하지 않는다(대판 2008.4.24, 2008도1408)
④ (○) 대판 2015.9.10, 2015도6745

54 정답 ②

㉠ (○) 대판 2012.2.23, 2011도15857
㉡ (×) 전산상 외상대금채권이 자동 차감된다는 사정만으로 회사의 외상매출금채권이 감소할 우려가 생겼다고 판단하여 업무상 배임의 공소사실을 유죄로 인정한 원심판결을 파기한 사례(대판 2006.7.27, 2006도3145)
㉢ (×) 약속어음 발행이 무효일 뿐만 아니라 그 어음이 유통되지도 않았다면 회사는 어음발행의 상대방에게 어음채무를 부담하지 않기 때문에 특별한 사정이 없는 한 회사에 현실적으로 손해가 발생하였다거나 실해 발생의 위험이 발생하였다고도 볼 수 없으므로, 이때에는 배임죄의 기수범이 아니라 배임미수죄로 처벌하여야 한다(대판 2017.7.20, 2014도1104 전원합의체)
㉣ (○) 대판 2005.12.9, 2005도5962

55 정답 ③

① (○) 대판 2014.8.21, 2014도3363 전원합의체
② (○) 대판 2002.6.14, 2001도3534
③ (×) 각 죄는 서로 구성요건 및 그 행위의 태양과 보호법익을 달리하고 있어 상상적 경합범의 관계

가 아니라 실체적 경합범의 관계에 있다(대판 2010.11.11, 2010도10690)
④ (○) 대판 2020.6.4, 2015도6057

56 정답 ①

① (×) [1] 제357조 제3항에서 몰수의 대상으로 규정한 '범인이 취득한 제1항의 재물'은 배임수재죄의 범인이 취득한 목적물이자 배임증재죄의 범인이 공여한 목적물을 가리키는 것이지 배임수재죄의 목적물만을 한정하여 가리키는 것이 아니다.
[2] 수재자가 증재자로부터 받은 재물을 그대로 가지고 있다가 증재자에게 반환하였다면 증재자로부터 이를 몰수하거나 그 가액을 추징하여야 한다(대판 2017.4.7, 2016도18104)
② (○) 대판 2012.5.24, 2012도535
③ (○) 타인의 사무를 처리하는 자가 그 임무에 관하여 부정한 청탁을 받고 재물 또는 재산상의 이익을 취득하거나 제3자로 하여금 이를 취득하게 하면 배임수재죄가 성립한다(제357조 제1항)
④ (○) 대판 2017.12.5, 2017도11564
⑤ (○) 대판 2016.05.24, 2015도18795

57 정답 ③

㉠ (○) 대판 2022.6.23, 2017도3829 전원합의체
㉡ (○) 대판 2012.11.15, 2012도6676
㉢ (○) 대판 2020.8.27, 2019도14770 전원합의체
㉣ (×) 피고인 甲이 乙로부터 범죄수익 등의 은닉을 위해 교부받은 무기명 양도성예금증서는 불법의 원인으로 급여한 물건에 해당하여 소유권이 甲에게 귀속되므로, 甲이 무기명 양도성예금증서를 교환한 현금을 임의로 소비하였더라도 횡령죄가 성립하지 않는다(대판 2017.10.26, 2017도9254)

58 정답 ⑤

① (○) 대판 2011.1.20, 2008도10479 전원합의체
② (○) 대판 2008.4.24, 2008도1408
③ (○) 대판 2016.6.23, 2014도11876
④ (○) 대판 2006.4.27, 2004도1130

⑤ (×) 음식점 임대차계약에 의한 임차인의 지위를 양도한 자는 양도사실을 임대인에게 통지하고 양수인이 갖는 임차인의 지위를 상실하지 않게 할 의무가 있다고 하여도, 이러한 임무는 임차권 양도인으로서 부담하는 채무로서 양도인 자신의 의무일 뿐이지 자기의 사무임과 동시에 양수인의 권리취득을 위한 사무의 일부를 이룬다고 볼 수 없으므로 양도인을 배임죄의 주체인 타인의 사무를 처리하는 자로 볼 수 없다(대판 1991.12.10, 91도2184)

제8절 장물의 죄

59 정답 ④

㉠ (○) 대판 1987.10.13, 87도1633
㉡ (×) 甲이 권한 없이 인터넷뱅킹으로 타인의 예금계좌에서 자신의 예금계좌로 돈을 이체한 후 그 중 일부를 인출하여 그 사정을 아는 乙에게 교부한 경우, 乙에게는 장물취득죄가 성립하지 않는다(대판 2004.4.16, 2004도353)
㉢ (×) 절도범인으로부터 장물보관 의뢰를 받은 자가 그 정을 알면서 이를 인도받아 보관하고 있다가 임의 처분하였다 하여도 장물보관죄가 성립하는 때에는 이미 그 소유자의 소유물 추구권을 침해하였으므로 그 후의 횡령행위는 불가벌적 사후행위에 불과하여 별도로 횡령죄가 성립하지 않는다(대판 2004.4.9, 2003도8219)
㉣ (○) 대판 2003.4.25, 2003도348
㉤ (×) [1] 소유권의 취득에 등록이 필요한 타인 소유의 차량을 인도 받아 보관하고 있는 사람이 이를 사실상 처분하면 횡령죄가 성립하며, 그 보관 위임자나 보관자가 차량의 등록명의자일 필요는 없다.
[2] 지입회사에 소유권이 있는 차량에 대하여 지입회사로부터 운행관리권을 위임받은 지입차주가 지입회사의 승낙 없이 그 보관 중인 차량을 사실상 처분하거나 지입차주로부터 차량 보관을 위임받은 사람이 지입차주의 승낙 없이 보관 중인

차량을 사실상 처분한 경우 횡령죄가 성립한다 (대판 2015.6.25, 2015도1944 전원합의체) 乙은 장물취득죄의 죄책을 진다.

60 정답 ③
㉠ (○) 대판 2004.4.16, 2004도353
㉡ (○) 대판 2007.2.8, 2006도6955
㉢ (○) 대판 1999.3.26, 98도3030
㉣ (×) 장물취득죄는 취득 당시 장물인 정을 알면서 재물을 취득하여야 성립하는 것이므로 피고인이 재물을 인도받은 후에 비로소 장물이 아닌가 하는 의구심을 가졌다고 하여 장물취득죄를 구성한다고 할 수 없다(대판 2006.10.13, 2004도6084)

61 정답 ③
㉠ (○) 형법 제362조 참고
㉡ (○) 대판 2004.4.16, 2004도353
㉢ (×) 피고인이 도난차량인 미등록 수입자동차를 취득하여 신규등록을 마친 후 위 자동차가 장물일지도 모른다고 생각하면서 이를 양도한 사안에서, 피고인의 선의취득 주장을 배척하고 장물양도죄를 인정한 원심의 조치를 수긍한 사례(대판 2011.5.13, 2009도3552)
㉣ (○) 대판 2011.4.28, 2010도15350

62 정답 ①
① (×) 장물인 정을 모르고 장물을 보관하였다가 그 후에 장물인 정을 알게 된 경우 그 정을 알고서도 이를 계속하여 보관하는 행위는 장물죄를 구성하는 것이나 이 경우에도 점유할 권한이 있는 때에는 이를 계속하여 보관하더라도 장물보관죄가 성립한다고 할 수 없다(대판 1986.1.21, 85도2472)
② (○) 대판 1975.12.9, 74도2804.
③ (○) 대판 1986.9.9, 86도1273
④ (○) 대판 2004.12.9, 2004도5904

63 정답 ④
① (○) 대판 1986.1.21, 85도2472
② (○) 대판 2009.4.23, 2009도1203

③ (○) 대판 1976.11.23, 76도3067
④ (×) 장물인 현금을 금융기관에 예금의 형태로 보관하였다가 이를 반환받기 위하여 동일한 액수의 현금을 인출한 경우에 예금계약의 성질상 인출된 현금은 당초의 현금과 물리적인 동일성은 상실되었지만 액수에 의하여 표시되는 금전적 가치에는 아무런 변동이 없으므로 장물로서의 성질은 그대로 유지된다고 봄이 상당하고, 자기앞수표도 그 액면금을 즉시 지급받을 수 있는 등 현금에 대신하는 기능을 가지고 거래상 현금과 동일하게 취급되고 있는 점에서 금전의 경우와 동일하게 보아야 한다(대판 2004.3.12, 2004도134)

제9절 손괴의 죄

64 정답 ③
① (○) 대판 2021.5.7, 2019도13764
② (○) 대판 2018.7.24, 2017도18807
③ (×) 피고인이 평소 자신이 굴삭기를 주차하던 장소에 피해자의 차량이 주차되어 있는 것을 발견하고 피해자의 차량 앞에 철근콘크리트 구조물을, 뒤에 굴삭기 크러셔를 바짝 붙여 놓아 피해자가 17~18시간 동안 차량을 운행할 수 없게 된 경우 차량 앞뒤에 쉽게 제거하기 어려운 구조물 등을 붙여 놓은 행위는 차량에 대한 유형력 행사로 보기에 충분하고, 차량 자체에 물리적 훼손이나 기능적 효용의 멸실 내지 감소가 발생하지 않았더라도 피해자가 위 구조물로 인해 차량을 운행할 수 없게 됨으로써 일시적으로 본래의 사용목적에 이용할 수 없게 된 이상 차량 본래의 효용을 해한 경우에 해당한다(대판 2021.5.7, 2019도13764)
④ (○) 대판 2016.11.25, 2016도9219

65 정답 ②
① (○) 대판 2015.11.27, 2014도13083.
② (×) 자동문을 자동으로 작동하지 않고 수동으로

만 개폐가 가능하게 하여 자동잠금장치로서 역할을 할 수 없도록 한 경우에도 재물손괴죄가 성립한다(대판 2016.11.25, 2016도9219).
③ (○) 대판 2010.2.25, 2009도8473
④ (○) 대판 1993.12.7, 93도2701

제10절 권리행사를 방해하는 죄

66 정답 ②

① (×) 권리행사방해죄에 있어 '은닉'이란 타인의 점유 또는 권리의 목적이 된 자기 물건 등의 소재를 발견하기 불가능하게 하거나 또는 현저히 곤란한 상태에 두는 것을 말하고, 그로 인하여 권리행사가 방해될 우려가 있는 상태에 이르면 권리행사방해죄가 성립하고 현실로 권리행사가 방해되었을 것까지 필요로 하는 것은 아니다(대판 2021.1.14, 2020도14735).
② (○) 대판 2005.11.10, 2005도6604
③ (×) 권리행사방해죄의 공범으로 기소된 물건의 소유자에게 고의가 없는 등으로 범죄가 성립하지 않는다면 공동정범이 성립할 여지가 없다(대판 2017.5.30, 2017도4578).
④ (×) [1] 강제집행면탈죄가 성립되려면 행위자의 주관적인 강제집행을 면탈하려는 의도가 객관적으로 강제집행을 당할 급박한 상태하에서 나타나야 한다.
[2] 채권자들이 피고인을 상대로 법적 절차를 취하기 위한 준비를 하고 있지 않았으나 피고인이 어음의 지급기일 도래 전에 강제집행을 면탈하기 위해 자신의 형에게 허위채무를 부담하고 가등기를 해주었다면 강제집행면탈죄가 성립하지 않는다(대판 1979.9.11, 79도436).

67 정답 ③

㉠ (○) 대판 2006.3.23, 2005도4455
㉡ (○) 대판 2016.11.10, 2016도13734
㉢ (○) 대판 2016. 11.10, 2016도13734

㉣ (×) 형법 제323조 소정의 권리행사방해죄에 있어서의 취거라 함은 타인의 점유 또는 권리의 목적이 된 자기의 물건을 그 점유자의 의사에 반하여 그 점유자의 점유로부터 자기 또는 제3자의 점유로 옮기는 것을 말하므로 점유자의 의사나 그의 하자있는 의사에 기하여 점유가 이전된 경우에는 여기에서 말하는 취거로 볼 수는 없다(대판 1988.2.23, 87도1952).

68 정답 ③

① (○) 대판 1988.4.12, 88도48
② (○) 대판 2008.9.11, 2006도8721
③ (×) 피고인이 타인에게 채무를 부담하고 있는 양 가장하는 방편으로 피고인 소유의 부동산들에 관하여 소유권이전청구권보전을 위한 가등기를 경료하여 주었다 하더라도 그와 같은 가등기는 원래 순위보전의 효력밖에 없는 것이므로 그와 같이 각 가등기를 경료한 사실만으로는 피고인이 강제집행을 면탈할 목적으로 허위채무를 부담하여 채권자를 해한 것이라고 할 수 없다(대판 1987.8.18, 87도1260).
④ (○) 대판 1998.9.8, 98도1949

69 정답 ④

㉠ (×) 허위양도한 부동산의 시가액보다 그 부동산에 의하여 담보된 채무액이 더 많다고 하여 그 허위양도로 인하여 채권자를 해할 위험이 없다고 할 수 없다(대판 2008.5.8, 2008도198).
㉡ (○) 대판 2008.5.29, 2008도2476
㉢ (×) 채무자가 제3자에 대하여 가압류채권자의 지위에 있던 중 가압류집행해제를 신청함으로써 그 지위를 상실하였다고 하더라도 자신의 채권자에 대한 강제집행면탈죄에 해당하지 않는다(대판 2008.9.11, 2006도8721).
㉣ (○) 대판 2003.10.9, 2003도3387

70 정답 ①

㉠ (×) 계약명의신탁의 방식으로 명의수탁자가 당사자가 되어 소유자와 부동산에 관한 매매계약을

체결하고 그 명의로 소유권이전등기를 마친 경우, 그 부동산은 명의신탁자의 강제집행면탈죄의 객체가 될 수 없다(대판 2011.12.8, 2010도4129)
ⓒ (○) 대판 1982.10.26. 82도2157
ⓒ (×) 강제집행면탈죄가 적용되는 강제집행은 민사집행법 제2편의 적용 대상인 '강제집행' 또는 가압류·가처분 등의 집행을 가리키는 것이고, 민사집행법 제3편의 적용 대상인 '담보권 실행 등을 위한 경매'를 면탈할 목적으로 재산을 은닉하는 등의 행위는 위 죄의 규율 대상에 포함되지 않는다(대판 2015.3.26, 2014도14909)
ⓔ (×) 산업재해보상보험법 제52조의 휴업급여를 받을 권리는 같은 법 제88조 제2항에 의하여 압류가 금지되는 채권으로서 강제집행면탈죄의 객체에 해당하지 않으므로, 피고인이 장차 지급될 휴업급여 수령계좌를 기존의 압류된 예금계좌에서 압류가 되지 않은 다른 예금계좌로 변경하여 휴업급여를 수령하면 강제집행면탈죄가 성립하지 않는다.
ⓜ (×) 강제집행면탈죄가 적용되는 강제집행은 민사집행법의 적용대상인 강제집행 또는 가압류·가처분 등의 집행을 가리키는 것이므로 국세징수법에 의한 체납처분을 면탈할 목적으로 재산을 은닉하는 등의 행위는 위 죄의 규율대상에 포함되지 않는다(대판 2012.4.26, 2010도5693)

71 정답 ③

① (○) 대판 2003.11.28, 2003도4257
② (○) 대판 2019.12.27, 2019도14623
③ (×) 권리행사방해죄에 있어서의 타인의 점유라 함은 권원으로 인한 점유 즉 정당한 원유에 기하여 그 목적물을 점유하는 권리있는 자의 점유를 의미한다 할 것이나 본건에 있어서와 같이 일단 적법한 원유에 기하여 점유한 이상 설사 그후에 그 점유물을 소유자에게 명도해야 할 사정이 발생하였다 할지라도 점유자가 임의로 명도를 하지 아니하고 계속 이를 점유하고 있다면 그 점유자는 의연히 동조 소정의 타인의 물건을 점유하고 있는 자라 할 것이다(대판 1977.9.13, 77도1672)
④ (○) 대판 1992.1.21, 91도1170

제2편 사회적 법익에 대한 죄

제1장 공공의 안전과 평온에 대한 죄

제1절 공안을 해하는 죄 ~ 교통방해의 죄

01 정답 ①

① (×) [1] 범죄단체조직죄 소정의 '범죄를 목적으로 하는 집단'이란 특정 다수인이 사형, 무기 또는 장기 4년 이상의 범죄를 수행한다는 공동목적 아래 구성원들이 정해진 역할분담에 따라 행동함으로써 범죄를 반복적으로 실행할 수 있는 조직체계를 갖춘 계속적인 결합체를 의미한다.
[2] 범죄단체에서 요구되는 최소한의 통솔체계를 갖출 필요는 없지만 범죄의 계획과 실행을 용이하게 할 정도의 조직적 구조를 갖추어야 한다(대판 2020.8.20, 2019도16263)
② (○) 대결 1994.12.20, 94모32 전원합의체
③ (○) 대판 2009.10.15, 2009도7421
④ (○) 대판 1981.9.8, 81도1955

02 정답 ①

㉠ (○) 대판 2020.9.7, 2020도7915
㉡ (○) 대판 2017.10.26, 2017도8600
㉢ (○) 대판 2020.8.20, 2019도16263
㉣ (○) 대판 2015.9.10, 2015도7081

03 정답 ③

① (×) '무주물'을 '자기 소유의 물건'에 준하는 것으로 보아 형법 제167조 제2항(자기소유 일반물건방화죄)을 적용하여 처벌하여야 한다(대판 2009.10.15, 2009도7421)
② (×) 현주건조물일수치사죄는 무기 또는 7년 이상의 징역이다(제177조 제2항) ※ 현주건조물일수치사죄에는 사형이 없다.
③ (○) 대판 2012.4.26, 2011도17254
④ (×) 연소죄는 자기소유일반건조물방화죄 또는 자기소유일반물건방화죄에 대한 방화가 확대되어 현주·공용 또는 타인소유 일반건조물·물건

에 연소한 경우에 성립하는 범죄로, 자기소유물에 대한 방화를 기본범죄로 한다(제168조 제1항, 제2항 참고) 사례의 경우에는 연소죄가 성립할 수 없다.

04 정답 ①
① (○) 대판 2014.02.21, 2011도8870
② (×) [1] 지붕과 문짝, 창문이 없고 담장과 일부 벽체가 붕괴된 철거 대상인 폐가는 일반건조물방화죄에서의 '건조물'에 해당하지 않는다.
[2] 피고인이 철거대상인 폐가의 내부와 외부에 쓰레기를 모아놓고 태워 그 불길이 폐가 주변 수목 4~5그루를 태우고 폐가의 벽을 일부 그을리게 한 경우에 일반건조물방화죄가 성립하지 않는다(대판 2013.12.12, 2013도3950).
③ (×) 초등학생들이 학교에 등교하여 교실에서 수업을 듣는 것은 직업 기타 사회생활상의 지위에 기하여 계속적으로 종사하는 사무 또는 사업'에 해당한다고 할 수 없다(대판 2013.6.14. 2013도3829).
④ (×) 이러한 경우, 법인인 공사에게 신규직원 채용업무와 관련하여 오인·착각 또는 부지를 일으키게 한 것이 아니므로 '위계'에 의한 업무방해죄에 해당하지 않는다고 한 사례(대판 2007.12.27, 2005도6404)

05 정답 ②
① (○) 대판 2018.2.28, 2017도16846
② (×) 형법 제187조에서 정한 '파괴'란 전복, 매몰, 추락 등과 같은 수준으로 인정할 수 있을 만큼 교통기관으로서의 기능·용법의 전부나 일부를 불가능하게 할 정도의 파손을 의미하고 그 정도에 이르지 아니하는 단순한 손괴는 포함되지 않는다 (대판 2009.4.23, 2008도11921)
③ (○) 대판 2019.4.23, 2017도1056
④ (○) 대판 2017.4.7, 2016도12563
⑤ (○) 대판 2014.7.24, 2014도6206

06 정답 ②
㉠ (×) 목장 소유자가 목장운영을 위해 목장용지 내에 임도(林道)를 개설하고 차량 출입을 통제하면서 인근 주민들의 일부 통행을 부수적으로 묵인한 경우, 위 임도는 공공성을 지닌 장소가 아니어서 '육로'에 해당하지 않는다(대판 2007.10.11, 2005도7573)
㉡ (○) 대판 2001.6.26, 2001도404
㉢ (○) 대판 2007.9.21, 2006도6949
㉣ (×) 형법은 과실일수죄만 규정하고 있고, 업무상 과실이나 중대한 과실로 인하여 과실일수죄를 범한 자에 대한 가중처벌 규정을 두고 있지 않다.

07 정답 ④
① (○) 대판 2014.7.24, 2014도6206
② (○) 대판 1995.9.15, 95도1475
③ (○) 공항 여객터미널 버스정류장 앞 도로 중 공항리무진 버스 외의 다른 차의 주차가 금지된 구역에서 밴 차량을 40분간 불법주차하고 호객행위를 한 것이, 다른 차량들의 통행을 불가능하거나 현저히 곤란하게 한 것으로 볼 수 없어 형법 제185조의 일반교통방해죄를 구성하지 않는다고 한 사례(대판 2009.7.9, 2009도4266).
④ (×) 성수대교 붕괴사고에서 교량 건설회사의 트러스 제작 책임자, 교량공사 현장감독, 발주 관청의 공사감독 공무원 등에게 업무상과실치사상, 업무상과실일반교통방해, 업무상과실자동차추락죄 등의 유죄를 인정한 사례(대판 1997.11.28, 97도1740).

08 정답 ④
① (○) 대판 2007.12.14, 2006도4662
② (○) 대판 2002.4.26, 2001도6903
③ (○) 대판 2008.11.13, 2006도755
④ (×) 집시법에 따른 신고 없이 이루어진 집회에 참석한 참가자들이 차로 위를 행진하는 등으로 도로 교통을 방해함으로써 통행을 불가능하게 하거나 현저하게 곤란하게 하는 경우에 일반교통방해죄가 성립한다. 그러나 이 경우에도 참가자 모

두에게 당연히 일반교통방해죄가 성립하는 것은 아니고, 실제로 참가자가 집회·시위에 가담하여 교통방해를 유발하는 직접적인 행위를 하였거나 참가자의 참가 경위나 관여 정도 등에 비추어 참가자에게 공모공동정범의 죄책을 물을 수 있는 경우라야 일반교통방해죄가 성립한다(대판 2018. 5.11, 2017도9146)

제2장 공공의 신용에 대한 죄

제1절 통화에 관한 죄 ~ 유가증권·인지와 우표에 관한 죄

09 정답 ③
① (○) 대판 2004.5.14, 2003도3487
② (○) 대판 2003.1.10, 2002도3340
③ (×) 형법은 행사할 목적으로 외국에서 유통하는 외국의 화폐, 지폐 또는 은행권을 위조 또는 변조한 자에 대한 처벌규정을 두고 있지 않다(제207조 참고)
④ (○) 대판 2013.12.12, 2012도2249

10 정답 ②
① (×) 위조통화는 객관적으로 보아 일반인으로 하여금 진정통화로 오신케 할 정도에 이른 것이면 족하고 그 위조의 정도가 반드시 진물에 흡사하여야 한다거나 누구든지 쉽게 그 진부를 식별하기가 불가능한 정도의 것일 필요는 없다(대판 1985.4.23, 85도570).
② (○) 대판 2004.3.26, 2003도5640
③ (×) 외국에서 통용하지 아니하는 즉, 강제통용력을 가지지 아니하는 지폐는 그것이 비록 일반인의 관점에서 통용할 것이라고 오인할 가능성이 있다고 하더라도 위 형법 제207조 제3항에서 정한 외국에서 통용하는 외국의 지폐에 해당한다고 할 수 없다(대판 2004.5.14, 2003도3487).
④ (×) 실체적 경합관계에 있다(대판 1979.7.10, 79도840)

11 정답 ④
① (○) 대판 2011.7.14, 2010도1025
② (○) 대판 1989.12.12, 89도1264
③ (○) 대판 1980.4.22, 79도3034
④ (×) 주식회사 대표이사로 재직하던 피고인이 대표이사가 타인으로 변경되었음에도 이전부터 사용하던 피고인 명의로 된 위 회사 대표이사의 명판을 이용하여 피고인을 위 회사의 대표이사로 표시하여 약속어음을 발행한 경우 후임 대표이사의 승낙을 얻었다고 하더라도 자격모용유가증권작성죄가 성립한다(대판 1991.2.26, 90도577)

12 정답 ①
① (×) 통화유사물제조죄, 허위유가증권작성죄는 예비·음모를 처벌하는 규정이 없다.
② (○) 대판 2001.8.24, 2001도2832
③ (○) 대판 2006.1.26, 2005도4764
④ (○) 대판 1982.6.22, 82도677

13 정답 ②
㉠ (○) 대판 2012.3.29, 2011도7704
㉡ (×) 위조유가증권행사죄에 있어서의 유가증권이라 함은 위조된 유가증권의 원본을 말하는 것이지 전자복사기 등을 사용하여 기계적으로 복사한 사본은 이에 해당하지 않는다(대판 1998.2.13, 97도2922) ※ 유가증권의 복사본은 위조유가증권행사죄에서의 유가증권이 아니므로 위조유가증권을 복사한 사본을 법원에 제출한 행위는 유가증권위조죄만 구성하고, 위조유가증권행사죄는 성립하지 않는다.
㉢ (○) 허위공문서작성죄에 있어서 행사의 목적이라 함은 허위내용의 문서를 그 내용이 진실한 문서인 것처럼 그 문서의 효용에 따라 사용할 목적이 있는 것을 말하는 것이고 그러한 공문서를 관청에 비치하는 경우도 허위공문서의 행사로 인정된다(대판 1989.12.12, 89도1253)
㉣ (×) 문서가 위조·변조·허위작성되었다는 정을 아는 공범자등에게 제시·교부하는 경우 등에 있어서는 위조문서행사죄가 성립할 여지가 없다

(대판 1986.2.25, 85도2798)

14 정답 ③

㉠ (×) 반드시 유통성을 가질 필요는 없다(대판 2001.8.24, 2001도2832)
㉡ (○) 이미 타인에 의하여 위조된 약속어음의 기재사항을 권한 없이 변경하였다고 하더라도 유가증권변조죄는 성립하지 아니한다(대판 2006.1.26, 2005도4764)
㉢ (×) 자격모용유가증권작성 및 동행사죄에 해당한다(대판 1991.2.26, 90도577)
㉣ (×) 위조유가증권의 교부자와 피교부자가 서로 유가증권위조를 공모하였거나 위조유가증권을 타에 행사하여 그 이익을 나누어 가질 것을 공모한 공범의 관계에 있다면, 그들 사이의 위조유가증권 교부행위는 그들 이외의 자에게 행사함으로써 범죄를 실현하기 위한 전단계의 행위에 불과한 것으로서 위조유가증권은 아직 범인들의 수중에 있다고 볼 것이지 행사되었다고 볼 수는 없다(대판 2010.12.9, 2010도12553)

15 정답 ①

① (×) 위조우표취득죄 및 위조우표행사죄에 관한 형법 제219조 및 제218조 제2항 소정의 "행사"라 함은 위조된 대한민국 또는 외국의 우표를 진정한 우표로서 사용하는 것으로 반드시 우편요금의 납부용으로 사용하는 것에 한정되지 않고 우표수집의 대상으로서 매매하는 경우도 이에 해당된다(대판 1989.4.11, 88도1105)
② (○) 대판 2000.5.30, 2000도883
③ (○) 대판 2011.7.14, 2010도1025
④ (○) 대판 2011.7.14, 2010도1025

제2절 문서에 관한 죄

16 정답 ②

① (○) 대판 2023.3.30, 2022도6886
② (×) 자동차 등의 운전자가 운전 중에 도로교통법 제92조 제2항에 따라 경찰공무원으로부터 운전면허증의 제시를 요구받은 경우 운전면허증의 특정된 용법에 따른 행사는 도로교통법 관계 법령에 따라 발급된 운전면허증 자체를 제시하는 것이라고 보아야 한다. 이 경우 자동차 등의 운전자가 경찰공무원에게 다른 사람의 운전면허증 자체가 아니라 이를 촬영한 이미지파일을 휴대전화 화면 등을 통하여 보여주는 행위는 운전면허증의 특정된 용법에 따른 행사라고 볼 수 없는 것이어서 그로 인하여 경찰공무원이 그릇된 신용을 형성할 위험이 있다고 할 수 없으므로, 이러한 행위는 결국 공문서부정행사죄를 구성하지 아니한다(대판 2019.12.12, 2018도2560)
③ (○) 대판 2005.2.24, 2002도18 전원합의체
④ (○) 대판 2016.7.14, 2016도2081

17 정답 ③

① (○) 대판 1995.11.10, 95도2088
② (○) 대판 1983.12.13, 83도1458
③ (×) 공증담당 변호사가 법무사의 직원으로부터 인증촉탁서류를 제출받았을 뿐, 법무사가 공증사무실에 출석하여 사서증서의 날인이 당사자 본인의 것임을 확인한 바 없음에도 마치 그러한 확인을 한 것처럼 인증서에 기재한 경우, 허위공문서작성죄가 성립한다(대판 2007.1.25, 2006도3844)
④ (○) 대판 2008.4.10, 2008도1013

18 정답 ③

㉠ (○) 대판 2010.5.13, 2010도1040.
㉡ (×) 허위공문서작성의 범의가 있었다고 볼 수 없다(대판 2001.1.5, 99도4101)
㉢ (×) 공립학교 교사가 작성하는 교원의 인적사항과 전출희망사항 등을 기재하는 부분과 학교장이

작성하는 학교장의견란 등으로 구성되어 있는 교원실태조사카드는 학교장의 작성명의 부분은 공문서라고 할 수 있으나, 작성자가 교사명의로 된 부분은 개인적으로 전출을 희망하는 의사표시를 한 것에 지나지 아니하여 이것을 가리켜 공무원이 직무상 작성한 공문서라고 할 수는 없을 것이므로 위 카드의 교사명의 부분을 명의자의 의사에 반하여 작성하였다고 하여도 공문서를 위조한 것이라고 할 수 없다(대판 1991.9.24, 91도1733).
ㄹ (○) 권한 없는 자가 임의로 인감증명서의 사용용도란의 기재를 고쳐 썼다고 하더라도 공무원 또는 공무소의 문서 내용에 대하여 변경을 가하여 새로운 증명력을 작출한 경우라고 볼 수 없으므로 공문서변조죄나 이를 전제로 하는 변조공문서행사죄가 성립되지는 않는다(대판 2004.8.20, 2004도2767).
ㅁ (○) 대판 2016.7.14, 2016도2081

19 정답 ②

① (○) 대판 2010.7.15, 2010도6068
② (×) 주식회사의 적법한 대표이사라 하더라도 그 권한을 포괄적으로 위임하여 다른 사람으로 하여금 대표이사의 업무를 처리하게 하는 것은 허용되지 않는다. 따라서 대표이사로부터 포괄적으로 권한 행사를 위임받은 사람이 주식회사 명의로 문서를 작성하는 행위는 원칙적으로 권한 없는 사람의 문서 작성행위로서 자격모용사문서작성 또는 위조에 해당하고, 대표이사로부터 개별적·구체적으로 주식회사 명의의 문서 작성에 관하여 위임 또는 승낙을 받은 경우에만 예외적으로 적법하게 주식회사 명의로 문서를 작성할 수 있다(대판 2008.11.27, 2006도2016).
③ (○) 권리의무에 변동을 주는 효력이 없는 토지대장은 공정증서에 해당하지 아니한다(대판 1988.5.24, 87도2696).
④ (○) 대판 2008.1.17, 2007도6987

20 정답 ④

① (×) 명의수탁자가 명의신탁주식의 처분을 허용하였음에도 처분 후 과세표준 등의 신고행위를 위한 명의사용에 대하여는 승낙을 유보하였다고 볼 특별한 사정이 존재하지 않는 한 허용된 범위에 속한다고 보아야 하므로, 수탁자 명의로 과세표준신고를 하는 행위는 공법행위라는 등의 이유로 사문서위조죄 및 위조사문서행사죄가 성립한다고 본 원심판단에 법리오해의 위법이 있다고 한 사례(대판 2022.3.31, 2021도17197).
② (×) 주식회사의 대표이사가 실질적 운영자인 1인 주주의 구체적인 위임이나 승낙을 받지 않고 이미 퇴임한 전 대표이사를 대표이사로 표시하여 회사 명의의 문서를 작성한 경우에 사문서위조죄가 성립하지 않는다(대판 2008.11.27, 2006도9194).
③ (×) 고의로 법령을 잘못 적용하여 공문서를 작성하였다고 하더라도 그 법령적용의 전제가 된 사실관계에 대한 내용에 거짓이 없다면 허위공문서작성죄가 성립될 수 없다(대판 2000.6.27, 2000도1858).
④ (○) 옳음

21 정답 ③

① (○) 대판 1976.9.14, 76도1767
② (○) 대판 1996.6.11, 96도233
③ (×) [1] 피고인이 등기사항전부증명서의 열람 일시를 삭제하여 복사한 행위는 등기사항전부증명서가 나타내는 권리·사실관계와 다른 새로운 증명력을 가진 문서를 만든 것에 해당한다.
[2] 피고인이 인터넷을 통하여 열람·출력한 등기사항전부증명서 하단의 열람 일시 부분을 수정테이프로 지우고 복사해 두었다가 이를 타인에게 교부한 경우, 공문서변조죄 및 변조공문서행사죄가 성립한다(대판 2021.2.25, 2018도19043).
④ (○) 대판 2008.10.23, 2008도5200

22 정답 ④

㉠ (○) 대판 2007.11.30, 2005도9922
㉡ (○) 대판 2006.3.10, 2005도9402
㉢ (○) [1] 부실의 등기가 법원의 촉탁에 의한 경우에는 그 전제절차에 허위적 요소가 있다고 하더

라도 이는 법원의 촉탁에 의하여 이루어진 것이지 당사자의 허위신고에 의하여 이루어진 것이 아니므로 위 공정증서원본부실기재죄를 구성하지 아니한다.
[2] 甲이 허위의 공정증서에 기해 乙의 부동산에 대한 강제경매신청을 하였고, 이에 의해 동 부동산에 대해 법원의 강제경매개시결정을 원인으로 하는 경매신청등기가 경료된 경우, 공정증서원본부실기재죄가 성립하지 않는다(대판 1976.5.25, 74도568).
② (○) 대판 2012.4.26, 2009도5786

23 정답 ②

① (○) 대판 2008.10.23, 2008도5200
② (×) 선박국적증서와 선박검사증서는 위 선박의 국적과 항행할 수 있는 자격을 증명하기 위한 용도로 사용된 것일 뿐 그 본래의 용도를 벗어나 행사된 것으로 보기는 어려우므로, 이와 같은 행위는 공문서부정행사죄에 해당하지 않는다(대판 2009.2.26, 2008도10851).
③ (○) 대판 1999.5.14, 99도202
④ (○) 대판 2005.1.28, 2004도4663

24 정답 ③

㉠ (×) [1] 자동차운전면허대장은 형법 제228조 제1항(공정증서원본부실기재죄)에서 말하는 공정증서원본에 해당하지 않는다.
[2] 자동차운전면허증 재교부신청서의 사진란에 본인의 사진이 아닌 다른 사람의 사진을 붙여 제출함으로써 담당공무원으로 하여금 자동차운전면허대장에 부실의 사실을 기재하여 이를 비치하게 한 경우, 공정증서원본부실기재죄가 성립하지 않는다(대판 2010.6.10, 2010도1125).
㉡ (×) 실질적인 채권채무관계 없이 작성명의인과의 합의(당사자간의 합의)로 작성한 '차용증 및 이행각서'를 그 작성명의인의 의사에 의하지 아니하고 차용증상의 채권이 실제로 존재하는 것처럼 그 지급을 구하는 민사소송을 제기하면서 법원에 제출한 경우에 사문서부정행사죄가 성립하지 않는다(대판 2007.3.30, 2007도629) ※ '차용증 및 이행각서'는 사용권자가 특정된 것이 아니므로 사문서부정행사죄에 해당하지 않는다.
㉢ (○) 대판 2022.9.29, 2021도14514
㉣ (○) 대판 2020.8.27, 2019도11294 전원합의체
㉤ (○) 대판 2012.2.23, 2011도14441

25 정답 ①

① (×) 타인의 주민등록표등본을 그와 아무런 관련 없는 사람이 마치 자신의 것인 것처럼 행사하였다고 하더라도 공문서부정행사죄가 성립되지 아니한다(대판 1999.5.14, 99도206)
② (○) 대판 2006.1.13, 2005도4790
③ (○) 대판 2011.3.10, 2011도503
④ (○) 대판 2011.7.14, 2010도1025

26 정답 ②

㉠ (×) 사전자기록위작·변작죄에서 말하는 권리의무 또는 사실증명에 관한 타인의 전자기록 등 특수매체기록이라 함은 일정한 저장매체에 전자방식이나 자기방식에 의하여 저장된 기록을 의미하고, 비록 컴퓨터의 기억장치 중 하나인 램(RAM)이 임시기억장치 또는 임시저장매체이기는 하지만, 위 램에 올려진 전자기록 역시 사전자기록위작·변작죄에서 말하는 전자기록 등 특수매체기록에 해당한다(대판 2003.10.9, 2000도4993)
㉡ (○) 대판 2005.7.15, 2003도6934
㉢ (×) 피고인이 기왕에 습득한 타인의 주민등록증을 피고인 가족의 것이라고 제시하면서 그 주민등록증상의 명의 또는 가명으로 이동전화 가입신청을 한 경우 타인의 주민등록증을 본래의 사용용도인 신분확인용으로 사용한 것이라고 볼 수 없어 공문서부정행사죄가 성립하지 않는다(대판 2003.2.26, 2002도4935)
㉣ (○) 대판 2020.11.5, 2019도12042

27 정답 ④

① (○) 대판 2020.12.24, 2019도8443
② (○) 대판 2020.12.24, 2019도8443
③ (○) 대판 2020.11.5, 2019도12042

④ (×) 피고인이 등기사항전부증명서의 열람일시를 삭제하여 복사한 행위는 변경 전 등기사항전부증명서가 나타내는 관리·사실관계와 다른 새로운 증명력을 가진 문서를 만든 것에 해당하고 그로 인하여 공공적 신용을 해할 위험성도 발생하였다고 판단된다(대판 2021.2.25, 2018도19043).

28 정답 ①

① (○) 대판 2007.7.26, 2005도4072
② (×) 금융위원회법 제29조, 제69조 제1항에서 정한 금융감독원 집행간부인 금융감독원장 명의의 문서를 위조, 행사한 행위는 사문서위조죄, 위조사문서행사죄에 해당하는 것이 아니라 공문서위조죄, 위조공문서행사죄에 해당한다(대판 2021.3.11, 2020도14666).
③ (×) 공문서의 작성권한이 있는 공무원의 직무를 보좌하는 사람이 허위의 내용이 기재된 문서 초안을 그 정을 모르는 상사에게 제출하여 결재하도록 하는 등의 방법으로 작성권한이 있는 공무원으로 하여금 허위의 공문서를 작성하게 한 경우에는 허위공문서작성죄의 간접정범이 성립한다(대판 2011.5.13, 2011도1415).
④ (×) 피고인이 A유한회사를 설립한 후 회사 명의로 통장을 개설하여 이른바 대포통장을 유통시킬 목적이었을 뿐 회사를 설립한 사실이 없는데도 허위의 회사설립등기 신청서를 법원 등기관에게 제출하여 등기관으로 하여금 상업등기 전산정보처리시스템의 법인등기부에 위 신청서의 기재 내용을 입력하고 이를 비치하게 한 경우, 공전자기록등부실기재죄가 성립하지 않는다(대판 2020.3.26, 2019도7729).

29 정답 ①

㉠ (×) 피고인 甲이 위조한 A회사의 전문건설업등록증 등의 컴퓨터 이미지 파일을 공사 수주에 사용하기 위하여 B 등에게 이메일로 송부하였고, B 등이 甲으로부터 이메일로 송부받은 컴퓨터 이미지 파일을 프린터로 출력할 당시 그 이미지 파일이 위조된 것임을 알지 못한 경우 형법 제229조의 위조·변조공문서행사죄를 구성한다(대판 2012.2.23, 2011도14441).
㉡ (×) 이미 허위로 작성된 공문서는 형법제225조 소정의 공문서변조죄의 객체가 되지 아니한다(대판 1986.11.11, 86도1984).
㉢ (○) 대판 2000.6.13, 2000도778
㉣ (×) 경찰관이 고소사건을 처리하지 아니하였음에도 경찰범죄정보시스템에 그 사건을 검찰에 송치한 것으로 허위사실을 입력한 행위가 공전자기록위작죄에서 말하는 위작에 해당한다(대판 2005.6.9, 2004도6132).

30 정답 ③

① (○) 대판 1998.4.10, 98도164
② (○) 대판 1985.1.22, 84도2422
③ (×) 작성권한 있는 자가 그 권한을 남용하여 허위의 정보를 입력함으로써 시스템 설치·운영 주체의 의사에 반하는 전자기록을 생성한 행위는 형법 제232조의2에서 정한 사전자기록위작죄의 '위작'에 해당한다(대판 2020.8.27, 2019도11294 전원합의체).
④ (○) 대판 2011.11.10, 2011도10468

31 정답 ②

① (○) 대판 1997.7.11, 97도1082
② (×) 사망한 사람 명의의 사문서를 위조한 경우 문서명의인이 생존하고 있다는 점이 문서의 중요한 내용을 이루거나 그 점을 전제로 문서가 작성되었다면 사망한 명의자의 승낙이 추정된다 하더라도 사문서위조죄가 성립한다(대판 2011.9.29, 2011도6223).
③ (○) 대판 2010.5.13, 2010도1040
④ (○) 대판 1985.10.22, 85도1732

32 정답 ④

① (×) 양도인이 허위의 채권에 관하여 그 정을 모르는 양수인과 실제로 채권양도의 법률행위를 한 이상 공증인에게 그러한 채권양도의 법률행위에 관한 공정증서를 작성하게 하였다고 하더라도 그

공정증서가 증명하는 사항에 관하여는 불실의 사실을 기재하게 하였다고 볼 것은 아니고, 따라서 공정증서원본부실기재죄가 성립한다고 볼 수 없다(대판 2004.1.27, 2001도5414).

② (×) [1] 민사조정법상의 조정절차에서 작성되는 '조정조서'는 공정증서원본부실기재죄의 객체인 '공정증서원본'에 해당하지 않는다.
[2] 법원에 허위 내용의 조정신청서를 제출하여 판사로 하여금 조정조서에 부실의 사실을 기재하게 한 경우, 공정증서원본부실기재죄가 성립하지 않는다(대판 2010.6.10, 2010도3232).

③ (×) 신주발행이 판결로써 무효로 확정되기 이전에 그 신주발행사실을 담당 공무원에게 신고하여 공정증서인 법인등기부에 기재하게 한 경우, 그 행위가 공무원에 대하여 허위신고를 한 것이라거나 그 기재가 부실기재에 해당하는 것이라고 할 수는 없다(대판 2007.5.31, 2006도8488) ※ 주식회사의 신주발행의 경우 신주발행에 법률상 무효사유가 존재한다고 하더라도 그 무효는 신주발행무효의 소에 의해서만 주장할 수 있고, 신주발행무효의 판결이 확정되더라도 그 판결은 장래에 대하여만 효력이 있다.

④ (○) 대판 2012. 4.26, 2009도5786

33 정답 ①

① (×) 재건축조합 임시총회의 소집절차나 결의방법이 법령이나 정관에 위반되어 임원개임결의가 사법상 무효라고 하더라도, 실제로 재건축조합의 조합총회에서 그와 같은 내용의 임원개임결의가 이루어졌고 그 결의에 따라 임원변경등기를 마쳤다면 공정증서원본부실기재죄가 성립하지 아니한다고 한 사례(대판 2004.10.15, 2004도3584)

② (○) 대판 1987.7.21, 87도564
③ (○) 대판 1981.7.28, 81도898
④ (○) 대판 2004.4.9, 2003도7762

34 정답 ③

㉠ (×) 이는 채권자에 대해 동액 상당의 채무를 부담하겠다는 내용의 문서를 작성하도록 허락한 것으로 보아야 할 것이므로 비록 차용금증서에 피해자들을 연대보증인으로 하지 않고 직접 차주로 하였을 지라도 그 문서는 정당한 권한에 기하여 그 권한의 범위 안에서 적법하게 작성된 것으로 보아야 한다(대판 1984.10.10, 84도1566)

㉡ (×) 이사가 이사회 회의록에 서명 대신 서명거부 사유를 기재하고 그에 대한 서명을 하면, 특별한 사정이 없는 한 그 내용은 이사회 회의록의 일부가 되고, 이사회 회의록의 작성권한자인 이사장이라 하더라도 임의로 이를 삭제한 경우에는 이사회 회의록 내용에 변경을 가하여 새로운 증명력을 가져오게 되므로 사문서변조에 해당한다(대판 2018.9.13, 2016도20954)

㉢ (○) 대판 1977.7.12, 77도1736

㉣ (×) 사문서의 작성명의자의 인장이 압날되지 아니하고 주민등록번호가 기재되지 않았더라도, 일반인으로 하여금 그 작성 명의자가 진정하게 작성한 사문서로 믿기에 충분할 정도의 형식과 외관을 갖추었으면 사문서위조 및 동행사죄의 객체가 되는 사문서라고 보아야 한다(대판 1989.8.8, 88도2209)

제3장 사회의 도덕에 대한 죄

제1절 성풍속에 관한 죄 ~ 신앙에 관한 죄

35 정답 ②
① (○) 대판 2011.1.13, 2010도9330
② (×) 사기도박의 경우 사기도박자는 사기죄만 성립하고 도박죄는 성립하지 않으며, 그 상대방은 사기죄의 피해자에 불과하여 도박죄가 성립하지 않는다(대판 2011.1.13, 2010도9330).
③ (○) 대판 2008.10.23, 2008도3970
④ (○) 대판 2003.12.26, 2003도5433

36 정답 ③
㉠ (×) 도박장소등개설죄는 영리의 목적으로 도박을 개장하면 기수에 이르고, 현실로 도박이 행하여졌음은 묻지 않는바, 영리의 목적으로 속칭 포커나 바둑이, 고스톱 등의 인터넷 도박게임 사이트를 개설하여 운영하는 경우 현실적으로 게임이용자들로부터 돈을 받고 게임머니를 제공하고 게임이용자들이 도박게임 사이트에 접속하여 도박을 하여, 위 게임으로 획득한 게임머니를 현금으로 환전해 주는 방법 등으로 게임이용자들과 게임회사 사이에 있어서 재물이 오고갈 수 있는 상태에 있으면 게임이용자가 도박게임 사이트에 접속하여 실제 게임을 하였는지 여부와 관계없이 도박장소등개설죄의 기수에 이른다(대판 2009.12.10, 2008도5282).
㉡ (○) 대판 2011.1.13, 2010도9330
㉢ (○) 대판 2017.4.13, 2017도953
㉣ (○) 대판 2014.3.13, 2014도212

37 정답 ①
① (×) 형법 제245조의 공연음란죄는 주관적으로 성욕의 흥분, 만족 등의 성적인 목적이 있어야 성립하는 것은 아니고 그 행위의 음란성에 대한 의미의 인식이 있으면 족하다(대판 2004.3.12, 2003도6514).
② (○) 대판 1990.10.16, 90도1485
③ (○) 대판 2003.7.8, 2001도1335
④ (○) 대판 1970.10.30, 70도1879

38 정답 ③
① (○) 대판 2004.4.23, 2002도2518
② (○) 대판 2002.4.12, 2001도5802
③ (×) 피고인이 단순히 가맹점만을 모집한 상태에서 도박게임 프로그램을 시험가동한 정도에 그친 것이 아니라, 가맹점을 모집하여 인터넷 도박게임이 가능하도록 시설 등을 설치하고 도박게임 프로그램을 가동하던 중 문제가 발생하여 더 이상의 영업으로 나아가지 못한 것으로 볼 여지가 있다면 이로써 도박장소등개설죄는 이미 '기수'에 이르렀다고 볼 수 있고, 나아가 피고인이 모집한 피씨방의 업주들이 그곳을 찾은 이용자들에게 피고인이 개설한 도박게임 사이트에 접속하여 도박을 하게 한 사실이 없다고 하여 도박장소등개설죄의 성립이 부정된다고 할 수 없다고 한 사례 (대판 2009.12.10, 2008도5282).
④ (○) 대판 2007.11.29, 2007도8050

39 정답 ②
① (○) 대판 2013.2.14, 2010도13450
② (×) 살인, 강도살인 등의 목적으로 사람을 살해한 자가 그 살해의 목적을 수행함에 있어 사후 사체의 발견이 불가능 또는 심히 곤란하게 하려는 의사로 인적이 드문 장소로 피해자를 유인하거나 실신한 피해자를 끌고 가서 그곳에서 살해하고 사체를 그대로 둔 채 도주한 경우에는 비록 결과적으로 사체의 발견이 현저하게 곤란을 받게 되는 사정이 있다 하더라도 별도로 사체은닉죄가 성립되지 아니한다(대판 1986.6.24, 86도891).
③ (○) 대판 1984.11.27, 84도2263
④ (○) 대판 2003.6.27, 2003도1331

40 정답 ①

㉠ (○) 대판 2011.1.13, 2010도9330
㉡ (×) 각 사기죄는 상상적 경합의 관계에 있다(대판 2011.1.13, 2010도9330).
㉢ (×) 내국인의 출입을 허용하는 폐광지역 카지노에 출입하는 것은 법령에 의한 행위로 위법성이 조각되지만, 도박죄를 처벌하지 않는 외국 카지노에서의 도박은 위법성이 조각되지 않는다(대판 2004.4.23, 2002도2518).
㉣ (×) 형법 제246조에서 도박죄를 처벌하는 이유는 정당한 근로에 의하지 아니한 재물의 취득을 처벌함으로써 경제에 관한 건전한 도덕법칙을 보호하는 데 있다. 그리고 도박은 '재물을 걸고 우연에 의하여 재물의 득실을 결정하는 것'을 의미하는바, 여기서 '우연'이란 주관적으로 '당사자에 있어서 확실히 예견 또는 자유로이 지배할 수 없는 사실에 관하여 승패를 결정하는 것'을 말하고, 객관적으로 불확실할 것을 요구하지 아니한다. 따라서 당사자의 능력이 승패의 결과에 영향을 미친다고 하더라도 다소라도 우연성의 사정에 의하여 영향을 받게 되는 때에는 도박죄가 성립할 수 있다(대판 2008.10.23, 2006도736).
㉤ (○) 대판 1984.4.24, 84도195
㉥ (○) 대판 2009.2.26, 2008도10582

제3편 국가적 법익에 대한 죄

제1장 국가의 존립과 권위에 대한 죄

제1절 내란의 죄 ~ 외환의 죄

01 정답 ③

① (○) 대판 1997.4.17, 96도3376 전원합의체
② (○) 대판 1997.4.17, 96도3376 전원합의체
※ 국헌문란의 목적을 가진 자가 그러한 목적이 없는 자를 이용하여 내란죄를 실행한 경우에는 내란죄의 간접정범이 성립한다.
③ (×) 내란선동죄는 내란이 실행되는 것을 목표로 선동함으로써 성립하는 독립한 범죄이고, 선동으로 말미암아 피선동자들에게 반드시 범죄의 결의가 발생할 것을 요건으로 하지 않는다(대판 2015.1.22. 2014도10978 전원합의체).
④ (○) 대판 2015.1.22, 2014도10978 전원합의체

02 정답 ②

㉠ (×) 형법 제98조 제1항의 간첩방조죄는 정범인 간첩죄와 대등한 독립죄로서 간첩죄와 동일한 법정형으로 처벌하게 되어 있어 형법 총칙 제32조 소정의 감경대상이 되는 종범과는 그 실질이 달라 종범감경을 할 수 없는 것이다(대판 1986.9.23, 86도1429) ※ 간첩방조죄는 정범이므로 제32조에 의한 종범감경 대상이 아니다.
㉡ (○) 대판 2015.1.22, 2014도10978 전원합의체
㉢ (×) 내란죄 또는 내란목적살인죄를 범할 목적으로 예비 또는 음모한 자가 그 목적한 죄의 실행에 이르기 전에 자수한 때에는 그 형을 감경 또는 면제한다(제90조) 따라서 내란죄나 내란목적살인죄를 범할 것을 선동 또는 선전한 자의 경우에는 비록 자수하더라도 그 형을 필요적으로 감경 또는 면제하는 규정이 없다.
㉣ (○) 대판 1986.2.25, 85도2533

제2장 국가의 기능에 대한 죄

제1절 공무원의 직무에 관한 죄

03 정답 ③

㉠ (×) 작위범인 증거인멸죄만이 성립하고 부작위범인 직무유기죄는 따로 성립하지 아니한다(대판 2006.10.19, 2005도3909 전원합의체).

㉡ (×) 직무위배의 위법상태가 위계에 의한 공무집행방해행위 속에 포함되어 있는 것이라고 보아야 할 것이므로, 이와 같은 경우에는 작위범인 위계에 의한 공무집행방해죄만이 성립하고 부작위범인 직무유기죄는 따로 성립하지 아니한다(대판 1997.2.28, 96도2825).

㉢ (×) 작위범인 범인도피죄만이 성립하고 부작위범인 직무유기죄는 따로 성립하지 아니한다(대판 2017.3.15, 2015도1456).

㉣ (○) 대판 1983.3.22, 82도3065

04 정답 ③

① (○) 대판 2017.3.15, 2015도1456
② (○) 대판 1997.8.29, 97도675
③ (×) 하나의 행위가 부작위범인 직무유기죄와 작위범인 허위공문서작성·행사죄의 구성요건을 동시에 충족하는 경우 공소제기권자는 재량에 의하여 작위범인 허위공문서작성·행사죄로 공소를 제기하지 않고 부작위범인 직무유기죄로만 공소를 제기할 수 있다(대판 2008.2.14, 2005도4202).
④ (○) 대판 2007.7.12, 2006도1390

05 정답 ①

① (×) 지방자치단체의 장이 승진후보자명부 방식에 의한 5급 공무원 승진임용 절차에서 인사위원회의 사전심의·의결 결과를 참고하여 승진후보자명부상 후보자들에 대하여 승진임용 여부를 심사하고서 최종적으로 승진대상자를 결정하는 것이 아니라 미리 승진후보자명부상 후보자들 중에서 승진대상자를 실질적으로 결정한 다음 그 내용을 인사위원회 간사, 서기 등을 통해 인사위원회 위원들에게 '승진대상자 추천'이라는 명목으로 제시하여 인사위원회로 하여금 자신이 특정한 후보자들을 승진대상자로 의결하도록 유도하는 행위는 인사위원회 사전심의 제도의 취지에 부합하지 않다는 점에서 바람직하지 않다고 볼 수 있지만 그것만으로는 직권남용권리행사방해죄의 구성요건인 '직권의 남용' 및 '의무 없는 일을 하게 한 경우'로 볼 수 없다(대판 2020.12.10, 2019도17879).

② (○) 대판 2021.11.25, 2021도2486
③ (○) 대판 2014.4.10, 2013도229
④ (○) 대판 2010.6.24, 2008도11226

06 정답 ④

① (○) 대판 2020.1.9, 2019도11698
② (○) 대판 2010.1.28, 2008도7312
③ (○) 대판 1991.12.27, 90도2800
④ (×) 형법 제123조의 타인의 권리행사방해죄가 기수에 이르려면 행위에 결과가 발생한 것을 필요로 하므로 공무원의 직권남용이 있다 하여도 현실적으로 권리행사의 저해가 없다면 기수를 인정할 수 없다(대판 1978.10.10, 75도2665).
※ 판례는 직권남용죄(직권남용권리행사방해죄)의 경우의 권리행사가 현실적으로 방해되었을 때 기수가 된다고 본다.

07 정답 ④

① (○) 대판 2005.4.15, 2002도3453
② (○) 대판 2014.12.24, 2012도4531
③ (○) 대판 2020.1.30, 2018도2236 전원합의체
④ (×) [1] 공무원이 자신의 직무권한에 속하는 사항에 관하여 실무 담당자로 하여금 그 직무집행을 보조하는 사실행위를 하도록 하더라도 이는 공무원 자신의 직무집행으로 귀결될 뿐이므로 원칙적으로 직권남용권리행사방해죄에서 말하는 의무 없는 일을 하게 한 때에 해당한다고 할 수 없다.
[2] 직무집행의 기준과 절차가 법령에 구체적으로 명시되어 있고 실무 담당자에게도 직무집행의

기준을 적용하고 절차에 관여할 고유한 권한과 역할이 부여되어 있다면 실무 담당자로 하여금 그러한 기준과 절차를 위반하여 직무집행을 보조하게 한 경우에는 '의무 없는 일을 하게 한 때'에 해당한다(대판 2020.1.9, 2019도11698)

08 정답 ②

① (×) '권리행사를 방해함으로 인한 직권남용권리행사방해죄'만 성립하고 '의무 없는 일을 하게 함으로 인한 직권남용권리행사방해죄'는 따로 성립하지 아니하는 것으로 봄이 상당하다(대판 2010.1.28, 2008도7312)
② (○) 대판 2008.12.24, 2007도9287
③ (×) 공무상비밀누설죄가 성립하지 않는다(대판 2012.3.15, 2010도14734)
④ (×) 감금죄는 간접정범의 형태로도 행하여질 수 있는 것이므로, 인신구속에 관한 직무를 행하는 자 또는 이를 보조하는 자가 피해자를 구속하기 위하여 진술조서 등을 허위로 작성한 후 이를 기록에 첨부하여 구속영장을 신청하고, 진술조서 등이 허위로 작성된 정을 모르는 검사와 영장전담판사를 기망하여 구속영장을 발부받은 후 그 영장에 의하여 피해자를 구금하였다면 직권남용감금죄(불법체포·감금죄)가 성립한다(대판 2006.5.25, 2003도3945)

09 정답 ③

① (○) 대판 2020.9.24, 2017도12389
② (○) 대판 2017.3.22, 2016도21536
③ (×) 제3자뇌물수수죄에서 뇌물을 받는 제3자가 뇌물임을 인식할 것을 요건으로 하지 않는다(대판 2019.8.29, 2018도2738 전원합의체)
④ (○) 대판 1977.6.7, 77도1069

10 정답 ②

① (×) 뇌물죄는 직무집행의 공정과 이에 대한 사회의 신뢰 및 직무행위의 불가매수성을 그 보호법익으로 하고 있고, 직무에 관한 청탁이나 부정한 행위를 필요로 하는 것은 아니기 때문에 수수된 금품의 뇌물성을 인정하는 데 특별한 청탁이 있어야만 하는 것은 아니고, 또한 금품이 직무에 관하여 수수된 것으로 족하고 개개의 직무행위와 대가적 관계에 있을 필요는 없으며, 그 직무행위가 특정된 것일 필요도 없다(대판 2000.1.21, 99도4940)
② (○) 대판 2014.3.27, 2013도11357
③ (×) 뇌물을 수수한 자가 공동수수자가 아닌 교사범 또는 종범에게 뇌물 중 일부를 사례금 등의 명목으로 교부하였다면 이는 뇌물을 수수하는 데 따르는 부수적 비용의 지출 또는 뇌물의 소비행위에 지나지 아니하므로, 뇌물수수자에게서 수뢰액 전부를 추징하여야 한다(대판 2011.11.24, 2011도9585)
④ (×) 단순수뢰죄가 성립한다(대판 1998.9.22, 98도1234)

11 정답 ③

① (○) 대판 2015.10.15, 2015도6232
② (○) 대판 2009.1.30, 2008도6950.
③ (×) 뇌물죄는 직무집행의 공정과 이에 대한 사회의 신뢰 및 직무행위의 불가매수성을 그 보호법익으로 하고 있고, 직무에 관한 청탁이나 부정한 행위를 필요로 하는 것은 아니기 때문에 수수된 금품의 뇌물성을 인정하는 데 특별한 청탁이 있어야만 하는 것은 아니고, 또한 금품이 직무에 관하여 수수된 것으로 족하고 개개의 직무행위와 대가적 관계에 있을 필요는 없으며, 그 직무행위가 특정된 것일 필요도 없다(대판 2000.1.21, 99도4940)
④ (○) 대판 2017.3.15, 2016도19659

12 정답 ②

㉠ (○) 대판 2012.6.14, 2012도534
㉡ (×) 오로지 공무원을 함정에 빠뜨릴 의사로 직무와 관련되었다는 형식을 빌려 그 공무원에게 금품을 공여한 경우에도 공무원이 그 금품을 직무와 관련하여 수수한다는 의사를 가지고 받아들이면 뇌물수수죄가 성립한다(대판 2008.3.13, 2007도10804)

ⓒ (○) 대판 2006.6.15, 2004도3424
ⓔ (×) 공무원의 직무에 속한 사항의 알선에 관하여 금품을 받고 그 금품 중의 일부를 받은 취지에 따라 청탁과 관련하여 관계 공무원에게 뇌물로 공여하거나 다른 알선행위자에게 청탁의 명목으로 교부한 경우에는 그 부분의 이익은 실질적으로 범인에게 귀속된 것이 아니어서 이를 제외한 나머지 금품만을 몰수하거나 그 가액을 추징하여야 한다(대판 1999.6.25, 99도1900)

13 정답 ①

㉠ (○) 대판 2011.4.14, 2010도12313 ※ 제3자뇌물공여죄(제3자뇌물제공죄)는 반드시 부정한 청탁이 있어야 한다.
㉡ (×) 공무원이 직무와 관련하여 뇌물수수를 약속하고 퇴직 후 이를 수수하는 경우에는 뇌물약속과 뇌물수수가 시간적으로 근접하여 연속되어 있다고 하더라도 뇌물약속죄 및 사후수뢰죄가 성립할 수 있음은 별론으로 하고 뇌물수수죄는 성립하지 않는다(대판 2010.10.14, 2010도387)
㉢ (×) 제3자의 증뢰물전달죄는 제3자가 증뢰자로부터 교부받은 금품을 수뢰할 사람에게 전달하였는지 여부에 관계 없이 제3자가 그 정을 알면서 금품을 교부받음으로써 성립하는 것이며, 나아가 제3자가 그 교부받은 금품을 수뢰할 사람에게 전달하였다고 하여 증뢰물전달죄 외에 별도로 뇌물공여죄가 성립하는 것은 아니다(대판 1997.9.5, 97도1572)
㉣ (×) 공무원이 직무와 관련하여 금품을 수수하였다면 비록 사교적 의례의 형식을 빌어 금품을 주고받았다 하더라도 그 수수한 금품은 뇌물이 된다(대판 2004.5.28, 2004도1442)

14 정답 ①

① (×) 제3자뇌물수수죄에서 제3자란 행위자와 공동정범 이외의 사람을 말하고, 교사자나 방조자도 포함될 수 있다(대판 2017.3.15, 2016도19659)
② (○) 대판 2019.8.29, 2018도13792 전원합의체
③ (○) 대판 2017.12.22, 2017도12346
④ (○) 대판 2017.3.15, 2016도19659

15 정답 ②

㉠ (○) 대판 2000.1.28, 99도4022
㉡ (×) 뇌물수수죄의 주체가 될 수 없다(대판 1980.10.14, 80도1373)
㉢ (○) 대판 2019.8.29, 2018도2738 전원합의체
㉣ (×) 뇌물증여죄가 성립되기 위하여서는 뇌물을 공여하는 행위와 상대방측에서 금전적으로 가치가 있는 그 물품 등을 받아들이는 행위(부작위 포함)가 필요할 뿐이지 반드시 상대방측에서 뇌물수수죄가 성립되어야만 한다는 것을 뜻하는 것은 아니다(대판 1987.12.22, 87도1699)

16 정답 ③

① (○) 대판 2010.4.15, 2009도11146
② (○) 대판 2017.4.7, 2016도18104
③ (×) 제3자뇌물수수죄에서 제3자란 행위자와 공동정범 이외의 사람을 말하고, 교사자나 방조자도 포함될 수 있다. 그러므로 공무원 또는 중재인이 부정한 청탁을 받고 제3자에게 뇌물을 제공하게 하고 그 제3자가 그러한 공무원 또는 중재인의 범죄행위를 알면서 방조한 경우에는 그에 대한 별도의 처벌규정이 없더라도 방조범에 관한 형법 총칙의 규정이 적용되어 제3자뇌물수수방조죄가 인정될 수 있다(대판 2017.3.15, 2016도19659)
④ (○) 대판 2017.3.15, 2016도19659

17 정답 ①

① (×) 지방공무원의 신분을 가지지 아니하는 사람도 지방공무원법 제58조 제1항(집단행위의 금지)을 위반하여 같은 법 제82조에 따라 처벌되는 지방공무원의 범행에 가공한다면 형법 제33조 본문에 의해서 공범으로 처벌받을 수 있다(대판 2012.6.14, 2010도14409)
② (○) 대판 2019.8.29, 2018도13792 전원합의체
③ (○) 대판 2019.8.29, 2018도2738 전원합의체
④ (○) 대판 2019.8.29, 2018도13792 전원합의체

제2절 공무방해에 관한 죄

18 정답 ②

㉠ (×) 경범죄처벌법 제3조 제3항 제2호의 거짓신고가 '위계'의 수단·방법·태양의 하나가 된 경우에는 거짓신고로 인한 경범죄처벌법위반죄가 위계에 의한 공무집행방해죄에 흡수되는 법조경합 관계에 있으므로, 위계에 의한 공무집행방해죄만 성립할 뿐 이와 별도로 거짓신고로 인한 경범죄처벌법 위반죄가 성립하지는 않는다(대판 2022.10.27, 2022도10402)

㉡ (○) 대판 1995.1.20, 94도2842

㉢ (×) [1] ○○시청 주민생활복지과 소속 공무원이 주민생활복지과 사무실에 방문한 피고인에게 민원 내용을 물어보며 민원 상담을 시도한 행위, 피고인의 욕설과 소란으로 인해 정상적인 민원 상담이 이루어지지 아니하고 다른 민원 업무 처리에 장애가 발생하는 상황이 지속되자 피고인을 사무실 밖으로 데리고 나간 행위는 민원 안내 업무와 관련된 일련의 직무수행으로 포괄하여 파악함이 상당하다.
[2] 민원 상담을 시도한 순간부터 민원 상담 시도를 종료한 순간까지만 주민생활복지과 소속 공무원의 직무 범위인 민원 업무에 해당하는 것으로 보고, 민원 상담 시도 종료 이후 소란을 피우고 있는 피고인을 사무실에서 퇴거시키는 등의 후속조치는 주민생활복지과 소속 공무원의 직무 범위에 포함되지 않는다고 파악하는 것은 부당하다(대판 2022.3.17, 2021도13883)

㉣ (○) 대판 2018.3.29, 2017도21537

19 정답 ②

① (×) 공무집행방해죄에 있어서 '직무를 집행하는'이라 함은 공무원이 직무수행에 직접 필요한 행위를 현실적으로 행하고 있는 때만을 가리키는 것이 아니라 공무원이 직무수행을 위하여 근무 중인 상태에 있는 때를 포괄하고, 직무의 성질에 따라서는 그 직무수행의 과정을 개별적으로 분리하여 부분적으로 각각의 개시와 종료를 논하는 것이 부적절하고 여러 종류의 행위를 포괄하여 일련의 직무수행으로 파악함이 상당한 경우가 있다(대판 2018.3.29, 2017도21537)

② (○) 대판 2020.8.20, 2020도7193

③ (×) 위계에 의한 공무집행방해죄에서 공무원의 직무집행이란 법령의 위임에 따른 공무원의 적법한 직무집행인 이상 공권력의 행사를 내용으로 하는 권력적 작용뿐만 아니라 사경제주체로서의 활동을 비롯한 비권력적 작용도 포함된다(대판 2003.12.26, 2001도6349)

④ (×) 형법이 업무방해죄와는 별도로 공무집행방해죄를 규정하고 있는 것은 사적 업무와 공무를 구별하여 공무에 관해서는 공무원에 대한 폭행, 협박 또는 위계의 방법으로 그 집행을 방해하는 경우에 한하여 처벌하겠다는 취지라고 보아야 할 것이고, 따라서 공무원이 직무상 수행하는 공무를 방해하는 행위에 대해서는 업무방해죄로 의율할 수는 없다(대판 2011.7.28, 2009도11104)

20 정답 ④

① (○) 대판 1997.2.28, 96도2825

② (○) 대판 2009.6.25, 2009도3505

③ (○) 대판 2012.9.13, 2010도6203

④ (×) 공무집행방해죄에 있어서의 범의는 상대방이 직무를 집행하는 공무원이라는 사실, 그리고 이에 대하여 폭행 또는 협박을 한다는 사실을 인식하는 것을 그 내용으로 하고 그 인식은 불확정적인 것이라도 소위 미필적 고의가 있다고 보아야 하며, 그 직무집행을 방해할 의사를 필요로 하지 아니한다(대판 1995.1.24, 94도1949)

21 정답 ②

㉠ (○) 대판 2018.3.29, 2017도21537

㉡ (×) 피고인이 노조원들과 함께 경찰관들이 파업투쟁 중인 공장에 진입할 경우에 대비하여 그들의 부재 중에 미리 윤활유나 철판조각을 바닥에 뿌려 놓아 경찰관들이 이에 미끄러져 넘어지거나 철판조각에 찔려 다친 경우 피고인 등이 윤활유나 철판조각을 경찰관들의 면전에서 공무집행을 방해할 의도로 뿌린 것이라는 등의 특별한 사정

이 있는 경우는 별론으로 하고 이를 가리켜 경찰관들에 대한 유형력의 행사, 즉 폭행에 해당하는 것으로 볼 수 없어 특수공무집행방해치상죄는 성립하지 아니한다(대판 2010.12.23, 2010도7412).
ⓒ (×) 야간 당직 근무중인 청원경찰이 불법주차 단속요구에 응하여 현장을 확인만 하고 주간 근무자에게 전달하여 단속하겠다고 했다는 이유로 민원인이 청원경찰을 폭행한 경우 야간 당직 근무자는 불법주차 단속권한은 없지만 민원 접수를 받아 다음날 관련 부서에 전달하여 처리하고 있으므로 불법주차 단속업무는 야간 당직 근무자들의 민원업무이자 경비업무로서 공무집행방해죄의 '직무집행'에 해당하여 공무집행방해죄가 성립한다(대판 2009.1.15, 2008도9919).
ⓔ (○) 대판 2008.11.13, 2007도9794

22 정답 ④

① (○) 대판 2010.12.23, 2010도7412
② (○) 대판 1992.7.28, 92도917
③ (○) 대판 2016.5.12, 2015도20322
④ (×) 집행관이 유체동산을 가압류하면서 이를 채무자에게 보관하도록 한 경우 그 가압류의 효력은 압류된 물건의 처분행위를 금지하는 효력이 있으므로 채무자가 가압류된 유체동산을 제3자에게 양도하고 그 점유를 이전한 경우 이는 가압류집행이 금지하는 처분행위로서 특별한 사정이 없는 한 가압류표시 자체의 효력을 사실상으로 감쇄 또는 멸각시키는 행위에 해당한다. 이는 채무자와 양수인이 가압류된 유체동산을 원래 있던 장소에 그대로 두었다고 하더라도 마찬가지이다(대판 2018.7.11, 2015도5403).

23 정답 ③

① (○) 대판 2011.2.10, 2010도15986
② (○) 대판 1984.1.31, 83도2290
③ (×) 국립대학교의 전임교원 공채 지원자인 乙이 학과장 甲의 도움으로 이미 논문접수가 마감된 학회지에 논문을 추가게재하여 심사요건 이상의 전공논문실적을 확보하였더라도 이는 乙이 자신

의 노력에 의한 연구결과물로서 심사기준을 충족한 것이고 이후 다른 전형절차들을 모두 거쳐 최종 선발된 것이라면, 乙의 행위가 공채관리위원회 위원들로 하여금 乙의 자격에 관하여 오인이나 착각, 부지를 일으키게 하였다거나 그로 인하여 그릇된 행위나 처분을 하게 한 경우에 해당한다고 할 수 없어, 형법 제137조에 정한 '위계'에 해당하지 않는다고 한 사례(대판 2009.4.23, 2007도1554).
④ (○) 대판 1977.2.8, 76도3685

24 정답 ④

① (×) 공무원이 감시·단속이라는 직무를 소홀히 한 결과일 뿐 위계로 공무집행을 방해한 것이라고 볼 수 없다(대판 2022.3.31, 2018도15213).
② (×) 특수공무집행방해죄가 성립한다(대판 2007.10.12, 2007도6088).
③ (×) 피고인들 등이 '지방의회 임시의장의 무기명투표 관리에 관한 직무집행을 방해'하였다고 평가할 사정에 관한 검사의 증명이 없거나 부족하다는 등의 이유로, 이와 달리 보아 피고인들에게 유죄를 인정한 원심판결에 위계에 의한 공무집행방해죄의 성립에서 위계의 실행행위와 공무집행방해의 결과 및 그 고의에 관한 법리 등을 오해한 잘못이 있다고 한 사례(대판 2021.4.29, 2018도18582).
④ (○) 대판 2022.6.22, 2021도244

25 정답 ①

㉠ (×) 공용서류무효죄의 객체는 그것이 공무소에서 사용되는 서류인 이상, 정식절차를 밟아 접수되었는지 또는 완성되어 효력이 발생되었는지의 여부를 묻지 않는다 할 것이므로 피고인이 작성한 이 사건 진술조서가 상사에게 정식으로 보고되어 수사기록에 편철된 문서가 아니라거나 완성된 서류가 아니라 하여 형법 제141조 제1항 소정의 공무소에서 사용하는 서류에 해당하지 않는 것이라고 할 수 없으니, 피고인이 진술자의 서명 무인과 간인까지 받아 작성한 진술조서를 수사기록에 편철하지 않은 채 보관하고 있다가 휴지통

에 버려 폐기한 소위는 공용서류무효죄에 해당한다(대판 1982.10.12, 82도368)
ⓒ (○) 대판 2009.3.12, 2008도7156
ⓒ (○) 대판 2006.10.13, 2006도4740
ⓒ (○) 대판 2003.7.25, 2003도1609

제3절 도주와 범인은닉의 죄

26 정답 ③

① (×) 범인도피죄는 범인은닉 이외의 방법으로 범인에 대한 수사·재판 및 형의 집행 등 형사사법의 작용을 곤란 또는 불가능하게 하는 행위를 말한다(대판 1995.3.3, 93도3080)
② (×) 범인이 자신을 위하여 타인으로 하여금 허위의 자백을 하게 하여 범인도피죄를 범하게 하는 행위는 방어권의 남용으로 범인도피교사죄에 해당하는 바, 이 경우 그 타인이 형법 제151조 제2항에 의하여 처벌을 받지 아니하는 친족 또는 동거 가족에 해당한다 하여 달리 볼 것은 아니다(대판 2006.12.7, 2005도3707)
③ (○) 대판 1984.2.14, 83도2209
④ (×) 참고인이 수사기관에서 범인에 관하여 조사를 받으면서 그가 알고 있는 사실을 묵비하거나 허위로 진술하였다고 하더라도, 그것이 적극적으로 수사기관을 기만하여 착오에 빠지게 함으로써 범인의 발견 또는 체포를 곤란 내지 불가능하게 할 정도가 아닌 한 범인도피죄를 구성하지 않는다(대판 2008.12.24, 2007도11137)

27 정답 ①

① (×) 범인이 자신을 위하여 타인으로 하여금 허위의 자백을 하게 하여 범인도피죄를 범하게 하는 행위는 방어권의 남용으로 범인도피교사죄에 해당하는바, 이 경우 그 타인이 형법 제151조 제2항에 의하여 처벌을 받지 아니하는 친족 또는 동거 가족에 해당한다 하여 달리 볼 것은 아니다(대판 2006.12.7, 2005도3707) 乙의 경우 책임이 조각되어 무죄라도 甲은 범인도피교사죄의 죄책을 진다.
② (○) 대판 2018.8.1, 2015도20396
③ (○) 대판 2010.1.21, 2008도942 전원합의체
④ (○) 대판 2014.3.13, 2012도2468

28 정답 ①

① (×) 위증죄의 기수시기는 신문 진술이 종료한 때로 해석할 것이다(대판 1974.6.25, 74도1231)
② (○) 대판 2020.2.13, 2019도12194
③ (○) 대판 2021.1.28, 2020도2642
④ (○) 대판 2017.3.15, 2015도1456

29 정답 ③

① (○) 대판 2002.10.11, 2002도3332
② (○) 대판 2006.7.6, 2005도6810
③ (×) 범인 스스로 도피하는 행위는 처벌되지 아니하므로, 범인이 도피를 위하여 타인에게 도움을 요청하는 행위 역시 도피행위의 범주에 속하는 한 처벌되지 아니하며, 범인의 요청에 응하여 범인을 도운 타인의 행위가 범인도피죄에 해당한다고 하더라도 마찬가지이다(대판 2014.4.10, 2013도12079)
④ (○) 대판 2003.12.26, 2003도4533

30 정답 ②

㉠ (○) 대판 2014.4.10, 2013도12079
㉡ (×) 형법 제151조에서 규정하는 범인도피죄는 범인은닉 이외의 방법으로 범인에 대한 수사, 재판 및 형의 집행 등 형사사법의 작용을 곤란 또는 불가능하게 하는 행위를 말하는 것으로서 그 방법에는 어떠한 제한이 없고, 또 이는 위험범으로서 현실적으로 형사사법의 작용을 방해하는 결과가 초래될 것이 요구되지는 않는다(대판 1995.3.3, 93도3080)
㉢ (×) 신원보증서를 작성하여 수사기관에 제출하는 보증인이 피의자의 인적사항을 허위로 기재하였다고 하더라도 그로써 적극적으로 수사기관을 기망한 결과 피의자를 석방하게 하였다는 등 특

별한 사정이 없는 한 그 행위만으로 범인도피죄가 성립되지 않는다(대판 2003.2.14, 2002도5374)

② (×) 도주죄의 범인이 도주행위를 하여 기수에 이르른 이후에 범인의 도피를 도와 주는 행위는 범인도피죄에 해당할 수 있을 뿐 도주원조죄에는 해당하지 아니한다(대판 1991.10.11, 91도1656)

31 정답 ①

① (○) 피고인의 이러한 행위는 형사사법에 중대한 장애를 초래한다고 보기 어려운 통상적 도피의 한 유형으로 볼 여지가 충분하므로 범인도피교사를 인정하기 어렵다(대판 2014.04.10, 2013도12079).

② (×) 피고인이 검사로부터 범인을 검거하라는 지시를 받고서도 그 직무상의 의무에 따른 적절한 조치를 취하지 아니하고 오히려 범인에게 전화로 도피하라고 권유하여 그를 도피케 한 경우에는 직무위배의 위법상태가 범인도피행위 속에 포함되어 있는 것으로 보아야 할 것이므로, 작위범인 범인도피죄만이 성립하고 부작위범인 직무유기죄는 따로 성립하지 아니한다(대판 1996.5.10, 96도51).

③ (×) 수사절차에서 작성되는 신원보증서는 체포된 피의자 석방의 필수적인 요건이거나 어떠한 법적효력이 있는 것은 아니고 보증인에게 법적으로 진실한 서류를 작성·제출할 의무가 부과된 것은 아니므로, 신원보증서를 작성하여 수사기관에 제출하는 보증인이 피의자의 인적사항을 허위로 기재하였다고 하더라도 그로써 적극적으로 수사기관을 기망한 결과 피의자를 석방하게 하였다는 등 특별한 사정이 없는 한 그 행위만으로 범인도피죄가 성립되지 않는다(대판 2003.2.14, 2002도5374).

④ (×) 형법 제151조 제1항 소정의 '죄를 범한 자'라 함은 범죄의 혐의를 받아 수사 대상이 되어 있는 자를 포함한다. 따라서 구속수사의 대상이 된 소송외인이 그 후 무혐의로 석방되었다 하더라도 위 죄의 성립에 영향이 없다(대판 1982.1.26, 81도1931).

32 정답 ④

㉠ (×) 범인도피죄는 타인을 도피하게 하는 경우에 성립할 수 있는데, 여기에서 타인에는 공범도 포함되나 범인 스스로 도피하는 행위는 처벌되지 않는다. 또한 공범 중 1인이 그 범행에 관한 수사절차에서 참고인 또는 피의자로 조사받으면서 자기의 범행을 구성하는 사실관계에 관하여 허위로 진술하고 허위 자료를 제출하는 것은 자신의 범행에 대한 방어권 행사의 범위를 벗어난 것으로 볼 수 없다. 이러한 행위가 다른 공범을 도피하게 하는 결과가 된다고 하더라도 범인도피죄로 처벌할 수 없다. 이때 공범이 이러한 행위를 교사하였더라도 범죄가 될 수 없는 행위를 교사한 것에 불과하여 범인도피교사죄가 성립하지 않는다(대판 2018.8.1, 2015도20396)

㉡ (○) 범인이 기소중지자임을 알고도 범인의 부탁으로 다른 사람의 명의로 대신 임대차계약을 체결해 준 경우 비록 임대차계약서가 공시되는 것은 아니라 하더라도 수사기관이 탐문수사나 신고를 받아 범인을 발견하고 체포하는 것을 곤란하게 하여 범인도피죄에 해당한다(대판 2004.3.26, 2003도8226)

㉢ (○) 형법 제151조 제2항

㉣ (×) 범인도피죄는 범인을 도피하게 함으로써 기수에 이르지만 범인도피행위가 계속되는 동안에는 범죄행위도 계속되고 행위가 끝날 때 비로소 범죄행위가 종료되고, 공범자의 범인도피행위의 도중에 그 범행을 인식하면서 그와 공동의 범의를 가지고 기왕의 범인도피상태를 이용하여 스스로 범인도피행위를 계속한 자에 대하여는 범인도피죄의 공동정범이 성립한다(대판 1995.9.5, 95도577)

제4절 위증과 증거인멸의 죄

33 정답 ④

㉠ (○), ㉡ (○) 피고인 자신이 직접 형사처분이나 징계처분을 받게 될 것을 두려워한 나머지 자기의 이익을 위하여 그 증거가 될 자료를 인멸하였다면 그 행위가 동시에 다른 공범자의 형사사건이나 징계사건에 관한 증거를 인멸한 결과가 된다고 하더라도 이를 증거인멸죄로 다스릴 수 없고, 이러한 법리는 그 행위가 피고인의 공범자가 아닌 자의 형사사건이나 징계사건에 관한 증거를 인멸한 결과가 된다고 하더라도 마찬가지이다(대판 1995.9.29, 94도2608)

㉢ (○) 피고인들이 운항관리자로서 수행하여야 할 출항 전 안전점검을 하지 않았거나 부실하게 하였음에도 마치 출항 전 여객선 안전점검 보고서가 선장에 의해 정상적으로 작성·제출되고, 자신들이 출항 전 안전점검을 제대로 실시한 것처럼 위 보고서에 확인 서명한 것은 한국해운조합에 대한 관계에서 '위계'에 해당하고, 이러한 위계로 인해 이 사건 각 여객선의 안전한 운항관리를 위하여 필요한 승선정원 초과 여부 및 화물 적재한도 초과 여부, 화물·차량의 고박 상태(적재 상태)에 대해 아무런 점검 없이 위 여객선들을 출항하게 함으로써 한국해운조합의 운항관리업무가 방해될 위험이 발생하였으며, 피고인들은 그러한 위험을 불확정적이나마 인식하였다고 봄이 타당하다(대판 2021.3.11, 2016도14415)

㉣ (○) 甲과 乙은 공용서류무효죄, 허위공문서작성죄 및 동행사죄의 죄책을 진다(대판 1995.9.29, 94도2608 참고)

34 정답 ③

① (○) 대판 2021.1.28, 2020도2642
② (○) 대판 2015.10.29, 2015도9010
③ (×) 증거위조죄에서 '위조'란 문서에 관한 죄의 위조 개념과는 달리 새로운 증거의 창조를 의미한다. 그러나 사실의 증명을 위해 작성된 문서가 그 사실에 관한 내용이나 작성명의 등에 아무런 허위가 없다면 '증거위조'에 해당한다고 볼 수 없다. 가사 사실증명에 관한 문서가 형사사건 또는 징계사건에서 허위의 주장에 관한 증거로 제출되어 그 주장을 뒷받침하게 되더라도 마찬가지이다(대판 2021.1.28, 2020도2642)
④ (○) 대판 2017.10.26, 2017도9827

35 정답 ③

① (○) 대판 1986.9.9, 86도57
② (○) 대판 2004.1.27, 2003도5114
③ (×) 이미 유죄의 확정판결을 받은 경우에는 헌법 제13조 제1항에 정한 일사부재리의 원칙에 의해 다시 처벌받지 아니하므로 자신에 대한 유죄판결이 확정된 증인은 공범에 대한 사건에서 증언을 거부할 수 없고, 설령 증인이 자신에 대한 형사사건에서 시종일관 범행을 부인하였더라도 그러한 사정만으로 증인이 진실대로 진술할 것을 기대할 수 있는 가능성이 없는 경우에 해당한다고 할 수 없으므로 허위의 진술에 대하여 위증죄 성립을 부정할 수 없다(대판 2011.11.24, 2011도11994)
④ (○) 대판 1994.12.23, 93도1002.

36 정답 ①

㉠ (×) 그것이 증인진술서에 기재된 내용 중 특정 사항을 구체적으로 진술한 것과 같이 볼 수 있는 등의 특별한 사정이 없는 한 증인이 그 증인진술서에 기재된 구체적인 내용을 기억하여 반복 진술한 것으로는 볼 수 없으므로, 가사 거기에 기재된 내용에 허위가 있다 하더라도 그 부분에 관하여 법정에서 증언한 것으로 보아 위증죄로 처벌할 수는 없다(대판 2010.5.13, 2007도1397)
㉡ (○) 대판 2010.9.30, 2010도7525
㉢ (○) 대판 2007.3.15, 2006도9463
㉣ (○) 대판 1990.2.23, 89도1212

37 정답 ③

① (○) 대판 2003.7.25, 2003도18
② (○) 대판 2007.12.27, 2006도3575
③ (×) 형법 제155조 제1항의 증거위조죄에서 타인의 형사사건이란 증거위조 행위시에 아직 수사절

차가 개시되기 전이라도 장차 형사사건이 될 수 있는 것까지 포함하고, 그 형사사건이 기소되지 아니하거나 무죄가 선고되더라도 증거위조죄의 성립에 영향이 없다(대판 2011.2.10. 2010도15986)
④ (○) 타인의 형사사건과 관련하여 수사기관이나 법원에 제출하거나 현출되게 할 의도로 법률행위 당시에는 존재하지 아니하였던 처분문서를 사후에 그 작성일을 소급하여 작성하는 것은 가사 그 작성자에게 해당 문서의 작성권한이 있고, 또 그와 같은 법률행위가 당시에 존재하였다거나 그 법률행위의 내용이 위 문서에 기재된 것과 큰 차이가 없다 하여도 증거위조죄의 구성요건을 충족시키는 것이라고 보아야 하고, 비록 그 내용이 진실하다 하여도 국가의 형사사법기능에 대한 위험이 있다는 점은 부인할 수 없다(대판 2007.6.28, 2002도3600)

38 정답 ①

① (×) 피고인에게 사실대로 진술할 기대가능성이 있으므로 위증죄가 성립한다(대판 2008.10.23, 2005도10101)
② (○) 제153조
③ (○) 대판 2003.3.14, 2002도6134
④ (○) 대판 2011.7.28, 2010도2244

39 정답 ②

㉠ (×) 본조가 규정한 '증거의 위조'란 '증거방법의 위조'를 의미하므로, 위조에 해당하는지 여부는 증거방법 자체를 기준으로 하여야 하고 그것을 통해 증명하려는 사실이 허위인지 진실인지 여부에 따라 위조 여부가 결정되어서는 안 된다. 제출된 증거방법의 증거가치를 평가하고 이를 기초로 사실관계를 확정할 권한과 의무는 법원에 있기 때문이다(대판 2021.1.28, 2020도2642)
㉡ (○) 대판 2010.1.21, 2008도942 전원합의체
㉢ (×) 참고인이 타인의 형사사건 등에서 직접 진술 또는 증언하는 것을 대신하거나 그 진술 등에 앞서서 허위의 사실확인서나 진술서를 작성하여 수사기관 등에 제출하거나 또는 제3자에게 교부하여 제3자가 이를 제출한 것은 존재하지 않는 문서를 이전부터 존재하고 있는 것처럼 작성하는 등의 방법으로 새로운 증거를 창조한 것이 아닐 뿐더러, 참고인이 수사기관에서 허위의 진술을 하는 것과 차이가 없으므로 증거위조죄를 구성하지 않는다(대판 2015.10.29, 2015도9010)
㉣ (○) 대판 1973.11.27, 73도1639

40 정답 ②

㉠ (○) 대판 1995.9.29, 94도2608
㉡ (×) 자기의 형사사건에 관한 증거를 인멸하기 위하여 타인을 교사하여 죄를 범하게 한 자에 대하여는 증거인멸교사죄가 성립한다(대판 2000.3.24, 99도5275)
㉢ (○) 대판 2013.12.26, 2013도8085
㉣ (×) 甲이 제출한 입금확인증 등은 금융기관이 금융거래에 관한 사실을 증명하기 위해 작성한 문서로서 그 내용이나 작성명의 등에 아무런 허위가 없는 이상 이를 증거의 '위조'에 해당한다고 볼 수 없고, 나아가 '위조한 증거를 사용'한 행위에 해당한다고 볼 수도 없다(대판 2021.1.28, 2020도2642)

41 정답 ④

㉠ (○) 대판 1994.12.23, 93도1002
㉡ (×) [1] 위증죄에 있어서의 허위의 공술이란 증인이 자기의 기억에 반하는 사실을 진술하는 것을 말하는 것으로서 그 내용이 객관적 사실과 부합한다고 하여도 위증죄의 성립에 장애가 되지 않는다(대판 1989.1.17, 88도580).
[2] 무고죄는 타인으로 하여금 형사처분 등을 받게 할 목적으로 신고한 사실이 객관적 진실에 반하는 허위사실인 경우에 성립되는 범죄로서, 신고자가 그 신고내용을 허위라고 믿었다 하더라도 그것이 객관적으로 진실한 사실에 부합할 때에는 허위사실의 신고에 해당하지 않아 무고죄는 성립하지 않는 것이다(대판 1991.10.11, 91도1950)
㉢ (○) 대판 1990.2.23, 89도1212
㉣ (×) 형법 제155조 제1항에서 타인의 형사사건에

관하여 증거를 위조한다 함은 증거 자체를 위조함을 말하는 것으로서, 선서무능력자로서 범죄현장을 목격하지도 못한 사람으로 하여금 형사법정에서 범죄 현장을 목격한 양 허위의 증언을 하도록 하는 것은 위 조항이 규정하는 증거위조죄를 구성하지 아니한다(대판 1998.2.10, 97도2961).

제5절 무고죄

42 정답 ④
㉠ (○) 대판 2017.4.26, 2013도12592
㉡ (○) 대판 2012.5.24, 2011도11500
㉢ (○) 대판 2008.5.29, 2006도6347
㉣ (×) 무고죄에 있어서의 신고는 자발적인 것이어야 하고 수사기관 등의 추문에 대하여 허위의 진술을 하는 것은 무고죄를 구성하지 않는 것이지만, 당초 고소장에 기재하지 않은 사실을 수사기관에서 고소보충조서를 받을 때 자진하여 진술하였다면 이 진술부분까지 신고한 것으로 보아야 한다(대판 1996.2.9, 95도2652)
㉤ (×) 허위로 신고한 사실이 무고행위 당시 형사처분의 대상이 될 수 있었던 경우에는 국가의 형사사법권의 적정한 행사를 그르치게 할 위험과 부당하게 처벌받지 않을 개인의 법적 안정성이 침해될 위험이 이미 발생하였으므로 무고죄는 기수에 이르고, 이후 그러한 사실이 형사범죄가 되지 않는 것으로 판례가 변경되었다고 하더라도 특별한 사정이 없는 한 이미 성립한 무고죄에는 영향을 미치지 않는다(대판 2017.5.30, 2015도15398)

43 정답 ①
① (×) 무고죄는 국가의 형사사법권 또는 징계권의 적정한 행사를 주된 보호법익으로 하고 다만, 개인의 부당하게 처벌 또는 징계받지 아니할 이익을 부수적으로 보호하는 죄이므로 설사 무고에 있어서 피무고자의 승낙이 있었다고 하더라도 무고죄의 성립에는 영향을 미치지 못한다(대판 2005.9.30, 2005도2712)
② (○) 대판 2011.9.8, 2011도3489
③ (○) 대판 2019.7.11, 2018도2614
④ (○) 대판 2014.3.13, 2012도2468

44 정답 ③
㉠ (○) 대판 2000.3.24, 2000도20
㉡ (○) 대판 2006.12.7, 2005도3707
㉢ (×) 형법 제156조의 무고죄는 국가의 형사사법권 또는 징계권의 적정한 행사를 주된 보호법익으로 하는 죄이나, 스스로 본인을 무고하는 자기무고는 무고죄의 구성요건에 해당하지 아니하여 무고죄를 구성하지 않는다. 그러나 피무고자의 교사·방조 하에 제3자가 피무고자에 대한 허위의 사실을 신고한 경우에는 제3자의 행위는 무고죄의 구성요건에 해당하여 무고죄를 구성하므로, 제3자를 교사·방조한 피무고자도 교사·방조범으로서의 죄책을 부담한다(대판 2008.10.23, 2008도4852).
㉣ (○) 대판 2004.1.27, 2003도5114
㉤ (○) 자기의 형사사건에 관한 증거를 인멸하기 위하여 타인을 교사하여 죄를 범하게 한 자에 대하여는 증거인멸교사죄가 성립한다(대판 2000.3.24, 99도5275).

45 정답 ③
㉠ (○) 대판 2018.8.1, 2018도7293
㉡ (○) 대판 1995.12.5, 95도1908
㉢ (○) 대판 2008.10.23, 2008도4852
㉣ (×) [1] 사립학교 교원에 대한 학교법인 등의 징계처분은 형법 제156조의 '징계처분'에 포함되지 않는다.
[2] 피고인이 사립대학교 교수인 피해자들로 하여금 징계처분을 받게 할 목적으로 국민권익위원회에서 운영하는 범정부 국민포털인 국민신문고에 민원을 제기한 경우, 피해자들은 사립학교 교원이므로 피고인의 행위가 무고죄에 해당하지 않는다(대판 2014.7.24, 2014도6377)

46 정답 ①

① (×) 도박자금으로 대여한 금전의 용도에 대하여 허위로 신고한 것이 무고죄의 허위신고에 해당한다(대판 2004.1.16, 2003도7178)
② (○) 옳음
③ (○) 대판 1991.12.13, 91도2127
④ (○) 대판 2019.7.11, 2018도2614

47 정답 ②

㉠ (×) "피고소인이 송이의 채취권을 이중으로 양도하여 손해를 입었으니 엄벌하여 달라"는 내용의 고소사실이 횡령죄나 배임죄 기타 형사범죄를 구성하지 않는 내용의 신고에 불과하여 그 신고내용이 허위라고 하더라도 무고죄가 성립할 수 없다고 한 사례(대판 2007.4. 13, 2006도558)
㉡ (×) 무고죄는 국가의 형사사법권 또는 징계권의 적정한 행사를 주된 보호법익으로 하고, 다만 개인의 부당하게 처벌 또는 징계받지 아니할 이익을 부수적으로 보호하는 죄이다(대판 2006.8.25, 2006도3631)
㉢ (○) 대판 2010.11.25, 2010도10202
㉣ (○) 대판 2006.5.25, 2005도4642

CHAPTER 3 | 형사법 Ⅲ <수사 및 증거>

제1편 수 사

제1장 수사의 의의와 구조

제1절 수사의 조건

01 정답 ②

㉠ (○) 대판 2007.7.26, 2007도4532
㉡ (×) 수사기관에서 공범이나 장물범의 체포 등을 위하여 범인의 체포시기를 조절하는 등 여러 가지 수사기법을 사용한다는 점을 고려하면, 수사기관이 피고인의 범죄사실을 인지하고도 피고인을 바로 체포하지 않고 추가 범행을 지켜보고 있다가 범죄사실이 많이 늘어난 뒤에야 피고인을 체포하였다는 사정만으로는 피고인에 대한 수사와 공소제기가 위법하다거나 함정수사에 해당한다고 할 수 없다(대판 2007.6.29, 2007도3164).
㉢ (×) 사법경찰관리는 신분비공개수사 또는 신분위장수사를 할 때 다음 각 호의 사항을 준수해야 한다(아청법 시행령 제5조의2).
  1. 수사 관계 법령을 준수하고, 본래 범의를 가지지 않은 자에게 범의를 유발하는 행위를 하지 않는 등 적법한 절차와 방식에 따라 수사할 것
  2. 피해아동·청소년에게 추가 피해가 발생하지 않도록 주의할 것
  3. 법 제25조의2 제2항 제3호에 따른 행위를 하는 경우에는 피해아동·청소년이나 「성폭력방지 및 피해자보호 등에 관한 법률」 제2조 제3호의 성폭력피해자에 관한 자료가 유포되지 않도록 할 것
㉣ (○) 대판 2020.1.30, 2019도15987

02 정답 ③

㉠ (○) 대판 2007.11.29, 2007도7680
㉡ (○) 대판 2008.10.23, 2008도7362
㉢ (○) 대판 2007.6.29, 2007도3164
㉣ (×) 유인자가 수사기관과 직접적인 관련을 맺지 아니한 상태에서 피유인자를 상대로 단순히 수차례 반복적으로 범행을 부탁하였을 뿐 수사기관이 사술이나 계략 등을 사용하였다고 볼 수 없는 경우는, 설령 그로 인하여 피유인자의 범의가 유발되었다 하더라도 위법한 함정수사에 해당하지 아니한다(대판 2013.3.28, 2013도1473).

제2장 수사기관과 피의자

제1절 수사기관

03 정답 ③

㉠ (○) 제196조 제2항
㉡ (×) [1] 검사와 사법경찰관은 수사, 공소제기 및 공소유지에 관하여 서로 협력하여야 한다(제195조 제1항).
[2] 특별사법경찰관은 모든 수사에 관하여 검사의 지휘를 받는다(제245조의10 제2항).
㉢ (×) 사법경찰관은 사건송치 따른 요구를 받은 날부터 7일 이내에 사건을 검사에게 송치해야 한다. 이 경우 관계 서류와 증거물을 함께 송부해야 한다(수사준칙 제49조 제2항).
㉣ (×) '사법경찰관이 사건을 송치하지 아니한 것이 위법 또는 부당한 경우에 해당하는 경우'는 재수사 요청 사유이다(제245조의8 제1항).

04 정답 ④

㉠ (송치요구 ○), ㉡ (송치요구 ○), ㉢ (송치요구 ○), ㉣ (송치요구 ○)

수사준칙 제64조 ② 검사는 사법경찰관이 제1항 제2호에 따라 재수사 결과를 통보한 사건에 대하여 다

시 재수사를 요청하거나 송치 요구를 할 수 없다. 다만, 사법경찰관이 사건을 송치하지 않은 위법 또는 부당이 시정되지 않아 검사가 사건을 송치받아 수사할 필요가 있는 다음 각 호의 경우에는 형사소송법 제197조의3에 따라 사건송치를 요구할 수 있다.
1. 관련 법령 또는 법리에 위반된 경우
2. 범죄 혐의의 유무를 명확히 하기 위해 재수사 요청한 사항에 관하여 그 이행이 이루어지지 않은 경우(다만, 불송치 결정의 유지에 영향을 미치지 않음이 명백한 경우는 제외한다)
3. 송부받은 관계 서류 및 증거물과 재수사 결과만으로도 범죄 혐의가 명백히 인정되는 경우
4. 공소시효 또는 형사소추의 요건을 판단하는 데 오류가 있는 경우

05 정답 ①
① (×) 검사는 사법경찰관과 동일한 범죄사실을 수사하게 된 때에는 사법경찰관에게 사건을 송치할 것을 요구할 수 있다(제197조의4 제1항)
② (○) 제245조의5 제1호
③ (○) 제245조의5 제2호, 제245조의8 제1항
④ (○) 제245조의10 제1항·제2항

06 정답 ③
① (○) 제197조의3 제2항·제3항
② (○) 제197조의3 제1항
③ (×) 검사는 고소·고발된 범죄 사건을 사법경찰관이 수사한 후 사건을 송치하지 아니한 것이 위법 또는 부당한 때에는 그 이유를 문서로 명시하여 사법경찰관에게 재수사를 요청할 수 있다. 사법경찰관은 검사의 재수사 요청이 있는 때에는 사건을 재수사하여야 한다(제245조의8 제1항·제2항)
④ (○) 제245조의5 제2호

07 정답 ②
㉠ (×) 검사는 사법경찰관이 사건을 송치하지 아니한 것이 위법 또는 부당한 때에는 그 이유를 명시한 서면과 함께 관계 서류와 증거물을 송부받은 날부터 원칙적으로 90일 이내에 사법경찰관에게 재수사를 요청할 수 있다(수사준칙 제63조 제1항 참고)
㉡ (○) 수사준칙 제63조(재수사요청의 절차 등) ① 검사는 형사소송법 제245조의8에 따라 사법경찰관에게 재수사를 요청하려는 경우에는 형사소송법 제245조의5 제2호에 따라 관계 서류와 증거물을 송부받은 날부터 90일 이내에 해야 한다. 다만, 다음 각 호의 어느 하나에 해당하는 경우에는 관계 서류와 증거물을 송부받은 날부터 90일이 지난 후에도 재수사를 요청할 수 있다.
1. 불송치 결정에 영향을 줄 수 있는 명백히 새로운 증거 또는 사실이 발견된 경우
2. 증거 등의 허위, 위조 또는 변조를 인정할 만한 상당한 정황이 있는 경우
㉢ (○) 수사준칙 제63조 제2항
㉣ (○) 수사준칙 제63조 제3항
㉤ (×) 사법경찰관은 형사소송법 제245조의8 제1항에 따른 재수사의 요청이 접수된 날로부터 3개월 이내에 재수사를 마쳐야 한다(수사준칙 제63조 제4항)

08 정답 ④
① (○) 제196조 제2항, 제198조의2 제2항
② (○) 제198조 제4항
③ (○) 제198조 제4항
④ (×) 사법경찰관으로부터 불송치결정의 통지를 받은 사람(고발인을 제외한다)은 해당 사법경찰관의 소속 관서의 장에게 이의를 신청할 수 있다(제245조의7 제1항) ※ 고발인은 불송치결정에 대하여 이의신청을 할 수 없다.

제3장 수사의 개시

제1절 불심검문 ~ 변사자검시

09 정답 ②

① (×) 경찰관이 불심검문 대상자 해당 여부를 판단할 때에는 불심검문 당시의 구체적 상황은 물론 사전에 얻은 정보나 전문적 지식 등에 기초하여 불심검문 대상자인지를 객관적·합리적인 기준에 따라 판단하여야 하나, 반드시 불심검문 대상자에게 형사소송법상 체포나 구속에 이를 정도의 혐의가 있을 것을 요한다고 할 수는 없다(대판 2014.12.11, 2014도7976)

② (○) 대판 2006.7.6, 2005도6810

③ (×) 검문하는 사람이 경찰관이고 검문하는 이유가 범죄행위에 관한 것임을 피고인이 충분히 알고 있었다고 보이는 경우에는 신분증을 제시하지 않았다고 하여 그 불심검문이 위법한 공무집행이라고 할 수 없다(대판 2014.12.11, 2014도7976)

④ (×) 임의동행은 상대방의 동의 또는 승낙을 그 요건으로 하는 것이므로 경찰관으로부터 임의동행 요구를 받은 경우 상대방은 이를 거절할 수 있을 뿐만 아니라 임의동행 후 언제든지 경찰관서에서 퇴거할 자유가 있다 할 것이고 경찰관직무집행법 제3조 제6항이 '임의동행한 경우 당해인을 6시간을 초과하여 경찰관서에 머물게 할 수 없다'고 규정하고 있다고 하여 그 규정이 임의동행한 자를 6시간 동안 경찰관서에 구금하는 것을 허용하는 것은 아니다(대판 1997.8.22, 97도1240)

10 정답 ②

㉠ (○) 대판 2006.7.6, 2005도6810

㉡ (×) 경찰관이 불심검문 대상자 해당 여부를 판단할 때에는 불심검문 당시의 구체적 상황은 물론 사전에 얻은 정보나 전문적 지식 등에 기초하여 불심검문 대상자인지를 객관적·합리적인 기준에 따라 판단하여야 하나, 반드시 불심검문 대상자에게 형사소송법상 체포나 구속에 이를 정도의 혐의가 있을 것을 요한다고 할 수는 없다(대판 2014.12.11, 2014도7976)

㉢ (×) 인근에서 자전거를 이용한 날치기 사건이 발생한 직후 검문을 하던 경찰관들이 날치기 사건의 범인과 흡사한 인상착의인 피고인을 발견하고 앞을 가로막으며 진행을 제지한 행위는 목적 달성에 필요한 최소한의 범위 내에서 사회통념상 용인될 수 있는 상당한 방법에 의한 것으로 적법한 공무집행에 해당한다(대판 2012.9.13, 2010도6203)

㉣ (○) 대판 2014.12.11, 2014도7976

제2절 고소 및 고발

11 정답 ③

① (○) 대판 2011.6.24, 2011도4451

② (○) 대판 1994.4.26, 93도1689

③ (×) 항소심에서 공소장의 변경에 의하여 또는 공소장변경절차를 거치지 아니하고 법원 직권에 의하여 친고죄가 아닌 범죄를 친고죄로 인정하였더라도 항소심을 제1심이라 할 수는 없는 것이므로 항소심에 이르러 비로소 고소인이 고소를 취소하였다면 이는 친고죄에 대한 고소취소로서의 효력은 없다(대판 1999.4.15, 96도1922 전원합의체)

④ (○) 대판 1967.5.23, 67도471

12 정답 ②

㉠ (○) 대판 2002.7.12, 2001도6777

㉡ (×) 반의사불벌죄라고 하더라도 피해자인 청소년에게 의사능력이 있는 이상, 단독으로 피고인 또는 피의자의 처벌을 희망하지 않는다는 의사표시 또는 처벌희망 의사표시의 철회를 할 수 있고, 거기에 법정대리인의 동의가 있어야 하는 것으로 볼 것은 아니다(대판 2009.11.19, 2009도6058 전원합의체)

㉢ (×) 친고죄의 공범 중 그 일부에 대하여 제1심판결이 선고된 후에는 제1심판결 선고전의 다른 공범자에 대하여는 그 고소를 취소할 수 없고 그 고

소의 취소가 있다 하더라도 그 효력을 발생할 수 없다(대판 1985.11.12, 85도1940)
② (○) 대판 2020.5.28, 2018도16864

13 정답 ④

① (○) 친고죄에서 고소와 고소취소의 불가분원칙을 규정한 형사소송법 제233조는 당연히 적용되므로 만일 공소사실에 대하여 피고인과 공범관계에 있는 사람에 대한 적법한 고소취소가 있다면 고소취소의 효력은 피고인에 대하여 미친다(대판 2015.11.17, 2013도7987) 따라서 수소법원은 甲과 乙 모두에 대하여 공소기각판결을 선고해야 한다.
② (○) 모욕죄와 업무상비밀누설죄는 모두 친고죄이고 또한 피해자가 A로 동일하므로 모욕행위에 대한 A의 고소는 업무상비밀누설행위에도 그 효력이 미친다.
③ (○) 일죄의 관계에 있는 범죄사실 일부에 대한 고소의 효력은 일죄 전부에 대하여 미친다(대판 2011.6.24, 2011도4451)
④ (×) 업무상비밀누설죄는 친고죄이지만, 명예훼손죄는 반의사불벌죄이지 친고죄가 아니므로 명예훼손행위에 대한 B의 고소는 업무상비밀누설행위에는 그 효력이 미치지 않는다.

14 정답 ④

① (×) 고소가 어떠한 사항에 관한 것인가의 여부는 고소장에 붙인 죄명에 구애될 것이 아니라 고소의 내용에 의하여 결정하여야 할 것이므로 고소장에 명예훼손죄의 죄명을 붙이고 그 죄에 관한 사실을 적었으나 그 사실이 명예훼손죄를 구성하지 않고 모욕죄를 구성하는 경우에는 위 고소는 모욕죄에 대한 고소로서의 효력을 갖는다(대판 1981.6.23, 81도1250)
② (×) 대리인에 의한 고소의 경우 대리권이 정당한 고소권자에 의하여 수여되었음이 실질적으로 증명되면 충분하고 그 방식에 특별한 제한은 없으므로 고소를 할 때 반드시 위임장을 제출한다거나 '대리'라는 표시를 하여야 하는 것은 아니다(대판 2001.9.4, 2001도3081)

③ (×) 고소능력은 피해를 받은 사실을 이해하고 고소에 따른 사회생활상의 이해관계를 알아차릴 수 있는 사실상의 의사능력으로 충분하므로 민법상의 행위능력이 없는 자라도 위와 같은 능력을 갖춘 자에게는 고소능력이 인정된다(대판 2011.6.24, 2011도4451)
④ (○) 제233조

15 정답 ④

① (○) 대판 2013.3.28, 2010도8467
② (○) 소송조건은 전체로서의 소송의 허용조건이므로 그 존부에 대해서는 법원이 직권으로 조사하여야 한다(제1조 참고) 다만, 상대적 소송조건의 경우에는 당사자의 신청이 있는 때에 한하여 그 존부를 판단한다(제320조 제1항 참고)
③ (○) 제228조
④ (×) 고소인이 현장에 출동한 경찰관에게 고소장을 교부하였으나 경찰서에 도착하여 최종적으로 고소장을 접수하지 아니하기로 마음먹고 고소장을 반환받았다면, 고소장이 수사기관에 적법하게 수리되었다고 할 수 없다(대판 2008.11.27, 2007도4977)

16 정답 ②

㉠ (○) 반의사불벌죄에 있어 처벌을 희망하지 아니하는 의사표시나 처벌을 희망하는 의사표시의 철회에 관하여는 친고죄와는 달리 공범자간에 불가분의 원칙이 적용되지 아니한다(대판 1994.4.26, 93도1689) 법원은 甲에게는 공소기각판결을 선고하여야 하고, 乙에게는 다른 소송조건의 흠결이 없는 한 유무죄의 실체재판을 하여야 한다.
㉡ (×) 피고인이 제1심 법원에 소촉법 제23조의2에 따른 재심을 청구하는 대신 항소권회복청구를 함으로써 항소심 재판을 받게 되었다면 항소심을 제1심이라고 할 수 없는 이상 그 항소심 절차에서는 처벌을 희망하는 의사표시를 철회할 수 없다(대판 2016.11.25, 2016도9470)
㉢ (×) 甲의 절도(또는 특수절도)죄는 친고죄이지만, 乙의 절도죄는 친고죄가 아니다(형법 제328

조 제2항·제3항) A가 乙만 고소한 경우 이는 친고죄에 대한 고소가 아니므로 그 고소의 효력은 甲에게 미치지 않는다(대판 1964.12.15, 64도481 참고).
ⓔ (○) 대판 2014.10.15, 2013도5650

17 정답 ③

① (○) 대판 2022.5.26, 2021도2488
② (○) 대판 2015.11.17, 2013도7987
③ (×) 항소심에서 공소장의 변경에 의하여 또는 공소장변경절차를 거치지 아니하고 법원 직권에 의하여 친고죄가 아닌 범죄를 친고죄로 인정하였더라도 항소심을 제1심이라 할 수는 없는 것이므로 항소심에 이르러 비로소 고소인이 고소를 취소하였다면 이는 친고죄에 대한 고소취소로서의 효력은 없다(대판 1999.4.15, 96도1922 전원합의체).
④ (○) 대판 2012.2.23, 2011도17264

18 정답 ③

㉠ (○) 대판 2009.10.29, 2009도6614
㉡ (×) 친고죄에 관한 고소의 주관적 불가분원칙을 규정하고 있는 형사소송법 제233조가 독점규제법상 공정거래위원회의 고발에도 유추적용된다고 해석한다면 이는 공정거래위원회의 고발이 없는 행위자에 대해서까지 형사처벌의 범위를 확장하는 것으로서, 결국 피고인에게 불리하게 형벌법규의 문언을 유추해석한 경우에 해당하므로 죄형법정주의에 반하여 허용될 수 없다(대판 2010.9.30, 2008도4762).
㉢ (○) 대판 1995.3.10, 94도3373
㉣ (○) 대판 2015.9.10, 2015도3926

19 정답 ①

㉠ (○) 대판 1984.10.23, 84도1704
㉡ (○) 대판 2022.5.26, 2021도2488
㉢ (×) 친고죄에서 고소는 서면뿐만 아니라 구술로도 할 수 있고, 다만 구술에 의한 고소를 받은 검사 또는 사법경찰관은 조서를 작성하여야 하지만 그 조서가 독립된 조서일 필요는 없으며, 수사기관이 고소권자를 증인 또는 피해자로서 신문한 경우에 그 진술에 범인의 처벌을 요구하는 의사표시가 포함되어 있고 그 의사표시가 조서에 기재되면 고소는 적법하다(대판 2011.6.24, 2011도4451).
㉣ (×) [1] 법정대리인의 고소권은 무능력자의 보호를 위하여 법정대리인에게 주어진 고유권이어서 피해자의 고소권 소멸여부에 관계없이 고소할 수 있는 것이며, 그 고소기간은 법정대리인 자신이 범인을 알게 된 날로부터 진행한다(대판 1987.6.9, 87도857).
[2] 대리인에 의한 고소의 경우, 고소기간은 대리고소인이 아니라 정당한 고소권자를 기준으로 고소권자가 범인을 알게 된 날부터 기산한다(대판 2001.9.4, 2001도3081).
㉤ (×) 조정이 성립된 것만으로는 고소인이 수사기관이나 제1심 법정에 피고인에 대한 고소를 취소하였다거나 처벌을 원하지 아니한다는 의사를 표시한 것으로 보기 어렵다(대판 2004.3.25, 2003도8136).

제4장 임의수사

제1절 서 설

20 정답 ②

㉠ (×) 마약류 투약 혐의에 대한 수사를 위한 것이어서 형사소송법 제199조 제1항에 따른 임의동행에 해당한다(대판 2020.5.14, 2020도398).
㉡ (○) 대판 2002.10.25, 2002도4220
㉢ (×) 유치에 대하여 일반인이 승낙한다는 것은 경험칙상 도저히 기대할 수 없기 때문에 이는 임의수사로서 허용되지 않는다(통설).
㉣ (○) 대판 2013.3.14, 2012도13611

21 정답 ③

① (○) 제198조 제3항
② (○) 옳음
③ (×) 법원이 직권으로 발부하는 영장은 명령장으로서의 성질을 갖지만, 수사기관의 청구에 의하여 발부하는 영장은 허가장으로서의 성질을 갖는 것으로 이해되고 있다(헌재 1997.3.27, 96헌바28)
④ (○) 대판 2013.3.14, 2012도13611

22 정답 ③

① (○) 제199조 제2항, 제200조, 제221조 제1항·제2항
② (○) 대판 2013.7.26, 2013도2511
③ (×) 헌법 제12조 제3항의 영장주의는 법관이 발부한 영장에 의하지 아니하고는 수사에 필요한 강제처분을 하지 못한다는 원칙으로 소변을 받아 제출하도록 한 것은 교도소의 안전과 질서유지를 위한 것으로 수사에 필요한 처분이 아닐 뿐만 아니라 검사대상자들의 협력이 필수적이어서 강제처분이라고 할 수도 없어 영장주의의 원칙이 적용되지 않는다(헌재 2006.7.27, 2005헌마277)
④ (○) 제244조 제1항·제2항

23 정답 ②

① (○) 대판 2006.7.6, 2005도6810
② (×) 오로지 피의자의 자발적인 의사에 의하여 수사관서 등에 동행이 이루어졌다는 것이 객관적인 사정에 의하여 명백하게 입증된 경우에 한하여 동행의 적법성이 인정된다(대판 2013.3.14, 2012도13611)
③ (○) 대판 2012.9.13, 2012도8890
④ (○) 대결 1985.7.29, 85모16

제2절 임의수사의 방법

24 정답 ①

① (×) 검사 또는 사법경찰관은 조사, 신문, 면담 등 그 명칭을 불문하고 피의자나 사건관계인에 대해 오후 9시부터 오전 6시까지 사이에 조사를 해서는 안 된다. 다만, 이미 작성된 조서의 열람을 위한 절차는 자정 이전까지 진행할 수 있다(수사준칙 제21조 제1항)
② (○) 수사준칙 제21조 제2항 제1호
③ (○) 수사준칙 제21조 제2항 제4호
④ (○) 수사준칙 제22조 제1항

25 정답 ②

① (○) 수사준칙 제19조 제5항
② (×) 검사 또는 사법경찰관은 피의자에게 출석요구를 하려는 경우 피의자와 조사의 일시·장소에 관하여 협의해야 한다. 이 경우 변호인이 있는 경우에는 변호인과도 협의해야 한다(수사준칙 제19조 제2항)
③ (○) 수사준칙 제19조 제3항
④ (○) 수사준칙 제22조 제3항

26 정답 ④

㉠ (×) 참고인에 대한 영상녹화물은 증인의 기억을 환기시키는 수단으로는 물론, 참고인진술조서의 진정성립을 증명하는 자료로도 사용될 수 있다(제312조 제4항, 제318조의2 제2항)
㉡ (×) 피의자 또는 변호인의 요구가 있는 때에는 영상녹화물을 재생하여 시청하게 하여야 한다. 이 경우 그 내용에 대하여 이의를 진술하는 때에는 그 취지를 기재한 서면을 첨부하여야 한다(제244조의2 제3항)
㉢ (×) 수사기관이 참고인을 조사하는 과정에서 형사소송법 제221조 제1항에 따라 작성한 영상녹화물은 다른 법률에서 달리 규정하고 있는 등의 특별한 사정이 없는 한 공소사실을 직접 증명할 수 있는 독립적인 증거로 사용될 수는 없다(대판 2014.7.10, 2012도5041)

ㄹ (×) 영상녹화물은 피고인 또는 피고인이 아닌 자가 진술함에 있어서 기억이 명백하지 아니한 사항에 관하여 기억을 환기시켜야 할 필요가 있다고 인정되는 때에 한하여 피고인 또는 피고인이 아닌 자에게 재생하여 시청하게 할 수 있다(제318조의2 제2항) 이 조문의 취지는 영상녹화물은 탄핵증거로 사용할 수 없고 기억환기용으로만 사용할 수 있다는 것이다.

ㅁ (×) 피의자의 진술은 영상녹화할 수 있다. 이 경우 미리 영상녹화사실을 알려주어야 하며, 조사의 개시부터 종료까지의 전 과정 및 객관적 정황을 영상녹화하여야 한다(제244조의2 제1항) ※ 반드시 서면으로 사전동의를 받을 필요는 없다.

27 정답 ④

① (×) 신문에 참여한 변호인은 신문 후 의견을 진술할 수 있다. 다만, 신문 중이라도 부당한 신문방법에 대하여 이의를 제기할 수 있고, 검사 또는 사법경찰관의 승인을 얻어 의견을 진술할 수 있다(제243조의2 제3항)

② (×) 검사 또는 사법경찰관은 피의자 또는 그 변호인·법정대리인·배우자·직계친족·형제자매의 신청에 따라 변호인을 피의자와 접견하게 하거나 정당한 사유가 없는 한 피의자에 대한 신문에 참여하게 하여야 한다(제243조의2 제1항). 따라서 피의자가 구속되어 있는지 여부를 불문하고 피의자 등의 신청에 따라 변호인을 피의자와 접견하게 하거나 정당한 사유가 없는 한 피의자에 대한 신문에 참여하게 하여야 한다.

③ (×) [1] 검사 또는 사법경찰관은 피의자에 대한 신문이 아닌 단순 면담 등이라는 이유로 변호인의 참여·조력을 제한해서는 안 된다(수사준칙 제13조 제2항)

[2] 제1항 및 제2항은 검사 또는 사법경찰관의 사건관계인에 대한 조사·면담 등의 경우에도 적용한다(수사준칙 제13조 제3항)

④ (○) 대판 2013.3.28, 2010도3359

28 정답 ③

① (○) 대판 2015.10.29, 2014도5939

② (○) 대판 2015.4.23, 2013도3790

③ (×) 공판준비 또는 공판기일에서 이미 증언을 마친 증인을 검사가 소환한 후 피고인에게 유리한 증언 내용을 추궁하여 이를 일방적으로 번복시키는 방식으로 작성한 진술조서는 피고인이 증거로 할 수 있음에 동의하지 아니하는 한 증거능력이 없고, 이와 같은 법리는 검사가 진술조서를 작성하는 대신 증언 내용을 번복하는 내용의 진술서를 작성하도록 하여 법원에 제출한 경우에도 마찬가지로 적용된다(대판 2012.6.14, 2012도534) 비록 위법수집증거이지만 피고인이 증거로 할 수 있음에 동의하면 진술서는 증거능력이 있다.

④ (○) 대판 1994.9.9, 94도1384

29 정답 ④

① (○) 제417조 ※ 준항고로 불복할 수 있다.

② (○) 수사준칙 제13조 제1항

③ (○) 대판 2009.6.23, 2009도1322

④ (×) 신문에 참여하고자 하는 변호인이 2인 이상인 때에는 피의자가 신문에 참여할 변호인 1인을 지정한다. 지정이 없는 경우에는 검사 또는 사법경찰관이 이를 지정할 수 있다(제243조의2 제2항)

제5장 강제처분과 강제수사

제1절 체포와 구속

[1] 체포

01 정답 ①

㉠ (위법한 수사 ×) 범죄의 피해자인 검사가 그 사건의 수사에 관여하거나 압수·수색영장의 집행에 참여한 검사가 다시 수사에 관여하였다는 이유만으로 바로 그 수사가 위법하다거나 그에 따른 참고인이나 피의자의 진술에 임의성이 없다고 볼 수는 없다(대판 2013.9.12, 2011도12918).

㉡ (위법한 수사 ×) 순찰중이던 경찰관이 교통사고를 낸 차량이 도주하였다는 무전연락을 받고 주변을 수색하다가 범퍼 등의 파손상태로 보아 사고차량으로 인정되는 차량에서 내리는 사람을 발견한 경우 '장물이나 범죄에 사용되었다고 인정함에 충분한 흉기 기타의 물건을 소지하고 있는 때'에 해당하므로 준현행범으로서 영장없이 체포할 수 있다(대판 2000.7.4, 99도4341).

㉢ (위법한 수사 ○) 수사기관이 甲으로부터 乙의 마약류관리에관한법률위반(향정) 범행에 대한 진술을 듣고 추가적인 증거를 확보할 목적으로, 구속수감되어 있던 甲에게 그의 압수된 휴대전화를 제공하여 乙과 통화하고 위 범행에 관한 통화 내용을 녹음하게 한 행위는 불법감청에 해당한다(대판 2010.10.14, 2010도9016).

㉣ (위법한 수사 ×) 유인자가 수사기관과 직접적인 관련을 맺지 않은 상태에서 피유인자를 상대로 단순히 수차례 반복적으로 범행을 부탁하였을 뿐 수사기관이 사술이나 계략 등을 사용하였다고 볼 수 없는 경우는 설령 그로 인하여 피유인자의 범의가 유발되었다 하더라도 위법한 함정수사에 해당하지 않는다(대판 2013.3.28, 2013도1473).

㉤ (위법한 수사 ○) 현행범인으로 체포하기 위하여는 행위의 가벌성, 범죄의 현행성·시간적 접착성, 범인·범죄의 명백성 이외에 체포의 필요성 즉, 도망 또는 증거인멸의 염려가 있어야 하고, 이러한 요건을 갖추지 못한 현행범인 체포는 법적 근거에 의하지 아니한 영장 없는 체포로서 위법한 체포에 해당한다(대판 2017.4.7, 2016도19907).

02 정답 ①

㉠ (×) 체포영장에 의한 체포절차가 착수된 단계에 불과하였고, 피고인에 대한 체포가 체포영장과 관련 없는 새로운 피의사실인 특수공무집행방해치상을 이유로 별도의 현행범 체포 절차에 따라 진행된 이상, 집행 완료에 이르지 못한 체포영장을 사후에 피고인에게 제시할 필요는 없는 점까지 더하여 보면, 피고인에 대한 체포절차가 적법하다(대판 2021.6.24, 2021도4648).

㉡ (○) 대판 2008.3.27, 2007도11400

㉢ (○) 제200조의4 제4항·제6항

㉣ (×) 검사 등이 아닌 이에 의하여 현행범인이 체포된 후 불필요한 지체 없이 검사 등에게 인도된 경우 구속영장 청구기간인 48시간의 기산점은 체포시가 아니라 검사 등이 현행범인을 인도받은 때라고 할 것이다(대판 2011.12.22, 2011도12927).

03 정답 ①

㉠ (×) 피고인이 마약에 관한 죄를 범하였다고 의심할 만한 상당한 이유가 있었더라도 경찰관이 이미 피고인의 신원과 주거지 및 전화번호 등을 모두 파악하고 있었고, 당시 마약 투약의 범죄 증거가 급속하게 소멸될 상황도 아니었던 점 등의 사정을 감안하면 긴급체포가 미리 체포영장을 받을 시간적 여유가 없었던 경우에 해당하지 않아 위법하다(대판 2016.10.13, 2016도5814).

㉡ (×) 긴급체포된 피의자를 구속하고자 할 때에는 지체 없이 관할지방법원판사에게 구속영장을 청구하여야 한다. 이 경우 구속영장은 피의자를 체포한 때부터 48시간 이내에 청구하여야 하며, 긴급체포서를 첨부하여야 한다(제200조의4 제1항).

㉢ (×) 다액 50만원이하의 벌금, 구류 또는 과료에 해당하는 사건에 관하여는 피의자가 일정한 주거가 없는 경우 또는 정당한 이유없이 제200조의2 규정에 의한 출석요구에 응하지 아니한 경우에 한한다(제200조의2 제1항).

ⓔ (×) 피의자가 죄를 범하였다고 의심할 만한 상당한 이유가 있고, 정당한 이유없이 출석요구에 응하지 아니하거나 응하지 아니할 우려가 있는 때에는 검사는 관할 지방법원판사에게 청구하여 체포영장을 발부받아 피의자를 체포할 수 있고, 사법경찰관은 검사에게 신청하여 검사의 청구로 관할 지방법원판사의 체포영장을 발부받아 피의자를 체포할 수 있다(제200조의2 제1항). ※ 사법경찰관리는 검사의 승인을 얻더라도 직접 관할 지방법원판사에게 체포영장을 청구할 수 없다.

04 정답 ④

ⓐ (×) 형사소송법 제217조 제2항, 제3항에 위반하여 압수·수색영장을 청구하여 이를 발부받지 아니하고도 즉시 반환하지 아니한 압수물은 이를 유죄 인정의 증거로 사용할 수 없는 것이고, 헌법과 형사소송법이 선언한 영장주의의 중요성에 비추어 볼 때 피고인이나 변호인이 이를 증거로 함에 동의하였다고 하더라도 달리 볼 것은 아니다(대판 2009.12.24, 2009도11401)

ⓑ (○) 제200조의4 제3항

ⓒ (×) 피의자가 2009.11. 2. 22:00경 긴급체포되어 조사를 받고 구속영장이 청구되지 아니하여 2009.11. 4. 20:10경 석방되었음에도 검사가 30일 이내에 법원에 석방통지를 하지 않았더라도, 긴급체포 당시의 상황과 경위, 긴급체포 후 조사과정 등에 특별한 위법이 있다고 볼 수 없는 이상, 단지 사후에 석방통지가 이루어지지 않았다는 사정만으로 그 긴급체포에 의한 유치 중에 작성된 피의자신문조서들의 작성이 소급하여 위법하게 된다고 볼 수는 없다(대판 2014.8.26, 2011도6035)

ⓓ (○) 대판 2008.3.27, 2007도11400

05 정답 ③

㉠ (×) [1] 검사 또는 사법경찰관은 긴급체포된 자가 소유·소지 또는 보관하는 물건에 대하여 긴급히 압수할 필요가 있는 경우에는 체포한 때부터 24시간 이내에 한하여 영장 없이 압수·수색 또는 검증을 할 수 있다(제217조 제1항).

[2] 사법경찰관은 체포현장에서 영장 없이 압수한 물건을 계속 압수할 필요가 있는 경우에는 지체 없이 압수·수색영장을 청구하여야 한다. 이 경우 압수·수색영장의 청구는 체포한 때부터 48시간 이내에 하여야 한다(제217조 제2항)

㉡ (×) 긴급체포의 요건을 갖추었는지 여부는 사후에 밝혀진 사정을 기초로 판단하는 것이 아니라 체포 당시의 상황을 기초로 판단하여야 하고, 이에 관한 검사나 사법경찰관 등 수사주체의 판단에는 상당한 재량의 여지가 있다고 할 것이다(대판 2008.3.27, 2007도11400)

㉢ (○) 제200조의4 제3항

㉣ (○) 제203조의2

㉤ (×) 형사소송법 제208조 소정의 '구속되었다가 석방된 자'라 함은 구속영장에 의하여 구속되었다가 석방된 경우를 말하는 것이지, 긴급체포나 현행범으로 체포되었다가 사후영장발부 전에 석방된 경우는 포함되지 않는다 할 것이므로, 피고인이 수사 당시 긴급체포되었다가 수사기관의 조치로 석방된 후 법원이 발부한 구속영장에 의하여 구속이 이루어진 경우 앞서 본 법조에 위배되는 위법한 구속이라고 볼 수 없다(대판 2001.9. 28, 2001도429)

06 정답 ③

① (○) 제214조

② (○) 대판 2011.12.22, 2011도12927

③ (×) 피의자가 2009.11. 2. 22:00경 긴급체포되어 조사를 받고 구속영장이 청구되지 아니하여 2009.11. 4. 20:10경 석방되었음에도 검사가 30일 이내에 법원에 석방통지를 하지 않았더라도, 긴급체포 당시의 상황과 경위, 긴급체포 후 조사과정 등에 특별한 위법이 있다고 볼 수 없는 이상, 단지 사후에 석방통지가 이루어지지 않았다는 사정만으로 그 긴급체포에 의한 유치 중에 작성된 피의자신문조서들의 작성이 소급하여 위법하게 된다고 볼 수는 없다(대판 2014.8.26, 2011도6035)

④ (○) 대판 2008.10.9, 2008도3640

07 정답 ②

㉠ (×) 검사 또는 사법경찰관이 피의자를 긴급체포하는 경우에는 반드시 피의사실의 요지, 체포의 이유와 변호인을 선임할 수 있음을 말하고, 변명할 기회를 주어야 한다. 이와 같은 고지는 긴급체포를 위한 실력행사에 들어가기 이전에 미리 하여야 하는 것이 원칙이나 달아나는 피의자를 쫓아가 붙들거나 폭력으로 대항하는 피의자를 실력으로 제압하는 경우에는 붙들거나 제압하는 과정에서 하거나 그것이 여의치 않은 경우에는 일단 붙들거나 제압한 후에 지체없이 하여야 한다(대판 2008.7.24, 2008도2794)

㉡ (○) 제200조의4 제2항

㉢ (○) 대판 2011.12.22, 2011도12927

㉣ (○) 대판 2000.7.4, 99도4341

㉤ (×) 형사소송법 제211조가 현행범인으로 규정한 '범죄의 실행의 즉후인 자'라고 함은 범죄의 실행행위를 종료한 직후의 범인이라는 것이 체포하는 자의 입장에서 볼 때 명백한 경우를 일컫는 것이다(대판 2007.4.13, 2007도1249)

08 정답 ③

① (○) 제200조의3 제1항

② (○) 대판 2008.3.27, 2007도11400

③ (×) 피고인이 수사 당시 긴급체포되었다가 수사기관의 조치로 석방된 후 법원이 발부한 구속영장에 의하여 구속이 이루어진 경우 위법한 구속이라고 볼 수 없다(대판 2001.9.28, 2001도4291)

④ (○) 제200조의4 제1항

09 정답 ④

① (○) 대판 2017.4.7, 2016도19907

② (○) 제214조

③ (○) 제213조

④ (×) 형사소송법 제211조가 현행범인으로 규정한 '범죄의 실행의 즉후인 자'라고 함은 범죄의 실행행위를 종료한 직후의 범인이라는 것이 체포하는 자의 입장에서 볼 때 명백한 경우를 일컫는 것이다(대판 2007.4.13, 2007도1249)

10 정답 ④

① (○) 대판 2016.2.18, 2015도13726

② (○) 대판 2016.10.13, 2016도5814

③ (○) 대판 2001.9.28, 2001도4291

④ (×) 형사소송법 제217조에 따른 압수·수색 또는 검증은 체포현장에서의 압수·수색 또는 검증을 규정하고 있는 형사소송법 제216조 제1항 제2호와 달리, 체포현장이 아닌 장소에서도 긴급체포된 자가 소유·소지 또는 보관하는 물건을 대상으로 할 수 있다(대판 2017.9.12, 2017도10309)

⑤ (○) 대판 2017.9.21, 2017도10866

11 정답 ②

㉠ (×) 교사가 교장실에 들어가 불과 약 5분 동안 식칼을 휘두르며 교장을 협박하는 등의 소란을 피운 후 40여분 정도가 지나 경찰관들이 출동하여 교장실이 아닌 서무실에서 그를 연행하려 하자 그가 구속영장의 제시를 요구하면서 동행을 거부하였다면, 체포 당시 서무실에 앉아 있던 위 교사가 방금 범죄를 실행한 범인이라는 죄증이 경찰관들에게 명백히 인식될 만한 상황이었다고 단정할 수 없는데도 이와 달리 그를 '범죄의 실행의 즉후인 자'로서 현행범인이라고 단정한 원심판결에는 현행범인에 관한 법리오해의 위법이 있다(대판 1991.9.24, 91도1314)

㉡ (○) 대판 2011.5.26, 2011도3682

㉢ (×) 검사 등이 아닌 이에 의하여 현행범인이 체포된 후 불필요한 지체 없이 검사 등에게 인도된 경우 구속영장 청구기간인 48시간의 기산점은 체포시가 아니라 검사 등이 현행범인을 인도받은 때라고 할 것이다(대판 2011.12.22, 2011도12927)

㉣ (○) 대판 2017.4.7, 2016도19907

12 정답 ④

㉠ (○) 대판 2017.3.15, 2013도2168
㉡ (×) 사법경찰관리가 현행범인을 체포하는 경우에는 반드시 범죄사실의 요지, 체포의 이유와 변호인을 선임할 수 있음을 말하고 변명할 기회를 주어야 하고 이와 같은 고지는 체포를 위한 실력행사에 들어가기 이전에 미리 하여야 하는 것이 원칙이나 달아나는 피의자를 쫓아가 붙들거나 폭력으로 대항하는 피의자를 실력으로 제압하는 경우에는 붙들거나 제압하는 과정에서 하거나 그것이 여의치 않은 경우에라도 일단 붙들거나 제압한 후에 지체없이 행하였다면 경찰관의 현행범인 체포는 적법한 공무집행이라고 할 수 있다(대판 2008.10.9, 2008도3640)
㉢ (×) 검사 등이 아닌 이에 의하여 현행범인이 체포된 후 불필요한 지체 없이 검사 등에게 인도된 경우 구속영장 청구기간인 48시간의 기산점은 체포시가 아니라 검사 등이 현행범인을 인도받은 때라고 할 것이다(대판 2011.12.22, 2011도12927) 검사는 현행범인을 인도받은 때부터 48시간 이내에 구속영장을 청구하여야 한다.
㉣ (×) 경찰관이 피고인을 체포할 당시는 피고인이 방금 범죄를 실행한 범인이라고 볼 죄증이 명백히 존재하는 것으로 인정할 수 있는 상황이었다고 할 것이므로 피고인을 현행범인으로 볼 수 있다(대판 2006.2.10, 2005도7158)
㉤ (×) 순찰중이던 경찰관이 교통사고를 낸 차량이 도주하였다는 무전연락을 받고 주변을 수색하다가 범퍼 등의 파손상태로 보아 사고차량으로 인정되는 차량에서 내리는 사람을 발견한 경우 '장물이나 범죄에 사용되었다고 인정함에 충분한 흉기 기타의 물건을 소지하고 있는 때'에 해당하므로 준현행범으로서 영장없이 체포할 수 있다(대판 2000.7.4, 99도4341)

[2] 구속

13 정답 ①

① (×) 법관이 검사의 청구에 의하여 체포된 피의자의 구금을 위한 구속영장을 발부하면 검사와 사법경찰관리는 지체 없이 신속하게 구속영장을 집행하여야 한다. 피의자에 대한 구속영장의 제시와 집행이 그 발부 시로부터 정당한 사유 없이 시간이 지체되어 이루어졌다면 구속영장이 그 유효기간 내에 집행되었다고 하더라도 위 기간 동안의 체포 내지 구금상태는 위법하다(대판 2021.4.29, 2020도16438)
② (○) 제85조 제1항·제3항, 제200조의6
③ (○) 대판 2011.12.22, 2011도12927
④ (○) 대판 2008.3.27, 2007도11400

14 정답 ④

① (○) 대판 2010.10.28, 2008도11999
② (○) 제71조
③ (○) 대결 2013.7.1, 2013모160
④ (×) 검사의 체포 또는 구속영장청구에 대한 지방법원판사의 재판은 항고의 대상이 되는 '법원의 결정'에 해당되지 아니하고 준항고의 대상이 되는 '재판장 또는 수명법관의 구금 등에 관한 재판'에도 해당되지 아니한다(대결 2006.12.18, 2006모646)

15 정답 ①

① (○) 피의자보석에 의하여 석방된 피의자에 대하여는 ⅰ) 도망한 때, ⅱ) 도망하거나 범죄의 증거를 인멸할 염려가 있다고 믿을만한 충분한 이유가 있는 때, ⅲ) 출석요구를 받고 정당한 이유없이 출석하지 아니한 때, ⅳ) 주거의 제한이나 그 밖에 법원이 정한 조건을 위반한 때를 제외하고는 동일한 범죄사실로 재차 체포하거나 구속할 수 없다(제214조의3 제2항) ※ 주거의 제한 기타 법원이 정한 조건을 위반한 때에는 재차 체포하거나 구속할 수 있다.
② (×) 체포 또는 구속적부심사결정에 의하여 석방된 피의자가 도망하거나 범죄의 증거를 인멸하는

경우를 제외하고는 동일한 범죄사실로 재차 체포하거나 구속할 수 없다(제214조의3 제1항).
③ (×) 피의자보석에 의하여 석방된 피의자에 대하여는 ⅰ) 도망한 때, ⅱ) 도망하거나 범죄의 증거를 인멸할 염려가 있다고 믿을만한 충분한 이유가 있는 때, ⅲ) 출석요구를 받고 정당한 이유없이 출석하지 아니한 때, ⅳ) 주거의 제한이나 그 밖에 법원이 정한 조건을 위반한 때를 제외하고는 동일한 범죄사실로 재차 체포하거나 구속할 수 없다(제214조의3 제2항). 피해자, 당해 사건의 재판에 필요한 사실을 알고 있다고 인정되는 자 또는 그 친족의 생명·신체·재산에 해를 가하거나 가할 염려가 있다고 믿을 만한 충분한 이유가 있는 때에는 재차 체포하거나 구속할 수 없다.
④ (×) 검사 또는 사법경찰관에 의해 구속되었다가 석방된 자는 다른 중요한 증거를 발견한 경우를 제외하고는 동일한 범죄사실에 대하여 재차 구속하지 못한다(제208조 제1항) ※ 검사 또는 사법경찰관에 의하여 영장에 의해 체포되었다가 석방된 자의 경우에는 다른 중요한 증거를 발견하지 않더라도 동일한 범죄사실로 재차 체포할 수 있다.

16 정답 ④

㉠ (○) 헌재 1997.3.27, 96헌바28
㉡ (×) 구속의 효력은 원칙적으로 구속영장에 기재된 범죄사실에만 미치는 것이므로 구속기간이 만료될 무렵에 종전 구속영장에 기재된 범죄사실과 다른 범죄사실로 피고인을 구속하였다는 사정만으로는 구속이 위법하다고 할 수 없다(대결 1996.8.12, 96모46)
㉢ (×) [1] 체포영장에 의한 체포·긴급체포 또는 현행범인의 체포에 의하여 체포된 피의자에 대하여 구속영장을 청구받은 판사는 지체 없이 피의자를 심문하여야 한다(제201조의2 제1항)
[2] 심문할 피의자에게 변호인이 없는 때에는 지방법원판사는 직권으로 변호인을 선정하여야 한다(제201조의2 제8항)
㉣ (○) 제201조의2 제7항

㉤ (×) 피의자에 대한 심문절차는 공개하지 아니한다. 다만, 판사는 상당하다고 인정하는 경우에는 피의자의 친족, 피해자 등 이해관계인의 방청을 허가할 수 있다(제96조의14)

17 정답 ④

㉠ (×) 피의자가 긴급체포되어 조사를 받고 구속영장이 청구되지 아니하여 석방되었음에도 검사가 30일 이내에 법원에 석방통지를 하지 않았더라도, 긴급체포 당시의 상황과 경위, 긴급체포 후 조사 과정 등에 특별한 위법이 있다고 볼 수 없는 이상, 단지 사후에 석방통지가 이루어지지 않았다는 사정만으로 그 긴급체포에 의한 유치 중에 작성된 피의자신문조서들의 작성이 소급하여 위법하게 된다고 볼 수는 없다(대판 2014.8.26, 2011도6035)
㉡ (×) 구속영장 발부에 의하여 적법하게 구금된 피의자가 피의자신문을 위한 출석 요구에 응하지 아니하면서 수사기관 조사실에의 출석을 거부한다면 수사기관은 그 구속영장의 효력에 의하여 피의자를 조사실로 구인할 수 있다. 다만 이러한 경우에도 그 피의자신문 절차는 어디까지나 임의수사의 한 방법으로 진행되어야 할 것이므로 피의자는 헌법 제12조 제2항과 형사소송법 제244조의3에 따라 일체의 진술을 하지 아니하거나 개개의 질문에 대하여 진술을 거부할 수 있고, 수사기관은 피의자를 신문하기 전에 그와 같은 권리를 알려주어야 한다(대판 2013.7.1, 2013모160)
㉢ (○) 대판 2010.10.28, 2008도11999
㉣ (×) 심문할 피의자에게 변호인이 없는 때에는 지방법원판사는 직권으로 변호인을 선정하여야 한다. 이 경우 변호인의 선정은 피의자에 대한 구속영장 청구가 기각되어 효력이 소멸한 경우를 제외하고는 제1심까지 효력이 있다(제201조의2 제8항)
㉤ (○) 제214조의2 제3항 및 제8항

18 정답 ②

㉠ (○) 대판 2017.4.7, 2016도19907
㉡ (×) 구속기간연장 허가결정이 있은 경우에 그 연장기간은 종전 구속기간만료 다음날로부터 기산한다(규칙 제98조).
㉢ (×) 피고인, 피고인의 변호인, 법정대리인, 배우자, 직계친족, 형제자매, 가족, 동거인 또는 고용주는 법원에 구속된 피고인의 보석을 청구할 수 있다(제94조). ※ 피의자 등은 법원에 보석을 청구할 수 없다.
㉣ (○) 대결 2022.6.30, 2020모735

19 정답 ①

㉠ (×) 공범이나 공동피의자의 구속적부심사 순차청구가 수사 방해를 목적으로 하고 있음이 명백한 경우 법원은 피의자에 대한 심문 없이 결정으로 청구를 기각할 수 있다(제214조의2 제3항 제2호).
㉡ (×) 체포·구속적부심사 청구에 대하여 법원이 이유 있다고 인정한 때에는 결정으로 체포 또는 구속된 피의자의 석방을 명하여야 한다. 심사청구 후 피의자에 대하여 공소제기가 있는 경우에도 또한 같다(제214조의2 제4항) 따라서 피의자가 피고인으로 신분이 변동되었더라도 법원의 석방결정이 있으면 피고인은 석방된다.
㉢ (○) 제214조의2 제8항
㉣ (×) 구속적부심문조서는 형사소송법 제311조가 규정한 문서에는 해당하지 않는다 할 것이나, 특히 신용할 만한 정황에 의하여 작성된 문서라고 할 것이므로 특별한 사정이 없는 한 형사소송법 제315조 제3호에 의하여 당연히 그 증거능력이 인정된다(대판 2004.1.16, 2003도5693).
㉤ (×) 체포영장이나 구속영장을 발부한 법관은 체포·구속적부심사의 심문·조사·결정에 관여할 수 없다. 다만, 체포영장이나 구속영장을 발부한 법관 외에는 심문·조사·결정을 할 판사가 없는 경우에는 그러하지 아니하다(제214조의2 제12항).

20 정답 ③

① (×) 체포·구속적부심사를 청구한 피의자에게 변호인이 없는 때에는 형사소송법 제33조의 규정을 준용한다(제214조의2 제10항) 체포적부심사에서 있어서도 국선변호인에 관한 규정이 준용되므로 체포된 피의자가 심신장애의 의심이 있는 경우에도 법원은 직권으로 국선변호인을 선정하여야 한다.
② (×) 체포·구속적부심사결정에 의하여 석방된 피의자가 도망하거나 범죄의 증거를 인멸하는 경우를 제외하고는 동일한 범죄사실로 재차 체포하거나 구속할 수 없다(제214조의3 제1항).
③ (○) 헌재 2003.3.27, 2000헌마474
④ (×) 현행법상 체포된 피의자에 대하여는 보증금 납입을 조건으로 한 석방이 허용되지 않는다(제214조의2 제5항, 대결 1997.8.27, 97모21).

21 정답 ③

① (○) 제214조의2 제1항
② (○) 헌재 2003.3.27, 2000헌마474
③ (×) 법원의 기각결정과 석방결정에 대하여는 불복할 수 없지만, 보증금 납입조건부 석방결정에 대하여는 보통항고할 수 있다(제214조의2 제8항, 대결 1997.8.27, 97모21).
④ (○) 대결 1997.8.27, 97모21

22 정답 ③

① (○) 대결 1996.8.12, 96모46
② (○) 제93조
③ (×) 구속영장 발부에 의하여 적법하게 구금된 피의자가 피의자신문을 위한 출석 요구에 응하지 아니하면서 수사기관 조사실에의 출석을 거부한다면 수사기관은 그 구속영장의 효력에 의하여 피의자를 조사실로 구인할 수 있다. 다만 이러한 경우에도 그 피의자신문 절차는 어디까지나 임의수사의 한 방법으로 진행되어야 할 것이므로 피의자는 헌법 제12조 제2항과 형사소송법 제244조의3에 따라 일체의 진술을 하지 아니하거나 개개의 질문에 대하여 진술을 거부할 수 있고, 수사

기관은 피의자를 신문하기 전에 그와 같은 권리를 알려주어야 한다(대결 2013.7.1, 2013모160).
④ (○) 제101조 제1항·제2항

23 정답 ②

㉠ (×) [1] 판사는 지정된 심문기일에 피의자를 심문할 수 없는 특별한 사정이 있는 경우에는 그 심문기일을 변경할 수 있다(규칙 제96조의22).
[2] 법원은 변호인의 사정이나 그 밖의 사유로 변호인 선정결정이 취소되어 변호인이 없게 된 때에는 직권으로 변호인을 다시 선정할 수 있다(제201조의2 제9항).

㉡ (×) [1] 변호인은 구속영장이 청구된 피의자에 대한 심문 시작 전에 피의자와 접견할 수 있다(규칙 제96조의20 제1항).
[2] 피의자는 판사의 심문 도중에도 변호인에게 조력을 구할 수 있다(규칙 제96조의16 제4항).

㉢ (○) 제201조의2 제8항

㉣ (×) 체포영장에 의한 체포·긴급체포 또는 현행범인의 체포에 의하여 체포된 피의자에 대하여 구속영장을 청구받은 판사는 지체 없이 피의자를 심문하여야 한다(제201조의2 제1항).

㉤ (○) 제201조의2 제7항

[3] 피의자·피고인의 접견교통권

24 정답 ③

① (○) 대결 2007.1.31, 2006모656
② (○) 대판 2017.3.9, 2013도16162
③ (×) 변호인의 구속된 피고인 또는 피의자와의 접견교통권은 신체구속을 당한 피고인 또는 피의자의 인권보장과 방어준비를 위하여 필수불가결한 권리이므로 수사기관의 처분 등에 의하여 이를 제한할 수 없고, 다만 법령에 의하여서만 제한이 가능하다(대결 2002.5.6, 2000모112).
④ (○) 헌재 2011.5.26, 2009헌마341

25 정답 ③

① (○) 헌재 2004.9.23, 2000헌마138
② (○) 헌재 2016.4.28, 2015헌마243
③ (×) 법원은 도망하거나 범죄의 증거를 인멸할 염려가 있다고 인정할 만한 상당한 이유가 있는 때에는 직권 또는 검사의 청구에 의하여 결정으로 구속된 피고인과 비변호인과의 접견을 금지할 수 있고, 서류나 그 밖의 물건을 수수하지 못하게 하거나 검열 또는 압수할 수 있다. 다만, 의류, 양식, 의료품은 수수를 금지하거나 압수할 수 없다(제91조).
④ (○) 헌재 2011.5.26, 2009헌마341

제3절 압수·수색·검증

[1] 압수·수색·검증

01 정답 ④

① (○) 대판 2021.7.29, 2020도14654
② (○) 대판 2022.1.27, 2021도11170
③ (○) 대결 2022.7.14, 2019모2584
④ (×) 사실심 법원은 인접한 시기에 같은 피해자를 상대로 저질러진 동종 범죄에 대해서도 각각의 범죄에 따라 피해자 진술의 신빙성이나 그 신빙성 유무를 기초로 한 범죄 성립 여부를 달리 판단할 수 있고, 이것이 실체적 진실발견과 인권보장이라는 형사소송의 이념에 부합한다(대판 2022.3.31, 2018도19472).

02 정답 ③

㉠ (×) 압수·수색할 전자정보가 압수·수색영장에 기재된 수색장소에 있는 컴퓨터 등 정보처리장치 내에 있지 아니하고 그 정보처리장치와 정보통신망으로 연결되어 제3자가 관리하는 원격지의 서버 등 저장매체에 저장되어 있는 경우에도 수사기관이 피의자의 이메일 계정에 대한 접근권한에 갈음하여 발부받은 영장에 따라 영장 기재 수색장소에 있는 컴퓨터 등 정보처리장치를 이용하여

적법하게 취득한 피의자의 이메일 계정 아이디와 비밀번호를 입력하는 등 피의자가 접근하는 통상적인 방법에 따라 그 원격지의 저장매체에 접속하고 그곳에 저장되어 있는 피의자의 이메일 관련 전자정보를 수색장소의 정보처리장치로 내려받거나 그 화면에 현출시키는 것 역시(이는 형사소송법 제120조 제1항에서 정한 '압수·수색영장의 집행에 필요한 처분'에 해당한다) 피의자의 소유에 속하거나 소지하는 전자정보를 대상으로 이루어지는 것이므로 그 전자정보에 대한 압수·수색도 허용되고, 이는 원격지의 저장매체가 국외에 있는 경우라 하더라도 달리 볼 것은 아니다(대판 2017.11.29, 2017도9747)

ⓒ (○) 대결 2022.1.14, 2021모1586
ⓒ (○) 대판 2021.11.25, 2016도82
ⓔ (×) 전자정보에 대한 압수·수색영장의 집행에 있어서는 원칙적으로 영장 발부의 사유로 된 혐의사실과 관련된 부분만을 문서 출력물로 수집하거나 수사기관이 휴대한 저장매체에 해당 파일을 복사하는 방식으로 이루어져야 하고, 집행현장의 사정상 위와 같은 방식에 의한 집행이 불가능하거나 현저히 곤란한 부득이한 사정이 존재하더라도 그와 같은 경우에 그 저장매체 자체를 직접 혹은 하드카피나 이미징 등 형태로 수사기관 사무실 등 외부로 반출하여 해당 파일을 압수·수색할 수 있도록 영장에 기재되어 있고 실제 그와 같은 사정이 발생한 때에 한하여 예외적으로 허용될 수 있을 뿐이다(대판 2014.2.27, 2013도12155)

03 정답 ④

① (○) 대판 2017.11.14, 2017도3449
② (○) 대판 2021.11.18, 2016도348 전원합의체
③ (○) 대판 2015.7.16, 2011모1839 전원합의체
④ (×) 수사기관이 정보저장매체에 기억된 정보 중에서 키워드 또는 확장자 검색 등을 통해 범죄 혐의 사실과 관련 있는 정보를 선별한 다음 정보저장매체와 동일하게 비트열 방식으로 복제하여 생성한 파일(이하 '이미지 파일'이라 한다)을 제출받아 압수하였다면 이로써 압수의 목적물에 대한 압수·수색 절차는 종료된 것이므로, 수사기관이 수사기관 사무실에서 위와 같이 압수된 이미지 파일을 탐색·복제·출력하는 과정에서도 피의자 등에게 참여의 기회를 보장하여야 하는 것은 아니다(대판 2018.2.8, 2017도13263)

04 정답 ②

ⓐ (○) 대판 2022.6.30, 2022도1452
ⓑ (×) 전자정보에 대한 압수·수색이 종료되기 전에 혐의사실과 관련된 전자정보를 적법하게 탐색하는 과정에서 별도의 범죄혐의와 관련된 전자정보를 우연히 발견한 경우라면, 수사기관으로서는 더 이상의 추가 탐색을 중단하고 법원으로부터 별도의 범죄혐의에 대한 압수·수색영장을 발부받은 경우에 한하여 그러한 정보에 대하여도 적법하게 압수·수색을 할 수 있다(대결 2015.7.19, 2011모1839 전원합의체)
ⓒ (×) 압수·수색할 전자정보가 압수·수색영장에 기재된 수색장소에 있는 컴퓨터 등 정보처리장치 내에 있지 아니하고 그 정보처리장치와 정보통신망으로 연결되어 제3자가 관리하는 원격지의 서버 등 저장매체에 저장되어 있는 경우에도, 수사기관이 피의자의 이메일 계정에 대한 접근권한에 갈음하여 발부받은 영장에 따라 영장 기재 수색장소에 있는 컴퓨터 등 정보처리장치를 이용하여 적법하게 취득한 피의자의 이메일 계정 아이디와 비밀번호를 입력하는 등 피의자가 접근하는 통상적인 방법에 따라 그 원격지의 저장매체에 접속하고 그곳에 저장되어 있는 피의자의 이메일 관련 전자정보를 수색장소의 정보처리장치로 내려받거나 그 화면에 현출시키는 것 역시(이는 형사소송법 제120조 제1항에서 정한 '압수·수색영장의 집행에 필요한 처분'에 해당한다) 피의자의 소유에 속하거나 소지하는 전자정보를 대상으로 이루어지는 것이므로 그 전자정보에 대한 압수·수색도 허용되고, 이는 원격지의 저장매체가 국외에 있는 경우라 하더라도 달리 볼 것은 아니다 (대판 2017.11.29, 2017도9747)
ⓓ (○) 대결 2022.1.14, 2021모1586
ⓔ (○) 대판 2021.7.29, 2020도14654

05 정답 ③

① (○) 대판 2018.2.8, 2017도13263
② (○) 대판 2017.9.7, 2015도10648
③ (×) 압수·수색·검증영장 법관의 서명·날인란에 서명만 있고 날인이 없는 경우 형사소송법이 정한 요건을 갖추지 못하여 적법하게 발부되었다고 볼 수 없으나, 위와 같은 결함은 피고인의 기본적 인권보장 등 법익 침해 방지와 관련성이 적으므로 절차 조항 위반의 내용과 정도가 중대하지 않고 절차 조항이 보호하고자 하는 권리나 법익을 본질적으로 침해하였다고 볼 수 없다. 오히려 이러한 경우에까지 공소사실과 관련성이 높은 파일 출력물의 증거능력을 배제하는 것은 적법절차의 원칙과 실체적 진실규명의 조화를 도모하고 이를 통하여 형사사법 정의를 실현하려는 취지에 반하는 결과를 초래할 수 있다(대판 2019.7.11, 2018도20504).
④ (○) 대판 2009.3.12, 2008도763

06 정답 ③

① (○) 대판 2022.1.13, 2016도9596
② (○) 대판 2021.11.25, 2019도7342
③ (×) 정보저장매체를 임의제출한 피압수자에 더하여 임의제출자 아닌 피의자에게도 참여권이 보장되어야 하는 '피의자의 소유·관리에 속하는 정보저장매체'라 함은, 피의자가 압수·수색 당시 또는 이와 시간적으로 근접한 시기까지 해당 정보저장매체를 현실적으로 지배·관리하면서 그 정보저장매체 내 전자정보 전반에 관한 전속적인 관리처분권을 보유·행사하고, 달리 이를 자신의 의사에 따라 제3자에게 양도하거나 포기하지 아니한 경우로써 피의자를 그 정보저장매체에 저장된 전자정보에 대하여 실질적인 압수·수색 당사자로 평가할 수 있는 경우를 말하는 것이다. 이에 해당하는지 여부는 민사법상 권리의 귀속에 따른 법률적·사후적 판단이 아니라 압수·수색 당시 외형적·객관적으로 인식 가능한 사실상의 상태를 기준으로 판단하여야 한다(대판 2022.1.27, 2021도11170).
④ (○) 대판 2018.2.8, 2017도13263

⑤ (○) 대결 2022.6.30, 2020모735

07 정답 ③

① (×) 법령상 생산·제조·소지·소유 또는 유통이 금지된 압수물로서 부패의 염려가 있거나 보관하기 어려운 압수물은 소유자 등 권한 있는 자의 동의를 받아 폐기할 수 있다(제130조 제3항, 제219조).
② (×) 피압수자 등 환부를 받을 자가 압수 후 그 소유권을 포기하는 등에 의하여 실체법상의 권리를 상실하더라도 그 때문에 압수물을 환부하여야 하는 수사기관의 의무에 어떠한 영향을 미칠 수 없고 또한 수사기관에 대하여 형사소송법상의 환부청구권을 포기한다는 의사표시를 하더라도 그 효력이 없어 그에 의하여 수사기관의 필요적 환부의무가 면제된다고 볼 수는 없으므로 압수물의 소유권이나 그 환부청구권을 포기하는 의사표시로 인하여 환부의무에 대응하는 압수물에 대한 환부청구권이 소멸하는 것은 아니다(대결 1996.8.16, 94모51 전원합의체).
③ (○) 제135조, 제219조
④ (×) 압수한 서류 또는 물품에 대하여 몰수의 선고가 없는 때에는 압수를 해제한 것으로 간주한다(제332조).

08 정답 ③

① (○) 대판 2017.11.14, 2017도3449
② (○) 대판 2021.11.25, 2016도82
③ (×) 피의자가 휴대전화를 임의제출하면서 휴대전화에 저장된 전자정보가 아닌 클라우드 등 제3자가 관리하는 원격지에 저장되어 있는 전자정보를 수사기관에 제출한다는 의사로 수사기관에게 클라우드 등에 접속하기 위한 아이디와 비밀번호를 임의로 제공하였다면 위 클라우드 등에 저장된 전자정보를 임의제출하는 것으로 볼 수 있다(대판 2021.7.29, 2020도14654).
④ (○) 대결 2022.5.31, 2016모587

09 정답 ④

① (○) 대판 2017.9.21, 2015도12400
② (○) 대판 2013.9.26, 2013도7718
③ (○) 대판 2015.1.22, 2014도10978 전원합의체
④ (×) 여자의 신체에 대하여 수색할 때에는 성년의 여자를 참여하게 하여야 한다(제124조, 제219조).

10 정답 ①

① (○) 대판 2021.11.18, 2016도348 전원합의체
② (×), ④ (×) 임의제출된 정보저장매체에서 압수의 대상이 되는 전자정보의 범위를 초과하여 수사기관 임의로 전자정보를 탐색·복제·출력하는 것은 원칙적으로 위법한 압수·수색에 해당하므로 허용될 수 없다. 만약 전자정보에 대한 압수·수색이 종료되기 전에 범죄혐의사실과 관련된 전자정보를 적법하게 탐색하는 과정에서 별도의 범죄혐의와 관련된 전자정보를 우연히 발견한 경우라면 수사기관은 더 이상의 추가탐색을 중단하고 법원으로부터 별도의 범죄혐의에 대한 압수·수색영장을 발부받은 경우에 한하여 그러한 정보에 대하여도 적법하게 압수·수색을 할 수 있다. 따라서 임의제출된 정보저장매체에서 압수의 대상이 되는 전자정보의 범위를 넘어서는 전자정보에 대해 수사기관이 영장 없이 압수·수색하여 취득한 증거는 위법수집증거에 해당하고 사후에 법원으로부터 영장이 발부되었다거나 피고인이나 변호인이 이를 증거로 함에 동의하였다고 하여 그 위법성이 치유되는 것도 아니다(대판 2021.11.18, 2016도348 전원합의체).
③ (×) 피해자 등 제3자가 피의자의 소유·관리에 속하는 정보저장매체를 영장에 의하지 않고 임의제출한 경우에는 실질적 피압수자인 피의자가 수사기관으로 하여금 그 전자정보 전부를 무제한 탐색하는 데 동의한 것으로 보기 어려울 뿐만 아니라 피의자 스스로 임의제출한 경우 피의자의 참여권 등이 보장되어야 하는 것과 견주어 보더라도 특별한 사정이 없는 한 형사소송법 제219조, 제121조, 제129조에 따라 피의자에게 참여권을 보장하고 압수한 전자정보 목록을 교부하는 등 피의자의 절차적 권리를 보장하기 위한 적절한 조치가 이루어져야 한다. 이와 같이 정보저장매체를 임의제출한 피압수자에 더하여 임의제출자 아닌 피의자에게도 참여권이 보장되어야 하는 '피의자의 소유·관리에 속하는 정보저장매체'라 함은, 피의자가 압수·수색 당시 또는 이와 시간적으로 근접한 시기까지 해당 정보저장매체를 현실적으로 지배·관리하면서 그 정보저장매체 내 전자정보 전반에 관한 전속적인 관리처분권을 보유·행사하고, 달리 이를 자신의 의사에 따라 제3자에게 양도하거나 포기하지 아니한 경우로써 피의자를 그 정보저장매체에 저장된 전자정보에 대하여 실질적인 압수·수색 당사자로 평가할 수 있는 경우를 말하는 것이다. 이에 해당하는지 여부는 민사법상 권리의 귀속에 따른 법률적·사후적 판단이 아니라 압수·수색 당시 외형적·객관적으로 인식 가능한 사실상의 상태를 기준으로 판단하여야 한다. 이러한 정보저장매체의 외형적·객관적 지배·관리 등 상태와 별도로 단지 피의자나 그 밖의 제3자가 과거 그 정보저장매체의 이용 내지 개별 전자정보의 생성·이용 등에 관여한 사실이 있다거나 그 과정에서 생성된 전자정보에 의해 식별되는 정보주체에 해당한다는 사정만으로 그들을 실질적으로 압수·수색을 받는 당사자로 취급하여야 하는 것은 아니다(대판 2022.1.27, 2021도11170).

11 정답 ④

① (○) 제216조 제1항 제2호
② (○) 제217조 제1항
③ (○) 제216조 제1항 제1호
④ (×) 범행 중 또는 범행직후의 범죄 장소에서 긴급을 요하여 법원판사의 영장을 받을 수 없는 때에는 영장없이 압수, 수색 또는 검증을 할 수 있다. 이 경우에는 사후에 지체없이 영장을 받아야 한다(제216조 제3항).

12 정답 ①

㉠ (○) 대결 1996.8.16, 94모51 전원합의체
㉡ (×) 압수한 장물은 피해자에게 환부할 이유가 명백한 때에는 피고사건 또는 피의사건 종결전이라

도 법원 또는 수사기관의 결정으로 피해자에게 환부할 수 있다(제134조, 제219조)
ⓒ (○) 제218조의2 제1항
ⓔ (○) 제135조, 제219조
ⓜ (○) 제218조의2 제2항

13 정답 ④
① (○) 제216조 제1항 제1호
② (○) 대판 2012.11.15, 2011도15258
③ (○) 대판 2014.11.13, 2013도1228
④ (×) 경찰관들이 저녁 8시경 도로에서 위장거래자와 만나서 마약류 거래를 하고 있는 피고인을 긴급체포하면서 현장에서 메트암페타민을 압수하고, 저녁 8시 24분경 체포 현장에서 약 2km 떨어진 피고인의 주거지에서 메트암페타민 약 4.82g을 추가로 찾아내어 이를 압수한 다음 법원으로부터 사후 압수·수색영장을 발부받은 경우, 피고인에 대한 긴급체포 사유, 압수·수색의 시각과 경위, 사후 영장의 발부 내역 등에 비추어 피고인의 주거지에서 긴급 압수한 메트암페타민 4.82g은 긴급체포의 사유가 된 범죄사실 수사에 필요한 범위 내의 것으로서 적법하게 압수되었다고 할 것이다(대판 2017.9.12, 2017도10309)

14 정답 ③
㉠ (○) 제216조 제3항
㉡ (○) 제217조 제1항
㉢ (×) 압수한 물건을 계속 압수할 필요가 있는 경우에는 지체 없이 압수·수색영장을 청구하여야 한다. 이 경우 압수·수색영장의 청구는 체포한 때부터 48시간 이내에 하여야 한다(제217조 제2항)
㉣ (○) 대판 2011.5.26, 2011도1902

[2] 통신비밀보호법과 통신제한조치

15 정답 ④
㉠ (×) 통신비밀보호법에서 보호하는 타인 간의 '대화'는 원칙적으로 현장에 있는 당사자들이 육성으로 말을 주고받는 의사소통행위를 가리키므로 사람의 육성이 아닌 사물에서 발생하는 음향은 타인 간의 '대화'에 해당하지 않고 또한 사람의 목소리라고 하더라도 상대방에게 의사를 전달하는 말이 아닌 단순한 비명소리나 탄식 등은 타인과 의사소통을 하기 위한 것이 아니라면 특별한 사정이 없는 한 타인 간의 '대화'에 해당한다고 볼 수 없다(대판 2017.3.15, 2016도19843)
㉡ (×) '전기통신의 감청'은 전기통신이 이루어지고 있는 상황에서 실시간으로 그 전기통신의 내용을 지득·채록하는 경우와 통신의 송·수신을 직접적으로 방해하는 경우를 의미하는 것이지 이미 수신이 완료된 전기통신에 관하여 남아 있는 기록이나 내용을 열어보는 등의 행위는 포함하지 않는다(대판 2016.10.13, 2016도8137)
㉢ (○) 대판 1999.9.3, 99도2317
㉣ (○) 통비법 제13조 제1항·제3항

16 정답 ③
① (×) 기자인 피고인 甲이 정수장학회 이사장 乙과의 전화통화를 마친 후 예우차원에서 乙이 전화를 먼저 끊기를 기다리던 중, 문화방송 기획홍보본부장 丙이 乙과 인사를 나누면서 전략기획부장 丁을 소개하는 목소리가 휴대폰을 통해 들려오고 그들이 정수장학회가 보유하고 있던 언론사의 지분매각 문제 등을 논의하자, 통화연결상태에 있는 자신의 휴대폰을 이용하여 대화를 몰래 청취·녹음한 이후에 이를 언론을 통해 보도한 경우 이는 정당행위에 해당한다고 볼 수 없다(대판 2016.5.12, 2013도15616)
② (×) 전화통화 당사자의 일방이 상대방 몰래 통화내용을 녹음하더라도 대화 당사자 일방이 상대방 모르게 그 대화내용을 녹음한 경우와 마찬가지로 통신비밀보호법 제3조 제1항 위반이 되지 아니한다(대판 2002.10.8, 2002도123) ※ 지문과 같은

경우 전문법칙에 의하여 증거능력의 제한은 받지만, 위법수집증거배제법칙은 적용되지 않는다.
③ (○) 대판 2010.10.14, 2010도9016
④ (×) 제3자의 경우는 설령 전화통화 당사자 일방의 동의를 받고 그 통화 내용을 녹음하였다 하더라도 그 상대방의 동의가 없었던 이상 통신비밀보호법 제3조 제1항 위반이 된다(대판 2010.10.14, 2010도9016).

17 정답 ④
① (○) 대판 2017.1.25, 2016도13489
② (○) 대판 2017.3.15, 2016도19843
③ (○) 대판 2016.10.13, 2016도8137
④ (×) 수사기관이 구속수감된 자로 하여금 피고인의 범행에 관한 통화 내용을 녹음하게 한 행위는 수사기관 스스로가 주체가 되어 구속수감된 자의 동의만을 받고 상대방인 피고인의 동의가 없는 상태에서 그들의 통화 내용을 녹음한 것으로서 불법감청에 해당한다고 보아야 할 것이므로 그 녹음 자체는 물론이고 이를 근거로 작성된 수사보고의 기재 내용과 첨부 녹취록 및 첨부 mp3파일도 모두 피고인과 변호인의 증거동의에 상관없이 증거능력이 없다(대판 2010.10.14, 2010도9016).
⑤ (○) 대판 2016.10.13, 2016도8137

18 정답 ④
㉠ (○) 통비법 제9조의2 제2항
㉡ (×) 사법경찰관은 인터넷 회선을 통하여 송신·수신하는 전기통신을 대상으로 통신제한조치를 집행한 경우 그 전기통신의 보관 등을 하고자 하는 때에는 집행종료일부터 14일 이내에 보관 등이 필요한 전기통신을 선별하여 검사에게 보관등의 승인을 신청하고, 검사는 신청일부터 7일 이내에 통신제한조치를 허가한 법원에 그 승인을 청구할 수 있다(통비법 제12조의2 제2항).
㉢ (○) 통비법 제6조 제2항
㉣ (×) 통신제한조치의 기간은 2개월을 초과하지 못하고, 그 기간 중 통신제한조치의 목적이 달성되었을 경우에는 즉시 종료하여야 한다. 다만, 허가요건이 존속하는 경우에는 소명자료를 첨부하여 2개월의 범위에서 통신제한조치기간의 연장을 청구할 수 있다(통비법 제6조 제7항) 검사 또는 사법경찰관이 통신제한조치의 연장을 청구하는 경우에 통신제한조치의 총 연장기간은 1년을 초과할 수 없다. 다만, 일정한 범죄의 경우에는 통신제한조치의 총 연장기간이 3년을 초과할 수 없다(통비법 제6조 제8항).

19 정답 ③
① (×) 제3자의 경우는 설령 전화통화 당사자 일방의 동의를 받고 그 통화 내용을 녹음하였다 하더라도 그 상대방의 동의가 없었던 이상 통비법 제3조 제1항 위반이 되고, 이와 같이 불법감청에 의하여 녹음된 전화통화의 내용은 증거능력이 없다. 이는 피고인이나 변호인이 이를 증거로 함에 동의하였다고 하더라도 달리 볼 것은 아니다(대판 2010.10.14, 2010도9016).
② (×) 절도죄, 강도죄, 공갈죄는 통신제한조치가 가능한 범죄이지만, 사기죄는 통신제한조치가 가능한 범죄가 아니다(통비법 제5조 제1항).
③ (○) 통비법 제8조 제3항
④ (×) '전기통신의 감청'은 전기통신이 이루어지고 있는 상황에서 실시간으로 그 전기통신의 내용을 지득·채록하는 경우와 통신의 송·수신을 직접적으로 방해하는 경우를 의미하는 것이지 이미 수신이 완료된 전기통신에 관하여 남아 있는 기록이나 내용을 열어보는 등의 행위는 포함하지 않는다(대판 2016.10.13, 2016도8137).

20 정답 ②
㉠ (○) 통비법 제8조 제2항
㉡ (○) 통비법 제9조 제4항
㉢ (×) 검사, 사법경찰관 또는 정보수사기관의 장은 긴급통신제한조치의 집행에 착수한 때부터 36시간 이내에 법원의 허가를 받지 못한 경우에는 해당 조치를 즉시 중지하고 해당 조치로 취득한 자료를 폐기하여야 한다(통비법 제8조 제5항).

② (○) 대판 2003.11.13, 2001도6213
⑩ (×) [1] 사법경찰관은 검사로부터 공소를 제기하거나 제기하지 아니하는 처분(기소중지 결정 제외)의 통보를 받거나 내사사건에 관하여 입건하지 아니하는 처분을 한 때에는 그 날부터 30일 이내에 감청의 대상이 된 전기통신의 가입자에게 통신제한조치를 집행한 사실과 집행기관 및 그 기간 등을 서면으로 통지하여야 한다(통비법 제9조의2 제2항).
[2] 다만, 통신제한조치를 통지할 경우 국가의 안전보장·공공의 안녕질서를 위태롭게 할 현저한 우려가 있는 때 또는 사람의 생명·신체에 중대한 위험을 초래할 염려가 현저한 때에는 그 사유가 해소될 때까지 통지를 유예할 수 있다(동조 제4항). ※ '수사에 방해가 될 우려가 있다고 인정할 때'는 통지 유예사유도 아니고, 설사 사유에 해당한다고 하더라도 통지의 유예는 가능하지만 통지 자체를 생략할 수 없다.

제4절 수사상의 증거보전 및 증인신문

01 정답 ④
㉠ (○) 대결 1984.3.29, 84모15
㉡ (○) 규칙 제91조 제1항 제1호
㉢ (○) 제221조의2 제1항, 제184조 제1항 참고
㉣ (○) 제184조 제3항·제4항
㉤ (○) 대판 1988.11.8, 86도1646

02 정답 ④
① (○) 아청법 제27조 제1항
② (○) 대판 1989.6.20, 89도648
③ (○) [1] 피의자신문에 해당하는 사항을 증거보전의 방법으로 청구할 수 없다(대판 1979.6.12, 79도792) [2] 공동피고인과 피고인이 뇌물을 주고받은 사이로 필요적 공범관계에 있다고 하더라도 검사는 수사단계에서 피고인에 대한 증거를 미리 보전하기 위하여 필요한 경우에는 판사에게 공동피고인을 증인으로 신문할 것을 청구할 수 있다(대판 1988.11.8, 86도1646).
④ (×) 판사는 증인신문을 한 때에는 지체없이 이에 관한 서류를 검사에게 송부하여야 한다(제221조의2 제6항). ※ 증인신문에 관한 서류에 대하여 피의자 또는 변호인은 열람이나 등사를 할 수 없다.

03 정답 ③
㉠ (○) 제184조 제1항
㉡ (×) 증인신문조서가 증거보전절차에서 증인 甲의 증언내용을 기재한 것이고 다만 피의자였던 피고인 乙이 당사자로 참여하여 자신의 범행사실을 시인하는 전제하에 위 증인에게 반대신문한 내용이 기재되어 있을 뿐이라면 위 조서는 공판준비 또는 공판기일에 피고인 등의 진술을 기재한 조서도 아니고 반대신문 과정에서 피의자가 한 진술에 관한 한 형사소송법 제184조에 의한 증인신문조서도 아니므로 형사소송법 제311조에 의한 증거능력을 인정할 수 없다(대판 1984.5.15, 84도508).
㉢ (○) 옳음
㉣ (×) 검사, 피고인, 피의자 또는 변호인은 판사의 허가를 얻어 증거보전의 처분에 관한 서류와 증거물을 열람 또는 등사할 수 있다(제185조).

04 정답 ①
㉠ (해당 ○) 증거보전은 검사, 피고인, 피의자 또는 변호인이 청구할 수 있으나(제184조 제1항), 증인신문은 검사만이 청구할 수 있다(제221조의2 제1항).
㉡ (해당 ○) 증거보전은 미리 증거를 보전하지 아니하면 그 증거를 사용하기 곤란한 사정이 있는 때에 청구할 수 있으나(제184조 제1항), 증인신문은 참고인이 출석 또는 진술을 거부한 때에 청구할 수 있다(제221조의2 제1항).
㉢ (해당 ○) 증거보전은 압수, 수색, 검증, 증인신문 또는 감정을 청구할 수 있으나(제184조 제1항), 증인신문은 증인신문만 청구할 수 있다(제221조의2 제1항).

ⓔ (해당 ×) 양자 모두 제1회 공판기일 전까지 청구할 수 있다(제184조 제1항, 제221조의2 제1항).
ⓜ (해당 ×) 양자 모두 그 절차에서 작성된 조서는 당연히 증거능력이 인정된다(제311조).
ⓗ (해당 ○) 증거보전의 경우 그 청구를 기각하는 결정에 대하여 3일 이내에 항고할 수 있지만(제184조 제4항), 증인신문의 경우는 불복할 수 없다.
ⓢ (해당 ○) 증거보전의 경우 서류와 증거물을 열람 또는 등사할 수 있지만(제185조), 증인신문의 경우는 열람 또는 등사할 수 없다.

제6장 수사의 종결

제1절 검사의 수사종결

01 정답 ①

㉠ (×) 검사가 공소제기 후 형사소송법 제215조에 따라 수소법원 이외의 지방법원판사에게 청구하여 발부받은 영장에 의하여 압수·수색을 하였다면, 그와 같이 수집된 증거는 기본적 인권 보장을 위해 마련된 적법한 절차에 따르지 않은 것으로서 원칙적으로 유죄의 증거로 삼을 수 없다(대판 2011.4.28, 2009도10412).

㉡ (×) 검사의 불기소처분에는 확정재판에 있어서의 확정력과 같은 효력이 없어 일단 불기소처분을 한 후에도 공소시효가 완성되기 전이면 언제라도 공소를 제기할 수 있다(대판 2009.10.29, 2009도6614).

㉢ (×) 검사는 불기소 또는 타관송치의 처분을 한 때에는 피의자에게 즉시 그 취지를 통지하여야 한다(제258조 제2항).

㉣ (×) 사법경찰관으로부터 사건을 검사에게 송치하지 아니하는 취지와 그 이유를 통지받은 사람(고발인을 제외한다)은 해당 사법경찰관의 소속 관서의 장에게 이의를 신청할 수 있다(제245조의7 제1항) ※ 특별히 이의신청 기간의 제한이 있는 것은 아니다.

02 정답 ③

㉠ (×) 사법경찰관으로부터 사건불송치 통지를 받은 사람(고발인을 제외한다)은 해당 사법경찰관의 소속 관서의 장에게 이의를 신청할 수 있다(제245조의7 제1항).

㉡ (○) 수사준칙 제62조 제1항

㉢ (○) [1] 불기소처분에 대하여 인정되는 검찰청법 제10조 제1항 및 제3항에 의한 항고 및 재항고의 구제절차는 고소인 또는 고발인이 청구할 수 있도록 규정되어 있으므로, 범죄피해자로서 고소한 사실이 없는 청구인은 검찰청법에 의한 항고 및 재항고의 구제절차를 거칠 필요없이 불기소처분에 대하여 바로 헌법소원심판을 청구할 수 있

다(헌재 1998.8.27, 97헌마79)
[2] 기소유예 처분을 받은 피의자는 항고나 재항고를 제기할 수 있는 법률의 규정이 없고, 검사에 재기신청을 낸다든지 또는 진정서를 제출하여 검사의 직권발동을 촉구하는 등의 절차는 기소유예처분에 대한 법률이 정한 직접적인 구제절차가 아닐 뿐더러 그 밖에도 달리 다른 법률에 정한 구제절차가 없으므로 기소유예처분에 대하여 직접 헌법소원심판을 청구한 심판청구는 적법하다(헌재 1992.10.1, 91헌마169)
[3] 검사의 불기소처분에 대하여 기소처분을 구하는 취지에서 헌법소원을 제기할 수 있는 자는 원칙적으로 헌법상 재판절차진술권의 주체인 형사피해자에 한하므로, 범죄피해자가 아닌 고발인에게는 개인적 주관적 권리나 재판절차에서의 진술권 등의 기본권이 허용될 수 없으므로 검사가 자의적으로 불기소처분을 하였다고 하여 달리 특별한 사정이 없으면 자기관련성이 없다(헌재 2013.10.24, 2012헌마41)
㉣ (×) 검사의 불기소처분에 대한 헌법소원에 있어서 그 대상이 된 범죄에 대한 공소시효가 완성되었을 때에는 권리보호의 이익이 없어 헌법소원을 제기할 수 없으며, 또 헌법소원 제기 후에 그 공소시효가 완성된 경우에도 역시 그 헌법소원은 권리보호의 이익이 없어 부적법하다(헌재 1997.7.16, 97헌마40)

제2절 불기소처분에 대한 불복

03 정답 ③

① (×) [1] 법원은 재정신청서를 송부받은 때에는 송부받은 날부터 10일 이내에 피의자에게 그 사실을 통지하여야 한다(제262조 제1항)
[2] 법원은 재정신청서를 송부받은 날부터 3개월 이내에 항고의 절차에 준하여 결정한다. 이 경우 필요한 때에는 증거를 조사할 수 있다(제262조 제2항)
② (×) 대통령에게 제출한 청원서를 대통령비서실로부터 이관받은 검사가 진정사건으로 내사 후 내사종결 처리한 경우, 내사종결처리는 고소 또는 고발사건에 대한 불기소처분이라고 볼 수 없어 재정신청의 대상이 되지 아니한다(대결 1991.11.5, 91모68)
③ (○) 제339조, 제345조
④ (×) 재정신청 기각결정에 대한 재항고나 그 재항고 기각결정에 대한 즉시항고로서의 재항고에 대한 법정기간의 준수 여부는 도달주의 원칙에 따라 재항고장이나 즉시항고장이 법원에 도달한 시점을 기준으로 판단하여야 하고, 거기에 재소자 피고인 특칙은 준용되지 아니한다고 해석함이 타당하다(대결 2015.7.16, 2013모2347 전원합의체)

04 정답 ②

㉠ (×) 법원은 필요한 때에는 증거를 조사할 수 있다(제262조 제2항)
㉡ (○) 대판 2018.12.28, 2014도17182
㉢ (×) 재정신청의 취소는 다른 공동신청권자에게 효력이 미치지 아니한다(제264조 제3항)
㉣ (○) 제262조의2

05 정답 ④

① (○) 대판 2015.9.10, 2012도14755
② (○) 대결 1991.11.5, 91모68
③ (○) 제264조 제2항
④ (×) 고소인이 원칙적으로 검찰청법 제10조에 따른 항고를 거친 후에 재정신청을 하여야 하지만, 예외적으로 항고 이후 재기수사가 이루어진 다음에 다시 공소를 제기하지 아니한다는 통지를 받은 경우, 항고 신청 후 항고에 대한 처분이 행하여지지 아니하고 3개월이 경과한 경우 또는 검사가 공소시효 만료일 30일 전까지 공소를 제기하지 아니하는 경우에는 항고를 거치지 않고도 재정신청을 할 수 있다(제260조 제2항)

06 정답 ④

① (×) 고소인은 고소권자로서 고소한 범죄에 대하여, 고발인은 형법 제123조부터 제126조까지의 범죄(공직선거법에 규정된 일정한 범죄 등도

포함)에 대하여 재정신청을 할 수 있다(제260조 제1항)
② (×) 재정신청 기각결정에 대한 재항고나 그 재항고 기각결정에 대한 즉시항고로서의 재항고에 대한 법정기간의 준수 여부는 도달주의 원칙에 따라 재항고장이나 즉시항고장이 법원에 도달한 시점을 기준으로 판단하여야 하고, 거기에 재소자 피고인 특칙은 준용되지 아니한다고 해석함이 타당하다(대결 2015.7.16, 2013모2347 전원합의체)
③ (×) 법원의 공소제기결정에 따라 검사가 공소를 제기한 때에는 공소취소를 할 수 없다(제264조의2)
④ (○) 대판 2017.11.14, 2017도13465

제3절 공소제기 후의 수사

07 정답 ④
① (×) 공소가 제기된 후에는 그 피고사건에 관한 형사절차의 모든 권한이 사건을 주재하는 수소법원의 권한에 속하게 되며, 수사의 대상이던 피의자는 검사와 대등한 당사자인 피고인으로서의 지위에서 방어권을 행사하게 되므로 공소제기후 구속·압수·수색 등 피고인의 기본적 인권에 직접 영향을 미치는 강제처분은 원칙적으로 수소법원의 판단에 의하여 이루어지지 않으면 안된다(대판 2011.4.28, 2009도10412) ※ 공소제기 후에 피고인 구속은 법원의 권한이므로 검사는 수소법원 이외의 법관으로부터 영장을 발부받아 피고인을 구속할 수 없다.
② (×) 피고인에 대한 수소법원의 구속영장을 집행하는 경우 필요한 때에는 수사기관은 집행현장에서 영장 없이 압수·수색·검증을 할 수 있다(제216조 제1항 제2호, 제2항)
③ (×) 검사 작성의 피고인에 대한 진술조서가 공소제기 후에 작성된 것이라는 이유만으로는 곧 그 증거능력이 없다고 할 수 없다(대판 1984.9.25, 84도1646)
④ (○) 대판 2011.4.28, 2009도10412

08 정답 ④
① (○) 대결 1996.8.12, 96모46
② (○) 대판 2011.4.28, 2009도10412
③ (○) 대판 2009.8.20, 2008도8213
④ (×) 공판준비 또는 공판기일에서 이미 증언을 마친 증인을 검사가 소환한 후 피고인에게 유리한 그 증언 내용을 추궁하여 이를 일방적으로 번복시키는 방식으로 작성한 진술조서는 피고인이 증거로 할 수 있음에 동의하지 아니하는 한 그 증거능력이 없다고 하여야 할 것이고, 그 후 원진술자인 종전 증인이 다시 법정에 출석하여 증언을 하면서 그 진술조서의 성립의 진정함을 인정하고 피고인측에 반대신문의 기회가 부여되었다고 하더라도 그 증언 자체를 유죄의 증거로 할 수 있음은 별론으로 하고 위와 같은 진술조서의 증거능력이 없다는 결론은 달리할 것이 아니다(대판 2008.9.25, 2008도6985) ※ 피고인이 증거로 할 수 있음에 동의하는 경우에 증거능력을 인정할 수 있다.

09 정답 ④
① (○) 제218조 참고
② (○) 제216조 제2항
③ (○) 대판 2008.9.25, 2008도6985
④ (×) 공소가 제기된 후에는 그 피고사건에 관한 형사절차의 모든 권한이 사건을 주재하는 수소법원의 권한에 속하게 되며, 수사의 대상이던 피의자는 검사와 대등한 당사자인 피고인으로서의 지위에서 방어권을 행사하게 되므로 공소제기 후 구속·압수·수색 등 피고인의 기본적 인권에 직접 영향을 미치는 강제처분은 원칙적으로 수소법원의 판단에 의하여 이루어지지 않으면 안 된다(대판 2011.4.28, 2009도10412) ※ 공소제기 후에 피고인 구속은 법원의 권한이므로 검사는 수소법원 이외의 법관으로부터 영장을 발부받아 피고인을 구속할 수 없다.

제2편 증 거

제1장 서 론

제1절 증거법의 기본개념

01 정답 ③

① (○) 대판 2013.6.27, 2013도4172
② (○) 대판 2013.6.27, 2013도4172
③ (×) 살인죄와 같이 법정형이 무거운 범죄의 경우에도 직접증거 없이 간접증거만으로도 유죄를 인정할 수 있으나, 그 경우에도 주요사실의 전제가 되는 간접사실의 인정은 합리적 의심을 허용하지 않을 정도의 증명이 있어야 하고, 그 하나하나의 간접사실이 상호 모순, 저촉이 없어야 함은 물론 논리와 경험칙, 과학법칙에 의하여 뒷받침되어야 한다(대판 2017.5.30, 2017도1549).
④ (○) 대판 2017.6.8, 2016도21389

02 정답 ④

㉠ (○) 대판 2017.5.30, 2017도1549
㉡ (○) 대판 2015.4.23, 2015도2275
㉢ (×) 타인의 진술을 내용으로 하는 진술이 전문증거인지 여부는 요증사실과의 관계에서 정해지는데, 원진술의 내용인 사실이 요증사실인 경우에는 전문증거이나 원진술의 존재 자체가 요증사실인 경우에는 본래증거이지 전문증거가 아니다(대판 2018.5.15, 2017도19499).
㉣ (○) 증명이란 합리적 의심의 여지가 없는 확신을 말하지만, 소명이란 법관이 대략 납득 또는 수긍할 정도의 입증을 말한다. 형사소송법상 소명의 대상은 기피사유(제19조 제2항), 증언거부사유(제150조), 증거보전청구사유(제184조 제3항), 증인신문청구사유(제221조의2 제3항), 상소권회복청구사유(제346조 제2항), 정식재판청구권회복청구사유(제458조) 등이 있다.
㉤ (○) 공판조서의 증명력은 '공판기일의 절차'에 한하여 인정이 된다(제56조) 따라서 공판기일의 절차가 아닌 공판준비절차 또는 공판기일 외의 절차를 기재한 조서는 배타적 증명력이 인정되지 아니한다.

제2절 증명의 기본원칙

03 정답 ④

① (×) 형사재판에서 공소가 제기된 범죄의 구성요건을 이루는 사실은 그것이 주관적 요건이든 객관적 요건이든 그 증명책임이 검사에게 있으므로, 허위사실 적시 명예훼손죄로 기소된 사건에서 사람의 사회적 평가를 떨어뜨리는 사실이 적시되었다는 점, 그 적시된 사실이 객관적으로 진실에 부합하지 아니하여 허위일 뿐만 아니라 그 적시된 사실이 허위라는 것을 피고인이 인식하고서 이를 적시하였다는 점은 모두 검사가 증명하여야 한다(대판 2020.2.13, 2017도16939) ※ '허위사실의 인식'도 엄격한 증명의 대상이 된다.
② (×) 구성요건에 해당하는 사실은 엄격한 증명에 의하여 이를 인정하여야 하고, 증거능력이 없는 증거는 구성요건 사실을 추인하게 하는 간접사실이나 구성요건 사실을 입증하는 직접증거의 증명력을 보강하는 보조사실의 인정자료로도 사용할 수 없다(대판 2015.1.22, 2014도10978 전원합의체).
③ (×) '합리적 의심'이라 함은 모든 의문, 불신을 포함하는 것이 아니라 논리와 경험칙에 기하여 요증사실과 양립할 수 없는 사실의 개연성에 대한 합리성 있는 의문을 의미하는 것으로서, 피고인에게 유리한 정황을 사실인정과 관련하여 파악한 이성적 추론에 그 근거를 두어야 하는 것이므로 단순히 관념적인 의심이나 추상적인 가능성에 기초한 의심은 합리적 의심에 포함된다고 할 수 없다(대결 2018.1.25, 2016도6757).
④ (○) 대판 2022.6.16, 2022도2236

04 정답 ③

① (×) 교통사고로 인하여 업무상과실치상죄 또는 중과실치상죄를 범한 운전자에 대하여 피해자의 명시한 의사에 반하여 공소를 제기할 수 있도록 하고 있는 교통사고처리특례법 제3조 제2항 단서의 각 호에서 규정한 신호위반 등의 예외사유는 같은 법 제3조 제1항 위반죄의 구성요건 요소가 아니라 그 공소제기의 조건에 관한 사유일 뿐

이다(대판 2007.4.12, 2006도4322) ※ 판례의 취지에 의할 때 신호위반 등의 예외사유는 자유로운 증명의 대상이다.
② (×) 탄핵증거는 범죄사실을 인정하는 증거가 아니므로 엄격한 증거조사를 거쳐야 할 필요가 없음은 형사소송법 제318조의2의 규정에 따라 명백하다고 할 것이나, 법정에서 이에 대한 탄핵증거로서의 증거조사는 필요하다(대판 2005.8.19, 2005도2617).
③ (O) 대판 2022.6.16, 2022도2236
④ (×) 검사는 체포영장의 유효기간을 연장할 필요가 있다고 인정하는 때에는 그 사유를 소명하여 다시 체포영장을 청구하여야 한다(제96조의4) 소명으로 족하고 증명까지는 할 필요가 없다.

05 정답 ④

① (O) 대판 1987.6.9, 선고 87도691
② (O) 대판 2004.2.13, 2003도6905
③ (O) 대판 2020.9.24, 2020도7869
④ (×) 형사재판에 있어서 이와 관련된 다른 형사사건의 확정판결에서 인정된 사실은 특별한 사정이 없는 한 유력한 증거자료가 되는 것이나, 당해 형사재판에서 제출된 다른 증거 내용에 비추어 관련 형사사건의 확정판결에서의 사실판단을 그대로 채택하기 어렵다고 인정될 경우에는 이를 배척할 수 있다(대판 2014.3.27, 2014도1200).

06 정답 ③

① (O) 대판 2010.7.22, 2009도1151
② (O) 대판 2010.6.24, 2007도5899
③ (×) 명예를 훼손한 행위가 형법 제310조의 규정에 따라서 위법성이 조각되어 처벌대상이 되지 않기 위하여는 그것이 진실한 사실로서 오로지 공공의 이익에 관한 때에 해당된다는 점을 행위자가 증명하여야 하는 것이나, 그 증명은 유죄의 인정에 있어 요구되는 것과 같이 법관으로 하여금 의심할 여지가 없을 정도의 확신을 가지게 하는 증명력을 가진 엄격한 증거에 의하여야 하는 것은 아니다(대판 1996.10.25, 95도1473).
④ (O) 대판 2012.11.29, 2010도3029

07 정답 ①

① (×) 합리적 의심이라 함은 모든 의문, 불신을 포함하는 것이 아니라 논리와 경험칙에 기하여 요증사실과 양립할 수 없는 사실의 개연성에 대한 합리성 있는 의문을 의미하는 것으로서, 피고인에게 유리한 정황을 사실인정과 관련하여 파악한 이성적 추론에 그 근거를 두어야 하는 것이므로 단순히 관념적인 의심이나 추상적인 가능성에 기초한 의심은 합리적 의심에 포함된다고 할 수 없다(대판 2013.6.27, 2013도4172).
② (O) 대판 2013.6.27, 2013도4172
③ (O) 대판 2013.6.27, 2013도4172
④ (O) 대판 2013.6.27, 2013도4172

08 정답 ①

㉠ (자유로운 증명) 친고죄에서 적법한 고소가 있었는지는 자유로운 증명의 대상이 된다(대판 2011.6.24, 2011도4451).
㉡ (엄격한 증명) 목적과 용도를 정하여 위탁한 금전을 수탁자가 임의로 소비하면 횡령죄를 구성할 수 있으나 이 경우 피해자 등이 목적과 용도를 정하여 금전을 위탁한 사실 및 그 목적과 용도가 무엇인지는 엄격한 증명의 대상이라고 보아야 한다(대판 2013.11.14, 2013도8121).
㉢ (엄격한 증명) 범죄구성요건사실의 존부를 알아내기 위해 과학공식 등의 경험칙을 이용하는 경우에는 그 법칙 적용의 전제가 되는 개별적이고 구체적인 사실에 대하여는 엄격한 증명을 요하는 바, 위드마크 공식의 경우 그 적용을 위한 자료로 섭취한 알코올의 양, 음주 시각, 체중 등이 필요하므로 그런 전제사실에 대한 엄격한 증명이 요구된다(대판 2008.8.21, 2008도5531).
㉣ (엄격한 증명) 뇌물죄에서의 수뢰액은 그 다과에 따라 범죄구성요건이 되므로 엄격한 증명의 대상이 된다(대판 2011.5.26, 2009도2453).
㉤ (자유로운 증명) 형법 제310조의 규정에 따라서 위법성이 조각되어 처벌대상이 되지 않기 위하여는, 그것이 진실한 사실로서 오로지 공공의 이익에 관한 때에 해당된다는 점을 행위자가 증명하여야 하는 것이나, 그 증명은 유죄의 인정에 있어

요구되는 것과 같이 법관으로 하여금 의심할 여지가 없을 정도의 확신을 가지게 하는 증명력을 가진 엄격한 증거에 의하여야 하는 것은 아니므로 이때에는 전문증거에 대한 증거능력의 제한을 규정한 형사소송법 제310조의2는 적용될 여지가 없다(대판 1996.10.25, 95도1473).
- ㉥ (자유로운 증명) 심신장애의 유무 및 정도의 판단은 법률적 판단으로서 반드시 전문감정인의 의견에 기속되어야 하는 것은 아니고, 정신질환의 종류와 정도, 범행의 동기, 경위, 수단과 태양, 범행 전후의 피고인의 행동, 반성의 정도 등 여러 사정을 종합하여 법원이 독자적으로 판단할 수 있다(대판 2007.11.29, 2007도8333).

09 정답 ④

① (×) 강간죄에서 공소사실을 인정할 증거로 사실상 피해자의 진술이 유일한 경우에 피고인의 진술이 경험칙상 합리성이 없고 그 자체로 모순되어 믿을 수 없다고 하여 그것이 공소사실을 인정하는 직접증거가 되는 것은 아니지만, 이러한 사정은 법관의 자유판단에 따라 피해자 진술의 신빙성을 뒷받침하거나 직접증거인 피해자 진술과 결합하여 공소사실을 뒷받침하는 간접정황이 될 수 있다(대판 2018.10.25, 2018도7709).
② (×) 형사소송법 제312조 제4항에 규정된 '특히 신빙할 수 있는 상태'는 증거능력의 요건에 해당하므로 검사가 그 존재에 대하여 구체적으로 주장·증명하여야 하지만, 이는 소송상의 사실에 관한 것이므로 엄격한 증명을 요하지 아니하고 자유로운 증명으로 족하다(대판 2012.7.26, 2012도2937).
③ (×) 몰수, 추징의 대상이 되는지 여부나 추징액의 인정은 엄격한 증명을 필요로 하지 아니한다(대판 2015.4.23, 2015도1233).
④ (○) 대판 2019.3.28, 2018도16002 전원합의체

10 정답 ③

① (×) 출입국사범 사건에서 지방출입국·외국인관서의 장의 적법한 고발이 있었는지 여부가 문제되는 경우에 법원은 증거조사의 방법이나 증거능력의 제한을 받지 아니하고 제반 사정을 종합하여 적당하다고 인정되는 방법에 의하여 자유로운 증명으로 그 고발 유무를 판단하면 된다(대판 2021.10.28, 2021도404).
② (×) 상해사건의 경우 상처를 진단한 의사의 진술이나 진단서는 폭행, 상해 등의 사실자체에 대한 직접적인 증거가 되는 것은 아니고, 다른 증거에 의하여 폭행, 상해의 가해행위가 인정되는 경우에 그에 대한 상해의 부위나 정도의 점에 대한 증거가 된다(대판 1983.2.8, 82도3021).
③ (○) 대판 2012.9.27, 2012도2658
④ (×) 범죄구성요건사실의 존부를 알아내기 위해 과학공식 등의 경험칙을 이용하는 경우에는 그 법칙 적용의 전제가 되는 개별적이고 구체적인 사실에 대하여는 엄격한 증명을 요하는 바, 위드마크 공식의 경우 그 적용을 위한 자료로 섭취한 알코올의 양, 음주 시각, 체중 등이 필요하므로 그런 전제사실에 대한 엄격한 증명이 요구된다(대판 2008.8.21, 2008도5531).

11 정답 ③

① (○) 대판 2012.8.30, 2012도7377
② (○) 대판 2016.3.10, 2013도11233
③ (×) 형사재판에 있어서 공소가 제기된 범죄사실에 대한 입증책임은 검사에 있고, 민사재판이었더라면 입증책임을 지게 되었을 피고인이 그 쟁점이 된 사항에 대하여 자신에게 유리한 입증을 하지 못하고 있다 하여 위와 같은 원칙이 달리 적용되는 것은 아니다(대판 2007.10.11, 2007도6406).
④ (○) 대판 2004.5.28, 2004도1497

제2장 증거능력 관련 문제

제1절 위법수집증거배제법칙

01 정답 ③
① (○) 대판 2013.3.28, 2010도3359
② (○) 대판 2009.3.12, 2008도11437
③ (×) 검찰관이 피고인 甲을 뇌물수수 혐의로 기소한 후 형사사법공조절차를 거치지 아니한 채 과테말라공화국에 현지출장하여 그 곳 호텔에서 뇌물공여자 乙을 상대로 참고인진술조서를 작성한 경우 피고인에 대한 국내 형사소송절차에서 위와 같은 사유로 인하여 위법수집증거배제법칙이 적용된다고 할 수 없다(대판 2011.7.14, 2011도3809)
④ (○) 대판 2016.3.10, 2013도11233

02 정답 ④
① (×) 범행 현장에서 지문채취 대상물(맥주병, 맥주컵, 물컵)에 대한 지문채취가 먼저 이루어진 이상, 수사기관이 그 이후에 지문채취 대상물을 적법한 절차에 의하지 아니한 채 압수하였다고 하더라도 위와 같이 채취된 지문은 위법하게 압수한 지문채취 대상물로부터 획득한 2차적 증거에 해당하지 아니함이 분명하여 이를 가리켜 위법수집증거라고 할 수 없다(대판 2008.10.23, 2008도7471)
② (×) 사전에 구속영장을 제시하지 아니한 채 구속영장을 집행하고, 그 구속 중 수집한 피고인의 진술증거 중 피고인의 제1심 법정진술은, 피고인이 구속집행절차의 위법성을 주장하면서 청구한 구속적부심사의 심문 당시 구속영장을 제시받은 바 있어 그 이후에는 구속영장에 기재된 범죄사실에 대하여 숙지하고 있었던 것으로 보이고, 구속 이후 원심에 이르기까지 구속적부심사와 보석의 청구를 통하여 구속집행절차의 위법성만을 다투었을 뿐, 그 구속중 이루어진 진술증거의 임의성이나 신빙성에 대하여는 전혀 다투지 않았을 뿐만 아니라, 변호인과의 충분한 상의를 거친 후 공소사실 전부에 대하여 자백한 것이라면 유죄 인정의 증거로 삼을 수 있는 예외적인 경우에 해당한다(대판 2009.4.23, 2009도526)
③ (×) 형사소송법 제217조 제2항, 제3항에 위반하여 압수·수색영장을 청구하여 이를 발부받지 아니하고도 즉시 반환하지 아니한 압수물은 이를 유죄 인정의 증거로 사용할 수 없는 것이고, 피고인이나 변호인이 이를 증거로 함에 동의하였다고 하더라도 달리 볼 것은 아니다(대판 2009.12.24, 2009도11401)
④ (○) 수사기관의 연행이 위법한 체포에 해당하고 그에 이은 제1차 채뇨에 의한 증거 수집이 위법하다고 하더라도, 피고인은 이후 법관이 발부한 구속영장에 의하여 적법하게 구금되었고 법관이 발부한 압수영장에 의하여 2차 채뇨 및 채모 절차가 적법하게 이루어진 이상, 그와 같은 2차적 증거 수집이 위법한 체포·구금절차에 의하여 형성된 상태를 직접 이용하여 행하여진 것으로는 쉽사리 평가할 수 없다. 메스암페타민 투약 범행과 같은 중대한 범행의 수사를 위하여 피고인을 경찰서로 동행하는 과정에서 위법이 있었다는 사유만으로 법원의 영장 발부에 기하여 수집된 2차적 증거의 증거능력마저 부인한다면, 이는 오히려 헌법과 형사소송법이 형사소송에 관한 절차조항을 마련하여 적법절차의 원칙과 실체적 진실 규명의 조화를 도모하고 이를 통하여 형사사법 정의를 실현하려 한 취지에 반하는 결과를 초래하게 될 것이라는 점도 아울러 참작하면 법관이 발부한 압수영장에 의하여 이루어진 2차 채뇨 및 채모 절차를 통해 획득된 감정서는 모두 증거능력이 인정된다(대판 2013.3.14, 2012도13611)

03 정답 ②
① (○) 대판 2009.3.12, 2008도11437
② (×) [1] 시청 소속 공무원인 제3자가 권한 없이 전자우편에 대한 비밀보호조치를 해제하는 방법을 통하여 전자우편을 수집(정보통신망법 위반)했다고 하더라도 공직선거법위반죄(공무원의 지위를 이용한 선거운동행위)는 공무원의 정치적 중립의무를 정면으로 위반하고 이른바 관권선거를 조장할 우려가 있는 중대한 범죄에 해당한다.

[2] 피고인이 제1심에서 이 사건 전자우편을 이 사건 공소사실에 대한 증거로 함에 동의한 점 등을 종합하면, 이 사건 전자우편을 이 사건 공소사실에 대한 증거로 제출하는 것은 허용되어야 할 것이고, 이로 말미암아 피고인의 사생활의 비밀이나 통신의 자유가 일정 정도 침해되는 결과를 초래한다 하더라도 이는 피고인이 수인하여야 할 기본권의 제한에 해당한다고 보아야 할 것이다(대판 2013.11.28, 2010도12244)
③ (○) 대판 2011.5.26, 2011도1902
④ (○) 대판 2010.9.9, 2008도3990

04 정답 ①

① (○) 대판 2009.8.20, 2008도8213
② (×) 압수·수색·검증영장 법관의 서명·날인란에 서명만 있고 날인이 없는 경우 형사소송법이 정한 요건을 갖추지 못하여 적법하게 발부되었다고 볼 수 없으나, 위와 같은 결함은 피고인의 기본적 인권보장 등 법익 침해 방지와 관련성이 적으므로 절차 조항 위반의 내용과 정도가 중대하지 않고 절차 조항이 보호하고자 하는 권리나 법익을 본질적으로 침해하였다고 볼 수 없다. 오히려 이러한 경우에까지 공소사실과 관련성이 높은 파일 출력물의 증거능력을 배제하는 것은 적법절차의 원칙과 실체적 진실규명의 조화를 도모하고 이를 통하여 형사사법 정의를 실현하려는 취지에 반하는 결과를 초래할 수 있다(대판 2019.7.11, 2018도20504) ※ 이와 같은 영장에 의하여 압수한 파일 출력물과 이에 기초하여 획득한 2차적 증거인 피의자신문조서는 유죄 인정의 증거로 사용할 수 있다.
③ (×) 경찰이 피고인이 아닌 제3자들(유흥업소 손님과 그 여종업원)을 사실상 강제연행하여 불법체포한 상태에서 이들의 성매매행위나 피고인들의 유흥업소 영업행위를 처벌하기 위하여 진술서를 받고 진술조서를 작성한 경우, 각 진술서 및 진술조서는 위법수사로 얻은 진술증거에 해당하여 증거능력이 없으므로 피고인들의 식품위생법위반 혐의에 대한 유죄 인정의 증거로 삼을 수 없다(대판 2011.6.30, 2009도6717)

④ (×) 수사기관이 이메일에 대한 압수·수색영장을 집행할 당시 피압수자인 네이버 주식회사에 팩스로 영장 사본을 송신했을 뿐 그 원본을 제시하지 않았고, 압수조서와 압수물 목록을 작성하여 피압수·수색 당사자에게 교부하였다고 볼 수 없는 경우, 이러한 방법으로 압수된 이메일은 위법수집증거로 원칙적으로 유죄의 증거로 삼을 수 없다(대판 2017.9.7, 2015도10648)

05 정답 ④

① (○) 대판 2021.11.18, 2016도348 전원합의체
② (○) 대판 2015.10.29, 2014도5939
③ (○) 대판 2015.4.23, 2013도3790
④ (×) [1] 형사소송법 제312조 제5항의 적용대상인 '수사과정에서 작성한 진술서'란 수사가 시작된 이후에 수사기관의 관여 아래 작성된 것이거나, 개시된 수사와 관련하여 수사과정에 제출할 목적으로 작성한 것으로, 작성 시기와 경위 등 여러 사정에 비추어 그 실질이 이에 해당하는 이상 명칭이나 작성된 장소 여부를 불문한다.
[2] 경찰관이 입당원서 작성자의 주거지·근무지를 방문하여 입당원서 작성 경위 등을 질문한 후 진술서 작성을 요구하여 이를 제출받은 이상 형사소송법 제312조 제5항이 적용되어야 한다는 이유로 형사소송법 제244조의4에서 정한 절차를 준수하지 않은 위 각 증거의 증거능력이 인정되지 않는다(대판 2022.10.27, 2022도9510)

06 정답 ④

① (○) 대판 2011.6.30, 2009도6717
② (○) 대판 2020.2.13, 2019도14341
③ (○) 대판 2005.3.11, 2004도8313
④ (×) A가 "피고인으로부터 '건축허가 담당 공무원이 외국연수를 가므로 사례비를 주어야 한다'는 말과 '건축허가 담당 공무원이 4,000만원을 요구하는데 사례비로 2,000만원을 주어야 한다'는 말을 들었다"는 취지로 진술한 경우 피고인의 위와 같은 원진술의 존재 자체가 알선수재죄에 있어서의 요증사실이므로 이를 직접 경험한 A가

피고인으로부터 위와 같은 말들을 들었다고 하는 진술들은 전문증거가 아니라 본래증거에 해당된다(대판 2008.11.13, 2008도8007)

07 정답 ②
㉠ (○) 대판 2013.3.14, 2012도13611
㉡ (×) 수사기관이 구속수감된 자로 하여금 피고인의 범행에 관한 통화 내용을 녹음하게 한 행위는 수사기관 스스로가 주체가 되어 구속수감된 자의 동의만을 받고 상대방인 피고인의 동의가 없는 상태에서 그들의 통화 내용을 녹음한 것으로서 불법감청에 해당한다고 보아야 할 것이므로, 그 녹음 자체는 물론이고 이를 근거로 작성된 수사보고의 기재 내용과 첨부 녹취록 및 첨부 mp3파일도 모두 피고인과 변호인의 증거동의에 상관없이 증거능력이 없다(대판 2010.10.14, 2010도9016) ※ 녹취록은 피고인이 증거동의 여부를 불문하고 증거능력이 부정된다.
㉢ (○) 경찰관들이 피고인에 대한 범죄 혐의가 포착된 상태에서 그에 관한 증거를 보전하기 위한 필요에 의하여, 불특정, 다수가 출입할 수 있는 이 사건 업소에 통상적인 방법으로 출입하여 이 사건 업소 내에 있는 사람이라면 누구나 볼 수 있었던 손님들의 춤추는 모습을 확인하고 이를 촬영한 것은 영장 없이 이루어졌다하여 위법하다고 볼 수 없고, 경찰관들이 촬영한 사진의 증거능력이 인정된다(대판 2023.7.13, 2019도7891)
㉣ (×) 영장 발부의 사유로 된 범죄 혐의사실과 관련된 증거가 아니라면 적법한 압수·수색이 아니므로 영장 발부의 사유로 된 범죄 혐의사실과 무관한 별개의 증거를 압수하였을 경우 이는 원칙적으로 유죄 인정의 증거로 사용할 수 없다(대판 2018.4.26, 2018도2624) ※ 乙, 丙 사이의 甲과 무관한 별개의 뇌물수수에 관한 대화가 녹음된 녹음파일은 乙, 丙에 대한 뇌물수수죄의 증거로 사용할 수 없다.

08 정답 ①
① (×) 피의자가 변호인의 참여를 원한다는 의사를 명백하게 표시하였음에도 수사기관이 정당한 사유 없이 변호인을 참여하게 하지 아니한 채 피의자를 신문하여 작성한 피의자신문조서는 형사소송법 제312조에 정한 '적법한 절차와 방식'에 위반된 증거일 뿐만 아니라 제308조의2에서 정한 '적법한 절차에 따르지 아니하고 수집한 증거'에 해당하므로 이를 증거로 할 수 없다(대판 2013.3.28, 2010도3359)
② (○) 대판 2008.3.27, 2007도11400
③ (○) 대판 2010.1.28, 2009도10092
④ (○) 대판 2013.9.12, 2011도12918

09 정답 ④
① (○) 대판 2014.4.10, 2014도1779
② (○) 대판 2008.10.23, 2008도7471
③ (○) 대판 2020.2.13, 2019도14341
④ (×) 압수물과 같은 비진술증거에 대하여도 위법수집증거배제법칙이 적용되어 압수절차가 위법한 경우 그 압수물은 증거능력이 부정된다(대판 2017.7.18, 2014도8719)

10 정답 ③
① (○) 대판 2011.6.30, 2009도6717
② (○) 대판 2010.10.14, 2010도9016
③ (×) 헌법 제109조, 법원조직법 제57조 제1항이 정한 공개금지사유가 없음에도 불구하고 재판의 심리에 관한 공개를 금지하기로 결정하였다면 그러한 공개금지결정은 피고인의 공개재판을 받을 권리를 침해한 것으로서 그 절차에 의하여 이루어진 증인의 증언은 증거능력이 없다고 할 것이고, 변호인의 반대신문권이 보장되었더라도 달리 볼 수 없으며, 이러한 법리는 공개금지결정의 선고가 없는 등으로 공개금지결정의 사유를 알 수 없는 경우에도 마찬가지이다(대판 2015.10.29, 2014도5939)
④ (○) 대판 2017.11.29, 2014도16080

11 정답 ②

① (×) 국민의 인간으로서의 존엄과 가치를 보장하는 것은 국가기관의 기본적인 의무에 속하고 이는 형사절차에서도 당연히 구현되어야 하지만, 국민의 사생활 영역에 관계된 모든 증거의 제출이 곧바로 금지되는 것으로 볼 수는 없으므로 법원으로서는 효과적인 형사소추 및 형사소송에서 진실발견이라는 공익과 개인의 인격적 이익 등 보호이익을 비교형량하여 그 허용 여부를 결정하여야 한다(대판 2020.10.29, 2020도3972) 이 판례의 취지에 의할 때 사인이 타인의 기본권을 침해하는 방법으로 수집한 증거에 대하여는 위법수집증거배제법칙이 적용될 여지가 있다.

② (○) 대판 1997.3.28, 97도240

③ (×) 사문서위조·위조사문서행사 및 소송사기로 이어지는 일련의 범행에 대하여 피고인을 형사소추하기 위해서는 업무일지가 반드시 필요한 증거로 보이므로 설령 그것이 제3자에 의하여 절취된 것으로서 소송사기 등의 피해자측이 이를 수사기관에 증거자료로 제출하기 위하여 대가를 지급하였다 하더라도 공익의 실현을 위하여는 업무일지를 범죄의 증거로 제출하는 것이 허용되어야 하고, 이로 말미암아 피고인의 사생활 영역을 침해하는 결과가 초래된다 하더라도 이는 피고인이 수인하여야 할 기본권의 제한에 해당된다(대판 2008.6.26, 2008도1584)

④ (×) 제3자의 경우는 설령 전화통화 당사자 일방의 동의를 받고 그 통화 내용을 녹음하였다 하더라도 그 상대방의 동의가 없었던 이상 통비법 제3조 제1항 위반이 되고, 이와 같이 불법감청에 의하여 녹음된 전화통화의 내용은 증거능력이 없다. 이는 피고인이나 변호인이 이를 증거로 함에 동의하였다고 하더라도 달리 볼 것은 아니다(대판 2010.10.14, 2010도9016)

12 정답 ①

㉠ (증거능력 ×) 경찰이 피고인이 아닌 제3자들(유흥업소 손님과 그 여종업원)을 사실상 강제연행하여 불법체포한 상태에서 이들의 성매매행위나 피고인들의 유흥업소 영업행위를 처벌하기 위하여 진술서를 받고 진술조서를 작성한 경우, 각 진술서 및 진술조서는 위법수사로 얻은 진술증거에 해당하여 증거능력이 없으므로 피고인들의 식품위생법위반 혐의에 대한 유죄 인정의 증거로 삼을 수 없다(대판 2011.6.30, 2009도6717)

㉡ (증거능력 ×) 검사가 공소제기 후 수소법원 이외의 지방법원판사에게 청구하여 발부받은 영장에 의하여 압수·수색을 하였다면, 그와 같이 수집된 증거는 적법한 절차에 따르지 않은 것으로서 원칙적으로 유죄의 증거로 삼을 수 없다(대판 2011.4.28, 2009도10412)

㉢ (증거능력 ×) 경찰이 피고인의 집에서 20m 떨어진 곳에서 피고인을 체포하여 수갑을 채운 후 피고인의 집으로 가서 집안을 수색하여 칼과 합의서를 압수하였을 뿐만 아니라 적법한 시간 내에 압수·수색영장을 청구하여 발부받지 않은 경우, 위 칼과 합의서는 임의제출물이 아니라 영장없이 위법하게 압수된 것으로서 증거능력이 없고, 이를 기초로 한 2차 증거인 임의제출동의서, 압수조서 및 목록, 압수품 사진 역시 증거능력이 없다(대판 2010.7.22, 2009도14376)

㉣ (증거능력 ×) 수사기관이 법원으로부터 영장 또는 감정처분허가장을 발부받지 아니한 채 피의자의 동의 없이 피의자의 신체로부터 혈액을 채취하고 사후에도 지체 없이 영장을 발부받지 아니한 채 그 혈액 중 알코올농도에 관한 감정을 의뢰하였다면, 이러한 과정을 거쳐 얻은 감정의뢰회보 등은 형사소송법상 영장주의 원칙을 위반하여 수집하거나 그에 기초하여 획득한 증거로서 그 절차위반행위가 적법절차의 실질적인 내용을 침해하여 피고인이나 변호인의 동의가 있더라도 유죄의 증거로 사용할 수 없다(대판 2014.11.13, 2013도1228)

제2절 자백배제법칙

13 정답 ②
① (○) 제309조
② (×) 자백배제법칙에 의하여 증거능력이 부정되는 임의성 없는 자백은 탄핵증거로 사용될 수 없다. 임의성 없는 자백의 증거능력 부정은 절대적이기 때문이다.
③ (○) 대판 2013.7.25, 2011도6380
④ (○) 대판 2008.7.10, 2007도7760

14 정답 ④
① (×) 진술의 임의성에 다툼이 있을 때에는 그 임의성을 의심할 만한 합리적이고 구체적인 사실을 피고인이 증명할 것이 아니고 검사가 그 임의성의 의문점을 없애는 증명을 하여야 할 것이고, 검사가 그 임의성의 의문점을 없애는 증명을 하지 못한 경우에는 그 진술증거는 증거능력이 부정된다(대판 2015.9.10, 2012도9879)
② (×) 임의성이 없는 자백의 증거능력 부정은 절대적으로 탄핵증거로도 사용할 수 없다는 것이 통설의 입장이다.
③ (×) 수사기관이 피의자를 신문함에 있어서 피의자에게 미리 진술거부권을 고지하지 않은 때에는 그 피의자의 진술은 위법하게 수집된 증거로서 진술의 임의성이 인정되는 경우라도 증거능력이 부인되어야 한다(대판 2014.4.10, 2014도1779)
④ (○) 대판 1983.9.13, 83도712

15 정답 ①
㉠ (○) 대판 2012.11.29, 2010도3029
㉡ (×) 진술의 임의성에 다툼이 있을 때에는 그 임의성을 의심할 만한 합리적이고 구체적인 사실을 피고인이 증명할 것이 아니고 검사가 그 임의성의 의문점을 없애는 증명을 하여야 할 것이고, 검사가 그 임의성의 의문점을 없애는 증명을 하지 못한 경우에는 그 진술증거는 증거능력이 부정된다(대판 2015.9.10, 2012도9879)
㉢ (○) 대판 1999.11.12, 99도3341

㉣ (○) 대판 1984.11.27, 84도2252
㉤ (○) 대판 1985.12.10, 85도2182

16 정답 ①
① (×) 상법장부나 항해일지, 진료일지 또는 이와 유사한 금전출납부 등과 같이 범죄사실의 인정 여부와는 관계없이 자기에게 맡겨진 사무를 처리한 사무 내역을 그때그때 계속적, 기계적으로 기재한 문서 등의 경우는 사무처리 내역을 증명하기 위하여 존재하는 문서로서 그 존재 자체 및 기재가 그러한 내용의 사무가 처리되었음의 여부를 판단할 수 있는 별개의 독립된 증거자료이고, 설사 그 문서가 우연히 피고인이 작성하였고 그 문서의 내용 중 피고인의 범죄사실의 존재를 추론해 낼 수 있는, 즉 공소사실에 일부 부합되는 사실의 기재가 있다고 하더라도, 이를 일컬어 피고인이 범죄사실을 자백하는 문서라고 볼 수는 없다(대판 1996.10.17, 94도2865 전원합의체)
② (○) 대판 1984.7.10, 84도846
③ (○) 대판 1984.4.10, 84도141
④ (○) 대판 2015.9.10, 2012도9879

제3절 전문법칙

17 정답 ③
① (○) 대판 2019.8.29, 2018도14303 전원합의체
② (○) 제318조의2 제1항
③ (×) 문자메시지의 내용을 촬영한 사진은 피해자의 진술서에 준하는 것으로 취급함이 상당할 것인바, 진술서에 관한 형사소송법 제313조에 따라 문자메시지의 작성자인 A가 법정에 출석하여 자신이 문자메시지를 작성하여 동생에게 보낸 것과 같음을 확인하고, 동생인 B도 법정에 출석하여 A가 보낸 문자메시지를 촬영한 사진이 맞다고 확인한 이상, 문자메시지를 촬영한 사진은 그 성립의 진정함이 증명되었다고 볼 수 있으므로 이를 증거로 할 수 있다(대판 2010.11.25, 2010도8735)
④ (○) 대판 2015.4.23, 2015도2275

18 정답 ②

① (○) 제311조
② (×) 간이공판절차에서는 전문증거에 대하여 당사자의 동의가 있는 것으로 간주한다. 단 검사·피고인·변호인이 증거로 함에 이의가 있는 때에는 그러하지 아니하다(제318조의3) ※ 법원이 간이공판절차로 심판할 것을 결정한 사건에서는 전문법칙이 적용되지 않는다.
③ (○) 제318조의2 제1항
④ (○) 대판 2012.10.25, 2011도5459

19 정답 ③

㉠ (전문증거 ×) "반국가단체로부터 지령을 받고 국가기밀을 탐지·수집하였다"는 공소사실과 관련하여 수령한 지령 및 탐지·수집하여 취득한 국가기밀이 문건의 형태로 존재하는 경우나 편의제공의 목적물이 문건인 경우 등에는, 문건 내용의 진실성이 문제되는 것이 아니라 그러한 내용의 문건이 존재하는 것 자체가 증거가 되는 것으로서, 위와 같은 공소사실에 대하여는 전문법칙이 적용되지 않는다(대판 2013.7.26, 2013도2511).
㉡ (전문증거 ×) 녹음테이프에 대한 검증의 내용이 그 진술 당시 진술자의 상태 등을 확인하기 위한 것인 경우에는 녹음테이프에 대한 검증조서의 기재 중 진술내용을 증거로 사용하는 경우에 관한 전문법칙에 관한 법리는 적용되지 아니한다(대판 2008.7.10, 2007도10755) ※ 甲이 진술 당시 술에 취하여 횡설수설하였다는 것을 확인하기 위하여 제출된 녹음테이프는 진술증거로 사용되는 경우가 아니므로 전문증거가 아니다.
㉢ (전문증거 ○) 법률의견서는 압수된 디지털 저장매체로부터 출력한 문건으로서 그 실질에 있어서 형사소송법 제313조 제1항에 규정된 '피고인 아닌 자가 작성한 진술서나 그 진술을 기재한 서류'에 해당한다(대판 2012.5.17, 2009도6788 전원합의체)
㉣ (전문증거 ○) "A 선생 앞 : 2011년 면담은 1월 30일 ~ 2월 1일까지 A와 B 선생과 함께 북경에서 하였으면 하는 의견입니다"라는 등의 내용이 담겨져 있는 파일들의 내용이 피고인 甲, 피고인 乙이 북한 공작원들과 그 일시경 실제로 회합하였음을 증명하려고 하는 경우에는 문건 내용이 진실한지가 문제되므로 전문법칙이 적용된다(대판 2013.7.26, 2013도2511)
㉤ (전문증거 ×) 피고인의 위와 같은 원진술의 존재 자체가 사기죄 또는 변호사법 위반죄에 있어서의 요증사실이므로 이를 직접 경험한 증인 등이 피고인으로부터 위와 같은 말을 들었다고 하는 진술은 전문증거가 아니라 본래증거에 해당한다(대판 2012.7.26, 2012도2937).

20 정답 ③

① (○) 대판 2007.7.26, 2007도3906
② (○) 대판 1999.2.26, 98도2742
③ (×) 수사기관에 의한 진술거부권 고지 대상이 되는 피의자 지위는 수사기관이 조사대상자에 대한 범죄혐의를 인정하여 수사를 개시하는 행위를 한 때 인정되는 것으로 보아야 한다. 따라서 이러한 피의자 지위에 있지 아니한 자에 대하여는 진술거부권이 고지되지 아니하였더라도 진술의 증거능력을 부정할 것은 아니다(대판 2011.11.10, 2011도8125) ※ A가 피고인들과 공범관계에 있을 가능성만으로 A가 참고인으로서 검찰 조사를 받을 당시 또는 그 후라도 검사가 A에 대한 범죄혐의를 인정하고 수사를 개시하여 A가 피의자의 지위에 있게 되었다고 단정할 수 없다.
④ (○) 대판 2010.11.25, 2010도8735

21 정답 ①

① (×) 피고인과 공범관계가 있는 다른 피의자에 대하여 검사 이외의 수사기관이 작성한 피의자신문조서는 그 피의자의 법정진술에 의하여 성립의 진정이 인정되는 등 형사소송법 제312조 제4항의 요건을 갖춘 경우라도 해당 피고인이 공판기일에서 그 조서의 내용을 부인한 이상 이를 유죄 인정의 증거로 사용할 수 없고, 그 당연한 결과로 위 피의자신문조서에 대하여는 사망 등 사유로 인하여 법정에서 진술할 수 없는 때에 예외적으로 증거능력을 인정하는 규정인 형사소송법 제314조가 적용되지 아니한다. 그리고 이러한 법리

는 공동정범이나 교사범, 방조범 등 공범관계에 있는 자들 사이에서뿐만 아니라, 법인의 대표자나 법인 또는 개인의 대리인, 사용인, 그 밖의 종업원 등 행위자의 위반행위에 대하여 행위자가 아닌 법인 또는 개인이 양벌규정에 따라 기소된 경우, 이러한 법인 또는 개인과 행위자 사이의 관계에서도 마찬가지로 적용된다고 보아야 한다 (대판 2020.6.11, 2016도9367) ※ 甲이 내용부인 취지로 부동의하였으므로 사법경찰관이 작성한 乙에 대한 피의자신문조서는 증거능력이 부정된다.

② (○) 대판 2019.11.28, 2013도6825
③ (○) 대판 2014.4.30, 2012도725
④ (○) 대판 2021.2.25, 2019도18442

22 정답 ③

① (○) 대판 2019.11.14, 2019도11552
② (○) 대판 2022.12.15, 2022도8824
③ (×) 검사 이외의 수사기관이 작성한 피의자신문조서는 그 피의자였던 피고인 또는 변호인이 그 내용을 인정할 때에 한하여 증거로 할 수 있다 (제312조 제3항)
④ (○) 대판 2001.5.29, 2000도2933

23 정답 ①

㉠ (○) 제312조 제1항
㉡ (○) 대판 1983.8.23, 83도196
㉢ (×) 사법경찰관이 작성한 검증조서에 피고인이 검사 이외의 수사기관 앞에서 '자백한 범행내용을 현장에 따라 진술·재연한 내용이 기재되고 그 재연 과정을 촬영한 사진'이 첨부되어 있다면, 그러한 기재나 사진은 피고인이 공판정에서 실황조사서에 기재된 진술내용 및 범행재연의 상황을 모두 부인하는 이상 증거능력이 없다 (대판 2006.1.13, 2003도6548)
㉣ (×) 정보저장매체 원본을 대신하여 저장매체에 저장된 자료를 '하드카피' 또는 '이미징'한 매체로부터 출력한 문건의 경우에는 정보저장매체 원본과 '하드카피' 또는 '이미징'한 매체 사이에 자료의 동일성도 인정되어야 할 뿐만 아니라, 이를 확인하는 과정에서 이용한 컴퓨터의 기계적 정확성, 프로그램의 신뢰성, 입력·처리·출력의 각 단계에서 조작자의 전문적인 기술능력과 정확성이 담보되어야 한다 (대판 2013.7.26, 2013도2511)

24 정답 ③

① (○) 대판 2008.11.13, 2008도8007
② (○) 대판 1997.4.11, 96도2865
③ (×) [1] "정보통신망을 통하여 공포심이나 불안감을 유발하는 글을 반복적으로 상대방에게 도달하게 하는 행위를 하였다"는 공소사실에 대하여 휴대전화기에 저장된 문자정보가 그 증거가 되는 경우와 같이 그 문자정보가 범행의 직접적인 수단이 될 뿐 경험자의 진술에 갈음하는 대체물에 해당하지 않는 경우에는 형사소송법 제310조의2에서 정한 전문법칙이 적용될 여지가 없다.
[2] 검사가 문자정보가 저장되어 있는 휴대전화기를 법정에 제출하는 경우 휴대전화기에 저장된 문자정보는 그 자체가 범행의 직접적인 수단으로서 이를 증거로 사용할 수 있다. 또한 검사는 휴대전화기 이용자가 그 문자정보를 읽을 수 있도록 한 휴대전화기의 화면을 촬영한 사진을 증거로 제출할 수도 있을 것인바, 이를 증거로 사용하기 위해서는 문자정보가 저장된 휴대전화기를 법정에 제출할 수 없거나 그 제출이 곤란한 사정이 있고, 그 사진의 영상이 휴대전화기의 화면에 표시된 문자정보와 정확하게 같다는 사실이 증명되어야 한다 (대판 2008.11.13, 2006도2556)
④ (○) 대판 1999.4.13, 99도237

25 정답 ③

① (○) 대판 2008.7.10, 2007도10755
② (○) 대판 2011.9.8, 2010도7497
③ (×) 사법경찰관 작성의 검증조서 중 '피고인의 진술기재 부분과 범행재연의 사진 영상'에 관한 부분에 대하여 원진술자이며 행위자인 피고인에 의하여 진술 및 범행 재연의 진정함이 인정되지 아니하는 경우 그 부분은 증거능력이 없다 (대판

1988.3.8, 87도2692)
④ (○) 제318조의2 제2항

26 정답 ②

㉠ (인정 ○), ㉡ (인정 ○), ㉢ (인정 ○) 공판준비 또는 공판기일에 피고인이나 피고인 아닌 자의 진술을 기재한 조서와 법원 또는 법관의 검증의 결과를 기재한 조서는 증거로 할 수 있다(제311조).
㉣ (인정 ×) 당해 사건의 공판기일에서 피고인이 행한 '진술'은 특별한 사정이 없는 한 원본증거이고 형사소송법 제311조에 규정된 '피고인의 진술을 기재한 조서'가 아니다.
㉤ (인정 ×) 증인신문조서가 증거보전절차에서 증인 甲의 증언내용을 기재한 것이고 다만 피의자였던 피고인 乙이 당사자로 참여하여 자신의 범행사실을 시인하는 전제하에 위 증인에게 반대신문한 내용이 기재되어 있을 뿐이라면 위 조서는 공판준비 또는 공판기일에 피고인 등의 진술을 기재한 조서도 아니고 반대신문 과정에서 피의자가 한 진술에 관한 한 형사소송법 제184조에 의한 증인신문조서도 아니므로 형사소송법 제311조에 의한 증거능력을 인정할 수 없다(대판 1984.5.15, 84도508)

27 정답 ④

① (○) 대판 2015.1.22, 2014도10978 전원합의체
② (○) 이는 피고인 甲 작성의 진술서에 준한다고 보아야 한다(대판 2010.11.25, 2010도8735 참고)
③ (○) 제318조 제1항, 제318조의2 제1항
④ (×) 어떠한 내용의 진술을 하였다는 사실 자체에 대한 정황증거로 사용될 것이라는 이유로 서류의 증거능력을 인정한 다음 그 사실을 다시 진술 내용이나 그 진실성을 증명하는 간접사실로 사용하는 경우에 그 서류는 전문증거에 해당한다. 서류가 그곳에 기재된 원진술의 내용인 사실을 증명하는 데 사용되어 원진술의 내용인 사실이 요증사실이 되기 때문이다(대판 2019.8.29, 2018도14303 전원합의체) ※ A의 진술을 "피고인이 자신을 추행했다"는 피해자의 진술내용의 진실성을 증명하는 간접사실로 사용하는 경우 이는 전문증거에 해당한다.

28 정답 ①

① (×) 검사 또는 사법경찰관이 검증의 결과를 기재한 조서는 적법한 절차와 방식에 따라 작성된 것으로서 공판준비 또는 공판기일에서의 작성자의 진술에 따라 그 성립의 진정함이 증명된 때에는 증거로 할 수 있다(제312조 제6항)
② (○) 제311조
③ (○) 제312조 제3항
④ (○) 제316조 제2항

29 정답 ①

① (×) 수사기관이 아닌 사인이 피고인 아닌 사람과의 대화내용을 녹음한 녹음테이프는 형사소송법 제311조, 제312조 규정 이외의 피고인 아닌 자의 진술을 기재한 서류와 다를 바 없으므로, 피고인이 그 녹음테이프를 증거로 할 수 있음에 동의하지 아니하는 이상 그 증거능력을 부여하기 위해서는 첫째, 녹음테이프가 원본이거나 원본으로부터 복사한 사본일 경우에는 복사과정에서 편집되는 등의 인위적 개작 없이 원본의 내용 그대로 복사된 사본일 것, 둘째 형사소송법 제313조 제1항에 따라 공판준비나 공판기일에서 원진술자의 진술에 의하여 그 녹음테이프에 녹음된 각자의 진술내용이 자신이 진술한 대로 녹음된 것이라는 점이 인정되어야 한다(대판 2011.9.8, 2010도7497) ※ 원진술자의 진술에 의하여 녹음된 각자의 진술내용이 자신이 진술한 대로 녹음된 것이라는 점이 인정되면 피고인이 동의하지 않더라도 증거로 사용할 수 있다.
② (○) 대판 2008.7.10, 2007도10755
③ (○) 대판 2012.7.26, 2012도2937
④ (○) 대판 2013.6.13, 2012도16001

30 정답 ④

① (○) 대판 2013.3.28, 2010도3359
② (○) 대판 2020.6.11, 2016도9367

③ (○) 대판 2009.11.26, 2009도6602
④ (×) 양벌규정에 따라 처벌되는 행위자와 행위자가 아닌 법인 또는 개인 간의 관계는, 행위자가 저지른 법규위반행위가 사업주의 법규위반행위와 사실관계가 동일하거나 적어도 중요부분을 공유한다는 점에서 내용상 불가분적 관련성을 지니므로 형법총칙의 공범관계 등과 마찬가지로 인권보장적인 요청에 따라 형사소송법 제312조 제3항이 이들 사이에서도 적용된다(대판 2020.6.11, 2016도9367) 행위자가 성립의 진정을 인정하더라도 사업주가 그 조서의 내용을 부인하면 형사소송법 제312조 제3항에 따라 증거능력이 부정된다.

31 정답 ②

① (○) 피고인 아닌 자의 공판준비 또는 공판기일에서의 진술이 피고인 아닌 타인의 진술을 그 내용으로 하는 것인 때에는 원진술자가 사망, 질병, 외국거주, 소재불명 그 밖에 이에 준하는 사유로 인하여 진술할 수 없고, 그 진술이 특히 신빙할 수 있는 상태하에서 행하여졌음이 증명된 때에 한하여 이를 증거로 할 수 있다(제316조 제2항) ※ 원진술자인 B가 사망하였으므로 그의 진술이 특히 신빙할 수 있는 상태 하에서 행하여졌음이 증명된 때에 한하여 이를 증거로 할 수 있다.

② (×) [1] 진술거부권이 보장되는 절차에서 진술거부권을 고지받을 권리가 헌법 제12조 제2항에 의하여 바로 도출된다고 할 수는 없고, 이를 인정하기 위해서는 입법적 뒷받침이 필요하다.
[2] 구 공직선거법은 제272조의2에서 선거범죄 조사와 관련하여 선거관리위원회 위원·직원이 관계자에게 질문조사를 할 수 있다고 규정하면서도 진술거부권의 고지에 관하여는 별도의 규정을 두지 않았고, 수사기관의 피의자에 대한 진술거부권 고지를 규정한 형사소송법 제244조의3 제1항이 구 공직선거법상 선거관리위원회 위원·직원의 조사절차에 당연히 유추적용된다고 볼 수도 없다.
[3] 결국 구 공직선거법 시행 당시 선거관리위원회 위원·직원이 선거범죄 조사와 관련하여 관계자에게 질문을 하면서 미리 진술거부권을 고지하지 않았다고 하여 단지 그러한 이유만으로 그 조사절차가 위법하다거나 그 과정에서 작성·수집된 선거관리위원회 문답서의 증거능력이 당연히 부정된다고 할 수는 없다(대판 2014.1.16, 2013도5441).

③ (○) 형사소송법 제316조 제2항에서 '피고인 아닌 타인'이라고 함은 제3자는 말할 것도 없고 공동피고인이나 공범자를 모두 포함한다(대판 2011.11.24, 2011도7173)

④ (○) 대판 1986.9.23, 86도1547

32 정답 ④

① (×) [1] 형사소송법 제312조 제3항은 검사 이외의 수사기관이 작성한 당해 피고인에 대한 피의자신문조서를 유죄의 증거로 하는 경우뿐만 아니라 검사 이외의 수사기관이 작성한 당해 피고인과 공범관계에 있는 다른 피고인이나 피의자에 대한 피의자신문조서를 당해 피고인에 대한 유죄의 증거로 채택할 경우에도 적용된다.
[2] 따라서 당해 피고인과 공범관계가 있는 다른 피의자에 대하여 검사 이외의 수사기관이 작성한 피의자신문조서는 그 피의자의 법정진술에 의하여 그 성립의 진정이 인정되는 등 형사소송법 제312조 제4항의 요건을 갖춘 경우라고 하더라도 당해 피고인이 공판기일에서 그 조서의 내용을 부인한 이상 이를 유죄 인정의 증거로 사용할 수 없다(대판 2014.4.10, 2014도1779) ※ 공동피고인(甲)이 피의자신문조서의 내용을 인정하지 않는 한 자신의 공소사실에 대하여 증거능력이 없다.

② (×) 의사가 작성한 진단서는 형사소송법 제315조 아니라 형사소송법 제313조 제1항·제2항이 적용되어 성립의 진정함이 증명되어야 증거능력이 인정된다(대판 1976.4.13, 76도500 참고)

③ (×) 타인의 진술을 내용으로 하는 진술이 전문증거인지 여부는 요증사실과의 관계에서 정하여지는 바, 원진술의 '내용인 사실'이 요증사실인 경우에는 전문증거이나 원진술의 '존재 자체'가 요증사실인 경우에는 본래증거이지 전문증거가 아니다(대판 2012.7.26, 2012도2937). 따라서 A의

증언이 乙의 甲에 대한 명예훼손사실을 증명하는 것이므로 즉, 원진술자 乙 진술의 진실성이 문제되지 아니하고 그러한 발언을 한 것이 증거가 되는 경우이므로 A의 증언은 원본증거에 해당한다.
④ (○) 대판 2000.3.10, 2000도159

33 정답 ③

① (○) 대판 2012.5.24, 2010도5948
② (○) 대판 2008.9.25, 2008도6985
③ (×) 재전문진술이나 재전문진술을 기재한 조서에 대하여는 달리 그 증거능력을 인정하는 규정을 두고 있지 아니하고 있으므로, 피고인이 증거로 하는 데 동의하지 아니하는 한 이를 증거로 할 수 없다(대판 2012.5.24, 2010도5948) 재전문진술이나 재전문진술을 기재한 조서라도 피고인이 증거로 함에 동의하면 증거능력이 인정된다(제318조 제1항)
④ (○) 대판 2006.4.14, 2005도9561

34 정답 ③

㉠ (×) 당해 피고인과 공범관계가 있는 다른 피의자에 대한 검사 이외의 수사기관 작성의 피의자신문조서는 그 피의자의 법정진술에 의하여 그 성립의 진정이 인정되더라도 당해 피고인이 공판기일에서 그 조서의 내용을 부인하면 증거능력이 부정되므로 그 당연한 결과로 그 피의자신문조서에 대하여는 사망 등 사유로 인하여 법정에서 진술할 수 없는 때에 예외적으로 증거능력을 인정하는 규정인 형사소송법 제314조가 적용되지 아니한다(대판 2009.11.26, 2009도6602)
㉡ (○) 대판 2015.4.23, 2015도2275
㉢ (○) 제313조 제1항·제2항

35 정답 ②

㉠ (×) 조서 말미에 피고인의 서명만이 있고, 그 날인(무인 포함)이나 간인이 없는 검사 작성의 피고인에 대한 피의자신문조서는 증거능력이 없다고 할 것이고, 그 날인이나 간인이 없는 것이 피고인이 날인이나 간인을 거부하였기 때문이어서 그러한 취지가 조서말미에 기재되었다거나 피고인이 피의자신문조서의 임의성을 인정하였다고 하여 달리 볼 것은 아니다(대판 1999.4.13, 99도237)
㉡ (○) 제312조 제4항
㉢ (○) 제311조
㉣ (×) 참고인의 소재불명 등의 경우 형사소송법 제314조의 의하여 그 참고인이 진술하거나 작성한 진술조서나 진술서에 대하여 증거능력을 인정하는 것은 (중략) 원진술자 등에 대한 반대신문의 기회조차 없이 증거능력을 부여할 수 있도록 한 것이므로, 그 경우 참고인의 진술 또는 작성이 '특히 신빙할 수 있는 상태하에서 행하여졌음에 대한 증명'은 단지 그러할 개연성이 있다는 정도로는 부족하고 합리적인 의심의 여지를 배제할 정도에 이르러야 한다(대판 2014.2.21, 2013도12652)

36 정답 ③

① (○) [1] 피고인의 진술을 그 내용으로 하는 전문진술이 기재된 조서는 형사소송법 제312조 내지 314조의 규정에 의하여 그 증거능력이 인정될 수 있는 경우에 해당하여야 함은 물론, 나아가 형사소송법 제316조 제1항의 규정에 따른 조건을 갖춘 때에 예외적으로 증거능력을 인정하여야 한다(대판 2012.5.24, 2010도5948)
[2] 피고인 아닌 자의 진술을 그 내용으로 하는 전문진술이 기재된 조서는 형사소송법 제312조 또는 제314조에 따라 증거능력이 인정될 수 있는 경우에 해당하여야 함은 물론 형사소송법 제316조 제2항에 따른 요건을 갖추어야 예외적으로 증거능력이 있다(대판 2017.7.18, 2015도12981)
② (○) 대판 1997.7.25, 97도1351
③ (×) [1] 사법경찰관이 작성한 검증조서에 피의자 아닌 자의 진술이 기재된 경우 이는 형사소송법 제312조 제6항이 적용되는 검증조서가 아니라 제312조 제4항이 적용되는 참고인진술조서로 보아야 한다.
[2] 따라서 사법경찰관 앞에서 진술한 내용과 동일하게 기재되어 있음이 원진술자(피의자 아닌

자)의 공판준비 또는 공판기일에서의 진술이나 영상녹화물 또는 그 밖의 객관적인 방법에 의하여 증명되고, 피고인 또는 변호인이 공판준비 또는 공판기일에 그 기재 내용에 관하여 원진술자를 신문할 수 있었던 때에는 증거로 할 수 있다. 다만, 그 조서에 기재된 진술이 특히 신빙할 수 있는 상태하에서 행하여졌음이 증명된 때에 한한다(제312조 제4항)
④ (○) 대판 2015.8.27, 2015도3467

37 정답 ②
㉠ (×) 증거자료가 되는 것은 여전히 녹음테이프에 녹음된 대화 내용이므로 그 녹음테이프 검증조서의 기재 중 피고인 아닌 자의 진술내용을 증거로 사용하기 위해서는 형사소송법 제313조 제1항에 따라 원진술자의 진술에 의하여 그 녹음테이프에 녹음된 진술내용이 자신이 진술한 대로 녹음된 것이라는 점이 인정되어야 한다(대판 2008.7.10, 2007도10755)
㉡ (○) 대판 2008.6.26, 2008도1584
㉢ (○) 대판 2006.4.14, 2005도9561
㉣ (×) 의사가 작성한 진단서는 형사소송법 제315조 아니라 형사소송법 제313조 제1항·제2항이 적용되어 성립의 진정함이 증명되어야 증거능력이 인정된다(대판 1976.4.13, 76도500 참고)

38 정답 ②
① (해당 ×) 대판 2006.5.25, 2004도3619
② (해당 ○) 대판 2006.4.14, 2005도9561
③ (해당 ×) 대판 2013.4.11, 2013도1435
④ (해당 ×) 대판 2012.5.17, 2009도6788 전원합의체

39 정답 ④
㉠ (×) 사무처리 내역을 계속적, 기계적으로 기재한 문서가 아니라 범죄사실의 인정 여부와 관련 있는 어떠한 의견을 제시하는 내용을 담고 있는 문서는 형사소송법 제315조 제3호에서 규정하는 당연히 증거능력이 있는 서류에 해당한다고 볼 수 없으므로, 이른바 보험사기 사건에서 건강보험심사평가원이 수사기관의 의뢰에 따라 그 보내온 자료를 토대로 입원진료의 적정성에 대한 의견을 제시하는 내용의 '건강보험심사평가원의 입원진료 적정성 여부 등 검토의뢰에 대한 회신'은 형사소송법 제315조 제3호의 '기타 특히 신용할 만한 정황에 의하여 작성된 문서'에 해당하지 않는다(대판 2017.12.5, 2017도12671)
㉡ (×) 영사증명서(대한민국 주중국 대사관 영사 작성의 사실확인서 중 공인 부분을 제외한 나머지 부분)는 비록 영사가 공무를 수행하는 과정에서 작성된 것이지만 그 목적이 공적인 증명에 있다기 보다는 상급자 등에 대한 보고에 있는 것으로서 엄격한 증빙서류를 바탕으로 하여 작성된 것이라고 할 수 없으므로 당연히 증거능력이 있는 서류라고 할 수 없다(대판 2007.12.13, 2007도7257)
㉢ (○) 사법경찰관 작성의 새세대 16호에 대한 수사보고서는 피고인이 검찰에서 소지 탐독사실을 인정하고 있는 새세대 16호라는 유인물의 내용을 분석하고, 이를 기계적으로 복사하여 그 말미에 그대로 첨부한 문서로써 그 신용성이 담보되어 있어 형사소송법 제315조 제3호 소정의 문서로써 당연히 증거능력이 인정된다(대판 1992.8.14, 92도1211)
㉣ (○) 성매매업소에 고용된 여성들이 영업에 참고하기 위하여 성매매 상대방의 아이디와 전화번호 및 성매매방법 등을 메모지에 적어두었다가 직접 메모리카드에 입력하거나 다른 여직원이 그 내용을 입력한 경우, 메모리카드의 내용은 형사소송법 제315조 제2호의 '영업상 필요로 작성한 통상문서'로서 당연히 증거능력 있는 문서에 해당한다(대판 2007.7.26, 2007도3219)

40 정답 ③
㉠ (×) 피고인 또는 피고인 아닌 사람이 컴퓨터용디스크 그 밖에 이와 비슷한 정보저장매체에 입력하여 기억된 문자정보 또는 그 출력물을 증거로 사용하는 경우, 이는 실질에 있어서 피고인 또는 피고인 아닌 사람이 작성한 진술서나 그 진술을

기재한 서류와 크게 다를 바 없고, 압수 후의 보관 및 출력과정에 조작의 가능성이 있으며, 기본적으로 반대신문의 기회가 보장되지 않는 점 등에 비추어 그 내용의 진실성에 관하여는 전문법칙이 적용되고, 따라서 원칙적으로 형사소송법 제313조 제1항에 의하여 작성자 또는 진술자의 진술에 의하여 성립의 진정함이 증명된 때에 한하여 이를 증거로 사용할 수 있다. 다만 정보저장매체에 기억된 문자정보의 내용의 진실성이 아닌 그와 같은 내용의 문자정보의 존재 자체가 직접 증거로 되는 경우에는 전문법칙이 적용되지 아니한다(대판 2013.2.15, 2010도3504).
ⓒ (○) 대판 1992.6.26, 92도682
ⓒ (○) 대판 2012.5.24, 2010도5948
ⓔ (×) 조서는 공판준비 또는 공판기일에 피고인 등의 진술을 기재한 조서도 아니고 반대신문 과정에서 피의자가 한 진술에 관한 한 형사소송법 제184조에 의한 증인신문조서도 아니므로 위 조서 중 피의자의 진술기재 부분에 대하여는 형사소송법 제311조에 의한 증거능력을 인정할 수 없다 (대판 1984.5.15, 84도508)

41 정답 ④

① (○) 대판 2012.5.17, 2009도6788 전원합의체
② (○) 대판 2017.12.5, 2017도12671
③ (○) 대판 2005.4.28, 2004도4428
④ (×) 범칙물자에 대한 시가 감정업무에 4~5년 종사해 온 세관공무원이 세관에 비치된 기준과 수입신고서에 기재된 가격을 참작하여 작성한 감정서는 공무원이 그 직무상 작성된 공문서라 할 것이므로 피고인의 동의 여부에 불구하고 형사소송법 제315조 제1호에 의하여 당연히 증거능력이 있다(대판 1985.4.9, 85도225)

42 정답 ④

① (○) 대판 2017.12.5, 2017도12671
② (○) 대판 2008.11.13, 2006도2556
③ (○) 대판 2012.10.25, 2011도5459
④ (×) [1] 형사소송법 제312조 제3항은 검사 이외의 수사기관이 작성한 해당 피고인에 대한 피의자신문조서를 유죄의 증거로 하는 경우뿐만 아니라 검사 이외의 수사기관이 작성한 해당 피고인과 공범관계에 있는 다른 피고인이나 피의자에 대한 피의자신문조서를 해당 피고인에 대한 유죄의 증거로 채택할 경우에도 적용된다.
[2] 이러한 법리는 공동정범이나 교사범, 방조범 등 공범관계에 있는 자들 사이에서뿐만 아니라 법인의 대표자나 법인 또는 개인의 대리인, 사용인, 그 밖의 종업원 등 행위자의 위반행위에 대하여 행위자가 아닌 법인 또는 개인이 양벌규정에 따라 기소된 경우 이러한 법인 또는 개인과 행위자 사이의 관계에서도 마찬가지로 적용된다(대판 2020.6.11, 2016도9367) ※ 사법경찰관 작성의 행위자에 대한 피의자신문조서에 대하여는 형사소송법 제312조 제3항이 적용된다.

제4절 당사자의 동의와 증거능력

43 정답 ④

① (○) 대판 1981.12.22, 80도1547
② (○) 대판 2019.11.14, 2019도11552
③ (○) 대판 1991.6.28, 91도865
④ (×) 뇌물공여자가 작성한 고발장에 대하여 피고인의 변호인이 증거 부동의 의견을 밝히고, 고발장을 첨부문서로 포함하고 있는 검찰주사보 작성의 수사보고에 대하여는 증거에 동의하여 증거조사가 행하여졌는데, 수사보고에 대한 증거동의가 있다는 이유로 아무런 지적 없이 그에 첨부된 고발장까지 증거로 채택해 두었다가 판결을 선고하는 단계에 이르러 이를 유죄 인정의 증거로 삼은 것은 실질적 적법절차의 원칙에 비추어 수긍할 수 없다. 결국 수사보고에 첨부된 고발장은 적법한 증거신청·증거결정·증거조사의 절차를 거쳤다고 볼 수 없거나 공소사실을 뒷받침하는 증명력을 가진 증거가 아니므로 이를 유죄의 증거로 삼을 수 없다(대판 2011.7.14, 2011도3809)

44 정답 ④

① (○) 대판 2010.1.28, 2009도10092
② (○) 대판 2010.10.14, 2010도9016
③ (○) 대판 2012.11.15, 2011도15258
④ (×) 형사소송법 제217조 제2항, 제3항에 위반하여 압수·수색영장을 청구하여 이를 발부받지 아니하고도 즉시 반환하지 아니한 압수물은 이를 유죄 인정의 증거로 사용할 수 없는 것이고, 헌법과 형사소송법이 선언한 영장주의의 중요성에 비추어 볼 때 피고인이나 변호인이 이를 증거로 함에 동의하였다고 하더라도 달리 볼 것은 아니다(대판 2009.12.24, 2009도11401)

45 정답 ②

① (×), ② (○) 약식명령에 불복하여 정식재판을 청구한 피고인이 정식재판절차의 1심에서 2회 불출정하여 법 제318조 제2항에 따른 증거동의가 간주된 후 증거조사를 완료한 이상, 간주의 대상인 증거동의는 증거조사가 완료되기 전까지 철회 또는 취소할 수 있으나 일단 증거조사를 완료한 뒤에는 취소 또는 철회가 인정되지 아니하는 점, 증거동의 간주가 피고인의 진의와는 관계없이 이루어지는 점 등에 비추어, 비록 피고인이 항소심에 출석하여 공소사실을 부인하면서 간주된 증거동의를 철회 또는 취소한다는 의사표시를 하더라도 그로 인하여 적법하게 부여된 증거능력이 상실되는 것이 아니다(대판 2010.7.15, 2007도5776)
③ (×) 검사 작성의 피고인 아닌 자에 대한 진술조서에 관하여 피고인이 공판정진술과 배치되는 부분은 부동의 한다고 진술한 것은 조서 내용의 특정부분에 관하여 증거로 함에 동의한다는 특별한 사정이 있는 때와는 달리 그 조서를 증거로 함에 동의하지 아니한다는 취지로 해석하여야 한다(대판 1984.10.10, 84도1552)
④ (×) 피고인이나 변호인이 무죄에 관한 자료로 제출한 서증 가운데 도리어 유죄임을 뒷받침하는 내용이 있다고 하여도, 법원은 상대방의 원용(동의)이 없는 한 그 서류의 진정성립 여부 등을 조사하고 아울러 그 서류에 대한 피고인이나 변호인의 의견과 변명의 기회를 주지 않았다면 그 서증을 유죄인정의 증거로 쓸 수 없다(대판 2017.9.21, 2015도12400)

46 정답 ②

㉠ (○) 대판 2008.3.13, 2007도10804
㉡ (×) 재전문진술이나 재전문진술을 기재한 조서에 대하여는 달리 그 증거능력을 인정하는 규정을 두고 있지 아니하고 있으므로, 피고인이 증거로 하는 데 동의하지 아니하는 한 이를 증거로 할 수 없다(대판 2012.5.24, 2010도5948) 전문진술을 기재한 조서, 재전문진술 또는 재전문진술을 기재한 조서라도 피고인이 증거로 함에 동의하면 증거능력이 인정된다(제318조 제1항)
㉢ (×) 증거동의는 소송주체인 검사와 피고인이 하는 것이고, 변호인은 피고인을 대리하여 증거동의에 관한 의견을 낼 수 있을 뿐이므로 피고인이 변호인과 함께 출석한 공판기일의 공판조서에 검사가 제출한 증거에 대하여 동의한다는 기재가 되어 있다면 이는 피고인이 증거동의를 한 것으로 보아야 하고, 그 기재는 절대적인 증명력을 가진다(대판 2016.3.10, 2015도19139)
㉣ (×) 피고인이 신청한 증인의 증언이 피고인 아닌 타인의 진술을 그 내용으로 하는 전문진술이라고 하더라도 피고인이 그 증언에 대하여 "별 의견이 없다"고 진술하였다면 그 증언을 증거로 함에 동의한 것으로 볼 수 있으므로 이는 증거능력 있다(대판 1983.9.27, 83도516)
㉤ (×) 증거동의의 의사표시는 증거조사가 완료되기 전까지 취소 또는 철회할 수 있으나, 일단 증거조사가 완료된 뒤에는 취소 또는 철회가 인정되지 아니하므로 취소 또는 철회 이전에 이미 취득한 증거능력은 상실되지 않는다(대판 2015.8.27, 2015도3467)

47 정답 ③

① (×) 증거동의의 주체는 소송주체인 검사와 피고인이고, 변호인은 피고인을 대리하여 증거동의에 관한 의견을 낼 수 있을 뿐이므로 피고인의 명시한 의사에 반하여 증거로 함에 동의할 수는 없다. 따라서 피고인이 출석한 공판기일에서 증거

로 함에 부동의한다는 의견이 진술된 경우에는 그 후 피고인이 출석하지 아니한 공판기일에 변호인만이 출석하여 종전 의견을 번복하여 증거로 함에 동의하였다 하더라도 이는 특별한 사정이 없는 한 효력이 없다(대판 2013.3.28, 2013도3)
② (×) 임의성이 인정되지 아니하여 증거능력이 없는 진술증거는 피고인이 증거로 함에 동의하더라도 증거로 삼을 수 없다(대판 2013.7.11, 2011도14044)
③ (○) 제318조 제2항
④ (×) 약식명령에 불복하여 정식재판을 청구한 피고인이 정식재판절차의 1심에서 2회 불출정하여 증거동의가 간주된 후 증거조사를 완료한 이상, 간주의 대상인 증거동의는 증거조사가 완료되기 전까지 철회 또는 취소할 수 있으나 일단 증거조사를 완료한 뒤에는 취소 또는 철회가 인정되지 아니하는 점 등에 비추어, 비록 피고인이 항소심에 출석하여 공소사실을 부인하면서 간주된 증거동의를 철회 또는 취소한다는 의사표시를 하더라도 그로 인하여 적법하게 부여된 증거능력이 상실되는 것이 아니다(대판 2010.7.15, 2007도5776)

48 정답 ③

① (○) 대판 2013.3.28, 2013도3
② (○) 대판 1983.3.8, 82도2873
③ (×) 형사소송법 제184조에 의한 증거보전절차로 증인신문을 하는 경우에는 동법 제221조의2에 의한 증인신문의 경우와는 달라 동법 제163조에 따라 검사, 피의자 또는 변호인에게 증인신문의 시일과 장소를 미리 통지하여 증인신문에 참여할 수 있는 기회를 주어야 하나 참여의 기회를 주지 아니한 경우라도 피고인과 변호인이 증인신문조서를 증거로 할 수 있음에 동의하여 별다른 이의 없이 적법하게 증거조사를 거친 경우에는 위 증인신문조서는 증인신문절차가 위법하였는지의 여부에 관계없이 증거능력이 부여된다(대판 1988.11.8, 86도1646)
④ (○) 대판 2005.4.28, 2004도4428
⑤ (○) 제318조 제2항

제3장 증명력 관련 문제

제1절 탄핵증거

01 정답 ②

㉠ (×) 피고인이 내용을 부인하여 증거능력이 없는 사법경찰리 작성의 피의자신문조서에 대하여 비록 당초 증거제출 당시 탄핵증거라는 입증취지를 명시하지 아니하였지만 피고인의 법정 진술에 대한 탄핵증거로서의 증거조사절차가 대부분 이루어졌다고 볼 수 있는 점 등의 사정에 비추어 피의자신문조서를 피고인의 법정 진술에 대한 탄핵증거로 사용할 수 있다(대판 2005.8.19, 2005도2617)
㉡ (○) 대판 2012.9.27, 2012도7467
㉢ (○) 대판 2006.5.26, 2005도6271
㉣ (×) 사법경찰리 작성의 피고인에 대한 피의자신문조서는 피고인이 그 내용을 부인하는 이상 증거능력이 없으나, 그것이 임의로 작성된 것이 아니라고 의심할 만한 사정이 없는 한 피고인의 법정에서의 진술을 탄핵하기 위한 반대증거로 사용할 수 있다(대판 2014.3.13, 2013도12507) 피의자신문조서가 임의로 작성된 것이 아니라면 탄핵증거로 사용할 수 없다.

02 정답 ④

① (○) 옳음
② (○) 옳음
③ (○) 대판 1998.2.27, 97도1770
④ (×) 탄핵증거의 제출에 있어서도 상대방에게 이에 대한 공격방어의 수단을 강구할 기회를 사전에 부여하여야 한다는 점에서 그 증거와 증명하고자 하는 사실과의 관계 및 입증취지 등을 미리 구체적으로 명시하여야 할 것이므로, 증명력을 다투고자 하는 증거의 어느 부분에 의하여 진술의 어느 부분을 다투려고 한다는 것을 사전에 상대방에게 알려야 한다(대판 2005.8.19, 2005도2617)

03 정답 ③

㉠ (×) 형사소송법 제318조의2 제2항에 의할 때 영상녹화물은 탄핵증거로 사용할 수 없다. 또한 영상녹화물의 재생은 검사의 신청이 있는 경우에 한하고, 기억의 환기가 필요한 피고인 또는 피고인 아닌 자에게만 이를 재생하여 시청하게 하여야 한다(형사소송규칙 제134조의5 제1항).

㉡ (○) 대판 2012.10.25, 2011도5459

㉢ (○) 탄핵증거는 범죄사실을 인정하는 증거가 아니어서 엄격한 증거능력을 요하지 아니한다(대판 2012.9.27, 2012도7467) 따라서 그 진정성립이 증명되지 않더라도 탄핵증거로 사용할 수 있다(형사소송법 제318조의2 제1항).

㉣ (×) 탄핵증거는 범죄사실을 인정하는 증거가 아니므로 엄격한 증거조사를 거쳐야 할 필요가 없음은 형사소송법 제318조의2의 규정에 따라 명백하다고 할 것이나, 법정에서 이에 대한 탄핵증거로서의 증거조사는 필요하다(대판 2005.8.19, 2005도2617).

제2절 자백의 보강법칙

04 정답 ③

① (○) 대판 2011.9.29, 2011도8015
② (○) 대판 1999.11.12, 99도3341
③ (×) 자백의 약속이 검사의 강요나 위계에 의하여 이루어졌다던가 또는 불기소나 경한 죄의 소추 등 이익과 교환조건으로 된 것이라고 인정되지 아니하므로 위와 같이 일정한 증거가 발견되면 자백하겠다는 약속 하에 된 자백을 곧 임의성이 없는 자백이라고 단정할 수는 없다(대판 1983.9.13, 83도712).
④ (○) 대판 2008.2.14, 2007도10937

05 정답 ④

① (○) 대판 1979.8.21, 79도1528
② (○) 대판 1990.6.22, 90도741
③ (○) 대판 1990.12.7, 90도2010
④ (×) 2000년 10월 19일 채취한 소변에 대한 검사결과 메스암페타민 성분이 검출된 경우, 위 소변검사결과는 2000년 10월 17일 메스암페타민을 투약하였다는 자백에 대한 보강증거가 될 수 있음은 물론 같은 10월 13일 메스암페타민을 투약하였다는 자백에 대한 보강증거도 될 수 있다(대판 2002.1.8, 2001도1897) ※ 보강증거가 독립된 2개의 범죄행위와 모두 관련이 있는 경우에는 1개의 보강증거로 2개의 자백의 보강증거가 될 수 있다.
⑤ (○) 대판 2008.2.14, 2007도10937

06 정답 ④

① (○) 대판 2019.11.14, 2019도13290
② (○) 대판 2007.9.20, 2007도5845
③ (○) 대판 2011.9.29, 2011도8015
④ (×) 보강증거도 증거능력이 있어야 하므로 전문증거는 전문법칙의 예외에 해당하거나 증거동의를 한 경우를 제외하고는 보강증거가 될 수 없다(대판 1983.7.26, 83도1448 참고).

07 정답 ①

㉠ (×) 자백에 대한 보강증거는 범죄사실의 전부 또는 중요 부분을 인정할 수 있는 정도가 되지 아니하더라도 피고인의 자백이 가공적인 것이 아닌 진실한 것임을 인정할 수 있는 정도만 되면 족할 뿐만 아니라, 직접증거가 아닌 간접증거나 정황증거도 보강증거가 될 수 있고, 또한 자백과 보강증거가 서로 어울려서 전체로서 범죄사실을 인정할 수 있으면 유죄의 증거로 충분하다(대판 2011.9.29, 2011도8015).

㉡ (×) 상업장부나 항해일지, 진료일지 또는 이와 유사한 금전출납부 등과 같이 범죄사실의 인정 여부와는 관계없이 자기에게 맡겨진 사무를 처리한 사무내역을 그때그때 계속적, 기계적으로 기재한 문서 등의 경우는 사무처리 내역을 증명하기 위하여 존재하는 문서로서 그 존재 자체 및 기재가 그러한 내용의 사무가 처리되었음의 여부를

판단할 수 있는 별개의 독립된 증거자료라고 할 것이고, 설사 그 문서가 우연히 피고인이 작성하였고, 그 문서의 내용 중 피고인의 범죄사실의 존재를 추론해 낼 수 있는, 즉 공소사실에 일부 부합되는 사실의 기재가 있다고 하더라도 이를 일컬어 피고인이 범죄사실을 자백하는 문서라고 볼 수는 없다(대판 1996.10.17, 94도2865 전원합의체)

ⓒ (×) 피고인이 업무수행에 필요한 자금을 지출하면서 스스로 그 지출한 자금내역을 자료로 남겨두기 위하여 뇌물자금과 기타 자금을 구별하지 아니하고 그 지출 일시, 금액, 상대방 등 내역을 그때그때 계속적, 기계적으로 기입한 수첩의 기재 내용은 자백에 대한 보강증거가 될 수 있다(대판 1996.10.17, 94도2865 전원합의체).

ⓔ (×) 공동피고인의 자백은 이에 대한 피고인의 반대신문권이 보장되어 있어 증인으로 신문한 경우와 다를 바 없으므로 독립한 증거능력이 있다(대판 2007.10.11, 2007도5577)

08 정답 ③

① (○) 형사소송법 제310조의 '피고인의 자백'에는 공범인 공동피고인의 진술이 포함되지 아니하므로 공범인 공동피고인의 진술은 다른 공동피고인에 대한 범죄사실을 인정하는 데 있어서 증거로 쓸 수 있고 그에 대한 보강증거의 여부는 법관의 자유심증에 맡긴다(대판 1985.3.9. 85도951)
※ 법원은 甲의 자백만으로 乙에게 유죄를 선고할 수 있다.

② (○) 피고인이 아닌 자(공소제기 전에 피고인을 피의자로 조사하였거나 그 조사에 참여하였던 자를 포함한다)의 공판준비 또는 공판기일에서의 진술이 피고인의 진술을 그 내용으로 하는 것인 때에는 그 진술이 특히 신빙할 수 있는 상태하에서 행하여졌음이 증명된 때에 한하여 이를 증거로 할 수 있다(제316조 제1항)

③ (×) "피고인이 범행을 자인하는 것을 들었다"는 피고인 아닌 자의 진술 내용은 형사소송법 제310조의 피고인의 자백에는 포함되지 아니하나 이는 피고인의 자백의 보강증거로 될 수 없다(대판 2008.2.14. 2007도10937) ※ 丙의 증언은 甲의 자백에 대한 보강증거가 될 수 없으므로 법원은 丙의 증언을 기초로 甲에게 유죄를 선고할 수 없다.

④ (○) [1] 형사소송법 제316조 제2항은 피고인 아닌 자가 공판준비 또는 공판기일에서 한 진술이 피고인 아닌 타인의 진술을 그 내용으로 하는 것인 때에는 원진술자가 사망, 질병 기타 사유로 인하여 진술할 수 없고 그 진술이 특히 신빙할 수 있는 상태하에서 행하여진 때에 한하여 이를 증거로 할 수 있다고 규정하고 있는데, 여기서 말하는 '피고인 아닌 자'에는 공동피고인이나 공범자도 포함된다(대판 2018.5.15. 2017도19499)
[2] 피고인 乙의 입장에서 보았을 때 공동피고인 甲도 형사소송법 제316조 제2항에 규정된 '피고인 아닌 타인'에 해당한다. 따라서 피고인 아닌 타인인 甲의 진술을 그 내용으로 하는 丙의 증언이 증거능력이 인정되기 위해서는 원진술자인 甲이 사망, 질병 등으로 법정에 출석할 수 없어야 하는데, 설문의 경우 甲이 법정에 출석했으므로(공판정에서 범행을 자백하고 있다) 丙의 증언은 乙의 범죄사실을 입증하는 증거로 사용할 수 없다.

09 정답 ③

㉠ (○) 대판 1990.10.30, 90도1939

㉡ (×) 피고인의 습벽을 범죄구성요건으로 하는 포괄일죄인 상습범에 있어서도 이를 구성하는 각 행위에 관하여 개별적으로 보강증거가 필요하다(대판 1996.2.13, 95도1794) 총 8회의 도박 중 3회의 도박사실에 대하여 피고인의 자백 외에 보강증거가 없는 경우, 법원은 그 3회의 도박행위를 제외한 나머지 5회의 도박행위에 대하여만 유죄판결을 선고할 수 있다.

㉢ (○) 대판 1996.10.17, 94도2865 전원합의체

㉣ (×) 실체적 경합범은 실질적으로 수죄이므로 각 범죄사실에 관하여 자백에 대한 보강증거가 있어야 하는바, '피고인 甲이 乙로부터 필로폰을 매수하면서 그 대금을 乙이 지정하는 은행계좌로 송금한 사실'에 대한 압수·수색검증영장 집행보

고는 필로폰 매수행위에 대한 보강증거는 될 수 있어도 그와 실체적 경합범 관계에 있는 필로폰 투약행위에 대한 보강증거는 될 수 없다(대판 2008.2.14, 2007도10937)

ⓜ (×) 기소된 대마 흡연일자로부터 한 달 후 피고인의 주거지에서 압수된 대마 잎이 피고인의 자백에 대한 보강증거가 된다(대판 2007.9.20, 2007도5845)

10 정답 ④

① (○) 대판 2010.12.23, 2010도11272
② (○) 대판 2019.11.14, 2019도13290
③ (○) 대판 2008.5.29, 2008도2343
④ (×) 자백에 대한 보강증거는 범죄사실의 전부 또는 중요 부분을 인정할 수 있는 정도가 되지 아니하더라도 피고인의 자백이 가공적인 것이 아닌 진실한 것임을 인정할 수 있는 정도만 되면 족할 뿐만 아니라, 직접증거가 아닌 간접증거나 정황증거도 보강증거가 될 수 있고 또한 자백과 보강증거가 서로 어울려서 전체로서 범죄사실을 인정할 수 있으면 유죄의 증거로 충분하다(대판 2011.9.29, 2011도8015)

11 정답 ①

㉠ (×) "피고인이 범행을 자인하는 것을 들었다"는 피고인 아닌 자의 진술 내용은 형사소송법 제310조의 피고인의 자백에는 포함되지 아니하나 이는 피고인의 자백의 보강증거로 될 수 없다(대판 2008.2.14, 2007도10937)
㉡ (○) 대판 1983.9.13, 83도712
㉢ (×) 피고인의 습벽을 범죄구성요건으로 하는 포괄일죄인 상습범에 있어서도 이를 구성하는 각 행위에 관하여 개별적으로 보강증거가 필요하다(대판 1996.2.13, 95도1794)
㉣ (○) 대판 2011.9.29, 2011도8015

제3절 공판조서의 증명력

12 정답 ③

① (○) 대판 1988.11.8, 86도1646
② (○) 대판 2015.8.27, 2015도3467
③ (×) 공판조서에 검사의 의견진술이 누락되어있다 하여도 판결에 영향을 미친 법률위반이 있는 경우에 해당한다고는 볼 수 없다(대판 1977.5.10, 74도3293)
④ (○) 대판 1970.9.22, 70도1312

13 정답 ④

① (○) 대판 1983.10.25, 82도571
② (○) 제56조
③ (○) 대판 2016.3.10, 2015도19139
④ (×) 피고인이 공판조서의 열람 또는 등사를 청구하였음에도 법원이 불응하여 피고인의 열람 또는 등사청구권이 침해된 경우에는 그 공판조서를 유죄의 증거로 할 수 없을 뿐만 아니라 공판조서에 기재된 당해 피고인이나 증인의 진술도 증거로 할 수 없다(대판 2012.12.27, 2011도15869)

저자	**김 종 욱**
약력	경찰대학교 법학과 졸업

現) 에듀윌 경찰학원 형법 및 형사소송법 담당
　　경찰공제회 승진모의고사
　　경찰청 인터넷강의 형법담당

前) 경기남부경찰청 근무
　　경찰수사연수원 형법 외래교수
　　윌비스 경찰간부학원 형법 담당
　　이그잼 경찰학원 형법 담당
　　메가CST 경찰학원 형법 담당

저서
- 김종욱 형법 기본서
- 김종욱 형법 핵심정리
- 김종욱 형법 객관식 기출총정리
- 김종욱 형법 조문&학설
- 김종욱 형법 승진모의고사
- 김종욱 형법 1년간 최신판례
- 김종욱 형법 1년간 최신기출문제집
- 김종욱 형법 OX

- 김종욱 형사소송법 기본서
- 김종욱 형사소송법 객관식 기출총정리
- 김종욱 형사소송법 1년간 최신판례
- 김종욱 형사소송법 1년간 최신기출문제집
- 김종욱 형사소송법 OX

2024 시험장에서 답이 보이는 김종욱 형사법 600제 (진도별 문제편, 해설편)

발 행 일 : 2024년 01월 08일	인 쇄 일 : 2024년 01월 08일
저　 자 : 김 종 욱	발 행 인 : 금 병 희
발 행 처 : 멘토링	등　 록 : 319-26-60호

주　 소 : 서울시 동작구 만양로84 삼익주상복합아파트 1층상가 162호
주 문 / FAX : 02-825-0606 / 02-6499-3195

저자와의 협의하에 인지생략

이 책의 무단 전재, 복제행위는 저작권법에 의거하여 처벌을 받습니다.

정가. 21,000원　　　　　　　　　　　　　ISBN 979-11-6049-297-2